嶺南文庫

澳门近代博彩业史

胡根 著

岭南文库编辑委员会 广东中华民族文化促进会 合编

廣東省出版集團

广东人民出版社

图书在版编目（CIP）数据

澳门近代博彩业史／胡根著. —广州：广东人民出版社，2009.12
（岭南文库）
ISBN 978－7－218－06591－5

Ⅰ.澳… Ⅱ.胡… Ⅲ.彩票－经济史－澳门－近代
Ⅳ.F832.95

中国版本图书馆 CIP 数据核字（2009）第 222967 号

责任编辑	沈展云
封面设计	亦可艺社
责任技编	黎碧霞
出版发行	广东人民出版社 （地址：广州市大沙头四马路 10 号）
印　　刷	台山市人民印刷厂有限公司 （厂址：台山市北坑工业开发区）
开　　本	787 毫米×1092 毫米　1/16
印　　张	41.37
插　　页	11
字　　数	500 千
版　　次	2009 年 12 月第 1 版　2009 年 12 月第 1 次印刷
印　　数	5000 册
书　　号	ISBN 978－7－218－06591－5
定　　价	90.00 元

【出版社网址：http://www.gdpph.com　　电子邮箱：sales@gdpph.com】
图书营销部：020－83781020　837906404

ISBN 978-7-218-06591-5

1842 年的澳门

1875年的澳门

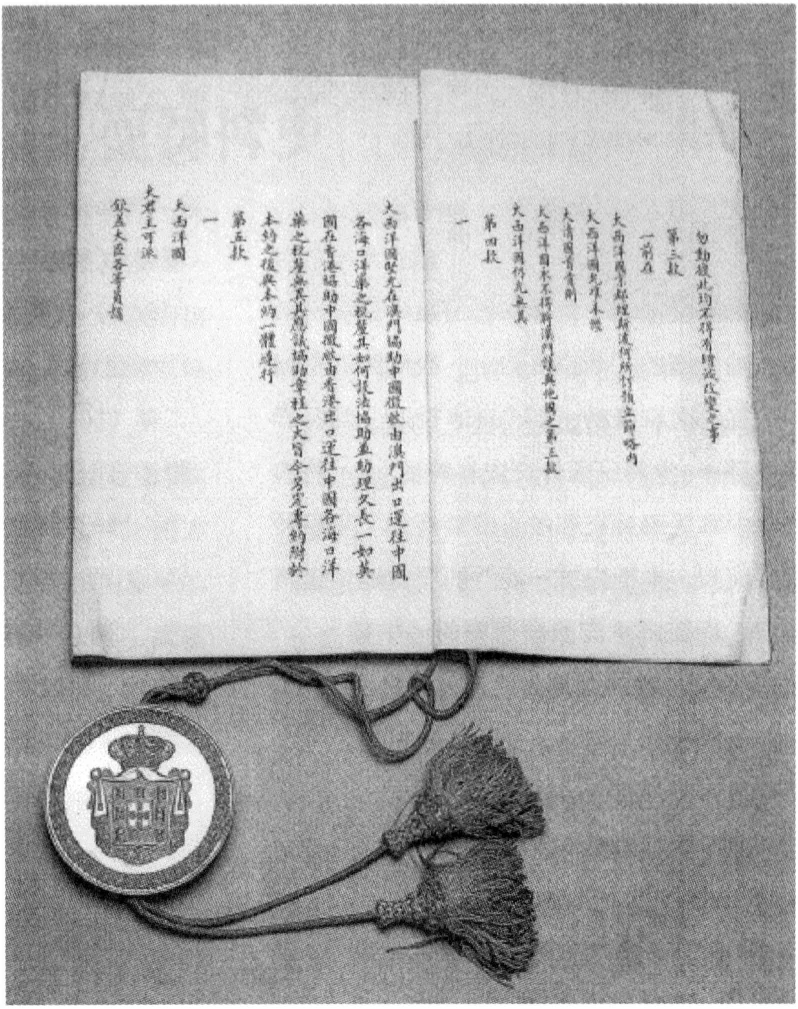

《中葡北京条约》中的“大西洋国不得将澳门让予任何第三国”条款。

早期的议事会

英国画家钱纳利画笔下的澳门街头赌徒（清末的番摊馆，1833 年）

公務局命緣澳內白鴿票廠于七月
二十四日滿期是以預于六月十七
日在議事亭從新出投夜冷如有願
遵守規條及出批價最高者准令承
充其白鴿票規條在亭與看

白鸽票赌牌的公告

清末澳门华人领袖何连旺照像（约于 1898 年）

身穿清朝官服胸佩葡萄牙勋章的澳门赌商卢九

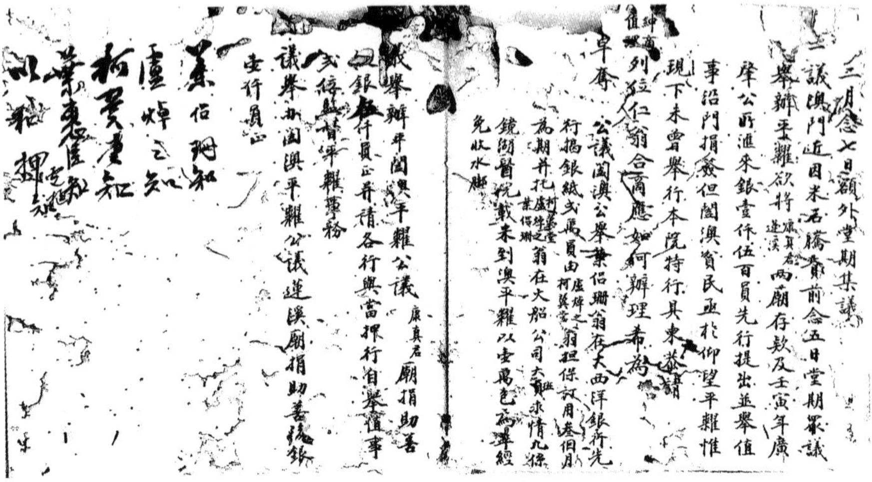

本院光緒年間堂期集議

卢九和柯六参加平粜的单据

李鸿章像

岑春煊像

頭品頂戴兵部尚書革職留任署理兩廣總督岑　為

咨呈事光緒三十年七月初七日承准

貴部咨開光緒三十年六月十五日據大西洋阿署

使照稱案照光緒二十六年六月前任兩廣總督李

中堂因庫款奇絀弛禁廣東小闈姓招致向居澳門

西洋籍商盧九即盧華富赴粤承辦廣東全省小闈

姓經費

奏准八年為期每年認繳銀八十萬元各等因在案乃

現任兩廣總督岑於本年四月初一日忽諭一律停

止按照開辦迄今僅有三年零八月未滿原案八年

岑春煊就卢九承充小闱姓解约案致外务部的公函复印件

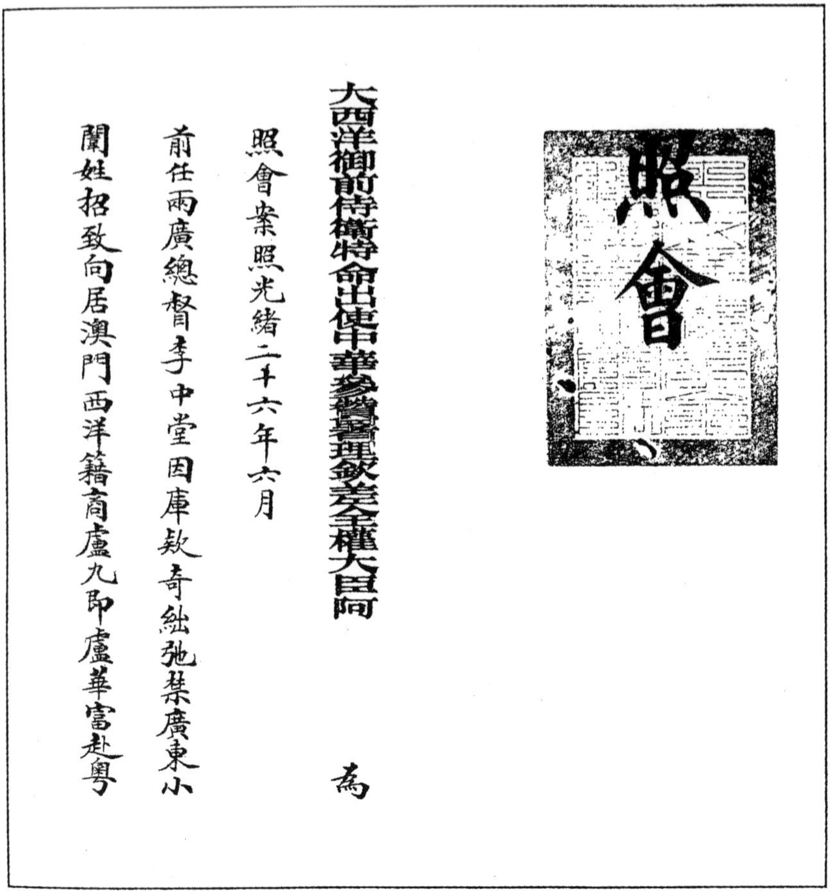

照會

大西洋御前侍衛特命出使中華參贊署理欽差全權大臣阿　為

照會案照光緒二十六年六月

前任兩廣總督李中堂因庫欵奇絀弛禁廣東小

闈姓招致向居澳門西洋籍商盧九即盧華富赴粵

岑春煊“单方面解约”后，葡萄牙驻华“署理大使”发给清廷外务部的外交照会。

澳门旧西洋坟场的非难地伯爵墓地

亚马留（生年不详～1849），澳门第 79 任总督。

《岭南文库》前言

广东一隅，史称岭南。岭南文化，源远流长。采中原之精粹，纳四海之新风，融汇升华，自成宗系，在中华大文化之林独树一帜。千百年来，为华夏文明的历史长卷增添了绚丽多彩、凝重深厚的篇章。

进入19世纪的南粤，以其得天独厚的地理环境和人文环境，成为近代中国民族资本的摇篮和资产阶级维新思想的启蒙之地，继而成为资产阶级民主革命和第一次国内革命战争的策源地和根据地。整个新民主主义革命时期，广东人民在反对帝国主义、封建主义和官僚资本主义的残酷斗争中前仆后继，可歌可泣，用鲜血写下了无数彪炳千秋的史诗。业绩煌煌，理当镌刻青史、流芳久远。

新中国成立以来，广东人民在中国共产党的领导下，摧枯拉朽，奋发图强，在社会主义物质文明建设和精神文明建设中卓有建树。当中国社会跨进20世纪80年代这一全新的历史阶段，广东作为国家改革开放先行一步的试验省区，被置于中国现代化经济建设发展的前沿，沿改革、开放、探索之路突飞猛进；历十年艰辛，轰轰烈烈，创造了中国经济发展史上的空前伟绩。岭南大地，勃勃生机，繁花锦簇，硕果累累。

际此历史嬗变的伟大时代，中国人民尤其是广东人民，有必要进一步认识岭南、研究岭南，回顾岭南的风云变幻，探寻岭南的历史走向，从而更有利于建设岭南。我们编辑出版《岭南文库》的目的，就在于予学人以展示其研究成果之园地，并帮助广大读者系统地了解岭南的历史文化，认识其过去和现在，从而激发爱国爱乡的热情，增强民族自信心与自豪感；高瞻远瞩，继往开来。

《岭南文库》涵盖有关岭南（广东以及与广东在历史上、地理上有密切关系的一些岭南地域）的人文学科和自然学科，包括历史政治、经济发展、社会文化、自然资源和人物传记等方面。并从历代有关岭南之名著中选择若干为读者所需的典籍，编校注释，选粹重印。个别有重要参考价值的译著，亦在选辑之列。

《岭南文库》书目为350种左右，计划在五至七年内将主要门类的重点书目基本出齐，以后陆续补充，使之逐渐成为一套较为齐全的地域性百科文库，并作为一份有价值的文化积累，在祖国文化宝库中占一席之地。

岭南文库编辑委员会

一九九一年元旦

目　录

序

中国的赌博最早肯定不起源于澳门，但澳门成为中国的赌城在历史上却是唯一。赌博，讲得体面一点，称之“博彩业”，其在澳门历史上的重要性，并不亚于明清之际澳门葡萄牙人的海上贸易。在大多数国度和地方，赌博仅是诸多社会问题之一，而在澳门，从19世纪40年代开始直至今日，赌博就不仅仅是一个简单的社会问题，而是经济、是文化，乃至政治，甚至可以说，是澳门历史发展的中心问题。

国人好赌，出自天性；而国人又无宗教之罪戒，乃至贪欲错乱，以博为荣。故明末顾炎武言：“今之进士，有以不工赌博为耻者矣。”清前中期，国家禁赌甚严，赌风稍敛；嘉道以降，政府依赌饷为其财政来源，故导致赌风日炽，其中尤以粤省为最。据道光时游历广东的湖南学者周寿昌记录：当日广东省内番摊、花会和闱姓等赌博，“列厂投票，官役日榷税焉。时自旦及昏，人自士庶男女老幼，无弗博者”。迨至晚清，清政府对赌博弛禁，时人邓承修称：“闱姓投票之人，则自搢绅大夫，以及农工商贾，妇孺走卒，莫不罄尽其所有。”即使海外华人亦复如是，梁启超在美国和加拿大时见美洲华人“几无复以业赌为耻者，谨厚君子亦复为之”。又称“以赌博为一专业，几于无家不赌，以区区之温哥华埠，而番摊馆有二十余家，白鸽票厂有十六七家，他埠亦称是”。足见华人好赌，决非诬也。

澳门的人口比例，开埠之初，外来人口多于华人，但至17世纪后，华人逐渐超过葡人，至清中期的很长一段时间，华葡人口比例大体相当。但到太平天国运动及广东天地会起事之后，流入澳门的华人人口大幅增加，而葡人人口渐减，澳门遂成为一完全以华人为主体的城市。是时，澳门不仅在人口上以华人为主体，华人经济亦逐渐占社会的主导。对清政府采取强硬对抗手段的亚马留主宰澳门政府时，将赌博合法化，以求解决澳门的财政困境。从此，澳门之赌博一发而不可收拾。亚马留的开赌在当时也许仅只是一种权宜之策，但以赌博合法化而给澳门政府带来的滚滚财源使澳门经济完全改观。于是乎，以赌为业，就成为澳门历届政府的既定之策。番摊、闱姓漫天而来，秦楼楚馆遍地林立，赌业日盛一日，赌饷年高一年。从此，赌博变成澳门经济之生命线，以至须臾不可或缺。晚明时期，澳门以其天主教的发展被人称之为“远东的梵蒂冈”；晚清，澳门又以其赌业之繁荣而被人称为“东方的蒙地卡罗”。梵蒂冈与蒙地卡罗，西方文明的两大“圣地”，被同挂冠于澳门城头，荣耶？耻耶？

澳门既为赌城，故博彩业几乎是澳门人最为关注的问题，因为它是晴雨表，故云：“兴亦博，衰亦博。”澳人对博彩经济的研究也是花了很大的功夫，不论是政府还是大学。然而，仔细翻检，却发现，研究澳门博彩史者，十分罕见，偶一涉及有之，不过是“通史”中的一节罢了。但所述史实之错讹，公布资料之不可靠，几乎是每一部“通史”的“通病”。以余之陋见，对澳门博彩史展开真正意义的严谨、科学的学术研究，海内外凡三：何汉威、赵利峰及本书的作者胡根。何汉威，则应是开创广东、澳门博彩史学术研究的始祖，他的三篇长文《清末广东的赌博与赌税》、《清末广东的赌商》及《广东进士赌商刘学询》，可以说是极具原创性的学术论文，将广东、澳门的赌业与赌商纳入近代经济史研究的框架之中，从而理清近代官商之关系，赌、饷之关系。征引史料之广博，学术视野之开阔，在在令人感佩。汉威兄是我的好友，谦谦君子，虚怀若谷。对我的两位治博彩史的学生赵利峰及胡根影响甚深，在很大程度上，我认为赵、胡两位的博士论文都是在汉威兄三篇巨论的启示与指导下完成的。当然，后者在许多方面超越前者，这亦是学术发展的必然。赵利峰《晚清粤澳闱姓问题研究》，一部30余万字的博士论文，其选择晚清粤澳博彩业的一部分，将闱姓彩票发展史的研究推至极致，成为澳门史研究中颇具典型的学术成果，获得学界一致好评。胡根的这一部近50万字的《澳门近代博彩业史》，则是集前两家之大成而又有大量增补之力作。胡著对澳门近代博彩档案、文献史料开拓之深，搜寻之密，辨析之细，多有发人深省之处，常常出人意表。

胡根原从业于澳门新闻界，记者出身，跟我读硕士时，年龄已经不小，但其转入史学之门后，读书勤奋，治史认真，可谓澳门学生中的表表者。我记得当年辑录《澳门宪报》中文资料时，主要就是靠胡根在澳门历史档案馆天天看，天天读，日夜拣选，是他完成《澳门宪报中文资料辑录：1851—1911》一书的第一步工作。正是因为这一“原始积累”，他的博士论文《澳门近代博彩业研究》才得以有扎实的史料基础来支撑。翻开这部近50万言的《澳门近代博彩业史》，征引《澳门宪报》之中葡文资料处处可见，有些章节的资料几乎全部来源于该报，可以说，对《澳门宪报》中的中葡文史料的深入开拓、发掘及利用，成为胡著的一大特色。我常对学生们说，《澳门宪报》是澳门近代经济史研究的史料渊薮，要研究近代澳门，不在《宪报》上下功夫，其成果是不可信的。胡根利用天时、地利、人和，在《宪报》上下大功夫，故能对汉威兄的大著有所超越。当然，胡著所长，绝仅非史料之长。作为中国第一部

《澳门近代博彩业史》而言，其可圈可点之处至少有三：一是史料丰富，内容详赡；二是完整系统，面面俱到；三是行家讲行话。特别是第三点，因为研究博彩史，如果不懂博彩，所行之文，所叙之事，必有许多难以尽达其意之言词，而胡根这一点做得恰到好处，反映了其对博彩业之熟悉。我认为写得最有价值及原创性最强的是该书的第五、第六两章，这两章对澳门博彩制度的变化、发展及政府制定的保障博彩发展的相关措施进行了有说服力的分析，用行家的眼光透视博彩规章的内幕，发前人所未发，言常人所不能言者。对很多一般人不容易看懂的法规条文，胡根却能一语中的，鞭辟入里地展开分析，且探幽发覆。如“选择性的开标”、“制止向承充人抽收税饷”、“赌商要求独家经营引起的修章”、“明喊与暗票竞投方式的转换”、“铺票与闱姓捆绑竞投”等章节，均写得十分精彩。还有一点仍值得一提，胡根的外语并不算好，葡语学过一点，仅入门而已，但他却坚持开拓与发掘葡文档案，在友人的帮助下，他的外文资料的使用也为其专著增添了不少色彩，这真有点王国维的精神，跟日本人学了一年半的英语就将《浮士德》的诗句译得“精”“神”并备。胡根在暨南大学学习六载，每周都是利用休假日来广州上课，晨钟暮鼓，寒暑易节，从未间断和缺课，始终孜孜以求。执著的学术追求，这也是胡根博士之所以能完成这部高质量著作的重要原因。总而言之，一个非历史专业半路出家的新闻记者，能完成一部如此厚重扎实的纯学术的澳门博彩史著作，殊属不易。我想，这其中的艰难与苦涩只有其本人心知。当然，胡根的这部著作并非没有缺点，该书的第七、第八章完全可以写得更好一些，第七章除第一节写得较饱满外，其他六节都有点像走过场，只是罗列现象，而没有将各种现象发展繁荣的原因与博彩业联系起来，联系只体现在标题上，而未见于行文中。第九章谈赌商也只是列举一些人物，论述其地位时，很少笔触分析，全书到此，似有强弩之末，势不能穿鲁缟之感。当然这只是我个人并不成熟的认识。

澳门史研究应向近现代史领域拓展，这是我七八年前发出的呼吁。澳门古代史虽然还有很多事可做，但主体的文献档案资料已经公布，主要的历史史实已有人展开研究。虽然争论至今不息，但新的东西已日渐稀罕。而澳门近现代史则不然，主体的文献档案尚存于各地馆藏之中，学术研究的空白领域还大量存在，以致一般性的基础史实尚不为人所知。因此，研究澳门近现代史，前景广阔，大有可为。胡根的《澳门近代博彩业史》应是这一领域的先行者，这先行的一步，无疑有助于对澳门近现代史研究的推动。胡根与我，亦师亦友。胡根能在澳门历史研究中取得今日之可喜成绩，实令人欣慰。我最希望的是，胡根的澳门博彩史研究并不就此止步，民国澳门之博彩，现代澳门之博彩，还有多少未知的秘密需要探寻、研究，还有多少模糊不清的史实需要花大力气予以澄清。我希望胡根能担此大任。

汤开建

2009年5月于氹仔徐日昇寅公马路第一座

前　言

赌博，既是一种娱乐，也可以说是一种人类的病态生活方式。古今中外，绝大多数朝代和国家都实行禁赌政策。自19世纪初开始，澳门就在特殊的环境下开放赌禁，博彩业逐步形成新兴的产业，并最终成为澳门地区的经济支柱。时至今日，澳门已是世界上为数不多的博彩合法化的城市之一，也是中国唯一允许博彩合法化的地区。赌博在澳门的角色是双重性的：它一方面是社会经济的主要产业，是官方税收的主要来源；另一方面也为社会带来许多问题，需要政府和民间千方百计去克服之。无论在今天的澳门，还是在历史上的中国，赌博对人类社会生活的巨大影响，都是不争的事实，是不容忽视的。

赌博使人倾家荡产，败坏社会风气，动摇国家统治根基。清人蒲松龄云："败德丧行，倾产亡身，孰非博之一途致之哉！"[①]除非别无选择，否则任何一个政府都不会贸然开放赌禁。澳葡政府正是在鸦片战争后，澳门被香港取代其国际贸易港地位的困境中，因苦力贸易之勃兴而偶然地"发现"这一新税源的。如果清廷不是屈辱地输掉这场战争，以葡萄牙这样并不算强大的国家，绝无可能摆脱中国政府而全面占领澳门；澳门就不可能成为天朝的"化外之地"，居然敢公开经营赌业，那就不会出现日后的"东方蒙地卡罗"或"东方拉斯维加斯"

---

① 蒲松龄：《聊斋志异》，朱其铠主编全本新注，第427页，《赌符》，人民文学出版社1989年版。

了。

澳门的赌博主要源于内地，要了解澳门博彩业发展的过程，首先需要知道中国内地赌业的形成和发展概况。关于中国内地赌业的情况，现有的史料可以追溯到两千多年前即秦汉时期。由于赌博被中华传统道德视为邪恶之物，难以被善良风俗所接纳，故此正史对其记载甚少，较多流于野史和民间传说之类。在缺乏数据及系统研究的情况下，对澳门博彩业如何由非法状态转入合法状态，以及早期的发展过程，一直众说纷纭，没有定论。

综观国内外学术界撰写的澳门史学书籍，在提到澳门博彩史的发展源头时，都难以准确地下判定语，只能笼统带过。有的著述（如《香港赌博史》①）认为香港 1867 年的赌博合法化比澳门早；学术界至今仍然有人认为澳门博彩业是在 1847 年合法化的。但是，档案材料证明，早在 1810 年，为了给葡萄牙人开办的慈善组织——仁慈堂筹募善款，澳门政府已经批准发行西式彩票；1846 年 2 月 16 日，当时的澳门总督彼亚度（José Gregório Pegado）就发出了准许开设番摊赌馆的总督训令。亚马留（João Ferreira do Amaral）在 1847 年接任澳督之后，把中式赌博如番摊、闱姓、白鸽票等合法化。即使是从 1847 年起计算，澳门的博彩合法化也比香港早 20 年。另外，本书还搜集归纳了一些过去从未作系统研究的中葡文档案，借此分析博彩业如何在澳门发展、壮大的早期史。而研究澳门博彩业的早期发展，可便于人们用历史的眼光分析这一特殊行业不同时期的经营方法与政府管理方式的沿革。

赌博在中国内地、香港、台湾和世界上大部分国家均受禁制，而在澳门是受到法律保护的合法产业。可以说，澳门博彩

---

① 鲁言：《香港赌博史》，香港广角镜出版社 1978 年版。

业决定了澳门今天的社会形态；澳门博彩业的发展成功与否，也决定着澳门社会能否保持繁荣稳定。然而，由于人们长期把赌博视为偏门即不正当的行业，澳葡政府与不少赌业经营者对这一特殊行业的经营取利手法讳莫如深。加上缺乏相关研究资料，对澳门博彩业由非法状态转为合法经营状态的过程欠缺考据，对其中的诱因和澳葡政府决策的形成过程，没有一个清晰的概念。现在，澳门已经超越了美国拉斯维加斯成为全球第一大赌城，全世界都在关注澳门的博彩业以及澳门赌权开放后对周边地区大环境的影响。世界各国的政治家，还有经济学、工商管理学、社会及人文科学、数学、心理学等学科的专家，如今都在研究澳门的博彩业。弄清楚澳门博彩业的真正起源和早期的经营状况，将有利于日后开展很多相关学科和学术问题的深入研究。

与澳门博彩业有关的著作，较详细的有商衍鎏的《清末广东的"闱姓"赌博》①，鲁言的《香港赌博史》，郭双林、萧梅花合著的《中华赌博史》② 和《中国赌博史》③，台湾"中央"研究院历史语言研究所何汉威研究员的《清末广东的赌博与赌税》④、《清末广东的赌商》⑤、《广东进士赌商刘学询》⑥，汤开

---

① 商衍鎏：《清末广东的"闱姓"赌博》，载中国人民政治协商会议广东省委员会文史资料研究委员会编《广东文史资料》第一辑，1961年版。

② 郭双林、萧梅花：《中华赌博史》，中国社会科学出版社 1995 年版。

③ 郭双林、萧梅花：《中国赌博史》，台湾文津出版社 1996 年版。

④ 何汉威：《清末广东的赌博与赌税》，载《历史语言研究所集刊》第 66 本第 3 分（1995）。

⑤ 何汉威：《清末广东的赌商》，载《历史语言研究所集刊》第 67 本第 1 分（1996）。

⑥ 何汉威：《广东进士赌商刘学询》，载《历史语言研究所集刊》第 73 本第 2 分（2002）。

建的《晚清澳门华人巨商何廷光家族事迹考述》①，林广志的《澳门卢氏家族资料四种》②，以及刘品良先生遗著《澳门博彩业发展纵横》③。葡萄牙学者关于澳门博彩业的研究文章有：阿马罗（Ana Maria Amaro）的《伊比利亚传统的澳门纸牌游戏》④、*Três Jogos Populares de Macau*⑤和*Jogos Brinquedos e Outras Diversões Populares de Macau*⑥，潘日明的《十九世纪的澳督与澳门生活》⑦。部分章节提到澳门赌博史的著作有黄鸿钊的《澳门史》⑧、费成康的《澳门四百年》⑨、元邦建和袁桂秀的《澳门史略》⑩、黄启臣的《澳门通史》⑪、黄鸿钊的《澳门史纲要》⑫、邓开颂的《澳门历史》⑬、吴志良和杨允中主编的《澳门百科全书》⑭、叶曙明的《赌国的兴衰》⑮、祝春亭

---

① 汤开建：《晚清澳门华人巨商何廷光家族事迹考述》，待刊稿。

② 林广志：《澳门卢氏家族资料四种》，待刊稿。

③ 刘品良：《澳门博彩业发展纵横》，（香港）三联书店2002年版。

④ 阿马罗（Ana Maria Amaro）：《伊比利亚传统的澳门纸牌游戏》，载澳门《文化杂志》第23期。

⑤ Ana Maria Amaro，Três Jogos Populares de Macau。

⑥ Ana Maria Amaro，Jogos Brinquedos e Outras Diversões Populares de Macau。

⑦ ［葡］潘日明著，苏勒译：《殊途同归——澳门的文化交融》之第17章《十九世纪的澳督与澳门生活》，澳门文化司署1992年版。

⑧ 黄鸿钊：《澳门史》，（香港）商务印书馆1987年版。

⑨ 费成康：《澳门四百年》，上海人民出版社1988年版。

⑩ 元邦建、袁桂秀：《澳门史略》，（香港）中流出版社1988年版。

⑪ 黄启臣：《澳门通史》，广东教育出版社1999年版。

⑫ 黄鸿钊：《澳门史纲要》，福建人民出版社1991年版。

⑬ 邓开颂：《澳门历史》，澳门历史学会1995年版。

⑭ 吴志良、杨允中主编：《澳门百科全书》，中国大百科全书出版社1999年版。

⑮ 叶曙明：《赌国的兴衰》，载《广州旧事》，南方日报出版社1999年版。

的《广东赌王》[1]，等等。上述著作各有真知灼见，但有的只是对现当代的发展进行相对详细的研究（如《澳门博彩业发展纵横》），有的是研究大范围的赌业局部发展（如何汉威的《清末广东的赌博与赌税》等著述），至今还没有对澳门博彩业早期发展过程作专门的全面研究分析。

在这里必须一提的是，笔者进行晚清澳门博彩业研究的过程中，曾经得到多位学者的启发和帮助。台湾“中央”研究院历史语言研究所研究员何汉威先生是一位较早从事广东赌业问题研究的专家，学识渊博，造诣颇深。他由1995年至2002年先后发表《清末广东的赌博与赌税》、《清末广东的赌商》以及《广东进士赌商刘学询》，均属博彩史研究领域之杰作。何汉威先生的研究，基本上理顺了清末广东赌业发展的脉络，澄清了许多学术疑点。本文虽然以晚清澳门博彩业为重点，但同时也必须论及广东的赌业，因此何汉威先生的著作对本文写作有着很重要的参考价值。但因客观条件所限，何汉威先生对澳门赌业及澳门赌商未有进一步的研究，而本文恰恰填补了这方面的空白。

暨南大学中国文化史籍研究所的赵利峰博士，在其论文《晚清粤澳闱姓问题研究》和《闱姓传入澳门及其初期发展》之中，详细地分析了闱姓赌博的来龙去脉。笔者与赵利峰博士经常在穗澳等地一起收集整理古籍材料，交流心得，对本书的写作有一定的参考和启示作用。赵利峰的《晚清粤澳闱姓问题研究》，通过对中葡历史文献和原始档案的整理分析，深入地研究了闱姓这一独特的赌博种类，以及闱姓在广东与澳门不同历史阶段的发展过程。其中涉及大量的政治、经济和社会风俗的第一手史料，分析也相当独到，是一篇相当出色的论文。赵

① 祝春亭：《广东赌王》，广东经济出版社1998年版。

利峰博士的观点对本书的写作有一定的启发性，本书也参考了这篇澳门早期博彩史研究者不可不看的重要文章。不过，赵文乃集中笔墨研究闱姓这个单一赌种，而本书则主要研究晚清以降澳门的博彩业，除了闱姓之外，还论及番摊、白鸽票、山票、铺票、骰子、斗蟋蟀、牌九、扑克、澳门仁慈堂彩票、中西式彩票等粤澳两地同时流行的赌种，论及博彩如何走上合法化的各个阶段，详细分析了澳葡政府维护博彩这一特殊行业的种种手段，以及博彩税收在不同时期受内外因素影响的情况。本书还编列了一批澳门赌商的数据，其中包括一些过去从来没有提及或极少提及的、但对澳门社会经济有重要贡献的中葡赌商。

目前，随着澳门博彩业的迅速发展，以及所获得的庞大利润，世界各国对澳门博彩业也逐渐重视起来。尤其是美国内华达大学、澳大利亚西悉尼大学等博彩合法化地区的高等学府，已纷纷展开对澳门赌业的研究。2003 年 3 月，一批美国和澳大利亚学者亲赴澳门，与当地学术界人士就博彩业的沿革、非理智博彩及其社会文化影响、赌场的内部管理、运气机率与理智博彩等课题进行学术交流。其中包括内华达大学拉斯维加斯分校（UNLV）酒店管理学院院长 Stuart. H. Mann 博士，学院研究院主任 John Bowen 博士、教授，助理教授兼浙江大学客座教授 Andy Nazarechuk 博士，学院助理教授 Ed. Polivka 以及 K. Pear Brewer 博士，澳大利亚西悉尼大学教授温洁等。他们在各个研讨会上发表论文和演讲时，都认为澳门独特的与博彩有关的社会及人文背景很值得研究。

自 2002 年以来，澳门大学、澳门理工学院、澳门旅游高等学院、中西创新学院先后开办了与博彩业有关的课程，已经招收了一批学生，可授予博彩学士学位、副学士学位和博彩机械维修专科学位，将来还可能增设博彩研究硕士、博士学位课程。澳门大学还增设了博彩研究所。2003 年 8 月 25 日，北京大学中国公益彩票事业研究所与澳门理工学院签订了《博彩研究合作备忘录》。按照这份备忘录，两校将建立博彩研究资料共享制度，设立博彩研究专项基金，联合申请经费，建立对澳门及亚洲博彩业未来发展有贡献的博彩学位教育和职业培训基地。

博彩业在澳门由非法状态转入合法化阶段的过程，整个社会需要承受一定的冲击，需要付出一定的代价。澳门到底是怎么熬过来的？有什么值得注意的地方？有何经验教训？这些方面很值得研究对比。所以，对于博彩业已经成为经济发展支柱产业的澳门特别行政区，以及正在摸索公益彩票发展途径的中国内地，博彩史已不仅仅是一个史学问题，同时也有重大的现实意义。但愿笔者的研究能够起到承先启后的作用，能为所有关注澳门博彩业沿革和未来发展的学者提供思考和学术批评的空间。

值得一提的是，1999 年澳门回归祖国所形成的一股“澳门热”，在中央政府、澳门特别行政区政府、澳门基金会、国内高等学府以及民间学术团体的积极推动下，促成了一大批澳门历史档案、文献、著述和译著的刊行。其中不乏高水平的新作，还有以前从未面世的尘封旧档，如澳门基金会 1998 年出版的《清代汉文档案汇编》，澳门基金会分别于 1998 年和 1999 年出版的 19 世纪与 20 世纪《澳门编年史》，澳门成人教育学会 1998 年出版的《生存之道——论澳门政治制度与政治发展》，中国社会科学院近代史研究所 1999 年编成的《中葡关系史料集》，中国第一历史档案馆、澳门基金会、暨南大学古籍研究所 1999 年合编的《明清时期澳门问题档案文献汇编》，中华书局 1999 年出版的《澳门开埠初期史研究》，中国书店 1999 年出版的《粤澳关系史》，东方基金会 1999 年出版的译著《葡中接触五百年》，澳门基金会 1999 年出版的译著《勘界大臣马楂度葡中香港澳门勘界谈判日记》，澳门基金会 2000 年出版的《明清士大夫与澳门》、《西力东渐》，花城出版社 2001 年出版的《鸦片战争后澳门社会生活纪实》，澳门基金会 2001 年出版的译著《历史上的澳门》，澳门基金会 2002 年出版的《澳门宪报中文资料辑录》，中国第一历史档案馆 2002 年编印的《清宫粤港澳商贸档案全集》，南京图书馆古籍部和北京中华全国图书馆文献缩微复制中心 1999 年编印的《澳门问题史料集》。还有，明末来华的天主教耶稣会士利玛窦、罗明坚合编的《葡汉辞典》，已于 2001 年由葡萄牙国家图书馆、东方葡萄牙学会、旧金山大学利玛窦中西文化历史研究所出版。

另外，澳门历史档案馆馆藏的葡文档案《澳门帝汶省政府公报》（*Boletim da Provincia de Macau e Timor*、*Boletim de Provincia de Macau Solor e Timor*），澳门仁慈堂博物馆档案，董少新《关于澳门仁慈堂章程（1627）的初步研究》，以及 Pedro da Mesquita 在第 57 期《澳门》（*MACAU*）杂志发表的 *A Santa Casa e as Loterias no Oriente*：*Lotarias com Todos*，阿马罗（Ana Maria Amaro）的 *Três Jogos Populares de Macau*（Instituto Cultural de Macau，1984），吴志良博士的《生存之道——论澳门政治制度与政治发展》与《澳门市政传统、制度及其发展》，金国平先生的《西力东渐》，汤开建教授的《委黎多〈报效始末疏〉笺正》、《澳门开埠初期史研究》和《明清士大夫与澳门》，唐思先生编著的《澳门风物志》，鲁言的《香港赌博史》，周志初的《晚清财政经济研究》，这些历史档案的面世、文献著述的发表刊行，对本论题的研究和对本书的写作有很大的帮助。

需要特别注意的是，本书多处提到"元"、"圆"、"两"和"雷伊士"等货币单位。这是由于澳门华洋杂处，当时既使用内地的银“两”，也使用银元和葡萄牙的雷伊士（Reis，葡萄牙货币）。清末币制混乱，道光后外贸大增，外国银元大量流入，由沿海地区流向内陆，中国的银锭货币逐步过渡向银元货币。宣统二年（1910），清廷颁布《币制则例》，确立中国币制为“圆”，一圆含库平银约七钱二分。按中位数换算，1 雷伊士约等于 1.5741 两。各种货币在不同的历史时期会有不同的换算率，这一换算率仅供读者参考。

第一章　中外赌博与澳门博彩业的关系

赌博现象在春秋战国时已有记载。司马迁在《史记·殷本纪》中说："帝武乙无道，为偶人，谓之天神。与之博，令人为行。"①武乙是商纣的曾祖父，其时已有博，可见赌博在中国起源之早。据《史记·宋微子世家》记载，宋湣公与大夫南宫万外出狩猎时作六博戏，赌博过程中双方"因博争行"，湣公情急之时，当众揭露南宫万曾做过外国俘虏，南宫万一怒之下，"以局杀湣公于蒙泽"，②宋湣公也成为首位因博而丧身的君主。

但是，赌博作为一种概念，较晚才开始出现。赌博一词最初出现在唐宋时期，《唐律疏义》中即有"博戏诸财物"一条罚则，③宋、元以后的法律中均同样有类似的条文。入清以后，法律虽然禁赌，但赌博依然在民间盛行。嘉庆年间的小说名著《镜花缘》，其中涉及投壶、决射、酒令、射覆、马吊、双陆诸游戏事，难怪后世有人嘲笑作者李汝珍是一位"博物君子"。④

---

① （西汉）司马迁：《史记》卷3，《殷本纪》第3，第104页，中华书局1982年版。

② （西汉）司马迁：《史记》卷38，《宋微子世家》第8，第1625页。

③ （唐）长孙无忌等撰，刘俊文点校：《唐律疏议》第487页，中华书局1983年版。

④ （清）崇彝：《道咸以来朝野杂记》第75页，北京古籍出版社1982年版。《镜花缘》作者李汝珍（1763—1830），直隶大兴（今北京市大兴县）人，曾任河南县丞。崇彝在《道咸以来朝野杂记》一书中指《镜花缘》写成于道光六、七年间。

如非当时有这样的社会风气，作者又怎能写得如斯传神？

《楚辞》曰："琨蔽象棋有六博。"①台湾"中央"研究院的汉唐史专家劳榦先生认为："六博"就是中国古代赌博的代表，中国古籍中许多训诂牵涉到六博，六博的制度不明，那就许多方面的训诂也不明。②在研究澳门及中国内地博彩行业的过程中，笔者发现澳门许多博彩方式竟与秦汉时期的博术十分相似，可以循此追溯到两千余年前的源头。

清末汪兆镛《澳门杂诗》云："弹棊六博剧欢娱，灯火楼台似画图。太息黄金掷虚牝，误人毕竟是樗蒲。"③此为当时澳门社会的缩影，亦可见"六博"之影响力。

劳榦先生在《六博及博局的演变》一文中，从考古学的角度分析道：

> 汉镜中最普遍的一种，即过去被称为"TLV 镜"的，自从杨联升先生根据"仙人六博镜"的形制，确定为博局的形状以后，这个问题已经解决了。六博的形制及其用法，是比较复杂的，不过在南北朝时代，却有简化了的赌博法，从这个简化的赌博来看，就比较清楚了。据颜之推《颜氏家训·杂艺篇》说："古者六博则六箸，小博则二茕，今无晓者。比世所行，一茕十二棋……"④

---

① （宋）范晔：《后汉书》卷 36《列传》24《梁统》，第 1178 页，（唐）李贤等注本，中华书局 1973 年版。

② 劳榦：《六博及博局的演变》第 15 页，台湾"中央"研究院历史语言研究所集刊第三十五本《故院长朱家骅先生论文集》。

③ 汪兆镛：《澳门杂诗》之《竹枝词四十首》，载中国第一历史档案馆、澳门基金会、暨南大学古籍研究所合编：《明清时期澳门问题档案文献汇编》（六），《文献卷》，第 863 页，人民出版社 1999 年版。

④ 劳榦：《六博及博局的演变》第 15 页，台湾"中央"研究院历史语言研究所集刊第三十五本《故院长朱家骅先生论文集》。

茕是一种投掷彩数的博具，和现在所用的骰子，有类似的用处。琼主要用作酒令，或下棋博时决定谁先走棋子，因此有相当的幸运成分。① 据《辽史》载，辽道宗竟然命大臣在朝堂上掷骰子比大小，以决定官员的升迁：道宗“晚年倦勤，用人不能自择，令各掷骰子，以彩胜者官之”。耶律俨“得胜彩”且获兑现，辽道宗曰：“上相之征也”，于是迁知枢密院事，封越国公。②

澳门博彩项目中的“骰宝”（大、小），投掷式的特点，博术的原理与古代的茕相同，可推断源于茕。据《后汉书》载，鲍宏在《博经》中提到：

> 用十二棋，六棋白，六棋黑。所掷头谓之琼。琼有五彩，刻一划者谓之塞，刻为两划者谓之白，刻为三划者谓之黑，一边不刻者五塞之闲，谓之五塞。③

古代赌徒使用的琼是一个六面体，除去两面各有一个尖头外，还剩下四面：第一面刻一画，叫做塞；第二面刻两画，叫做白；第三面刻三画，叫做黑；第四面不刻，叫做五塞。根据我国古籍的记载，劳榦先生判断，这种四面的投子（骰子）不论在中国或者在中东，都是较为古老的办法；其六面的投子，却是从这种四面的投子变化而来的。④

依照唐代李翱的《五木经》及唐代李肇的《国史补》，唐

---

① 劳榦：《六博及博局的演变》第 15 页，台湾“中央”研究院历史语言研究所集刊第三十五本《故院长朱家骅先生论文集》。

② （元）脱脱等著：《辽史》卷 98，第 1416 页，中华书局 1974 年版。

③ （宋）范晔：《后汉书》卷 36，第 1178 页。

④ 劳榦：《六博及博局的演变》第 15 页，台湾“中央”研究院历史语言研究所集刊第三十五本《故院长朱家骅先生论文集》。

时的掷法是用五琼（即五茕）。每琼四齿，一齿全白，称为“白”，一齿全黑，称为“黑”，一齿黑而刻二称为“牛”（或犊），一齿白而刻二称为“雉”。掷得贵彩的得连掷，并得行马（即行棋）。所谓“贵彩”，即是：

卢——五琼均黑，十六彩。
白——五琼均白，八彩。
雉——两雉三黑，十四彩。
牛——两牛三白，十彩。

另有杂彩为：

开—— 一雉，一牛，三白，十二彩。
塞—— 一雉，一牛，三黑，十一彩。
塔—— 二雉，二白，一黑，五彩。
秃—— 二牛，二黑，一白，四彩。
撅—— 三白，二黑，三彩。
枭—— 三黑，二白，二彩。

卢者黑也，凡投五子皆黑则其名卢，此在樗蒲为最高之彩；其次是五子四黑而一白，其彩名叫做雉。由此可知，古籍上所写的“ 呼卢喝雉”者，即为投掷骰子的由来。①蒲松龄《聊斋志异》之《赌符》一文曾经有这样的描写：

以千钱为孤注，僧掷之无所胜负，族人接色，一掷成彩；僧复以两千为注，又败，渐增至十余千，明明枭色，

① 劳榦：《六博及博局的演变》第23页，台湾“中央”研究院历史语言研究所集刊第三十五本《故院长朱家骅先生论文集》。

> 呵之，皆成卢雉……①

又据同治年间《香山县志》：

> 呼卢博簺之习蔓延城乡，曰番摊，曰牙牌，曰纸牌，曰掷色，列肆而居，转禁转炽。衣冠巨族命俦啸侣，百万一掷，昼夜不休。②

《清稗类钞》曰：

> 骰子，赌具也，古曰掷樗蒲。今以骨或象牙为之，成正方形，六面分刻一二三四五六之数，掷之，有四数者为红色，余皆黑。掷之于盘，视其转止，以所见之色为胜负，故亦称色子。相传为魏曹植所造。本止有二，谓之投子，取投掷之义。唐时加至六，改以骨制，始有骰子之名。温庭筠诗"玲珑骰子安红豆"是也。③

古代琼（或茕）的形制，在现代已极少看到。据劳榦先生所考，现在通行的都是六面的骰子。由四面的琼到六面的骰子，是在唐代才开始演变的。在《演繁露》中说明变卢雉为一至六的数目始于唐代，这是一个非常珍贵的启示，因为卢雉和一至六的数目显然是属于两个系统。唐代投子整个系统的转

---

① （清）蒲松龄：《聊斋志异》，朱其铠主编全本新注，第426页，《赌符》，人民文学出版社1989年版。"明明枭色"之原注："一般认为枭色最胜，其次卢，其次雉。"

② 同治《香山县志》，卷五，第18页，《风俗》，台湾商务印书馆1962年刊本。

③ 徐珂编撰：《清稗类钞》第十册，赌博类，第4894页，《骰子之博》，中华书局1984年版。

变，应当不是逐渐转换而成的，而是受到外来的影响。据现在可能知道的，大致用数目作点的投子，是从西方传入的。等到六面而用点的骰子采用以后，较为简明，原来卢雉的投子就不再为人所采用了。①

澳门赌馆常用的骰子有六面，点数由一到六，这与古代的骰子有一定区别。但是，二者均同样以掷骰计算点数决定输赢，这一点是共同的。还有，澳门赌博中的番摊、白鸽票、各类彩票等种类，与古代中国内地的赌术同源。所以，我们在研究澳门博彩史的时候，必然要参照内地的赌种，作出对比，以了解其源头及发展过程。

第一节　粤澳两地的博弈风气

广东的博弈之风古已有之。明人叶权在《贤博编》一文中，第一句话就是："余少好博弈，尝酒中与客决赌，争注有言，气平深自悔恨，遂断此戏。"其著述《贤博编》之取名也与赌博有关："孔子曰：不有博弈者乎？为之，犹贤乎已。""夫博弈既贤于无所用心，是虽无关世道，彼善于此，其有之乎？因名曰贤博编。"②

明末清初著名文人屈大均曾在《广东新语》中多处叙及广东的赌博风气，如："广人喜斗蟋蟀"；"广人有放鸽之会"；"番禺狮子里多鹌鹑，其价颇贵，斗者率以此为良"；"潮人有斗鹅之戏"；"广州儿童，有赌蔗、斗柑之戏"。③

---

①　劳榦：《六博及博局的演变》第 29—30 页，台湾"中央"研究院历史语言研究所集刊第三十五本《故院长朱家骅先生论文集》。

②　（明）叶权撰、凌毅点校：《贤博编》第 5 页，中华书局 1987 年版。

③　（明）屈大均：《广东新语》卷二十四《虫语·蟋蟀》、卷二十《鸟语·鸽》、卷二十《鸟语·鹌鹑》、卷九《事语》，中华书局香港分局 1974 年版。

耶稣会士利玛窦（Mathieu Ricci，1552—1610）与范礼安（Alexandre Valignani，1538—1606）编写于1583至1588年的《葡汉辞典》，用葡萄牙语和罗马注音编列了大量源自广东的地方方言。这部辞典的未刊手稿，于1934年由历史学家德礼贤（Pasquale d'Elia，1890—1963）在罗马的耶稣会档案馆发现，于2001年由葡萄牙国家图书馆、东方葡萄牙学会、旧金山大学利玛窦中西文化历史研究所出版。

据"中文世界地图演变研究"课题组主持人吕健的研究成果表明，这部辞典是利玛窦在肇庆编写的世界上第一部欧汉字典。利玛窦到肇庆之前，在澳门就开始学习汉语，他在罗明坚（Michele Ruggieri，1543—1607）的汉语水平基础上，努力作出重大进展。利玛窦与罗明坚在肇庆期间，创造性地运用拉丁文拼音和葡萄牙语拼音来研读中国语言，形成汉语拼音的雏形。①

今天，我们研读这部辞典的时候，可从另一个侧面"透视"明朝末年流行于澳门的民间赌博。以下是这本辞典里面与赌博有关的词汇：

第44页	Aposta 赌；
	Apostar 相赌；
第59页反面	Companheiro no Yuguar 赌友；
第72页	Dado de Jugar 色子，骰子；
第72页反面	Dar-se por vencido 输了；
第78页	Desbarratar os artigos 输败；
第108页反面	Jogo 赌博一赌钱；
	Jogar 赌；

① 《澳门日报》2004年4月7日。

Jogador 惯赌；
第 101 页　Fazer cabedal acreditar 本钱；
第 124 页反面　Onzenar 放债；
第 147 页　Tapil 烂赌（嗜赌）钱的，赌博之人。①

利玛窦与范礼安这两位明朝末年在广东传教的耶稣会士，是在澳门学习汉语及中国宫廷官话的。有趣的是，他们的译音中居然有粤语和闽语，相信是他们的语言教师中既有广东人也有福建人之故。能够在《葡汉辞典》中收入上述与赌博有关的词汇，足可证明当时广东、澳门一带赌博的风气已很普遍。

印光任和张汝霖合著的《澳门记略》中提到，乾隆年间香山县曾经与澳门葡人勒汉葡文石碑各一，碑文中有这么一段：

> 禁夷匪夷娼窝藏匪类。该夷目严禁夷匪藏匿内地犯罪匪类，并查出卖奸夷娼，勒令改业，毋许窝留内地恶少，赌博偷窃。如别犯赌博、盗窃，其罪重于宿娼者，仍从重拟断。并将失于查察之夷目，一并处分。②

这段文字，反映出乾隆年间广东等地的非法赌博风气已颇为盛行，管理澳门事务的中国官员，要勒石警诫澳夷不能够窝留赌博及盗窃罪犯，避免内地匪徒把澳门当作犯罪后的避风港。嘉庆年间，澳门的地下赌博已形成一定规模，甚至可供官吏暗中收取贿赂。美国学者穆黛安在《华南海盗》一书中提

---

① 魏若望（John. W. Witek）主编：《葡汉辞典》，葡萄牙国家图书馆、东方葡萄牙学会、旧金山大学利玛窦中西文化历史研究所 2001 年出版。

② 印光任、张汝霖：《澳门记略》，第 38 页，《官守篇·政令附》，赵春晨校注本，广东省高等教育出版社 1988 年版。

到，早在1809年7月间，当百龄就任两广总督之际，张保仔就在广州、澳门等地发布文告，向“百青天”表明心迹，声称“我等流为海匪，非为他故，概由官吏人等均怀暴虐之心，只知榨取民财所致”。张保仔并揭露澳门同知“……（在澳门）搜刮各色财货，尤为甚者，每月从博徒手中勒取白银50两”。①

道光年间澳门已存在清朝地方官吏包庇的白鸽票厂。在东波塔葡文档案中，有一份约于道光二十年（1840）的澳门《赌馆和生堂厂规限》。其中详细记录了这里赌博的规定，现详录如下：

> 和生堂厂规限开列：
> 玖撞壹，受双取。
> 拾字企柱，受壹百五拾条。
> 拾壹字，不拘何图形连底，受壹佰柒拾条。
> 拾贰字，不拘何图形连底，受壹佰玖拾条。
> 拾叁字，不拘何图形连底，受贰佰叁拾肆条。
> 拾肆字，不拘何图形连底，受叁佰伍拾条。
> 拾伍字，不拘何图形连底，受肆佰肆拾条。
> 拾陆字，不拘何图形连底，受伍佰叁拾条。
> 拾柒字，不拘何图形连底，受陆佰贰拾条。
> 拾捌字，不拘何图形连底，受柒佰壹拾条。
> 拾玖字，不拘何图形连底，受捌佰条。
> 贰拾字，不拘何图形连底，受捌佰玖拾条。
> 贰拾字以上，每多壹字，受多伍拾条。
> 赖五扣伍。叁拾字，只受柒百贰拾玖条。

---

① ［美］穆黛安：《华南海盗》第78页，中国社会科学出版社1997年版。

赖鬼脚，不拘字多少，只受伍盆。

大猪豨[1]横身，每柱受拾条。

赖玖撞壹，不受。拾叁字顺吞，不受。算盘图，永不受。

赖顺吞，不受。捌撞贰，不受。飞鼠图，不受。

左右猪尽（豨），不受。赖全图，不受。点票钉投入厂作买票，俱不受。

所有玖撞壹及企柱、顺吞、顺行、捌搭贰、玖搭壹，俱要从底除去叁个字，填回叁个字，再加新字，方可另开别盆。如不照底除字，只加新字，作为重盆。□〔照〕数降除。如有过限重盆，即使分艇查出，亦照数降除。至于内外条数交不符，亦照数降除。均是降多不降少。除红不除白，倘有新样图形，须要当堂问明妥合，方可投入。如或擅投，有杀无赔，勿贻后悔。此乃公平交易，和气生财。诸尊合意，请照规限而投。如固执拗，幸勿光顾。□各艇友务必详悉告知东家，留合作字给票，切勿过限、过盆、重盆、□数等项。拾个字企柱，入字中式，亘例并无高低。其余企柱之外，看盆□□不能画一。近有棍徒，膜字伪水大多。诸君执卷，一柱拾条□□，是为大票，必须当面查漏。如不查漏，出门与本堂无涉。特先□□，□〔以〕免后论。和生堂厂谨识。[2]

到目前为止，尚未发现更早的华人合法经营赌厂的文献。因此，这份《赌馆和生堂厂规限》在澳门博彩史上应占有重要

---

① 此字疑为“猀”字。

② 刘芳辑，章文钦校：《清代澳门中文档案汇编》（上），第72页，第119条，《赌馆和生堂厂规限》（约道光二十年，1840），澳门基金会1999年版。

的地位。这间和生堂的规模不小，从上述“规限”来看，其经营的就是白鸽票。但究竟由何人经营，除彩票外还经营何种生意，目前还不知道。赵利峰博士认为，此白鸽票厂在澳门开设，只能是受澳门同知等中国官员纳规包庇，不可能向澳葡议事亭承充缴税。①

甚至在嘉庆年间还发现“夷人聚集番商开标，民人被惑投银买标情事”②。这些均可反映，在澳门博彩业合法化之前，粤澳两地的赌风早已有之。

《清稗类钞》谓：

> 粤人好赌，出于天性，始则闱姓、白鸽票，继则番摊、山票，几于终日沉酣，不知世事。而下流社会中人，嗜之尤甚。此外又有诗票、铺票者。诗票则用五言八韵诗一首，铺票则用店铺名号一百二十名，限猜几字，其分簿开彩等，与闱姓、白鸽票大同小异。③

不过，某些在广东流行的赌种又未必能够在澳门同样流行。斗鹌鹑就是其中一个比较突出的例子。鹌鹑盛产于广东番禺，初时为民间娱乐，逐渐成为一种赌博。屈大均《广东新语》云：

> 番禺狮子里多鹌鹑，其价颇贵，斗者率以此为良，张

---

① 赵利峰：《晚清粤澳闱姓研究》第 39 页，暨南大学 2003 年度博士论文未刊本。

② 刘芳辑，章文钦校：《清代澳门中文档案汇编》（上），第 431 页，第 842 条，《香山知县彭昭麟为查究蕃商开标聚赌事下理事官谕》（嘉庆十年三月初七日，1805 年 4 月 6 日）。

③ 徐珂编撰：《清稗类钞》第十册，赌博类，第 4879 页，中华书局 1984 年版。

> 网田中，以犬惊而得之。其麻翼黑爪而足高者雄也，黄眼赤嘴而足卑者雌也。其夫斗也，使童子左握其雄，右握其雌，时时在掌出入不离。又处之于囊，以盛其气。沃之于水，以去其肥。其将斗也，则注以金钱。诱以香粟，拂其项毛，两相迫促，于是奋怒而前，爪钩喙合，洒血淋漓，尚相抵触。斗之既酣，胜者与禄。此戏传自岭内，今广人皆以此为事。①

广东等地虽然有斗鹌鹑之赌，但在澳门地区并不流行，官方与民间均未见流行此博戏之记载。

第二节　华南地区与澳门的传统中式赌博

流行于广东和澳门等地民间的赌博方式和赌具，既有动物赌，也有器具赌，可谓花样百出。澳门本属香山县，居澳的华人大部分是广东人，生活习惯与广东其他地区相同之处甚多。所以，在赌博行为方面，澳门基本上沿袭了广东居民的爱好与习惯，澳门绝大多数赌博种类也源自广东。据研究，流行于粤澳两地的赌博主要有以下种类。

一、番　摊

番摊是中国古代摊钱的别称，又叫做诡意、摊戏、摊蒲、射意等。古代的赌法是随身取一把约数十枚钱币，纳于器中，让人猜注。然后揭开盖子，倒出钱币，以四枚为一组，然后统

---

①　屈大均：《广东新语》第526页，卷二十，《鸟语·鹌鹑》，中华书局香港分局1974年版。

计余数，余一则一胜，余二则二胜，余三则三胜，余四则四胜，以押得余数者为赢。南北朝时，民间已盛行番摊这种赌术。

据《南史·梁昭明太子统传》："又见后阁小儿摊戏，后属有狱牒摊者法，士人结流徒，庶人结徒。"①可知当时摊钱之博甚盛，官府立法严禁，对士人的惩罚严于庶人。

唐杜甫《杜工部草堂诗笺》之《夔州歌十绝句》："长年三老长歌里，白昼摊钱高浪中。"②

元代刑律更直接以"摊场"指赌场："诸赌博因事发露，追到摊场，赌具赃证明白者，即以本法科论；不以展转攀指革拨。"③

入清以后，摊钱被人称为"番摊"。据称，是因为该赌盛行于广东番禺而得名。当时番摊赌博确实在广东极为风行，张心泰《粤游小识》：

> 东省赌博最盛，赌具以钱，随意抓置席间覆之，分么二三四四门。令出资猜之，注齐去覆，四钱一数，若篮等然，视其所余，决中否，定输赢。中者孤注偿三倍，半占者倍偿，卡角，大面各如数偿之。④

到晚清，番摊又由广东传至国内其他地区，但并不如广东之盛。

---

① （唐）李延寿撰：《南史》第三册，卷53，《传》第1312页，中华书局1975年6月版。

② （清）彭定球等编：《全唐诗》（中册）卷229，中州出版社1996年版。

③ 《元史》卷105《刑法志》；另见《古今图书集成》经济汇编第93514页，《祥刑典》第二十六卷，《律令部汇考》十二，《元》。

④ 张心泰：《粤游小识》，小方壶斋舆地丛钞第九帙。

由于广东地区和澳门一带的居民特别喜欢番摊这一赌博种类，所以，在澳门清代的博彩项目中，番摊所占的比例极为重要。以1887至1888年度“澳门及帝汶省”的澳门地区财政收入为例，澳府当年的财政收入之中，直接税304636元，中式博彩的税收超过61%，番摊税收119260元，比闱姓税（30600元）和白鸽票税（38250元）的总和还要高出一大截。①

值得一提的是，在这一年度，澳葡政府由熟鸦片销售取得的税收仅为43395元，还不到博彩税收的四分之一。在这份文件之中，特别说明闱姓博彩是于1847年1月，应华人之要求，由澳门总督批准设立的（这里提到的“闱姓”应是后人的误解“白鸽票”）；所有的番摊赌馆则系于1846年2月16日由澳督批准的基础上，在1849年4月正式发给牌照的。② 由此可见番摊在澳门的流行程度，和对政府税收影响之大。③

1887年来澳期间参观过番摊馆的葡萄牙贵族阿尔诺索伯爵，在其回忆录中写道：

> 赢钱的赌客根据规定还要由庄家从其所赢的钱数里抽水7%。④

番摊在19世纪60—70年代的澳门十分盛行。据郑观应估

---

① *Boletim Official do Governo de Provincia de Macau e Timor* 1888—3—15 No—11，P. 100：“Receita do Anno Economico de 1887—1888”，澳门历史档案馆藏。

② *Boletim Official do Governo de Provincia de Macau e Timor* 1888—3—15 No—11，p. 100，澳门历史档案馆藏。

③ 郭双林、萧梅花：《中国赌博史》第225页，台湾文津出版社1996年5月版。

④ ［葡］文德泉（Manuel Teixeira）：《阿尔诺索伯爵笔下的澳门》，载澳门《文化杂志》第七、八期合刊，第70页，1989年。

算，当时澳门的番摊馆多达二百多家，澳葡当局靠赌饷和鸦片税每年收入在二十余万元以上，不但可以保证澳门的财政支出，而且还有剩余。①

二、闱　姓

闱姓是与科举考试有关的彩票赌种，于道光末年由广东人创制，一直流行了数十载。光绪十年（1884），广东籍的翰林院检讨潘仕钊曾在奏章中曰：

> 查广东闱姓起自道光初年，其时民物阜康，乡里小民卜榜为乐，如投壶射覆，故士夫商贾皆视为无伤雅道，逮咸丰、同治间，其风最盛。②

至光绪末年朝廷取消科举考试，闱姓才被白鸽票（小闱姓）所取代。闱姓是清朝最早合法承饷的彩票赌博和澳门赌厂最主要的生意之一。

闱姓赌博，是以参加乡试、会试的士子姓氏为猜赌物件，买中榜上有名的姓则赢，否则为输。赌商曾从中舞弊，手法有“扛鸡”、“禁蟹”。“扛鸡”即收受贿赂和运用贿赂，设法扛抬某人中举人或进士；“禁蟹”者，则是根据赌注的需要，把某可能中式的人“禁”下去。据《清实录》咸丰四年七月丁巳条：

---

① 《郑观应集》（上）第17页，《澳门窝匪论》，上海人民出版社1988年版。

② 《明清时期澳门问题档案文献汇编》（三），1149，光绪十年九月初八日（1884年10月26日）《记名道府翰林院检讨潘仕钊奏请变通挽回巨款以济要需折》。

> 有人奏，广东省每遇岁科考试，州县官所取案首，多系以财行求，琼州府属尤甚，往往于未考之先，即已讲定，多则洋银七八百元，少则四五百元不等，甚至自第二名至第十名，非用洋银数十元亦不能得。①

但是，又如台湾学者何汉威先生所说，闱姓赌博利用科考作护符，表面蒙上神圣的外衣，使人产生错觉，认为闱姓比其他赌博高雅，从而吸引不少中、上层人士投买。闱姓开彩以官方金榜为依据，故予人彩金分配公平合理、不像其他赌博那样易于作弊的观感。②

据同治年间《番禺县志》载：

> 有曰“闱姓票”者，初以文武乡试榜中小姓为赌，继而会试榜学使取录诸生榜皆赌之。每于试前，开赌者先刊小姓数十，令人择二十姓为一票。以取一千票为一簿。榜发，其票得姓最多者曰头票，次曰二票，次曰三票，皆以一博六十倍之利，三票以下则无所得。所操约而所得奢，故每值试年，闱姓票赌通核不下数百万金，亦赌之最巨者也。近年以来，大吏颇知赌之为害，其番摊、白鸽票、花会等赌，皆申禁令。然文武衙门赌规甚重，且开赌者非劣弁则胥吏，乡间则劣绅棼老包庇，故屡禁屡开，未能绝也。至闱姓票则为数既巨，当事者且取其二，以充公用，

① 《清文宗显皇帝实录》卷136，第408页，咸丰四年七月丁巳条，中华书局1986年版。

② 何汉威：《清末广东的赌博和赌税》，台湾“中央”研究院历史语言研究所集刊第67本第2分册，1995年版。

士大夫且有不知其为赌者矣。赌为盗源，粤之多盗皆由赌盛。①

又同治年间《香山县志》：

自内地严闱姓赌馆之禁（聚粤中小姓于文武乡会试及岁科童试时，射其中否曰闱姓），奸人潜往澳门开设，恃夷为固，而澳夷岁收陋规数十万，遂因之渐富矣。②

到了光绪年间，陈征文游澳时有诗云："漏卮谁为中华塞，百万朱提买榜花。"③ 反映了澳门闱姓赌博之盛。

三、山票，铺票

山票是晚清彩票的一种，于光绪末年，为了弥补闱姓被取消后的税饷损失而创制的彩票赌，故此一开始就属于赌上承饷而开办的合法赌博。山票的赌法是：从《幼学千字文》中选出书中最前一部分由"天地炎黄"到"遐迩一体"止（中间删去"吊民伐罪"一句），合共一百二十个字。投买者在其中任意挑买十五个字，五个字为一条，每会收票若干，每月于初二、十二、二十二日开彩三次，开彩前一天截止投买。

郑观应在《致广州两粤广仁善堂董事徐君树堂书》中陈述：

---

① 同治《番禺县志》卷六，第46页，《舆地略四》，广东人民出版社点注本，1998年。

② 同治《香山县志》卷22，第88页，《纪事》，广东人民出版社点注本，1998年。

③ 陈征文：《木兰馆诗钞》之《濠镜杂诗》，清刻本。

> 查广东赌具最毒者莫如字花、白鸽票、山票。盖字花一文钱可以猜买，山票毫半近闻半毫亦可猜买，而得猜有数十倍、数百倍至数千倍之多，其引人入胜之法可谓妙矣。不知赌之一字本有输而无赢，即如番摊虽分四面各占其二，尚且十赌九输。纵无私弊，例须抽水，如赢十次输十次而赌款已尽入于抽水之手矣。何况字花三十六字之中猜买一字，白鸽票八十字之中猜买十字，山票一百二十字之中猜买十五字，铺票、田票均一百二十字之中仅猜买十字。诚如前广东臬宪王廉访所言，譬如海底捞针如何得中?①

澳门的山票在闱姓取消之后迅即开办，1905年10月27日《广东日报》报道：

> 澳门二十四日来函云，前礼拜四日将山票开投，落票者颇不乏人。最高之票，计每年出饷二十八万二千元，系港商余国霭投得，合同以六年为期。闻不日即可开办，承充人有权在澳门设立分厂牌仔，售卖山票，闻拟每月开彩三四次云。②

又据《清稗类钞》载：

---

① 《郑观应集》(下)第400页，《致广州两粤广仁善堂董事徐君树堂书》，上海人民出版社1988年版。

② 《广东日报》乙巳年(1905年)10月27日《澳门山票不日开办》。《广东日报》，清末资产阶级革命派报纸，1904年3月31日在香港创刊，总编辑兼督印人为郑贯公。

> 粤东有山票者，其注用《千字文》首篇一百二十字，较白鸽票多四十字。猜买者以十五字为限。每次开三十字，收票可至数十万条，每条须银一角五分，于数十万条中，取中字最多者得头彩，同中同分。票盛时，头标可得数万圆。①

在澳门有山票，但较流行的是铺票（又叫“签铺票”Chim－pu－pio）。铺票属于选字博彩方式，与山票的博彩方法大同小异；但铺票只任人猜买十个字，每月开彩六次，彩金占投注总额的72%，余下28%为票商的收入。铺票又可分为“单榜”和“联榜”，单榜投注额分别是10元、5元、3元、2元和1元，每场限售1000票，不足则由票商补足。联榜投注额则为5元、1元和5毫（角），不限票数。铺票因彩金不高，开彩时间长，刺激性不大，渐不受澳门人欢迎，赌商经营不易，1985年最后消失。②

《澳门政府宪报》曾刊登一份合同，把1906年8月1日至1912年6月30日的澳门、氹仔、路湾签铺票生意批给华商孔咏裳、黄大经承充开办。承充人有权自行开设铺票厂四间，开收铺票，并可将四间铺票厂或其中一二间与他人分设收卖铺票。合同规定每月开票至多不得逾六次，每次开票之时，承充人应择一开阔众地，在华人神庙之前，如康公庙或妈阁庙，以为每次开票之所。开票之时，所有人皆可在场观看，以示公允，澳门华政厅亦须派出委员亲临监视。

按照该份《澳门政府宪报》刊出的条例，澳门铺票之投买开彩办法如下：

---

① 徐珂编撰：《清稗类钞》第十册，赌博类，第4893页《山票》。

② 吴志良、杨允中主编：《澳门百科全书》，《博彩业·铺票》，澳门基金会1999年版。

a. 此项铺票若系按照第六款所定用店名为底，承充人即须先行选店名一百二十个刊派告白，俾众皆知，以便任人拣买。

b. 买票者即在承充人所选定之一百二十个店名之内，任拣十个店名投买，是为一票。

c. 每卷收足一千条，是为满一卷。承充人于每卷将一千条票用直行刊列，一票一行，每一行上冠以其票之次第字号。

d. 每一千条一卷开一谢教，各卷各开。如中式票系在此卷者，即与彼卷无涉。每卷均列三名，定为首名、二名、三名。

e. 此铺票开字系用杯卜之法。其杯两只均一面平，一面圆，即华人神庙所用之较杯。

f. 每次开字，先将选定之一百二十个店名开列一单，挨次逐名杯卜。其法如下：假如开列店名首为美南，次为和昌，即先从美南起首杯卜，其杯须向空掷高跌下，如是两只俱俯为阴，两只俱仰为阳，则美南是不入选之店名，即不用再掷。随将其次店名和昌杯卜照前掷之法，如得一俯一仰为胜，即于和昌名下留一标志，再掷再胜，再留一志，又掷又胜，又留一志，连掷至不得胜杯为止。即将和昌店名记出书明共得胜杯若干数，另置一旁。然后又挨次逐店照前杯卜，至一百二十店杯卜完遍，于是汇合所得胜杯至多之店，按数次第递取十二名，是为所开之票𫐄。照此点对各卷之票，有买得此十二名票𫐄之字者，是为中字每卷。以中字至多者为第一，得首名谢教，次者二名，又次者三名。

g. 所收票价定为半元、一元、二元、三元、五元、十元各等。

h. 各卷分派谢教（派彩）之法如下：假如一元卷，共收票一千条，该银一千元，则首名谢教该六百元，二名谢教该二百元，三名谢教该一百元。共派出九百元所余一百元归承充人，得以为费用及利益。

i. 每卷中式之票，由承充人于其所得谢教银内扣回卷银些少，其每卷价银若干，则须先于该卷之首编内载明。

j. 凡买票者同一条票可以任买十卷、二十卷，如其票幸中首名，则照以上所论各节是其票值可得十倍二十倍之六百元谢教。

k. 每次开票之时应在聚集观看之众人中取用数人，以司掷杯之事。其法如下：由承充人用竹签三枝向众人丛中掷入，谁执得此签者，即请之以掷杯。掷毕，由承充人给予酬劳。

l. 每次掷杯开字完毕，承充人即将此用过之较杯当众打碎，毁烧之。①

四、骰戏与骰宝

骰子是许多博戏必不可少的赌具之一。这里说的“骰戏”，是指单纯的用骰子定输赢的博戏。据考，骰子源于先秦时代的茕（又可称作琼），茕是一种投掷彩数的博具，和现在所用的骰子类似，属于中国最早的赌具。②前文已有介绍，在此不赘。

琼主要用作酒令，或下棋时决定谁先走棋子，因此有相当

① 《澳门政府宪报》1906年7月14日（第28号），《大西洋澳门正督理国课官柯为通谕事》。

② 劳榦：《六博及博局的演变》第15页，台湾“中央”研究院历史语言研究所集刊第三十五本《故院长朱家骅先生论文集》。

的幸运成分。[①]澳门博彩项目中的“骰宝”（大、小），投掷式的特点、博术的原理与古代的茕相同，最初骰子的点穴描墨，在唐代增加描红。骰子描红，相传是唐玄宗所赐。《言鲭》载：“明皇与杨贵妃采戏，将北（输），唯四可解，有一子旋转未定，连叱之，果成四。上悦，顾高力士令赐绯。”绯，即红色，从此，四点描红。[②] 晚唐温庭筠诗云：“玲珑骰子安红豆，入骨相思知不知。”[③]由此，可知当时的骰子已有四点描红。骰戏除四枚骰子外，还有骰谱。骰戏每局三至五人，用四枚骰子掷地，见色数点，再按照除红谱作的种种规定，决定赏罚。点数名称皆用雅名，如“满园春”、“鹊踏枝”、“蝶恋花”等，是一种文人与妻妾姬妓相娱的博戏。因为简单易学，不须动脑，故在下层民众中十分流行，也极易与赌博结缘。[④]

骰宝台是一张大桌，上面垫有绘有图案的布（也可直接绘图案于桌面），共 16 格，供赌徒投买下注。一般是先下注，后摇骰，然后揭开骰盅，看点数论输赢。赌式之一：简单分为大小两门，规定 4 点至 10 点为小，10 点至 17 点为大。若押小开小，押小者可获一倍彩金，押大者则输，赌注（现金或筹码）归庄家；若押大开大，则类推。若庄家摇出全骰（即三枚骰子现出一样的点数），赌徒无论押大押小皆输。赌式之二：分 16 门押注，若押 10，三枚骰子现出的点数之和正好是 10，庄家就要付出十余倍的高额罚金，押其他 15 门者皆输，若开出全骰，庄家统杀四方。赌式之三：以单一骰子的点数论输赢，如三枚骰子有一枚符合所押的点数，庄家一赔一；若二枚

---

① 郭双林、萧梅花：《中华赌博史》第 225 页。

② （清）赵翼：《陔余丛考》卷 33，《骰子四绯》，中华书局 1962 年版。

③ 彭定球等编：《全唐诗》卷 583。

④ 郭双林、萧梅花：《中华赌博史》第 102—107 页。

押中，一赔二；若三枚全中，一赔三。赌式之四：单门与旁门相结合，如押 15 点，若开出 15，庄家一赔二；押了 14 或 16，一赔一。另外还有押大小门与单一门相结合的赌式等。无论哪种赌式，庄家摇出全骰皆统吃桌上的赌注。①

甚至街头亦有掷骰赌博，英国画家钱纳利在 19 世纪中叶所作的多幅图画，即为澳门街头赌骰宝之写照。②《澳门政府宪报》1885 年 1 月 3 日载华人卢亚征“在街上掷骰”而与人斗殴，1885 年 11 月 5 日载华人李亚林“在新桥街摆掷骰子摊”，③ 亦反映骰宝赌在澳门普遍流行。但直到 1880 年，这种掷骰子馆仍被称为下等牌馆，属于政府严禁之列。④

至 1901 年时，政府明令只许“各街摆设头宝”。骰宝是澳门博彩项目的主要一项，各个时代的赌场内都设有骰宝台。清代赌馆日进万金，是仅次于番摊的赌博种类。

五、白鸽票

广东的白鸽票赌博在明代已有记载，起源地在佛山。据屈大均《广东新语》：“广人有放鸽之会。岁五六月始放鸽，鸽人各以其鸽至，主者验其鸽。为调四调五调六七也。则以印半嵌于翼，半嵌于册以识之。凡六鸽为一号，有一人而印一二号至十号百号者，有数人而合印百号者。每一鸽出金二钱，主者贮

① 这里所述的骰宝赌式，自清末至今经常有变，赔率不一，但“全骰统杀”一直未变。

② 《乔治·钱纳利——澳门》图 29、30、41、56、177、186、197、200、202，葡萄牙里斯本地理协会、日本东洋文库收藏，1985 年 9 月 6 日至 30 日在澳门市政厅画廊展出。

③ 《澳门政府宪报》1885 年 1 月 3 日（第 1 号）及 1885 年 11 月 5 日（第 44 号）。

④ 《澳门政府宪报》1880 年 8 月 19 日（第 33 号附报）。

以为赏。”

赌赛鸽的程序如下：

> 放之日，主者分其二，一在佛山曰内主者，一在会场曰外主者。于是内主者出教，以清远之东林寺为初场，飞来寺为二场，英德之横石驿为三场，期以自近而远。鸽人则以其鸽往，既至场外，主者复印其翼乃放鸽。一日自东林而归者，内主者验其翼印不谬，则书于册内，某日某时某人鸽至，是为初场中矣。一日自飞来而归，一日自横石而归，皆如前验印书于册，是为二场。三场皆中，乃于三场皆中之中，内主者择其最先归者，以花红缠系鸽颈，而觞鸽人以大白，演伎乐相庆。越数日分所贮金，某人当日归鸽若干，则得金若干。①

入清以后，尤其在道光年间，白鸽票赌逐渐流行。同治十年《番禺县志》载：

> 有曰“白鸽票”者，取《千字文》前八十字，密点十字，令人亦猜点十字，猜得五字以上，每一钱赢十钱。城乡各处俱开有票厂，猜票者以票投之，每日猜一次。于是老少男女均被诱惑，约千人之乡，岁辄输银二千余两。妇女无知，有并举衣饰输尽而投环服毒自尽以死者。蠹害民生，莫以此为甚。②

光绪三十一年（1905），郑观应禀两广总督岑春煊，要求勒石永禁小闱姓（即白鸽票），其禀曰：

---

① 屈大均：《广东新语》第527页，卷二十《鸟语·鸽》。

② 同治《番禺县志》点注本，卷六，第46页，《舆地略四》。

广东赌博盛行，盗贼充斥，赌为盗媒，贻害胡底，而尤以小闱姓一项为最烈。既不必亲赴赌场又无须多金购买，士农工商村夫女子，下流社会肩贩挑役，零星凑集挖肉补疮，以数文钱冀获大利。①

小闱姓被禁后，赌商叶桂芬等巧立名目，到督辕申请开设“百家姓彩票”，但被郑观应识破，他致函请岑春煊“俯赐奏咨将小闱姓一项无论三字经、百家姓，凡有以八十字开二十字之类者，一律永远禁绝，不准复开。如再敢违禁或变易名目禀请者，即凛遵前奉宪示查封拿办，并准给示在东南西北四城门泐石立案，永杜后患。”②

光绪末年，朝廷议定废除科举，风靡多年的闱姓面临消亡，广东的赌商就以承办白鸽票以准备随时取代闱姓。故此，白鸽票也有“小闱姓”之称。但是，闱姓尚需科举之年方能开厂，白鸽票则随时可赌，其危害性远比闱姓为烈。

早期的赛鸽，用《千字文》中的“天、地、玄、黄、宇、宙、洪、荒”等字编号。如某编号的白鸽最先到达目的地，则押中者可获彩金。后来因发觉容易被人操纵作弊，投注者兴趣大减，因而白鸽票的赌法有了改变，先由票厂将《千字文》前面八十个字印在票上，让每个参加赌博的人在票上各圈十个字；然后，由票厂开出底字二十个，相当于中奖号码。赌客所圈十字中，有五字以上相符，便可获彩。由于广东赌禁时弛时紧，光绪年间大批赌商由内地迁往澳门，使澳门变成珠江三角洲著名的赌埠，白鸽票也成为风靡小市民的博彩之一。1851

① 《郑观应集》（下）第384页，《禀两广督宪岑宫保请奏给示泐石永远禁绝小闱姓以免贻害无穷事》，上海人民出版社1988年版。

② 《郑观应集》（下）第384页。

年7月19日的《澳门政府宪报》刊登了一份中文招投告示：

> 奉公物会宪命，缘澳内白鸽票厂于七月二十四日满期，是以预于六月十七日在议事亭从新出投夜冷（“夜冷”即葡文Leilão之译音，拍卖之意）。如有愿遵守规条及批出价最高者，准令承充。其白鸽票规条在亭与看。①

白鸽票即开即奖，奖额巨大，对普罗大众极具吸引力。据1857年6月27日《澳门政府宪报》：

> 白鸽票八月中即开，共六千条，三千条已卖矣。中第一得花园一个，如不要花园则受银一千大元亦可。若中至末白纸，则取银六百大元。②

中奖即可发达，也难怪一般人趋之若鹜。

光绪初年，白鸽票给澳葡政府带来了巨大的收益。据1878年5月18日《申报》载：

> 澳门有白鸽票，名曰外生。葡萄牙官每岁出牌准人经理此事，该牌近年来纳费于官者，计洋十三万一千元，而今年则风闻可得洋四十五万元。③

白鸽票甚至远销广东各地，不知给多少人带来“中白鸽标发大财”的梦想。每票赌本较山票、铺票便宜，且赔率高，故购票者甚多，澳门一般平民百姓都积极参与，就连许多葡萄牙

---

① 《澳门政府宪报》1851年7月19日（第35号）。

② 《澳门政府宪报》1857年6月27日（第36号），《告白》。

③ 《申报》1878年5月18日，《赌风大炽》。

人士都纷纷购买。由于土生葡人看不懂中文，主持者遂将《千字文》的前八十个字依次编定阿拉伯数字，这样，不懂中文的土生葡人也能买白鸽票了。

光绪末年游澳的梁乔汉有诗咏彩票云：

一月公司聚一回，彩票成例澳中间。旧时只宋原机器，移向怕和会里来。①

山票、铺票是赌徒们互博，争取赢得那总额不变的彩金；庄家抽取的利润也是固定的，赌商只赚不赔，投注额越大，庄家赚得越多。但白鸽票则是庄家与赌徒对赌，虽然派彩方式有利于庄家，不过庄家未必每次都赢。由于白鸽票中五个字可归本，以后多中多派彩，假如全中十个字，派彩相当可观，因此吸引不少升斗市民、贩夫走卒去博彩。当年这些白鸽票投注店铺遍设于澳门的大街小巷，遍地开花，连其他店铺也兼营这种投注。白鸽票赌厂通常在门前及铺内张贴“八九常中”、“一票独得”等招纸及“中彩”的示范证据，以广招徕；而其铺名亦多采用吉利及幸运的称号，如“大利”、“大有”、“大福”、“大德”、“大富贵”、“天富”、“利来”、“裕利”、“万利”等，除本地人外，也吸引了不少港客和外地游客的投注。

据老居民忆述，澳门早年的白鸽票厂每天早午晚开彩三次，在赌厂门前公开开彩。开彩时，欢迎赌客参观，高声喝彩。开彩时，每当某个字中彩，唱字者把这个字叫得特别慢，“中”字又叫得特别长，“中”了的字就被拿出来挂在榜上。全部“中”字开齐后，又会重唱一遍，有如唱歌般，颇为有趣。至于开出不中的字，就叫一声“吉”，较“中”字短些。而赌

① （清）梁乔汉：《港澳旅游草》之《风土杂咏》，光绪三十二年刊本。

厂更以高额派彩招徕顾客。开彩时赌厂门前人山人海，人人引颈而望，神情紧张。然而，中彩的机会实在微乎其微，大部分买彩银两源源不绝地落入赌商和官府的银库里。由于时移势易，这种旧式的以“天地玄黄”编号的白鸽票在20世纪后逐渐式微，众多的白鸽票铺逐渐减少，最后全部关门。代之而起的是新潮的“电脑白鸽票”，直至今天仍是澳门博彩行业的一种博彩形式。

六、马吊、麻将牌与牌九

马吊，纸牌的一种，兴起于明代。据顾炎武《日知录》：

> 万历之末，太平无事，士大夫无所用心，间有相从赌博者。至天启中，始行马吊之戏。①

清人陈康祺《郎潜纪闻初笔、二笔、三笔》说：

> 王渔洋谓吴俗有三好，斗马吊牌，吃河鲀鱼，敬五通神，虽士大夫不免。②

马吊是纸质牌，其中以纯绵纸为上乘，绘以精美图案。马吊俗名“纸老虎”、“叶子”、“马掉脚”等。马掉脚来由，即玩牌时需四人共娱，缺一不可，若缺角，如马掉脚而不能行。马吊共四十张牌，分为四门：十字门、万字门、索子门、文钱门。四门中，以十字门最大，依次是以下几门。其中十字门、

① （清）顾炎武：《日知录》卷28，《赌博》。

② （清）陈康祺：《郎潜纪闻初笔、二笔、三笔》第103页，《吴俗三好》，中华书局1984年版。

万字门绘有水浒英雄人物。马吊玩法“三人同心，以攻一庄”，即先抛骰决定庄家，另三门同攻庄家。大家轮流出牌，以牌大小比胜负。

马吊戏法各地不同，每套戏法战术变化很大，故有不少马吊“理论”著作流行于世，较有影响的有冯梦龙的《牌经十三篇》等。马吊运智取巧，带有浓郁的文学及伦理色彩，是一种“高雅”的博戏。马吊爱好者皆是士大夫，至清初更是风行全国。马吊的赌法，未见直接赌钱的记载，只是文人常用来赌文房古董，或应酬时输者罚酒。因此，这种博戏不易流行于市井乡野，也难以被赌商借用。

马吊从清中期逐步走向衰退，到民国时已十分罕见。但马吊纸牌与其他骨牌相结合产生的麻将，却在清中期崛起，直至风靡天下、老少咸宜，成为中国第一博戏。[①] 澳门一直流行马吊（纸牌），1879 年澳门公物会即批准在澳开设“纸牌会馆三间”，进行合法的纸牌赌博。1881 年成立的“宜安公司”及 1882 年成立的“同和公司”，均设有“赌博纸牌”一项。[②]

麻将又称马将、麻雀牌，是从清代到现代久盛不衰的赌具，也是澳门最具大众性的娱乐牌。麻将的起源，众说纷纭：一种认为是马吊牌、宣和牌、碰和牌、花将牌互为影响的产物；一种认为麻将是“马吊”的转音；一种认为是马吊与碰和牌的结合物。麻将打法原理一样，但具体玩法不一，各地有各地的玩法，可操作性大，排列组合变化无穷，麻将既有机运，又有技巧，这正是它的“魅力”所在。

清末徐珂《清稗类钞》一书谓：

---

① 郭双林、萧梅花：《中国赌博史》第 173—185 页，台湾文津出版社 1996 年版。

② 《澳门政府宪报》1879 年 8 月 2 日（第 31 号），1881 年 6 月 10 日（第 23 号附报）及 1882 年 2 月 4 日（第 5 号）。

麻雀亦叶子之一，以之为博，曰叉麻雀。凡一百三十六，曰筒，曰索，曰万，曰东南西北，曰龙凤白，亦作中发白。始于浙之宁波，其后不胫而走。……光宣间，麻雀盛行，达乎诸侯大夫及仕庶人，名之曰看竹，其意若曰何可一日无此君也。其穷奢极侈者，有五万金一抵矣。①

但是，清代文献中尚未找到澳门赌麻将之资料。

斗天九流行于明代。明人潘之恒《续叶子谱》说：斗天九之戏，汪乔孙自广陵传来，云是吴兴斗牌法。其牌法为：用旧牌（宣和牌）三十二片，分为五队，而正杂之别，为华夷界焉。成双的牌古时叫“华队”，今叫“文牌”、“文子”；单张的牌古时叫“夷队”，今叫“武牌”、“武子”。打时，三人斗天九，从短牌中拿走一副（金瓶或虎头），剩三十张，每人十张；四人斗天九，每人八张。②

牌九用的是天九牌，牌九与天九之区别，在于戏法不同。牌九的参与者，二至四人不等，各领六张牌，庄家（以抛骰决定谁坐庄）摸七张牌并率先出牌，出牌后各家依序摸牌（或碰吃）、出牌，若手中的牌组成两副花色加一九牌（今叫武牌），就和（糊）了，推牌定胜。牌九还有一种多见的戏法，以四张牌为一组，据抛骰的点数，然后，进行得牌，对子计点，定胜负。牌九与麻将一样，易学快速，参与人数伸缩性大（这点比四人麻将更具优势），故能成为迄今亦非常流行的大众化娱乐。当然，这样也很容易沦为赌具。牌九又称骨牌，光绪年间澳门开的几间娱乐公司均设有“骨牌”赌博；其他的赌博形式还有

① 《清稗类钞》第十册，赌博类，第4905页，《叉麻雀》。

② 郭双林、萧梅花：《中华赌博史》第137页，中国社会科学出版社1995年版。

“掷绵羊”、“掷状元筹”、“捉象棋”等。①

七、斗蟋蟀

蟋蟀，古代叫蛩，民间又有促织、蛐蛐的别称。斗蟋蟀起源于唐，盛极于明。宋相贾似道发迹之前，对“游博”之事甚为入迷，《宋史》载：

似道，少落魄，为游博，不事操行。②

以至执掌中枢后，贾氏仍迷恋斗蟀。元兵南下，赵宋王朝岌岌可危，“时襄阳围已急，似道日坐葛岭，起楼阁亭榭，取宫人娼尼有美色者为妾，日淫乐其中。惟故博徒日至纵博。尝与群妾居地斗蟋蟀。所狎客人戏之曰：‘此军国重事邪’”③。

斗蟀盛极于明代，宣德皇帝尤嗜此戏。可谓皇帝喜蛩，朝野嬗附。清人蒲松龄所著《聊斋志异》里《促织》一文，就生动地描写了宣德年间因宫廷斗蟀成风，征于民间，给百姓造成巨大的痛苦，不少人家甚至因而家破人亡。④ 嘉靖年间，“京师一至七八月，家家皆养促织。瓦盘泥罐，遍市井皆是，不论男女老幼，皆引斗为乐”⑤。

---

① 《澳门政府宪报》1880年8月19日（第33号附报）、1881年6月10日（第23号附报）及1882年2月4日（第5号）。

② （元）脱脱等著：《宋史》卷474，列传第233，第13784页，《奸臣四》，中华书局1977年版。

③ 《宋史》列传第233，第13784页，《奸臣四》。

④ 蒲松龄：《聊斋志异》，朱其铠主编全本新注，第494页，《促织》，人民文学出版社1989年版。

⑤ 《古今图书集成·博物汇锦·禽虫典》第175卷，第64687页《论畜》。

澳门人喜斗蟋蟀，此风乃源于广东。明末屈大均在《广东新语》中写道：

> 广人喜斗蟋蟀。蟋蟀，与草中出者少力，于石隙竹根生者坚老善斗；然多以东莞雄公乡所产为最。[1]

明人王临亨在《粤剑编》一文中，也提到明朝末年广东的民俗好斗蟋蟀赌钱：

> 蟋蟀三月间已满砌长鸣矣，广城人至六七月间亦多取以斗戏赌金钱。[2]

清初“三藩”之一的平南王尚可喜，曾专门在府邸设“虫蚁房”养蟋蟀、蝈蝈等。[3] 道咸年间，京城达官贵人养蟀成风，“养虫（蟋蟀）之具，亦穷极奢侈，以象牙、玳瑁、黄杨、紫檀雕成”[4]。

清末出版的《镜海丛报》曾报道：

> 宋相贾似道尝于半闲堂集狎客而斗蟋蟀，此等风气传流至今，其于岭东之俗犹为甚嗜。向年车陂、猎德、伦头各乡，每到秋时则必建搭高棚，招集名优并豪富少年，开场合斗。今则以马中丞严禁赌博，乡绅不敢包庇，秋声寂然。平时具有斗虫之好者，多趋澳门，以故近日澳中连开

---

① 屈大均：《广东新语》第 601 页，卷二十四，《虫语·蟋蟀》。

② （明）王临亨撰，凌毅点校：《粤剑编》第 75 页，中华书局 1987 年版。

③ 同治《番禺县志》卷 54，第 842 页《杂记二》。

④ （清）崇彝：《道咸以来朝野杂记》第 92 页，北京古籍出版社 1982 年版。

两大厂，日中游客纷拥异常。①

汪兆镛《澳门杂诗》中，有诗描述澳门“秋闲斗蟀最盛”的情况：

蟀盆起自半闲堂，海国争雄举若狂；我爱秋声帘底听，早将促织报村娘。②

其实，斗蟀是我国民间的一种传统玩意，澳门只是一脉相承而已；而有蟀猎之设，据记载起码已逾百年。当时，每逢蟀猎期间，蟀友纷纷成立堂口，设置猎所，广布濠江；而省港四乡，以至梧、桂等地，蟀友也远道而来参加。曾有纪录，一天内堂口百余，蟀友逾千，热烈展开蟀猎活动，漪欤盛哉！那些堂口，是由玩蟀人士组成，各有堂名；而会所也有10多家，各出奇谋，拉拢蟀户，争取主顾参加蟀猎，以抽取佣金，作为主要收入。③

猎场订有斗蟀规则：“一分一哑，十足交易；一团打死，死者是输；有翼无牙，撞头三次；外帮帮饼，蟀主是问。”这三十二个字，外行人看来不易明白，但蟀友均清楚。此外还设有带草、草证。所谓带草，就是负责和各个蟀主接头，协助斗蟀事宜；草证，则执行斗蟀规则，遇有蟀主争执时，负责排

① 《镜海丛报》1895年8月28日《平章逸致》。文中提到的马中丞即马丕瑶，时任广东巡抚，主张厉行禁赌，光绪二十一年五月查封广州府属各县城乡镇赌馆。

② 唐思编著：《澳门风物志》第177页《澳门猎蟀史逾百年》，中国友谊出版公司1998年版。另见《明清时期澳门问题档案文献汇编》（六），文献卷，第865页，汪兆镛《澳门杂诗》之《竹枝词四十首》。

③ 唐思编著：《澳门风物志》第177页《澳门猎蟀史逾百年》，中国友谊出版公司1998年4月版。

解。斗蟀所下的注码，往时是以“猪”、“饼”作计算单位，胜负者均以此单位折算现金收付。所谓“帮饼”，即蟀主之友好搭单下注。①

每年农历四月到立秋期间，大量蟋蟀分批由内地运到澳门供应。一般以蟀身大小分级，售价不同。蟀猎爱好者还会亲到内地去选购名蟀，小心饲养，待到“蟀猎”季节，再携往猎场作赛。他们拣蟀很有经验，能根据身型、色泽、鸣声判优劣；饲养亦很讲究，甚至喂以人参屑之类补品，增其气力。

蟋蟀身价没有一定，然而，其命运却与战绩有关，胜者为主人增光，被视为珍宝，受到宠爱；败者使主人赔钱失威，会当场惨遭摔毙或弃如敝屣。每届蟀猎，都会出现一些名蟀，都是善战之辈，人们按其形、声、态等情况，冠以名堂，广为传扬，十分有趣。②

八、斗　鸡

斗鸡是我国古老的赌博形式，自周中叶至清前期，数千年来，经久不衰。明清时期，广东地区亦盛行斗鸡。清初，平南王尚可喜府邸中就专门设有饲养斗鸡等善斗之禽的“雀鸟房”。③

另据同治年间《番禺县志》载：

---

① 唐思编著：《澳门风物志》第 178 页《蟀猎场数十年变迁》，中国友谊出版公司 1998 年 4 月版。

② 唐思编著：《澳门风物志》第 178 页《蟀猎场数十年变迁》，中国友谊出版公司 1998 年 4 月版。

③ 同治《番禺县志》点注本，卷 54，第 842 页《杂记二》：“平藩……邸内有备办处四所，曰‘雀鸟房’养鹌鹑、鹁鸽、画眉、斗鸡处也。”

> 番禺人酷好斗鸡。鸡之产番禺者，特鸷劲善斗。其人饲养亦甚有法，斗打之际，各有术数。注以重金，观如堵墙也。①

乾隆年间，澳门亦有斗鸡的记载：

> 金距雄鸡斗碧阴，华夷分队立森森。输赢亦是寻常事，老大难忘左袒心。②

不仅有华人斗鸡，还有葡人亦参加斗鸡活动，而且华夷分队相斗，反映澳门斗鸡之俗当受外来的影响。

澳门历史学家潘日明在他的著作《殊途同归》一书中提到：

> 十九世纪末，澳门居民喜欢在春节、关帝诞、清明节、中秋节等节日里斗蟋蟀、斗公鸡（从印度尼西亚传入）和其它稀奇古怪的事，从那时起很少甚至没有变化。③

潘日明神父在这里指澳门的斗鸡，乃从印度尼西亚传入。其实，暹罗、印度尼西亚及东南亚地区均盛行斗鸡，对粤澳之风俗影响甚大。

---

① 同治《番禺县志》点注本，卷54，第842页《杂记二》。

② （清）汪后来：《鹿冈诗集》卷4，《澳门即事同蔡景后六首》，载《明清时期澳门问题档案文献汇编》（六）第753页。

③ 潘日明：《殊途同归》第175页，《百年前的华人区》。

九、花　会

花会，是一种曾经在内地和澳门长期流行的博彩玩意。花会赌博以古人像下配以牌九牌的挖花图案而得名，发明于何时何地，众说纷纭，一般认为在清道光年间在浙江黄岩流行，后传至广东、福建，再返流于浙江、上海、江苏。①

据清同治十年《番禺县志》记载：

> 有曰"花会"者，亦用古人名数十，令人猜之，其诱骗甚于白鸽票，但只能以诱妇人孺子。②

《清稗类钞》指"花会为赌博之一种，极其流毒，而以广东为最盛"③。

清人刘体仁也在《异辞录》中说：

> 花鼓会，赌钱戏也，今上海盛行，谓之花会，害人至死，不可胜计。实出自徽，土人疾之谓之花镫蛊，与粤闽之花会略同。得隽者以一赢三十，愚人以为失仅一而得则三十也，争趋之。④

花会赌博又叫打花会、索家赌等，参与者男女老少皆有，以妇女为多，是一种极具迷信色彩的博戏。花会赌博各地方法

---

① 郭双林、萧梅花：《中华赌博史》第 185 页。

② 同治《番禺县志》点注本卷六，第 46 页，《舆地略四》。

③《清稗类钞》第十册，赌博类，第 4912 页《花会》。

④（清）刘体仁：《异辞录》，第 14 页，上海书店 1984 年 12 月影印本。

基本相同，公布36个古人名（历史上并无其人，皆为杜撰），参赌人任意选其中一个人名投买，如果押中，可获赌注30倍的彩金；如未押中，赌注全归赌头（庄家）统吃。参赌人也可同时投买二人、三人，若投买二人中了其中一人，可获15倍彩金，依此类推。开筒的具体方式是：花厂内设有“号筒”一个，号筒即是一个大活人，背向人群，充当上次开筒的古人。号筒无实际意义。设有“彩筒”一个，彩筒藏有纸筒一个，上面绘有古人画像，但没有展开，外表也无任何记号，彩筒用布帘严密裹扎，有的地方还用铜锁锁住，以显不曾泄密。每天开筒两次，分日筒、夜筒，彩商是当赌客的面密封的，理论上庄家也不知。赌客当场投买，并附注金，投买须写两纸，写明古人名，一纸连同注金密封后交花厂放入密封柜，一纸自存。开筒时燃放爆竹，花厂之人当众打开密封的彩筒，现出古人名，参赌人对彩领彩。花会表面公正，却易作弊，花厂实际知道密封在彩筒中的纸筒中的古人名，若有数人投买（花厂暗派人混在赌客中观察），庄家必输，庄家可暗设机关，在彩筒里调换纸筒。①

花会彩金不是一种量入为出的分配，而是按中注三十倍数无限计彩的，故开花会的人，必须具备有钱有势两个条件，才能取得赌户的信任，罗致更多的赌注。一般主方多是合股经营，很少独资开厂的。②

十、赛　马

20世纪初，澳门就已经有赛马活动。现在一般认为澳门

① 郭双林、萧梅花：《中华赌博史》第188—189页。

② 李汉冲：《花会赌博种种》，载于广东省政协文史资料研究委员会编《广东风情录》第115页，广东人民出版社1987年2月版。

的赛马是在1842年开始的，根据是香港的英国人曾经于1842借用澳门的马场举行赛马，[①] 但这一年分是不对的。

据施白蒂《澳门编年史》：

> 1828年澳门最普及的一项娱乐运动是跑马，场内有为上流人物专设的特殊席位。亨瑞·劳（Harriee Low）在日记中对此项运动有详细描写。[②]

当时英国人为了跑马娱乐，主动修缮澳门外城到望厦村一带的道路，但被广东当局禁止。[③]

次年（1829）4月28日，“香山县令下书给澳门检察官，命他立即禁止住在澳门的外国人跑马取乐的行为。称跑马对步行者构成威胁，是对大清法律的严重不敬”[④]。

1835年10月的《中国丛报》记述8月15日（星期六）澳门活动时提到：

> 骑马去关闸，马尼拉和爪哇小马；阿拉伯马；华人的马术。[⑤]

---

① 邓开颂：《澳门历史：1842—1846年》第6章第197页：“在近代史上，澳门有过两段赛马历史的记录，第一次是1842—1846年，第二次是1924—1941年。”澳门历史学会1995年版。

② ［葡］施白蒂（Beatriz Basto da Silva）编，姚京明译：《澳门编年史》（十九世纪）第44页，澳门基金会1998年版。

③ ［葡］施白蒂（Beatriz Basto da Silva）编，姚京明译：《澳门编年史》（十九世纪）第41页，澳门基金会1998年版。

④ ［葡］施白蒂（Beatriz Basto da Silva）编，姚京明译：《澳门编年史》（十九世纪）第45页，澳门基金会1998年版。

⑤ 《中国丛报》（*Chinese Repository*）第4卷第6期（1835年10月）《在广州的居民访问澳门》第292—293页。

外国人在澳门跑马不但是一种体育和娱乐，还下注赌博。美国人哈丽特·洛曾于19世纪上半叶在澳门居住，并留下七本日记，其女儿后来为她出版了一本《母亲日记》，其中就有对1829年澳门赛马活动的描述：

> 1829年11月5日……跑马场位于所谓关闸附近。它防止所有外国人通过这里。马道长约四分之三英里。这是一个令人愉快的地方，场面新奇令我高兴。这里有为妇女临时搭造的竹棚。……几匹马很好，下了一些大赌注。①

另据《香港建造业百年史》载：

> 香港有赛马的玩意，在记录上，始自1845年，最初周年大赛，要借用澳门黑沙湾马场举行。直到1848年，香港才自设马场。②

换言之，自香港设马场之后，英国人就不必跑到澳门去赛马了。外国人离开以后，澳门的赛马活动就逐渐衰落。文中提及香港赛马始自1845年，其实指的是香港本土的赛马。1842至1844年，香港借用澳门临时跑马场举行赛马活动。③ 香港自设马场后，就在港岛黄泥涌跑马地举行赛马。

---

① ［葡］Rogerio Miguel Puga：《从哈丽特·洛（希拉里）的日记看19世纪澳门性别的社会生活》，澳门《行政》第15卷，总56期，2002年第2期，第460页。

② 香港工商业汇报编印：《香港建造业百年史》第84页，《马场今昔》1941年版。

③ 吴志良、杨允中主编：《澳门百科全书》，《博彩业·赛马》。

十一、各色各样的洋彩票

最早在晚清中国流行的洋彩票是吕宋票（即菲律宾彩票），由菲律宾的西班牙殖民当局发行，营销世界各地，远至美国，以中国为主要市场，传入时间在 19 世纪 60 年代左右，到 1898 年停止发行。吕宋票进入中国之后，光是在上海一个城市，每年的销售额就高达 50 万元左右。吕宋票多次被官方禁止，但屡禁屡售，主要原因是地方官吏贪图彩票商的高额“报效”，从而给予保护。吕宋票停止发行之后，中国周边地区的一些洋彩票便乘虚而入，主要有暹罗彩票、澳门彩票、华来彩票、长崎彩票、先令彩票、檀香山普闰堂彩票等。1900 年 3 月起，一年之内，光是在上海一地就成立了 10 家外商彩票公司。一时间，洋彩票在中国内地群雄并起，遍地开花，利润滚滚而来。①

但据 1883 年 7 月《申报》报道，当吕宋票还大行其道之际，上海已有澳门彩票公开发售，赔率也相当诱人：“头彩得洋一万三千元，二彩得洋四千元，三彩得洋二千元。”②

眼见吕宋票和澳门票利润滚滚，一些华商也不甘落后，千方百计推出各种彩票，以牟取暴利。当时清廷尚未对彩票解

---

① 焦润明、苏晓轩编著：《晚清生活掠影》第 267—273 页，《晚清的彩票》，沈阳出版社 2002 年 4 月版。

② 《申报》1883 年 7 月 1 日《澳门发财票（告白）》：“本行运售逐月吕宋票，价照大市，趸买另议，条头七角。新到英七月份澳门票，全号二元，半号一元，准华六月十九在澳门开彩，头彩得洋一万三千元，二彩得洋四千元，三彩得洋二千元。又头彩上下各得洋三百元，二彩上下各得洋一百五十元，余仿单注明，共计有八百四十一号得彩。他票莫及，并收兑红票。格外克己，赐顾者认明票内有澳门利生轮船为记甲。法马路中市新得彩洋行启。”

禁，故此常常有彩票公司营业不久便被官方封禁。也有一些彩票商得到地方官吏批准，以慈善或赈灾等名义发行彩票。1899年初在上海成立的广济公司，曾经专门发行一种名为江南义赈票的救灾彩票（社会上习惯叫做“江南票”），就是两江总督刘坤一批准的。江南票第一期发行1万张，每张售价5元，销量不错，年销售额达180万元。广济公司发行的江南义赈票，开了大规模发行彩票的先例。彩票赢利迅速，稳赚不赔，故此有很多商人趋之若鹜。①

起初是澳门向中国内地输出彩票，澳葡政府和经办商人都赚了不少钱；但轮到彩票商把中国内地彩票销往澳门时，澳葡政府却不答应了。1885年6月28日，澳府颁布了旨在保护澳门所发行彩票的法令；1907年8月10日，澳葡政府再发出一道政令：

> 东方各省近来开设彩票，均是仿照本澳开设有年之彩票一式。查例载，彩票非遵照西一千八百八十五年六月二十八日谕旨第七款所定办理者，概不得在本澳营销。今外省彩票竟多有在澳私售，似此不独损害于本国家保护开设之澳门彩票，抑且于国饷有所妨碍。查澳门承充彩票及各票所立合同，均经载明承充人利权，国家必须保护等语。自应按照律例设法认真保护，以昭公允。②

澳府动员所有执法部门和军警人员，在澳门市面上一见到外来的“非法彩票”就取缔，并予以科罚，以保护自己的

① 焦润明、苏晓轩编著：《晚清生活掠影》第267—273页，《晚清的彩票》。

② 《澳门政府宪报》1907年8月10日（第32号），《大西洋钦命澳门总督高为札饬事》。

利益。

由于在内地竞争激烈，澳门的彩票把奖额提高了将近一倍，以增加吸引力。《申报》1900 年 6 月 29 日刊登了上海棋盘街万利昌的一段“澳门票”广告：

> 头彩二万五千、二彩一万元，欲得锦标，速来购票。第八会澳票初九开彩，全张半张，格外公道，分条大洋四角七分。如蒙赐顾，请移玉为盼。①

在此之后，虽然内地颁令禁止出售澳门彩票，不过，据史料记载，直到 1904 年，澳门仁慈堂彩票在广州仍然有分销处。②

庚子国变之后，清政府为了筹措巨额赔款，就向各个省市摊派，让地方分担赔款。湖广总督张之洞为首向朝廷上了一道折子，申明地方财政困难，筹措款项不易，但可以用开办彩票的办法弥补。朝廷走投无路，只得同意。于是，从 1902 年起，全国各地就出现了自办的彩票，名义也从慈善救灾变为为朝廷“善后”的筹饷彩票，包括浙江彩票、湖北签捐票、广东筹防彩票、福建彩票、河南彩票、安徽铁路彩票、川汉铁路彩票，等等。

彩票泛滥及其给民间带来的种种祸害，可谓罄竹难书，朝野内外一片禁绝之声。1901 年外商基本上退出中国彩票市场后，中国彩票业成了清一色的官商公司天下。1902 年以后，中国的彩票公司无论是官办商办，几乎没有一家没有发生过营

---

① 《申报》1900 年 6 月 29 日，《澳门票大减价将近开彩》。

② 《澳门政府宪报》1904 年 10 月 2 日（第 41 号），《大西洋澳门按察司衙门写字宋为通知事》：“华商柯亦池即柯天养，已经娶妻，现在省城之澳门承充仁慈堂彩票恒和公司分铺雇工……。”

私舞弊事件，于是禁绝彩票形成了一场全国运动。1909 年秋之后，各省督抚相继在自己的辖区内禁止所有彩票的发行与销售。①

洋彩票在澳门的经营未如中式彩票般顺利，主要是洋彩票多由外国人经营，而洋人又不擅捉摸中国赌徒的心理。洋彩票所用的阿拉伯号码单调乏味，不如中式彩票那般千变万化，令人浮想联翩。因此，洋彩票在澳门始终无法取代中式彩票的地位。

十二、各种形式的洋纸牌

纸牌赌博是一种古老的赌术，葡萄牙学者阿马罗教授说，如今成为澳门旅游招牌之一的这种娱乐（纸牌赌博），早在其合法化之前就已是小城的特色之一。至少在 17 世纪，让·巴蒂斯特·塔韦尼埃（Jean Baptiste Tavernier）途经东方时就已如此。他在第三份旅游报告里，描绘了贵族迪·贝卢瓦先生对赌博的热情和喜爱：

> 迪·贝卢瓦（Du Belloy）希望能留在澳门，他如愿以偿，他也知道有部分贵族因为在买卖上赚了不少，所以也在此退休。此地也非常欢迎外国人，而这些人也嗜赌博，特别是 Du Belloy 最为之着迷。②

① 焦润明、苏晓轩编著：《晚清生活掠影》第 267—273 页，《晚清的彩票》。

② 阿马罗：《伊比利亚传统的澳门纸牌游戏》，澳门《文化杂志》第 23 期，澳门文化司署 1995 年版。阿马罗（Ana Maria Amaro），里斯本新大学社会人文科学系博士，社会政治学院教授。

阿马罗教授认为，一种叫做“马尼拉纸牌”（Cartas Manila 或 Cartas Manilha）的游戏，是经葡国—果阿—澳门这条路线而非经菲律宾的西班牙路线传入的。虽然有人相信这种纸牌乃经菲律宾传入，但阿马罗教授并不认同，理由是：“早在15、16世纪我们的海员就已经知道并使用这种纸牌了。”① 阿马罗教授曾经访问马六甲一带的基督徒：“我们找到了，虽然很多被访问者均已记得不甚清楚，但最后还是被描述出来。他们告诉我们这是很久以前当地葡萄牙人最普遍的一种玩法。”②

澳门“马尼拉纸牌”的玩法

参加人数为四人，分成结对的两组。

游戏目标：吃爱斯并获得最高分数。

规则：首先从整副牌中抽出所有的十、九字牌，亦即马尼拉，就成为最大数的牌。然后，四人中的一人洗牌，坐其左边的人倒牌。洗牌者开始自右边起牌四张四张地派给每一位，直至每位十二张。洗牌者和派牌者首先出牌。最大的一张牌是九，人们称之为马尼拉，然后依次为爱斯、王、爵（J）和后。整副牌的最后一张翻开，作为主牌，属第一出牌者并由其打出第一张牌。每个参加者都要跟一张同花色的牌，该牌要比其上手出的牌大，如果没有，可出一张小牌或用主牌“毙”了上手的牌。如果运气不错，碰巧派到很多主牌，就可用其“吊”其他对手的主牌，迫使他们大于或跟随已打出的花色（当然是由大至小），这种打法当地叫作“拔掉对手的牙齿”。每个人打出的牌并不一定非比上手的牌大不可，但是必须打出同花色的牌。因为每一轮的胜负都到最后计分时才算出，所以，如果是

---

① 阿马罗：《伊比利亚传统的澳门纸牌游戏》，澳门《文化杂志》第23期第43页。

② 阿马罗：《伊比利亚传统的澳门纸牌游戏》，澳门《文化杂志》第23期第43页。

同对的伙伴在吃扒，打一张爱斯或最大的牌出去，虽然不会换出牌，但也无必要，因为坐对面的伙伴吃进的牌是共同计分的。所有的牌出完后就进行计分，分数以每一轮打出后吃进的四张牌的总数计算。

澳门纸牌的“康京玩法”

据阿马罗教授考证，澳门早年的纸牌还有一种叫做康京（Conquim 或 Conquem）玩法，认为这是一种由海员和以前的殖民者传往世界各地的十分古老的伊比利亚牌法。

康京玩法的规则如下：

参加人数：四人。

游戏目标：形成某些特定的组合，类似于麻将。

规则：派牌者从放在台上的剩余的牌中任意亮出一张，如果认为这张牌是好牌，亮牌者就将其留在手上，同时从手上抽出一张牌放下；形成下列组合之一种即为赢家：（1）四张同样的牌（同一类别）和三张另一类别的牌，例如四张王和三张爱斯；（2）三张同样的牌（一样大小）和一个四连同花顺，例如三张王和一组同花的爱斯、二、三和四；（3）两组顺数牌：一组一至四的四张牌，同一花色，另一组三张牌为五至七，可以是同花，也可以不是同花；（4）整组同花顺，例如 1、2、3、4、5、6、7、8 和 9 等，或 7、8、9、10、4、5、6。因为凑成这种牌的可能性很小，一旦凑成，赢分加一倍。未成组合的牌要和已形成组合的牌分开，未成组合的牌全部按牌面点数（数字按牌面点数，王、后和爵按每张 10 分）计分。计算出的分数就是罚款的根据，计出的分数越小，每一位未能连成牌的参加者的损失就越小。

澳门纸牌中的梭罗牌

阿马罗教授还提到曾经在澳门流行过的梭罗牌（SOLO）。这种牌法在澳门曾经十分普遍，直到 20 世纪初仍有人玩。打法是每人持十二张牌，按图像和花色的大小顺序排列。如果有人觉得所持的牌不错，就是说失牌不会超过五张，就可以说“我叫……”，然后报出持有的牌数最多和最好的花色名称；如果另一人觉得自己的牌也很强，也可以“叫牌”，假如后者叫出的牌的花色比前者大，那么他就是“梭罗”，他叫的花色就是主牌。

参加人数为四人，但发牌者不玩，其余三位中的两位结对与第三者争夺。

游戏目标与规则：与“马尼拉纸牌”相似，最后计分方法也完全一样。①

第三节　古代与近代的禁赌律令

一、秦汉至明清时期

赌博自古被视为社会之恶习，素为儒家圣贤所恶之，也为历朝法律所必禁。战国时期的李悝和商鞅，将禁赌内容写入律文之中，以国家强制力来推行禁赌的主张。李悝所著的《法经》将赌博称为博戏，规定于《杂法》的“六禁”之中，即嬉禁。②商鞅后来把《法经》带到秦国，且改法为律，作为秦国法律的主体。故此，秦国禁赌是可以肯定的。汉代的禁赌，处罚比秦代还要严厉。

《汉书·食货志》载：

所忠言：世家子弟富人或斗鸡走狗马、弋猎博戏乱齐

① 阿马罗：《伊比利亚传统的澳门纸牌游戏》，澳门《文化杂志》第23期第43页。

② 郭双林、萧梅花：《中国赌博史》第14页。

民，乃征诸犯令，相引数千人，名曰“株送徒”。①

所忠是汉武帝时力主禁赌的大臣，把数千赌徒捆绑起来，一起送往服役地点改造，可见官方禁赌措施之严，由此也可见赌博对汉代社会危害之烈。

三国两晋南北朝时期，各个王朝在所定律文中是否有禁赌规定，因缺乏资料，不得而知。但大致说来，三国时期或许各国都有禁赌法令，而实际上对各类赌博均采取放任的态度。曹丕之于弹棋、曹植之于各类斗戏的热衷，均说明了这一点。入晋以后，主张禁赌的人仍然不多。到了南北朝时期，除了南朝宋、陈等王朝禁赌之外，北方各朝几乎不见禁赌律文和对官吏赌博的处罚了。②

隋唐时期，虽然朝廷律令禁赌，但民间赌博流行。赌博在隋代市场不大，进入唐代之后，情况就不一样了。当年李世民和刘文静在太原密谋起事时，就曾利用赌博输财之计拉拢隋晋阳宫副监裴寂。有唐一代，几乎所有的皇帝都喜赌博。所以，虽然在《唐律疏议》中对禁止赌博作出详细规定，但没有真正落实。③

然而，唐代长孙无忌等撰写的《唐律疏议》在禁赌方面定出的惩罚细则，使这部法律著作拥有完整的禁赌条文。

《唐律疏议》第402条：

“诸博戏赌财物者，各杖一百……赃重者，各依已分，

---

① （东汉）班固：《汉书》卷24《食货志》，第1171页，中华书局1962年6月版。

② 郭双林、萧梅花：《中国赌博史》第59—63页。

③ 郭双林、萧梅花：《中国赌博史》第66页。

准盗论……。”[①] 疏议曰：“共为博戏，而诸财物，不满五疋以下，各杖一百。注云：‘举博为例，余戏皆是。’谓举博为名，总为杂戏之例。弓射既习武艺，虽赌物，亦无罪名。余戏，计赃得罪重于杖一百者，‘各依已分，准盗论’，谓赌得五疋之物，合徙一年。注云：‘输者，亦依已分为从坐’。谓输五疋之物，为徙一年从坐，合杖一百。赃多者，各准盗法加罪。若赢众人之物，亦须累而倍论；输众人物者，依已分，倍为从坐。若倍不重一人之赃，即各从一人重断。”[②]

《唐律疏议》又规定：

“其停止主人，及出九，若和合者，各如之。赌饮食者，不坐。”“停止主人”，谓停止博戏赌物者主人；“及出九之人”，亦举九为例，不限取利多少；若和合人令戏者，不得财，杖一百；若得利入已，并计赃准盗论。众人上得者，亦准上例倍论。故云“各如之”。[③]

“赌饮食者，不坐”，谓即虽赌钱，尽用为饮食者，亦不合罪。

宋太祖赵匡胤立国之初制定的法典《宋刑统》，内容基本承袭了《唐律疏议》的规定，禁赌的条文也不例外。但宋代社会毕竟与唐代不同，所以司法实践中出现的实际问题，大多以皇帝颁布的敕令解决。诏令中对赌博处罚之重，可谓前所未

① （唐）长孙无忌等撰、刘俊文点校：《唐律疏议》第487页，中华书局1983年11月版。

② （唐）长孙无忌等撰、刘俊文点校：《唐律疏议》第487页。

③ （唐）长孙无忌等撰、刘俊文点校：《唐律疏议》第488页。

有，尤其是在北宋初年。

据《宋史·太宗本纪》载：

> 淳化二年二月己丑，诏：京城蒲博者，开封府捕之，犯者斩。①

《宋刑统》对博徒最多只是处以杖刑或徒刑，淳化二年（991）在京城对赌徒处以死刑，这是历来最严峻的刑罚，由此可见统治者对赌博之憎恶。不过，有宋一代，并不是每个君主都像太宗那样积极禁赌的。宣和年间，在京城就发生了“奉旨赌博”的咄咄怪事。②

元代禁赌法律与唐宋时期又有所不同，首先是赌博术语的出现，其次是继承了金朝对官吏赌博处罚的规定，同样是官吏赌博者要罢黜现任。按元朝律例：

> 诸赌博钱物杖七十七，钱物没官。有官者罢现任，期年后杂职内叙。开张博房之家，罪亦如之，再犯加徒一年。应捕故纵，笞四十七。受财者同罪，有司纵令攀指平人，及在前同赌人，罪及官吏。赌饮食不坐。诸赌博钱物，同赌之人自首者，勿论。诸赌博因事发露，追到摊场，赌具赃证明白者，即以本法科论；不以展转攀指革拨。③

---

① （元）脱脱等著：《宋史》卷五，第87页，中华书局1977年11月版。

② 庞新德：《话本及拟话本所见之宋代两京市民生活》第412页：“宣和七年（1125）春，开金明池，有旨令从官于清明日，恣意游宴。诸公乃群聚赌博，达旦方休。”香港龙门书店1974年9月版。

③ 《古今图书集成》经济汇编，《祥刑典》第二十六卷，第93514页，《律令部汇考》十二《元》。

明朝律例亦将“赌博”与犯奸、奴婢骂家长、诬告、越诉等同项，均列为犯罪。《大明律·赌博》明定：

凡赌博财物者，皆杖八十，摊场钱物入官。其开张赌坊之人，同罪。止据见发为坐。职官加一等。若饮食者，勿论。①

《大明律集解附例》纂注对赌博、赌坊等专门术语及律文的内容加以解释：

赌博谓呼卢局，如樗蒲、双陆、骰子之类，用财物赌赛以决胜负也。赌坊即摊钱物之场也。盖赌博游荡之事，而耗乱之阶，盗贼之源也。故有犯者，不问首从，皆杖八十，摊场钱物并入官……②

弘治问刑条款列明：

凡赌博人犯，若自来不务生理，专一沿街赌博，酗酒撒泼，或诓骗窃盗人财，或不孝不弟，曾经法司问断，及开张赌坊者，定为第一等；若平昔不系撒泼凶徒，止系与人赌博，但有银两衣服者，定为第二等，俱问罪枷号一个月。若止将铜钱互求胜负，竞赌酒食；或年十六以下，在旁看戏；及在外军匠人等，初至京师，被人诱引在内者，

---

① 《古今图书集成》经济汇编，《祥刑典》第二十八卷，第93546页，《律令部汇考》十四《明》。

② 《古今图书集成》经济汇编，《祥刑典》第二十八卷，第93546页，《律令部汇考》十四《明》。

定为第三等，照常发落。若职官有犯，亦照前例，各分等第。一等二等者，奏请枷号，各发为民。①

嘉靖问刑条款与弘治同；万历问刑条款将第一等刑罚增加至枷号两个月；到了清初，顺治年的赌博刑罚仍与前朝万历问刑条款相同。②

入清之后，既沿袭了《大明律》禁赌的精神，规则也愈加细微：

凡赌博钱物者杖八十，所摊在场之财物入官。其开张赌坊之人，虽不与赌列亦同罪，坊亦入官。止据现发为坐职官加一等。若赌饮食者勿论。

一犯赌博人犯若自来不务生理，专一沿街酗酒撒泼，或曾犯诓骗窃盗，不孝不弟等项罪名，及开张赌坊者定为第一等问罪，枷号二个月。若平昔不系前项人犯，只是赌博，但有银两衣服钱物者，定为二等问罪，枷号一个月各发落。若年幼无知，偶被人诱引在内者，定为第三等照常发落。其职官有犯一等二等者，奏请问罪，文官革职为民，武官革职随舍余食粮差。③

值得指出的是，满族人以异族入主中原以后，基于种族之见，刑律的最大特色为满汉有别；但是，旗人因赌犯禁之制裁并不轻于汉人。对于这一例外，台湾学者何汉威先生认为，主

① 黄彰健：《明代律例汇编》第949页，台湾“中央”研究院历史语言研究所1979年3月版。

② 黄彰健：《明代律例汇编》第951页。

③ 《古今图书集成》经济汇编，《祥刑典》第四十九卷，第93805页，《律令部汇考》三十五，《大清律·刑律·赌博》。

要是清朝君主如康熙、雍正等目睹满、汉八旗沾染赌习，致锐气消磨殆尽，焦虑不已。他们从巩固政权基础出发，对犯人犯禁处分从严。①不过，清律禁赌是一回事，执行得力与否又是一回事。上自朝廷官员，下至衙役和市井之徒，都有不少人嗜赌。全国各地虽然没有人敢公开挂牌开赌，但地下赌场依然遍布，赌商以一种不合法的身份存在。

在19世纪50年代初爆发的太平天国运动，一度席卷半壁江山。不过，太平天国并没有改变禁赌的政策，仍颁令严禁烟酒、鸦片、赌博、娼妓、游惰，社会风气为之焕然一新，体现出一种与清朝统治区截然不同的新生活。太平天国把赌博与淫、忤父母、行杀害、为盗贼、为巫觋，列为“六不正行为”；另在上帝教基本信仰和纪律的“十款天条”中，把赌博一项扩充为“不可起贪心”，而将赌博标举于其项下。②

光绪末，粤省赌风大炽。尤其是一种“牛牌”之赌，对社会为害甚烈，两广总督岑春煊乃施以铁腕厉禁。据《清稗类钞》：

> 广州有番摊馆，以兵守门，门外悬镁精灯，或电灯，并张纸灯，大书“海防经费”等字，粤人所谓奉旨开赌者是也。赌客按下注金额大小而分为金牌、银牌、铜牌者。此外尚有所谓“牛牌”者，即一钱不文之人亦可入局，胜则攫赀而去，不胜则以衣履为质，再不胜则以人为质，如终不胜，则博者即无自由之权，而受拘禁，勒令贻书家族亲友，备资往赎。如赎金不至，乃即载之出洋，贩作猪

---

① 何汉威：《清末广东的赌博和赌税》，台湾“中央”研究院历史语言研究所集刊第67本第2分第494页，1995年6月版。

② 郦纯编著：《太平天国制度初探》第107页，人民出版社1956年7月版。

> 仔。时任两广总督岑春煊认为，牛牌之陷人，直与大盗之掳人勒赎无异，遂严令禁止，犯者按照置大盗之例，立时正法。一时杀数十人，牛牌之风大戢。①

除此之外，岑春煊在粤督任内发出的严厉禁赌措施，还有光绪三十年（1904）的《严罚小闱姓告示》。岑春煊限令省内四月一日前停办小闱姓，违者一律从严惩处。私营小闱姓若查明属实，人即正法，产业查封，变价拍卖，以所得三成入官，七成作告密者奖金；并定五家连坐之法，如发现有隐瞒包庇情事，五家之内财物房舍悉数充公。②

二、葡萄牙与澳门的禁赌法令

在传统上，葡萄牙推行“海上大发现”的年代，航海船只上的船长拥有与指挥职务相关的司法审判权。以后制定的一些法典也赋予了葡萄牙驻海外领地相同的权力，葡萄牙在远东地区的司法管理，正是在这样的基础上开始发展的。③

葡萄牙法律自古代已有禁止赌博的条文，15世纪的《阿丰素法律汇编》中，规定禁止赌场、骰子和其他赌博，但未提及纸牌或纸牌游戏。稍后，在唐·若奥四世（D. João IV）于1643年1月29日批准的《曼努埃尔法律汇编》（*Ordenações Manuelinas*，1521，卷五），以及《菲力普法律汇编》（*Ordenações Filipinas*，1595—1603，卷五）中，才同时提及

① 《清稗类钞》第十册，赌博类，第4910页，《广州有番摊馆》。

② 《华字日报》光绪三十年四月四日“严罚小闱姓告示”，*Hong Kong Telegraph*，4/5/1904，P5；12/5/1904，P5.

③ 叶士朋（Antònio Manuel Hespanha）：《澳门法制史概论》第60页，澳门基金会1996年1月版。

禁止纸牌和骰子赌博。1656 年 3 月 24 日和 1696 年 10 月 28 日的许可令规定，仍然禁止玩骰子，违反者除缴纳 40 克鲁扎多罚款之外，还要被流放非洲一年。①

明代嘉靖年间葡萄牙人入居澳门以后，澳门民间虽然存在着各色杂赌，但只是私下行为，未有公开化。这是因为当时中央政府透过香山县地方政府执控着澳门的司法权，澳门葡人只能进行有限度的自治，不敢轻易造次。诚如费成康先生言：在司法方面，明政府显然参照唐朝法律中“诸化外人，同类自相犯者，各依本俗法；异类相犯者，以法律论”的条款，在葡萄牙人自相侵犯时，允许他们自己产生的法官依照本民族的法律来审判治罪，如案件涉及中国人，不论中国人是原告还是被告，都由在澳的中国官员审理。②

汤开建先生认为，明朝政府对澳门的管理与清政府对澳门的管理有许多共同点，清政府且又大多沿袭明制，在具体的管理上则有较大的差别。③ 在禁赌政策方面，明清政府一直十分坚决。既然掌控澳门司法权的中国法律禁赌，葡萄牙人也不敢擅自将赌博合法化。这一局面维持到 1840 年鸦片战争爆发后，才被亚马留打破。

1583 年，澳门第一届议事会曾确定检察长除正常职务外，亦行使对华人的司法权。④ 不过，四年之后，也就是在 1587 年 12 月 16 日，第一个《大法官章程》已规定大法官无权插手

---

① 阿马罗：《伊比利亚传统的澳门纸牌游戏》，澳门《文化杂志》第 23 期，第 41 页。

② 费成康：《澳门四百年》第 38 页，上海人民出版社 1988 年版。

③ 汤开建：《澳门开埠初期史研究》第 219 页，中华书局 1999 年 11 月版。

④ 澳门历史档案馆：《民政管理文献》，卷宗 207R《关于起草澳门华人司法组织意见的委员会报告》，1867 年 3 月 21 日。

澳门地方官吏对华人居民内部关系的司法管辖权。[①] 在私法关系上，葡国的法律早已不适应华人。同样，在刑法关系上，不论是葡国设在当地的司法机关还是果阿中级法院，都不采用葡国法律惩罚华人。[②]

1743 年 10 月 18 日，澳门发生葡萄牙人晏些呍用刀戳死中国商民陈辉千一案。澳门葡萄牙议事会基于非法惯例，拒绝引渡凶手。当时暂署两广总督的广州将军策楞，令广东按察使陈高翔赴澳门处理。到澳门后，申明凶犯晏些呍应按照中国法律处绞刑抵罪，并确定了行刑地点和日期。议事会无可奈何，只好遵命交出凶手。经此一役，“澳夷桀骜不驯之性，亦可渐次悛改矣”。[③]

同年（1743），中国官方宣布对严重侵犯华人的葡国人有刑事管辖权。在刑事管辖权方面，则采用国际私法中“属人法理论”的规范。[④]与此同时，清朝的法律不但对澳门的华人生效，对葡萄牙人也有约束力。

据《澳门记略》载，乾隆十三年（1748），澳门同知张汝霖与香山知县暴煜一起制订了《澳夷善后事宜》十二款，勒石刊布。其中一条就是：

禁夷匪夷娼窝藏匪类。该夷目严禁夷匪藏匿内地恶

---

① 《海外历史档案》澳门，cx. 1，资料 1（澳门历史档案馆，微缩胶卷 1—1—1—1）。

② 叶士朋（Antònio Manuel Hespanha）：《澳门法制史概论》第 41—42 页。

③ 乾隆九年正月十五日（1744 年 2 月 27 日）“广州将军策楞等奏报办理晏些呍扎伤商人陈辉千致死案缘由折”，《明清时期澳门问题档案文献汇编》（一），第 144 页，人民出版社 1999 年版。

④ 叶士朋（Antònio Manuel Hespanha）：《澳门法制史概论》第 45 页。

少，赌博偷窃。如敢抗违，除内地犯罪匪类按律究拟外，将藏匿之夷匪照知情藏匿罪人律科断。窝留恶少之夷娼，男妇各照犯奸例治罪，如别犯赌博、窃盗，其罪重于宿娼者，仍从重拟断。并将失于查察之夷目，一并处分，知情故纵者同坐。①

葡萄牙人在澳门住了三百余年一直没敢开赌，主要是因为中国历朝法律都禁止赌博。韦庆远教授指出，明清政府对于澳葡租居地内，长期拥有并持续行使司法审判权。其原则是，以中国法律为依据，对居住在澳门之内的华人与华人之间，华人与葡人或其他外国人之间，所发生的民、刑事案件，由中方进行独立的调查、审讯和判决。其诉讼和判决等级，是按照香山县—广州府—广东省按察使司—中央朝廷由刑部、大理寺、都察院组织的三法司审讯核批，甚至呈奏御批。香山知县和县丞，有权派遣差役进入租居界内提讯人犯、搜集证据、勘察现场，并通知澳葡理事官配合。②

澳门如发生聚赌事件，则触犯了清律，是会受到香山县地方官员所禁止的。嘉庆八年三月二十七日（1803 年 5 月 17 日），香山县丞吴兆晋为整肃娘妈阁地方福潮寮户窝窃聚赌而发出告示：

本年闰二月二十七日，据澳门夷目唩嚟哆禀：据澳夷咈唧哂士咕做遮投称：于本月二十三日，被黑奴盗去家财各物，现有夷人吷叭爹老家奴看见直从娘妈阁地方，藏宿

① 印光任、张汝霖：《澳门记略》卷上，第 38 页，《官守篇·政令附》。

② 韦庆远：《有关粤澳关系史研究的若干问题》，载《澳门研究》第十期，1999 年 3 月。

沈亚艺妻家内，随即奔投，前来捉拿。等情。哆即着令番差协同澳差、地保，到彼处拿获送究。查该氏丈夫沈亚艺，现住安南，其妻近来俱系招集该处福潮匪窃，卧食鸦片，窝藏聚赌，招引黑奴饮食，兼以诱盗家财物件，种种不堪。差保人等着将此黑奴交出。理合据情转禀宪台，严饬差保，将娘妈阁福潮等匪查拿究办，及将惫妇一并拘逐澳外，押拆篷寮，以安地方。等情。到厅。……①

在这一时期，清朝政府仍然对澳门有效地行使主权和司法管辖权，上述这宗“窝藏聚赌”治安案件，既是发生于华人区，又是由葡方唛嚟哆举报而揭发的，自与葡人无关。如果说1803年葡人仍然不敢公然干犯清律赌禁的话，两年后，他们就蠢蠢欲动了。据《清代澳门中文档案汇编》记载，嘉庆十年三月初七日（1805年4月6日），香山知县彭昭麟曾经追究过一次“蕃商开标聚赌事”。他严厉地警告澳门的夷人：

如果有聚众开标，民人被惑投银买标，均干例禁。……倘敢抗违不遵，仍有聚众开标情事，本县访实，定即具禀大宪查拿严办。②

---

① 刘芳辑、章文钦校：《清代澳门中文档案汇编》第839号《香山县丞吴兆晋为整肃娘妈阁地方福潮寮户窝窃聚赌示》澳门基金会1999年11月版。

② 《清代澳门中文档案汇编》第842号，《香山知县彭昭麟为查究蕃商开标聚赌事下理事官谕》：“香山县（正堂）（彭）（谕夷目委）黎哆知悉，照得本县访闻该处夷人聚集蕃商开标，民人被惑投银买标情事。查澳门为华夷杂处之地，防查更宜严紧。该夷人如果有聚众开标，民人被惑投银买标，均干例禁。……倘敢抗违不遵，仍有聚众开标情事，本县访实，定即具禀大宪查拿严办。如无亦即据实禀覆。该夷目有弹压之责，务须严谕各夷人遵守安（业），不（得任）其滋事。未便。火速。特谕。嘉庆十年三月初七日谕。”

这是澳门葡萄牙人非法开赌的一次以失败告终的记录。葡萄牙人在澳门所开的“标”，应该是为仁慈堂筹募慈善经费发行的彩票。因为至今尚没有证据，显示葡萄牙人当时干犯了“中式博彩”的赌禁。

1846年上任的澳督亚马留（João Ferreira do Amaral）欺负清朝政府腐败无能，拒绝向中方交纳地租（1848年），驱逐驻澳的中国海关官吏（1849年），向北扩张，把澳门完全置于葡萄牙人的管治之下，中国政府也失去了对澳门的行政管辖权和司法权。这样，《大清律例》也就无法在澳门生效了，禁赌与否，已经不再是清政府的事，完全视乎葡萄牙人自己的决定了。根据1844年9月20日颁布的法令，澳门、帝汶及苏洛组成一个独立于印度的海外省。作为王室代表的澳门总督，集军权、行政权于一身，并对外代表殖民地。亚马留上任不久，还削除了议事会的自主权。数年之后，澳门议事会彻底失去了对华人事务的领导权。①

葡萄牙是一个天主教国家，法律是禁止赌博的。但是，作为葡萄牙的一个“海外省”，葡萄牙在当地实施法律时往往放弃“普遍原则”，转而采用“现实”的解决方法。② 在具体执行时，总督就拥有相当大的权力，里斯本则给予总督相当大的自由裁量权力。亚马留在澳门首开赌禁，最大的突破在于无视中国政府对澳门的管治权力，割断了澳门与中国几百年来一直有效地维持的脐带，而非违反葡萄牙本国的法律。

不过，在葡萄牙本土仍然禁赌的情况下，澳葡政府抽取博

---

① 叶士朋（Antònio Manuel Hespanha）：《澳门法制史概论》第51页。

② 叶士朋（Antònio Manuel Hespanha）：《澳门法制史概论》第55页。

彩税饷时，也会受到一定的掣肘。1884 年初，土生葡人控制的议事公局向赌商实行双重课税时，葡萄牙本土禁赌法律与澳门合法开赌的现实便产生了冲突。当时，澳门的赌商依照合约缴纳了承充博彩生意的款项之后，议事公局又向各闱姓馆经营者征收一般商户所交的公钞。这种双重征税的方式令赌商大感不满，联合向澳督提起申诉。

承充博彩生意的收入属地方收益，而公钞则属于“国课”，被视为葡萄牙的国家税收。此时澳门虽然可以公开赌博，但只是总督权限内批准的一种特殊行业，并非葡萄牙王室所准。议事公局向闱姓馆征收公钞，便等于由葡萄牙政府正式承认澳门开赌合法化，有违当时葡萄牙的禁赌法律。

故此，时任澳督的罗沙（Tomás de Sousa Rosa）和辅政司等人共同签署一份“大西洋澳门公会公同会议”公告，宣布：

> 议事公局原本无权向承充人抽饷，如可向承充人抽收税饷，则该税饷即是归国课所出，便违国例。①

澳督行使职权，制止了“自治机构”议事公局对闱姓馆抽收公钞的不合理做法。

① 《澳门政府宪报》1884 年 3 月 15 日（第 11 号），《大西洋澳门公会公同会议》。

第二章　澳门博彩业的兴起

第一节　西方慈善彩票引入澳门

澳门与葡萄牙关系密切，所以，研究澳门博彩业的起源不能不提到葡萄牙本土的彩票。彩票在葡萄牙发行的历史可追溯到 1688 年。至 1783 年，葡萄牙女王唐·玛丽亚一世出于慈善福利目的，将彩票专营权授予里斯本仁慈堂（Santa Casa da Misericórdia de Lisboa），准其发行慈善彩票。①

1810 年 1 月 5 日，澳门才首次被葡国方面准许每年发行一次慈善彩票。②

1810 年 6 月 15 日，丧权流亡到巴西的葡萄牙王朝摄政王唐·若奥五世，鉴于澳门财税困难，遂敕令准许在澳门成立一家彩票发行站，从中抽取博彩税资助那些福利、慈善机构。③ 这是澳门合法发行彩票的最早记录，由于冠以慈善的名义，发行对象也不是华人，故未受到来自清廷方面的严厉制止。

---

① *Enciclopedia Luso－Brasileira de Cultura*，“Lotaria”，Editorial Verbo，Lisboa 1980. 9.

② J. J. Silva，*Repertorio Alphabetico e chronologico Indice Remissivo da Legislacao Ultramarina*，“Loterias”，p. 183，Lisboa：TYP. J. F. Pinhero，1904.

③ ［葡］施白蒂（Beatriz Basto da Silva）编，姚京明译：《澳门编年史》（十九世纪）第 14 页。

一、支粮庙——早期的仁慈堂

仁慈堂是独特的慈善机构，有学者认为其首先创立于葡萄牙首都里斯本。其创建人为葡萄牙国王若奥二世（João Ⅱ）的王后唐娜·莱昂诺尔（D. Leonor，1458—1525）。瑞典籍历史学家龙思泰在《早期澳门史》一书中说：

> 若奥二世（John Ⅱ）的皇后莱奥诺拉（Donna Leonora）于1498年在里斯本创立了一个慈善兄弟会，以“仁慈圣母会”（Confraria de Nossa Senhora da Misericórdia）这一名称而知名。“仁慈堂”（Santa Casa da Misericórdia）——澳门神圣的慈善机构创建于1569年，它的第一位主管是澳门教区的主教贾耐劳（Melchior Carneiro）。①

1498年4月，若奥二世的继承人唐·曼努埃尔（D. Manuel）出行西班牙卡斯蒂利亚（Castela），在其外出的六个月期间，由唐娜·莱昂诺尔摄政。仁慈堂组织正是在这段时期出现，其成立仪式于1498年8月15日在里斯本主教堂举行。仁慈堂成立后，在葡萄牙国内迅速发展。到王后唐娜·莱昂诺尔去世时，葡萄牙已经有六十一所仁慈堂。②

① ［瑞典］龙思泰（Anders Ljungstedt）著，吴义雄、郭德焱、沈正邦译，章文钦校注：《早期澳门史》，第52页，东方出版社1997年10月版。

② 董少新：《关于澳门仁慈堂章程（1627）的初步研究》（上），《澳门杂志》总第34期，第68页，澳门特别行政区政府新闻局2003年6月版。

里斯本仁慈堂创立伊始，便制定了一些简单的规章，但第一个正式而全面的章程制定于 1500 年。在这个章程中，首先制定了十四项基本功课，其中包括看望并治疗病人、为饥饿者提供食物、为衣不蔽体者提供衣物、为口渴者提供饮品、为远游者和贫穷者提供住处、安葬死者。①

有学者认为，澳门仁慈堂也许不是在中国土地上出现的首个仁慈堂。据平托在《远游记》中记载，早在嘉靖二十七年（1548），双屿岛上已经存在着仁慈堂及其附属医院。② 然而，关于双屿和 Liampo 岛上是否存在过仁慈堂，金国平和吴志良两位学者持否定的观点。③

不过，目前学术界几乎一致认为，澳门仁慈堂是由葡萄牙耶稣会士贾尼路（Melchior Miguel Nunes Carneiro Leitão，1516—1583）主教于 1568 年建立的，但所根据的材料只有一条，即 1575 年贾尼路本人所写的一封信，信中说：

> 当我于 1568 年 5 月末抵达时，那里只有很少的葡国居民，以及一些当地天主教徒的家庭……在到达不久，我便建立了一所医院，接收所有天主教徒和异教徒。我还建

---

① 董少新：《关于澳门仁慈堂章程（1627）的初步研究》（上），《澳门杂志》总第 34 期，第 69 页。

② ［葡］平托著，金国平译：《远游记》第 221 章，第 669 页："双屿……这村落中除了来来往往的船上人员外，有城防司令、王室大法官、法官、市政议员、死者及孤儿总管、度量衡及市场物价监察官、书记官、巡夜官、收税官及我们国中有的各种各样的手艺人、四个公证官和六个法官。……有两所医院，一座仁慈堂。它们每年的费用高达三万克鲁伊多。"葡萄牙大发现纪念澳门地区委员会、澳门基金会、澳门文化司署、东方葡萄牙学会 1999 年 6 月版。

③ 金国平、吴志良：《Liampo 综考》，待刊稿。

立了一所仁慈堂，与罗马的慈善组织相仿。①

董少新在《关于澳门仁慈堂章程（1627）的初步研究》一文中认为，澳门仁慈堂于1627年制定的十四项功课，几乎与里斯本仁慈堂1500年章程所定的十四项功课完全一致。②

仁慈堂早期的主要收入来源之一为遗产捐献，许多在澳门去世的葡萄牙商人或其他人，在临终前将财产委托仁慈堂转交给其继承人，很多时候则直接捐献给仁慈堂。③徐萨斯在《历史上的澳门》中提到早期的仁慈堂收入来源时说：

> 殖民地的岁入全部来自海关税收，关税是以实物形式征收的。征来的货物得到海关总监的允许后，削价5%公开拍卖。拍卖总收入中的一半给孤儿院的姑娘做嫁妆，另一半则给卡内罗主教在澳门建立的仁慈堂。④

用政府行为协助仁慈堂筹募善款，这无疑是仁慈堂收入的重要来源之一，仁慈堂的运作也得以长期地维持下去。

目前，我们对16世纪澳门仁慈堂及其附属医院的管理方式还不清楚，只知道其资金主要来源于各界人士的捐献。例如仁慈堂档案中一份1592年的遗嘱登记中，记录了安东尼奥·

---

① *Lettera dell 'India Orientale'*，Venezia，1580，转引自 henri Bernard（裴化行），*Aux Portes de la Chine les Missionnairies du Seizieme Siecle*，1514—1588，Tien—Tsin，1933，p. 97.

② 董少新：《关于澳门仁慈堂章程（1627）的初步研究》（上），《澳门杂志》总第34期第66页。

③ 董少新：《关于澳门仁慈堂章程（1627）的初步研究》（上），《澳门杂志》总第34期第69页。

④ [葡] 徐萨斯著，黄鸿钊、李保平译：《历史上的澳门》第28页，澳门基金会2000年1月版。

帕依斯（António Pais）向贫民医院捐献房产和提供病人饮食开销。①

乾隆年间成书的《澳门记略》，文中有这样的记载：

> 南隅有庙曰支粮，如内地育婴堂制，门侧穴转斗悬铎，有弃其子者，掣绳响铎，置转斗中。僧闻铎声至，收而育之。别为医人庙，于澳之东，医者数人。凡夷人鳏寡茕独，有疾不能自疗者，许就医庙，其费给自支粮庙。②

这是18世纪中叶仁慈堂在澳门进行社会活动的写照。

表一：澳门仁慈堂成立及经费筹募大事一览表

年份	澳门仁慈堂大事	同期大事纪要
1569年	唐·贝尔希奥·加尔内罗主教（D. Belchior Carneiro）负责创办了仁慈堂和圣·拉法艾尔医院（后于1640年重建）。	加尔内罗主教访问广州。
1583年8月19日	唐·贝尔希奥·加尔内罗在澳门逝世，葬在城中心的圣保罗教堂。	居澳葡人进行首次选举，正式成立议事会。
1592年	该年仁慈堂档案中一份遗嘱登记中，记录了安东尼奥·帕依斯（António Pais）向贫民医院捐献房产和提供病人饮食开销。	第43批传教士远征队共15人从里斯本出发前往东方。

① *Arquivos Historicos de Macau*, Misericordia Manuscrito, Microfilm. A0370, N302, p. 3.

② 印光任、张汝霖：《澳门记略》卷下《澳蕃篇·诸蕃附》，第63页。

(续上表)

年份	澳门仁慈堂大事	同期大事纪要
1643年 11月23日	葡王唐·若奥四世以敕令确认加尔内罗主教所创办的仁慈堂的协议，该协议为果阿仁慈堂协议的修改本。根据协议，澳门仁慈堂和其他地区的同类机构一样享受王室保护。	1642年，葡王授予澳门“天主圣名之城”称号。
1729年 7月14日	澳门议事会承认欠仁慈堂白银6000两。	同年，澳门议事会再次发生财政危机，极度贫困，但还得向邻近地区的中国官吏交付地租银和贡品，因此只能向一切能出借的人借贷，拖欠一切能拖欠的债务，以致怨声载道。
1742年	发生一宗处罚抢匪、盗贼与赌博的案件之后，澳葡当局把罚款拨给仁慈堂作为慈善经费。	新主教唐·依拉里奥抵达澳门。
1780年 12月16日	议事会会议上宣读了仁慈堂要求举行公益捐募活动的来函，市政委员安东尼奥·索萨表示同意，但条件是“议事会派出若干委员出席各次会议”。	1780年10月11日至次年5月20日，澳门所有宗教活动均在仁慈堂举行。
1781年 10月28日	商人们经常从仁慈堂20%的利息获得出海冒险所需的资金，其中一位叫若阿金·布朗科的商人获得4000两贷款，乘船远航到交趾支那沿岸、马六甲等地。	澳督高士德逝世。

（续上表）

年份	澳门仁慈堂大事	同期大事纪要
1810年	议事会批准把彩票作为仁慈堂经费，并延续了将近一个世纪。	同年，葡萄牙人从澳门掠去几百名苦力运往巴西，做种茶实验。
1833年	经葡印总督 Manuel 批准，以专卖为条件，仁慈堂彩票改为招商承办，从中抽取经费给仁慈堂作慈善用途。	同年，澳督下令不接受葡萄牙保教权的天主教神父离开澳门。
1844年7月27日	《澳门人代理人报》刊登澳门仁慈堂发行彩票计划，订明于同年8月12日，在仁慈堂写字楼出售彩票。这次计划共发售4000张彩票，每张售价5元，设有1016个奖项，头奖奖金为2000元，其余各项奖金由50元至1200元不等。仁慈堂可从发售彩票的总额中提取12%的利润即2400元，作为合法的慈善经费，其余17600元拨作奖金。	同年，香港明文禁赌，民间私下赌博却越来越盛行。
1846年8月11日	澳葡当局在澳门宣布发行16000元彩票，作为仁慈堂的经费。	同年2月16日，总督发出训令，批准开始番摊博彩，但到1849年4月才正式发给牌照。
1892年	澳府打破了仁慈堂垄断彩票经营的局面；仁慈堂每年可从发行彩票中得到4至6次的分润。	同年4月6日，澳府以封标形式进行白鸽票在澳门、氹仔和路环6年专营权的公开拍卖。

表二：1860—1870年仁慈堂的彩票收入

年份	彩票纯收入	总收入	彩票占总收入的百分比	刊宪年份
1860.1.1—12.31	971.5元	25617.9元	3.79%	1860
1862.12—1863.12	286.744元	11715元	2.45%	1864
1864.1.1—12.31	853.9元	6739.1元	5.46%	1865
1866.1.1—12.31	368元	7775元	4.73%	1867
1867.1—1868.2	1040.5元	10678.77元	9.74%	1868
1869.2—1870.3	736元	11072元	6.65%	1870

资料来源：《澳门政府宪报》，澳门历史档案馆馆藏缩微胶卷B. O. 1860—1870年。

二、仁慈堂彩票的发行情况

葡萄牙学者Pedro da Mesquita在《仁慈堂与彩票在东方》一书中写道：

> 在上世纪（指19世纪）最后的年头以及本世纪初，各种各样的赌博玩意进入市场，就像一些诱人的产品，开始了它们的金色年华。经过150年的岁月，那些彩票的历史充满了敌视和大胆的辩护者。①

作者认为，其实早在1742年，澳门就已经在一次意外事件中对博彩有新的认识；那是由于一宗处罚抢匪、盗贼与赌博的案件，当局把罚款拨给仁慈堂作为慈善经费。对未来的彩票业发展而言，当时那可真是一个冒险的决定。②当然，把彩票

① *A Santa Casa e as Loterias no Oriente*, *MACAU*. No. 57. Pedro da Mesquita: *Lotarias Com Todos*. p. 25.

② *A Santa Casa e as Loterias no Oriente*, *MACAU*. No. 57. Pedro da Mesquita: *Lotarias Com Todos*. p. 26.

作为仁慈堂经费，是在1810年，当时是由议事会批准的，并延续了将近一个世纪。①

由1810年至1833年之前，仁慈堂彩票每年发行一次或以上。到了1833年，经葡印总督Manuel批准，以专卖为条件，改为招商承办，从中抽取经费给仁慈堂作慈善用途。就这样，仁慈堂从发行慈善彩票中不断得到利益，虽然每年抽取的数额不大固定，也维持了60年左右。直到1892年，才被澳府打破了仁慈堂垄断彩票经营的局面。仁慈堂每年可从发行彩票中得到四至六次的分润，一般是在每年的夏季到圣诞节前夕。②

瑞典籍历史学者龙思泰在《早期澳门史》一书中，提及19世纪30年代澳门葡人一个“兄弟会”慈善组织的运作形式：

> 这个兄弟会的成员并不捐赠钱财，他们的责任限于成立一个赢利性的基金管理机构，他们只是这个机构的理事。对某些大件贸易物品除征收关税外，再加征1%的附加税。在岁末，这笔钱的一半交给司库，另一半交给圣嘉辣堂女修道院。1833年，这笔收入为3806两。除这笔必然会有的多少不定的本钱外，委员会的成员还经营管理着所有的资金。③

这个慈善机构下设孤女院（Asylum for female orphans）、圣玛丽妓女收容院（Asylum of St. Mary Magdalen）、麻风院(Lazzar House)、贫民病院（The Civil Hospital）和军人医院

---

① *A Santa Casa e as Loterias no Oriente*，*MACAU*. No. 57. Pedro da Mesquita：*Lotarias Com Todos*. p. 26.

② *A Santa Casa e as Loterias no Oriente*，*MACAU*. No. 57. Pedro da Mesquita：*Lotarias Com Todos*. p. 27.

③ ［瑞典］龙思泰著，吴义雄、郭德焱、沈正邦译，章文钦校注：《早期澳门史》第53页。

(Military Hospital)。这样庞大的慈善开支当然需要相当的经济后盾，葡萄牙政府是不可能负担这笔费用的。而在同一时期，澳葡当局每年的关税收入约为7万两（1830年是69183两，1834年为75283两）。[①]随着鸦片战争爆发和香港的“开埠”，澳门作为国际贸易港口的地位中落，澳门的葡人在政费方面已是捉襟见肘，更不用说负起仁慈堂运作的重担了。

1844年7月27日刊登在《澳门人代理人报》(*O Procurador Dos Macaistas*)上的澳门仁慈堂发行彩票计划，拟于同年8月12日，在仁慈堂写字楼出售彩票。这次计划共发售4000张彩票，每张售价5元，设有1016个奖项，头奖奖金为2000元，其余各项奖金由50元至1200元不等。仁慈堂可从发售彩票的总额中提取12%的利润即2400元，作为合法的慈善经费，其余17600元拨作奖金。[②]

这是仁慈堂彩票发行的早期官方记录。其后，从澳葡政府的档案文献中，可以看到大量有关仁慈堂销售彩票的消息、告示或告白（广告）。自从亚马留[③]（João Ferreira do Amaral）

---

① ［瑞典］龙思泰著，吴义雄、郭德焱、沈正邦译，章文钦校注：《早期澳门史》第75页。

② *A Santa Casa e as Loterias no Oriente*, *MACAU*. No. 57. Pedro da Mesquita：*Lotarias Com Todos*. p. 29，“Plano da Lotaria”.

③ 亚马留（Ferreira do Amaral，约1803—1849），又译作阿马留、亚马喇、亚马勒。1846年4月从里斯本抵澳门就任第79任澳督。亚马留是海军军人，其右臂在年轻时参加葡萄牙开拓巴西殖民地战争中被炮炸掉。亚马留上任后，在澳门推行殖民扩张政策，1846年5月，他宣布对华籍居民征收地租、人头税和不动产税，把原本只对葡人实行的统治权力，扩大到华籍居民；又下令所有在澳门停泊的中国船只要向“船政厅”登记纳税。1847年开辟马路，掘毁关闸一带村民的坟墓。1849年3月5日，亚马留限令设在关前街的中国海关“关部行台”8天内撤出，3月13日派兵捣毁海关，又随即拆毁竖立在市政厅的刻有《澳夷善后事宜条议》的石碑，并擅自审判在澳门的华人。亚马留的扩张行径激起了中国居民的义愤，1849年8月22日在关闸附近，被望厦村民沈志亮等人刺杀。

开放赌禁，番摊、闱姓、白鸽票等中式博彩在澳门逐步合法化之后，赌资分流到其他赌种，仁慈堂彩票的销路和收入自然受到影响。不过，仁慈堂彩票被葡萄牙人视为一种慈善事业的基础，加以照顾，也不用向政府缴纳税饷。仁慈堂在澳葡政府的支持下，得以历年不断发行彩票，以维持其日益庞大的慈善支出。

三、澳门开赌早于香港

鸦片战争之后，英国占领了香港并宣布香港为免税自由港。清政府被迫签订屈辱的《南京条约》，又增设了福州、厦门、宁波、上海等多个通商口岸，澳门不再是最重要的外贸港口，地位一落千丈。澳葡当局赖以维持“自治”的关税急剧减少，葡萄牙国内也笼罩着一种悲观的气氛，有些政客甚至建议把澳门“卖”给英国人或法国人，以免成为葡国的负担。①

对于这段历史，葡萄牙历史学家费尔南多·科雷亚·德·奥利维拉认为，作为新的海上强国，英国在世界范围内强制推行自由贸易。为了更好地进行贸易，英国要在中国领土上寻找一个据点。用武力夺取或用金钱购买澳门是一种可能的选择。而鸦片战争的结果，显示出中国的衰弱。其实在这一期间，葡萄牙也好不到哪里去，因为这个国家正陷于内战的混乱之中。②

自1835年10月1日起，仁慈堂彩票就有完整的销售发行

---

① ［葡］费尔南多·克雷亚·德·奥利维拉：《葡中接触五百年》第134页，纪念葡萄牙发现事业澳门地区委员会、澳门东方基金会1999年版。

② ［葡］费尔南多·克雷亚·德·奥利维拉：《葡中接触五百年》第113页，《鸦片战争》，澳门：东方基金会1999年版。

记录。[1] 1846年8月11日，葡萄牙人在澳门宣布发行16000元彩票，作为仁慈堂的经费。在《澳门·帝汶·苏洛省政府公报》刊登了彩票的赔率、发行时间和地点等，这是澳门官方准许赌博合法进行之后比较详细的早期记录。[2]

在此值得一提的是，香港广角镜出版的《香港赌博史》一书中，将港英政府1867年6月17日颁布的《维持社会秩序及风化条例》，赋予港督公开招商承饷开赌一事，视为中国赌博史和香港赌博史上赌博合法化的创举。[3] 作者断言：

> 在麦当劳未公开招商承饷开赌之前，香港固然没有前例，即在中国，甚至澳门，也没有先例。……澳门今日虽有东方蒙地卡罗之称，但是澳门招商承投赌饷的历史比麦当劳晚，在1870年以后才开始的。因为葡国人一向本着香港可行之事，澳门亦可行的原则，对满清政府负责。故当香港开赌抽饷之后，澳门才效法麦当劳，也开赌抽饷了。[4]

其实，澳门的赌博合法化比香港和内地早。该书作者可能不知道，早在麦当劳公开招商承饷开赌前19年的1847年7月，澳葡政府就把“中式彩票”即闱姓赌饷正式纳入财政收入之中，1848年7月起又增加了“中式博彩”即番摊的税项。[5]

---

① 仁慈堂彩票1835—1871年销售情形，见COTA：AH/SCM/029. MIC：A0312，澳门历史档案馆。

② 见《澳门、帝汶、苏洛省政府公报》1846年8月15日非官方文告，澳门历史档案馆藏葡文档案。

③ 鲁言：《香港赌博史》第12页，广角镜出版社1978年10月版。

④ 鲁言：《香港赌博史》第18页。

⑤ 《澳门政府宪报》1848年、1849年财政收支表，原文见澳门历史档案馆缩微胶卷，以及 *Boletim Official do Governo da Provincia de Macau e Timor* 1888—3—15 NO—11，Pagina100：“Receita do anno Economico de 1887—1888”。

1851—1863年，在基马拉士总督执政期间，澳门就开始实行赌博专营。[①] 而在香港“开埠”之前，获葡萄牙王室特许发行的澳门仁慈堂彩票，更已经卖得满街都是。

澳门不仅仅是公开发行彩票早于香港，中式赌博的合法化也起码比香港早18年。澳门历史档案馆的葡文档案中，有一份刊于《澳门·帝汶·苏洛省政府公报》（*Boletim do Governo da Provincia de Macao Timor e Solor*）的“澳门公物会”（Junta da Fazenda Publica de Macau）的1849年上半年度收支总账目，其中一项为“中式赌馆”幸运博彩的税饷收入，数额为576两，而另一项来自“中式彩票”的税饷则达30096两。[②]

中式赌馆（Caza de Jogo China）的赌博以番摊为主，还有牌九、摇骰等。清代以前就已经存在着摊钱赌博，入清以后何时开始称为番摊已不可考，有人说是因盛行于广东番禺而得名。[③] 此乃广东人较喜爱的赌博种类之一。19世纪末在澳门出版的中文报纸《镜海丛报》，经常在文章中提到“摊馆”，而无提及什么“中式赌馆”，也没有“牌九馆”和“骰馆”的称谓。到目前为止，尚无证据显示“摊馆”内禁止兼营牌九和掷骰，报刊和档案文献也未出现过以番摊之外的中式赌术为主的“中式赌馆”文字，故可认定“中式赌馆”即“摊馆”的别名。至于“中式彩票”，当年最盛行的是白鸽票赌，只是被葡人误作闱姓。

根据上述葡文文献，可以看出，澳葡政府在1849年之前已经开放赌禁并从赌博合法化过程中抽取极为可观的税饷。因

---

① 施白蒂：《澳门编年史》（十九世纪）第112页。

② 《澳门、帝汶、苏洛省政府公报》1849年8月11日封面版，澳门历史博物馆藏文献。

③ 郭双林、肖梅花：《中国赌博史》第225页，台湾文津出版社1996年5月版。

为官方文告中有关“澳门公共财政委员会”（Junta da Fazenda Publica de Macau，又称为“公物会”）1849 年上半年的账目首次将“中式赌馆”及“中式彩票”列入法定收益，其合法化成事当在 1849 年 1 月 1 日之前。不过，现存的葡文档案之中，1839 年至 1845 年的《澳门·帝汶·苏洛省政府公报》全部缺佚，1847 年缺第 18 期，故未能断定这些缺失的官方档案中有没有更早的赌博合法化文告，只能依据现时已经找到的文献作出上述判断。

在澳门历史档案馆馆藏的葡文档案库里，有一份《澳门帝汶省政府公报》（*Boletim da Provincia de Macau e Timor*），其中特别说明“闱姓”博彩是于 1847 年 1 月，应华人之要求，由澳门总督批准设立。所有的番摊赌馆则系根据 1846 年 2 月 16 日的总督训令，在 1849 年 4 月正式发给牌照的。① 在此前后的多份《澳门政府公报》中，都经常有这样的葡文注释。②

亚马留于 1846 年 4 月 21 日才开始其澳门总督任期，1846 年 2 月 16 日的总督训令应该是其前任彼亚度（José Gregório Pegado）③所发出的。为什么彼亚度总督签署了批准设立番摊赌馆的训令，却又没有立即实行呢？到目前为止，我们还找不到相关的档案文献资料可以说明这一点。但是，彼亚度总督签

① *Boletim Official do Governo de Provincia de Macau e Timor* 1888—3—15 NO—11，Pagina100：“Receita do ano Economico de 1887—1888”. （h）Estabelecida pelo governador a requerimento dos chinas em janerio de 1847. （i）As Licencas para as jogo Foram estabelecidas em abril de 1849 em virtude da portaria de 16 de fevereiro de 1846.

② 如 1883 年 2 月 10 日 *Boletim da Provincia de Macau e Timor*. p. 135，Provincia de Macau e Timor Receita do anno economico de 1882—1883.

③ 彼亚度（José Gregório Pegado）：澳门第 78 任总督，任期由 1843 年 10 月 3 日至 1846 年 4 月 20 日。

署那份训令之后两个月，就去职返回葡萄牙了。这样看来，最大的可能性不外乎两点：一是他来不及实施这一政策；二是当时的环境发生变化，暂时不能开设中式赌馆。亚马留上任后，虽然一度让番摊承饷，但直到 1849 年 4 月，才根据彼亚度在 1846 年 2 月 16 日签署的总督训令，正式向澳门的番摊馆发给营业牌照。

1851 年 7 月 19 日《澳门政府宪报》刊登了一份公开招投白鸽票的公告：

> 奉公物会命：缘澳内白鸽票厂于七月二十四日满期，是以预于六月十七日在议事亭从新出投夜冷（投标）。如有愿遵守规条及出批价最高者，准令承充其白鸽票，规条在亭与看。①

白鸽票属于中式彩票，在广东地方甚为流行，故此也是澳葡政府开放赌禁之后首批公开招商出投的彩票赌博品种。

同治十年（1871）《番禺县志》载：

> 有曰“白鸽票”者，取《千字文》前八十字，密点十字，令人亦猜点十字，猜得五字以上，每一钱赢十钱。城乡各处俱开有票厂，猜票者以票投之，每日猜一次。于是老少男女均被诱惑，约千人之乡，岁辄输银二千余两。妇女无知，有并举衣饰输尽而投环服毒自尽以死者。蠹害民生，莫以此为甚。②

签署批准设立番摊赌馆训令的虽然是彼亚度总督，但他在

① 《澳门政府宪报》1851 年 7 月 19 日（第 35 号）。
② 同治《番禺县志》卷六，《舆地略四》，第 46 页。

任内没能让番摊赌馆公开营业。中式赌博在澳门全面合法化时担任澳门总督者，正是积极推行殖民扩张政策的亚马留（Ferreira do Amaral），他于1849年8月22日死于沈志亮等华人的复仇乱刀之下。①

施白蒂女士在《澳门编年史》中有这样的载录：

> 1849年，亚马留总督第一次允许在澳门设立“番摊”赌博。②

现在从澳门历史档案馆找到的葡文文献可以证实，1849年这一年份记载有误，因为澳葡政府早在1848年7月，就把“中式博彩”即番摊的税项纳入政府正式税收之中。在澳门第一次允许番摊赌博合法化的的确是第49任总督亚马留，但博彩合法化的年份是在此之前。③

最近又有学者提出，1860年前后传入中国的“吕宋票”是中国最早的彩票。④ 显然，这种提法也是不对的。因为澳门仁慈堂彩票发行的时间为1810年，比“吕宋票”传入中国早

---

① 施白蒂：《澳门编年史》（十九世纪）第100页。

② 施白蒂：《澳门编年史》（十九世纪）第102页。

③ 《澳门政府宪报》（1848—1849）中清楚地显示，澳门早在1847年7月就把“中式彩票”即闱姓赌饷纳入财政收入之中，1848年7月起又增加了“中式博彩”即番摊的税项。原文见澳门历史档案馆缩微胶卷，以及 *Boletim official do Governo de Provincia de Macau e Timor* 1888－3－15 NO－11，Pagina100：“Receita do anno Economico de 1887—1888”。不过，该馆现存的葡文档案之中，1839至1845年的《澳门·帝汶·苏洛省政府公报》全部缺佚，1847年缺第18期，故未能断定这些缺失的官方档案中有没有更早的赌博合法化文告，只能依据现时已经找到的文献作出上述判断。

④ 闵杰：《清末彩票：权与利的博弈》，载侯建新主编《经济—社会史评论》第一辑第103—114页，三联书店2005年版。

了将近半个世纪。澳门彩票传入内地，据《申报》称是在1898年5月创办，发行了六千多张，每张售价3.5元，头彩彩额5000元。①

第二节　亚马留开赌的历史契机

一、亚马留力图扭转澳门的衰落

第一次鸦片战争之后，英国人得到了香港，澳门的国际贸易地位急剧下降，政府收入锐减，连生存也有问题。其实，在鸦片战争爆发之前，澳门的国际贸易港口地位已经衰落。正如陈炎教授所说：

> 1724年（雍正二年），清廷下令对澳葡航运提出限制，指令将澳门原有25艘商船编号登记，但不准再增新船，出入港口要经中国港务监督官验查。就在这时，葡国王以前给澳葡通航葡国本土和葡属巴西的航行权，也宣布截止，中断了直接通航欧美的环球航线。再过两年，清廷鉴于南洋禁令给沿海依靠海外贸易为生的人民带来的苦难，地方官绅也因此失去税利，造成财政困难，不得不先后在粤、闽、浙等省开禁。这样，中国商船重新获得与东南亚各国的通航自由，在货源上与葡商展开激烈的竞争，澳葡失去了航运垄断权后，于是又进入一个新的低潮。②

---

① 《申报》1898年5月16日之广告。

② 陈炎：《澳门在近代海上丝绸之路中的特殊地位和影响》，载于澳门《文化杂志》第十三、十四期合刊第44页，澳门文化司署1993年版。

陈炎教授认为，鸦片战争后，澳门走向历史性的衰落，其原因：一是中国被迫开放五口通商，中外贸易往来和文化交流，可以直接五口通航，不必再经澳门港；二是英国从中国割取香港，原来旅居澳门的英国和外籍人士纷纷移居香港；三是香港实行自由港政策后，各国商船可以自由进出香港，因而进出澳门港的外国商船急剧减少。①

葡萄牙学者徐萨斯指出：

> 当澳门的门口崛起一个英国殖民地时，历史又重演了。就像孟买毁了果阿那样，香港现在又毁了澳门。②

香港的崛起间接损害了澳门的利益，但葡萄牙人并不是和英国人算账，而是把矛头指向懦弱的清朝政府，以此为借口向中方提出许多蛮横无理的要求，例如拒绝继续向中方缴纳租金、禁止清朝官员在澳门鸣锣开道、拆毁清朝在澳门的关部行台、驱逐中国海关人员、扩张葡占领地等等。

1844 年 9 月 20 日，澳门、帝汶及苏洛组成一个独立于印度的海外省。1846 年 4 月出任澳门总督的葡萄牙上校亚马留是一名强悍的军人和崇尚武力的扩张主义者，他在致两广总督徐广缙的公函中说：

> 葡萄牙是中国三个世纪的盟友，从来是最惠国，不可转瞬间成了次要国。……往昔葡萄牙为唯一在华享有某些

① 陈炎：《澳门在近代海上丝绸之路中的特殊地位和影响》，载于澳门《文化杂志》第十三、十四期合刊第 47 页。

② ［葡］徐萨斯（C. A. Montalo de Jesus）著，黄鸿钊、李保平译：《历史上的澳门》第 233 页，（原版于 1902 年由香港别笃洋行出版），澳门基金会 2001 年 1 月版。

> 特权的国家，但诸条约签订后，中葡之间的一切章程及协议已失效。其原因为，要么上述章程及协议的条款优于条约的条款，但我们无法独享之，英国及其他国家亦有权享之；要么上述章程及协议的条款次于条约的条款，于是对我们毫无裨益。①

亚马留敢于向中国发起挑战，一来是清廷的腐败软弱，二来是葡萄牙国内有此政治需要。1846 年 2 月，葡萄牙海事及海外部部长若阿金·若泽·法尔康（Joaquim José Falcão）在葡萄牙国会阐述其政策主张时认为，自 1843 年以来断断续续从中华帝国政府处获得的一切微不足道，因为“这些优惠根本无法补偿澳门失去的特权。因此，政府决定采取一所有熟悉澳门利益的人一致首肯的唯一可使澳门摆脱其目前江河日下困境的办法，尽快将澳门港口向所有国家船只开放，此措施的目的在于使澳门获得新生。同时，促进它同我朝廷其他港口的关系，取消一切海关税。这是在澳门征收的唯一税项，往昔足以支付政府开支并有结余。近来，因中国港口开放，所入稀少，但仍可暂时造成一些麻烦。该省新任命的总督为当地的税务部门带去了适应澳门近来变化的指令”②。“为新总督下达的指令十分明确——企图通过开港或采用指令中明确提出的三项措施（变相接受了澳门主教提出的三项建议，取消澳门葡萄牙海关、锐减公共开支、制定一套从未采取过的税收政策）彻底改革传

① ［葡］萨安东著、金国平译：《葡萄牙在华外交政策（1841—1854）》第 90 页，《阿马勒政府》，葡中关系研究中心、澳门基金会 1997 年里斯本版。

② ［葡］萨安东著、金国平译：《葡萄牙在华外交政策（1841—1854）》第 81 页，《破灭的幻想》，葡中关系研究中心、澳门基金会 1997 年里斯本版。

统上被认为是澳门经济生活支柱的体系……。”①

亚马留实际上在澳门推行的政策又是怎么样的呢？连葡萄牙历史研究人员后来也“找不到任何关于他以头颅为代价完成的使命的另一部分，即由其发起的政治自主进程的指令。中国海关问题、取消中华帝国在澳门的管辖、领土扩展、取消泊费、占有潭仔等问题均被略去”②。

然而，在亚马留出任澳督期间，由于市议会内部的党派斗争，加上亚马留的作风得不到澳门议事会的支持，为此，亚马留曾经解散了一届市议会，重新成立了一个服从其需要的市议会。虽然亚马留的强硬政策得罪了多方面势力——清政府、澳门议会、澳门华人居民，但欧洲历史的这一时期正以列强重新确定扩张规则，亚马留推行的扩张政策正好符合葡萄牙当时的国家利益。所以，后来有葡萄牙人视他为英雄人物，也是有其道理的。葡萄牙历史学家萨安东一语道破其中奥秘：因为亚马留使澳门“完全成为葡萄牙皇室领地的一部分，此举可满足历史声望及阻止第三国对这一海外帝国领地的觊觎”③。

除了葡萄牙国内的政治需要，刚刚从鸦片战争中取得巨大利益的英国人，对亚马留也作出了政治支持。1847 年 12 月底，亚马留访问香港，得到港督德庇时爵士及驻华英军总司令德忌笠少将异乎寻常的隆重接待。“欲使澳门独立这一棘手的

---

① ［葡］萨安东著、金国平译：《葡萄牙在华外交政策（1841—1854）》第 82 页，《破灭的幻想》，葡中关系研究中心、澳门基金会 1997 年里斯本版。

② ［葡］萨安东著、金国平译：《葡萄牙在华外交政策（1841—1854）》第 83 页，《破灭的幻想》，葡中关系研究中心、澳门基金会 1997 年里斯本版。

③ ［葡］萨安东著、金国平译：《葡萄牙在华外交政策（1841—1854）》第 87 页，《阿马勒政府》，葡中关系研究中心、澳门基金会 1997 年里斯本版。

使命，在香港当局不加反对的情况下得以完成，此行必不可缺”，亚马留向里斯本发出的这份报告称，“驻华英军总司令德忌笠少将曾建议我请求我国政府要求英国政府命令港督在澳门受到非来自中国或来自于任何一个国家入侵的情况下，港督必须把澳门当作葡萄牙皇室的属地加以保护”。①

其实，英国人对澳门垂涎已久，明崇祯十年（1637），英国东印度公司威代尔率四舰抵澳门，要求互市，被葡人拒绝其登陆；② 嘉庆七年（1802）二月十八日，曾有三艘英国船来泊伶仃洋水域，三名英国军官乘坐舢板到澳门，借口防止法国船只来澳抢掠，要向澳门提供保护云云，③ 但未得逞。此后，英国人还不死心，1809 年再派兵擅入澳门，以至事情闹到北京，“天威震怒”，几乎要用兵驱逐。④

英国人“支持”亚马留自有其道理，英国人害怕法国人在澳门问题上插手，威胁大不列颠帝国在香港和华南地区的利益。

英国人在香港“开埠”大大促进了当地的贸易，澳门面临巨大的挑战。为了挽救澳门的贸易地位和地区公共财政，葡萄牙唐娜·玛丽娅二世于 1845 年 11 月宣布澳门为自由港，任何

---

① 详见 1847 年 12 月 23 日阿马留总督致葡萄牙海事及海外部的公函，葡萄牙海外档案馆，二部，澳门，1847 年函盒。转引自萨安东《葡萄牙在华外交政策（1841—1854）》第 91 页，《阿马勒政府》。

② 林子升：《十六至十八世纪澳门与中国之关系》第 12 章，《澳门与英国之关系》，澳门基金会 1998 年 9 月版。

③ 刘芳辑、章文钦校：《清代澳门中文档案汇编》（葡萄牙东波塔档案馆馆藏），第十六章《澳门与英国的关系》之四《英军图占澳门》，第 1439 页，《理事官为英国兵欲图上岸占据澳门事呈香山县丞禀》（约嘉庆七年二月二十五日，1802 年 3 月 28 日），澳门基金会 1999 年 11 月版。

④ 《清代澳门中文档案汇编》第十六章之四《英军图占澳门》，第 1453、750 页，《香山知县彭昭麟为饬嗣后恭顺守法安居乐业毋庸惶惑事下理事官谕》（嘉庆十四年正月十二日，1809 年 2 月 25 日）。

国家的船只向澳门输入货物均豁免关税。1846 年 4 月亚马留上任后不久，就向关闸内所有居民征税；同年 9 月 12 日宣布：所有停泊在澳门的船只必须向港务局登记并交纳一元税款。1849 年 2 月，亚马留又停止向清朝政府缴纳地租。①

在这里，我们有必要回顾一下当年澳门的历史环境。道光二十四年七月初二日（1844 年 8 月 25 日），两广总督耆英、广东巡抚程矞采在奉上谕“体察澳夷实在情形”之后，向朝廷奏复：

> 澳门僻处海隅，民夷杂处。关闸以内、三巴门以外，多系民庄，计有天成、龙田、龙环、望厦、石墙、新桥、蒲鱼、沙冈等八村，共居民八百一十九户，田庐坟墓鳞次栉比。其夷人所建炮台名东望洋，系踞山临海，并不占碍民基。三巴门以内虽尽系夷楼，西洋聚族而处，而其间如芦石塘、赋梅里、沙梨头等二十一处，俱有民房交错其中，共计四百六十六户，均系世守祖业，并不输纳夷租，相传三百余年，由来已久。计现在澳内夷人男女约四千余口，而十九年所查民户人丁，共四千九百二十八口，故澳门乃民夷错杂之区，非徒夷人托足之地也。②

由此可见，在亚马留来澳之前，葡人仍是聚居在旧关闸以内，华人并不需向葡人缴纳什么公钞与地租。改变这一状态的是亚马留。

---

① ［葡］萨安东著、金国平译：《葡萄牙在华外交政策（1841—1854)》第 113、115 页，《旧秩序的覆灭》，葡中关系研究中心、澳门基金会 1997 年里斯本版。

② 中国第一历史档案馆、澳门基金会、暨南大学古籍研究所合编：《明清时期澳门问题档案文献汇编》（二），786，《两广总督耆英等奏覆体察澳夷实在情形折》，人民出版社 1999 年 12 月版。

二、由禁止“非法赌博”到开赌

亚马留曾经在非洲的殖民地打过仗，也把澳门当作葡萄牙的另一块殖民地。有了“尚方宝剑”在手，他就更加肆无忌惮地“钉关逐吏”，强行拆毁清朝驻澳门的海关，驱逐海关官员。[①]他不但拒绝向清朝政府交租，还“将澳门各店铺编列字号，勒收租银，如不依允，即带夷兵拘拏鞭打。又在三巴门外开辟马道，平毁附近坟墓”。[②]亚马留于1847年2月27日决定向北修筑通往关闸一带的马路，为此，他还下令迁走上述地段的华人坟墓。这样做的目的，是“以图造成既成事实，往北扩大地界”。[③]

有葡萄牙史学家分析，亚马留在彻底切断澳门与中华帝国内部体制的联系时，只要控制三方面——领土、行政及税收，他便可确定澳门对中国的“独立”。领土方面：确定葡萄牙对周围水域及城区老墙以外土地的管辖权；行政方面：取消澳门社团对当地官员的世袭附属；税收方面：向葡萄牙人及华人社团征收政府税、取消中华帝国海关。[④]

---

① 《明清时期澳门问题档案文献汇编》（二），814，道光二十九年闰四月初七日（1849年5月28日）《两广总督徐广缙等奏报酌移税口试办情形折》。

② 《明清时期澳门问题档案文献汇编》（二），817，道光二十九年十一月十九日（1850年1月1日）《两广总督徐广缙等奏报西洋兵头被杀业已缉凶正法折》。

③ 吴志良：《生存之道——论澳门政治制度与政治发展》第152页，澳门成人教育协会1998年3月。

④ ［葡］萨安东著、金国平译：《葡萄牙在华外交政策（1841—1854）》第201页，《王室训令体制的确立》，葡中关系研究中心、澳门基金会1997年里斯本版。

亚马留把澳门与清朝的联系割断之后，清朝的禁赌令就不能够再约束澳门的葡萄牙人了。澳门开放赌禁并非偶然，而是粤澳两地赌风历来炽盛，在特定的历史条件下，偏偏被亚马留抓住了一次难得的机遇。据《香山县志》记载，鸦片战争结束之后，香山一带“夷船复来，时洋船四五十只，华船蚁附，通市珍奇毕具，娼航赌艇比于珠江”[①]。当时社会环境的逐步稳定，中外贸易的恢复，为澳门开赌奠下了有利的基础。

而当时澳门本身的经济状况却十分恶劣，华人又抗拒向葡国人交税，亚马留开放赌禁弥补税收之不足也就顺理成章了。正如葡萄牙学者徐萨斯所说：

> 行商最终和澳门的其他外国公司一样，迁到了香港，随即靠这些行商生活的店主和劳工也都迁出了澳门。香港的行商终于有了起色，代价是牺牲了澳门的命根子。澳门出现了商业大萧条；葡萄牙船的货源越来越小；很多房子和货栈都空了，曾经富裕的家庭变得一贫如洗。澳门自取消关税以来，财政状况一直十分困难。政府从澳门市民贷款，从政府设在伦敦的金融机构抽取资金。税收资金很少，只好允许开设中式赌场来增加收入，虽然开赌场是违反葡萄牙法律的。香港的赌客成群结队来到澳门，那些赌窝纷纷挂出“一流赌场”的醒目招牌，这让那些虔信派教徒和法利赛人感到非常可怕。[②]

1849年3月2日，亚马留命令对所有在街上设点赌博和参与赌博的中国人施以2两银的罚款。[③]但是，这只不过是亚

---

① 同治《香山县志》卷22，《纪事》，第42页。

② 徐萨斯：《历史上的澳门》第234页。

③ 施白蒂：《澳门编年史》（十九世纪）第98页。

马留禁止“非法赌博”所玩的小把戏，并非真的要禁赌。他野心勃勃地要打破清朝法统几百年来在澳门的权威。在 1848 年 7 月至 1849 年 7 月的财政年度，澳府首次把“中式博彩”即番摊的税收纳入地区公共财政范畴；1849 年 4 月，所有的番摊赌馆获亚马留政府正式发给营业牌照。① 从此以后，博彩税就冠冕堂皇地纳入了澳门政府的公共财政预算之中，并且占有越来越重要的比例。

不过，亚马留在澳门开放赌禁之举并非什么高瞻远瞩的战略部署，那只是使澳门脱离中华帝国管治的其中一个象征，同时也是一个为葡萄牙人管辖下的澳门增加库房收入的尝试。他本人没有预见到澳门将因开赌而成为日后的“东方蒙地卡罗”。在他成为望厦村民沈志亮等人的刀下鬼后三年，葡萄牙外科医生若泽·安东尼奥·马亚（José António Maia）完成了一篇题为《澳门开港回忆录》的论文，由著名的葡萄牙经济学家奥利维拉·马雷卡（Oliveira Marreca）作序。马亚医生在这部论文中主张“降低澳门华人居民的人数，以补充葡萄牙子民”，因为后者可能成为纳税者。② 显然，包括马亚医生在内的葡萄牙人，当时也还未意识到，面对华人世界为主的博彩业，日后可对澳门社会及经济的发展起什么样的作用。

第三节　博彩业在澳门的兴起

非法的赌博在澳门变成合法的博彩业，这个转变过程可以

---

① 《澳门政府宪报》1848—1849 年，以及 *Boletim official do Governo de Provincia de Macau e Timor* 1888－3－15 NO－11，p. 100：“Receita do anno Economico de 1887—1888” 附注。

② 萨安东：《葡萄牙在华外交政策（1841—1854）》，第 89 页，《阿马勒政府》。

说具有许多偶然的因素。鸦片战争后英国人占领了香港，直接威胁着澳门这个国际贸易港口的生命线。太平天国革命的爆发令大批内地难民涌入澳门，接踵而至的“猪仔贸易”，让澳门刚刚兴起的博彩业得到迅速的发展机会。港英政府在民间压力下的全面禁赌，则使澳门的博彩业锦上添花。由 1840 年到 1872 年，即鸦片战争爆发到港英政府禁赌这 32 年间，是澳门博彩业全面兴起的时期。

一、太平天国和第二次鸦片战争的冲击

咸丰和同治年间爆发了震惊中外的太平天国起义（1853—1864 年），这是中国历史上重大的社会革命之一。太平军从广西出发，仅 3 年就到达并建都于南京。1853 至 1856 年间，太平军在迄自南京的长江流域频频获胜。太平天国鼎盛时期，已控制了中国中部的大部分地区，并多次威胁上海，甚至能够派出一支先头突击队指向北京。在 15 年中，它纵横 16 个省，攻占城池六百多座。① 与此同时，广东、福建、浙江、湖南、江西、四川各省的天地会与三合会，上海的小刀会，安徽、河南的捻军又纷纷起义，清朝的统治处于风雨飘摇的状态。②

太平天国运动爆发后，战事频频，清廷调动大批军队，军费开支极为庞大。清廷军费支出大增，而前线粮饷供给却不足。湘军统帅曾国藩在其致同僚及亲友的信札中，屡屡述及军队筹饷的困难。

---

① ［美］芮玛丽（Mary Clalaugh Wright）著、房德邻等译：《同治中兴——中国保守主义的最后抵抗》第 124 页，中国社会科学出版社 2002 年 1 月版。

② 魏建猷：《第二次鸦片战争》第 19 页，上海人民出版社 1955 年 3 月版。

同治元年（1862）三月，曾国藩在《复袁午桥星使》一信中提到：

> 东南饷源日涸，敝营亦欠发八九个月不等；后顾茫茫，绸缪非易。弟奏请办理广东厘金，专济皖、浙军饷。①

太平天国起义方兴未艾之际，英法等国为了扩大他们在第一次鸦片战争中所取得的政治利益和经济利益，于1856年至1860年间又发动了第二次鸦片战争。这无异于雪上加霜，使清朝的统治更加危机四伏。一方面是华东、华中各地战事在在需饷，另一方面是土地荒芜，海关停市，税收大减。最令朝廷恐慌的是，英法联军攻占了清政府关税及军饷主要来源地之一的广州，给清政府构成重大的政治压力和经济威胁。如1853年起，广东要临时筹拨巨额军费，协助邻省。1853年10月，广东即两次拨给福建军饷共30万两。②

为了筹集军饷，朝廷允准各省增加捐官学额。清人陈康祺在《捐输加学额》一文中记述：

> 军兴，各省捐输量加学额，自咸丰二年太常少卿雷以諴奏请始。③

澳门的赌博和广东有密切的关系，晚清时的广东，赌风之炽为全国之冠。清律禁赌，但鸦片战争及太平天国运动后，因

---

① 《曾国藩未刊信稿》，“复袁午桥星使”第39页。

② 魏建猷：《第二次鸦片战争》第54页。

③ （清）陈康祺：《郎潜纪闻初笔、二笔、三笔》第115页，《捐输加学额》，中华书局1984年8月版。

军费开支庞大，国库空虚，情况已发生微妙的变化。

道光二十二年九月十七日，湘军统帅曾国藩在《禀祖父母》家书中称：

> 英夷在江南，抚局已定。去年逆夷族广东曾经就抚，兵费去六百万两。此次之费，外间有言二千一百万两者。①

对付洋人之后，又是太平天国运动和捻军起义，战火蔓延半边山河。军饷时有不敷，朝廷又催得急，这就为地方官僚和赌商找到了赌博合法化的理由。同治二年（1863），郭嵩焘任广东巡抚。他到任后先行发布禁赌告示，后查获天和等店开设闱姓，拿获到案讯明，以纳赎例判罚军饷 14 万。以后，他又准许闱姓立案，招商承饷。②

太平天国起义与第二次鸦片战争给澳门带来的直接冲击有二：一是促使澳门华人的人口急剧增加，二是促使澳门华人资本的大大增加。因为在避难进入澳门的华人人口中，有不少是广州及珠江三角洲地区的富人。澳门华人人口及澳门华人财富的大量增加，势必刺激澳门博彩业的发展。正如徐萨斯在《历史上的澳门》一书中所说：

> 要不是基马良士总督的调和政府以及太平天国起义和"亚罗"号战争引起的百姓和商业的涌入，澳门的情况也不会好到哪儿。华人社区的人口现在已超过 5 万人。从 1857 年 5 月到 6 月一个月的时间里，60 艘船驶进了澳门

---

① 《曾文正公家书》卷 1，第 7 页，台湾世界书局 2001 年 6 月版。

② 杨坚校补：《郭嵩焘奏稿》第 252 页，《天和等店闱姓罚款催缴完竣片》，岳麓书社 1983 年 7 月版。

港口，这是从鸦片战争以来没有过的数量。政府对赌博的垄断使税收急剧增加，每年财政都有节余；澳门殖民地拿出了大笔款项来解其他殖民地因长期透支而造成的困难，真是此得彼失。

作者不无感慨地指出：

澳门殖民地失去了往昔的海上优势之后，于1864年建造了东望洋灯塔，这是中国的第一座灯塔。但愿这一灯塔能引导澳门走出衰败，但愿这座长明灯能保佑澳门之星永远不落！①

二、港督麦当劳的禁赌

香港与澳门一样，大多居民都是广东人，讲的是粤语方言，两地的饮食、生活习惯和民间风俗几乎没有什么分别。

《香港赌博史》一书提到：

香港在开埠初期，并未禁止赌博，因为自从鸦片流毒中国后，在广州及澳门，赌博已渐渐形成风气，但不很流行，所以在1841至1844年这三年间，香港并未禁赌。所谓赌博，也只是三几个人围在一起作局，小赌一番而已。②

到了1844年，一大堆法例先后在香港公布颁行。这一年

① 徐萨斯：《历史上的澳门》第261页。

② 鲁言：《香港赌博史》第2页，香港广角镜出版社1978年10月版。

共公布了22号法例，从法理的性质，可以看出属于两个方面，其一是维持治安，另一是征税。其中《禁止赌博条例》即属征税的，因为当时公布这些条例，主要是从罚款中取得政费。《禁止赌博条例》的内容，大意是规定凡聚众赌博以及找人赌博，最高罚款为200元，而赌馆主人或开赌者亦同样办理。《香港赌博史》的作者认为，当时香港禁赌的目的并不在于禁绝这种不良的风气，而旨在从罚款中增加库房的收入。这是香港开始立例禁赌的精神，一直维持到1977年才略为改变。①

既然禁赌是为了增加库房收入，所以港英当局也没有真正禁赌，“1844年有禁赌的明文，赌博却是越来越盛行。最初是三五人的聚赌，渐渐发展成几十人以至几百人的大聚赌。赌馆和赌场，在禁赌条例颁行之后越开越多，规模也越来越大”②。

当时在香港最大宗的赌类是番摊，而赌风和贪风又是一对孪生兄弟，当赌风于1844年至1855年这11年间形成之后，1855年5月5日就出现了首宗摊馆贿赂公务员的案例。此后，几乎年年都有警员涉及被赌馆贿赂的事件发生，以至香港警方为了防止警员受贿，于1857年起在警员制服上钉上编号，以方便证人辨认勒索赌馆的警员。③

到了1867年，香港上环的水坑口、大笪地、四方街、华里、东街、西街、环绕着荷李活道与大道中的一些横街内，到处都是摊馆。这些摊馆差不多都是公开营业的，摊馆租用铺户来开设，其特点是门前垂下一块蓝布做的门帘，门外有人招徕

① 鲁言：《香港赌博史》第5页，香港广角镜出版社1978年10月版。

② 鲁言：《香港赌博史》第6页，香港广角镜出版社1978年10月版。

③ 鲁言：《香港赌博史》第9—10页，香港广角镜出版社1978年10月版。

赌客，高呼“发财埋底便”。①

香港警方虽然常常扫荡赌馆，但因警察受贿，常和赌馆主人串通做戏瞒骗官府，结果是扫之不尽，越扫越多。香港一位叫做域陶（Whittell）的立法委员在立法局的常会中提出，警方经常扫荡赌窟，而赌窟却野火烧不尽，春风吹又生，显见1844年的《禁止赌博条例》不足以达到禁止赌博的目的。他建议另订新的法例，准许开赌的人缴饷纳税，领取牌照开赌，这样既可纳赌博于正轨，也可扫除贪污。②

域陶这一“寓禁于征”的提议，获得了时任港督的麦当劳的支持，香港赌博合法化时代也就是由这一年（即1867年）开始的。是年6月17日，港府颁布了《维持社会秩序及风化条例》，该法例的第十八条中，赋予港督公开招商承饷开赌的权利。博彩合法化从该年7月1日实行。鲁言先生在其著作中认为：“这是中国博彩史和香港赌博史上的创举。”③

香港总督麦当劳指定警察司及总登记官招商承投赌饷，由警察司发给赌牌。每一赌商用申请书列明赌馆所在的地点和赌馆街道门牌号码，愿缴纳的赌饷数额。首次竞投赌牌开票的结果，共有12人投得，即批准12间赌馆公开开设。这些赌馆分布在基利文旧街、大道中、上环水坑口、荷李活道、西街、西营盘和湾仔等地，每家每年缴纳牌照费（赌饷）1万元，于7月1日正式营业。④

---

①　鲁言：《香港赌博史》第12页，香港广角镜出版社1978年10月版。

②　鲁言：《香港赌博史》第14页，香港广角镜出版社1978年10月版。

③　鲁言：《香港赌博史》第12页，香港广角镜出版社1978年10月版。

④　鲁言：《香港赌博史》第16页，香港广角镜出版社1978年10月版。

港英政府的这一措施，在民间引起颇多反对的声音，基督教圣公会的牧师查理士·华伦（Charless Warren）认为这样维持社会秩序和风化，简直是一种讽刺。他四处奔走，向宗教界及社会知名人士要求签名，上书反对政府这种赌博合法化的政策。当时主持《中外新报》的伍廷芳亦有签名，反对赌博在香港合法化。不过，因赌饷可观，而且确实能够起到遏止不良警察勒收贿款的作用，港督麦当劳没有收回成命。到了第二年再度公开竞投赌牌时，他干脆取消以年计算的方式，改为以月计算。①

港督麦当劳不顾社会人士反对，决意开赌，赌博合法化所引起的各种负面效应也随之而来。继基督教圣公会牧师查理士·华伦以及伍廷芳等人社会知名人士提出公开反对之后，1867年12月，英国贵族院议员丹顿、北擎咸公爵等人指责香港公开承饷开赌是一种违反文明的政策，如属实当是英国这个文明国家之羞。②

香港华人的商业发展和雄厚的资金，在19世纪60年代后期至70年代初期已经凌驾欧人。1870年，伍廷芳与华人绅商梁安（仁记洋行买办）、韦玉（有利洋行买办）、曹雨亭（慎安号）、招雨田（广茂泰南北行）等，请求港督轩尼斯拨地兴建华商会馆。③ 华商在香港的经济实力以及社团组织能力渐大，在一些重大社会问题上，英国人也不得不看他们的面色。伍廷芳后来成为香港第一位华人大律师（1877）、首任太平绅士及

① 鲁言：《香港赌博史》第17页，香港广角镜出版社1978年10月版。

② 鲁言：《香港赌博史》第20页，香港广角镜出版社1978年10月版。

③ 张云樵：《伍廷芳与清末政治改革》第80—81页，台湾联经出版事业有限公司1987年4月版。澳门大学国际图书馆“伍廷芳博士遗嘱赠书DS777，15，W77，CHA”。

立法局议员（1878—1880），开华人参政之先例。另外，他又在洋务运动中长期担任李鸿章的幕僚（1862—1896），任翻译员并协助李鸿章对外谈判。[①] 在反对香港开赌的过程中，在华商中享有崇高声誉和地位的伍廷芳所起的作用甚大。

1868年5月，香港西商会开会时一致指责，公开赌博令商业萎缩，不少客商原本携款来港购买洋货，却在赌馆把货款输光了；有些运土货来港的商人，卖出土货之后，原可办运洋货回内地，也因将货款输光而无钱办货。面对社会上激烈的批评指责，港督麦当劳依然不肯回头。1871年1月12日，第四届公开承投赌饷时，赌权已经采用统一竞投的方式进行。结果由赌商何亚锡以每月15000多元的赌饷投得赌权。港府的全年赌饷收入也增加至189600元。[②]

眼看港府在开赌问题上越走越远，全港市民于该年发动了一次上书英伦的请愿运动，由当时的社会知名人士和商界知名人士发起，所有的商号都在请愿书上盖章，请港府转英国理藩院。与此同时，西商会也采取了同样的行动，于是年5月上书英伦。这两封请愿书，都力陈赌博贻害社会之惨。香港总督麦当劳虽然一度扣起了这两份请愿书，但赌害贻患之大，始终难以掩人耳目。结果，麦当劳于1871年12月由英国度假回港时，也带回来了英国理藩院禁赌的命令。[③]促成香港禁赌的还有一位人士，他就是曾任英国驻华大使馆秘书，并在清政府外务部工作多年的罗向乔。他当时上书港督，痛陈赌害，请求勿弛赌禁。奈何港府一意孤行，不予理睬。于是，他又直接向英

---

① 张云樵：《伍廷芳与清末政治改革》第63—96页。

② 鲁言：《香港赌博史》第22页，香港广角镜出版社1978年10月版。

③ 鲁言：《香港赌博史》第23页，香港广角镜出版社1978年10月版。

国政府上书，呼吁制止。英廷终于电谕港府不得弛禁，并复电罗向乔予以嘉勉。①

1872年1月13日，麦当劳贴出禁赌告示，明示于1月20日起封闭所有赌场，所有开赌牌照一律取消；嗣后一切赌博如闱姓、白鸽票、花会及其他有彩私赌，一律禁绝，并加雇侦探严密侦缉，违者拘罚不贷。②香港严厉禁赌后，大批赌客从香港转往澳门，使澳门早期博彩业走向勃兴。

三、"猪仔贸易"对澳门博彩业的影响

在研究澳门博彩业早期发展的过程中，有大量的资料指向俗称为"猪仔贸易"的苦力贸易，也不难发现"猪仔贸易"——苦力贸易与澳门近代赌业有直接的关系。贩卖人口虽然不是始于澳门，也并非中国才有的现象，但"猪仔贸易"盛行的时代，澳门周边的华南地区赌风极浓。清朝的法律禁赌，表面上无人敢公开与朝廷对抗，实际上民间的地下私赌一直没有停止过，南粤赌风历来炽烈，一遇到适合的土壤就很容易滋生蔓延。澳门早就有仁慈堂彩票的存在，由于葡萄牙人治下的澳门并未严格禁赌，华人私下赌博比较普遍。内地的严禁赌博，正好为澳门的赌博合法化提供了生存的土壤。

邻近广东的澳门在葡萄牙人统治下，成为一个与内地有着千丝万缕关联却又不受大清法律约束的"天朝特区"。尤其是自鸦片战争爆发后，清政府的腐败懦弱暴露无遗，葡人趁势实

---

① 《岭峤拾遗》第128页，广东省文史研究馆编，上海书店1994年10月版。罗向乔（1821—1900），字祥，又名森，广东南海西樵罗村人，前清孝廉，精通英语。

② 鲁言：《香港赌博史》第350页，香港广角镜出版社1978年10月版。

行扩张政策，清廷对越来越不听话的澳门葡人也无可奈何。

19世纪50年代，太平天国革命爆发，一批失去土地的农民、失去谋生工具的城市小手工业者以及内地难民，逃到相对安全的澳门，成为国际人口贩卖集团的“货源”。[①] 1840年香港“开埠”之后，中国内地多个口岸也在洋枪洋炮之下一个个地开放，这使澳门的国际贸易地位一日不如一日。澳门作为贸易港口的收入锐减，“猪仔贸易”这种能够暂时缓和经济困境的行当，便变得更加重要了。不过，香港崛起之后，就迅速取代澳门成为苦力贸易的最大转运中心。一如《中国殖民史》一书所说的那样：

> 猪仔贸易之输出地，本以澳门为中心，自香港割让与英国后，乃以香港代之。[②]

费正清《剑桥中国晚清史》称：

> 那时在广州的中国人贩子，为了把劳工卖给外国的苦力贩运者，竟于光天化日之下在苦力家屋门外捉人。正义的中国群众处死了一批拐骗者，中国官吏也处决了一批。然而存在着当地的失业和贫穷以及海外的需要和机会，这些因素汇合起来使移民继续进行不辍。……为了这个目的，总督劳崇光实际上已使移民在这个地方合法化了。结

---

① 例如《遐迩贯珍》（1854年8月朔旦，第八号）报道：“十五、六间，省垣各富商室，畏乱先徙，多携眷附本港当行载运贸易之火轮船，赴本港及澳门寄寓。有一火船载至六百余人者，多妇女幼稚。亦有用中土快艇载人，以缆系于火船以行者。各船价水脚涌贵，闻一中土客赁一火船载眷，价至一千二百余元。”

② 李长傅：《中国殖民史》第266页，《猪仔贩卖与契约华工问题》台湾商务印书馆1976年2月（台三版）。

> 果是，英、中两国官吏联合监督移民所（奴隶收容所）的批准和审查工作，并规定在他们在场的情况下自由签订合同。可是广州的这个制度，受到了澳门及其他不在劳崇光或巴夏礼（英国领事）控制的沿海地方的洋人和华人的蔑视；因为在沿海地方，接收船像以前从事鸦片进口贸易那样从事“猪仔”（即人口）的出口贸易。对中外合搞的这种公害进行控制的企图，又给中、英两国地方当局创造了一种共同的利害关系。①

为了让苦力们入彀卖身，人贩子们设计了各种各样的赌档，谋取双重的利润。而骤然间得到一大笔卖身钱的苦力，也希望通过赌一把赎身，衣锦还乡。实际上，大部分人无法扭转命运的安排，输光了卖身钱之后就被送上“猪仔船”，远渡重洋做苦工。“猪仔贸易”刺激了澳门的赌业，而日趋繁荣的赌业又吸引了更多青壮年由内地前往澳门碰运气。每个人都相信自己会有好运气，但输光最后一文钱之后，被关进暗无天日的“猪仔馆”和“猪仔船”时，后悔已经来不及了。“猪仔贸易”和番摊、骰宝等华人喜欢的杂赌，在澳门这个特殊的环境中相辅相成，形成了畸形的经济结构。澳葡政府虽不直接经营这种人口交易，但也从“猪仔贸易”中，取得一定的税收。②

1. 澳门与香港两地的“猪仔贸易”

葡萄牙殖民主义者占据澳门之前，已经有过买卖人口的纪录。《澳门史略》提到：

---

① 费正清：《剑桥中国晚清史（1800—1911）》上卷，《清帝国政体和贸易扩张的对峙》，第282页。

② 《澳门政府宪报》1847年2月11日（第6号），《澳门公物会1846年下半年财政收支报告》有如下记载：“Idem dos Culi（苦力项）收入为255.621元。”

澳门的另一项罪恶贸易是人口贩卖。葡萄牙殖民主义者早就是人口买卖的著名行家。早在1442年就开始做贩卖黑奴的生意，因此，他们占据澳门以后，就继续经营这项罪恶的贸易活动。明朝正德年间，在中国的官方历史文献中，就已经出现葡萄牙人“掠卖人口”、“掠卖小儿”、“掠卖子女”等字样。据耶稣会士1563年的记述，葡萄牙人曾先向果阿遣送第一批奴隶妇女450名以上，第二批又遣送约200人。入清以后，也再三提出关于禁止澳门买卖人口问题。雍正九年（1731）设立澳门同知，专理夷务时，广东按察使潘思榘在《为敬陈抚辑澳夷之宜以昭柔远以重海疆事》中，又提到澳门葡萄牙人贩卖子女为奴仆的事。再次提出必须申明典章，对于贩卖人口罪案，应归澳门同知查察办理。①

乾隆十四年（1749），清政府下令：

禁贩卖子女，凡在澳门华夷贩卖子女者，照乾隆九年详定之例，分别究治。②

嘉庆十五年（1810），葡萄牙殖民者从澳门掠去几百名苦力。运往巴西，做种茶实验。这几百人到巴西后不久，全部死光。③

---

① 元邦建、袁桂秀编著：《澳门史略》第112页，香港中流出版社1988年7月版。

② 印光任、张汝霖：《澳门记略》上卷，《官守篇·政令附》，第38页。

③ 元邦建、袁桂秀编著：《澳门史略》第113页。

在澳门贩运苦力的不只是葡萄牙人，英国人也曾经参与了这一罪恶的交易。英国人于1813年12月13日和1814年2月8日，先后两次从澳门掳掠了1700多名苦力，运往英属东印度殖民地文岛。①咸丰四至六年（1854—1856），英法美三国不满足于南京、虎门、望厦、黄埔等条约，要求增加新的条款，以便扩大在中国的势力。1854年英国政府透过给驻华公使的训令向清廷提出的要求中，就包括“准许中国劳动者向海外移民”一款。这一“修约”要求，实际上是要把掠卖华工的行为合法化。②

我国沿海劳动人口到南洋等地佣工，大约在明代就开始了。但是，作为契约劳工和贩运牟利的对象被诱骗出国，则是18世纪以后的事。由19世纪初开始，出国华工人数逐渐增多，到19世纪50年代达到高潮，直到20世纪30年代才告结束。粗略地估计，这前后200多年出国的华工约有1000多万人次。③ 彭家礼先生认为，“据不完全统计，自1517年至1840年期间，掠卖的人口至少达到30多万人”④。

澳门作为掠贩人口的老巢，1855年就有猪仔馆5所，1872年这里的人口贩子达800人之多。据不完全统计，从1856年到1873年，西方侵略者从这里掠走了20万名华工；从1847年至1874年，古巴和秘鲁分别掠去14.3万和12万华工，大多数是从澳门运出的。在1873年，即澳门苦力贸易停闭前夕，仅葡萄牙、西班牙和秘鲁三国设的猪仔馆就有300多

---

① 陈翰笙主编：《华工出国史料汇编》第四辑第181页。

② 魏建猷：《第二次鸦片战争》第24—27页，上海人民出版社1955年3月版。

③ 陈翰笙主编：《华工出国史料汇编》第一册，第1页。

④ 彭家礼：《十九世纪开发西方殖民地的华工》，载《世界历史》1980年第1期。

家，靠苦力贸易为生的人多达三四万人。①

我国近代著名的思想家郑观应在《救时揭要》中，多处提到澳门的人口贩卖现象，他在文中写道：

> 夫猪仔馆者，拐贩华人过洋为奴……奇货可居，获利极厚，每名归西洋国税洋一元，归澳门议事亭番官使费银两元。②

他在《求救猪仔论》中抨击“澳门西洋人收取陋规，暗纵拐徒，窝娼聚赌”③。在《续澳门猪仔论》一文痛心地写道：

> 近读《香港日报》所云，吕宋国船，由澳门载猪仔往亚湾拿（哈瓦那），已死三分之二……西洋人犹多方掩饰，谓保卫甚当，所载之人皆愿去者。……余世居澳门，素知底蕴。非独窝娼聚赌，年投规银数十万，而又有贩人出洋之举。其中被拐见诱者，十居其九。④

郑观应这段话，比较准确地描述了澳门当时的社会特色，也揭示了澳葡当局窝娼庇赌与贩卖人口的“生存之道”。

鸦片战争前夕，无业贫民互相介绍在澳门受雇出洋的情形引起了清廷的注意。钦差大臣林则徐在道光十九年七月二十四日发出的《奏查明外国船只骗带华民出洋情形折》中奏道：

---

① 陈翰笙主编：《华工出国史料汇编》第一册，前言，中华书局，1985年2月。

② 《郑观应集》（上），第6页，《澳门猪仔论》。

③ 《郑观应集》（上），第10页，《求救猪仔论》。

④ 《郑观应集》（上），第8页，《续澳门猪仔论》。

迨六月间钦奉谕旨，饬查夷人收买幼孩，臣当以澳门为众夷聚集之区，密札署澳门同知蒋立昂切实查禀。据蒋立昂等先后禀复：每岁冬间夷船回国，间有无业贫民私相推引，受雇出洋，但必择年力强壮之人。①

殖民主义者为了开发南洋、北美、拉丁美洲和加勒比地区各殖民地，先是奴役印第安人等土著，后来又贩运黑奴，以弥补劳动人口的短缺。从19世纪上半叶开始，苦力贩运的影响越来越大，这是因为当时奴隶制已取消，大量的甘蔗、棉花种植园缺乏劳动力。②

1838年以后，由于资本主义工业的发展和自由贸易逐步取代了垄断政策，英国先后宣布废除奴隶贸易和奴隶制度，这使得美洲各个殖民地的劳动力供应更为紧张了。1848年和1851年，美国加利福尼亚以及澳大利亚先后发现金矿，对廉价劳动力的需求极为紧迫。而此时，中国内地爆发太平天国起义，导致社会动荡，广东、福建大批劳动人口纷纷逃到澳门和香港避祸，正好成为四处寻找劳动力新资源的西方殖民主义者猎取的对象。③

咸丰六年八月（1856年10月）的《澳门政府宪报》刊载了一段“猪崽头”引诱华工前往古巴的声明：

孟光来亭说称，旧年九月十八日，伊由汕头在洋船开身载客仔往哑湾嗱（Havana）埠，该埠之人待客仔甚好，

① 《林则徐集》奏稿九，道光十九年，第679—680页，中华书局1985年1月版。

② 若昂·格德斯（João Guedes）：《京萨、科尔沃和澳门的苦力贩运》，载于澳门《文化杂志》第七、八期合刊第36页，1989年。

③ 陈翰笙主编：《华工出国史料汇编》第一册，第2页。

每月有工银四元，并食东家，食用甚好，各客仔十分欢喜，每逢拜好日，各客仔穿着鲜明衣裳往各处游逛。又同埠内人入庙拜神，大家如兄如弟。埠内有富贵家甚多，每日晚上到五点钟时，客仔放工，任由行逛顽耍。又有客仔坐马车去逛的。其熟识工夫的客仔，每月受工银十元八元，亦有二三十元的。此埠所用系金银，不用铜钱。哑湾嗱地方之人，富者居多，贫者甚少，此皆亲眼见真实。所称是实。咸丰六年八月二十五日。孟光洪。①

这段声明把悲惨的猪仔生涯美化成天堂般的生活，把葬送无数华工青春与生命的苦力场美化成海外蓬莱，不知多少华工被骗上当，就此一去不复返。

据咸丰十年（1860）的《清实录》载：

粤东省城近有匪徒拐掳良民贩与夷人，男女被掳者以数万计。夷人以省城之西关，番禺县属之黄埔，香山县属之澳门，及虎门外之香港等处，设厂招买。每次买出外洋，皆满载而去。②

香港、澳门这两个弹丸之地，在掠运华工方面大发横财，从而迅速繁荣起来了。苦力贸易的暴利是很吸引人的，从中国贩运苦力到古巴、秘鲁等地，一般成本为150元，其中包括船票约70元。当地苦力市价通常是400—500元，有时可达1000元，利润率为233％—567％。其中以航运商获利最大，从香港、澳门开往美国的苦力船，其航行成本，每人还不到5元，

---

① 《澳门政府宪报》1856年10月4日（第50号）。

② 《文宗显皇帝实录》第44册，卷312，第575页，咸丰十年闰三月丙申初二日（1860年4月22日），中华书局1987年1月版。

而船票的售价为55元，利润高达10倍多。暴利所在，必然竞争激烈。从1845年到1874年是苦力贸易极为猖狂的30年，几乎所有资本主义国家都参加了这一血腥贸易。① 1856年，进入澳门的移民人数为2493人，十年之后，这一数字上升到10712人。到了1873年，又增加到13016人。这使得当时的澳门葡人政府受到国际上的谴责。②苦力被当作猪仔买卖，而且有价有市，既有现货也有“期货”。③

据统计，当时在澳门从事贩卖人口的95家猪仔馆为：德记猪仔馆、咭咕行猪仔馆、日斯巴里亚猪仔馆、大班地猪仔馆、来吉掳那哈猪仔馆、和生猪仔行、锡合猪仔行、合和猪仔行、和记猪仔行、和升栈猪仔馆、潮州礼猪仔馆、祥利行、锡记猪仔馆、高楼锡记猪仔馆、白麻猪仔馆、白马猪仔行、和新猪仔馆、信合猪仔馆、新合猪仔馆、新义和猪仔行、同发猪仔行、新算合猪仔馆、合兴猪仔行、怡生栈猪仔行、饭焦猪仔行、虏即答猪仔馆、新昌记猪仔馆、新全合猪仔馆、广记猪仔馆、新记猪仔馆、意生猪仔馆、义生猪仔馆、和益猪仔馆、茂林猪仔行、仁和猪仔行、兴昌猪仔行、三角市猪仔行、澳门公司猪仔行、新福泰猪仔行、新茂隆猪仔行、恒发猪仔行、信昌猪仔行、新祥泰猪仔馆、镇祥泰猪仔馆、义合猪仔馆、发合猪仔馆、增祥泰猪仔行、新风记猪仔馆、冯昌猪仔馆、照合猪仔

---

① 陈翰笙主编：《华工出国史料汇编》，第一册，第8页。

② 若昂·格德斯（João Guedes）：《哀萨、科尔沃和澳门的苦力贩运》，载于澳门《文化杂志》第七、八期合刊第36页，1989年。

③ 《申报》1872年4月23日：“卖猪仔：澳门卖猪仔生意甚多，有佛兰西船一艘，现载人出洋贩卖，每名取水脚十五镑。澳门今卖人之法，仿鸦片烟例，则有曰卖盘期，有曰卖现银。目下行情，卖盘期者，每人价银九十八员；买现银者，每人一百二十五员至一百三十五员。赌博一事，虽不在禁，至于以人为奇货，何不严申厉禁，俾生民免受涂炭乎？”

馆、新捷元猪仔馆、新发猪仔馆、大光地猪仔馆、如意猪仔馆、来记猪仔馆、礼记猪仔馆、新财合猪仔馆、根泰猪仔馆、新发合猪仔馆、博罗阿堂猪仔馆、尽记猪仔行、新公司猪仔馆、安记猪仔馆、新泰来猪仔馆、仁济大街猪仔馆、利生猪仔馆、新万合猪仔馆、黎阿柏猪仔馆、晏记猪仔馆、泰来猪仔馆、赖记猪仔馆、有信猪仔馆、茂经猪仔馆、新长泰猪仔馆、六合猪仔馆、广福来猪仔馆、伙计猪仔馆、新泰利猪仔馆、新太和猪仔行、盛记猪仔馆、茂隆记猪仔馆、茂名记猪仔馆、黎阿昌猪仔馆、如意来猪仔馆、新发堂猪仔馆、大邦地猪仔馆、新金记猪仔行、和昌记猪仔行、新问合猪仔馆、新怡和猪仔行、广益隆猪仔行、新泰隆猪仔行、林茂记猪仔馆、新成发猪仔馆。①

这只是中国第一历史档案馆中能够找到的猪仔馆记录，还有许多华工是直接经海上夹板船被贩运上苦力船的，也有部分由菲律宾等东南亚国家和地区被贩运出洋。

澳门的苦力贸易曾受到国际（主要是英美）舆论的谴责，但香港的赊单移民却戴上了“自由移民”的桂冠。葡萄牙人曾反唇相讥，说香港的赊单移民同澳门的苦力贸易没有什么区别，香港和伦敦的英国商人从苦力贸易攫取的利润比澳门多得多。这是事实，但英国人恼羞成怒，断然下令禁止澳门的苦力船进入香港。澳门的苦力船无处修理改建和备办物料，不得不空船开走。在这一压力之下，里斯本当局被迫下令停闭澳门的苦力贸易，这一禁令于 1874 年 3 月生效。香港和澳门关于掠运苦力的竞争，以澳门失败而告终。此后，从中国非法掳掠华工的买卖几乎全由香港包揽了。②

---

① 徐艺圃：《清末澳门猪仔馆述评》，澳门《文化杂志》中文版第十九期，第 120 页，1994 年。

② 陈翰笙主编：《华工出国史料汇编》第一册，第 9—10 页。

2. “猪仔贸易”对澳门赌业的影响

进入 19 世纪 50—60 年代，中国内地半殖民化危机加深，大批无法维生的手工业者、农民和破产商人，纷纷离乡背井到国外谋取生路。澳门逐渐成为“苦力贸易”即人口买卖的港埠，聚集了数以万计的外来人口。拿到卖身钱的苦力，在等候船只的日子里聚赌，希望赢一笔大钱后赎身回乡过好日子。手上拥有众多苦力和金钱的人口贩子也想借此敛钱，便开起赌来。

郑观应在《救时揭要》一文中，曾经披露人贩子与葡人勾结，利用赌博引人入彀卖猪仔的把戏：

> 吾闻拐徒与洋人串通，约有数万，专投人之所好。或诱以娼赌，或假以银钱，一入其饵，不拘多寡，偶不及偿，即拘而赴诸海外。①

郑观应这段文字，很形象地描绘出苦力贸易刺激澳门赌业蓬勃的过程，这是澳门博彩业早期发展的一个重要诱因。他在这里提及的“拐徒”即人贩子数目，居然有数万之众。虽不知其消息来源及准确程度，但即使打个折扣，被拐骗的苦力数字也可想而知。

同治末年的《申报》曾有一则“卖猪仔”的报道：

> 澳门卖猪仔生意甚多，有佛兰西船一艘，现载人出洋贩卖，每名取水脚银十五磅。前数日，有船二艘开行，一载三百五十人，一载四百五十人。澳门今卖人之法，仿鸦

① 《郑观应集》上册，第 10 页《求救猪仔论》，上海人民出版社 1988 年版。

片烟例，则有曰卖盘期，有曰卖现银。目下行情，卖盘期者，每人价银九十八员；卖现银者，每人一百二十五员至一百三十五员。赌博一事，虽不在禁，至于以人为奇货，何不严申厉禁，俾生民免受涂炭乎?①

这则报道反映了猪仔头与赌馆勾结，借赌牟利兼且“以人为奇货”，陷人入彀、将其抵卖出洋的史实。澳门虽不禁赌，以人为质仍属于违法行为，该文作者呼吁当局严厉禁止。不过，葡萄牙人对此只眼开只眼闭，清廷又鞭长莫及，澳门猪仔馆和赌馆的生意照做不误。葡萄牙学者安德拉德·科尔沃(Andrade Corvo)在《苦力移民》中指出：1867年，根据葡萄牙外交部的情报，由于澳门没有中国权力机构，有些外国商人转入地下招工，甚至出现了运送华工的船只悬挂别国国旗的现象。因为根据澳督的规定，运送华工的船只只能来自那些与中国签有移民方面条约的国家或者来自华工移民目的地国家。②

到了19世纪60年代末，中国出现过短暂的“同治中兴”。美国耶鲁大学教授芮玛丽(Mary Clalaugh Wright)在《同治中兴》一书中写道：当时“直接的外国军事入侵事实上已经停止，西方狂热的商业冒险运动也已经结束，有人在谈论放弃治外法权。‘同治中兴’时期，恰逢香港开放赌禁，澳门的赌业也发展到一个新的阶段。不过，短暂的‘中兴’在1870年以后就逐渐衰退了。此后不久，国家不是更强盛而是更衰弱了；原为伟大的中兴政治家们所占有的许多位置，现在充斥着谄媚者；订立了一系列比以往任何时候都更加羞辱的条约，丧失领

① 《申报》1872年4月23日。

② 安德拉德·科尔沃(Andrade Corvo)：《苦力移民》，载于澳门《文化杂志》第七、八期合刊，第44页，1989年。

土，而且国家主权也名存实亡。”①

1870年以后澳门苦力贸易持续数年的兴盛，就是在这样的背景之下。从光绪初年的《申报》的这段报道，人们可看到澳门贩卖猪仔而令赌馆生意兴隆的景象：

> 澳门尚以贩卖猪仔为生涯，当未禁以前，招工者既辟馆以接纳，承招者亦附船以前来，而且拐骗之徒视为利薮，熙来攘往，累万盈千，食用未免繁多，衣物每易流畅，下而至于娼寮、赌馆，恒踵相接而肩相摩，则其生意之兴隆殆由此也。②

徐萨斯《历史上的澳门》一书，揭露了人贩子以赌引诱苦力卖身出洋的事实：

> 中国大陆上有数十名人贩子，他们用美味可口的食物来引诱农村人，骗他们说要把他们带到黄金国去，或者借钱给他们赌博，强迫赌输了的人卖身偿还赌债。人贩子弄不到农村人口时，就把小贩、手艺人和仆役骗进招工馆，强迫他们和那些被海盗抓来的安南人一起登船去做移民。③

李长傅先生亦提及：

---

① ［美］芮玛丽（Mary Clalaugh Wright）著、房德邻等译：《同治中兴——中国保守主义的最后抵抗》第376页；中国社会科学出版社2002年1月版。

② 《申报》1876年1月21日，《论澳门缉私》。

③ 徐萨斯：《历史上的澳门》第253页。

契约华工……其不幸的，被一班工头所掠卖，外人虐待，犬马不如，引嫖诱赌，借欠工资，呼吁无地，回国无期。就如南洋群岛的锡工、南非洲的矿夫，同十九世纪白人掠卖黑奴一般，呼做贩猪仔，可算我们独立国民最可惨最可耻的一桩事了。①

由此可见知，澳门赌业的勃兴，实与苦力贸易密切不可分。赌业本是应苦力贸易之运而兴盛，二者同步发展，成为澳门一种畸形的经济体系。葡萄牙人对此当然是乐观其成，因为这样等于把他们带出了可怕的经济深渊。

当世界各国对惨无人道的苦力贸易猛烈抨击并予以取缔之后，苦力贸易无法再公开进行，偷偷摸摸的生意既不光彩也不能够带来厚利。在亚马留一手扶持下，赌业遂成为澳门主要的税收来源。澳葡公开招商开赌，全澳赌馆林立。据郑观应回忆，到1870年前后，全澳“番摊之馆已有二百余号”②。

同治年间外务府档案《总署收到未具名寄来澳门拐骗华工情形八条》，其中提到“猪仔摊”的事：

猪仔头故意借银与人赌博，名为猪仔摊。赢则倍偿本银；若输，则将本身写与猪仔头作按而设摊，亦系猪仔头等串同棍骗。又有骗猪仔到澳门后，即逼其先写一二百银欠单，若不允写，则又拷打，如允写而仍不愿赌，即凭单告账，系狱受苦，务使堕其术中。③

---

① 李长傅：《世界的华侨》，《南洋史地与华侨华人研究——李长傅先生论文选集》第23页，暨南大学出版社2001年5月版。

② 《郑观应集》上册，第17页，《澳门窝匪论》。

③ 《明清时期澳门问题档案文献汇编》（五）文献卷，第681页。

同治十三年（1874），陈委员（兰彬）、马税司（福臣）、吴税司（秉文）致总理衙门呈送《古巴华工事务各节》中呈，文中录得一批华工被诱落澳门出洋做工的申述，多人提及在内赌输钱后才到澳门，但亦有一名华工是于同治七年（1868）在澳门被猪仔头（人贩子）诱到猪仔摊输光银子后卖身出洋的，原文为：

> 莫阿冈供：年三十一岁，广东高要县人。我于同治七年到澳门觅工，有猪仔头给我银，到猪仔摊赌博输了，要我卖身出洋做工。拉见西洋官，打合同，无银给。①

据《番禺县志》载，番禺员村人钟有恒：

> 因赌负，自鬻身外洋。后由家人寄资赎回。②

这种以赌为诱饵的把戏，实际上就是让华工拿自己作为赌注，一旦输光了卖身的钱，马上就会失去人身自由，被猪仔头扣押起来，变做待价而沽的奴隶。正如《申报》所说的那样：

> 拐猪仔如诱豚入笠而复招之，布局委宛，设谋暗密，使谋生乏路者，自坠其术中而不觉。计岁作猪仔者，如此其繁，然十九由于诱拐，求其甘心自愿者略无一二。③

苦力贸易促进了澳门经济的畸形繁荣，赌馆、娼寮、食

---

① 《明清时期澳门问题档案文献汇编》（五）文献卷，第713页。

② 同治《番禺县志》点注本卷二十四，第437页，《人物志七·钟有成》。

③ 《申报》1874年1月6日，《澳门禁卖猪仔》。

肆、当铺等行当的生意都逐渐好起来了。

贩卖劳工导致大量人口积聚，是形成澳门近代赌业第一个高峰期的重要因素。也就是说，澳门的猪仔贸易直接导致了澳门博彩业的勃兴。

“卖猪仔”这种惨无人道的贸易方式把人视为牲口，在海上运输和抵达目的地后的劳役中，牺牲了大量“猪仔”的生命。这既抵触了《大清律例》，也受到文明世界的谴责。从1850年到1872年，至少有34艘苦力船在海上遇难，其中包括15艘英国船，6艘法国船，5艘意大利船，3艘秘鲁船，2艘美国船，以及荷兰、比利时、萨尔瓦多各一艘。这些船中，有13艘是从澳门出发的，其他是从香港和中国的港口出发的。至少有15艘船遇难后，厄运于1857年第一次降临到从澳门出发的苦力船身上，从那以后，在18次遇难事件中，竟有12次之多都是发生在澳门的苦力船上。[①] 1859年10月14日，排水量1772吨的美国轮船“Flora Temple”号从澳门启航，载运3850名苦力前往古巴。这艘满载华工的轮船不幸在中国海沉没，仅部分水手获救，所有苦力葬身大海。[②]

根据1873年12月20日的法令，葡萄牙政府宣布，出于人道主义情感，废除苦力贸易。不过，直到1875年4月21日，澳督才发出一道训令，宣布正式禁止从澳门港自由输出华工（苦力）。[③]《中国殖民史》称：

> 澳门之葡萄牙政府，亦公布关于苦力契约之苦力保护条例，但不过形式而已，对于南美洲之苦力输出，实取不

---

① 徐萨斯：《历史上的澳门》第255页，澳门基金会2001年1月版。

② 施白蒂：《澳门编年史》（十九世纪）第140页。

③ 施白蒂：《澳门编年史》（十九世纪）第200页。

干涉主义。后经英德法政府之劝导，华乃于1875年明令禁止。①

葡萄牙历史学者徐萨斯说：

这种利他主义的措施给澳门的打击是毁灭性的，好几个贸易部门破产了，数千人失了业；接着又是人口外流，地产价格大跌；政府每年也损失平均20万元的岁入。英国官方担心澳门会像香港一样恢复苦力贸易。就像英国广州领事向北京公使所报告的，两广总督派一个军官到澳门告知，如果招工馆又在旅店恢复，中国就会派炮舰和军队去澳门捣毁这些旅店，带有关人员回广州接受惩罚。澳督欧美德对此答道，要是真有这么回事，葡萄牙军队会协助取消这一非法贸易的。②

据同治年《香山县志》记载，自鸦片战争爆发及《南京条约》签订后："烟禁弛，澳夷不能专利，渐至穷蹙。而是时秘鲁古巴诸国买华人回国供役，曰猪仔。在澳门设立招工馆，奸人藉以为利，诱骗华人出洋。澳夷坐收其税。迩来此风经定约禁革，而澳夷益穷。"③

1874年1月的《申报》称：

澳门猪仔生意现已停止，猪仔馆舍均已歇闭。其拐猪仔之头目皆已歇业，如有所失。④

---

① 李长傅：《中国殖民史》第267页，《猪仔贩卖与契约华工问题》。
② 徐萨斯：《历史上的澳门》第257页。
③ 同治《香山县志》卷22，《纪事》。
④ 《申报》1874年1月6日，《澳门禁卖猪仔》。

香港《循环日报》1874年7月8日报道：

> 澳门近日消息，有人自澳寄书于其友云：近日港中日报皆以澳门一隅，自严禁贩人出洋以来，市廛冷落，贸易寥寥，失业之人几将坐而待毙。

1874年5月，澳门的苦力买卖已经受到有力的遏制，当时出版的《中西闻见录》说："前闻葡萄牙国君禁止招工出洋一事，以三个月为限。届期闻有在澳门停泊招工出洋船七只，尽皆扬帆空舱驶去。"①

当时澳门的赌业尚未自成气候，失去苦力这些赌业主要的客源，无异于釜底抽薪。同治末年的禁止贩卖劳工，对澳门赌业影响甚大。至光绪初年，澳门的赌业一度进入低潮状态，但买卖苦力的勾当仍在暗中进行。由同治末年、光绪及宣统两朝而至民国初年，澳门的苦力贸易一直在断断续续，澳门仍有西船载运猪仔出洋。如1875年6月的《申报》以"东洋查放猪仔"为题报道：

> 西字报云，前日船名麦利阿鲁思，由澳门载猪仔到皮鲁国（秘鲁），中途因遇大风，至长崎泊避。②

不过，此时的苦力贸易已经式微，无复当年的盛况了，赖此为计的澳门赌业也因而失去了最主要的客源。

---

① 《中西闻见录》1874年5月21日，《澳门近事》。
② 《申报》1875年6月29日，《东洋查放猪仔》。

表三：1845—1873年自内地口岸及港、澳出洋契约工人数一览

年份	自厦门	自广州转赴港澳	自广州去秘鲁	自香港	自澳门	共计
1845	180					180
1846	200					200
1847						
1848	120					120
1849	280	900	75			1255
1850	1000	3118	1465			5583
1851	2069	3528	1163			6740
1852	1739	15000	1350			18089
1853	15000		2070			17070
1854			1233			1233
1855				14991		14991
1856				14466	2493	16959
1857				25980	7383	33363
1858				15810	10034	25844
1859				10217	8969	19186
1860				15183	8119	23302
1861				12840		12840
1862					2536	2536
1863					6660	6660
1864					10712	10712
1865						
1866						
1867						
1868				8877	12206	21083
1869				18285	9000	21283

（续上表）

年份	自厦门	自广州转赴港澳	自广州去秘鲁	自香港	自澳门	共计
1870				12992	13407	26399
1871					17083	17083
1872					21854	21854
1873					13016	13016

资料来源：舒国雄主编《明清两朝深圳档案文献演绎》第十九章，第1990页，花城出版社2000年9月版。

第三章 同光年间粤澳赌业弛禁对比

第一节 劳崇光、刘长佑时期

清代广东赌风炽烈，尤其是珠江三角洲的经济发达地区。《清稗类钞》称："广州赌风以佛山为尤甚"。[①]其实岂止佛山，邻近地区也同样厉害。在18世纪60年代，中国近代工业已在广东形成一定规模，顺德等地的缫丝工业相当发达。大批因战乱而流离失所或被剥夺了生产资料的人口，部分经香港、澳门到外国做苦力，也有一部分在佛山镇从事冶铁。故此，赌博在广州、佛山、顺德一带盛行，是有一定的社会基础和经济基础的。

咸丰十一年（1861），广东贡院因战祸焚毁，眼看闱试在即，不能再拖，官府却无力修复。在两广总督劳崇光[②]以及广东巡抚耆龄[③]的首肯下，一批绅商承充闱姓两年，以赌饷修复贡院。为此，劳崇光等向朝廷奏请，广东乡试展期至十月举行，获朝廷批准。[④] 于是广东首开闱姓票赌，筹款专用以修复

① 徐珂编撰：《清稗类钞》第十册，赌博类，第4890页《骆文忠公戒博》。

② 劳崇光，湖南人，1859年5月21日至1862年9月30日任两广总督。

③ 耆龄，1859年10月7日至1862年8月18日任广东巡抚。

④ 《文宗显皇帝实录》卷350，第1169页，咸丰十一年辛酉四月辛已（二十三日）（1861年6月1日）。

贡院。官府订明只许承办两年，下不为例。两年后，果然停办闱姓，但这种赌博方式已经深入人心，为日后大开赌禁埋下伏笔。

同治元年（1862）四月二十一日，朝廷因“户部库储，万分缺乏，而按月支放各款，业已无可再减”，着劳崇光、英桂“无论何款，各先行提解银六十万两，赶紧解京，以济眉急”。[①] 朝廷严令：“劳崇光务即迅速筹拨，由海赴津，解交部库。均着于五月内一律解齐。广东应行解京之款甚多，往往屡催罔应。此次如再仍前延玩，即着该部参奏，将该督从严惩处，绝不宽贷。倘因报解迟延，不敷支放，致令京师滋生事端，惟该督抚等是问。”[②]

当时，广东是朝廷抽取厘金支持华东前线的省份，百姓负担已相当重。虽然朝廷紧急若此，但至六月底，连贫穷的山西也如数缴齐了朝廷所需饷项，广东却“仅报起程银五万两，其余作何筹解，未据登复”。朝廷对此很是恼火，限于两月之内将六十万两银子提解京城，否则从重惩处。[③]同年九月，劳崇光终因厘金弊案获罪，降三级调用。[④]

---

① 《穆宗毅皇帝实录》卷 26，第 694 页，同治元年壬戌四月癸酉（二十一日）（1862 年 5 月 19 日）。劳崇光并不是唯一被朝廷十万火急催饷的大吏，同治元年（1862）九月，朝廷亦曾著湖南巡抚毛鸿宾“严饬藩司，将部拨协济四川壬咸年兵饷银十六万两，及积欠已未庚申辛酉等年协饷银三十五万两，共银五十一万两，无论何款，赶紧如数筹拨。”见《穆宗毅皇帝实录》第 45 册，卷 43，第 1155 页，同治元年九月庚申。

② 《穆宗毅皇帝实录》卷 26，第 694 页。

③ 《穆宗毅皇帝实录》第 45 册，卷 37，第 1007 页，同治元年八月辛酉（十九日）（1862 年 9 月 12 日）。

④ 《穆宗毅皇帝实录》卷 39，第 1057 页，同治元年八月丁亥（初七日）（1862 年 9 月 30 日）。

同年十月十七日，刘长佑[①]接替劳崇光出任两广总督。上任之后，他立即将白鸽票、闱姓、番摊、花会等禁绝，全力整顿厘金。斯时恰逢广东两年闱姓期满，但遗下的赌风炽烈依然，难以骤灭。加上刘长佑在两广总督任上只干了四个月就另调他处，一些赌商以为有机可乘，四出活动。同治二年（1863）二月，粤籍御史罗淳衍向朝廷奏陈广东赌风炽盛，刘长佑一走，恐各项赌博故态复萌，请饬新任粤督晏端书[②]一体严禁。朝廷闻奏遂降旨着晏端书出示严禁，以裕民生而端风化。[③]晏端书的任期也很短，还不到五个月，接任两广总督的是毛鸿宾。同治二年（1863）八月十三日，郭嵩焘出任广东巡抚。其时，经过鸦片战争和太平天国运动，清廷国库与广东地方库房空虚。这两位大员走马上任之后，广东禁赌的形势很快就弛缓下来了。

劳崇光和刘长佑主持粤政期间，澳门的赌业正稳步发展，葡萄牙人从番摊、白鸽票承饷得到的收入越来越多。据“澳门及帝汶省公物会”在《澳门政府宪报》刊登的专卖收入资料，我们可知道1862年澳葡政府的白鸽票承充收入是26400元，番摊为78960元；次年（1863）白鸽票承充收入增至32640元，番

---

① 刘长佑，湖南人，1862年10月17日至1863年2月14日任两广总督，并于1871年6月2日至8月2日任广东巡抚。见广东省地方志编委会办公室、广州市地方史志办公室编《清实录广东史料》（六），第601页，《清代两广总督名表》，广东省地图出版社1995年8月版。

② 晏端书，江苏人，1863年2月14日至7月6日任两广总督，见《清代两广总督名表》。

③ 《穆宗毅皇帝实录》卷59，第145页，同治二年二月癸卯（二十七日）（1863年4月14日）：“广东省赌风最盛，刘长佑下车伊始，即将白鸽票花会，并围姓番摊各赌博，先行禁绝，号令一新，百姓亦乐于从命。现在该督离任，恐各种赌博故态复萌，请饬晏端书一体严禁等语。赌博为害闾阎，往往破家荡产，弱者转于沟壑，强者流为盗贼，不可不严行查禁。”

摊增至91800元；1864年，澳葡政府来自白鸽票的收入已升至34560元，番摊也首次冲破10万大关，达到110880元。在1862年至1864年这三年间，氹仔番摊连鸦片收入均为2000元；路环岛番摊连鸦片收入分别为650元、560元和710元。澳葡政府从以博彩为主的上述专卖事业中获得的收入，也水涨船高，由108010元（1862年）、127000元（1863年）增长至148150元（1864年）。①

第二节　毛鸿宾、郭嵩焘时期

毛鸿宾任两广总督②、郭嵩焘出任广东巡抚③时期，朝廷国库和广东地方库房空虚，难以应付越来越庞大的开支。军费支出在清代所占的比例相当大，如康熙朝历年岁出银约为2700万两左右，兵饷马干银为1900万两左右，后者占70%。又如道光年间历年岁出银约为3600万两左右，后者占前者的72%。由此可以看出，兵饷马干银占清廷财政支出的70%左右是没有疑问的。④清代历朝筹办军费的措施略有不同，约可就其主要者归结为五：一为军需的强取与私派；二为赋税的预征为加征；三为荒地的垦辟与田亩的清查；四为裁费与超额起运；五为捐纳与报效。⑤ 在正常的情况下，国家财政量入为出，尽管

---

① 《澳门政府宪报》B. O. 1862—1865，澳门历史档案馆藏缩微胶卷。

② 毛鸿宾，山东历城人，1863年7月6日至1865年3月7日任两广总督，见《清代两广总督名表》。

③ 郭嵩焘，湖南人，1863年8月13日至1866年4月11日出任广东巡抚，见《清代两广总督名表》。

④ 陈锋：《清代军费研究》，第194页，武汉大学出版社1991年版。

⑤ 陈锋：《清代军费研究》，第289页。

常额军费巨大，占王朝岁出的十分之七，但总能保持收支平衡。一旦战事兴起，临时性的军费支出顿增，战费的支销又未列入国家岁计，因而必然出现入不敷出、财政窘困的现象。在平时，常额军费的来源主要是地丁钱粮；但在战争时代，军费的来源则是“不论何项”。除拨支正常的田赋、盐课、关税等钱粮，以及在有库存的情况下动支库存银两外，不得不进行军费的紧急筹措。如果说，在正常情况下，国家财政是量入为出，那么，在军务吃紧的非常情况下，国家财政则是以军费筹措为内涵的量出制入。①

19世纪五六十年代，全国各地农民起义此伏彼起，烽火遍地，太平天国、捻军，再加上洋人进侵，朝廷频频调兵，饷需庞大。毛鸿宾、郭嵩焘治粤时，正处于朝廷“不论何项”筹饷的年代。

1863年12月7日，江浙前线缺饷，朝廷急谕毛鸿宾、郭嵩焘二人：

> 将应解镇江协饷，不论何项，先行赶解银十余万两。兹据冯子材等奏称，此项协饷，共应解银六十余万两，两次委提，仅据拨银七千两。镇营上年闰八月，整顿清理之后，按月尽摊尽放，现又积欠薪饷四十余万两，饥军哗溃堪虞，请旨饬催等语。金陵渐次合围，城贼穷极思窜，镇江适当其中，防剿极为吃重。若因饷需告罄稍有疏虞，东南全局即恐因之制动，关系实非浅鲜。②

朝廷这道谕令的措辞十分严厉：

---

① 陈锋：《清代军费研究》，第288页。

② 《穆宗毅皇帝实录》卷83，第727页，同治二年十月庚子二十七日（1863年12月7日），第47册，中华书局1987年1月版。

着毛鸿宾、郭嵩焘懔遵前旨，不论何项，先行赶解银数万两，并酌量情形，无论多寡，按月定数拨解若干，俾得源源接济。镇江军务，现在极关紧要，倘该督、抚任意迟延，致令饷项缺乏，贻误戎机，恐毛鸿宾等不能当此重咎也。①

1864年6月4日，朝廷再度向广东催缴欠饷："逆匪由江入闽，军情甚为吃紧，倘令饷项缺乏，势必贻误戎机，于全局甚有关系。"严令毛、郭两人"懔遵叠次谕旨，飞催张运兰督率所部，星驰赴闽协剿"。②

1865年3月19日，两广总督毛鸿宾因被参各款处分，当经降旨，照部议降一级调用，不准抵销。③军情紧急，加上朝廷修陵，在在需款而且催逼甚急。同年8月6日，朝廷以"定陵工程，需饷紧要"的理由着令各省督抚等迅速筹解所欠饷银。其中，粤海关欠银22万两，朝廷限新任两广总督瑞麟④及粤抚郭嵩焘等，务必于五个月内"扫数解齐……经此次严谕之后，如敢故违定限，再行滞欠，即着恭亲王等照例从严参办，以昭炯戒"⑤。

---

① 《穆宗毅皇帝实录》卷83，第727页，同治二年十月庚子二十七日（1863年12月7日）。

② 《穆宗毅皇帝实录》卷102，第238页，同治三年五月庚子（1864年6月4日）。

③ 《穆宗毅皇帝实录》卷131，第93页，同治四年二月丁亥（1865年3月19日）。

④ 瑞麟，1865年3月13日至1874年10月任两广总督，1870年12月至1871年6月间经常兼任广东巡抚。见《清代两广总督名表》。

⑤ 《穆宗毅皇帝实录》卷144，第396—397页，同治四年六月甲午。

由于相继有劳崇光、毛鸿宾筹饷不力被朝廷处分的例子在先，在此情形下，郭嵩焘当然不敢怠慢。他先是发出禁赌启事，后于同治四年（1865）查获天和等闱姓赌馆，判罚 14 万两银子充作军饷，算是救了急。郭嵩焘在与继任两广总督瑞麟联名所上的《天和等店闱姓罚款催缴完竣片》中奏道：

上年甲子科乡试，臣嵩焘与前督臣毛鸿宾先期出示严禁，省城内外，无敢开设闱姓标厂者。竟有天和等店，倚附香港地方、私自开设，而分遣其党入城，散给所刻底单。经饬广州府拿获到案，讯认闱姓厂开设香港，省城但有散伙照料，并无分厂。该店自知罪戾，情愿比拟纳赎例，认罚军饷银十四万两。臣等以该店既罚捐军需，援法揆情，尚属可原。又值军饷搜刮殆尽之余，亦得暂资急用。当即饬行各局司、道、首府县，催令将罚款陆续缴局，统归措备军饷数内，由军需总局支用报销。①

在这里，郭嵩焘巧言“该店既罚捐军需，援法揆情，尚属可原。又值军饷搜刮殆尽之余，亦得暂资急用”，为“以罚代饷”默许商人经营闱姓赌博埋下了伏笔。1871—1872 年间，两广总督瑞麟和广东巡抚张兆栋援引前例，令闱商缴纳罚款 323500两。②

宣统元年（1909），两广总督袁树勋也曾在一份奏章中说：

溯查同治四五年间，前督臣瑞麟、前抚臣郭嵩焘罚缴

---

① 杨坚校补：《郭嵩焘奏稿》第 252 页，《天和等店闱姓罚款催缴完竣片》，岳麓书社 1983 年 7 月版。

② 王先谦纂：《东华续录》卷 19，第 29 页下，同治二年二月癸卯，台北文海出版社 1963 年版。

银三十二万三千五百两，名曰罚款，实抽分赌馆之余利也。此为闱姓缴费之滥觞。[①]

不过，这些都是后话了。

郭嵩焘治粤期间，广东闱商用“以罚代饷”的形式经营，澳门的闱姓自然会受到一定程度的影响。《澳门政府宪报》刊登的公物会专卖收入数据显示，澳门的“中式彩票”收入在1863年至1864年度曾经出现较大的跌幅，从上一年度的28130两下降至23800两，跌幅约18%。广东方面对番摊等传统赌博名义上虽然禁绝，但赌风复炽之下，该年度澳门的“中式博彩”收入应声下跌至几年来的低位，只有59500两，比前三年减少了三分之一左右；赌饷总收入也从前三年的平均二十万多两下降至157599两，[②] 跌幅超过五成半。

第三节 蒋益沣、瑞麟、英翰时期

1866年4月郭嵩焘离任后，由其湖南同乡、时任两广总督的蒋益沣兼任广东巡抚一职。[③]蒋益沣反对开赌，曾令严禁闱姓及各种赌博，赌商纷纷迁往香港、澳门。他与总督瑞麟关系不睦，遭其弹劾“任性妄为”而被降级调走。据蔡冠洛《清代七百名人录》记载：（光绪十三年）十一月，总督瑞麟疏劾益沣“任性妄为”，上命闽浙总督吴棠查办。吴棠查核后奏称：

---

① 中国第一历史档案馆编辑整理《清宫粤港澳商贸档案全集》（十），第6254页，中国书店2002年7月版。

② 《澳门政府宪报》葡文档案缩微胶卷B. O. 1863：“中式博彩”在1860年度收入为88655两，1861年度为78905两，1862年度为81400两。

③ 《穆宗毅皇帝实录》卷170，第80—81页，同治五年二月丙辰二十六日（1866年4月11日）：“命署广东巡抚郭嵩焘来京，以浙江布政使蒋益沣，为广东巡抚。”

"蒋益沣久历戎行，初膺疆寄。到粤东以后，极思整顿地方，兴利除弊。惟少年血性，勇于任事，凡事但察其当然，而不免径情直遂，以致提支用款，和发勇粮。及与督臣（瑞麟）商酌之事，皆未能推求例案。"吴棠建议交部议处，"寻议降四级调用，上改为降二级，以按察使候补，发往左宗棠军营差委"。①

总督瑞麟复开赌禁之后，年饷由最初的数万元增至数十万元，闱姓赌的范围进而由乡试推广至会试以及学政的岁考、科考。②

据《清实录》同治七年二月二十八日（1868年3月21日）：

> 捻匪窜扰直境将及两月，各省官军云集，为数几及十万。各军随带饷银用尽，即需由直省接济，粮米柴草亦须筹备。……着湖南、湖北、江西、江苏、广东、福建各督抚，速于捐输盐厘并华洋关税项下，无论何款，每省各拨助饷银十万两，克期由海道轮船解赴天津。③

朝廷声言："现在逆氛扰近畿甸，非寻常军务可比，各该省自应星夜拨解，倘不知缓急，致误要需，即由官文随时参奏。"④1868年11月21日，朝廷又在一道筹拨左宗棠西征实

---

① 蔡冠洛编著：《清代七百名人录》，第1066页，北京市中国书店1987年6月版。又：《穆宗毅皇帝实录》卷207，第682—684页，同治六年七月庚申初九（1867年8月8日）："据两广总督瑞麟参奏，巡抚蒋益沣任性妄为，劣迹彰著。"

② 郭双林、萧梅花：《中华赌博史》第254页，中国社会科学出版社1995年10月版。

③ 《穆宗毅皇帝实录》卷225，第88—89页，同治七年二月丙午二十八（1868年3月21日）。

④ 《穆宗毅皇帝实录》卷225，第88—89页，同治七年二月丙午二十八（1868年3月21日）。

饷的上谕中，着令东南各省合筹100万两银子，以资军需："现届捻匪肃清，陕甘军情正急，剿贼之任，责在统兵将帅，筹饷之事，责在东南疆臣，均属无可推诿。"①

瑞麟和广东巡抚张兆栋虽于同治十、十一年间援引前例，令闱商缴纳罚款323500两，②但财政支绌情形未能就此改观。其后，因云南等地战事频频，朝廷屡次向广东催饷。

1873年8月2日，朝廷谕：

> 滇省军务肃清，善后经费孔亟……据称广东等省奉拨协滇新饷，自同治八年至今，共积欠四百四十余万两。……着瑞麟、张兆栋……督饬藩司，将各该省积欠滇省新饷，无论何款先行迅速筹拨一半。③

1873年11月7日，由于广东积累欠左宗棠军饷，朝廷再下谕令催缴：

> 即着瑞麟、张兆栋严饬藩司，将本年应协甘饷赶紧按季补解。其历年积欠饷银，亦当陆续筹措解清。倘再任意延缓，即由户部将该藩司照章奏请议处。④

虽则《大清律例》禁赌，但朝廷饷需极殷，加上广东准许

---

① 《穆宗毅皇帝实录》卷244，第395—396页，同治七年十月辛亥初八（1868年11月21日）。

② 王先谦纂：《东华续录》卷19，第29页下，同治二年二月癸卯。

③ 《穆宗毅皇帝实录》卷354，第678—679页，同治十二年闰六月丙戌初十（1873年8月2日）。

④ 《穆宗毅皇帝实录》卷357，第725页，同治十二年九月癸亥十八（1873年11月7日）。

闱姓立案之后，弛禁举棋不定。同治十三年（1874），御史邓承修上奏，请求禁止广东抽收闱姓的赌款。邓承修在《请饬禁抽收赌款疏》中奏称：

> 广东赌风最炽，向有闱姓、番摊、白鸽票、花会等名，近年则番摊、白鸽票、花会，经督抚臣明禁，虽未能尽绝根株，尚不至设局开场，抽收经费。如闱姓一事者，查闱姓之赌，起自机房，小民渐而相率效尤，行于省会。经前抚臣郭嵩焘罚缴款项以资津贴，奸民因此藉端禀案，抽缴经费，巧立榜花名目，每届乡会科期及岁科两试之先，设局投票，每票限写二十姓，以中姓多少为赢。输其投票之资，则自一分一钱以至盈千累万。其投票之处，则自省会以及各府州县，穷乡僻壤。其投票之人，则自搢绅士大夫以及农工商贾、妇孺走卒，莫不罄其所有，各存侥幸心，希图一掷。以致倾家破产，歇业潜逃，甚而服毒投环，卖妻鬻子。……尤可骇者，每遇科年，谣言四起。或云某姓已通关节，或云某姓已托人情。其岁科两考，百计钻营。有姓字未登票内，或经取录则俾以多金，惎使不行赴覆。或寻其瑕隙，激向大众禀攻。否则有赂之故犯场规，甘遭摈斥者。……国家抡才之典，为市侩赌博之资，阻寒士登进之阶，启官绅贪污之渐。立心之险，设局之奇，有如此者。①

邓承修指出，“各赌具已行明禁，独闱姓未经裁革。其始则借罚款为名，继则以抽收成例在该督抚之意不过以用项支

① 《穆宗毅皇帝实录》卷362，第794页（同治十三年正月丙辰十二日，1874年2月28日）；另见《同治中兴京外奏议约编》，上海书店影印，1985年6月版。

绌，藉资津贴耳。岂知其为害之至于此哉。夫番摊、白鸽票、花会各赌率，皆市井无赖之尤，稍知自爱者，犹不肯为。若闱姓则公然设局，明目张胆，恃官长为护符，即父兄何能束其子弟伤风败俗，病国蠹民，莫甚于此。且赌博之禁，朝廷显有科条，今则官为抽收，更复成何政体？……若不早行禁止，恐科场因此而滋事，必至酿成巨案；百姓由此而并穷，必至流为寇盗”；他要求朝廷降旨“饬下广东督抚臣，将抽收闱姓赌款迅行裁革，出示严禁，以肃政体而杜弊端。”①

清廷接奏后不能对此无动于衷，二月廿八日谕令两广总督瑞麟、广东巡抚张兆栋将闱姓厉行禁止。②

一方面是朝廷严饬催缴欠饷，另一方面又因抽收闱姓赌款而遭朝廷裁革，瑞麟左右为难，终于同治十三年（1874）一病不起。上谕“追赠太保，照大学士例赐恤，入祀贤良祠。任内一切处分，悉予开复”。③

瑞麟病故后，英翰继任两广总督。当时有一安怀堂的潘姓商人，因涎于闱姓赌之巨利，勾通督置委员文星瑞，以海防筹饷为名，将闱姓赌博改名为守助会，呈请督署衙门。英翰不知会巡抚张兆栋，于光绪元年（1875）五月出示弛禁。张兆栋认为闱姓已明令禁止，不宜复开，督抚之间产生分歧。张兆栋上奏请增订刑律加重治罪，次年三月降旨云：

---

① 《穆宗毅皇帝实录》卷362，第794页。

② 《穆宗毅皇帝实录》卷362，第794页（同治十三年正月十二日，1874年2月28日）：“谕内阁。御史邓承修奏，请饬禁抽收闱姓赌款一折。据称广东省赌风甚炽，每届乡试及岁科试期，开场设局，竟有巧立闱姓名目，抽收经费等语。赌博本干例禁，况考试届期，尤应严行禁止。若如该御史所奏，借端抽收款项，殊属不成事体。著瑞麟、张兆栋即行裁革，出示严禁，以肃政体而杜弊端。”

③ 《穆宗毅皇帝实录》卷371，第907—908页，同治十三年九月癸亥十八（1873年11月7日）。

……闱姓花会、白鸽标、山标、田标、屋标、鹌鹑斗、蟋蟀斗八项赌博，起意为首之犯，俱实发云贵极边烟瘴充军。①

赌商鉴于广东风声较紧，不敢风头中冒险，于是纷纷转向澳门，这正中葡萄牙殖民当局的下怀。②

粤省禁赌前后的形势，可见于兵部尚书彭玉麟以下这份奏章：

自同治三年至同治十年，历经地方官查拏闱姓，罚认军需，迭次共罚缴银四十余万两，均经奏明在案。光绪元年申禁以后，奸民私于澳门设局，输资葡人，澳酋作护，官力遂穷，藉此巨资购船置炮，近且接济法虏，窥伺省垣。③

其实，广东禁赌并未换来社会之安定。由于同光年间粤省赌风甚炽，禁赌后有部分赌徒无以为生，只好落草为寇，与官府为敌。光绪三年（1877）的《申报》便报道了一起这样的事件：

闻清远、花县交界之处，近日聚有匪徒约二千余之多，不分昼夜，联盟拜会，各处匪徒纷纷前往入会。有等乡愚无知，且谓得入其会如登天界，洋洋得意自以为荣，

① 《德宗景皇帝实录》卷27，第402—403页，光绪二年三月乙未初三（1876年3月28日）。

② 郭双林、萧梅花：《中华赌博史》第255页。

③ 《明清时期澳门问题档案文献汇编》（三），光绪十一年四月二十日（1885年6月2日）《钦差兵部尚书彭玉麟等奏陈遵旨筹议闱姓利害请暂驰禁以塞漏卮折》。

向人言曰：吾日前以开赌馆为生涯，不料今因禁赌反祸为福，而得入此会，此后财路复开，一生衣食可无忧矣！①

斯时，由于广东和香港都禁赌，唯独澳门可以合法赌博，赌徒和赌商纷纷涌到澳门寻找机会。当时是苏沙担任澳门总督期间（António Sergio de Souza，1868 年 8 月 3 日至 1872 年 3 月 23 日在任），澳门公物会出投了首次闱姓彩票承充权，以每年 1,600 元招商承充。竞投结果，由赌商何老桂和亚潘（A－Pom）以每年3000元中标，获得三年承充权，日期由 1869 年 1 月 16 日起。②

由于内地忽弛忽禁，澳葡当局见开赌利厚，便干脆招商承办，将赌饷作为一项重要的财政收入。葡文《澳门人邮报》（*O Correio Macaense*）载，在苏沙任澳督期间，约在 1869 年至 1870 年间，总督以5000元的价码批承闱姓三年。随后由华人 Chan－Loc（陈六）和 Ho－Loquae（何老桂）的推动下，废除了苏沙总督批准的合同，由他们获得澳门闱姓的承充经营权。③

1872 年《澳门政府宪报》第 47 号中的 11 月 2 日至 11 月 9 日的专营税收收入结算报表中，列有“称为闱姓的彩票”（Loteria chamada Vae－Seng）。闱姓的税收为5677.778元，白鸽票收入为1772元，番摊收入为7075元。这是澳葡政府档案中首次把闱姓与白鸽票分别刊出，也说明葡萄牙人刚刚认识这种有别于白鸽票的中式彩票。

① 《申报》1877 年 4 月 26 日。

② 葡萄牙海外历史档案馆 COTA：AHU－ACL－SEMU－DGU－005，A － No. 1. CX. 0042，1873. Administração da Fazenda，*Concessão da Lotaria Vae Seng*。

③ *O Correio Macaensa*，“Wae Seng”，Macau，（170）21 DEZ，1886，p.（1）

在这段时期，承充澳门博彩业的不仅有华商，也有一部分葡萄牙籍商人。他们虽然一般都不懂中文，但与葡官有同文同种之利便，经营赌业有其独特的优势。看见华商营赌一个个发了财，他们也千方百计插手其间，以求分得一杯羹。据 1872 年 6 月 10 日《申报》：

> 粤人好赌打标之局，澳门尤甚。闻西洋人公然包庇而分赌场之盈余，致令官不能禁，民受其殃，更堪发指。①

郑观应在《盛世危言》中也提到：在 1870 年前后，澳葡从“娼赌规银”获得的年收入竟达数十万元。② 澳葡政府不断发出新的赌博执照，也不断抽取数字可观的“赌饷”。据《香山县志》记载，同治年间“自内地严闱姓赌馆之禁（聚粤中小姓于文武乡会试及岁科童试时，射其中否曰闱姓），奸人潜往澳门开设，恃夷为固，而澳夷岁收陋规数十万，遂因之渐富矣。夫闱姓虽禁与未禁同，且比未禁时尤炽。罄百姓之财以肥夷，其害可胜言”。③

第四节　刘坤一、张树声时期

樊百川先生在《清季的洋务新政》一书中提及：刘坤一在 1877 年任两广总督时，将他署理粤海关监督数月按例分得的陋规 20 万两，捐出 15 万两，奏明存商生息，作为开办西学馆之用。不久，这笔款项被晋、豫、陕三省借拨办赈。直到 1880 年 5 月，清政府正在筹划购造铁甲等舰，需财甚亟，又

① 《申报》1872 年 6 月 10 日，《西洋人多行无礼论》。

② 《郑观应集》上册，第 8 页。

③ 同治《香山县志》卷 22，《纪事》。

见三省灾情好转，下令新任两广总督张树声等，将此款催还，或另筹别项。后来，只有陕、豫两省将款归还，共计10万两。张树声遂将此款提出8万两，发交人承领生息，为开馆后按月支销经费。所余2万两，及广东私收闱姓票银罚款54700余两，收存藩库作为建馆各项经费。①

然而，刘坤一在任内未有筹建可抵御侵略的近代海军，海防经费却被他花得精光。在刘坤一之后督粤的淮军大将张树声，对筹建现代海军也一片茫然。直到1882年，他才奏请借洋债200万两，拟定购置装甲巡洋舰2艘、大炮舰2艘、蚊炮船4艘和鱼雷艇2艘。等到朝廷批准，他已经离开广东，署任直隶总督、北洋大臣了。其后署任两广总督的曾国荃，同样对外海海军没有兴趣，只是督促属员筹款议购鱼雷艇和内海、内河小兵轮。②

光绪五年（1879）十一月，刘坤一调任两江总督，广西巡抚张树声接任两广总督职。广东一些赌商眼红澳门揽利独肥，营造舆论，以各种借口弛赌禁。张树声对赌博虽持力禁的态度，但赌商挟洋自重，张树声、裕宽二人不得不投鼠忌器。他们对闱姓赌厂迁澳之事亦束手无策，只能提出在内地透过保甲制度严查投买之人及加重治罪的方法：

> 开闱姓者虽在澳门，买闱姓者皆在内地。欲散其局，莫如先求自治；欲夺其权，莫如使无可图。广东本省各项赌博，业经刑部议准加重治罪，臣等惟有懔遵前旨，申明禁令，严查投买之人，并将保甲事宜妥为举办。谕饬公正绅士，各自约束其宗族，查察其邻里，务期有犯必获，获

① 樊百川：《清季的洋务新政》第621页，上海书店出版社2003年4月版。

② 樊百川：《清季的洋务新政》第1024页。

犯必办。但使文武官绅实心实力，不为势强所梗，不为异说所摇，虽未必即能禁止净尽，而少一人投买即留一分物力，积久不懈，赌风必可渐衰，赌风既衰，盗风亦可渐息。①

可是，赌商把业务移至澳门，然后透过各种方法将闱姓彩票渗入内地城乡，是很难杜绝的。如果单凭内地禁赌就能奏效，广东的地方官员们就大可不必花费唇舌与洋人交涉了。

光绪六年（1880）3月6日，朝廷就广东闱姓赌厂徙至澳门一事，谕令已调任两江总督的前两广总督刘坤一，以及新任两广总督张树声、署理两广总督的广东巡抚裕宽，着令他们“察看情形，严杜漏卮”：

御史钟孟鸿奏，广东闱姓流弊甚巨，请饬设法办理。各折片。据称，广东闱姓赌风最炽，前经申禁，乃奸徒将赌场徙至澳门地方，聚赌愈盛，巧于罔利，势成漏卮，诚恐日久华洋合伙，于大局殊有关系。等语。着该督抚察看情形，应如何严杜漏卮之处，设法妥筹，奏明办理。②

同年8月12日，张树声、裕宽察看粤澳赌业情形后，联名向朝廷奏复：

查广东赌风甲天下，名目繁多，至于不可胜纪。惟闱姓一项，其取义也巧，其被诱也广，无开场聚赌之名，而

---

① 樊百川：《清季的洋务新政》第1024页。

② 《明清时期澳门问题档案文献汇编》（三），1123，光绪六年正月二十六日（1880年3月6日军机处上谕档）《寄谕两广总督调任两江总督刘坤一等广东闱姓赌场徙至澳门著察看情形严杜漏卮》。

为害独烈焉！同治年间前督抚臣曾两次奏明罚缴军饷银两，皆一时权宜之计。嗣后赌馆愈多，流弊愈甚。同治十三年御史邓承修始有禁抽闱姓赃款之请，光绪元年给事中黄槐森复有申明前禁之请，至前广东抚臣张兆栋奏陈闱姓赌局已禁，不宜复开，钦奉谕旨，将闱姓赌款严申禁令，永远裁革，不准藉词复开，以肃政体。自是厥后，省城法网森严，奸徒无可混迹，遂徙至香山县属之澳门地方。其地为葡萄牙洋人所居，豺狼启垄断之谋，狐鼠恃城社之固，同流合污于今。五年钟孟鸿原奏所称明目张胆开设赌场，投买之人暗中传递，皆系实在情形。惟谓现在闱姓于洋人无涉，其利尽归奸民，详加访查，尚非事实。葡萄牙国小而贫，鲜贸易之利，其住澳门者薮盗庇匪，无所不为。所开闱姓馆皆洋人主之，取什一之利，岁入巨万，专恃此项以为资用，虽其中奸民嫁名或亦不免，然非与洋人说合瓜分不能专其利也。前数年携带投买皆由渡船，近以华船有官司稽查，洋人设公司火船为之传递，既未可登舟大索，且尺一之纸，数寸之薄，掌握可以收藏，妇女亦堪怀挟，取携甚便，搜缉良难，是漏卮已成，欲杜之于开设之地，截之于往来之途，二者均不易行。①

在刘坤一、张树声治粤时期（1877—1884年），澳葡政府乘内地禁赌而将赌博全面合法化。葡萄牙历史学者阿马罗指出：

由于广州禁赌，赌博热潮或明或暗地移往澳门。上个世纪该城市就以“东方蒙地卡罗”、“赌博地狱”及其他类

① 《明清时期澳门问题档案文献汇编》（三），1124，《两广总督张树声等奏陈遵旨察看广东闱姓请严禁投买以肃政体而杜漏卮折》。

似的名称闻名于世。1877年10月27日的训令宣布领得许可证后可在澳门开设番摊（FanTan）、中彩（Azar）和牌类（Carteado）赌场，赌博就此成为政府收入的来源之一。①

据1878年5月18日《申报》载，澳葡政府该年从白鸽票赌牌中获利达45万元之巨，并加以抨击：

澳门有白鸽票，名曰外生。葡萄牙官每岁出牌准人经理此事，该牌近年来纳费于官者，计洋十三万一千元，而今年则风闻可得洋四十五万元，观此情形，是赌风竟日炽一日也，不顾他国人之窃笑，其后并不顾中华人之阴受其祸，殆所谓别有肺肠耶。②

该文把闱姓彩票与白鸽票混淆了，因为澳门的葡萄牙人分不清这两种“中式彩票”，把白鸽票当作闱姓票。上文提到的“外生”，即闱姓的葡文发音“Wae－Seng”，其实就是白鸽票。

1878年人口普查显示，澳门住有68086人（本托·达·弗兰萨认为那时已达10万人）。③ 而据《澳门政府宪报》1878年公布的官方统计数字，当年澳门、氹仔、路环岛华人总共有63532人。④当时澳门的国际贸易已经衰落，苦力贸易亦四面楚歌，以这样低的人口基数，显然不足以维持澳葡政府庞大的经费开支。根据“澳门及帝汶省”的葡文档案纪录，1878—1879

① 阿马罗（Ana Maria Amaro）：《伊比利亚传统的澳门纸牌游戏》，澳门《文化杂志》第23期，澳门文化司署1995年版。

② 《申报》1878年5月18日，《赌风大炽》。

③ 潘日明：《殊途同归——澳门的文化交融》第174—176页。

④ *Boletim de Provincia*, “Recenseamento Geral da População Chineza de Macau”, Taipa e Colowane. 1878.

年度，澳门的白鸽票专卖收入只有 4.7 万元，闱姓彩票倒有 13 万多元，加上番摊的专卖收入 13.92 万元，从博彩方面得到的实际总收入是 33 万余元。①在这里，《申报》显然高估了澳葡政府的赌税收入。

1880 年 9 月，《申报》言及澳门赌馆已增至 16 家，赌牌最高出价每个 14 万元：

> 澳门所设赌馆，向由葡萄牙官吏收取使费，以充地方公用。定例每年投充一次，当众开票，以价高者准承……闻此次有愿出重价至洋十四万元者。盖向年澳门赌馆共十二家，今则拟开十六家，故费亦加增也。赌风之盛如此，可胜慨哉！②

这段时期，广东、内地各省及香港禁赌甚严，澳葡政府看准机会趁机大开赌戒，公开承充闱姓、番摊、白鸽票等粤人喜好的赌博，同时允许在市区和离岛售卖熟鸦片烟，形成“黄赌毒一条龙”。内地赌徒纷纷到澳门搏杀，形成了澳门赌业的第二个高峰期。1880 年 8 月 1 日的《申报》曰：

> 彼澳门西官以为人弃我取，粤省香港既已禁止净绝，则赌徒之生业顿无所赖，然平素恃为生涯，而一旦弃之，人情所不能堪。澳门旧有赌馆，有不络绎趋赴者乎？合省港于澳门，以三合一，有不更增其盛者乎？此所以每年承

---

① *Boletim Provincia de Macau e Timor*, 5 Julho 1879 “Mappa dos Rendimentos de todes os exclusivos e contratos de rendas do estado em Macau nos anno abaixo mencionados—Junta de Fazenda Publica da Provincia de Macau e Timor”.

② 《申报》1880 年 9 月 1 日，《赌风更盛》。

缴赌税有百数十万之多也。①

然而，澳门博彩业这个高峰期并非一帆风顺，中间曾经出现过一段小插曲。《申报》1881年8月1日的评论《论赌税》一文称：

> 粤省赌风之盛甲于天下，从前官收陋规至集成巨万之金，以充地方公用。而赌徒乃彰明较着，以为抽头助饷，虽官宪亦不能禁。于是千万人聚集往来，竟成正经生意。其弊至于荡产倾家，诲淫招盗，积习既深，流而难返……葡之在澳，庸有几人别项经营，亦仍自华人居之，方有生也。开赌者与赴赌者何一而非华人，税之所出，即赌者之资也。税之数，每岁至百余万，则赌之数每年何止数万万。若夫利之所在，人弃我取，在葡人又何责焉？②

这段评论很为内地赌税流失到澳门而可惜，反映出广东赌风已成“正经生意”，积习难返。事实上，闱姓赌博的“捐款”和“罚款”，已成为地方官府一项重要的财政收入。禁赌与税收的矛盾，势成水火。加上1881年至1883年间，澳门贼党横行，治安不靖，赌馆屡屡被劫，部分闱商曾悄悄转回内地经营。1883年3月，匪徒竟用火药包在澳门赌场内引爆，乘乱掠财。③不过，闱商们很快发现澳门的经营环境仍然比广东优

---

① 《申报》1881年8月1日，《论赌税》。

② 《申报》1881年8月1日，《论赌税》。

③ 《申报》1883年3月21日《盗劫赌场》：“澳门西字报言：本月初二日，澳门有翻（番）摊赌场，突遭盗劫。盗之来也，亦混迹于博人之中，俄而潜以炸药置诸摇骰收筹者所坐椅下，突然轰发，人声鼎沸，仓皇奔跑，盗乃乘乱肆抢，有银包一个、银票一卷，均被劫去。众人大声呼喊，巡捕闻声毕集，而盗已携赃远扬，现尚未能捉获也。”

越，利之所在，搬回澳门乃是最佳的选择。

19 世纪 70 年代的澳门已经成为赌商与赌徒们的天堂，澳门的葡萄牙人当然不愿与清政府瓜分这块已经到嘴的肥肉了。郑观应在《救时揭要》中提到，当时全澳的“番摊之馆已有二百余号”。[①] 由 1877 年至 1884 年，澳葡政府多次公开招商承充闱姓、番摊、白鸽票，每年从中获得的税饷达二三十万两。[②]

据 1880 年 9 月 1 日《申报》记载，是年澳门赌业大旺，赌馆数目增加，投充者也愿意出高价钱。政府不但在本地招商，连葡萄牙驻香港领事馆也要帮忙代收承充文书：

> 澳门所设赌馆，向由葡萄牙官吏收取使费，以充地方公用。定例每年投充一次，当众开票，以价高者准承。现闻该处当道于十九日子澳门酌定去取，香港葡国领事署连日由十点钟代收承充书函，所有章程都可向署中询问。[③]

澳葡政府的收入有多丰厚？光绪十年（1884）十月二十六日，翰林院检讨潘仕钊的《奏请变通挽回巨款以济要需折》中可窥一斑：

> 彭玉、何贵等欣然得计，遂于光绪元年承充澳门闱姓，三年缴葡萄牙军饷十三万一千三百金，名曰致中和闱姓公司。光绪四年以期满加价，复充三年，缴葡萄牙军饷

---

① 《郑观应集》（上）第 17 页，《澳门窝匪论》。

② *Boletim Provincia de Macau e Timor*, 5 Jolho 1879 “Mappa Dos Rendimendos de todos os Exclusives e Contratos de Rendas do Estado em Macau nos Anno Abaixo Mencionados —Junta de Fazenda Publica da Provincia de Macau e Timor”.

③ 《申报》1880 年 9 月 1 日，《赌风更盛》。

> 六十万金，名曰时和闱姓公司。光绪七年又以期满加价，复充三年，缴葡萄牙军饷九十万金，名曰怡安闱姓公司。是省城商民及四乡州县往澳门投买闱姓者，仍不能禁止，而愈开愈炽……①

此外，上述期间在澳门还出现了卢九、胡衮臣、黎才、黄成兴等一批具有相当实力的华人赌商，② 为日后博彩业的全面发展奠定了社会基础。

第五节　中法战争与张之洞治粤时期的弛禁

由同治十年（1871）朝廷谕令两广总督瑞麟、广东巡抚张兆栋取缔闱姓，之后闱姓赌禁而复开，开而复禁，反反复复。光绪十年（1884）初，中法战争爆发，直接危及广东地区的安全，而军饷剧增。中法战争后期，清廷在议和时又向法国"借款二千万两，分四十年摊还，公道利息计算，先以海关作保，候中国铁路造成，法国看中国铁路可以作保，即改用铁路作保"③。

当时，洋务派人物张之洞出任两广总督。为抗击法国侵略军，加强军备，他欲筹设兵工厂、钱局、虎门炮台及秀英炮台，所需钱款甚多，库房却又缺乏银两。张之洞在此大敌当前的危局下，毅然下令招商承充闱姓，筹款以资军需。当时承办闱姓的正是大名鼎鼎的赌商刘学询。这样一来，自然又重演招

① 《明清时期澳门问题档案文献汇编》（三），《记名道府翰林院检讨潘仕钊奏请变通挽回巨款以济要需折》。

② 详见本书《澳门的赌商》一节。

③ 王尔敏、吴伦霓霞合编：《清季外交因应函电资料》第 64 页，《盛宣怀与林桩酌拟续约七款（光绪十年九月初八日）》，台湾"中央"研究院近代史研究所史料丛刊 18。

商承赌缴饷之故技，使得赌禁大开，赌风炽烈。张之洞收回澳门“闱姓之利”遏制葡人的施政理念是清晰的：

> 伏查澳门一区，久为粤省肘腋之患，自道光、咸丰以来，洋务纷纭，内患未靖，无暇议及，彼遂混蒙多占，得步进步，乃历来无人禁制，非果葡之强盛不能禁制也。臣到粤后，即首将闱姓之利收回。①

时任张之洞幕府的辜鸿铭，颇支持张之洞这一政策。他在《禁嫖赌》一文中解释道：

> 盖嫖赌是伤风化之事，惟礼教可以已之，非刑罚所能治。……至出示禁止职官嫖赌者，即以行政大体论，亦乖谬已极。古人刑不及大夫，盖欲养其廉耻也。②

后世人为张之洞所立的传记中，则这样为其弛赌禁之事辩白：

> 及中法缔和，公时已补粤督，乃建广、潮、钦、廉、琼州等处沿海炮台，又遣将平琼州黎乱。而复增广粤中海军，以此入不敷出，不获已乃收赌税，于是赌之害粤，遂贻留以到今矣。或者澳门以收赌税，市面日形发达，自广州开赌禁，而澳门遂衰落，公之主张赌税，即以暗制澳门

---

① 《张之洞全集》第一册（奏议）第593页，奏议二十二，《再陈澳界胶葛立约必宜缓定折并清单》（光绪十三年七月二十八日）。

② （清）《辜鸿铭文集》（上）第432页，黄兴涛等译，海南出版社1996年7月版。

之故。①

刘禺生的《世载堂杂忆》也说张之洞“及调粤东，军费无着，乃大开赌禁，谓为充饷，命刘学询经办其事”②。

1884年5月7日的《申报》刊载的《筹饷末议》一文，即提到闱商愿捐巨款事：

> 广东向有闱姓陋规，自奉旨严禁后，局改设于澳门，年中纳银十余万两，葡人坐而得之，而民间赌风仍未稍戢，有禁赌之名无禁赌之实，粤省绅民早为谘嗟太息。兹值防务方兴，饷源支绌。现闻有人愿捐巨款，冀得复设于省城，惟改易闱姓名目，已呈请上宪矣。并悉其条规，限九年为期，前后共纳军饷三百万两。如蒙允准先纳一百万两以应急需，其余二百万两，九年中按期分纳。③

张之洞的前任和后任，不少人都栽倒在弛赌禁问题上，他却能够成功地开放闱姓赌禁，并得以全身而退，的确有其独到之处。这一方面是国内外形势发生了变化，另一方面则是张之洞及时把握了机遇，实施的政策也能对症下药。

一、张之洞“以罚代饷”之议

光绪十一年（1885）四月二十日，张之洞在《筹议闱姓厉

① 《体仁阁大学士张公之洞事略》，载于《张之洞全集》第十二册（传记资料三）总第10730页。

② 刘禺生著、钱实甫整理：《世载堂杂忆》第54页，中华书局1960年12月版。

③ 汤开建、陈文源、叶农主编：《鸦片战争后澳门社会生活纪实》第279页。

害暂请弛禁折》中，提及翰林院代递检讨潘仕钊《变通挽回巨款》一折：

广东闱姓赌局，叠经申禁。兹据该检讨奏称，澳门开设闱姓公司，利归他族。现在海防需饷，请饬体察情形，能否将澳门闱姓严禁，抑或暂将省城闱姓弛禁等语，着张之洞、倪文蔚妥议具奏。至所称副将彭玉伙同奸民何贵等，私收闱姓各节，并着确切查明究办。①

御史何崇光奏称“省城开设闱厂，视澳门开厂，流弊尤甚。请饬申明厉禁”等语，朝廷随着张之洞、倪文蔚归入潘仕钊前奏，熟权利害，一并妥议具奏。另外，朝廷接得奏章：

请将闱姓赌匪陈恒等严拿惩治，并着查明究办。②

同年十一月初六日奉上谕：

据翰林院侍读梁耀枢、顺天府府丞杨颐奏，闱姓诡谋复开，缕陈科场舞弊、商贾受累、奸民纵恣、赌匪横行四害，请旨严禁。并声明澳门僻居一隅，视从前闱姓已减十之六七等语。闱姓弊端甚多，本应严申禁令。惟须一律禁止，不使利归他族，方为上策。③

张之洞在该份与彭玉麟联衔的奏折中奏复：

---

① 《张之洞全集》第一册（奏议）第296页，奏议十一。
② 《张之洞全集》第一册（奏议）第296页，奏议十一。
③ 《张之洞全集》第一册（奏议）第297页，奏议十一。

伏查广东闱姓一事，自前抚臣张兆栋奏请申禁以来，遂为澳门利薮。于是议塞漏卮者，率皆以此为言，并不因筹饷而起。海防既亟，筹澳防，筹军饷者，言之尤切。臣玉麟上年五月条陈广东事宜疏内，本有闱姓弛禁一条。臣之洞到任之初，曾经录稿相示。自八月奉妥防澳门之电旨，九月奉能否弛禁之寄谕，当经分别会饬司道府县各官，妥筹详议。①

张之洞在该份奏折中转陈广东各府县“以罚代饷”的情形：

转据广州府知府萧韶、署南海县知县危德连、署番禺县知县侯甲瀛详称：自同治三年至同治十年，历经地方查拿，闱姓罚认军饷，迭次共罚缴银四十余万两，均经奏明在案。光绪元年申禁以后，奸民私于澳门设局输资，葡人澳酋作护，官力遂穷。藉此巨资，购船置炮，近且接济法虏，窥视省垣。澳为粤患，中外共知。为丛驱雀，有史无实，藉寇驱盗，有损无益。现经绅商具呈，如蒙弛禁，情愿认捐巨饷。此时饷源无出，亦可藉纾目前之急。②

广东闱商认捐的“巨饷”数字十分诱人，据张之洞透露，闱商在六年之内可捐输440万元洋银：

据诚信堂商人张荣贵、敬中堂商人杨世勋等呈请，合办以六年为限，共捐洋银四百四十万元，五个月内，先缴一百五十万元。其余二百九十万元，按年分缴。当经邀集

① 《张之洞全集》第一册（奏议）第297页，奏议十一。
② 《张之洞全集》第一册（奏议）第297页，奏议十一。

省城大绅暨各书院山长，前赴明伦堂、团捐局公同面议，佥谓可行。[1]

斯时广东军饷短缺，署水师提督方耀、署陆路提督郑绍忠呈称："防务甚急，绝澳之援，增我之饷，无逾于此，应请速办。"[2]张之洞所采取的"以罚代饷"措施，正好解决了这个问题。

二、"禁省不禁澳"之五大弊处

吸取了粤省禁赌把赌商和赌资赶到澳门，形成严重漏卮的教训，张之洞在与广东巡抚倪文蔚[3]联名的奏章中提出，如果"禁省不禁澳"，那倒不如不禁。而闱姓弛禁以着军饷，也可舒解民间百姓的负担：

> 夫筹饷事体，何一不取之于民。抽收捐集，铢黍皆艰。即每年数十万，亦何容易？军饷多一来源，即民间少一搜括。然但论闱姓之当禁，而不考历年之未尝禁，且不思禁省不禁澳之不如不禁。[4]

张之洞力数把闱商赶往澳门的五大害处——

---

① 《张之洞全集》第一册（奏议）第297页，奏议十一。

② 《张之洞全集》第一册（奏议）第297—298页，奏议十一《筹议闱姓厉害暂请弛禁折》。

③ 倪文蔚，安徽人，1883年10月9日至1886年6月2日任广东巡抚。

④ 《张之洞全集》第一册（奏议）第298—299页，奏议十一。

《张之洞全集》第一册（奏议）第300页，奏议十一。

其害一："教民多逃赴澳，以至代招游匪。海警方殷之时，接济苦于不能断，口岸苦于不胜防。岂更可丰其羽毛，资其巢窟。"

其害二："粤省大患，首在香港、澳门，一东一西，塞我门户，百事不得自由。港犹隔洋，澳则接壤。所幸澳尚贫弱，商业萧疏。自闱姓移馆以后，游民云集，商贾争趋。各项公司，日增月盛。澳酋岁收闱姓税数十万，他税亦数十万。于是增兵额，加炮台，以二十万向外洋租置战舰，声势日张。坐使肘腋之间，增一强邻，广州永无安枕之日。"

其害三："三十年来，广州商利半移香港，此已无从追论。澳门陆路相连，逋逃犹便。闱姓开先，公司踵后，洋界日富，省会日贫。"

其害四："自明文申禁以后，大吏避开闱姓之名，而又欲攘开闱姓之利。于是造为截缉之说，委派员绅，各路搜截，爪牙四出，白昼横行。分馆之家，得规者免。名实相违，进退无据，成何政体？"

其害五："有膻则蚁往，有市则贾来。澳馆大开，利徒安阻？夫卖闱姓者，人给数叶之卷。买闱姓者，人挟数寸之纸。县县有之，日日有之。必将于各属通澳水陆各路，歧涂支港，设巡船数百号，驻巡役数千人，凡往来之商旅，良贱解衣倒箧，人人搜检，终年无休。王道荡平之世，安有如此政体哉？"

张之洞痛陈：

> 有此五害，既无捐饷助军之举，亦移解此虚悬之文纲，以塞切肤之陋卮矣。且即以筹饷而论，去秋以来，强敌在门，连营在野，外援台、闽、滇、桂，内防广、潮、廉、琼，军械工程，炮台河道，繁费万端，京饷已留，借款已罄，厘税不足，劝捐不应。自交冬令，事益急而饷益

枯，始则停工，继则欠饷。臣等与同道、将领外费掮循，内困罗掘，日夜忧焦。①

至于科场舞弊，张之洞认为省澳两地其实都一样：

至科场弊端，自宜严杜。特是作弊者，在省与在澳同。粤省向有匪徒，名为闱棍，扛姓包枪，招摇射利，历年有之。现经臣之洞、臣文蔚等严章明示，凡关涉学政考官及各衙门人等，不准投买，责成该商稽查，如投买之人，与得标之人可疑者，即行举法查究，将所得之彩充公。访闱商隐匿不举，即封其馆，不准开投。使棍徒无从获利，其弊自绝。②

其后，张之洞将所有闱姓暂行弛禁之事饬行广东各地，表示恪遵十一月二十九日电旨妥为办理。他虽极力主张“省澳通禁”，但亦警觉到澳葡当局依仗船坚炮利，不会轻易接受禁赌，认为“唯有俟我兵力渐强，船炮足备，现行移檄澳酋，约彼不得梗令庇匪，违者绝其通商，然后省澳一律通禁”③。这段话表明，张之洞只是提出“省澳通禁”的设想，并无实时推行的实际计划。况且内地弛禁闱姓之后，各类杂赌暗中复炽，禁赌已是有名无实。

三、澳门赌业再陷低潮

营赌庇赌可获厚利，张之洞岂有不知之理？他曾经为澳葡

① 《张之洞全集》第一册（奏议）第298—299页，奏议十一。
② 《张之洞全集》第一册（奏议）第300—301页，奏议十一。
③ 《张之洞全集》第一册（奏议）第300—301页，奏议十一。

政府算过一笔帐：

> 查澳馆初开之年，葡酋岁责税饷十余万，上年递增至三十余万。必其利厚，然后税多。若谓近年已减十之六七，何以澳商认税争充，转加三倍？然而禁令之行与不行，投买之减与不减，亦略可知也。①

张之洞这一判断依据何在？我们可以看看澳葡官方的统计数字。数据显示，在上述时期，澳葡政府的赌税收入确实存在大起大落的现象。

澳府的闱姓收入，在 1878 年度首次超过 10 万元大关，1882 年和 1883 年都超过 18 万元，1883 年度竟然高达 30.06 万元，1885 年（也就是张之洞所说的“近年”）已经下降至 10 万元，跌幅超过三倍，与“近年已减十之六七”之说基本吻合。不过，这并非澳葡政府全部赌税收入。在 1883 年至 1884 年度，除了闱姓彩票属于最大宗税收之外，澳门的番摊税收均为 13 万元，白鸽票收入每年近 3.8 万元。②张之洞不相信澳门赌税下跌的原因，是“澳商认税争充，转加三倍”③。但是，张之洞在广东弛赌禁之后，同意闱姓捐款充饷，吸引了许多赌商从澳门北上逐利，回到内地重新开业，对澳门博彩业打击甚大。澳葡政府在 1885 年底的闱姓收入剧跌三倍，与此有莫大关系。

当时澳门赌馆林立，闱姓票卖到广东各地，生意十分兴旺。所以，有朝廷大员认为，光是禁绝广东本土发行的彩票是

---

① 《张之洞全集》第一册（奏议）第 299 页，奏议十一。

② 请参阅表九《1882—1910 年赌税在澳门政府财政总收入中的比例》，资料来自《澳门政府宪报》，澳门历史档案馆藏缩微菲林 B.O. 1884、1885。

③ 《张之洞全集》第一册（奏议）第 299 页，奏议十一。

不够的，必须设法把澳门彩票也一并禁止才能奏效。但是，正如兵部尚书彭玉麟向朝廷所奏：

> 巡逻之卖放，赴澳洋人之夹带，北自京城、上海，南至暹罗、吕宋、新嘉坡，中外轮船之递送，果有何术可以禁绝？①

彭玉麟此议，亦认为奈澳葡不何。话虽如此，但广东弛赌禁一事，已足以对澳门博彩业造成沉重的打击。广东的闱商为了保护自己的利益，防止澳门彩票入境，在珠江水路要冲私设关卡，派巡丁截查来往澳门的小轮船，看旅客有无携带澳门彩票。此举引起葡萄牙人的不满，几乎酿至外交风波。据 1890 年 5 月 2 日《申报》载：

> 闱姓自改归新商承办后，投买者皆观望不前，异常冷淡。该商疑诸人或往澳门投买，以致夺其生理。于是设巡丁数十名，每日于火船开行时，严行查搜，如搜出字据，即将其人送案惩办，以昭炯戒。讵各巡丁假公济私，擅行攫取客商银两。前日有搭客某甲被巡丁取去洋银数元，因此争闹，几至酿祸。西人见巡丁如此滋扰，实于轮船生理有碍。现在议定，嗣后闱姓公司巡丁只可在岸上截缉，不许落船查搜。②

1891 年出版的《点石斋画报》，亦曾披露一起香山居民由澳门购闱姓彩票，在回乡路上遇无赖冒充兵役搜劫的事件：

---

① 《明清时期澳门问题档案文献汇编》（三），1153，《钦差兵部尚书彭玉麟等奏陈遵旨筹议闱姓利害请暂驰禁以塞漏卮折》。

② 《申报》1890 年 5 月 2 日，《五羊仙迹》。

粤东闱姓彩票虽经额玉如廉访出示严禁，而私售者仍属不免。某日，有香山某乡人由澳门购票而回，路经前山，被无赖甲乙两人要之于路，冒称兵役，搜获票据，百端恐吓。旁有一人，假为缓颊。乡人无奈，任其搜刮一空而去。迨后差知截获之票竟中头彩……①

其实，省澳之间交通始终不够便利，而闱姓赌博最大的客源也毕竟在内地。过去闱商不辞劳苦前往澳门，皆因内地禁赌之故。如今形势突变，既然粤省赌禁再弛，又何必舍近而求远？在广东当局采取了一系列措施之后，赌商再度北上，澳门的赌业便又一次陷入低潮。最明显的例子，是祥兴公司东主黄成兴于1884年5月投得澳门、氹仔与路环闱姓之后，因广东弛禁而大失预算，被迫放弃已经到手的承充权。为此，澳葡政府于1885年3月宣布重新开投，结果由澳门的土生葡人玛西墨盎奴·晏多尼·利美地阿士（Maximiano António dos Remédio）中标。②这项经营权为期仅一年。③

---

① 《点石斋画报》光绪十七年（1891）十月金集第九期《悖入悖出》。

② 《澳门政府宪报》1885年2月28日（第8号）《大西洋澳门公物会书记亚宋生奉公物会命为通知事》："照得闱姓承充人祥安公司黄成兴未遵守该承充闱姓生意合同款式，是以本日公物会当堂议定，将该承充合同销废，系按照合同内所载之款式而行也。为此周知。"另据《澳门政府宪报》1885年11月12日（第45号）《大西洋署澳门理事官办理华政事务梁绍奉公物会命为出示谕知事》："照得澳门、氹仔、过路湾开收闱姓生意，现经准玛西墨盎奴·晏多尼·利美地阿士（Maximiano Antonio dos Remedios），即华名鱼塘行承充……"

③ 《澳门政府宪报》1885年5月9日（第19号）《大西洋澳门公物会书记亚宋生奉公物会命为通知事》："现招人承充在澳门、氹仔、过路湾开收闱姓票，以一年为期，自本年华四月二十五日起计。"

闱姓在粤弛禁后，其他赌博在表面上仍然受禁制。张之洞在光绪十二年至十五年（1886—1889）曾多次发布禁令，取缔白鸽票和花会。① 另外，广东存在着一种名为文武衙门四成报效经费的番摊赌规，久成惯例，因逐渐制度化而更趋蓬勃。②《潘仕钊奏折》亦称：

> （光绪）元年以后，道路喧传，谓澳门闱姓每一卷送省城官绅胥吏陋规银九两七钱，每遇此禁彼开之年，贿赂公行，尤无纪极。更有代澳门派送陋规，藉沾余润者。③

张之洞奉旨在粤悬牌下令禁绝闱姓之后，曾责令赌商将向来孝敬各衙门的“规费”数十万元尽数归公，加入正饷，在正饷 300 万的基础上再追加 140 万。④

1888 年，张之洞拟在广州河南开设织布厂。他致电出使英国大臣新授广东巡抚刘端芬在英国订购“布机一千张，照配纺纱、染纱、轧花、提花各项机器及气炉、锅炉、水管、气管、机轴等件，共需英金八万四千八百三十二镑，外加运脚保险，以镑价折合，共需银四十余万两”⑤。经费方面，当时筹款原是相当困难的，但因“闱姓商人作弊，罚银四十万两，为购

---

① 《张之洞全集》（公牍）三十四，《严禁白鸽票花会示》（光绪十二年五月十二日）；（公牍）十，《札各属严禁山标田标等项赌博》（光绪十五年五月初七）。

② 《彭玉麟奏稿》卷 4，第 7 页《遵查广东藩司参款折》，转引自何汉威《清末广东的赌博与赌税》一文。

③ 《明清时期澳门问题档案文献汇编》（三），光绪十年九月初八日（1884 年 10 月 26 日）《记名道府翰林院检讨潘仕钊奏请变通挽回巨款以济要需折》。

④ 《张之洞全集》第一册（奏议）第 300—301 页，奏议十一。

⑤ 许同莘：《张文襄公年谱》，商务印书馆 1946 年版，第 63—64 页。

纱机专款”①。

直到1889年底，张之洞移督湖广之后，仍不放过广东来自闱姓的“罚款”。他以“鄂省沿江产棉之区甚多，自较广东开设为宜”为由，于1890年将织布局移至武昌，称湖北织布局。他又与继任两广总督李瀚章（李鸿章之兄）议定，把闱姓罚款移到湖北应用，1889年得到40万两，1890年又得到16万两。②

在张之洞治粤的这段时期，内地闱厂复炽，各种赌博或明或暗盛行于民间。受此打击，澳门闱姓再度陷入低潮。

1885年3月20日的《申报》有这样的报道：

> 闻澳门闱姓馆于去腊尾紧闭门户，席卷一空，凡业经投标者无由追问矣。③

闱姓生意在这段期间虽然受到掣肘，但是，以番摊为主的杂赌却依然旺盛。1887年途经澳门的葡萄牙贵族阿尔诺索伯爵，在其回忆录中提道：

> 在华人区里有许许多多的从事番摊的赌馆，赌馆里点着灯笼和蜡烛，白天全天对外开放，晚上一直营业至午夜。④

---

① 《张文襄公年谱》第64页。

② 牟安世：《洋务运动》第150页，上海人民出版社1956年12月版。

③ 《申报》1885年3月20日，《粤海邮音》。

④ 文德泉（Manuel Teixeira）：《阿尔诺索伯爵笔下的澳门》，载于澳门《文化杂志》第七、八期合刊第70页，1989年；阿尔诺索伯爵（Conde Arnoso，1855—1911）。

据《澳门帝汶省政府公报》以葡文公布的“1887—1888经济年度财政收支表”，该年度澳门地区的闱姓彩票税收已下降至30600元，只相当于1885—1886年度（300600元）的十分之一；不过，同一时期的番摊博彩税收，却能够保持稳定并有所上升，从110500元增加至119260元，[①]增幅接近8%。

第六节　李瀚章、马丕瑶时期

一、李瀚章承饷遭马丕瑶弹劾

闱姓赌博虽能带来滚滚财源，缓解广东地方财政的紧绌情形，但由闱姓赌博引起的科试舞弊案也屡屡发生。光绪十一年（1885）五月，广东学政叶大焯因涉惠州科考舞弊案，也被参了一本，被指“咎无可辞，着即行革职”。[②] 1889年8月张之洞调任湖广总督之后，接任两广总督的李瀚章继续招商承办闱姓抽饷，全省闱姓由公和、瑞成两家公司承办，报效80万元，

---

① *Boletim da Provincia de Macau e Timor*, 1888. 3. 21. Provincia de Macau e Timor—receita do ano economico de 1887—1888, B. O. 1888. C0690.

② 《德宗景皇帝实录》卷208，第948页，光绪十一年乙酉五月癸亥二十五（1885年7月7日）：“有人奏，广东闱姓，弊窦滋多，本年惠州科考，将廖、钟、王三大姓全数禁不获售，彭、文、田三僻姓全数获售，榜发，士子拆毁署门，几酿巨案，旋经该督抚饬拿舞弊之人，并将所获之彩七十万元，提充军饷。”又，《德宗景皇帝实录》卷222，第1110—1111页（光绪十一年乙酉八月壬午）：“惠州科试幕友串通舞弊一案，经查明，贡生戴罗俊、萨庭荫，经叶大焯延订校阅试卷，明知匪徒投买闱姓，辄敢骫法营私，乘学政患病之时，蒙混取卷图得谢礼，虽赃未入手……仅予杖徒不足蔽辜。戴罗俊、萨庭荫著革去贡生，杖一百，流三千里。叶大焯身任学政，竟将阅卷委之幕友，任令勾串匪人，希图渔利，已属咎无可辞。著即行革职。”

在六年内分摊。但是，番摊仍未公开招赌，属于私赌，需向文武官员孝敬陋规；包庇费每天每馆少者数十圆，多者百圆不等。① 然而，鉴于广东赌风日炽，朝野间物议沸腾，清廷一直不敢明令开赌，后来更着令李瀚章查禁。

光绪十六年（1890）七月，上谕：

> 有人奏广东赌风太炽，盗拐日多，亟应严禁，以靖地方一折。据称广东赌博名目不一，以白鸽票、花会为尤甚。种种流弊，皆由劣绅及营兵蠹役隐为包庇，请饬严办庇赌之人等语。着李瀚章确查饬禁。②

然而，形势很快就有了变化。据《清实录》光绪二十一年：

> 有人奏，疆臣纵赌酿患营私纳贿一折。据称两广总督李瀚章莅任后，粤东赌风日炽。副将杨安典、书吏何懿臣均在城内开设摊馆，所有赌规即派杨安典等经管，每月缴入督署银三千两，尽饱贪囊。③

参李瀚章一本的，是御史谢希铨、管廷献二人。

光绪二十一年（1895）正月，马丕瑶抵粤就任广东巡抚。上任不久后，他就奉旨查办两广总督李瀚章纵赌营私事。④ 但

---

① 郭双林、萧梅花：《中国赌博史》第332页。

② 《德宗景皇帝实录》卷287，第823页，光绪十六年七月十三日（1890年8月28日）。

③ 《德宗景皇帝实录》卷358，第662页，光绪二十一年乙未正月初六（1895年1月31日）。

④ 《德宗景皇帝实录》卷358，第662页，光绪二十一年乙未正月初六（1895年1月31日）。

据《清实录》光绪二十一年正月二十八日（1895 年 2 月 22 日）：

> 有人奏，广东闱姓，进出数目甚巨，现在需饷孔殷，拟略为变通酌抽充饷，如抽捐在百两以上者，准按银数给奖叙。所奏是否可行，着李瀚章、马丕瑶，体察情形，斟酌办理。①

这说明，当时朝廷实际上仍未最后拿定主意。

马丕瑶奉谕调查后，因"查无实据，或并无不合"，加上李瀚章之前已曾因病奏请开缺，朝廷顺水推舟，准其开缺回乡养病去了。②

李瀚章是在禁赌还是在纵赌？史学界有不同的看法。《中国赌博史》指李瀚章此人甚贪，有"大荷包"之称。③ 台湾学者何汉威先生则认为李瀚章坚持厉行赌禁，对遏抑赌风蔓延不无阻吓作用。他认为，小闱姓在广东流传已有一段时间，很难一下完全根绝。④然而，李瀚章在任内因纵赌营私而被朝廷查办，则是不争的事实。随着李瀚章被查办和开缺回乡，粤澳两地赌业的形势又发生了变化。

在马丕瑶的督促下，负责监视澳门葡萄牙人、拱护南粤的前山营，在禁赌事务中扮演了重要的角色。据 1895 年 10 月 2 日澳门《镜海丛报》载：

---

① 《德宗景皇帝实录》卷 360，第 695—696 页，光绪二十一年乙未正月二十八日（1895 年 2 月 22 日）。

② 《德宗景皇帝实录》卷 364，第 755—757 页，光绪二十一年乙未三月二十日（1895 年 4 月 14 日）。

③ 郭双林、萧梅花：《中华赌博史》第 256 页。

④ 何汉威：《清末广东的赌博和赌税》，台湾"中央"研究院历史语言研究所集刊第 66 本，第 2 分册，第 522 页，1995 年 6 月版。

禁赌之例行，嗜赌之徒无所营托，咸就澳门，以求生计。……近时前山一带村落，凡属营汛员弁有缉捕之责者，咸殷殷加意。黎镜丞都戎在任九年，精于捕贼，谙于戎机，刻刻以地方为念，顷以澳门骤旺，日益千人。①

同年10月，奉广东巡抚马丕瑶之命，前山营以“都阃府黎镜丞”名义，在澳门的报纸上刊登官方告示，宣布广东当局严禁赌博以肃清盗源，并采取连坐法的严厉措施，警告澳门的赌徒不得入境：

赌博为盗贼之源，大干条例之禁，本府履任以来，叠经随时出示晓谕在案。现奉大宪通行加重罪名，凡属赌馆，倍加严办，村民妇孺莫周知。尤恐间有地方棍徒，以身试法，且现在澳门麇聚赌徒数千之众，良歹更多没稽察，固有周密防范，不容稍松。除督率营弁兵水陆线勇认真日缉夜巡外，合再出示晓谕，无论何项赌博，务须一律禁止尔。各该乡更保练勇巡丁人等。尤须实力防御，其有生面形迹可疑之人，或有勾引外匪入境，扰害乡间，一面捆解来营，或赴辕禀报，缉拿分别犯之首从，审讯明确，从重给赏。至僻壤庙宇围馆鸭寮等处，如敢藏匿隐报，一经查出，即照窝家坐罪。知情不举，一律究办。②

马丕瑶在广东采取的这些严厉禁赌的措施，本来有利于澳门赌业发展，但就在同一时期，澳门却发生了一场鼠疫。据1895年6月5日澳门《镜海丛报》载：

---

① 《镜海丛报》1895年10月2日，《缉捕勤能》。

② 《镜海丛报》1895年10月9日，《官示照登》。

> 本澳总督高制军近因时疫盛行，病亡相继，旅于是埠者相继逃徙。窃为商务计，寝食焦忧。①

这场瘟疫来势凶猛，繁华的澳门几成死市：

> 自冬及春，春及夏，始而日病者数人，继而日殁者数十人，于是人心惶惶，迁回乡者有之，迁往港者有之，迁去省者亦有之。每当夕阳初落，楼阁上灯，则店皆闭户，路少行人，市情之冷淡，为数十年来所未睹。福隆新街宁居里一带，繁华盛地，更门庭冷落，车马稀疏，十室九空，无几存者。而关闸门外，新冢累累，素冠载道。②

5月中旬之后，瘟疫警报解除，7月份“至澳者尤络绎不绝。市上熙来攘往，不啻昔日繁盛景象。况以事有巧，值省中大宪禁赌綦严，番摊白鸽票十二位，一切皆风清弊绝。而省垣之人，藉赌以养妻活儿者，指不胜屈。一旦失其生路，又无正业可图，不得不来澳以谋生计。且澳既无禁赌之条，又无夜行之诫，现各客栈均有人满之患”③。

澳门虽历瘟疫灾劫，却因马丕瑶在粤禁赌而迅速恢复昔日盛况，又一次逃过大难，市面上更加繁荣了。

马丕瑶在粤大力禁赌，赌商闻风色变，有人趁机敛财，冒充“马中丞随员”，“在京都曾奋救某亲王之险”，到澳门招摇

① 《镜海丛报》1895年6月5日，《吉士忧民》。
② 《镜海丛报》1895年7月3日，《澳地后盛论》。
③ 《镜海丛报》1895年7月3日，《澳地后盛论》。

撞骗，声称“奉两院札赴澳密查番摊闱姓一切赌博”，意图行骗。①

1895年8月28日澳门《镜海丛报》载：

> 向年车陂、猎德、伦头各乡②，每到秋时则必建搭高棚，招集名优并豪富少年，开场合斗。今则以马中丞严禁赌博，乡绅不敢包庇，秋声寂然。平时具有斗虫之好者，多趋澳门，以故近日澳中连开两大厂，日中游客纷拥异常。澳地既以省中番摊不开，日增闹热，各等客栈，幽房洞开，常常有人满之惧。③

这段时间，在澳府的督促下，澳门闱商又以“谢教银两统放三记行内”的方式，解决了兆三元闱厂倒盘事件给彩民们带来的信心危机。④

据1895年9月4日《镜海丛报》：

> 近来澳地投买之盛，有如山阴道中，日夜纷填，接应不暇。⑤

---

① 《镜海丛报》1895年8月28日，《事迹堪疑》：“日前澳之鸿发栈寓有外客三名，一姓张，一姓陈，一姓李。……此三人也，当抵澳时，有人密报亲往查视，察其言语弗伦，仪礼疏外，知是江湖上客冒托官名，以求衣食者。昨阅省报，拘有伪官两员，亦系假托王邸，查办闱姓者。”

② 车陂、猎德、伦头：地名，今广州市境内。

③ 《镜海丛报》1895年8月28日，《平章逸致》。

④ 《镜海丛报》1895年9月4日，《稳如泰山》：“澳门闱姓现在议定：凡有谢教银两，统系放存三记行内，按日投票，银数亦系按期汇交三记，各子厂分毫不能隐藏，即使再遇兆三元之事，决不患谢教无著，必能按照所中之数计份均派。”

⑤ 《镜海丛报》1895年9月4日，《稳如泰山》。

一个多月后，这份澳门中文报章又有如下报道：

近因省城禁赌，澳中番摊，异常兴旺，赌与嫖连各处妓楼因是而应酬弗暇。①

自省城禁绝番摊之后，澳之摊馆十六家，异常热闹，每至灯时，几无坐立之处。盖城乡来澳之众，多有赌癖也。连日闱姓各厂，更为热闹。初十、十一两日，京电纷驰投猜恐后，门限几为之穿，延至夜分，犹然逼塞一堂，非负雄力者不能求立足地。②

澳门赌博合法化之后，赌博的方式也越来越多样化起来，除了彩票以外，全部是中式赌博，如番摊、骰宝（大、小）、牌九、闱姓、山票、铺票等。赌博逐渐成为澳葡政府不可缺少的生财工具。即使葡萄牙国内 1896 年宣布禁赌，作为葡萄牙“海外省”的澳门也没有执行这一法例，照赌如仪。

1895 年 10 月 27 日马丕瑶在任内突然病故，禁赌之事亦暂告一段落。1895 年 11 月 6 日报载：

自粤省马中丞严禁赌博，省城九龙一带早已弊绝风清，故澳中泗孟街口之大生、福隆街口之广胜，均由九龙迁到澳地，招呼周到，不减于九龙宝字馆。而澳之摊馆风气遂为之一变。闻九龙之宝字馆，十八九复将开设，岂因马抚仙逝，禁令已驰耶?③

① 《镜海丛报》1895 年 10 月 9 日，《为风欲忧》。

② 《镜海丛报》1895 年 11 月 6 日，《赌场热闹》。

③ 《镜海丛报》1895 年 11 月 6 日，《死灰复燃》。

二、《镜海丛报》刊登的闱姓消息

广东禁赌博，不少闱姓赌商便迁到澳门，在澳门发行的彩票，常常销行到内地。作为彩票发行地澳门唯一的中文报纸《镜海丛报》，便拥有了相当的"兑奖"读者群。报纸发行地由澳门、前山、石岐、佛山、省城广州，而至香港、厦门、福州、上海。当时内地工商业并不发达，来自赌埠澳门的报纸，赌博信息多多少少总会吸引一部分关心闱姓的读者。

在《镜海丛报》上刊登的内地科举发榜名单共有 12 期：

1894 年 10 月 17 日，刊于头版和第二页的"两广全榜"，文内为甲午科广东，广西乡试的正榜及副榜名单，共 194 人。①

1894 年 11 月 7 日，刊出甲午恩科武会试题名全录，共 128 人。②

1894 年 11 月 14 日，刊出甲午恩科武殿广东分甲题名录，共 15 人。③

1894 年 11 月 28 日，刊出广东武举解元徐钖瑜等 64 人名单。④

1895 年 5 月 8 日报道：乙未科会试揭晓，广东中式 13 名，李、□（原缺）、何、梁、凌、康、谢、朱、钟、刘、尹、崔。该文干脆只将上榜举子的姓列出而略其名，皆因买闱姓的人只关心自己下注的姓是否能够"突围而出"也。⑤

---

① 《镜海丛报》1894 年 10 月 17 日，《两广全榜》。

② 《镜海丛报》1894 年 11 月 7 日，《中外报》。

③ 《镜海丛报》1894 年 11 月 14 日，《省港报·仙城日丽》。

④ 《镜海丛报》1894 年 11 月 28 日，《金榜题名》。

⑤ 《镜海丛报》1895 年 5 月 8 日，《本澳新闻·电传新贵》。

1895年5月15日，刊出乙未年会试发榜名单261人。[①]

1895年6月5日，刊出本年乙未科会试中式之外的所有荐卷内挑取的誊录40人名单。[②]

1895年6月12日，刊出是年殿试论题及第一至第五名进士名单。[③]

1895年8月14日，刊出广东南海岁考命题暨192位生员名单。[④]

1895年8月28日，刊出广东番禺岁考104位生员名单及其中43位进学者名单。[⑤]

1895年9月4日，刊出广东顺德岁考试题及163位生员名单。

1895年11月27日，刊出光绪二十一年乙未科武会试138人名单。

闱姓赌博之风炽烈，对《镜海丛报》打开销路有一定帮助。但报纸刊登的科举名单并未形成权威的信息来源，赌客主要是根据朝廷正式公布的发榜名单及各闱厂门前张贴的抄录名单兑奖。报纸因常有错字漏字，加上投递需时，只可作为参考之用。

三、省港禁赌时期澳门赌业的盛况

1895年，香港和广东禁赌，澳门的闱姓、番摊、白鸽票、牌九、纸牌及各种杂赌遍地开花。内地赌商及从业员、赌客纷

① 《镜海丛报》1895年5月15日，《中外报·禹甸丛抄》。

② 《镜海丛报》1895年6月5日，《中外报·禹甸丛抄》。

③ 《镜海丛报》1895年6月12日，《中外报》。

④ 《镜海丛报》1895年8月14日，《中外报》。

⑤ 《镜海丛报》1895年8月28日，《中外报·华宇琐闻》。

纷赴澳，番摊等赌馆数目大增，澳葡政府税收也财源滚滚，当时的报章曾作以下报道——

《镜海丛报》1895年1月23日报道：

香港禁赌，省澳则不禁赌。澳门更于私赌所禁綦严。家庭聚赌，除纸牌而外，皆须惩罚。春壬正月，其富家豪族，或在家中聚开牌九，以博财喜，亦是违章冒险，非守礼之家也。第所有街边杂赌，则须自正月元旦起，限以一礼拜，听赴西衙领牌投饷，如公司然。一人承之，分设赌具。全澳之地，统计不下百数十具也。此次闻定投饷之价，约银一千四百元，有人已出一千二百元，尚未批给牌照。①

《镜海丛报》1895年7月3日载：

值省中大宪禁赌綦严，番摊、白鸽票十二位，一切皆风清弊绝。而省之人，藉赌以养妻活儿者，指不胜屈。一旦失其生路，又无正业可图，不得不来澳以谋生计。且澳既无禁赌之条，又无夜行之诫，故趋澳者实如鱼赴壑，如蝇逐膻，现各客栈均有人满之患。②

《镜海丛报》1895年10月9日：

近日省城禁赌，澳中番摊，异常兴旺……③

① 《镜海丛报》1895年1月23日，《庆乐新元》。
② 《镜海丛报》1895年7月3日，《澳地后盛论》。
③ 《镜海丛报》1895年10月9日，《为风欲忧》。

《镜海丛报》1895年11月6日：

自粤省马中丞严禁赌博，省城九龙一带早已弊绝风清，故澳中四猛街口之大生、福隆街口之广胜，均由九龙迁到澳地，招呼周到，不减于九龙宝字馆。而澳之摊馆风气遂为之一变。①

同日，《镜海丛报》在《赌场热闹》一文中，颇为细微地描写了省城禁赌之后澳门赌场的盛况：

自省城禁绝番摊之后，澳之摊馆十六家，异常热闹，每至灯时，几无座之处，盖城乡来澳之众，多有赌癖也。连日闱姓各厂，更为热闹。初十、十一两日，京电纷驰投猜恐后，门限几为之穿，延至夜分，犹然逼塞一堂，非负雄力者不能求立足地。利之所在，人争趋，信然其信然。

1895年8月28日的《镜海丛报》，提到内地禁赌，嗜好斗蟀者转赴澳门：

宋相贾似道赏于半闲堂集狎客而斗蟋蟀，此等风气传流至今，其于岭东之俗犹为甚嗜。向年车陂、猎德、伦头乡，每到秋时则必建搭高棚，招集名优并豪富少年，开场合斗。今则以马中丞严禁赌博，乡绅不敢包庇，秋声寂然。平时具有斗虫之好者，多趋澳门，以故近日澳中连开两大厂，日中游客纷拥异常。澳地既以省中番摊不开，日

① 《镜海丛报》1895年11月6日，《死灰复燃》。

增闹热，各等客栈，幽房洞开，常常有人满之惧。①

在这段反复期间，澳门的葡萄牙人降低了招商承赌的条件，缴交两万元即有资格参与各种赌牌的竞投。另一方面，澳门的社会治安开始改善，赌商又纷纷到澳门寻找机会。不少人见内地弛禁不定，感到两边走不是长久之计，便干脆在澳门和省城广州各设闱店，两边的生意同时做。即使内地禁绝，还有澳门的生意，而且比平时更加兴旺，足以弥补内地禁赌的损失。

甲午战争前夕，不包括海关税及协饷在内的各省财政总收入约为6543.7万两，广东以岁入480万两排在第四位，排在江苏、四川、浙江之后。② 甲午中日交战，清廷急需军饷，又打起广东赌饷的主意来。光绪二十一年（1895）正月二十八日朝廷降谕：

> 谕军机大臣等。有人奏，广东闱姓，进出数目甚巨，现在需饷甚殷，拟略为变通酌抽充饷，如抽捐在百两以上者，准按银数核给奖叙，请饬酌办等语。所奏是否可行，着李瀚章、马丕瑶（巡抚），体察情形，斟酌办理……③

不过，此时的澳门赌业已形成相当规模，内地反有不及。即使内地再弛赌禁，也不会对澳门造成致命的打击了。况且清廷始终不敢开禁，举棋不定，赌商们终于认定了澳门是个不可多得的赌业“根据地”和避风港，澳门的赌业在这段时间获得

① 《镜海丛报》1895年8月28日，《平章逸致》。

② 周志初：《晚清财政经济研究》第164页。

③ 《德宗景皇帝实录》卷360，第695—696页，光绪二十一年正月二十八日（1895年2月22日）。

稳健的发展，澳门也就慢慢成为中国最大的赌埠。到了1897年，闱姓赌已全数集中在澳门。《申报》在当年4月23日提及："唯刻下省垣已无闱姓厂。嗜赌之辈，均向澳门购买。"①

第七节　谭钟麟时期

广东的赌风虽被马丕瑶遏制了一段时间，但在这位大员死后不久，很快就死灰复燃了。其中一个重要的原因，是甲午战争后朝廷摊派给粤省的捐输数额非轻。甲午战争后各省海关每年应还英德借款之中，粤海关洋税及洋药税厘（原拨）52万两，加拨13万两，合共65万两；广东"闱姓捐输24万两"。②

又据《申报》报道：同年年底，"省城内外的番摊、花会及白鸽票赌馆倚员兵和书役为护符，置禁令于不顾"。③到了光绪二十三年（1897）间，因闱姓赌商欠缴赌饷，闱姓暂时乏人接办时，白鸽票、番摊和铺票等赌博其门如市。以铺票为例，一月之内竟收至三场。④

新任两广总督谭钟麟继续执行闱姓充饷政策，将各衙门使费纳入报效之内。蔡冠洛编著的《清代七百名人录》载曰：

---

① 《申报》1897年4月23日，《五羊杂俎》。

② 《甲午战后筹还外债与财务的变革》第十一编，第701页，台湾商务印书馆1986年1月版。

③ 《申报》1895年12月12日，《五羊仙迹》；《华字日报》光绪二十一年十月二十五日，《羊城新闻·禁赌示谕》。

④ 《谭钟麟奏稿》卷18，第18—19页《广东闱商无力缴捐革退另招折》，第21页《奏闱捐拟办情形折》；《华字日报》光绪二十三年四月十二日《票赌盛行》。均转引自何汉威《清末广东的赌博与赌税》，台湾"中央"研究院历史语言研究所集刊第66本第二分册，1995年6月版。

> 粤素多盗，赌风尤甚，奸猾之徒，惧为吏所持，则公请以博进赢余助军饷，岁输三十万金。所谓四成报效者也。钟麟至任，以赌风为盗源，不禁赌则盗终不可止。而官征赌款，尤伤政体。乃奏罢赌饷，尽封禁诸赌馆，尤严官吏赇请之罚。又，闱姓商岁输功绩亦数十万金。闱姓商者，乡会试方入闱时，取与试士子姓为和，听人射之，谓之卜榜。花得多著胜，赢利巨万。闱商六年一更易，争欲承充，则竞纳贿。自总督以下，多寡有差。钟麟恶之，将议禁。而闱饷所从来尤久，关于部款，猝未可革。钟麟乃令输资百六十万者充之，自总督以下不得更索一钱。示定期限，逾期不如数，以所输没入官。群不便者造蜚语，百端不为动。久之，中外言筹饷者，稍稍及赌捐欲弛禁。朝廷下总督议，钟麟复奏曰，禁赌以来，议者纷纷，至谓赌为粤民生计，禁终不止。费出于赌，取之无伤。①

只要将张之洞到马丕瑶时代的弛禁作一对比，不难明白广东的赌风是无法根绝的。虽然对考试方开的闱姓网开一面，不过，谭钟麟仍然禁止可昼夜不息的番摊等杂赌：

> 赌禁虽严，未必遽绝，然上无所利，则聚赌之匪人，受贿之官吏，无可借口，尚不敢肆意横行。一旦弛禁，人民既无忌惮，不肖官吏复因而牟利。上下交征，乱可立待。虽有百万，将焉取之？至如所言禁赌则生计日穷，一省之民，恃赌为生计，中外古今安有是理。若谓赌风之炽，由于禁赌，言由不经。闻因赌而窝盗，赌输则为盗矣，不闻赌可弭盗也。无识之徒，罔顾利害，饰辞耸听，

① 蔡冠洛编著：《清代七百名人录·谭钟麟》，北京：中国书店1987年6月版。

所言万不可信，所请断不可行。①

因粤省官吏收惯了赌馆陋规，遏制赌风不力，到了1895年年底，“有人奏，赌为盗媒，赌风之盛，以广东为最”。② 朝廷遂下令着谭钟麟“密派干员，认真查禁，将包赌庇盗之官绅兵役，分别惩办，毋稍宽纵”。③ 然而，清末吏治腐败，收惯了陋规的官吏又如何肯轻易放弃如此肥肉？谭钟麟督粤近五年，直到离任前夕仍不断上折参奏收规庇赌的属下官员。如光绪二十四年（1898）八月：

谭钟麟奏，特参庸劣武员一折。新会左营千总戴显章，纵赌酿命，捕务废弛；署广州协左营千总罗筀，庇赌收规，被控有案……即行革职。④

同月：

广东京官区湛森等以广东番摊弛禁，为害甚烈，呈请代奏一折。据称粤省赌风之害，以番摊为尤烈，现议者倡为弛禁承饷之说，是聚赌之徒，明目张胆，毫无顾忌，为害不堪设想等语。广东从前所收四成经费，旋经谭钟麟等奏请停办，该京官等所称招商弛禁，为害甚烈……⑤

---

① 蔡冠洛编著：《清代七百名人录·谭钟麟》。

② 《德宗景皇帝实录》卷380，第966页，光绪二十一年乙未十一月十五日（1895年12月30日）。

③ 《德宗景皇帝实录》卷380，第966页。

④ 《德宗景皇帝实录》卷449，第927页，光绪二十五年八月十五日（1899年9月19日）。

⑤ 《清德宗光绪实录》卷449，第930页，光绪二十五年八月二十日（1899年9月24日）。

话虽如此，但谭钟麟督粤期间亦曾弛闱姓赌禁，所以他后来成为维新党人攻击的目标之一。康有为在百日维新中，便曾上《请惩办谭钟麟折》。①

在这段期间，澳门的闱姓、番摊、白鸽票三大赌种稳步发展。据《澳门政府公报》刊登的统计数字，闱姓税收在1896—1900年度均为6万元，番摊税收1896—1900年度都是15万元。白鸽票饷则由1896年度的51600元，增长到1898年度的74900元。这一税饷一直保持稳定，直至1902年左右。②

澳葡政府的赌饷在上述期间得以保持稳定，并不是澳门的赌业比广东发达，而是反映了一个很重要的现实——内地弛禁不定，赌商已习惯于粤澳两地跑，澳门赌埠的地位，经历了几次反复之后逐渐在19世纪末段稳定下来。加上澳葡政府采取了新的竞投承充制度，赌商投得经营权之后，逐年缴纳赌饷给政府，这样对双方都起到保障的作用。

第八节　李鸿章全面弛禁

对于谭钟麟及其继任者李鸿章在粤的弛禁政策，《东方杂志》社评发表过一段言简意赅的文字：

> 谭文帅驳覆部奏，侃侃持正，争之犹力。逮李文忠来粤，见有金而不见有人，乃明目张胆毅然请以番摊承

① 汤志钧：《康有为传》第224页《百日维新》，台湾商务印书馆1998年10月版。

② 《澳门政府宪报》B. O. 1896—1900，澳门历史档案馆馆藏缩微胶卷，另见附表。

饷。①

如果说谭钟麟弛赌禁还半遮半掩，那么李鸿章大开赌禁就是赤裸裸的了。不过，这位晚清重臣在粤省开放番摊赌禁可谓万不得已，因为对外赔款接二连三，当时朝廷的财政已经极为紧绌。

在中国近代史上，西方列强曾发动了一系列侵华战争，迫使清政府签订了一系列不平等条约。中国向列强支付大量的赔款，是不平等条约的一项重要内容。

1870 年，李鸿章继曾国藩之后任直隶总督兼北洋通商大臣，从此控制北洋达 25 年之久，并参与掌管清政府外交、军事、经济大权，成为清末权势最为显赫的封疆大吏。他崛起的年代，却适逢大清国运急剧衰微。他一手建立起来的北洋水师在甲午海战丧失殆尽，他亲赴东洋签署了丧权辱国的《马关条约》，被迫支付巨额赔款。可以说，这位权臣对朝廷捉襟见肘的财政状况是最清楚不过的。李鸿章出任两广总督不过半年时间，② 但其在任内迅速弛赌禁，对粤澳博彩业产生相当重大的影响。

我们先来看看同治后期、光绪时期清廷签订对外不平等条约及赔款情况：

1874 年，日军侵犯我国台湾，朝廷派沈葆桢率军援台；同年 10 月，清政府与日本签订了中日《北京专条》（即台湾专条）。该专条虽规定日本限期从台湾撤兵，却要清政府给日本“抚恤”银 10 万两，“修道建房”银 40 万两。这 50 万两银子

---

① 《东方杂志》第二卷，第七号，1905 年 8 月 25 日《论粤督筹议禁赌（录乙丑五月初六初七日时报）》。

② 李鸿章，安徽合肥人，1899 年 12 月 19 日至 1900 年 6 月 15 日担任两广总督。

其实属于赔款性质。

1879年，中俄签订了《伊犁条约》，中国付给沙俄银卢布500万元，另外割让伊犁西境霍尔果斯河以西地区及南境特克斯河给沙俄。不过，清政府迫于舆论，未批准该条约。

1881年，中俄在彼得堡签订了《改订条约》，中方虽收回部分领土，但对俄赔款却增至银卢布900万两（约合白银500万两）。

1894年，中日甲午战争爆发，1895年4月签订的《马关条约》，中国需赔款2亿两。甲午战败，清政府被迫支付巨额的赔款，并因此而背上沉重的外债负担。甲午战败还引发了空前严重的民族危机，中国人民的反抗又遭到八国联军的入侵，清政府又不得不再次支付巨额的庚子赔款本息，使国家财政陷入难以自拔的困境之中。

1895年11月18日，由于俄德法三国的干涉，中日又签订了《辽南条约》，日军撤出辽东半岛，中国为“酬报”日本交还辽东半岛，将库平银3000万两于签约后8天交付给日本。

1901年9月7日，列强强迫清政府签订了《辛丑条约》，条约规定中国需向列强支付4.5亿两的巨额赔款。

为了向列强缴付各种赔款，以及购置军火船炮，开发矿山、铁路、电报等项，清政府不得不大量地举借外债。据统计，从光绪元年（1875）至甲午战争前的1890年，清政府（包括中央和地方）共借外债25笔，总额约为3936.7万两。①

而从1894年甲午战争爆发至清王朝灭亡，清政府所借的外债次数和数额急剧增加。据统计，有案可查的外债共计122笔，借款额超过12亿两。这些外债之中，约96%是甲午战争至1912年初所借，其巨额的债息负担成了清政府财政的巨大

---

① 周志初：《晚清财政经济研究》第189页。

包袱。[1]

为偿付外债本息，清政府采取的主要办法就是由各省分摊筹款。如俄法、英德两笔借款每年应还本息约银1200万两，户部的筹款办法是：盐斤加价、加放俸饷、广东闱姓捐输三项共200万两；摊派各省地丁、厘金等项共银500万两；摊派各海关洋税和洋药税厘共银500万两。[2]

据《辛丑和约》，清政府要在45年以内支付9.8亿余两的庚子赔款本息。清末最后10年间，清政府每年应支付的庚子赔款本息即达1800万至2000万两。[3] 其实，列强在确定清政府赔款的数额和支付方式时，就曾经对中国的财政状况作过调查与评估。清政府聘请的洋人总税务司赫德认为，中国仍有通过增税筹措赔款的余地，但鉴于中国政府只能勉强弥补由现有债务所造成的亏空，因此可以推断说，透过增税办法来增加的赔款开支，每年不应超过2000万两。[4] 实际上，清政府仍采用强令地方各省分摊的办法来筹措庚子赔款；地方各省则采用加征田赋和盐税、提高厘金税率等手段来筹措经费。如广西为筹措每年30万两赔款分摊数，一是各级官员报效，二是糖烟酒领帖，三是修改抽税章程，四是整顿税契，五是押店加饷，六是增改厘税，七是闱姓赌捐。光是闱姓赌捐一项，每年就缴银30万两。[5] 广东省分摊的庚子赔款比广西多得多，年达200万两，但账目上并没有显示任何赌捐的数字。[6]

---

① 周志初：《晚清财政经济研究》第190页。

② 周志初：《晚清财政经济研究》第101页。

③ 周志初：《晚清财政经济研究》第146页。

④ 周志初：《晚清财政经济研究》第146页。

⑤ 朱寿朋：《光绪朝东华录》（五）总第4886—4888页，中华书局1958年版。

⑥ 王树槐：《庚子赔款》，台湾“中央”研究院近代史研究所专刊（31），1975年版，第151页，表62。

英国为首的西方国家向中国输出了大量的鸦片，并且由此直接引发了中英鸦片战争，中英《南京条约》虽未就鸦片贸易作出明确规定，但清政府对此实际上是持默认的态度，禁烟法令等于是一纸空文，由此导致西方列强向中国输出鸦片的数量和价值又有明显的增长。第二次鸦片战争后，随着鸦片贸易的合法化，进口鸦片数量再度增长。进口鸦片数量多而税率高，在海关税收总额中的比例是其他货物无法相比的。在1886年前的若干年内，洋药税已达200万两左右。1887年清政府对进口鸦片税额有较大幅度的提升，1888年洋药税达900余万两，占海关税收总额的39.37%，到1887年至1894年间，洋药税厘占海关税收的比重一般在30%以上。①

为此，清政府曾与港英当局就加强缉私等问题进行谈判。港英当局基本上同意增设关卡、加强缉私，但又提出中方应与澳葡当局商谈采取同样措施，因为如无澳门的配合，鸦片势必会从澳门走私入境。

港英当局的态度实际上是给清政府出了一道棘手的难题，因葡萄牙人早就想取得澳门合法的永久控制权，此时则趁机把这一要求与在澳门实行鸦片税厘并征和设卡缉私联系起来。清政府如满足葡方的要求，即意味着永久失去对澳门的管辖权；如拒绝这一苛刻的条件，鸦片税厘无法实施，清廷也将会失去每年数百万的财政收入。对此，清政府内部也出现过分歧意见。张之洞等官员表示反对，认为如同意葡人的要求，就是对中国主权的破坏，会产生诸多不良影响。李鸿章则奏称：“澳门若不肯照办则香港亦不肯应允。”“此等办法与国体无碍，且可守住洋药税厘。”②总理衙门也提出：“海军初役，筹饷万难，

---

① 周志初：《晚清财政经济研究》第184页。

② 《清季外交史料》卷67，第1213—1214页，《直隶总督李鸿章致总署据赫德拟洋药税办法电》，书目文献出版社1987年版。

由此办法冀可岁入巨款。”[①]朝廷终以“事关筹饷大计，特旨允行”。[②]

这样，中葡双方于1887年底终于就澳门地位和鸦片税厘并征、缉私等问题达成协议。清政府实际上是以牺牲中国对澳门的行政管辖权为代价，达到增加鸦片税收以解决财政困难的目的。鸦片贸易对中国社会经济并无任何好处，反而导致大量白银的流失和对社会生产力的严重破坏，无异于饮鸩止渴。

基于这样的形势，李鸿章出任两广总督之后，随即全面弛赌禁，接连批准赌商缴饷承办番摊、小闱姓（白鸽票）、山票、铺票及彩票等赌博。[③] 广东的“进士赌商”刘学询甚至成为他的军师，以及寻求广东独立的主角。[④]

光绪二十六年（1900）春，爱国志士丘逢甲回广东讲学，经过澳门时写了一组《澳门杂诗》，共15首，第14首写澳门赌场：

> 银牌高署市门东，百万居然一掷中；谁向风尘劳物色？博徒从古有英雄。（诗末自注：“澳门的番馆最盛，门皆署银牌以招客。”）[⑤]

这时正是李鸿章任两广总督期间，澳门的番摊赌馆为了和省城的摊馆争生意，门面装潢一新。丘逢甲所看到的，就是粤

① 周志初：《晚清财政经济研究》第185页。

② 朱寿朋：《光绪朝东华录》（二）总2241页。

③ 何汉威：《清末广东的赌博和赌税》，台湾“中央”研究院历史语言研究所集刊第67本第2分册，第338页。

④ 何汉威：《广东进士赌商刘学询》，台湾“中央”研究院历史语言研究所集刊第73本第2分册，第333页。

⑤ 何修文编著：《中外诗人咏澳门》第59页，海燕出版社2000年9月版。

澳两地赌商拼命拉客，斗得难分难解的情景。

李鸿章治粤期间，广东大开赌禁，香港则仍然禁赌，而且连澳门的彩票也禁止在港销售。① 然而，当时广东开赌对澳门的赌业和社会实际上都是一场灾难，葡萄牙历史学者徐萨斯在提及这段历史时说：

> 澳门本是欧洲人在远东最值得自豪的殖民地，但它的实际情形却令人伤心。它的港口淤泥塞积，年久失修，很快就会除舢板船和汽艇外什么都进不来了。这块葡萄牙殖民地要靠中国财政政策的怜悯才能存在，一把达摩克利斯剑一直威胁着澳门当局的偿还能力，因为从前最有赚头的抽彩是由澳门财政厅所垄断，现在广东政府拿走了大部分利润，殖民地的其他赌博方法可能也遭到同样的命运。那样的话，澳门岁入的主流就会切断，且不会有任何回复的希望。因此，澳门必须在一个重组的政体领导下，削减开支，以保证澳门能不靠垄断赌博而照样具有偿还能力，以赌博业的收益来支付疏浚泥泞的港口的花费。②

徐萨斯甚至消极地认为：

> 这半个世纪的经验足以使葡萄牙政府相信，再让澳门保留直属殖民地的地位是愚蠢的，这只会让中国人得利，而且澳门的财政也是问题。③

---

① 《华字日报》1901年7月26日《香港新闻》："叶某贩卖澳门彩票，被差查出控告，巡理府判罚十元。"

② 徐萨斯：《历史上的澳门》第270页。

③ 徐萨斯：《历史上的澳门》第270页。

第九节　岑春煊时期

岑春煊为清末较具魄力及改革意向的封疆大吏。治粤期间，他对财政兴革（如整顿契税、改革粤海关等）成绩颇著；又大加整肃省内违法渎职的官员，文武属员被其参奏者达1060人之多。[①] 由于他在广东的管治手法狠辣，得罪了不少人。后来有人这样抨击岑春煊：

> 恃西安迎驾宠眷，莫予毒也。莅粤，即参奏籍没官吏如裴景福者数十人，又押禁查抄粤中巨绅黎季裴、杨西岩等，粤人大哗。巨室名绅，多迁香港以避其锋。[②]

广东之赌风存在已久，赌商向地方官员们进贡规银已不算什么秘密。据《番禺县志》载：同光年间“粤俗樗蒲辈纳资于官署，曰‘赌规’，营署幕客向有赌规，岁约千金”[③]。所以，岑春煊要想在广东有效地禁赌，其中一项措施就是必须打击那些收规庇赌的官吏。

据《清实录》光绪二十九年十二月初七（1904年1月23日）载：

> 岑春煊奏参贪劣不职文武各员一折……试用知县帖宗晋，收受赌规，行为卑鄙；管带诚字左营升用游击陈有

---

① 何汉威：《清末广东的赌博和赌税》第521—526页；以及《广东进士赌商刘学询》第338页。

② 刘禺生著、钱实甫整理：《世载堂杂忆》第123页，中华书局1960年12月版。

③ 《番禺县志》点注本卷二十二，第419页，《人物志五·马锡蕃》。

> 功，素嗜赌博，不守营规……均着即行革职。①

次年夏，岑春煊又参了多名广东官员一本，其中包括“水师提标中营补用守备张超元，得规庇赌，巧于诿卸；水师提标补用守备林莹，纵赌抗捕，行为荒谬……着永不叙用”②。

据《清实录》载，时署两广总督的岑春煊等奏：

> 遵旨严禁赌博，筹款抵补，现将盐务设局清查，缉补经费，改归官办，每年约增得款一百余万两，拟将小闱姓赌局，先行禁革。③

光绪三十年六月十五日（1904 年 7 月 27 日），由于广东小闱姓奉谕停办，署理葡国公使阿梅达向总理外务部事务大臣奕劻发来一份照会，要求清廷赔偿卢九“所亏利益”。该照会称：

> 光绪二十六年六月前任两广总督李中堂因库款奇绌，弛禁广东小闱姓，招致向居澳门西洋籍商卢九即卢华富赴粤，承办广东全省小闱姓经费，奏准八年为期，每年认缴银八十万元。各等因在案。乃现任两广总督岑于本年四月初一日忽谕一律停止。按照开办迄今仅有三年零八月，未满原案八年之期，该商卢华富历奉广东官宪谕令，溢缴银款甚多，力有未及，叠向澳门本国人借贷应付，现今半途

① 《德宗景皇帝实录》卷 524，第 934—936 页，光绪二十九年十二月初七（1904 年 1 月 23 日），中华书局 1987 年 6 月版。

② 《德宗景皇帝实录》卷 544，第 229—230 页，光绪三十一年四月十三日（1905 年 5 月 16 日）。

③ 《德宗景皇帝实录》卷 529，第 44—45 页，光绪三十年四月初九日（1904 年 5 月 23 日）。

忽奉裁禁，该商实难偿还借款。且该商满望办足八年，故历次于提前溢缴及案外加缴预借经费、报效各款，无不竭力筹措。现仅办过三年零八个月即行谕停，该商自未便任此巨亏，即在岑总督亦知秉公办理，当先算数，故出示谕禁，亦有其预缴按饷，如有盈余，并即和明发还之谕。兹本署大臣合将该商卢九即卢华富禀词一件、银款数目一纸、两广总督谕三件，一并录送贵部，请烦于查明之后，移咨两广总督岑，迅札善后局，饬即与承办宏远公司小闱姓西洋籍商卢九即卢华富，将历次溢缴及案外加缴预借经费、报效各款，与所亏之利益算明数目，秉公照数一并发还，以免该西商卢九暨借给卢九银款之各西洋人受亏也。①

此事源于李鸿章督粤期间，大赌商卢九在粤承办小闱姓（白鸽票），定明为期八年。后来小闱姓停办，卢九损失甚大，所缴饷项数十万元又被两广总督岑春煊扣下不予退还。卢九趁华葡合办粤澳铁路之机，欲索回被扣之款，遂赴沪谒见督办大臣盛宣怀，表示欲出资200万元承办铁路。但岑春煊“嫌其牵涉支离，卒罢其议”。②这件事对卢九的事业和身心打击极大，三年以后，他就郁郁而终了。卢九死后，其家族生意由长子卢

① 《明清时期澳门问题档案文献汇编》（三），1450，《署葡国公使阿梅达为广东小闱姓奉谕停止请发还洋商所亏利益事致总理外务部事务奕劻照会》。

② 《申报》1904年9月28日，《粤路述闻》。

廉若接管主理。①早在卢九生前，卢廉若经营赌业已经独当一面。1905 年 9 月 7 日，卢廉若、崔寿宸、萧登三人与澳葡政府订立合同，共同承充 1905 年 11 月 11 日至 1910 年 6 月 30 日澳门、氹仔、路湾开收闱姓生意，每年缴交规银62000元。②卢廉若于 1907 年 3 月，与孔咏裳、黄大经、萧登一起获得政府批准经营澳门、氹仔、路湾另开一次过闱姓生意，每月规银5167元。③卢氏家族另一名成员卢光裕（卢九亲侄），在澳门博彩行业也占有一席之地。1907 年 2 月，卢光裕与萧登合作承充澳门番摊生意，为期五年，每年规银 45 万元。④

1907 年前后，澳葡政府每年的财政总收入只不过 60 万元左右，⑤ 卢氏家族的财力以及番摊生意盈利能力之强劲，由此可窥一斑。

---

① 《澳门政府宪报》1908 年 1 月 25 日（第 4 号）《大西洋澳门按察司书吏穆为通知事》："案据卢九即卢焯之又名卢华绍，居住大堂巷第八号屋，正妻已殁，现因身故，所有遗下之产业由其管理遗产人卢廉若，即卢光灿，已娶居澳，呈出，本署特立分产案卷，以便均分。兹限三十日自第二次颁行宪报日起计，传下列各人到案阅看所立案卷，以凭核办。特此通知。计开：一传卢爵即卢光镇，已娶，本年二十二岁，系卢九第二妾梁氏所生，现在亚美利加北边马沙租些度（Massachusetto）地方。该人未有自主之权，立明有案系由其兄卢廉若即光灿、即光棉、即光照管理。一传卢光聪即守铨、即光健，本年一十九岁，未娶，系正妻欧阳氏所生，现在伦敦。一传该第八妾梁氏，现在潮连乡。一传所有债主及不知名或不知在何处之后人。"

② 《澳门政府宪报》1905 年 10 月 14 日（第 41 号），《大西洋澳门国课官柯为通知事》。

③ 《澳门政府宪报》1907 年 3 月 16 日（第 17 号），《大西洋澳门正督理国课官柯为示知事》。

④ 《澳门政府宪报》1907 年 3 月 16 日（第 17 号），《大西洋钦命澳门督理国课官柯为示知事》。

⑤ 见本文表九《1882 年至 1910 年赌税在澳门政府财政总收入中的比例》，摘自《澳门政府宪报》葡文档案资料。

光绪三十二年（1906）春，时为署理两广总督的岑春煊上奏朝廷，拟加收台炮经费三成，粮捐沙田亩捐，并试办基塘租捐，商渔船捐，盐斤加价。① 由于禁赌，政府税收锐减，筹款极为困难，而支出却又有增无减，三个月后，岑春煊不得不向朝廷奏报：

> 粤省无着各洋款，无可另筹，恳准在海关长征项下改拨弥补。又奏，粤省财源枯竭，实难加认练兵经费，恳仍以四十万为额，并免筹补解之款。②

同年秋季，广东香港、潮、高、雷廉钦等府州突遇飓风或水灾，损失惨重，地方政府开藩库赈灾。与此同时，驻守增城、惠州、和平等地的武职官员行为不检，庇赌收规，嗜赌妄为，亏挪公款，结果被岑春煊狠狠参了一本。③

1905年，虽然澳门的闱厂已经收票，但因朝廷降旨停止闱试，各家闱厂只好向彩民退回票款。该年9月30日的《澳门政府宪报》刊登了名利就等八家闱厂的退票告白：

> 是场潮府海、潮、揭，广府南、番、顺文洪官经已收开。因奉上谕乡会岁科试一律停止。现已闱姓生意歇业。如有投到澳门等厂潮府、广府现银票者，准限一个月内，祈携回现银票根到厂，领回票本。如迟不候，乃系自误。

---

① 《德宗景皇帝实录》卷554，第352页，光绪三十二年正月二十二日（1906年2月15日）。

② 《德宗景皇帝实录》卷558，第399页，光绪三十二年四月二十四日（1906年5月17日）。

③ 《德宗景皇帝实录》卷564，第470—472页，光绪三十二年九月二十一日（1906年11月7日）："……水师提标中营尽先游击王易龄，嗜赌妄为，官箴有玷。"

特此布闻，以免后论。光绪三十一年九月初一日。名利就、富而贵、名成利、公信和、公信昌、占元、兆章、富贵全同启。[①]

第十节　郑观应的禁赌理念

岑春煊治粤时期，曾受郑观应力主禁赌的思想影响。在郑观应的极力主张之下，推行了多项禁赌措施。郑观应是我国近代著名的思想家，曾任招商局总办和帮办、上海电报局总办、左江道、粤汉铁路购地局总办等职。[②] 在他的著作中，曾多处提到澳门的人口贩卖与赌博密不可分的现象。由于广东和香港都禁赌，唯独澳门可以合法赌博，赌徒和赌商纷纷涌到澳门寻找机会。澳葡政府不断发出新的赌博执照，也不断抽取数字可观的“赌饷”。郑观应在《盛世危言》中提到，到了1870年前后，澳葡从“娼赌规银”获得的年收入达数十万元[③]，财政由亏转盈。1885年，郑观应返澳门期间曾题《澳门感事》一诗，诗中亦提到澳门的经济状况：“商务渔栏与鸦片，饷源以赌为大宗。”[④]

郑观应痛心于国家军力不济，急待强化；治军以“严治盗”与筹饷最为紧迫；而“严治盗”则非禁绝赌博不可。综观其强军思想，大致可概括为以下几个要点：

其一，优先发展民族军事工业，制造先进的枪炮：“制胜以炮械为先，近年军营炮械大都购自外洋，鲜自仿制；况各国

---

① 《澳门政府宪报》1905年9月30日（第三十九号），《告白》。

② 《郑观应集》（下）第1530页，附录二，《郑观应年谱简编》。

③ 《郑观应集》（上）第8页，上海人民出版社1988年。

④ 何修文编著：《中外诗人咏澳门》第51页，海燕出版社2000年9月版。

新出利器，禁不外售；中外失和，不论何等军器均不能售也，宜及早筹之。”①

其二，仿效西例筹捐：“凡富户所用之物，如烟、酒、珠宝、玉器、古董等物均可重税。西人家用之物亦应上税；无论官民岁入三千金以外者，仿西例抽二十分之一至十分之一以助军饷。论其所捐多少奏给虚衔或爵秩。”②

其三，严治盗及严禁赌博：“善治军者必先严治盗，广东盗风炽盛甲于他省，而赌博为盗贼潜身之所，欲地方之安宁，非严禁赌博不可。”

郑观应意识到赌博对中国社会经济的危害，在葡萄牙人管治下的澳门，他无力反对，而在内地他多次向中央政府和地方官员上书，要求禁赌。

赌博对社会风气之毒害，入清以后尤烈。蒲松龄谓：

> 天下之倾家者，莫速于博；天下之败德者，亦莫甚于博。入其中者，如沉迷海，将不知所底矣。……试问赌中谁最善，群指无裤之公。③

意即该公只是赌输身边的财物，连裤子也输掉，还不至于卖妻鬻子。因赌输而倾家荡产者有之，自杀者有之，落草为盗者也大不乏人。赌博，不仅摧残了社会道德与良善风俗，也会动摇清朝的统治。

郑观应久居澳门，对此体会特别深刻。光绪三十一年

① 《郑观应集》（下）第462页，《上督办粤防彭宫保并寄方、郑两军门》。

② 《郑观应集》（下）第462页，《上督办粤防彭宫保并寄方、郑两军门》。

③ 蒲松龄：《聊斋志异》，朱其铠主编全本新注，第427页，《赌符》。

(1905)，他呈禀两广总督岑春煊，要求勒石永禁小闱姓（即白鸽票）：

广东赌博盛行，盗贼充斥，赌为盗媒，贻害胡底，而尤以小闱姓一项为最烈。既不必亲赴赌场又无须多金购买，士农工商村夫女子，下流社会肩贩挑役，零星凑集挖肉补疮，以数文钱冀获大利。①

然而，小闱姓被禁后，赌商叶桂芬等巧立名目，到督辕申请开设“百家姓彩票”，但被郑观应识破，他致函请岑春煊：

俯赐奏咨将小闱姓一项无论三字经、百家姓，凡有以八十字开二十字之类者，一律永远禁绝，不准复开。如再敢违禁或变易名目禀请者，即凛遵前奉宪示查封拿办，并准给示在东南西北四城门泐石立案，永杜后患。②

结果，郑氏的意见获岑春煊接纳。岑春煊即将离任两广总督前在一份批文中写道：

小闱姓一项害民最烈，上年业经本部堂详细奏明永远禁革，并将八十万元饷项永远革除，虽当库款支绌财政困难之时，宁勉自支持而不敢惜此饷以贻民害。乃有商人叶桂芬等竟敢来辕禀请开设百家姓彩票，查与小闱姓无异，当即严行批斥，一面剀切出示，通饬各属地方永泐石永禁

① 《郑观应集》（下）第384页，《禀两广督宪岑宫保请奏给示泐石永远禁绝小闱姓以免贻害无穷事》。

② 《郑观应集》（下）第384页，《禀两广督宪岑宫保请奏给示泐石永远禁绝小闱姓以免贻害无穷事》。

在案。[1]

郑观应又在向法部尚书戴少怀上书时强烈呼吁：

其他足为商务之害而易致盗贼者，莫如赌博一途。广东盗贼之多由于赌博所致，如小围姓、番摊、山票、铺票等项，经前粤督奏明准其纳饷弛禁。上下无耻，风俗一变，竟成赌国，其赌具日多，赌弊日甚。有因赌而丧命者，有因赌而倾家者，有因赌而失节者，有因赌而累亲者，有因赌而落职者。频见日报所载，无不深长痛惜。[2]

岑春煊本想在禁绝小闱姓后再行禁止番摊等杂赌，但他旋即离粤，此事留待继任者处置。郑观应又向新任总督张安帅（人骏）上书道：

朝廷既知鸦片为我国之害，不惜巨大之饷，业已革除。而赌博是中国历朝及各国所严禁者，何贪此害人之饷而不禁耶？[3]

据此，他陈请摄政王通饬各省一律严禁，以维风化。在《上粤督张安帅请禁赌书》中，郑观应再次请求在广东禁赌，他认为“赌为人人之所最恶”，禁赌后所缺饷项，可以房捐、铺捐、沙捐、船捐、屠捐、酒捐、纸烟捐、戏捐等弥补。他以鸦片烟害巨大，难以弥补鸦片税收的历史教训为例，力劝张督

---

① 《郑观应集》（下）第 386 页，附录《岑宫保稟批》。

② 《郑观应集》（下）第 388 页，《盛世危言后编》，卷四，《上戴少怀尚书书》。

③ 《郑观应集》（下）第 388 页，《上戴少怀尚书书》。

禁赌。

除了由上层向官方建言禁赌之外，郑观应又希望透过发动百姓参与戒赌和禁赌，在民间营造“老鼠过街人人喊打”的禁赌效应。他在写给广州两粤广仁善堂的信中表示：

> 拟请贵善堂会社亟为倡设自由戒赌会，其办法按照戒烟戒酒会章程。各店铺各公馆所雇工役人等均饬其入会，由是父诏其子，兄勉其弟，遵守会规永不犯赌。尚祈从速多约同志数十人集议开办，名曰“两广自由戒赌会”字样，入会者不费一钱。①

然而，内地禁赌，并不等于真的可以禁绝。赌商早就适应了省会与澳门两边跑的经营方式，反正两边都要交税报效，只不过名堂不同而已。广东禁赌，闱姓商人和其他赌商就把赌厂转移往澳门，照样在内地销售彩票。如此一来，不但内地赌风不能禁绝，而且反使澳葡得益，“利归他族”，其害更深焉。

有见及此，熟悉澳门和内地情况的郑观应向负责广东防务的官员建议：

> 闱姓开设澳门，而带票多在省会。无论大、小试，科场揭晓之时，省澳轮渡带票者，明目张胆，为数不赀，其字花、白鸽票等，省澳常川都有。其为害最甚者，莫如带票之妇妪，省城赌场均用妇女带票，以其深入闺闱，勾串无迹，狡诈阴险。挽救之法，唯有先绝带票此项，三姑六婆居家本应禁绝，应不准其径入，以断祸根。带票既除，

---

① 《郑观应集》（下）第400页，《致广州两粤广仁善堂董事徐君树堂书》。

则赌厂已断巨蠹，盗贼无可容身，保全地方甚巨。[1]

在朝廷国库空虚、地方官员千方百计“以罚代饷”筹集军饷等费用的时候，郑观应知道以一己之力难以回天。为了防止闱姓饷银被人中饱私囊，他建议：

将所出饷银数目、办法写明信内封固并缴银号，保单作按定期当众开拆公定，以价高者得，不假手委员更妥也。[2]

光绪末年社会动荡，民心思变，政权岌岌可危。郑观应出于爱国及变革的良好愿望，四出奔走，力陈赌之危害，呼吁禁绝，对遏抑内地尤其是两广赌风起过一定的作用。而在客观上，正是由于内地反复禁赌，赌业在澳门的生存环境得以不断改善，渐渐成为澳门经济的主要支柱。

表四：咸丰至宣统年间的广东总督、巡抚及其禁赌态度一览表

姓名	籍贯	督粤时间	抚粤时间	任内对赌博弛禁的态度
叶名琛	湖北	1852. 9. 7—1858. 1. 27 两广总督		任内为剿匪事及边患疲于奔命，未敢开禁。第二次鸦片战争中，被英国人掳至印度并卒于斯。
黄宗汉	福建	1858. 1. 27—1859. 5. 4 两广总督		夷氛逼近，盐课短缺，然未放弃禁赌政策。

---

① 《郑观应集》（下）第465页，《上督办粤防彭宫保并寄方、郑两军门》。

② 《郑观应集》（下）第447页，《禀谢督办粤防钦宪彭宫保札委会办湘营务处》。

（续上表）

姓名	籍贯	督粤时间	抚粤时间	任内对赌博弛禁的态度
王庆云	福建	1859.5.4—1859.10.7 两广总督		因病未能到任。
柏贵	蒙古正黄旗		1852.9.7—1859.5.21	任内烽烟四起，内忧外患，兵单饷缺。1857年底英法联军攻陷广州后被俘投敌。1859年去世。与总督叶名琛均未开赌禁。
劳崇光	湖南	1859.5.21—1862.9.30 两广总督	1859.5.21—1859.10.7	咸丰十一年（1861）利用闱姓醵金修复贡院。任内拐卖苦力经澳门出洋之风大炽。终因厘金弊案获罪，降三级调用。
耆龄			1859.10.7—1862.8.18	
黄赞汤	江西		1862.8.19—1863.8.13	
刘长佑	湖南	1862.10.17—1863.2.14 两广总督	1871.6.2—1871.8.2	甫上任即禁绝闱姓、番摊、白鸽票、花会各项赌博。
晏端书	江苏	1863.2.14—7.6 两广总督		刘长佑离任后，朝廷恐各种赌博故态复萌，饬晏端书一体严禁以端风化。光绪十年（1884）翰林院检讨潘士钊奏曰："前督臣晏端书、毛鸿宾、瑞麟暨抚臣李福泰、郭嵩焘等，皆以广东闱姓相习成风，其弊难革，时值饷需支绌，遂准商人广信堂等承充收缴经费，认捐罚款。"

（续上表）

姓名	籍贯	督粤时间	抚粤时间	任内对赌博弛禁的态度
郭嵩焘	湖南		1863.8.13—1866.4.11	因粤省财政入不敷支，同治三年（1864）允准闱姓以罚代饷，以应付日益增加的军饷筹措。但未公然弛禁，亦未弛禁番摊等杂赌。光绪十年（1884）翰林院检讨潘士钊奏曰："……暨抚臣李福泰、郭嵩焘等，皆以广东闱姓相习成风，其弊难革，时值饷需支绌，遂准商人广信堂等承充收缴经费，认捐罚款。"
毛鸿宾	山东	1863.7.6—1865.3.7 两广总督		曾同意闱姓以罚代饷。光绪十年（1884）翰林院检讨潘士钊奏曰："……毛鸿宾、瑞麟暨抚臣李福泰、郭嵩焘等，皆以广东闱姓相习成风，其弊难革，时值饷需支绌，遂准商人广信堂等承充收缴经费，认捐罚款。"
吴棠	安徽	1865.3.7 署两广总督		因江淮战事吃紧未赴任。
蒋益沣	湖南	1864—1866 两广总督	1866.4.11—1867.12.20	严禁闱姓及各种赌博，赌商纷纷迁往香港、澳门。任粤抚时与总督瑞麟不睦，遭其弹劾"任性妄为"而降级调走。

（续上表）

姓名	籍贯	督粤时间	抚粤时间	任内对赌博弛禁的态度
李福泰	山东		1867.12.21—1870.12.30	广东闱姓赌风盛行之际，同治九年（1870）庚午科，广东文闱乡试，时任广东巡抚的李福泰奉旨监试，严查“代枪”舞弊，严处参与舞弊的号军卢云秋、贡生陈琅。另见潘士钊奏折：“……暨抚臣李福泰、郭嵩焘等，皆以广东闱姓相习成风，其弊难革，时值饷需支绌，遂准商人广信堂等承充收缴经费，认捐罚款。”
瑞麟	满洲正蓝旗	1865.3.13—1874.10 两广总督	1870.12.30—1871.6.2 兼	援例弛禁闱姓，期间香港于1867年开赌，澳门闱姓票流入香港为私赌；1872年迫于形势奏请立法禁赌。光绪十年（1884）翰林院检讨潘士钊奏曰：“……瑞麟暨抚臣李福泰、郭嵩焘等，皆以广东闱姓相习成风，其弊难革，时值饷需支绌，遂准商人广信堂等承充收缴经费，认捐罚款。”
英翰	满洲正红旗	1874.10.17—1875.9.1 两广总督		1875年5月曾出示严禁番摊，但又力主弛禁闱姓，定章抽款以充实海防。此举有违朝廷禁赌政策，旋被巡抚张兆栋等参劾革职离粤。

（续上表）

姓名	籍贯	督粤时间	抚粤时间	任内对赌博弛禁的态度
李瀚章	安徽	1870—1882 湖广总督；1889.8.8—1895.4.14 两广总督		任内曾禁赌，革退欠饷的第一届闱姓承充商；但亦有“大荷包”外号，被指在两广总督任内纵赌营私而开缺回乡。
张兆栋	山东	1875 年兼署两广总督	1871.8.6—1879.2.14	上任之初曾与瑞麟援例令闱商缴纳 32.35 万两罚款。后期主张禁赌，反对瑞麟、英翰弛禁闱姓；1876 年请旨加重闱姓等赌博的刑罚。结果，省城闱商移往澳门发展，番摊、白鸽票等赌博也迁往澳门，并以澳门为基地，在内地推销澳门闱姓彩票。
刘坤一	湖南	1875.9.1—1879.12.27 两广总督		任内极力禁赌，请加盐厘和洋药税，1877 年照会澳督要求两地一体禁赌，遭拒后派船查截澳门闱姓票。
张树声	安徽	1879.12.27—1882.4.19 两广总督，1883.7.13—1884.5.22 回任	督粤之前曾任广东巡抚	为坚决禁赌之代表人物，认为以罚代饷不可取：“名曰罚款，实则抽分赌馆余利”。光绪六年（1880），曾上《两广总督张树声等奏陈遵旨察看广东闱姓请严禁投买以肃政体而杜漏卮折》，请旨提高赌博的刑罚，厉查禁闱姓等赌博。

（续上表）

姓名	籍贯	督粤时间	抚粤时间	任内对赌博弛禁的态度
裕宽		1882.4.19—1882.5.30 兼两广总督	1879.2.14—1883.10.9	曾与两广总督张树声联名请旨，严厉查禁闱姓等赌博，开设闱厂者充军云贵。
曾国荃	湖南	1882.5.30—1883.7.13 两广总督		其任内广东科考枪替等弊端百出，闱姓赌局不绝，朝廷饬查明具奏，认真整顿。
张之洞	直隶	1884.5.22—1889.8.8 任两广总督，1889 年调任湖广总督至 1907 年	1888.8.17—1889.2.13 兼	1884 年与兵部尚书彭玉麟电奏朝廷，力主弛禁闱姓以济饷，促使朝廷允许广东招商承充闱姓，仍禁番摊、花会、白鸽票等杂赌；后默许官员收取番摊赌规，但需部分归公。翌年上书力陈禁赌有五害，导致澳门日富广东日贫，“禁省不禁澳不如不禁”。
倪文蔚	安徽		1883.10.9—1886.6.2	1884 年 8 月，有人向朝廷奏报：道员陈桂士到粤后极为督抚所重，任意招摇，揽权纳贿，佛山一带，间开有闱姓，该员与同知多龄往查，索贿甚多，居民不堪其苦。复在澳门交结夷人，私收闱姓赌规……朝廷后来下令将陈桂士革职。 倪在任内遭弹劾降二级留用。

（续上表）

姓名	籍贯	督粤时间	抚粤时间	任内对赌博弛禁的态度
谭钧培	贵州		1886.6.2—1886.12.5	
吴大澄	江苏吴县		1886.12.5—1888.8.17	博通训诂辞章，尤嗜金石，但军旅仕途皆失意，任内未有掣肘张之洞弛闱姓以济饷的政策。
马丕瑶	河南安阳		1894.11.5—1895.10.27（卒于任内）	主张厉行禁赌，颇著政声，奉旨查办两广总督李瀚章；光绪二十一年五月二十日（1895）起革除文武官绅四成报效经费这项赌规，查封广州府属各县城乡镇赌馆。
成允			1895.11.20兼署	
谭钟麟	湖南	1895.4.16—1899.12.19两广总督	1895.12.19兼署	继续执行闱姓充饷政策，将各衙门使费纳入报效之内。1901年革退拖延交饷的闱商，毁省城闱厂。因其督粤期间弛赌禁，成为维新党人攻击的目标之一。康有为在百日维新中，曾上《请惩办谭钟麟折》。
刘瑞芬	安徽		1889.2.13—1892.10.1；其中1890.5.25后由李瀚章署	

（续上表）

姓名	籍贯	督粤时间	抚粤时间	任内对赌博弛禁的态度
许振祎	江西		1896.1.16—1898.8.30	任内指粤东闱姓为历年之积弊，上奏章请革除之。御史杨崇伊奏：闱商诡立姓名，请饬严禁。光绪二十三年（1897），曾参奏赌商刘学询“结匪充差，请勒罚巨款”。
刚毅	满人		1892.5.7—1894.11.4	1899年奉命南下理财，巧立名目搜刮赌捐。
李鸿章	安徽	1899.12.19—1900.6.15 两广总督		认为无法禁绝赌博，应征收赌饷以充治盗经费。任内弛禁番摊、彩票及小闱姓等各类赌博，广东赌业进入全盛时期。被报纸嘲讽“见有金而不见有人”。
鹿传霖	直隶	1900.9.12—1900.9.26	1898.11.1—1899.7.11	
德寿	满人	1900.6.15 兼署两广总督 1902.7.3—1903.4.18	1899.7.11—1902.7.3	与李鸿章合作，允许承充闱姓、白鸽票、基铺票。
岑春煊	广西	1903.4.18—1906.9.11 1907.5.28—1907.8.12 两广总督，（1898年任广东布政使）	1902.7.3—1902.8.5	主张禁赌，抵任之初严禁番摊赌馆中的牛牌，后将数十名犯禁者正法；1906年离任前听从郑观应建议，在省城四门勒石永禁小闱姓。

（续上表）

姓名	籍贯	督粤时间	抚粤时间	任内对赌博弛禁的态度
李兴锐	湖南		1902.8.5—1903.4.18	
张人骏	直隶	1907.8.12—1909.6.28 两广总督	1903.4.18—1905.7.19（同年7月23日裁广东巡抚，以两广总督兼管）	主张禁赌应谨慎从事。任内主持香洲开埠，以抵制澳葡扩张，令澳门赌业损失惨重。
周馥	安徽	1906.9.11—1907.5.28 两广总督		任内粤省盗匪四起，驻粤武员庇赌收规。
袁树勋	湖南	1909.6.28—1910.10.29 署两广总督		建议分阶段禁赌，彩票在宣统元年（1909）底以后不得再发售，闱姓定至宣统二年（1910）为限，番摊及山铺票则逐步限制。并试图以盐饷取代赌饷。后被革职。
增祺	满人	广州将军，袁树勋革职后曾由其短暂兼署粤督。		曾迫于民间压力，电请朝廷严责以刘冕卿为首的35名庇赌的广东省咨议局局员。主张限期禁赌。
张鸣岐	山东	1910.10.29—1911.10　两广总督		为弥补禁赌造成的财政损失，发行公债未果，抽酒捐又引起商人反对，后增发钞票、举借洋债以图摆脱困局。宣统三年（1911）三月起，广东正式全面禁赌。不久辛亥革命爆发，清亡。

资料来源：

（一）朱沛莲编著《清代鼎甲录》，台湾中华书局1968年7月版。

（二）刘伟《晚清督抚政治——中央与地方关系研究》，湖北教育出版社 2003 年 10 月。

（三）《清实录》，中华书局 1986—1987 年版。

（四）广东省地方史志编委会办公室、广州市地方志编委会办公室编《清实录广东史料》，广东省地图出版社 1995 年 8 月版。

（五）蔡冠洛编著《清代七百名人录》，北京市中国书店 1987 年 6 月版。

（六）广东省中山图书馆、广东省珠海市政协编《广东近现代人物词典》，1992 年 10 月版。

（七）何汉威《清末广东的赌博和赌税》，台湾“中央”研究院历史语言研究所集刊第 67 本第 2 分册，1995 年 6 月出版。

第四章　香洲开埠及对澳门的冲击

清末的香洲开埠，在粤澳关系史上是一桩重要的事件。究其原因，既与中葡就澳门划界事务的争议有关，亦涉及禁赌问题。我们若要更透彻地了解这个问题，不能不回顾一下葡萄牙人是如何逐步占领澳门的。

关于澳门开埠的年份，中外史学界一度众说纷纭。有1553年说，有1535年说，而葡萄牙人则普遍认为是在1557年。据《澳门记略》载：

> （嘉靖）十四年，都指挥黄庆纳贿，请于上官，移舶口于濠镜，岁输课二万金。澳之有番市，自黄庆始。三十二年，蕃舶托言舟触风涛，愿借濠镜地暴诸水渍贡物，海道副使汪柏许之。初仅艾舍，商人弁奸利者渐运瓴甓榱桷为屋，佛郎机遂得混入，高栋飞甍，栉比相望，久之遂专为所据。蕃人之入居澳，自汪柏始。①

据汤开建先生论证，得出如下结论：嘉靖八年（1529），香山地区多个港口如浪白、十字门、蚝镜，被开辟为对外贸易港，这些港口被统称为“香山澳”。而这时葡萄牙人混杂在其他外国商人中进入香山澳贸易。嘉靖十四年（1535），夷商贿

① （清）印光任、张汝霖：《澳门记略》第20页，《官守篇·政令附》。

赂备倭指挥黄庆，将正德年间曾置于电白的对外贸易舶口移至蚝镜澳。嘉靖三十三年（1554），葡萄牙船长索萨（又译苏沙）与广东海道副使达成协约，允许包括葡商在内的各国商人前往广州及其他地方经商，其中也包括澳门。嘉靖三十六年（1557），则是葡萄牙人在中国政府默许可以入居澳门后正式由浪白向澳门迁居的年代。[①]笔者认为，这一结论分析的理据是比较充分的。

葡萄牙人虽然在澳门长期居住，却从未获得澳门的主权，甚至未能得到中国政府的正式批准。著名瑞典籍澳门史学家龙思泰在《早期澳门史》一书中说：

> 尽管葡萄牙人占有澳门几乎达三个世纪之久，他们从未获得澳门的主权。[②]

葡萄牙人入据澳门之后，澳门一度成为西方与中国进行贸易的主要港口。入清以后，其他外国商船赴华贸易之后必须返回澳门，而不能在广州等地停留。龙思泰在他的著作中有这样一段文字：

> 中国官员不愿让外国人在船货交易完毕之后仍在广州逗留，这些先生于是将目光转向澳门，要求澳门总督准许他们在葡萄牙人中间寻求栖身之地。这一折衷的办法得到了批准，但马上就来了一道诏令，规定（龙思泰原按：我相信是在1724年）除了列名于呈送给高级官员的一份名

---

① 汤开建：《澳门开埠初期史研究》第82—99页，《澳门开埠时间考》，中华书局1999年11月版。

② ［瑞典］龙思泰著，吴义雄、郭德焱、沈正邦译，章文钦校注：《早期澳门史》第1页，自序，东方出版社1997年10月第一版。

单外，任何人不得住在澳门。此后议事会请求果阿当局授予他们遣送外国人和葡萄牙人的权力。①

冯承钧先生在《西力东渐史》中指出："康熙二十三年（1684）开江、浙、闽、广海禁，于云（台）山、宁波、漳州、澳门设四海关。嗣以西洋人杂处内地，在各省建筑天主堂，邪教偏行，闻见渐淆，遂定外人居住贸易之地，仅限广州一隅。乾隆二十二年（1757），又申禁洋船不准收泊浙海，有驶至者，仍令回粤贸易纳税。则在鸦片战争以前，外人五市之地，除澳门外，仅限广州一隅而已。当时中外贸易，必须经过行商之手，是即广州商人所组织之洋行。"②

鸦片战争以后，清廷在洋人的压力下，被迫实行"五口通商"。亚马留担任澳门总督后"钉关逐吏"，完成了对澳门的占领。但是，清朝政府并未承认葡萄牙拥有澳门的管治权。直到1887年，中葡《和好通商条约》签订，入据澳门已有三百余年的葡萄牙人，才正式获得"永驻管理澳门"的权利。

清朝政府允许葡萄牙人"永驻管理澳门"，可以说是权衡利弊之后的结果。徐萨斯在《历史上的澳门》一书中说：

澳门的贸易很大部分是由从香港进口以用于走私的鸦片组成，中国为使朝廷税收免遭严重损失，与葡萄牙缔结了一项有利于香港的条约。为有效地管理鸦片贸易，中英两国于1885年在伦敦达成妥协，跟着又在香港签署了一项协议。因为协议的有效性有赖于澳门政府的合作，中国又与葡萄牙谈判，以使澳门能承认这一协议，否则英国政

① 《早期澳门史》第47页。

② 冯承钧：《西力东渐史》第11页，卷1，香港龙门书店1970年3月印行。

府将立即撤回协议。这样，中葡之间的谅解成为中英两国的政治需求了。①

在清朝海关英国籍总税务司赫德（Robert Hart）的幕后操纵下，清朝海关总税务司的一名英国代表金登干②，于1887年在里斯本与葡萄牙外交大臣达成了一项草约，给予葡萄牙最惠国待遇的条款并在北京正式签约。这个草约还承认“定准由中国坚准葡国永驻管理澳门以及属澳之地，与葡国治理他处无异”，规定葡萄牙在鸦片协议一事上予以合作。在赫德的策划下，1887年3月17日，清政府谕旨授权长期担任中国海关驻伦敦办事处税务司的英国人金登干草签中葡《和好通商条约》；1887年12月1日，中国代表孙毓汶和葡萄牙代表罗沙签署了中葡《和好通商条约》。条约共54款，另有两个附约。③

条约的签订，使葡萄牙人达到迫使中国正式承认其管治澳门的目标；但是，条约仍然承认澳门是中国领土，规定未经中国政府同意，葡萄牙不能把澳门转让予其他国家。④ 不过也有一些大臣力排众议，认为允许葡萄牙人占领澳门是外交上的重大失策。

光绪十二年（1886）五月二十日，时任两广总督的张之洞向朝廷奏报：

查香山县属澳门一区，自前明以来，准令大西洋即葡

① 徐萨斯：《历史上的澳门》第268页。

② 金登干（Duncan Campbell），英国人，赫德的亲信，长期担任中国海关驻伦敦办事处税务司。

③ 黄鸿钊：《濠镜集》第105—117页，澳门历史文化研究会2004年11月版。

④ 萨安东：《葡中关系史料汇编》（卷六）第1173页，《大清国大西洋国和好通商条约》，澳门基金会、澳门大学2000年版。

萄牙人在彼寄住。该处向由葡人岁缴租银五百两，道光二十九年以后，延欠至今。其租住地段，北至旧有围墙为界。围墙以外地名望厦村，该村附近悉系官荒民田，乃葡人始而越出墙外，建筑炮台、屯驻洋兵，继而占侵民田，砌成马路，遂将围墙拆卸灭迹，任意侵占。近又向村民勒收田房租钞，迭据村民到辕联控，业经本部堂行文澳门葡官，令其查明禁止在案，惟澳地洋官覆文意存狡混。查此事，因历年粤省洋务棘手，无暇问及澳门，以致彼族暗长潜滋，得步进步，始则私毁防闲，继则逐渐侵占，隐患甚深。①

光绪十三年（1887）四月二十四日，张之洞在另一份奏章中称：

查葡国贫困日甚，如法、美、俄、德各国皆有财力，无不垂涎澳门，冀以巨款购得其地，为驻兵之所。是不让其地于他国一层，尤应于议约之先切实声明，杜绝觊觎。②

张之洞指出："其永驻澳门一条，原因协办药征，格外见让租银，非划地归葡可比。且约有不得转让他国之文，可见澳门系中国让与葡国居住，仍系中国疆土，应声明让与葡国永远居住，免其租银，不得视为葡国属地。如此则我有让地之名，而无损权之实。仍与原约之意毫不相背，既可关葡人之口，亦

① 《张之洞全集》第四册（公牍）第2518页，咨札八，《札两司委查澳门租界》（光绪十二年五月二十日）。

② 《张之洞全集》第一册（奏议）第540页，奏议二十，《详陈澳界厉害立约尚宜缓定折》（光绪十三年四月二十四日）。

不致生他国之心。”①

张之洞恐赫德所订文本内“附地”字样有含混之处，会导致围墙外的望厦村和附近岛屿尽入葡人之手：

> 查赫德申称所定草约四条，与澳门洋报所载者文意轻重悬殊……草约内“澳门”字样凡三见，洋文皆作“澳门及澳门附地”；查“附地”二字，意极含糊，不惟将围墙外至望厦村阴括在内，即附近小岛毗连村落皆可作附地观。②

张之洞详细举列调查所得资料，证明葡萄牙人扩张侵界的过程，以及望厦等地中国村民不甘归属葡萄牙人的情形：

> 查望厦一村岁完粮银粮米共银三十余两，其余沙冈、新桥、沙梨头、龙环、龙田、塔石等六村依山而居，并无田粮。葡人先于各处强设路灯，藉收灯费，渐向各村强编门牌，勒收地租。望厦村全不交纳，龙环、塔石两村不交者十之六。至词讼案件，其口角钱债细故，或由葡人就近处理；若人命重案，仍归香山县控告办理。甚至围墙以内遇有重案，往往由洋官照会香山县归案审办。此皆咸丰、同治、光绪年间之案，或有案牍可稽。是澳门一岛，墙内土地人民，历年并未转归葡人管辖，墙外可知。屡次绅民呈词，深以入洋籍、输洋赋为耻，情词愤激，不约而同。上年葡人勒收租钞，望厦村民鸣锣拒之，立即遁去。强者

---

① 《张之洞全集》第一册（奏议）第542页，奏议二十，《详陈澳界厉害立约尚宜缓定折》。

② 《张之洞全集》第一册（奏议）第543页，奏议二十，《详陈澳界厉害立约尚宜缓定折》。

固抗不交，弱者亦从违各半。此次抚臣到澳接见各村各岛居民，男妇老幼万余人相率环视，咸颂皇仁，欢呼感泣。察此情形，若明归葡属，各村各岛断不甘心。①

他又指中葡立约的害处，包括将会断送更多的中国土地：

关闸乃前明所设，以其地势险仄，设守于此，国朝因之。以南围墙以北七村，仍是我疆。并非将闸南之地皆与葡人。道光季年以来，逐渐混占，修路筑台直抵关闸，且藉设灯，救火诸事，勒向海中诸岛收缴灯费、地租。又至澳西隔海湾仔银坑等处勒收船租地租，民拒不缴。今若立约，彼必将关闸内七村及潭仔过路环诸岛据为己有，甚至隔海湾仔银坑一带皆生希冀。②

可惜不幸言中，除了湾仔银坑之外，张之洞奏章中提到的“关闸内七村及潭仔过路环诸岛”，后来果然被葡萄牙人一一霸占。

张之洞明白，朝廷之所以允许把澳门交给葡萄牙人，其中一个原因是希望葡人协查洋药税厘。对此他也提出反对的意见：

洋药自海外入中华，皆径到香港，分运各口，从无径运澳门卸货之船，是稽查之关键在港不在澳，葡人即包揽走私，澳门一隅所销有限，尚可于澳外水路两途分防严

---

① 《张之洞全集》第一册（奏议）第591页，奏议二十二，《再陈澳界胶葛立约必宜缓定折并清单》（光绪十三年七月二十八日）。

② 《张之洞全集》第一册（奏议）第593页，奏议二十二，《再陈澳界胶葛立约必宜缓定折并清单》。

缉。[1]

清廷一意孤行与葡萄牙人签订了条约，果然遗留下了一些问题，澳门划界问题即是其中之一。中葡草约拟定期间，围绕澳门划界问题，双方曾经发生过激烈的斗争。葡人与英国人赫德、金登干相勾结，擅自在草约中“永驻管理澳门”一款后面，加进了“及澳门属地”等字眼，为以后借口划定属地、任意扩占中国领土埋下伏笔。[2]《中葡和好通商条约》同时订明，澳门界址未划定，要俟两国派员妥为会订，再行特立专约。[3]到1909年中葡双方重开界务谈判时，因年代已久，人事全非，加上葡萄牙人当时已经实际占领了关闸以南地区，以及氹仔、路环两岛，要葡萄牙人把到嘴的肥肉吐出来，自然不那么容易。但是，中国人民对外来侵略愤恨已极，葡萄牙人以为中国好欺负、想趁机扩大地盘的企图也难以实现。

第一节　粤港两地的禁赌形势

一、广东赌风禁而不绝

清末文士刘禺生有一段话颇能刻画当时的政治环境：

> 戊戌政变以后，顽固朝士，旗鼓大张，自称后党；维新朝士，或逃亡海外，或匿居租界，则又自称帝党。庚子

---

① 《张之洞全集》第一册（奏议）第592页，奏议二十二，《再陈澳界胶葛立约必宜缓定折并清单》（光绪十三年七月二十八日）。

② 萨安东：《葡中关系史料汇编》（卷六）第1173页，《大清国大西洋国和好通商条约》。

③ 《葡中关系史料汇编》（卷六）第1173页。

义和团运动起，八国联军侵入北京，惩办罪魁，顽固朝士，又摇身化脱，群言立宪，以媚外人，而预备立宪之风乃大盛。废科举，试特科，引用留学生，设资政院及省咨议局，以为君主立宪张本。①

然而，废科举之后又试特科，广东的闱姓死灰复燃，直到宣统元年末才真的要全禁了。

宣统元年（1909）广东禁赌的过程中，粤督袁树勋有一份总结广东三十年来赌博问题的奏章。宣统元年八月二十四日，时任广东巡抚兼署理两广总督的袁树勋向朝廷奏：

查粤省赌博之为害，萌孽于三十年以前而腾跃于近十年以内。本年五月间，前督臣张人骏曾遵旨复陈，赌饷出入大宗，以为实行禁赌必先妥议抵饷，嗣后粤省无论筹得何款，均先尽赌饷拨抵。务期赌博陆续禁绝，赌饷次第停收。并俟咨议局成立会集议员妥商办理。②

袁树勋称：

粤省受赌害剥肤之痛，与赌饷为政体所关。③

袁树勋又逐一列数广东赌饷之四大种类及弛禁情形：

---

① 刘禺生著、钱实甫整理：《世载堂杂忆》第109页，中华书局1960年12月版。

② 中国第一历史档案馆编：《清宫粤港澳商贸档案全集》（十），第6245—6246页，中国书店2002年7月版。

③ 《清宫粤港澳商贸档案全集》（十），第6246页。

一曰榜卜饷，即闱姓是；一曰缉捕经费，即番摊是；一曰基铺山票饷；一曰彩票饷。其乡僻赌博如花会等名目，向不承充饷项，仍在例禁者不与焉。四者之中，以闱姓为最早。溯查同治四五年间，前督臣瑞麟，前抚臣郭嵩焘罚缴银三十二万三千五百两，名曰罚款，实抽分赌馆之余利也。此为闱姓缴费之滥觞。迨同治十三年，御史邓承修始有禁抽闱姓赃款之请。光绪元年，给事中黄槐森复有申明前禁之请。前抚臣张兆栋奏陈闱姓赌局已禁，不宜复开。钦奉谕旨将闱姓赌款严申禁令，永远裁革，不准藉词复开，以肃政体等因。光绪六年，前督臣张树声复奏，谓中国力能自强，未尝不可据理阻止。又痛陈闱姓赌馆之害。赌博之著者惟闱姓一项。赌博缴费而为官家所承认者，亦惟闱姓一项。……

迨光绪十年，前督臣张之洞等奏准弛禁济饷，为一时权宜之计。而榜卜之声，喧阗于道路。自科岁试以至乡会各试，无岁不有官家以奏准有案亦遂视若无睹……于是民间又有小闱姓之设，几于无人不赌，无日不赌，而粤省之赌风乃愈炽。迨光绪二十六年前署督臣李鸿章复将番摊赌博改名为缉捕经费。初则每年仅缴饷银一百三十余万两。二十九年前督臣岑春煊以小闱姓为害最烈，先行禁止。而番摊一项饬改为官督商办，分地招商承充，岁收约银三百万元左右。三十一年归并善后局，饬商加饷，现计岁收约银二百七八十万两。惟边境钦廉一带，不准开设。又，龙川、和平、长宁、连平、长乐、南澳等厅州县，陆续筹抵有款，先后饬将赌博严禁。基铺山票一项，除一次报效各款，并农工商实业等项经费不计外，新旧认款约岁收银一百三四十万两。备详于前督臣张人骏复奏折内。其彩票一项，已为他省普遍之弊政。初由前督臣李鸿章以澳门彩票盛行，不能禁绝，不如设法抵制，饬由司局详明准归商人承办，名曰中和公司。自光绪二十六年六月起，岁收七兑饷银十三万二千元。嗣后承办之商因滞销减饷，屡有变更。迨本年四月，连前所认并加饷每年共缴银五万七千五百余元。此在粤省赌饷中，为数最微。凡以上各赌饷，或拨充水陆防营勇饷，或为添练新军，及举办新政，并一切杂费之用。①

袁树勋认为："四种赌饷，其历史不同，现筹办法亦因之而殊异。榜卜一项，自科举停止，本在毋庸置议之列；本届举行优拔各考试，死灰为之复燃。本年正月间，经前督臣张人骏谕准商人承办，共认缴饷银三十万元，分五场匀缴，至明年朝考后为止。此实榜卜之尾声，为今明两年之赌饷，并非常年收款。惟下届壬子一科，尚应考优。臣拟截至明年为止，以后无论何项考试，不准商人承充闱姓即榜卜饷项。"②

他又提出应杜绝澳门彩票流入广东，只要中国自强，自能据理阻止。另外，他表示将会截至当年年底为止，今后将不准在粤赌馆发售宣统二年（1910）之彩票。③

袁树勋所指乃是禁止闱姓彩票一项，但不包括番摊及基铺山票等其他彩票："惟缉捕经费基铺山票为赌饷之大宗，夫以番摊赌博风气之坏，查照刑部议准广东省各项赌博应加重治罪之文，番摊应居其首。盖番摊赌博内尚分银摊钱摊两种，银摊则必稍有身家始预与其列；钱摊则佣工负贩自数文以至数十百文，皆得与赌。夫佣工负贩日获此数文至数十百文亦藉以糊口，一为番摊所搜刮，则立迫于饥寒至迫，迫于饥寒则无所不

① 《清宫粤港澳商贸档案全集》（十），第 6254 页。
② 《清宫粤港澳商贸档案全集》（十），第 6246 页。
③ 《清宫粤港澳商贸档案全集》（十），第 6246 页。

为矣。”①

斯时广东赌风大盛而盗贼四起，令地方官员和朝廷极为头痛。一时间，禁赌和筹饷竟成鱼与熊掌，难以取舍。

力主禁赌的袁树勋认为“赌博有百害而无一利，一乡一邑设一学校不敌设一赌馆，习染移人子弟，多暴教育将何所施”，进而建议“一邑筹抵有款则禁一邑，一乡筹抵有款则禁一乡。向无赌博之处应立案永远不准设赌”。②

不过，袁树勋也承认，“粤省岁入向恃赌饷为大宗，经此节节裁汰，则岁入顿减而岁出尚日见其增。除将禁赌后财力不支及出入相抵，现已岁亏甚巨”③。而禁赌的前提，则是必须从其他途径解决饷项，袁树勋曰：“现计裁节水陆防营各糜费，当足相抵，无须另筹。”④

宣统元年（1909）九月二十九日，袁树勋请示朝廷：“遵筹粤东禁赌办法，请特降谕旨，将闱姓尽明年截止，以后无论何项考试，不得再准商人承充。彩票则截止至本年冬底为止，并不准他省彩票到粤运销，以一禁令。……凡无赌之区，不得再开赌博。有饷之区，仍着设法筹抵。”⑤

斯时，广东省饱受赌害，民怨沸腾，已到了不容忽视的地步。1909 年 10 月 14 日，广东咨议局成立。当时，虽然闱姓赌博早已寿终正寝，但其他赌博仍然盛行未衰。赌博对社会和民间的危害，已达怨声载道的地步，民间一片禁赌的呼声。清末尤展成尝著戒赌文曰：

① 《清宫粤港澳商贸档案全集》（十），第 6260 页。

② 《清宫粤港澳商贸档案全集》（十），第 6260 页。

③ 《清宫粤港澳商贸档案全集》（十），第 6261 页。

④ 《清宫粤港澳商贸档案全集》（十），第 6246 页。

⑤ 《清实录·宣统政纪》，卷 22，第 409 页，宣统元年九月二十九日（1909 年 11 月 11 日），中华书局 1987 年 7 月版，第 60 册。

天下之恶，莫过于赌。牧猪奴戏，陶公所怒。一掷百万，刘毅何苦！今有甚焉，打马斗虎。群居终日，一班水浒。势如劫盗，术比贪贾。口哆目张，足蹈手舞。败固索然，胜亦何取？①

铺票、白鸽票以及其他杂赌一律禁绝，不留遗种。督辕禁例虽严，然而晚清吏治腐败，收惯赌馆陋规的大小官员怎肯就此罢休？利之所在，实难以杜绝。诚如《清稗类钞》所载：

宣统庚戌，粤人以番摊害巨，公请永远禁止。时督粤者为张坚白制军鸣岐，甚韪其议，遂于辛亥春奏准停止赌捐，即日实行，省内外番摊馆千余家，一律禁闭。然私开摊馆，潜纳陋规者，犹未绝也。②

二、澳门赌业“风景独好”

在这里应该指出的是，1867 年香港合法开赌，所指的仅仅是番摊。当时香港上环的水坑口、大笪地、四方街、华里、东街、西街，环绕着荷李活道与大道中的一些横街内，到处都是摊馆。③在内地和澳门大行其道的闱姓彩票，则未能在香港合法化，只能以私赌形式在香港流行。1872 年 1 月 13 日，港督麦当劳明示封闭全港所有赌场，并取消所有开赌牌照之后，赌博在香港只能偷偷摸摸进行，无法像澳门那样大张旗鼓地纳税开业。因此，澳葡政府和华葡赌商都能够从中得到巨大的利益，经营环境也在不断的竞争和变革中逐渐完善起来。

---

① 《清稗类钞》第十册第 4884 页，赌博类。
② 《清稗类钞》第十册第 4910 页，《广州有番摊馆》。
③ 鲁言：《香港赌博史》第 12 页。

广东省禁赌后，省会赌徒纷纷转往澳门。而且葡萄牙人趁机劝饷承赌，赌商们千方百计诱人聚赌。张鸣岐指“赌风一日不尽，盗风一日难除”，故此想取得澳葡、港英当局的协助，实行全面禁赌。

宣统三年（1911）六月初六日，粤督张鸣岐向朝廷电奏：

> 粤中赌博之害甲于各省，而澳门一地尤为各赌所集之区。本年二月间港督来省，因闻粤有禁赌之事，极力赞成，且称赌博为社会制造各项不法媒介，香港及新租界等处彼已饬属严禁，以期扫此陋习。等语。岐当面谢其意，并以澳门赌风最盛，中国政府如向葡人商请禁赌，拟请其赞助，港督亦即慨允，届时当请英政府赞助。岐因与商明，俟粤呈请政府与葡交涉时，再由港督请英政府同时提议。此当日与港督面商情形也。

他说：

> “因粤省赌饷甫经停止，诚恐内地各属间有私赌尚未净尽，转为葡人借口，是以先饬各属切实严查，务令一律禁絶，再拟电商办理。现在港督既已达彼政府由英使面允赞助，此机断不可失，应请钧部电知刘使向葡交涉，并请英使电彼政府设法赞助。”①

在张鸣岐等清朝官员眼中，香港禁赌，英国人应该可以向葡萄牙人施加压力，支持粤省禁赌。

---

① 《明清时期澳门问题档案文献汇编》（四），《两广总督张鸣岐为澳门禁赌请电刘式训与葡交涉并请英政府设法赞助事复外务部电文》，宣统三年六月初四日（1911年6月29日）。

同年六月十一日（1911 年 7 月 6 日），清廷驻法国大臣刘式训、驻英国大臣刘玉麟函称：

查粤自禁赌后，省会赌徒咸往澳门诱人聚赌，且闻葡官有招人劝饷承赌之事，实为粤人切骨之害。此事已商数月，现港督既已达彼政府，机不可失，请知照驻法刘大臣向葡政府交涉、驻英〔李〕大臣求英政府赞助。等因前来。查粤省赌风之盛实为该处人民大害，业经粤督严行查禁，而澳门一地尤为各赌所集之区，若非一律禁除，难免赌徒藉彼藏身，仍为粤害。至葡官招人劝饷承赌，更于粤省禁赌有碍。应请执事商葡政府转饬澳督严为禁阻，以除民害，俟芝使向葡提议时，再密商英政府设法帮助，并望法英、英法两馆随时接洽。①

当时正处于辛亥革命前夕，广东社会政治形势混乱，谣言四起，绅商民众涌往澳门和香港。澳门史学家若昂·哥达斯（João Guedes）说：

1911 年夏季，广东的社会政治形势一片混乱，盗匪横行，民不聊生。据广东总督张鸣岐称，全广东只有两个城市相对的安定。为求安宁，大批百姓背井离乡涌向港澳。同年 8 月 2 日（谣传欲爆发革命起义的消息在这一天得到证实），约一万名百姓为逃避想像中的血腥洗劫，携

① 《明清时期澳门问题档案文献汇编》（四），《外务部为请商葡政府转饬澳督禁赌并密商英政府设法帮助事致驻法兼使葡国大臣刘式训等函》。

带财物逃往澳门。①

广东省禁赌，加上社会环境动乱，大批广东居民携带细软财物逃往相对稳定的澳门，这种形势自然对澳门的赌业经营有利。

番摊馆在澳门大行其道，吸引了大批赌客由香港、粤省省城广州及四乡的居民前往“发财”。澳门的赌馆服务周到，有酒肉和大烟供应，且嫖与赌相连，故此有的人每天都要从内地到澳门一趟。

《清稗类钞》有一段相当传神的记载：

> 澳门虽为葡属，以接壤广州之故，而赌风亦甚，番摊馆所在皆有。其嗜赌者，固日必一往，以求博进；即偶尔涉足者，招待之善，礼仪之恭，他处皆不能及。且雇有代博之人，为客下注，且必为客胜，不胜则代任其责。于是一方代博，而一方则为可预备酒肴、鸦片，恣其啖吸，并招妓为客侑酒，客乃大乐。②

在这里以1908年为例，该年澳门的人口为74560人，③比19世纪70年代澳门地区刚开放赌禁时的人口还要少。④ 但是，

---

① 若昂·哥达斯（João Guedes）：《孙逸仙与澳门和革命》，澳门《文化杂志》中文版第十七期第18页，澳门文化司署1993年版。

② 《清稗类钞》第十册第4911页，赌博类，《澳门有番摊馆》。

③ Richards, *Comprehensive Geography of the Chinese Empire*, 1908. 李长傅《海外华侨人数之统计》，载《南洋史地与华侨华人研究——李长傅先生论文选集》第51页，暨南大学出版社2001年5月版。

④ 施白蒂：《澳门编年史》（十九世纪）第114页：“1860年，澳门人口总数为85471人，其中葡萄牙人或其后裔有4611人，790人为信亚洲基督徒，70人来自欧洲不同国家，其余80，000为中国人。”

1908年澳葡政府从赌博抽饷获得的税收却远远超过当年。其中番摊收入由1873年的15000两增至263125两，增幅逾十七倍半；白鸽票税收也由46800两增至71437两。①据郑观应回忆，在1870年前后，全澳“番摊之馆已有二百余号”。② 但赌业走向专营化之后，《澳门编年史》载：“1910年，澳门共有15家赌场，就业人员达143人。”③

以此可推算出，澳门当时的赌场减少，而营赌收入则反而大增。赌馆数量和营赌收入成反比，这意味着，澳门的赌业完成了专营垄断化之后，政府收入增加并且逐步稳定下来了。

1911年8月，葡萄牙人在澳门开投番摊赌饷，吸引了一百余人到场。经过一番角逐，最后由赌商林让以60.05万元中标。④ 同年，澳门的番摊博彩毛利达45万元，保持上一年度的水平。澳门市政厅从番摊毛利中抽取2%的税项，也有9000元之数。澳门市政厅从白鸽票抽取的税项有2381.21元，铺票税收为282.5元。⑤这些都是专营垄断化带来的好处。经过多年的粤澳两地反复挪动，赌商对于在澳门经营赌业已有经验和信心，他们能够以这样高的价钱承充番摊等赌馆，当然就有把握从中赚取更大的利润。

---

① *Boletim Provincia de Macau e Timor*，5 Julho 1879 “Mappa dos Rendimentos de todes os exclusivos e contratos de rendas do estado em Macau nos anno abaixo mencionados—Junta de Fazenda Publica da Provincia de Macau e Timor”；以及《澳门政府宪报》1910年度财政收支报告，澳门历史档案馆馆藏缩微胶卷B. O. 1910. 其中，1908年度的白鸽票税收连同山票收入。

② 《郑观应集》（上）第17页，《澳门窝匪论》。

③ 施白蒂：《澳门编年史》（二十世纪）第426页，转引1911年《澳门省政府施政报告》。

④ 《华字日报》1911年8月14日《澳门投赌》。

⑤ 《澳门政府宪报》B. O. 1912.，澳门历史档案馆。

第二节　澳门界务之争与香洲开埠

一、香洲开埠的背景

香洲是清代广东对外开放的九个商埠之一（其余八个为广州、潮州、琼洲、北海、拱北、三水、江门、台山公益）。与香洲同时“开埠”的还有台山公益，均为两广总督张人骏批准开办。[①] 其实，早在光绪二十八年（1902）间，盛宣怀等就曾打算在澳门对面岛开设商埠，但此议受到广东地方官员和百姓的反对，未获朝廷允准。外务部在回电吕海寰、盛宣怀时说：

> 澳门对面岛请开商埠，粤省督抚及香山县百姓均不乐从，此条断不可允。[②]

香洲旧属香山县（现属珠海市），光绪三十三年（1907），清政府实施“新政”，鼓励华侨实业家回国投资。次年，邑人王诜和美国侨商伍子政计划集股在香洲开埠，于 1909 年得到清政府的批准。香洲开埠后一段时间内，商业兴旺，有大小铺户1000多间。宣统三年（1911），清政府批准香洲成为自由港，后因香洲火灾，埠商和地方乡绅内讧，投资者转移资金以及辛亥革命爆发等复杂原因而未成。

---

① 广东省地方史志编委会办公室、广州市地方志编委会办公室编：《清实录广东史料》（六），第 667 页，《清代广东开放之租界、租借地、商埠资料》，1995 年 8 月。

② 《澳门问题史料集》第 872 页，《清季外交史料》（节选）；中国公共图书馆古籍文献珍本汇刊，史部；全国公共图书馆古籍文献编辑出版委员会编，中华全国图书馆文献缩微复制中心 1998 年 8 月版。

宣统元年（1909）初出版的《香山旬报》，曾以“邑属将开商埠”为题刊登过这样一篇报道：

……吉大乡，距澳门陆路约十三里许。地甚宽广，横直八百余亩。面临大海，背枕群山。以水程计，由港驾轮约两点半钟，由省驾轮约五点钟，可抵该地。现王君灼三、伍君子政等，拟将该地开作商埠。先筑长堤，后建铺户，冀创设一大商场，振兴宝业。吉大确系天然商港，在广东当推为第一。①

1908年6月24日的《申报》刊载《澳门华商拟另辟商场》一文称：

中国居留澳门之富商，因葡官治理地方不甚完善，且穷敛苛征，有加无已，刻已会议多次，拟在对港华地另辟商场，将华商营业移往彼处，业已具禀粤督，请予批准。

不过，当时的时机似乎尚未完全成熟，故此该报又说：“此事恐难实行，因澳门商界情形，多与华商有密切之关系，似未便遽尔舍此他适也。”②

葡萄牙历史学家施白蒂女士在《澳门编年史》中有这样一段记载：

（1909年4月22日）为同澳门港进行竞争，华人在

---

① 《香山旬报》第十三期，元月十一日《邑属将开商埠》。

② 《申报》1908年6月24日《澳门华商拟另辟商场》，转载自《字林西报》。

距澳门不远处设立了香洲商埠。曾兴建库房、市场等设施，但此开港计划一事无成。①

无论在华人还是葡人眼中，香洲的“开埠”很明显都是冲着澳门来的，其起因究竟为何？从当时的情况来看，可以说是葡萄牙人逼迫出来的。清朝末年朝政腐败，连战连败导致赔款割地，国力衰微。不但列强嚣张，连过去低声下气的欧洲蕞尔小国葡萄牙，也自阿马留钉关逐吏之后，继而占氹仔，攻路环，完全占领了整个澳门。此时更不甘心长期困居澳门一隅，妄图向香山扩张。

光绪二十八年（1902）2月21日，葡国使臣白朗谷在一份照会中声称葡人愿在澳门振兴商务，修浚河道，预定明约内（指中葡《和好通商条约》）未定之事，竟蛮横无理地提出：对面山、大小横琴二岛，均系澳门“一埠生成，不能离弃之属地”，企图把这三个岛划入澳门。② 同年正月二十日，旧金山华侨致电北京外务部：

外患交迫，强索土地，请严行拒绝，以弥后患而安人心。③

中方官员据理斥退葡人后，到了1908年，葡人又在小横

① 施白蒂著，金国平译：《澳门编年史》（二十世纪）第34页，澳门基金会1999年4月版。

② 《澳门专档》（三），第256—257页，1372，光绪二十八年正月十四日《葡国公使白朗谷为请会订澳门属地界址并将对面山等地划归葡有事致外务部照会》，台湾“中央”研究院近代史研究所1995年6月30日版。

③ 《澳门专档》（三），第426页，光绪二十八年正月二十日（1902年2月21日）《外部收金山华侨司徒芳等禀》。

琴岛建兵房，并欲将大横琴岛、洋船湾、十字门归其所属，均被一一驳复。至同年七月，葡人竟勒令湾仔之车渡渔船缴回清国执照，转领葡照，不服从的船户均被勒罚银 15 元。此外，“湾仔毗连之银坑地方，向设有草油厂，为各渔船燂油之处。葡人亦迫令各船先领西洋人情纸，始准湾泊。其尤痛心疾首者，本年葡人在龙田村开辟马路，以贱价强买民居，多有不愿者。及四月间到期，葡人竟施蛮威，驱逐各家人口，将屋封锁，所有家具什物，一概用煤油引火尽付一炬，约焚屋宇三十余间。该处居民，流离失所，饮恨吞声。其残暴一至于此。”①

1908 年在澳门与广东之间水域发生“二辰丸”案，② 日本政府与澳葡勾结，反复声称“二辰丸”运送军火曾经由该口葡官允准有案，该船停泊水域是葡属水域，中国无权将其扣留，要求清政府放船并惩罚有关官员、赔礼道歉。清政府不但没有没收日本走私船上的军火，反而屈于日本人和葡萄牙人的武力威吓，再次丧权辱国，全部接受日方的无理条件，更是大大激怒了海内外的华人和有正义感的官绅。朝野间一片反对澳门勘界之声，指责葡萄牙人想透过勘界的办法把他们对澳门的占领

---

① 《香山旬报》第十四期，元月二十一日《香山失地始末（录二百年来失地记）》。

② 二辰丸案：1908 年（清光绪三十四年）2 月，日轮“二辰丸”为澳门广和店华商谭璧理偷运枪支弹药，被广东当局获悉，遂派出军舰多艘在澳门附近巡逻。2 月 5 日上午，“二辰丸”驶近澳门，在路环岛附近海面被中国官兵截获。由于罪证确凿，日轮船主已承认违法罪行，服从惩处。但是，日本政府和澳葡当局却声称，“二辰丸”所航行的水面是葡萄牙的领水，且是经过该口葡官允许的。因此要求清政府放船、道歉、惩官、赔偿等。英人赫德也站出来干预此案。由于日本政府态度凶横，且以武力要挟，清政府被迫屈服，全部接受日方的条件，包括鸣放二十一响礼炮赔罪。这一事件发生后，全国人民包括港澳同胞都无比愤慨，发起了近代历史上第一次抵制日货运动，并强烈要求政府与葡萄牙划定澳门界址。

完全合法化。

“二辰丸”事件后，两广总督张人骏立即加强了粤澳边界的防务，在望厦村北关闸以内的吉大、湾仔、银坑、横琴等地增派军队，防止葡萄牙人进一步侵越。① 葡萄牙人不肯轻易罢休，为了向清政府示威，葡方从里斯本和莫桑比克调来巡洋舰和炮舰，部分战舰竟泊入对面山的银坑，并偷偷把设于湾仔海面中心的“水泡”（浮标）移至湾仔岸边，在鸡头山外海道擅自增添浮标，企图以此扩充边界。②

二、澳门界务之争白热化

此时的澳门界务之争，中葡双方已是剑拔弩张，大有一触即发之势。葡萄牙历史学家费尔南多·科雷亚·德·奥利维拉在《葡中接触五百年》一书中写到：

> 在这两个君主政体的末期，双方经常为海陆领土的争端发生冲突。1908 年 1 月，葡萄牙驻北京代办马蒂尼奥·德·布雷德罗德（Martinho de Brederode）提醒里斯本的外交部注意，中国的报纸正在过多地谈及和反对澳门。布雷德罗雷把这种行动归咎于阴险的秘密社团的动员，建

① 《澳门专档》（三），第 461 页，光绪三十四年四月四日（1908 年 5 月 3 日）《两广总督张人骏电前山同知庄允懿查明拱北驻兵情形》；以及第 462 页，光绪三十四年四月六日（1908 年 5 月 5 日）《前山同知庄允懿覆电陈明各地驻兵情形》。

② 《澳门专档》（二），第 66 页，光绪三十四年四月二十日（1908 年 5 月 19 日）《外部发粤督张人骏电》。

议做好高度戒备。①

接着，作者又说：

1908年的4月和5月，中国人在湾仔和大横琴岛上建立了军事据点。在北京，葡萄牙代表四出活动，尤其增加了与英国人的接触，企图在外交上迫使中国打破划界会议前期谈判陷入的僵局。在英国的斡旋下，葡萄牙政府不再坚持让中国的军队撤出湾仔和大横琴。作为交换，伦敦将向北京施加压力，要求通过谈判解决划界问题。②

1908年11月15日的《纽约时报》从里斯本发出一条电讯：

从清国澳门收到的消息称，部分清国人已经进入澳门，局势十分严重，当地人不服葡萄牙的统治，大批出没于附近的清国军队已夺取了拱北海关，战斗迫在眉睫。③

清廷少见的强硬使葡萄牙人不敢轻举妄动，要是真的打起来，澳门不见得有好处。于是，宣统元年（1909）二月，中葡双方派出代表谈判查勘澳门地界，以香港为谈判地点。次月，香山县绅商、学界代表300余人，在拱北乡举行会议，成立

---

① ［葡］费尔南多·科雷亚·德·奥利维拉著，杨立民、王燕平译：《葡中接触五百年》第142页，《两个共和国》，纪念葡萄牙发现事业澳门地区委员会、东方基金会1999年7月版。

② 费尔南多·科雷亚·德·奥利维拉：《葡中接触五百年》第142—143页。

③ 郑曦原编：《帝国的回忆——〈纽约时报〉晚清观察记》第347页，三联书店2001年5月版。

“香山县勘界维持会”。广州、香港也先后成立总会和分会，支持政府与葡萄牙谈判勘界。八月，香山县勘界维持会通过《联办98乡民团章程》，宣布成立民团，拿起武器，随时准备抗击澳葡的入侵。① 费尔南多·科雷亚·德·奥利维拉在其著述中这样说：

> 中国驻巴黎大使刘式训来到里斯本，僵局终于打破。这与宫廷内保守派的中心人物慈禧太后于1908年11月去世不无关系。1909年1月，葡萄牙与中国就澳门问题达成四点协议，撤走中国军事据点的目的得以实现，但葡萄牙未能将此事实解释为北京承认对有争议的地区失去主权。此外，还成立了一个划界委员会。②

宣统元年七月十五日（1909年8月30日），广东香山县恭谷两都士商致电军机处、陆军部、外务部及民政部，指“葡造浅水兵轮，两次越境游弋，边防震摇，且置军火添兵，蛮心叵测”，要求朝廷电示粤督，速以兵力镇压。③

张人骏即与葡人针锋相对，紧急调集了大批军队到澳门附近设防，又调来“广元”号兵轮在银坑驻泊。④

葡萄牙驻北京公使也于2月18日照会清政府外务部，声

---

① 《澳门专档》（二）第534页，宣统二年七月初一日（1910年8月5日）《外部收旅港维持会电》。

② 费尔南多·科雷亚·德·奥利维拉：《葡中接触五百年》第142—143页，《两个共和国》。

③ 《明清时期澳门问题档案文献汇编》卷四，1796，《广东香山县恭谷两都士商杨绡隔等为葡造兵轮越境游弋乞电总督速以兵力镇压事致民政部等电文》（民政部档）。

④ 《明清时期澳门问题档案文献汇编》（四），1601，《葡国穆领事为请饬兵轮停泊澳门内河照章填单签字事致两广总督张人骏照会》。

称“二辰丸”系装载枪支运往澳门，该船被拿，有悖葡国所领沿海权，并有碍澳门商务，要求清政府即刻释放该船。[①]

在谈判中，清廷曾拟以葡人新占之龙田、旺厦，抵换其旧占之潭（氹）仔、路环二岛，但葡使马楂度不允。清廷不想把潭仔、路环二岛纳入澳葡属地，马楂度亦置若罔闻。他在对面山、大小横琴各岛允归分辖问题上稍示让步，而内河外海辖权则仍欲全据为己有，不肯作丝毫退让，双方终因意见不同而罢议。在最后一次勘界会议中，葡使马楂度提出改由海牙“公断”，“并载于议案之中，驻京葡使亦奉其政府之命来照，亟以公断为言，英使复助其要求”。[②]

英国人对葡萄牙当局勘界的主张予以支持，并向中方发出外交照会予以武力恫吓。宣统元年十月二十八日（1909 年 12 月 10 日），英国公使朱尔典等赴外务部“询问”会办大臣兼尚书梁敦彦：中国愿否将勘界事交海牙公会平断？梁敦彦答：“勘界之事，中葡两国当能和平了结，中国不能将此事交海牙公会平断。”[③]

两星期后（12 月 24 日），朱尔典致函清廷外务部，声称“中国政府决定不允调处，英国政府未免甚为可惜”。理由是英葡两国于 1661 年曾经立约，“凡遇无故侵攻葡境之事，英政府即有保护之责”。[④] 英国人把葡萄牙人的扩张说成是葡境遭到侵犯，可谓颠倒黑白，强词夺理。

---

① 《澳门专档》（二）第 57 页，光绪三十四年正月十七（1908 年 2 月 18 日）《外部收葡署公使柏德罗照会》。

② 《明清时期澳门问题档案文献汇编》（四），1929，第 511 页，宣统元年（1909）《外务部拟澳门勘界办法》。

③ 《澳门专档》（二）第 415 页，1888，宣统元年十月二十八日（1909 年 12 月 10 日）《英国公使朱尔典问答》。

④ 《澳门专档》（二）第 433 页，宣统元年十一月十二日（1909 年 12 月 24 日）《外部收英国公使朱尔典文》。

葡萄牙的勘界大臣马楂度曾经在1910年1月6日的日记中写道：

英国政府在一份措辞强烈的照会中断然告知中国政府，如果澳门领土完整受到侵犯，英国政府将予以维护。①

洋人步步进逼，然而国内舆情汹涌，向来对外懦弱的清廷不能不有所顾忌。但是，到这时候朝廷竟然还不排除“国际公断”的可能，外务部于宣统二年三月十五日（1910年4月24日）致驻英国大臣李经方的电文中说：

开平案英政府能主持公道自易了结。此时不待能否议妥先要求公断，则决无议妥之理，仍应俟议到如何地步再说。②

当时广东省有舆论认为：

振香洲以制港澳，自葡租澳门，英据香港，吾国递年漏卮外溢，言之涕零，即以华侨往返费而言，每年溢出之款，不下数百巨万。查粤民侨居海外经商者，以数百万计，一往一归，无非取道香港，年以十之一出入计之，已数十万人，人以十元消费计之，已失数百万之巨款。③

① ［葡］马楂度著，舒建平、菲德尔译：《勘界大臣马楂度葡中香港澳门勘界谈判日记（1909—1910）》第171页，澳门基金会1999年12月出版。

② 《澳门专档》（二）第482页，《外部发驻英大臣李经方电》。

③ 《香山旬报》第四十六期，十一月十一日《条陈广香铁路事宜》。

三、香洲开埠的主角

发起香洲开埠的主角是一批捐得官衔的商人，其中包括：香山县花翎知府衔附贡生王诜、花翎道衔伍子政、花翎知府衔戴国安、花翎运同衔冯宪章。他们选定的地点在“香山县属山场、吉大两乡交界处（今属珠海），有民荒一段，土名沙滩坏，纵横约七百亩，地高沙绕。屡遇飓风，未尝为灾。兼以渔船不时出入，可以振兴渔利”。[①] 他们建议在此地凿石填堤，兴商殖民，并且预备了章程和规划图纸。其理由是：

> 寄居外洋之华侨，欲回内地，每苦于可置产，又迫于外人之欺凌，不甘忍受，偶有挟资而归者，土人或反鱼肉之，故惟有托足于香港澳门。今得另辟新埠，实力保护，广为招徕，务为宽恤，转瞬成都成邑，操券可期。其款式悉照外洋，则旅外年久者亦能习惯。[②]

至于开埠经费，估计须银 170 多万元，其中由王诜、伍子政、戴国安，冯宪章等 4 人自备开办经费 10 万元，另由外埠认股；到见报日，已认购了约 48 万元。开端口规则中订明“洋烟赌具，一律严禁”。而酒楼娼院，则任人择地设立。该计划还考虑到将来兴建铁路，建设巡警公所、学堂、善院、公家

---

① 《香山旬报》第十六期，二月十一日《劝业道为沙滩环开埠事具督院禀稿》。

② 《香山旬报》第十六期，二月十一日《劝业道为沙滩环开埠事具督院禀稿》。

花园、休息场及戏场等公用设施，命名为“香洲商埠”。①

光绪三十四年（1908）十一月，吉大、山场两乡的乡绅耆老与实业公所创办人王诜、伍子政、戴国安“立租地合约”，详细规定现有房屋、商铺、蚝塘及山坟等物的补偿办法。在约上联署的乡绅耆老有曾广浏等26人。双方订明“自立约日起，如过三个月尚未开办，此约作为废纸”。②

然而，王诜、伍子政、戴国安、冯宪章等人签约租下吉大、山场两乡地皮后不久，就遇上中葡两国谈判“澳门划界”的事。与此同时，澳门葡人的霸道作风令香山县居民有所警惕。为了“上保国权，下顾身家”，香山士绅等于次年二月十七日在北山召开了会议，成立划界维持会。会上公推杨瑞初为主席，郑彦球副之，要求朝廷“收回海权，陆地坚持旧有围墙为界。其界外已占之地，宜与争回”。他们决定分别致电北京外务部暨同乡京官，与葡人抗争到底。电文表示要：

> 一振香洲以制港澳，自葡租澳门，英据香港，吾国递年漏卮外溢，言之涕零，即以华侨往返费而言，每年溢出之款，不下数百巨万。今香洲新埠成立，华侨闻之，群对以喜，且邮传部将实行扩充航业，以济华侨，是则航路之通运大有可期，且递年税关输出入之商品，汇集于斯，足以收大利而制港澳者，尤非止一端也。③

这时，从地方到中央已渐渐形成了振兴香洲以制港澳的共

---

① 《香山旬报》第十六期，二月十一日《劝业道为沙滩环开埠事具督院禀稿》。

② 《香山旬报》第十七期，二月二十一日《劝业道为沙滩环开埠事具督院禀稿》。

③ 《香山旬报》第十七期，二月二十一日《恭谷都士绅因中葡划界集议纪事》。

识，但以钳制澳门为主，香港次之。

四、以香洲开埠钳制澳门

对于澳葡的扩张行为，香山百姓极为愤慨，各乡民众纷纷表示要拼死抗争，甚至有暴动的迹象。面对葡人的扩张行径以及国内外华人的抗议声浪，清廷也对澳门采取了重兵压境的军事措施。葡萄牙勘界大臣马楂度在 1909 年 7 月 29 日的日记中写道：

> 中国人在对面山建立了警察和军事设施，还不厌其烦地反复强调，澳门仅限于至三巴门的地区。①

此外，广东自治会也急忙发出呼吁民众切勿暴动以免影响划界的通告，并制成传单四处散发。该通告曰：

> 葡人侵占澳界一事，中外共愤，本会前接杨绅应麟函嘱，布告同胞，实行文明办法，杨绅之意，以勘界在即，阖省共谋对等各乡民异常愤激，大力拼死力争之势，万一界务稍有损失，人心激烈，恐致不可收拾，故力请布告实行文明办法，免贻口实。②

通告又呼吁各乡镇订立族规家法，约束子弟，不许前往澳门嫖赌及吸食鸦片烟，如有违反定行“革胙出族”。此外，广

---

① 马楂度著，舒建平、菲德尔译：《勘界大臣马楂度葡中香港澳门勘界谈判日记（1909—1910）》第 50 页。

② 《香山旬报》第三十期，六月初一日《自治会关于澳门勘界事之传单》。

东自治会又悬红截缉澳门发售的铺票等彩票,[1]呼吁清政府"与葡人开严重交涉，将粤人在澳门开赌之重要人物，提回中国惩办"。[2]

事件越闹越大，连菲律宾、越南等地的华侨也纷纷驰电北京，呼吁朝廷据理力争，小吕宋广东会馆陈钦文等在电文中要求粤督和钦差：

> 澳门租界，葡人狡占，乞按旧址，据理力争，维持大局。[3]

西贡华侨因澳门勘界事，电请外务部、粤督张鸣岐和勘界大臣高而谦，希望他们不要退让：

> 葡占澳界，屡及寝门，稍一退让，澳失粤亡，叩乞力争，大局幸甚。[4]

暹罗华侨致外务部电：

> 葡人蛮侵我土，主权尽失，国体攸关，暹侨大愤，澳界事乞坚持。[5]

---

① 《香山旬报》第三十期，六月初一日《自治会关于澳门勘界事之传单》。

② 《香山旬报》第一百零三期，五月二十四日《禁绝澳门赌业之希望》。

③ 《香山旬报》第十八期，闰二月初一日《小吕宋华侨电争澳门租界》。

④ 《香山旬报》第三十二期，六月二十一日《西贡华侨电争界务》。

⑤ 《澳门专档》(二) 第229页，宣统元年六月二十一日(1909年8月6日)。

同年9月27日，吕宋工界会杨汇溪等电称：

> 澳属租借无界可勘，除旧址外，如失寸土，概不公认。[①]

海外华商华侨的电报有如雪片般飞至，发电者还有纽约华侨赵朝华等[②]、美洲葛伦华侨[③]、南洋爪哇梭罗中华商会[④]、爪哇日惹华商总会[⑤]、安班兰中华商会[⑥]、巴达维亚华商总会[⑦]、旅港维持会杨瑞阶[⑧]等。

在这样的政治环境下，香洲开埠已经成为大清朝野遏制澳葡扩张的一种特殊手段。《清实录》宣统元年九月十九日（1909年11月1日）载：

> 给事中陈庆桂奏，广东划界一事，迭经磋议，至今相待未决。臣屡接乡人函电，均以葡人不遵原约，恐酿争端

---

① 《澳门专档》（二）第304页，宣统元年八月十四日（1909年9月27日）。

② 《澳门专档》（二）第438页，宣统元年十一月二十三日（1910年1月4日）。

③ 《澳门专档》（二）第405页，宣统元年十月初八日（1909年11月20日）。

④ 《澳门专档》（二）第351页，宣统元年九月初三日（1909年10月16日）。

⑤ 《澳门专档》（二）第366页，宣统元年九月十三日（1909年10月26日）。

⑥ 《澳门专档》（二）第407页，宣统元年十月十五日（1909年11月27日）。

⑦ 《澳门专档》（二）第357页，宣统元年九月初七日（1909年10月20日）。

⑧ 《澳门专档》（二）第428页，宣统元年十一月初四日（1909年12月16日）。

为言……查澳门一港，地非冲要，每岁所入，全恃妓捐赌饷以为大宗，均系吸内地游民之脂髓，我若相戒勿往，彼自无所取盈。而今之计，莫妙于附近自辟港埠，以为抵制之方。近闻香山商民新得一港，开作商埠，取名香洲。今年开埠之日，经督臣张人骏亲临查看，批准商人集股开设公司。①

陈庆桂建议，香洲新埠一切新政归商筹办，助以官力（提供保护），借助民款，建筑码头，开设马路，等到商务兴盛，再设关抽税，就可以将本息归还。其实，他的建议核心内容并非以抽税为主，而是“在我自开新埠，他国断无干预之权，而此盈则彼绌，澳门之利顿失，葡人亦将废然思返，不再与我争此未辟之界，此时开议，自易就范”。②

很明显，他是希望将香洲开埠作为勘界问题上反制葡人的筹码。

当时兼署两广总督的广州将军增祺，也赞成香洲开埠之举，认为“可收澳门外溢之利”。③

不过，广东地方也有时评认为事情宜适可而止，不可将葡人迫得太甚：

夫葡人今日之在澳门也，其嫖赌吸烟为损于个人，其越境侵界为损于国土，在吾民视之，其激昂愤恨亦国其

---

① 《清实录·宣统政纪》卷22，第400页，宣统元年九月十九日（1909年11月1日），中华书局1987年7月版，第60册。

② 《清实录·宣统政纪》卷22，第400页，宣统元年九月十九日（1909年11月1日）。

③ 《清实录·宣统政纪》卷22，第400—402页，宣统元年己酉九月乙丑初一日（1909年11月13日）：“寻，增祺奏，所称香洲经理得宜，可收澳门外溢之利。”

> 所，而或者谓勘界在即，不宜先生恶感。若葡人退还侵地，则吾亦不可为已甚。①

这里所说的“不可为已甚”，自是指香洲开埠一事缓行。然而，当时的形势已如箭在弦。

为防备澳葡借机侵扰，王诜、伍子政等要求两广总督派兵保护，获得批准。《香山旬报》曾报道此事：

> 香洲新埠，前经劝业道详禀督宪，准与开辟商埠在案，该闻伍君子政、王君诜等，经已规画妥备，日前禀请派轮前往保护，俾得建办一切工程，闻大宪准如所请，刻已派出广贞兵轮往前停泊，藉期保护。②

“二辰丸”事件发生后，广东自治会于二月二十二日召开各界大会，“到者人山人海，众议海权关系重大，日本二辰丸案既明明系在中国内河缉获，尚致外交失败，全国蒙耻，今湾仔固纯然为我国领土，而葡人犹无理干涉我国所设渔团局者，其用意实欲借口以冒占海权耳”。主持人吴绣明提出，香洲商埠应为“中国莫大公益”，梁少伯等亦主张推广香洲埠，凡属华人均当赞助，并请政府认为永远无税埠，以期久大。是次会议议决香洲开埠当认为一项公益事业，不得视为个人私利，应该“由省港各善团联同前往香洲切实调查，开列预算表，移取原章，公同改订，除公议伍王等创办特别权利外，所有责任权利，概行公之大众，由出资者按股均分，以期群策群力，俾该

---

① 《香山旬报》第三十期，六月初一日《读自治会对于澳门勘界传单》。

② 《香山旬报》第十九期，闰二月十一日《本邑新闻续志》。

埠日臻完善，以慰同胞”。①

香洲埠公所总理王诜为了增加香洲新埠的客流量，向粤省劝业道提出申请，由商人曾桂芳开设拖轮，由香山大涌、石岐往来香洲。②

香洲开埠表面上属于民间商业行为，但官方色彩甚浓。两广总督张人骏不但答应派兵轮保护，还率领文武官员出席了该年三月初三举行的“开埠典礼”，亲自视察香洲新埠。据报载，张人骏等大员“乘宝壁兵轮前往，暨随同员弁等兵轮二十九艘，省商界报界善界乘大与轮船前往者百余人，港商乘小轮至者亦数百人，岸上大道长数十丈，两旁均列兵队，由此直达礼棚，棚内悬额七八方，曰强国之基，曰利国利民，余皆颂祷语，地方官邑绅到者亦数十人……”③

据当时的报道，参观香洲开埠中西游客甚众，“埠商演优天影班，五日五夜，四乡来观者，红男绿女，人海人山，初二日虽戏已演毕游客仍络绎不绝，登山临水，遍览埠场”。④

期间又是列兵队又是奏军乐，最后还有茶话会和拍照留念，热闹非凡。由此可见，从朝廷到地方都支持香洲开埠，以减少税收外流给港英澳葡这一举措。为了挽回一点面子，日薄西山的清廷也正式批准了香洲开埠的申请。⑤

中葡勘界谈判并未达成协议。宣统元年（1909）十一月，

---

① 《香山旬报》第五十五期，三月初一日《自治会关于湾仔香洲事会议纪闻（本省）》。

② 《香山旬报》第六十一期，五月初一日《香洲添设轮船之可行》。

③ 《香山旬报》第二十二期，三月十一日《香洲开埠纪事》。

④ 《香山旬报》第七十一期，八月十一日《香洲埠游客纪盛》。

⑤ 《香山旬报》第二十八期，五月十一日《奏开香洲商埠已奉殊批（本邑新闻）》：“督院奏香山绅商伍子政等自辟香洲商埠办理情形缘由一折，经将折稿登报，今于宣统元年四月二十二日差弁卖回原折，奉朱批该部知道，钦此。”

由于澳葡扩张野心过大，谈判没有结果，葡方的无理要求未能得逞，葡方代表马楂度拂袖而去。①

下面这则报道，很能说明朝廷和地方官商尝试另辟商埠增加税收的心态：

> 粤督于十三日电致外务部、农商工部、税务处云：现据粤商集筹开香洲商埠，为招回华侨，广兴商业起见，经已议有端绪，奏明在案。西人商战之局，以开无税口岸为上政策。南洋各埠以及香港皆用此法，商务最旺。我国商务从无税口岸，甚为缺憾，意欲于此埠特试其端。②

外务部等很快就复电，认为香洲开埠后拟作为无税口岸，但又怕因香洲开埠而妨碍内地税厘，故此拟由税务处札饬总税司，由粤海关税司内选派干员前往查勘，草拟详细章程后再行核定。朝廷谕令准许华洋轮船由港澳赴香洲一带，不过只准搭客运材料，需赴海关报验完税，如有漏税情事，“查出即照沿海私自贸易例罚办”。③

香洲开埠初期原定的章程曾声明不开赌，但动工一年后便改换宗旨，开始招商承赌。据报载：

> 该埠共建铺屋完竣者，共有三十余间，每间月租银约三十元左右，各屋一经落成，即行有人为之租赁，其中作娼寮者，计有六七间，开作摊馆者，则有三间，此外作杂货苏杭药材皮鞋等理者均有之，另有酒楼兼客栈一家，甚

---

① 元邦建、袁桂秀：《澳门史略》第302页。

② 《香山旬报》第二十九期，五月二十一日《关于香洲开埠之要电（本邑新闻）》。

③ 《香山旬报》第二十九期，《关于香洲开埠之要电（本邑新闻）》。

为热闹，其建造未完之屋，则以百数计，至于地盘大路，现有渐次兴造，沿海堤岸工程，闻已订妥，不久开筑，据说该埠已承赌饷，每年饷银一万元，另有赌商承雇警勇二十五名，以为地方警察之用，又有港商在该埠租地，盖搭戏棚，为周年演剧之需，又闻有本港船务公司，拟逢星期之日，派船来往该埠，澳门亦有华商，拟派小轮由澳往返香洲，自今正以来，由省到埠认地，以为将来创造之用者甚多，目下该埠居民，约有二三千之数，每日由附近村乡往来该埠者，则不计其数云。①

五、违反禁赌之初衷

香洲开埠立约时，曾表示要永远禁赌，但香洲开埠需要集股，很多商人其实是想在香洲另起炉灶，与澳门博彩业争一日之长短。但是，广东禁赌之声日益高涨，清廷又没有弛禁赌业的迹象。据《香山旬报》载，香洲工程开展不久后，就有商人向两广总督袁树勋提出申请，希望“弛赌禁”。此说立即引起民间禁赌人士、团体和舆论的反对。有舆论认为，这样做只会使新成立的香洲商埠变为第二个澳门。②

广东勘界维持会在省城广州举行的会议上，有商人以遏制澳门为名主张香洲开赌，但马上招来一片反对的声音。《香山旬报》第八十期刊登了一段署名为“民声”的时评，力斥其“不智”，不但不能够影响澳门的赌业，反会损害香洲新埠。文章指责说：

① 《香山旬报》第五十一期，元月廿一日《香洲埠现状之调查》。

② 《香山旬报》第三十九期，九月初一日《香洲商埠欲弛赌禁之误想》。

以为香洲开赌，足以夺澳门之利，而张香洲之势，此真童雅之言也。夫当禁赌时代，而倡开赌之说，已非人情，然香洲开赌，确足以制澳门之命，犹可说也，乃按之事实，适得其反，诸公试思之，我国处处有赌，时时有赌，何尝损澳门分毫之利益，又何论香洲一隅之地乎？香洲以新辟之地，商务未盛，而竟导人以赌，香洲商务之蒙损害者，为至多且巨也。①

在这一时期，香山县境内赌风日炽，对社会风气及治安影响甚烈，报章时评："大黄圃赌风甲于别乡，虽经地方绅士屡次升红请示禁止，然皆视若等闲，警界内所设诸般赌博皆备，如北帝庙等处尤众，近更各药材店，亦多有喝雉呼卢。"该时评挖苦主张香洲开赌的人："某君倡议，由香洲埠设赌以抵拒澳门，毋乃该乡人亦作是思想耶。"②

香洲新埠开张之初，曾经搭盖葵厂百余间，次年六月突然被一把火烧个精光，"所存者仅瓦铺四十余间。日来因有在该处斗蟀演戏开设赌场之事，现为恭都局绅鲍桂芬等，据情向督院呈控云"③。火烧香洲新埠的原因不明，可能是失火，也有可能是有人纵火。但无论如何，这场大火对埠商的打击极大，也似乎是"香洲开埠"的一个不祥之兆。

香洲开埠流产的其中一个重要原因，是埠商王诜、伍子政等并未真正投入资金，而是以开埠为名转售土地渔利。二人起初主张禁赌，开埠后却出尔反尔，要求弛禁，以致失去地方绅

---

① 《香山旬报》第八十期，十一月十一日《伍汉持主张香洲开赌之荒谬》。

② 《香山旬报》第八十八期，二月初七日《是否抵拒澳门》。

③ 《香山旬报》第七十一期，八月十一日《香洲埠竟有斗蟀演戏开赌之事耶》。

商和民众的支持。1910 年底，香山县恭谷两都联防公所、勘界分会、香山场团防筹办处，以及绅耆职员陈廷勋、杨乃秋、李至堂、吴国南等，联名向省里控告埠商王诜、伍子政等：

> 并无资本，专以卖地为资本，计收去银资，不筑石堤，又将石块偷运出洋，售卖渔利，不顾埠务；虽筑瓦铺四十余间，俱系各商家自出工本，并填筑街市马路，于王诜无与，因而各商疑畏裹足。不特此也，王诜禀禁赌，复禀弛禁，不准，仍胆敢开娼聚赌，以致在埠开牛栏之东家被匪掠去，并无下落。①

后来，更有人公开指责“王伍等立私约，霸田地，扰蚝塘，盗山石，设摊馆，开蟀厂，唱女戏，按洋款，毁坟骨，种种恶劣，书不胜书，种祸乡邻，人咸切齿”。②

至此，王伍等埠商可谓腹背受敌、四面楚歌矣。

由于资金筹措困难，王诜等拟将该埠数百亩土地作为抵押，向某外国银行贷款 60 万元，分六年归还，月息六厘半。消息传了出去，舆论哗然，甚至有人指为“丧心疾狂之举”。③香洲开埠本是为了钳制洋人，如今“竟借洋债，将来财政权渐为外人操纵，而香洲不复为中国人有矣!”④ 香山地方自治所也认为事态严重，如果因私借洋债而将地抵押，“主权一失，关系大局”。于是，由乡绅商吴哲昂等联袂赴省城，要求当局

---

① 《香山旬报》第八十三期，十二月十一日《札查香洲埠商被控告节》。

② 《香山旬报》第九十九期，四月二十五日《照录恭都绅商指攻香洲埠商原函》。

③ 《香山旬报》第八十三期，十二月十一日《香洲埠商自谓并无拟借洋款》。

④ 《香山旬报》第八十三期，十二月十一日《若然则香洲埠微矣》。

“禁阻”。①

《香山旬报》第八十二期发表题目为《评勘界会干涉香洲埠事》的评论：“今香洲之迟迟不能兴盛，彼干涉之者，亦不过为维持公益而起，深愿王伍诸君之一践斯言。”②

但是，斯时王伍等人已经失去人心，无力回天矣。

该报第八十九期刊登了一篇评论文章，说“近两月来，吾粤人所应注意者二事，一禁赌问题也，一勘界问题也”。有人认为“禁赌之后，澳门将坐享其利，勘界之后，香山或全受其害”。作者主张“乘此时机，收回澳门，断界务之葛藤，覆赌徒之巢穴”，再不然就“与葡人商议禁赌之策，务使澳门一律禁赌，免为吾民之害”。③

这篇文章的作者似乎并不清楚：正由于广东禁赌，澳门赌饷才日益巨大，葡萄牙人又怎肯轻易放弃已到嘴边的肥肉？

宣统二年（1910）八月，澳葡以剿匪为名进攻路环，造成血案。事件引起各地华人团体的愤怒，广州、香山、香港等地勘界维持会举行特别会议，声讨澳葡在路环岛制造血案，要求清政府向葡人施压，将增驻之葡兵撤回澳门。④

1910年10月5日，葡萄牙国内发生革命，建立了共和政制。旅港勘界维持会和香山勘界维持会呼吁外务部，趁着葡萄牙改朝换代的时机废弃前约，收回澳门。香山勘界维持会在致电广东咨议局时，还要求“派轮驻保，以固边隅”⑤。

---

① 《香山旬报》第八十三期，十二月十一日《香山地方自治研究所议案》。

② 《香山旬报》第八十二期，十二月初一日“民声”《时评》。

③ 《香山旬报》第八十九期，二月十四日《广东人大注意》。

④ 《澳门专档》（二）第534页，宣统二年七月初一日（1910年8月5日）。

⑤ 广东省档案馆编：《广东澳门档案史料选编》第103页，中国档案出版社1999年10月版。

外务部于10月10日致电驻法国大臣刘式训：

新政府未经我国承认，以前旧约似无效力，澳事此时议无可议。①

刘式训旋即回电，称葡萄牙外交部“愿意开议”。②

11月24日，清廷外务部在各国纷纷承认葡萄牙新政体的情况下，也照会葡驻华公使表示承认之意。③ 葡政府对此表示感谢，但对澳门勘界谈判的问题，仍“延不开议”。④ 两广总督张鸣岐加强了澳门附近的防务，向前山、湾仔等地增派装备精良的一个新军步兵营，“以资弹压”。⑤

不久，澳门葡兵哗变，香山勘界维持会杨应麟等致电北京：

澳门兵变后，祸伏，侨民迁，各乡震动，乞饬粤督，派舰长驻保护，并恳速收全澳，免失时机。⑥

---

① 《澳门专档》（二）第564页，宣统二年九月初八日（1910年10月10日）《外部发葡京大臣刘式训电》。

② 《澳门专档》（二）第565页，宣统二年九月初八日（1910年10月10日）《外部收驻法大臣刘式训致丞参信》。

③ 《澳门专档》（二）第596页，宣统二年十月二十三日（1910年11月24日）《外部发葡署公使柏德罗照会》。

④ 《澳门专档》（二）第625页，宣统二年十二月十六日（1911年1月16日）《外部发驻葡大臣刘式训电》：“寒电悉，澳事葡外部既延不开议，可暂行回法，无庸声明停议。外务部十六日。”

⑤ 《澳门专档》（二）第708页，宣统三年闰六月二十一日（1911年8月15日）《外部收粤督张鸣岐电》。

⑥ 《香山旬报》第八十一期，十一月二十一日《乡人因澳事致北京电文汇录》。

宣统二年（1910）十二月十六日，鉴于澳门民情惶惑，朝廷当即电饬巡洋舰队统领程璧光率两艘炮舰赴粤镇慑。后因澳门市面恢复平静，才驰电程璧光暂缓南下。①

黄鸿钊在《澳门史》中是这样描述的：

> 1911年初，葡萄牙人在澳门附近的海面和内河航道上大搞所谓的疏浚工程，企图通过这种手段取得澳门内河外海的控制权。其中一个目的就是占领九星洲海面，即西起马骝洲，东临九洲洋，北至香洲以北，南达路环一带，以控制珠江口，隔断广东西部高廉雷琼四府至广州的航道，扼杀新建的香洲。广东人民对清政府在划界交涉过程中的软弱表示不满，四月间，香山勘界维持会上书请愿，要求政府派军队驻扎湾仔至前山一带，作好武力抗击葡萄牙扩张的准备。七月，张鸣岐派员到澳门交涉，要求葡萄牙人停止疏浚河道的工程。同时，在军事方面巩固北山岭和湾仔炮台，使之互为犄角，派出1000多名新军、“广元号”等军舰四艘进驻粤澳边界；此外，又加强了各关隘的防务。香山人民情绪热烈，纷纷筹饷劳军。香山县的地方民团也改编为人民义勇队，从政府处领取到部分枪械装备，活跃在前山防线上。面对中国人民坚决反对的浪潮，以及强大的军事压力，澳葡当局终于被迫停止了疏浚工程。②

葡萄牙学者徐萨斯在《历史上的澳门》中说：

---

① 《澳门专档》（二）第615页，宣统二年十一月十五日（1910年12月16日）《外部收海军部函》。

② 黄鸿钊：《澳门史》第327—329页，福建人民出版社1999年11月版。

> 面对中方即将攻击澳门的形势，葡萄牙敦促英国政府宣布一旦澳门遭到侵略，它将处于英国军队的保护之下。……英方却拒绝给予军事帮助，以确保澳门的利益不受中国的威胁。英方仅仅由英国驻广州领事进行一次三心两意的外交干涉。①

一向为葡萄牙撑腰的英国人，也唯恐中国军民积怒已久，此次会断然采取进袭澳门的行动，遂规劝澳葡当局停工。澳葡当局无奈，只好把疏浚海道的工程停止下来，并拟重开谈判。后因中国爆发推翻清王朝的辛亥革命，澳门界务问题乃成悬案。②

到了1911年1月17日，广州将军兼署两广总督增祺向朝廷奏报，建议把香洲定为免税商埠；但朝廷当时已经发现香洲开埠一事并不易为：

> 旋经部议，饬税司复查，以种种疑难，只可作为自开口岸。况香洲东与香港对峙，北据澳门上游，同是贸易商场，人则一切自由，我则动多缚束，渊鱼丛雀之驱，即为优胜劣败之点。③

朝廷下令："嗣后如有商民自辟商埠者，概不得援以为

---

① 徐萨斯：《历史上的澳门》第277页。

② 邓开颂、吴志良、陆晓敏主编：《粤澳关系史》第377页，中国书店1999年12月版。

③ 《清实录·宣统政纪》卷47，第835—836页，（宣统三年正月十七日，1911年1月17日）。

例。”①

由此看来，清廷对香洲难以取代澳门这一现实，还是有点自知之明的。

投资者见清政府对香洲无税口岸迟迟没有批准，以及埠务出现内讧，非常失望，纷纷转移资金，商店也随之倒闭，整个香洲变成一个废墟。这边香洲开埠之事未如人意，那边又有官员打算在距离澳门七十余里的香山县南水乡再开辟一个新的商埠。② 不过，由于南水乡所处地点过于偏僻，加上香洲开埠的事情未办好，朝廷不再支持，南水开埠之议后来也就不了了之，逐渐变成一个渔村。

第三节　香洲开埠事件对澳门的影响

据宣统二年（1910）《广东省七十二行商报》引述的一份统计，当时澳门户口册上："华民有74568人，葡人3898人，别国 161 人，共78627人。葡人商务远逊于前，华人商务则较葡人商务优胜。据光绪二十一年（1895）中国海关清单，华货销于此埠者，值银9375928两，上年则为9295373两。"③

---

① 《清实录·宣统政纪》卷 47，第 835—836 页，（宣统三年正月十七日，1911 年 1 月 17 日）。

② 《香山旬报》第二十七期，五月初一日《又将有第二之香洲埠出现》："邑属黄梁都南水乡，前对北水，后枕高栏飞沙两山，右近六灶三灶，左通獭洲赤溪等处，离邑城一百一十余里，离香港一百二十余里，离澳门七十余里，离香洲埠七十余里。该处渔业最盛，又有锑磁水晶煤油等矿产，诚天然的商港也，现有吏拟在该地开辟商埠，特派本邑清乡委员帖令宗晋就近查勘，兹闻帖令已于本月二十日邀同香山自治研究社社员黄君仙裴、黄君会云、梁君侣俦、黄君芷裳等，乘坐宣威轮船到该处查勘一切云。"

③ 《香山旬报》第二十二期，三月十一日《澳门之历史（录省七十二行商报）》。

有人曾经将澳门和香洲作过比较，认为澳门虽然有相当的商业基础，但竞争起来不及香洲，因为澳门“海口狭窄，轮船不便湾泊，地势散漫，商务无甚起色，若香洲则外滨洋海，内枕群山，四通八达，交通便利，洵天然之商场，此澳门不及香洲者一也；澳门实无所谓商务，惟妓院与赌馆二者耳，然此二者固所谓不正当之营业也，故香洲开埠，首以禁赌为先务，良以赌风一盛，人多嗜好，咸薄于储蓄之愿望，而商务受莫大之影响也，此澳门之不及香洲者二也；吾同胞之楼息澳门者，受彼辈之虐待，今香洲埠既成立，以中国之人，践中国之土，士农工商，惟我所欲，藩离自守，非理之干涉，横强之侮辱，一切可免，此澳门之不及香洲者三也”①。

此君又以上海黄浦滩之地为例：“五六十年前，犹无人过问，今则每亩加至数十万元者有矣。”②

香洲酝酿开埠之初，澳门的华商曾经与葡商共同商议对策。据《华字日报》报道：

> （1909 年 4 月 12 日）澳门绅商大会议于公物会，华人到者十余人，葡人到者百余。以律师布那剌士高为主席，华商萧瀛洲为华商代表，律师文道为居澳葡人代表。斯时在场者兼有从葡国官来游澳之葡人十余名。开议时，伯多禄宣布省城自治会所饬责澳门之事，多不实不尽；又言香洲开埠或有碍于澳门，然为时尚远，非一朝一夕所成。惟望我澳门从速整顿，勤修善政，力除积弊，务使商民乐业，居香洲、居澳门，任人自择，料澳门断不落人后。③

---

① 《香山旬报》第二十三期，三月二十一日《澳门与香洲之比较》。
② 《香山旬报》第二十三期，三月二十一日《澳门与香洲之比较》。
③ 《华字日报》1909 年 5 月 4 日，《澳人大叙议》。

会议建议葡国方面采取五项措施以挽危局：（1）速饬勘界大臣来澳；（2）授全权与澳督，一切章程便宜施行，不为遥制；（3）广澳铁路事速行；（4）将1904年在上海所立之约从速批准互换；（5）准澳门立即兴工浚筑内河。[①]

香洲开埠对澳门当然会有巨大的影响，由于受到中方的压力，以及广东尤其是香山县民众的抵制，澳门商务大受打击。澳葡政府在这段时期如何入不敷出，财政如何困难，可从当时的报道一窥端倪：

> 澳门界务近正在交涉中，昨外部接粤省报告云，葡政府向以澳门为政府，闻已有江河日下之势，市面日见冷淡，该处签铺票鸦片公司、仁慈堂彩票均无人肯投充承饷，葡人进款，每月短收至数万元，该国财政亦甚奇绌，大约界务问题亦易了结云。[②]

讵料屋漏又逢连夜雨，因受内地官民的抵制，由内地前往澳门的旅客人数剧降，番摊赌馆、人力车、猪肉摊贩等行业惨淡经营，与澳葡政府为税务问题发生矛盾，导致人力车夫罢工，肉行要求减税。据《香山旬报》载：

> 因近澳门行旅冷淡，车主收租日少，联禀工务局减费，局员费恤，各车主迫得停工三天，局员出差抽拘。适勘界马使抵澳，遂商令澳督及华民税务司设法转圜，面允酌减，劝令车主复业，讵届领牌之期，反于每元加增五

---

① 《华字日报》1909年5月4日，《澳人大叙议》。

② 《香山旬报》第二十九期，五月二十一日《划界问题果易了结乎》。

仙，车主遂复停工，事越旬余，商业为之牵动，摊馆受累大重，某赌商出头调处，声言愿由某公司帮助每车牌费银五毫，如不照常开车，恐蹈从前酒牌罢市不成，反受其辱之覆辙，惟车夫现尚观望，而猪肉行又联请减饷，未审澳官如何处置也。①

1910年3月22日的《华字日报》称：

澳门倒闭之商店：闻澳门生意极淡，宝生银号、顺合当押及致新洋货店，皆已先后倒闭。②

《香山旬报》又透露，澳门居民由于惧怕划界事决裂而启战端，纷纷迁回内地，房屋几无人过问，生意比之平时愈加冷淡，所谓“大西洋注册衙门”，三两星期竟至无一字出入。又风传有某国人纠集一大公司，向澳门政府承揽一切烟酒赌饷花捐、戏捐等，以30年为期，每年认饷120万元，比斯时赌饷收入倍增，并先借出600万元，为葡政府浚港及一切建筑之用。该某国人等拟于华人原有娼赌各业外，准备以欧洲方式经营，务使澳门成为东方之巴黎云云。不过，此事以吹嘘的成分居多，澳门政府并未轻易批准。③

起初，葡人社会对香洲开埠一事也非常紧张，认为会对澳门社会经济造成沉重的打击。葡方勘界大臣马楂度在1909年9月25日的日记中这样写道：

几个月前，投机者们开始在香山兴建新城与港口，他

① 《香山旬报》第三十期，六月初一日《澳门地方税之窘状》。
② 《华字日报》1910年3月22日。
③ 《香山旬报》第三十九期，九月初一日《澳门近事》。

们在那里投入了大量的资金。因发现远远不能取得预期的成功，便嫁祸于澳门。他们要求政府将香山确立为自由港。政府不能这么做，否则将使澳门消亡。据说，因两个港口相距不远，条件不同，不能共存，所以有必要使澳门消失。也就是说，中国将其收回，使其进入其他港口的体系，真是雪上加霜。①

刚开埠的香洲，也曾经出现过一阵繁荣兴旺的新景象，沉睡千年的荒滩上崛起了一座近代海滨新城。香洲开埠轰动了澳门，澳葡当局惟恐当地商民离澳迁往香洲，在勘界问题上被迫退让。《香山旬报》曾透露葡萄牙勘界大臣马楂度为此向中方勘界大臣高而谦提出交涉：

葡使要求高使，则曰香洲埠不能妨害澳门之商业，一若香洲埠成立足以制其死命者，伟哉香洲埠，其魔力固如此耶，顾吾观各报所载，皆严辞批驳，不直葡人是矣。②

两天后，马楂度在1909年9月27日的日记中提到《香港日报》一篇译文中，“强调了香洲港的好处以及铲除澳门的必要性，并声称如勘界问题以对我们有利的形式解决，必将引发骚乱”。③

中国民众愤怒的声音，迫使清廷不得不对葡萄牙人的扩张要求予以拒绝，葡国的勘界大臣马楂度对此深有体会。他在

---

① 《勘界大臣马楂度葡中香港澳门勘界谈判日记（1909—1910）》第90页。

② 《香山旬报》第三十三期，七月初一日《速香洲埠之成立者葡人也》。

③ 《勘界大臣马楂度葡中香港澳门勘界谈判日记（1909—1910）》第91页。

1909年10月30日的日记中，提到中方勘界大臣高而谦“显然为会社的恐吓和对煽动暴乱行为的担忧所困扰。否则的话，我相信他可能会让步。他认为我更有影响和驾驭局势的才能，所以请我想一个中国能接受的解决办法。在他看来，此事对我们来讲其利益和重要性根本无法和对中国的相比，在那里它可能会招致严重的事件”。①

1909年11月4日马楂度的日记则有点悲凉了：

> 中国大臣的强硬态度坚定不移，无任何改变的迹象；在他（高而谦）的最后一个备忘录中确定的让步上限与我们的权利相差甚远；会社队骚动仍愈演愈烈，在两广总督向穆礼时（Moraes）领事表示要将其平息之后，变得更为活跃和肆无忌惮。煽动者对中国政府和高的胁迫性显而易见；在此情况下，无法期待两位大臣继续会谈会出现有用的结果。②

马楂度返回葡萄牙后不久，曾在一部有关澳门勘界的回忆录中透露：

> 若非特殊环境迫使中国处于不能与我们对立的局势，或出现机会令我们拥有比被认受的逻辑和外交更强烈的理由来支持我们的权利，划界永远不会有结果，除非我们放弃无可争议的权利。③

---

① 《勘界大臣马楂度葡中香港澳门勘界谈判日记（1909—1910）》，第116页。

② 《勘界大臣马楂度葡中香港澳门勘界谈判日记（1909—1910）》第120页。

③ Alvaro de Mello Machado，*Coisa de Macau*. p.49，Lisboa，LiverariaI Ferreira 1913.

宣统三年（1911）初，粤督张鸣岐亲到广东自治研究社，与诸绅讨论禁赌问题，先由张鸣岐对众人“陈说禁赌之必要，及勉励绅商各宜担负责任，以补官力所不及，并申明定期三月初一日概行将赌禁绝，决不展期”。会上有人提出：“若粤省禁赌，而澳门不禁，决无效果，应请制宪照会澳督，一律施禁，利权不至外溢。”①张鸣岐随即问各绅商有何禁赌善后条陈，众绅商建议：“禁赌之后，倘有私开，初犯各罚款一百元，再犯加倍，连犯三次，则酌予监禁。”张鸣岐觉得言之有理，乃令各绅商议定罚款章程，交广东省咨议局临时会审议。②

在粤省厉行禁赌后，张鸣岐派人调查澳门赌业，发现澳门的大小赌场“日益畅旺”。随即设法与澳葡当局展开交涉，希望澳门能够配合广东的禁赌政策。1911 年 7 月 4 日，张鸣岐向外务部电称：

> 澳门禁赌事，已据初四日电函驻法、驻英各使向葡英政府商办。③

据当时的《香山旬报》载：

> 澳门禁赌一事，前经与澳督磋商，尚未实行，现张督以粤省禁赌后，而澳门不同时禁绝，虽经交涉，亦恐难就我范围，惟澳门赌博，皆属我中国子民，自应遵守中国法

---

① 《香山旬报》第九十一期，二月二十八日《粤督到自治研究社讨论禁赌》。

② 《香山旬报》第九十一期，二月二十八日《粤督到自治研究社讨论禁赌》。

③ 《澳门专档》（二）第 689 页，宣统三年六月初九（1911 年 7 月 4 日）《外部发粤督张鸣岐电》。

> 律，亦应一并严治，现先行严饬前山交界地方官严察查缉外，仍一面与澳督磋商，务将澳门赌博禁绝。①

宣统三年六月十一日（1911 年 7 月 6 日），清廷向驻法兼使葡国大臣刘式训、驻英大臣刘玉麟电称：粤督曾商请英政府转达葡政府禁止澳门赌博一事，英使称，应由中方自行向葡萄牙政府交涉，英政府可从旁赞助。② 实际上，澳葡政府却采取拖字诀，没有真正在澳门开展禁赌。

张鸣岐无奈，惟有下令：

> 严守疆界，堵截赌商携带彩票往来粤澳两地。中国人民自应遵守中国法律，父勉其子，兄勉其弟，如有违犯，罪其父兄，或削其身之应得权利，再由香山令前山同知查缉，以期有犯必惩云。③

他这时能够做的也就是这些了。

张鸣岐派人在澳门前山交界等地方严密查缉澳门赌票，但道高一尺，魔高一丈，陆路有兵勇把守，赌商就走水路带票。据报载：

> 澳门赌商近与省澳轮船公司订明，凡赴澳门赌博者，减收船费，由各赌馆抽回费用，以为津贴，并设一种特别

---

① 《香山旬报》第一百零三期，五月二十四日《禁绝澳门赌业之希望》。

② 《澳门专档》（二）第 690 页，《外部发驻法兼使葡国大臣刘式训驻英大臣刘玉麟电》。

③ 《香山旬报》第九十三期，三月十三日《张督对于澳门赌博的办法》。

减价券，俾赌徒作为船票。①

利之所在，赌民赌商如蚁附膻，广东当局欲禁无从，中国的有识之士对此颇为气愤。

《香山旬报》第一百一十二期发表了署名为“愤血”的评论文章：

> 我粤自禁赌以来，而澳门乘势大开赌博，居高网利，计近数月来，澳门之人口骤增数倍，而赌博之兴盛，大有应接不暇之势。……近日来澳门之山票铺票，其流入吾粤内地者，几于触目皆是。②

该作者痛骂葡人包藏祸心、乘人之危：

> 吾粤禁赌，而澳门为我国之租借地，葡人竟包藏祸心，我之所弃，彼则取之，丐此不正当事业之余润，以为国家行政经费之大宗，行为鄙劣。吾粤莠民，犹以澳地为藏身之窟，相率往从，大张赌帜而无所忌，尤与我国法律背驰，罪不容于诛。

作者又指责广东当局禁赌以来，既未列出罚则，而官吏有玩忽职守，以致“私赌充斥，逢人可以入局，随处可以聚赌。即使有地方官吏查拿，亦只是薄责了事。而赌徒则居然如虎如狼，抗阻官军之稽查。以赌博而论，凡往澳门赌博者，当以中等人家为多，而劳动家庭承担不起。若内地开设私赌，则人人

① 《香山旬报》第九十五期，三月二十七日《拟严办澳门赌匪》。

② 《香山旬报》第一百一十二期，闰六月二十八日《论欲禁澳门赌博当先禁绝内地私赌始》。

可以投注，其遗害更烈于澳门万万”。①

清廷不但未能对澳门的赌业采取任何限制，还反而被葡萄牙人插手广东的禁赌事务。1911 年 3 月《申报》刊登了一段新闻：

> 粤督昨据灵山高令禀称，卑县自到任后，对于私自开摊馆一事，均极认真严禁，常微服亲查，以故私开者不敢明目张胆。前月初十日，据三合墟巡警禀称，该墟周焕章家内有私开女摊等情。卑县据此，当即派差会同该巡警前往，当场拿获共男女等人十二名，押解到县，并将周焕章房屋查封。现由葡国游历洋人荷那威林出为干预，致函县署，谓此屋系伊友产业，请即揭封交还等语。业已复函拒绝，应请照会该国领事，饬知该葡人立速离境，勿庸干预。②

吴志良在《生存之道——论澳门政治制度与政治发展》一书中指出，澳门问题传统上主要由广东当局处理，北京中央政府除涉及外交的事务外，甚少过问和干预。③这是事实，但在“香洲开埠”事件中，中国人民已到了忍无可忍的地步，虽然朝政腐败，国力仍然衰微，但在国内外同胞愤怒的吼声中，清朝中央和广东地方政府联合民间爱国力量采取一致对外的行动，从经济和军事上对澳葡当局的扩张行径作出一定程度的反击，只不过朝廷的态度后来软化了。而从效果来看，“香洲开

① 《香山旬报》第一百一十二期，闰六月二十八日《论欲禁澳门赌博当先禁绝内地私赌始》。

② 《申报》1911 年 3 月 19 日《葡人干预内地禁赌之一斑》。

③ 吴志良：《生存之道——论澳门政治制度与政治发展》第 198 页，澳门成人教育学会 1998 年版。

埠”本身虽然以失败而告终，中国却在外交、军事上成功地向澳葡政府施加了压力，遏制了葡萄牙当局再次扩张的意图。

澳门的博彩业在“香洲开埠”事件中确实一度受到严重的威胁，如果当时香洲真的成功开埠，澳门赌业的发展必定会受到掣肘。但是，“香洲开埠”由于诸多内外条件的限制，而未能成功，所以并没有真正动摇澳门赌业的基础。然而，广东人民在这次事件中更加看清了赌博对社会的危害，禁赌的意见再度占据了上风。随着辛亥革命的爆发以及民国的成立，内地禁赌的声浪日益高涨，澳门的赌业乃得以获得一段相对稳定发展的时期。

第四节　“香洲开埠”事件后的粤澳赌业

“香洲开埠”事件之后，赌博对广东社会危害之烈更为民众所侧目。宣统二年（1910）三月，广东籍京官胡蓉弟等向朝廷奏报：

> 广东赌害甚烈，胥一省之人，无贫无富，无老无少，群陷溺于赌博之中。荡产倾家，强壮者散为贼盗，老弱者流为饿莩。甚至婢仆因赌起窃，为家长呵责而轻生；妇女因赌丧财，为匪类引诱而失节。种种祸端，不堪枚举。是以广东盗风甲于他省，赌害一日不除，即盗风一日不息。或谓广东赌饷，皆为待支的款，一旦短收，势必支绌异常，诸事更形竭蹶。职等亦知赌饷甚巨，筹措为难。然粤省以富庶著称，出入款项，果能认真整顿，亦无难筹措。①

---

① 《清实录·宣统政纪》卷33，第583页，宣统二年三月初三日（1910年4月12日）《都察院代递广东京官胡蓉弟等呈》。

粤省民众对赌博之憎恨，很快又迁怒于时任两广总督的袁树勋。1910 年 8 月 13 日，御史胡思敬上折参奏袁树勋前后重要赃罪凡五款，其中一条就是："初在广东，扬言禁赌，得赌商贿三十万，因以全省盐务交赌商包办，事成许再酬二百万。皆一一有据，应按律惩办。"朝廷闻讯即谕令"确切查明，据实覆奏，毋稍徇隐"。①

宣统二年八月下旬，署两广总督袁树勋向朝廷奏报：

> 遵查粤省盐务规费，此次盐务改良，其前提既纯为移抵赌饷……并陈增饷抵赌，为数不敷，试办膏捐数月，收数尚旺。拟自实行禁赌之日起，每年截留二百万，余候部拨。惟膏捐亦非经久之款，停止以后，盐饷又岁有递加，似可藉资赓续。其余尚短赌饷七十余万，则烟酒两项，当可酌量筹捐。②

斯时正值清末立宪运动风起云涌之际，咨议局的出现，迫使督抚不得不正视民间禁赌的呼声。10 月 22 日，广东咨议局向朝廷呈请："明定广东赌博一律禁绝期限，一再陈议，情词迫切，请旨办理。"③

赌饷收入可观，但民间的舆论压力也不容忽视。在权衡禁赌的得失之后，朝廷觉得广东全面禁赌的时机已经成熟。1910 年 12 月 4 日，朝廷降谕：

---

① 《清实录·宣统政纪》卷 38，第 674 页，宣统二年七月初九日（1910 年 8 月 13 日）。

② 《清实录·宣统政纪》卷 41，第 734—735 页，宣统二年八月二十二日（1910 年 9 月 25 日）。

③ 《清实录·宣统政纪》卷 42，第 763 页，宣统二年九月二十日（1910 年 10 月 22 日）。

广东禁赌，部议以筹抵赌饷未足为辞。查资政院预算，广东岁出入总数，计宣统三年所入，实溢三百余万。……核计该省赌饷不过四百余万，除盐务加饷，可实抵二百万外，据督臣袁树勋奏，烟酒等捐，亦可得二百万以外。以所溢者拨抵，尚绰有余裕。粤民吁恳甚切，请饬两广督臣即日禁绝。①

但是，已经取得各种博彩承充权的赌商们又怎肯善罢甘休？加上禁赌的前提是必须从其他渠道得到"抵饷"之款，广东省咨议局内也有不少反对禁赌的议员，因此禁赌政策也并非那么容易推行的。因关系重大，朝廷也不敢催得太紧。到了该年12月30日，朝廷谕令：

广东限期禁赌一案议决情形一折。着度支部、两广总督，按照所陈各节，体察情形，妥定期限，奏明办理。②

次年（1911）1月2日，学部右侍郎李家驹等奏：

粤省赌饷抵款有着，恳恩降旨迅禁，以革秕政而除民害。③

不过，广东省的赌商闻风又拖欠应缴的赌饷，使地方政府

---

① 《清实录·宣统政纪》卷44，第792—793页，宣统二年十一月初三日（1910年12月4日）。

② 《清实录·宣统政纪》卷45，第812页，宣统二年十一月二十九日（1910年12月30日）。

③ 《清实录·宣统政纪》卷46，第817页，宣统二年十二月初二日（1911年1月2日）。

进退两难。为此，朝廷只得采取进一步的措施，查办承赌的商人和经办官员。1911 年 1 月 21 日，朝廷在一份电寄张鸣岐的谕旨中下令：

> 据电奏，粤省绍荣公司，承包基铺山票饷项，欠缴额款及报效等费一百三十余万两，请将承办商人，候补三品京堂苏秉枢暂行革职，勒限追缴等语。着照所请。[①]

经过多年的弛禁历练，广东的赌商对付官府已是相当有经验。明赌易禁，私赌却难以取缔。闻奏后，朝廷于 1911 年 8 月 8 日严令两广总督张鸣岐：

> 粤省私赌盛行，请饬实力查禁一折。着张鸣岐按照所陈各节，严饬所属，认真查禁，务绝根株。[②]

张鸣岐本想从宣统二年（1910）八月一日起开征酒捐，另辟财源，以抵拨赌饷，但又受到酒商的反对，只好暂缓开征。[③] 次年正月，官方旧话重提，酒米行商竟以罢市要挟。[④] 另一方面，由于受禁烟运动影响，广东省原拟由熟烟膏牌照捐所得年饷二百万两亦难以成事。[⑤] 不得已，朝廷把一部分洋药进口加征税收划拨给广东，以抵补禁赌所引起之财政损失。可

---

① 《清实录·宣统政纪》卷 47，第 841—842 页，宣统二年十二月二十一日（1911 年 1 月 21 日）。

② 《清实录·宣统政纪》卷 57，第 1022 页，宣统三年闰六月十四日（1911 年 8 月 8 日）。

③ 《华字日报》宣统二年 7 月 5 日，《酒米行反抗酒捐》。

④ 《华字日报》宣统三年 1 月 29 日，《酒米店罢市之小风潮》。

⑤ 《华字日报》宣统二年 10 月 25 日，《行商大集总商会斥逐区赞森并筹议禁赌情形》。

是，扣除了用于应付其他各项紧急要需的部分之外，余下可充抵拨赌饷的款项大于只有1528000两。到了年中，广东省从各方面只筹得2570118两，相抵之下，财政赤字约为200万两。①而据1911年8月16日张鸣岐向朝廷奏报的数字更为具体：

> 粤省原收赌饷四百七十六万五千七百余两，今因禁赌，筹款抵补，本年尚不敷银一百九十六万八百两，拟筹借以济要需。②

无奈之下，张鸣岐只得用举借外债的办法来解决。③

财政方面的问题勉强解决之后，在贪官污吏的包庇纵容之下，民间私赌又屡禁不止。为了扫除禁赌的障碍，1911年8月20日，两广总督张鸣岐向朝廷奏劾一批文武官员，其中有："市桥汛外委傅荣高，候补千总、前署钟村汛把总陆汝恭，裁缺井汛把总、前署东圃汛外委罗德华，均私收赌规，俱着即行革职。"④

在付出高昂的代价之后，广东省终于实现全面禁赌。然而，在广东省厉行禁赌的同时，澳葡政府却加紧招商承赌，趁机大发横财。这样一来，不但无法遏止炽热的赌风，而且把开赌承饷之利拱手送给洋人，当年广东禁赌"利归他族"的历史将会重演。6月29日，张鸣岐向朝廷电奏时，在电文中提及此事：

---

① 何汉威：《清末广东的赌博和赌税》，第539页。

② 《清实录·宣统政纪》卷57，第1028—1029页，宣统三年闰六月二十二日（1911年8月16日）。

③ 何汉威：《清末广东的赌博和赌税》，第539页。

④ 《清实录·宣统政纪》卷57，第1032—1034页。

查粤自三月朔日禁赌后，省会赌徒纷纷咸往澳门诱人聚赌，且闻葡官有招人劝饷承赌之事，实为粤民切骨之害。赌风一日不尽，盗风一日难除，其理有断然者。此事已商数月，本拟即请钧部与葡交涉，因粤省赌饷甫经停止，诚恐内地各属间有私赌尚未净尽，转为葡人借口，是以先饬各属切实严查，务令一律禁绝，再拟电商办理。①

粤中赌博之害甲于各省，而澳门一地尤为各赌所集之区。本年二月间港督来省，因闻粤有禁赌之事，极力赞成，且称赌博为社会制造各项不法媒介，香港及新租界等处彼已饬属严禁，以期扫此陋习。等语。岐当面谢其意，并以澳门赌风最盛，中国政府如向葡人商请禁赌，拟请其赞助，港督亦即慨允，届时当请英政府赞助。岐因与商明，俟粤呈请政府与葡交涉时，再由港督请英政府同时提议。②

他又希望朝廷透过外交途径向葡人施压，务令粤港澳一体禁赌："现在港督既已达彼政府由英使面允赞助，此机断不可失，应请钧部电知刘使向葡交涉，并请英使电彼政府设法赞助。"③

一个星期之后，即宣统三年六月十一日（1911 年 7 月 6

---

① 前揭《明清时期澳门问题档案文献汇编》（四），第 2143 页，宣统三年六月初四日（1911 年 6 月 29 日）《两广总督张鸣岐为澳门禁赌请电刘式训与葡交涉并请英政府设法赞助事复外务部电文》。

② 《明清时期澳门问题档案文献汇编》（四），第 2143 页，宣统三年六月初四日（1911 年 6 月 29 日）《两广总督张鸣岐为澳门禁赌请电刘式训与葡交涉并请英政府设法赞助事复外务部电文》。

③ 《明清时期澳门问题档案文献汇编》（四），第 2143 页，宣统三年六月初四日（1911 年 6 月 29 日）《两广总督张鸣岐为澳门禁赌请电刘式训与葡交涉并请英政府设法赞助事复外务部电文》。

日)，朝廷在发给驻法国大臣刘式训、驻英国大臣刘玉麟的函件中提到：

> 本月初三日英使来部面称，粤督曾请港督请英政府转达葡政府禁止澳门赌博，兹奉本国外部电称，此事应由中政府自向葡政府交涉，英政府可从旁赞助。等语。当经本部电询粤督，去后。准该督复电称，本年二月间港督来省，因闻粤有禁赌之事，极力赞成，且称赌博为社会制造各项不法媒介，香港及新租界等处彼已饬属严禁，岐并以澳门赌风最盛，中政府如向葡商请禁赌，拟请赞助，港督亦即慨允，届时当电政府同时提议。查粤自禁赌后，省会赌徒咸往澳门诱人聚赌，且闻葡官有招人劝饷承赌之事，实为粤人切骨之害。此事已商数月，现港督既已达彼政府，机不可失，请知照驻法刘大臣向葡政府交涉、驻英〔李〕大臣求英政府赞助。①

港英当局本身的政策本来就禁赌，在这方面与清政府并无冲突之处。但是，澳葡政府基于开赌已久，当然不会轻易放弃从税饷取得的庞大收入。在广东全面禁赌之际，澳门不但没有任何配合动作，而且公开招商承充赌饷。

广东绅民对此极感愤慨，曾专门召集会议商量如何制裁流入内地的澳门私票。据《申报》1911 年 7 月 31 日报道：

> 上月二十九日，粤省各团体假座广东自治会研究会议澳门禁赌事件，由卢梓川主席陈述会议理由，略谓此议由

① 《明清时期澳门问题档案文献汇编》(四)，第 2152 页，宣统三年六月十一日（1911 年 7 月 6 日）《外务部为请商葡政府转饬澳督禁赌并密商英政府设法帮助事致驻法兼使葡国大臣刘式训等函》。

江太史发起，二月时张督曾对众宣言，国家交涉官厅主之，国民交涉士绅任之。现我外部已电饬刘使向葡外部商禁，并闻英政府以港澳毗连，亦力赞成商禁之议，与我外部极表同情，是国家交涉已见开始，我辈士绅应如何助力，以尽责任，请公同研究。随经议决数条：一，联合社团具禀督院，请持人道主义，援照各国协助中国先例，转告外部与葡政府正当交涉。二，征集截缉澳门私票条陈，及对待赌商方法。

但是，随着辛亥革命的逐步迫近，广东局势发生巨变，清政府在广东禁赌之事也成了明日黄花。继1911年2月18日开投氹仔番摊，① 6月14日，澳葡当局对番摊、山票及白鸽票等赌博进行招标之后，② 同年7月15日公开招商承充“澳门番摊”，底价60万元，为期五年；③ 11月25日以封固暗票出投形式，招商承充“澳门、氹仔、路湾山票、白鸽票生意”，以五年为期；12月2日，澳葡政府又颁布了“承充澳氹路白鸽票及山票生意实合同之章程”。④ 12月4日招商暗票承充“澳门、氹仔、路湾阐姓生意”，以三年为期。⑤ 此时，赌商蚁聚澳门，澳葡政府根本不理会广东的事情，只顾坐收其利矣。

---

① 《大西洋澳门督理国课罗（Manual Fortera da Resha）出示招投事》，《澳门政府宪报》1911年2月18日（第7号）。

② 施白蒂：《澳门编年史》（二十世纪）第55页。

③ 《大西洋澳门正督理国课官田为通知事》，《澳门政府宪报》1911年7月15日（第28号）。

④ 《承充澳氹路白鸽票及山票生意实合同之章程》，《澳门政府宪报》1911年12月2日（第48号）。

⑤ 《大西洋澳门国课官田为通知事》，《澳门政府宪报》1911年11月18日（第46号）。

第五章　澳门博彩承充制度的变化

第一节　澳门公物会与博彩业的关系

要研究这个问题，首先要从澳门市政制度说起。

澳门市政制度可以追溯至16世纪。学术界最近找到的一份委黎多《报效始末疏》，写于崇祯元年（1628）。汤开建教授认为这是目前所见最早的一份澳门葡萄牙人向明廷所上的中文奏章，也是第一份向明廷汇报澳门开埠及澳门葡人与明廷早期关系的最为详细的中文文献。委黎多《报效始末疏》第一段文字就是：

> 住广东广州府香山县濠镜岙议事亭西洋商舶臣委黎多等谨奏，为历陈报效始末，仰祈圣鉴事。①

此处所言之“议事亭”，即葡人对早期议事会的俗称。

居澳的葡萄牙人在1583年成立内部自治机构——议事会（又称议事公局），在很长时期实行相当程度的内部自治管理，即担负着现今意义上的中央和地方行政的大多职能，主导澳门葡人的政治。由于葡人居澳以后中国政府仍然长期对澳门进行有效的管治，澳门的葡人实际上对中华帝国和葡萄牙王朝“双

---

① 汤开建：《委黎多〈报效始末疏〉笺正》，第2—4页，广东人民出版社2004年7月版。

重效忠”，与中国政府打好交道，就成为早期议事会极其重要的职能了。萨安东博士认为：华政衙门及理事官一职的起源可追溯到澳门的起始及它在中华帝国内部秩序中地位的逻辑。如果说理事官仅为议事亭手中用来控制“华务”与对中华帝国关系的得心应手的工具的话，“夷目”则是随着将澳门的外国人社团置于中华帝国内政更大范围内——赋予其行政权利及相应的中国官员的礼遇。①

印光任、张汝霖在《澳门记略》中述及议事亭时曰：

> 理事官一曰库官，掌本澳蕃舶税课、兵饷、财货出入之数，修理城台街道，每年通澳佥举诚朴殷富一人为之。蕃书二名，皆唐人。凡郡邑下牒于理事官，理事官用呈禀上之郡邑，字遵汉文，有蕃字小印，融火漆烙于日字下，缄口亦如之。凡法王、兵头、判事官，岁给俸一、二千金有差。理事官食其所赢，不给俸。②

这里所提到的“理事官”，实际上就是检察官。③

检察官一职，自 1583 年议事会成立便存在。初时检察官除负责税务、财政、海关和执行行政措施外，还代表议事会与中国政府沟通，并在 1584 年获香山县政府授权，协调澳门华人与葡人之间的关系。因此，检察官不仅是议事会的一位行政官员，同时也兼有对外和部分司法职能。检察官的职能，除 1738 年不再兼任库官外，大致这样维持了二百多年。④

---

① ［葡］萨安东：《葡萄牙在华外交政策 1841—1854》第 102 页，澳门基金会 1997 年版。

② （清）印光任、张汝霖：《澳门记略》第 65 页，广东高等教育出版社 1988 年版。

③ 吴志良：《澳门政制》第 18 页，澳门基金会 1995 年 7 月版。

④ 吴志良：《澳门政制》第 18 页。

议事会尽管采用葡萄牙中世纪的市政模式，享有国王授予的政治、司法和行政权，但仅代表和维护当地葡萄牙人的利益。虽然王室应居澳葡人的请求，很早豁免公务人员尤其是法官接受兵头的监管，但从一开始，这种强烈自治意愿便使得代表本地政治利益的议事会与代表王室司法架构的大法官意见相左，而两者与行使军事权力的兵头关系也颇为紧张，且这种矛盾和纷争，在相当长的一段时间存在下去。①

自 1783 年葡萄牙《王室制诰》颁布，议事会的大部分管治权力逐渐为代表王室的总督所夺取。1834 年葡萄牙市政改革，从地方自治走向中央集权，澳门议事会的自治权进一步受到影响。徐萨斯在《历史上的澳门》中说：

> 葡萄牙的政治变革使澳门有了一种新的殖民政权。1834 年王室命令，只要新政体适合当地情况，就应立即实行。其中一些措施有：废除王室大法官一职；1835 年，澳督晏德拉解散了议事会。从此，澳督成了行政总督，被授予了最高权力，而议事会只能负责市政事务了。②

1846 年亚马留总督上任后建立殖民统治，1847 年 8 月 20 日颁布法令将检察官职能中有关华人事务部分纳入政府秘书处，检察官只在市政事务方面对议事会负责。③

叶农在《澳葡殖民政府早期政治架构的形成与演变》一文中指出：

> 亚马留出任总督之后，殖民管治制度在澳门的影响日益增加，作为葡萄牙国家代表的总督的权力也跟随扩充膨

---

① 吴志良：《澳门政制》第 10 页。

② ［葡］徐萨斯：《历史上的澳门》第 182 页。

③ 吴志良：《澳门政制》第 18 页。

胀。……公物会、公物库房和公钞会，均是葡政府的财政税收部门，原来均为议事会的下属机构，现均转属于澳督。①

亚马留十分清楚地了解了直隶议事亭的理事官设置的双重意义。他评论说："既然许久以来华人将其视为拥有某种级别的官员……而如今，除了将澳门政府最敏感、最要害的部门交给民选人士这一不便之外，最好不要让华人认为这些事务需由一具有中国官员级别的人来办理。"②

亚马留通过1847年3月27日的部令，将华政衙门从议事亭手中转入里斯本政府秘书处的执掌下，也就是说，转由总督控制。"这一措施立即获里斯本政府的认可。1848年8月，它排除了1845年6月掀起的风浪，强调了对此措施的认可。"③这样，议事会最终只能行使剩余的权力。

作为澳门地区控制公共财政主要税收来源——博彩税的职能部门，公物会起初属议事会管辖，亚马留出任澳督之前已脱离议事会，成为一个新的机构。澳门历史档案馆关于公物会的葡文档案中，有以下这样一段记载（译文）：

突破狭隘商业市场的格局之后，澳门在短短时间内迅速拥有了相对繁盛的商业贸易，也拥有了许多各种各样的永久居民和临时居民，成为一个小型的都市。商业与人口的迅速膨胀，需要更加稳固和更规范化的行政和财政体制，这就催生了新的行政架构，这是非常重要的。该新型

① 叶农：《澳葡殖民政府早期政治架构的形成与演变》，《暨南学报》2004年第4期。

② 萨安东：《葡萄牙在华外交政策1841—1854》第103页。

③ 萨安东：《葡萄牙在华外交政策1841—1854》第104页。

架构用于处理日益复杂的商业、社会生活，以及可以处理“公物”的模式。于是，一项极有必要的管理手段出现在这个位于中国境内的“天主圣名之城”里，建立起一个特殊的机构——澳门议事公局，其职能包括行政、外交、司法与市政等范畴。

初期在议事公局的组织内，城市检察官（华务检察官）负责管理公帑。他除了获赋予其余的职责外，还管理税务、稽查市政委员和公物会。根据1738年5月2日的皇室命令，基于管理不善为理由，将公物会脱离检察官。此皇室命令仅在八年后才得以实施。此时，议事公局已成为一个独立实体，并具有权限管理及监察澳门公物会，成为完全独立监控收入及公共开支的实体。将公共事务如此重要的领域实行集中制，在1837年才开始有迹象将之改变。至1844年，公物会逐步制度化而成为一个新的机构。①

根据葡文档案记载，澳门公物会（Junta da Fazenda Publica de Macau）脱离议事会以后，其大事记要如下：

1844年9月20日	澳门、帝汶、苏洛省公物会成立
1856年	帝汶脱离“澳门、帝汶、苏洛省”
1888年12月20日	澳门、苏洛省公物会按照法令终止，成立澳门省公物会并于1889年8月运作

① Maria Helena Evora, *Boletim do Aquivo Historico de Macau*, Instituto Cultural de Macau (1996). 1. 2. A Fazenda Publica de Macau. Fundo dos serviços de finanças de Macau. Datas extremas: 1843—1954. No. do Vol. 921.

（续上表）

1890年4月至1896年12月	澳门、帝汶省公物会时期（按照1896年12月31日B.O 52号政府宪报增刊，帝汶实现自治）
1897年1月至1902年3月	澳门省公物会时期
1901年10月	澳门省公物会升格为一个高级部门（于1902年4月实施）。①

此后，澳门公物会就逐步演变成为一个政府财政部门了。

公物会虽然归澳督管辖，但澳门的土生葡人势力仍然很大，手中仍然握有一定的剩余权力。因此，澳督在不满的同时，仍经常与他们妥协。

在葡萄牙步兵少校贾拉沙（Joaquim Joze da Graça）接替施理华（Carlos Eugènio Corrêa da Silva）担任澳督期间（1879年11月至1883年4月，时为澳门帝汶总督），他与澳门公物会之间就番摊承充问题发生过矛盾。这场风波的主角，一方是葡萄牙王室代表——澳督，另一方是澳门土生葡人为主体的议事会。

公物会本来是议事会属下的一个机构，具有筹措地方财政经费的功能。由澳门博彩开始合法化那时起，每年宣布承充赌饷以及公布博彩税收益的，都是澳门公物会。② 到了1888年初，闱姓、番摊和白鸽票这些重要的博彩项目收入，均被并入

① *Boletim do Aquivo Historico de Macau*，Instituto Cultural de Macau（1996）. 1. 2. A Fazenda Publica de Macau. Fundo dos serviços de finanças de Macau. Datas extremas：1843－1954. No. do Vol. 921. 1. 3－Quadro Cronológico.

② 如 B. O. 1847. No. 6. Co689、 B. O. 1848. No. 17. Co689、 B. O. 1849. No. 77. Co689、B. O. 1853. No. 26. Co. 690、 B. O. 1860. No. 44. Co690. 等。

"澳门帝汶省 1887—1888 经济年度财政收入"账目中去了。①

第二节　澳督与公物会对"选择性开标"的分歧

19 世纪 70 年代末，承充番摊已是澳葡政府相当重要的税收，里斯本方面也极为重视澳门的番摊赌饷收入是否正常。由于审批番摊赌饷和鸦片售卖的权力具体由澳门公物会包办，而公物会理事官又一度采取"选择性开标"的办法，并非价高者得，很容易出现私相授受、贪污舞弊的情形。1879 年 2 月，澳督与公物会理事官为熟鸦片及番摊承充问题发生分歧，导致当年的番摊承充被迫押后。收到有关报告之后，葡萄牙海军部部长兼海外部部长（大西洋钦命管理水师军务兼管外洋）多马斯·利未罗（Thomás António Riberio Ferreira）代表"大西洋朝廷"即葡萄牙政府发来了一份官方文件：

> 查承充番摊一款，为澳门饷项大宗，其投充前一日，适该理事官批断不允办理此熟烟之案，真为有碍时宜，更加可恨。今澳门地扪总督饬将该理事官批词更正，实符澳门应行定例及超显澳门政事紧要。②

对于这宗澳门理事官因熟鸦片问题影响番摊承充的事件，里斯本政府行文下令：

---

① 《澳门政府宪报》1888 年 3 月 21 日（第 11 号第二附报），Provincia de Macau e Timor-Receita do ano economico de 1887—1888.

② 《澳门政府宪报》1879 年 2 月 1 日（第 5 号），《大西洋钦命管理水师军务兼管外洋》，多马斯·利未罗（Thomás António Ribeiro Ferreira）咨文 124 号。

> 兹据外洋属地商议局遵查复奏情事，俱着照所议办理。澳门地扪总督一千八百七十八年八月十四日第五十一号札谕，着准照行。澳门理事官所禀，着不准行，转行澳门地扪总督知照该部知道。①

经过里斯本干预，澳门公物会才宣布于三月初七日午后一点钟，在公物会“一齐出投在氹仔煮鸦片烟及卖熟鸦片烟并番摊二项生意领牌，准人承办”。但公物会又留了一手：“如有出价至高，不合公物会宪之意，任宪权宜，不准其承办亦得。”②

根据公物会理事官的命令，澳门公物会书记官亚宋生发出了内容相同的通知，通告有意承充的商人可于办公日每日十点钟至三点钟到该公所查看承充的条件和规则。③

这一年，澳葡政府的赌税收入十分可观。除了年初的鸦片及番摊生意承充之外，该年还于8月开投了“番摊馆十二间，并纸牌会馆三间”，期限一年；④ 次年再度招商，条件不变。⑤ 11月，开投了白鸽票生意，同时规定并非价高者得，即使

---

① 《澳门政府宪报》1879年2月1日（第5号），多马斯·利未罗咨文124号。

② 《澳门政府宪报》1879年3月15日（第11号），《澳门公物会书记官亚宋生奉公物会宪命为出字通知事》。

③ 《澳门政府宪报》1879年3月15日（第11号），《澳门公物会书记官亚宋生奉公物会宪命为出字通知事》。

④ 《澳门政府宪报》1879年8月2日（第31号），《澳门公物会书记官亚宋生奉公物会宪命出字通知事》：“西本月十一日、即光绪五年六月廿四日午后一点钟，在本公物会公所准人领照开番摊馆十二间，并纸牌会馆三间，其大概章程，照上年款式样。”

⑤ 《澳门政府宪报》1880年7月31日（第31号），《澳门公物会书记亚宋生奉公物会宪命为通知事》：“定于（农历）七月十三日一点钟，在本公所当公物会宪前将澳门番摊馆十二间并打纸牌公司三间招人领牌，其章程照旧岁一律办理……”

“有出至高规价”，但只要“不合公物会宪之意，不准其承充亦得”。[①] 这里面的文章就大了。起码在赌商眼里，出价高低并非最重要，只有公物会理事官认可才能算数。

是次白鸽票公开招商反应冷淡，澳门公物会不得不于当月再次发出通告重新招人承充。不过条件依然不变，仍然保留“如有出价最高，不合会宪之意，任由不准其充亦可”的规定。[②] 公开招标而又不是价高者得，全由公物会“会宪”的个人意思决定拍板，这里面自然很容易产生猫腻。既然不是价高者得，赌商就会千方百计贿赂公物会理事官，以较低的价格中标，取得来年的赌权。

1880 年 2 月，澳门公物会招商承充“过路湾番摊赌博并卖熟鸦片烟之揽头生意”时，维持澳门与氹仔招商的有关规定，专卖生意以两年为期，“并保独准承充人带熟鸦片烟入过路湾，如有出价至高、不合公物会宪之意，不准其承充亦得”。[③] 也就是说，除澳门半岛之外，氹仔与路环两岛的番摊、熟鸦片专卖招商，也同样由澳门公物会包办。公物会理事官一言九鼎，连澳督也不放在眼里，赌商当然争相巴结这位官吏，使他满意之后才能够取得专卖生意的承充权。

---

① 《澳门政府宪报》1879 年 11 月 1 日（第 44 号），《大西洋澳门公物会代书记管数官咖斯吔咾（Manuel de Castilho）奉公物会命为通知事》：“缘定十月十二日午后一点钟，在公物会公所当公物会宪台前将卖白鸽票揽头生意出投，准人承充。如有出至高规价、不合公物会宪之意，不准其承充亦得。”

② 《澳门政府宪报》1879 年 11 月 15 日（第 46 号），《澳门公物会书记亚宋生奉公物会宪命为通知事》：“照得前定本月十二日将承充白鸽票生意出投，于是日无人接充，今再定于十月十九日午时壹点钟，在本公所当本公会大宪面前出投，招人承充，如有出价最高，不合会宪之意，任由不准其充亦可。”

③ 《澳门政府宪报》1880 年 2 月 28 日（第 9 号），《澳门代公物会书记官管数官家 Manuel de Castilho 奉公物会宪命为出字通知事》。

在这段期间，澳督被尊称为“督宪”，公物会居然在上述通告中把自己的理事官称作“会宪”，暗示与“督宪”平坐。华商若已向公物会领取番摊、闱姓、白鸽票、熟鸦片及猪牛肉贩卖执照者，便不必另行向政府缴纳“公钞”税。1880 年 7 月 12 日《澳门政府宪报》刊登了澳门辅政使司噶地喇哑代澳门帝汶总督贾拉沙发布的一段法律通告称：

> 业经将一千八百七十八年十一月三十日澳门及所属地方各华人行铺生意公钞及点街灯公钞章程奏闻，兹于西纪本年三月三十一日奉第二十一号上谕，着将该章程再行刊颁……附款二：番摊馆、闱姓厂、白鸽票厂、熟鸦片烟馆、猪肉台、牛肉栏、卖盐店，以上各项铺店厂等，如不增做别样生意，不关本章程所定领新牌规矩等情，因该铺店厂等所领之牌，系凭与公物会所立合同为据矣。①

第三节　澳督罗沙制止直接向赌商抽饷

但是，土生葡人控制的议事公局于三年后（1883）再次向赌商实行双重课税。在赌商缴纳了承充博彩生意的款项之后，议事公局又向各闱姓馆经营者征收一般商户所交的公钞。此举令赌商们大为不满，联合向澳督提起申诉。承充博彩生意的收入属地方收益，而公钞则属于“国课”，被视为葡萄牙的国家税收。此时澳门虽然可以公开赌博，但只是总督权限内批准的一种特殊行业，并非葡萄牙王室所准。议事公局向闱姓馆征收公钞，便等于由葡萄牙政府正式承认澳门开赌合法化。澳督遂行使职权予以纠正，制止咁麻喇（cămara，即议事公局）对闱

---

① 《澳门政府宪报》1880 年 7 月 12 日（第 28 号附报），《大西洋钦命澳门地扪及所属地方总督贾为谕知遵照事》。

姓馆抽收公钞的不合理做法。

《澳门政府宪报》于 1884 年 3 月 15 日发布由澳督罗沙(Tomás de Sousa Rosa)、辅政司和葡萄牙国家律师共同签署的《大西洋澳门公会公同会议》公告：

> 据闱姓承充人前来上控禀称，议事公局咁麻喇经定向各闱姓馆抽收公局公钞，前经具禀求免，而议事公局批不准所禀，是以特来上控，等情。查议事公局向各闱姓馆抽收公钞，即是曲道而行，向承充人抽收无异，因向各馆抽收，而该馆定必纳少规项与承充人，是承充人所赚必少也。查该议事公局原本无权向承充人抽饷，如可向承充人抽收税饷，则该税饷即是归国课所出，便违国例。督宪罗、辅政司咖士度、故老士、吡唎喇、国家律师唎登画押。①

公告中“查该议事公局原本无权向承充人抽饷，如可向承充人抽收税饷，则该税饷即是归国课所出，便违国例”这一句，点出了问题的要害之处。既然葡萄牙本土尚未批准赌博合法化，直接向赌商抽饷便是承认开赌合法，有违当时葡萄牙的禁赌法律。

第四节　番摊承充办法和条例的变更

一、赌商要求独家专营引起的修章

1880 年 8 月，澳门公物会准备公开竞投“澳门番摊馆 12

① 《澳门政府宪报》1884 年 3 月 15 日（第 11 号），《大西洋澳门公会公同会议》。

间并打纸牌公司 3 间”。[①] 《澳门政府公报》发出有关通告之后，情况突然发生变化，有人向公物会表示可以高价承充澳门 12 间番摊馆，但同时要求“全盘领取”即实行独家专营。于是，澳门公物会随即发表由澳督签署的通告，表示愿意修改番摊章程：

查本月十三日乃是招人领牌之期，系自八月初七日起计。惟现日多有欲行全盘领取，是以公物会当众定其出投至高有益于该会者，但当时投者纷纷呈出章程。本部堂查阅章程，虽属多有裨于该会，究与领牌之例不符，因照旧领牌，不若承充竞取，增益更多。本部堂谅将旧章更改，必于该会有裨，而库款入息更丰，故与该会妥商，亦经允协。兹特照下所列该会准行定章，将澳门番摊改期于本月十九日出投。[②]

同期刊出的《澳门政府宪报》附报，则把承充的番摊馆由 12 间增至 16 间，对承充条件作出一系列补充规定：

1. 承充番摊以一年为期。

2. 该承充人限开十六间馆为止，如所开不足十六间之数，亦要纳足十六间之规。附款一：该番摊馆所设何处，任承充人意见，但由妈阁起至关闸止。

3. 该承充人应每月预先禀报华政衙门并巡捕兵营知悉，来月系在某街？欲开馆若干？

---

① 《澳门政府宪报》1880 年 7 月 31 日（第 31 号），《澳门公物会书记亚宋生奉公物会宪命为通知事》。

② 《澳门政府宪报》1880 年 8 月 19 日（第 33 号附报），《大西洋钦命澳门地扪暨所属地方总督贾为谕知遵照事》。

4. 所纳之规，系每月十五日上期。倘逾期三日不纳，则罚银按每百元每月十大元算。

5. 倘馆中事有未妥，为承充人是问。如馆中有事，本官自当度其时势，调兵助理。

6. 所有二等牌馆，或下等牌馆，并掷骰子馆，及掷绵羊各款赌博，均仍旧严禁。

7. 凡有私开赌馆，固有碍于公物会，亦有损于承充人，须按丁丑年七月初三日第七十七号札谕内第三款，罚银壹千元，另照例所定各款而办。

8. 本合同内倘有争论之处，归公物会断明。如系犯有罪案，则归各应理之衙门办理。①

上述变更条件除了增加番摊馆的数目之外，还禁止二等牌馆、下等牌馆、骰子馆及掷绵羊等杂赌。作为保护博彩专营权的回报，公物会对于私开赌馆者从重处罚，罚金高达1000元之巨。上述条款写得很清楚，赌馆的经营直接受公物会管理和制约，公物会甚至可以调兵处置赌馆发生的纠纷。不过，治安管理权仍属总督辖下的巡捕兵营，番摊馆承充人每月需向华政衙门与巡捕兵营禀报下月开始摊馆的地点，以便巡捕营派人到该区巡查。

次年（1881）7月进行的澳门番摊承充生意出投，澳门公物会发出的通告已经作出明显的修改。主要的修改处包括如下几点：

1. 须先交贮银一万元，方准出声投价；

2. 承充人应出银二万五千元为担保遵守本合同，如

① 《澳门政府宪报》1880年8月19日（第33号附报），《投十六间番摊馆章程》。

因承充人之事，或承充人之错处，将合同销废，所有担保银应归公物会充公；

3. 允许承充人找人担保，但须查明殷实合例；

4. 以出价最高、合本公会宪意者，方准承充。①

最重要的修改之处是最后一点，虽然还有“合本公会宪意者，方准承充”这一句，但与旧例“如有出价最高，不合会宪之意，任由不准其充亦可”的规定比较，毕竟已有分别，妙处在于把公物会理事官的“否决权”改为“同意权”。这样，修例之后虽仍保留“合会宪意”的条款，但在澳督贾拉沙的压力下，实际上承充竞投已改为价高者得，政府的收入也水涨船高。

据当时的官方统计，1878—1882 年澳府的“中式彩票”即闱姓票的税收从 84941 两增至 1811333 两，番摊税收从 109650 两增至 130000 两；政府总收入也从 366682 两逐步上升至 506807 两。

1883 年 8 月，公会招人出投承充澳门番摊，以一年为期，章程又改回“如有出价至高，不合公物会宪意者，不准其承充亦得”。②

究竟是公物会理事官重新拿回了否决权，还是表面上的功夫，那需要作进一步考证。不过，当年《澳门政府宪报》公布的统计数据显示：1884—1885 年度闱姓彩票收入达到 30 万余元的摩顶新高，次年却大幅度下滑至 10 万元，连番摊赌饷也

① 《澳门政府宪报》1881 年 7 月 2 日（第 26 号第二附报），《大西洋澳门公物会书记亚宋生奉公物会宪命》。

② 《澳门政府宪报》1883 年 8 月 4 日（第 31 号），《大西洋澳门公物会代书记署管数官霸波沙奉公物会命为通知事》。

从13万元跌至11万余元。①

二、明喊与暗票竞投方式的转换

澳门公物会每次招商承充博彩牌照，都是采用“明喊”竞投的方式。这样的竞投方式比较简单，谁人出价，谁出的价码最高，一目了然。但弊端也同时存在，如果参与竞投的赌商串通一气，事前谈妥彼此可得的利益，竞投时联手压价，也有可能得逞。所以，澳门公物会有时会采用“暗投承充”的方式，避免赌商们联手压价。

番摊在澳门博彩业中历来是最能赢利的赌种，广东禁赌期间，赌商对澳门市场更是看重。因此，这一时期的番摊承充生意吸引了不少赌商。1884年公物会招商承充的澳门番摊生意，以一年为期（1884年9月11日至1885年9月10日），但已改为“暗投承充”。竞投章程订明“所投之票，须用信套加火漆封固，并盖该原人印章，其信面要写明递至公物会收，并书明投票之人姓名。每投一票，要先交出压票银一万元，贮在公物会银库，为担保此票，该万元要银。”②

“暗投承充”的开标办法有别于“明喊”竞投，暗投承充开标时，必须“当堂将各人所投之票拆看，如该票所出至高之价、合公物会意者，方准其承充。如所出至高之价、不合公物会意者，任从公物会酌量如何有裨于国课办理。若有两三票同价，

---

① 《澳门政府宪报》葡文档案，澳门历史档案馆缩微胶卷B.O.1885年、1886年。

② 《澳门政府宪报》1884年6月7日（第23号），《大西洋澳门公物会书记亚宋生奉公物会命为通知事》。

并其价合公物会意者，即准该同票人另行明投，以价高者得”。[1]

到了光绪三十二年（1906），澳葡政府仍然采用“明喊”的方式竞投番摊的经营权。承充期增加至五年，底价和中标价都比20年前大大提高。[2]

不过，次年（1907）1月21日澳葡政府开投“澳门番摊生意”，改用“封固之暗票”，所订明的承充期由1907年7月1日至1912年6月30日止，其中规定“1. 压票银三万八千七百五十元。2. 投票者不遵章程则将压票银充公。3. 竞投以银三十八万七千五百元为底价，如出价至高之票有同票者，该同票再行明投”。[3]这次开标澳葡何以“弃明投暗”？此事可能与内地政局有关。当时极力禁赌的岑春煊离粤，周馥任两广总督，期间粤省盗匪四起，驻粤武员庇赌收规。广东禁赌有名无实，[4] 澳门赌商生意难做，改用“暗票”比较稳妥。

这次暗票承投，终由华商萧登、卢光裕以高出底价62500元的最高价中标，每年规银450000元。章程主要内容有：

1. 合同以五年为期，自西一千九百零七年七月初一日起，至一千九百一十二年六月三十日止。

2. 所有承充规银须按每月十五日到公钞局上期交纳一次。

3. 如承充人于每月十五日内之前十日不交纳规银，督宪可将合同销废。

---

① 《澳门政府宪报》1884年6月7日（第23号），《大西洋澳门公物会书记亚宋生奉公物会命为通知事》。

② 《澳门政府宪报》1906年12月22日（第51号），《大西洋钦命澳门督理国课官柯为招人出投事》。

③ 《澳门政府宪报》1906年12月22日（第51号），《大西洋钦命澳门督理国课官柯为招人出投事》。

④ 见本书第三章《岑春煊时期》一节。

4. 承充人欲开设摊馆若干间，均为其主意。并可由关闸至妈阁之内，无拘何处皆可开设，但欲设在何处，须先报澳督允准。

5. 承充人每月须将下月在何处开设番摊馆并开设若干间数开列二单。一单送交巡捕兵营，一单送呈华政务厅备查。

6. 承充人所开摊馆内均须用人看守，本澳地方官亦有权到该摊馆稽查。如该各摊馆遇有扰乱等事，地方官亦必派兵前往保护。

7. 所有第二等或下等牌馆，并执骰各赌博，如骰宝、绵羊、牛转及一切别项相类执骰等赌，概行严禁。

8. 所有私开之赌馆与本国及承充人有碍者，须按一千八百八十七年八月十一日第七十七号宪报颁行之札谕第三款所载事理罚银一千元，仍照例惩办。该罚款半归国课衙门，半归承充人。（下略）①

第五节　1881年后的澳门、氹仔与过路湾闱姓承充

1881年4月，澳门公物会宣布定于5月15日公开招商承充澳门、氹仔、过路湾的闱姓票生意。先决条件与番摊馆一样，即“有出价至高，未合本公会宪意者，即权宜不准其承充亦得”。承充人应立即交出现银10万元作为担保。这笔钱可以贮在公物会库房，或以公物会名义存入在香港各银行亦可。承充人也可以选择以一半香港各银行股份折价，其余一半为现款。第三项选择则是其担保亦可准一半或不及一半用本澳产业作按，其余银亦要缴付现银。不过按出之物业须经购买保险者

---

① 《澳门政府宪报》1907年3月16日（第17号），《大西洋钦命澳门督理国课官柯为示知事》。

才可。条款规定：

> 不论何时，如有照合同内所载之款准为销废者，其合同之担保即什么原故，均不能收回，即要归公物会为赔补停止受益之亏，惟每年尾准其承充人收回其担保项三分之一，但其三分一或系银行股份，或系产业，均不能过于所存贮银之数，要照十六款内附款第二、三之度数而行。①

由于澳门公物会握有澳门、氹仔、过路湾的闱姓票生意承充大权，赌商赢得竞投的关键依然不是最高出价，而是“合会宪意”。这段时期澳门的闱姓票生意与番摊赌馆同样兴旺，两大项税收相差无几。由此可见，公物会理事官手上握着的是一大块肥肉，令人垂涎。

不过，这次承充并不顺利，有赌商投得澳门、氹仔、过路湾承充闱姓生意并签订合同后，不知何故竟然打退堂鼓，公物会不得不为此进行第二次招商。1881 年 7 月 6 日，公物会在一份法律通告中宣布已将澳门、氹仔、过路湾承充闱姓生意合同销废，定于 7 月 21 日下午一时，在公物会大堂将澳门、氹仔、过路湾承充闱姓生意再行出投。这次重新出投订出新的条件，包括：

> 1. 无论谁人欲投，必须先交贮银二万元，然后准其开口投价。
> 2. 如有出价至高者，仍要合本公会宪意，方准承充。
> 3. 承充人应交出银十万元为担保遵守此合同。
> 4. 当投毕之时，要立即交出所定之保据，或交现银，

① 《澳门政府宪报》1881 年 4 月 26 日（第 17 号附报），《澳门公物会书记亚宋生奉公物会宪命》。

或银行股份单，或将屋业作按之单，一并交出，方算投成为实。

5. 如有因承充之事，或承充人之过处，将合同销废，另行再投。[1]

三年承充期届满，1884年澳门公物会再度举行澳门、氹仔、过路湾闱姓生意招商投时，定为“暗投承充”，以三年为期（1884年9月27日至1887年9月26日）。开标方式是：

在公会各宪面前当堂将各人所投之票开拆，如该票所出至高之价，合公物会之意，方准其承充。如所出至高之价，不合公物会意者，任从公物会酌量如何有裨国课办理。倘有三两票同价，并其价合公物会意者，即准该人明投，以价高者得。如经公物会准其承充，即刻要该承充人交出银七万元，连压票银三万元，共成十万元，系依合同十五款内所定担保银十万元为准。如不遵守本款，即将所准承充销废，并将压票银三万元充公。至于担保银十万之项，准其一半，即值五万银，交出屋业作按，为替换担保，其屋业要坐落本澳，并无按典及经买火烛保险者方可。但是日开投完堂之后，所有未投得之压票银三万元交回原人。至担保之银十万，俟满承充合同第一年可收回银二万五千元；至满第二年，亦收回银二万五千元，其余五万仍然贮下为担保第三年。如有屋业交出作按，其业所值不得过于担保银之半。[2]

---

① 《澳门政府宪报》1881年7月6日（第27号附报），《大西洋澳门公物会书记亚宋生奉公物会宪命为通知事》。

② 《澳门政府宪报》1884年5月31日（第22号），《大西洋澳门公物会书记亚宋生奉公物会命为通知事》。

与三年前的合同相比，这次招商承充的条件有几点重要的修改。一是公物会理事官的否决权有所减轻，变成“如所出至高之价，不合公物会意者，任从公物会酌量如何有裨国课办理。倘有三两票同价，并其价合公物会意者，即准该人明投，以价高者得”。二是赌商缴付的担保银由十万元现款改为“银七万元，连压票银三万元”。这属于竞投条件的放宽，相信与澳葡政府对经营者的信任程度和经营环境困难有关。

到了1894年，澳督对所有的博彩专营批给已明显拥有否决权。例如该年的新春骰宝牌照，就明文规定：

> 立暂行合同之后，须俟详上督宪批准，方算为实。①

1902年8月，澳门公物会招商竞投澳门、氹仔、过路湾闱姓生意专营牌照时，采取暗票承充办法。这次暗票承充是按照葡萄牙海军及海外事务部部长的命令，“于总管外洋属地国课事务衙门本年五月十二日第三百四十七号申文内批饬事理”。竞投条件已有所变化，主要变化为：

> 1. 压票银下降至六千元。
>
> 2. 所定之暗票格式可用华字书写。
>
> 3. 谁出价至高，准令承充；承充人须立即加足担保银两，并签立草合同，并听候大西洋朝廷批准，方作为实。
>
> 4. 担保合同须用现金，承充后欲取回部分，准换用产业作按。
>
> 5. 该合同不准用人担保。

① 《澳门政府宪报》1894年12月22日（第51号），《大西洋钦命澳门督理国课官巴为通知事》。

6. 设立竞投底价六万元，如有同价则另行明喊。①

第六节　氹仔番摊允许加开赌船

澳葡政府把澳门与氹仔的番摊生意分开竞投，主要是为了增加博彩的税收。澳门与氹仔、路环的人口有相当大的差别，在人口众多的澳门半岛开番摊赌档，生意当然要比两个离岛好得多，竞投条件也有分别。

1882年2月22日，澳门公物会书记亚宋生奉命发出一项通知，宣布招人承充氹仔番摊鸦片膏生意，以一年为期，但订明：

> 如出价至高，不合大宪意者，不准其承充亦得。如有欲投者，必须先交出银四百大元，贮在公物会库房，方准其开声投价。倘系投得者，必须交出担保银一千二百元，以为担保遵守合同。②

这次公开竞投的结果，澳门华商卢九、胡衮臣三人中标，获得承充氹仔番摊并鸦片烟生意的专利权一年。承充条件包括：

1. 限一年为期，只限在氹仔村。

2. 规银一年8800元，每月上期交纳；如过期则每年每百元罚银八元。

3. 承充人自己或其允许之人，方能经营。

---

① 《澳门政府宪报》1902年7月26日（第30号），《大西洋钦命澳门正督理国课官方为出投闱姓生意事》。

② 《澳门政府宪报》1882年2月22日（第7号附报），《大西洋澳门公物会书记亚宋生奉公物会命为通知事》。

4. 准许在氹仔埠海面设四只番摊船。[1]

该合同严格限制番摊与鸦片的营业范围，不能超出氹仔村，但允许赌商在氹仔附近海面开设赌船，在船上开赌。当年的氹仔还只是一个小岛，人口少得可怜，赌权从陆地延伸到海上，这实际上等于扩大了赌商在氹仔营赌的范围，使无利可图的生意逐渐变得吸引人了。澳葡当局是怎样想出这个办法的呢？原来是受了赌商的“启发”。

据《澳门编年史》载：

1874 年，财政署管理委员会拍卖在潭仔[2]经营番摊赌博和熟鸦片的专营权。[3]

1875 年 8 月 13 日，1874 年番摊专营获取人不满足于在陆上经营，故安排两只船开往潭仔海面。船上赌博一直到深夜，但遭据点军事长官禁止。[4]

很明显，是赌商偷开水上番摊在先。被澳葡当局发现后，起初是禁止，后来发现开赌船可以增加收入，就干脆改为招商承充，赌船也因而由非法时期的两艘增至合法经营时期的四艘。招商合法开赌之后，氹仔很快就繁荣起来了：

1880 年，这一年在氹仔开设了 403 间商铺和货栈，上缴财政的税款共有 2838.60 元；该收益由专营者直接上

---

① 《澳门政府宪报》1882 年 4 月 15 日（第 15 号），《大西洋澳门公物会书记亚宋生奉公物会命为通知事》。

② 潭仔即氹仔；“财政署管理委员会”即公物会。

③ 施白蒂：《澳门编年史》（十九世纪）第 197 页。

④ 施白蒂：《澳门编年史》（十九世纪）第 197 页。

缴财政署金库。专营权涉及经营猪肉、番摊博彩、鸦片和咸鱼。①

第七节　科举停考前后的澳门闱姓

一、停办闱试风声鹤唳

光绪二十九年（1903），内地盛传朝廷即将停办闱试。这一消息不但令一众闱商急如热锅上的蚂蚁，澳葡政府闻讯也极为焦虑。因闱姓已是澳门重要的财税收入，中国官方一旦停止闱试，势必对澳门赌业造成无法估量的影响。闱姓在澳门已经承饷多年，只要清廷一日不宣布停止闱试，澳葡政府手中的这只会下金蛋的母鸡，就一日不会停止为他们带来滚滚财富。不过，为防止意外，葡萄牙人还是采取了一些必要的防范措施。

1903年5月23日，《澳门政府宪报》刊登了由“大西洋正督理国课官方”发出的一份公告。公告作出了以下重要规定：

如广东省城闱姓开收无异，则承充人……必须每月照数清纳规银（第十三款）；如广东省城闱姓禁止不开，则上款所论按月纳规若干，定实每月纳银二万零八百三十三元三毫三仙三，即照每年二十万元计算，自广东省城禁止闱姓之日起，三个月后，即照缴纳（第十四款）；如大西洋驻广州总领事官来文，内有声明中国上谕及大宪告示颁行禁止闱姓日期，则以上谕及告示所颁行之日为中国禁止闱姓之日，若无中国上谕及大宪告示颁行日期，则以总领事来文之日，为禁止闱姓之日（第十五款）；每月规银须要上期缴纳（第十六款）；若省城于禁止闱姓之后复开，则承充人每月规银仍照旧缴纳（第十七款）；

---

① 施白蒂：《澳门编年史》（十九世纪）第221页。

若因中国裁撤科举而不开收闱姓，则承充人毋须缴纳每月规银。倘裁撤试场之日，承充人已将是月规银上期缴纳，则国课衙门应将所收是月之上期规银，由裁撤试场日起计，交还承充人。附款A、若但系停止试场，则须等至六个月后，尚无复行考试明文，该承充人乃毋庸按月缴纳规银。附款B、若等至一年之久，仍无考试明文，则将承充合同销废，并将担保银给还至停考后。……（第十八款）三年承充期内，若中国官方明文禁止闱姓，或别有缘故，省城禁开闱姓而该承充期限未满者，虽所差不及一年，该承充人亦可将其未满期之权利，转让别人（第廿一款）。①

上述措施以广东省城闱姓开与不开为依据。开则一切如常；如果广东省官方禁止不开，则按照中国上谕及两广总督（大宪）颁布的日期执行预防措施。若无中国上谕及大宪告示颁行日期，就要以葡萄牙驻广州总领事来文之日为准，为禁止闱姓之日期。这份公告对于广东省城闱姓开办的收票与纳税办法、省城禁止闱姓的善后问题，以及若省城于禁止闱姓之后复行开办，澳门的票场又该如何收票、纳税等情况，均一一进退有据，颇为详尽。

二、取消科举后的澳门闱姓生意

光绪三十二年（1906）清廷取消科举考试之后，澳门的闱姓彩票业务本来已经逐渐式微；但大批读书人因科举取消而感到前路茫茫，朝廷也不得不考虑为他们提供新的出路。早在光

① 《澳门政府宪报》1903年5月23日（第21号），《大西洋正督理国课官方公告》。

绪三十一年（1905），直隶总督袁世凯等在奏停科举折中“请十年三科内优贡加额录取”。[①]时各省合计举贡人员达数万人，生员数十万。科举虽然停止，仍需给这批读书人以出路。据王德昭先生考：

> 生员补考优贡于光绪三十三年与宣统元年各曾举行一次，补考拔贡与考职于宣统元年曾举行一次，举贡考职于光绪三十三年与宣统二年曾各举行一次，再过一年，清亡。[②]

令澳门闱商柳暗花明又一村的“举人优贡考职”，就是在这样的特殊环境下产生的。

1907年3月16日的《澳门政府宪报》刊登了一份通告，批准特别在澳门、氹仔、路环另开一次过闱姓生意，准与华商孔咏裳、黄大经、萧登、卢廉若承充，每月规银5167元。章程包括如下要点：

> 第一款：此一次过闱姓票生意，承充之期至短不得少于三个月。系自西本月十四日起计，至中国奉谕旨举行之举人优贡考职之试事完竣为止。
>
> 第二款：该考试闱姓虽或中变不能开成，承充人仍须将至短三个月期之规银数照纳。
>
> 第三款：承充人于已纳到短三个月期规银之外，若有多纳虽或该闱姓中变不能开成，承充人亦不能将已纳多之规索取给回。
>
> 第四款：按柜银一万元或照两个月规银之数。

---

① 《清史稿》卷160，志81，选举一，学校一。

② 王德昭：《清代科举制度研究》第246页，广东经济出版社1997年11月版。

> 第五款：所有各章程并闱姓开收如何做法，均查照旧承充闱姓合同。
>
> 第六款：按照第一款所指，承充人须将中国或北京或省城得来之真实凭据呈交国课衙门，俾知考试之事实系何日举行。①

该章程所定的每月规银 5167 元，与朝廷取消闱试之前的澳门、氹仔、路环闱姓每年规银相比，基本上是一致的。因为卢廉若、崔寿宸、萧登 1905 年 6 月 28 日成功投得澳门、氹仔、路环闱姓生意时，中标的每年规银是 6.2 万元，除以 12 个月，每月就是 5166.6 元。可见，澳葡政府认为这项生意仍然可为。至于承充的商人能否赚钱，那就是另一回事了。

第八节　白鸽票及山票的竞投风波

1903—1908 年的澳门、氹仔、过路湾白鸽票生意，原是由澳门赌商萧登承充，他于 1902 年 11 月 17 日中标。刊于 1903 年 5 月 9 日《澳门政府宪报》的章程规定：

> 收票铺应用多寡，任在本澳开足；开此白鸽票，仍用八十个字为额，投票者在所定之八十个字内拣择投买；华政务厅所派之当差人，每月由承充人送给花红银三十大元；开票之时，须当华政务厅所派之差面前启箱；准承充人可以每日开票两场；所有中式银两在十两以下者，见中式票立即交银，在十两以上者，限二十四点钟内交银；所有字花、山票及各种同样华票，该承充人或别人均不得在

① 《澳门政府宪报》1907 年 3 月 16 日（第 17 号），《大西洋澳门正督理国课官柯为示知事》。

澳门开收。①

但是，萧登未能完成五年专营期，经里斯本批准，这份“澳门白鸽票合同”到 1905 年 10 月被政府宣布“批销作废”，并且重新招商竞投。毁约的原因没有公布，但相信与萧登无法履行合约的条款有关。1905 年 10 月 14 日的《澳门政府宪报》刊登了一段官方公告，定于同年 11 月 15 日，将澳门、氹仔、路湾开收白鸽票及山票生意一并用暗票出投，招人承充。专营期自 1905 年 12 月 1 日起，至 1911 年 6 月 30 日止。压票银定为 1.6 万元，投票以 16 万元为底，如出价至高之票有同票者，再行明喊。②

此时，澳葡政府已将“澳门、氹仔、过路湾白鸽票生意”改为“澳门、氹仔、过路湾白鸽票及山票生意”，即增加了山票一项；竞投底价也从当年萧登中标时的 74900 元提高到 160000 万元。

竞投的结果，由赌商余国霭以每年 282000 元（高出底价 122000 元）中标，获得承充 1905 年 12 月 1 日至 1911 年 6 月 30 日“澳门、氹仔、过路湾白鸽票及山票生意”的专营权。章程要点如下：

> 1. 澳门、氹仔、路湾白鸽票及山票承充生意，独承充人有自权自做。收票铺任由承充人开足。任从承充人发给票艇（即代理人）牌照收白鸽票及山票，所有牌费及给牌收票章程均由承充人自订，不必与国家（指澳葡政府）商酌。

---

① 《澳门政府宪报》1903 年 5 月 9 日（第 19 号），《大西洋澳门正督理国课官方告示》。

② 《澳门政府宪报》1905 年 10 月 14 日（第 41 号），《大西洋澳门国课官柯为出投事》。

2. 每年规银二十八万二千元，应分二十四次上期缴纳，每次纳银一万一千七百五十元。

3. 承充人必须按照每一年规银三分之一，用现银交出国课银库存贮，作为担保合同之按柜银。此担保银可以换用产业作抵。

4. 承充人欲将承充权转顶与别人，须禀请澳督批准。

5. 其白鸽票仍旧用千字文之首八十字刻出，任由买票人在此八十字之内拣择盘口投买。承充人须于每月底将银四十五元呈由华政厅转分给各西差，以酬其劳。

6. 开白鸽票之法系将该箱当华政厅派来之西差面前，眼同开启，将所点之票乸取出，即由华政厅派来之西差签名画押，并注明日期，随将该票乸送呈华政厅存案。另每间票艇派票乸一张。

7. 该白鸽票每日至多开票三次，此系听承充人之便。单附款：每次选字及开票之时候系由承充人与华政务厅酌定。

8. 其白鸽票之办法，必须由承充人于合同未经开办之先设立章程内各款事例以及格式均列明该章程之内，即禀准督宪后，随送交华政务厅存案。

9. 其山票系用白鸽票之八十字，再照千字文加入四十字，共成一百二十字，任由买票人于此一百廿字内拣十五字点买，不能多点亦不能少点。

10. 其开山票之法系用字粒，将按照上款所定之千字文一百二十字每粒书写一字，放入球内搅匀，即用机器搅出三十字粒，随将字粒上之字抄出，则作为票乸。然后将所投买之票逐条点对，其中字至多者为第一名，次者第二名，再次者第三名，又次者第四名。同中同分。附款一：承充人必须将所开之票乸及中式之谢教单按次送呈华政务厅存案，并刊登告白，俾众周知。附款二：其开山票日期或每五日开一次或每七日开一次或每十日开一次，悉听承充人之便。惟每月开票至多不得逾于六次，至少亦不得减于三次。附款三：每开山票一次，承充人必须给与华政厅宪派来之西差花红银三元。

11. 投买山票每条之价由承充人于本合同期内拟定，或一毫或一毫五仙或二毫均可。至所收之票价须扣出二成归承充人作为费用及利息，其八成均作为首二三四谢教彩银分派与中式者。附款：所有应派之八成谢教银，须分为十份。以六份为首名谢教，以一份七五为第二名谢教，以一份二五为第三名谢教，以一份为第四名谢教。

12. 承充人必须将澳门、氹仔、过路湾之白鸽票艇若干间，山票票艇若干间，共列一清单，送呈华政务厅存案。而承充人并须设法令各票艇安静办理，不得有违章滋事等弊。

13. 所有巡查白鸽票、山票票厂票艇暨稽查白鸽票山票事务等件，悉归华政务厅宪权理。

14. 倘有控追白鸽票山票中式银两者，须在律例所准限期之内，方准控追。若逾例限，则不得控追矣。①

1905年11月15日，澳葡政府与商人余国霭签订“承充白鸽票及山票生意合同”。后来，由于余国霭未能履行合同条款，而步萧登后尘，遭官方宣布“批销作废”。对于这种由于承充商人问题而取消的博彩专营合同，澳葡政府的政策是另行出告示招投，如果竞投所得金额低于原来的承充价，原承充商就必须依例补回差额，以确保政府的收入不至于因而减少。余国霭的合同取消之后，澳府立即发出通告，定于同年4月4日：

① 《澳门政府宪报》1905年11月25日（第47号），《大西洋澳门正督理国课官柯为通知事》。

按照1901年10月3日所定章程第156款所定之公会面前，将澳门、氹仔、（过）路湾开收白鸽票及山票生意，一并用暗票出投，招人承充。其期系自西一千九百零六年四月十五日起，至一千九百一十一年六月三十日止。

这次暗票竞投的章程基本情况如下：

1. 压票银（担保金）二万八千二百元。
2. 投票者不遵章程即将压票银充公。
3. 竞投以二十八万二千元为底价。①

上述条件中，282000元是原承充商余国霭与政府所定的价钱，以此作为底价，就是要求新的竞投所得不会低于原来的承充价。

由于3月31日当天无人投票，反应冷淡，澳府改于一个星期后重新出投，除了由"暗票"改为"明喊出投"之外，其余条件不变。②

① 《澳门政府宪报》1906年3月10日（第10号），《大西洋澳门国课官柯为出投事》；条件与1905年10月14日（第41号）《澳门政府宪报》白鸽票合同大致相同。

② 《澳门政府宪报》1906年4月7日（第14号），《大西洋澳门正督理国课官柯为晓谕出投事》："本署前于第十号澳门宪报刊登告白，定期招人投票承充白鸽票及山票生意，兹因是日未有人投票，是以按照一千九百零一年十月初三日所定章程第一百五十七款之附款K，再定于西本年五月初七日即华四月十四日两点钟，在本署大堂按照章程第一百五十六款所定之公会面前，仍将澳门、氹仔、路湾开收白鸽票及山票生意，明喊出投，招人承充。其期系自西一千九百零六年五月十六日起，至一千九百一十一年六月三十日为满。兹将出投章程列左。一、凡来投者，须先将压票银二万八千二百元交存国课银库，取回收条呈堂，方准喊价。"

不知是市场环境不佳的关系，还是其他原因，这次“明喊出投”反应依然冷冷清清。官方只好再次调整出投条件，把压票银由 28200 元减至原来的 630 元，依然是“明喊出投”。

不过，这次公开投标仍然一波三折，澳府再度押后投标，并且再次修改了承投的条件，竞投底价从 282000 元大幅度降至 161000 元，压票银也相应降低至 16000 元。①

然而，由于招标拖延时间太长，已经超过了这项博彩生意原定的专营期限。为此，澳府不得不宣布延长原承充人萧登经营白鸽票生意的合同期两个月。②

这时，萧登已经和卢廉若、崔寿宸一起投得闱姓生意。《澳门政府宪报》载：

> 澳门、氹仔、路湾开收闱姓生意，业经于西本年九月初七日在本署订立合同，给与卢廉若、崔寿宸、萧登承充。每年国课规银六万二千元。其期自西一千九百零五年十一月十一日起，一千九百一十年六月三十日止，所有承充之章程悉行按照西一千九百零三年五月二十三日宪报所颁行一千九百零二年九月初十日合同之章程办理。③

---

① 《澳门政府宪报》1906 年 5 月 12 日（第 19 号），《大西洋澳门正督理国课官柯为晓谕出投事》。

② 《澳门政府宪报》1906 年 4 月 21 日（第 16 号），《大西洋澳门正督理国课官柯为通知事》：“本署今于西四月十一日暂立合同，将白鸽票生意给与华商萧登。自西本月十五日起至五月十五日止，按照西一千九百零五年十月十四日第四十一号澳门宪报所颁行之章程专指白鸽票生意者，在该期内开收。”

③ 《澳门政府宪报》1905 年 10 月 14 日（第 41 号），《大西洋澳门国课官柯为出投事》。另，1906 年 3 月 10 日（第 10 号）《大西洋钦命澳门国课官柯为示谕事》：“一、西本年二月十三日，接奉本国京都外省部电，谕饬将西一千九百零五年九月初七日本署与华商卢廉若、崔寿宸暨萧登等，所订立之闱姓生意合同登出。”

第九节 1906年的氹仔番摊生意竞投

1904年至1909年的氹仔番摊生意，原由商人胡达于1904年4月4日以“暗票承充”的方式投得。《澳门政府宪报》1904年3月5日公布的承充章程规定：

一、压票银七百元；

二、以六千一百元为底价；

三、如出价至高之票，有同票，再行明喊。（下略）。①

竞投结果，澳门商人胡达中标。《澳门政府宪报》在同年7月9日刊登了批给胡达承充氹仔番摊生意的通告，但未公布中标价。②

然而，胡达没能够完成合约，澳葡政府就按照既定程序，宣布取消其合约并重新招商竞投。1906年3月10日，《澳门政府宪报》刊登了“大西洋澳门国课官”发布的招商竞投氹仔番摊生意的通告，要点如下：

所有前于西纪一千九百零四年五月初十日所订之承充

① 《澳门政府宪报》1904年3月5日（第10号），《大西洋澳门正督理国课官阿（Olympio Joaquim de Oliveira）为出投氹仔番摊事》。

② 《澳门政府宪报》1904年7月9日（第28号），《大西洋澳门正督理国课官柯（Olympio Joaquim de Oliveira）为谕知事》：“氹仔番摊生意经于本年五月初十日缮立合同，准与胡达承充，以五年为期，系自西本年七月初一日起至一千九百零九年六月三十日止。所有章程均照依一千八百九十九年七月十五日第二十八号宪报刊行、是年三月初四日所订承充合同各款事例而行。”

飞仔番摊生意合同，业经批销。兹定于西本年四月十一日即华三月十八日两点，在本署大堂再将飞仔番摊生意用暗票出投，招人承充。其期系自西一千九百零六年五月初一日起，至一千九百十一年六月三十日止。出投章程列左：1. 压票银六百三十元。2. 投票者不遵章程即将压票银充公；3. 投价以六千三百元为底。①

这里公布的竞投底价为 63000 元，比上次公布的底价（6100 元）只高出 200 元，估计当时胡达就是以 6300 元投得飞仔番摊专营权的。

可是，这次招商竞投无人出标，澳府只好展期至 5 月 14 日再度公开招投。五年承充期、压票银等各款条件不变，只是把暗票承充改为“明喊出投”。②

扰攘再三，这次招标事件才大功告成，由华商杨一琴、洪照中标承充。③

政府公告中没有刊出二人中标的银码，按例中标价不得少于底价，故推算应高于 6300 元。

第十节　罕见的铺票与闱姓捆绑竞投

“签铺票”（Chim-pu-pio）即铺票，是弥补闱姓被取消后

---

① 《澳门政府宪报》1906 年 3 月 10 日（第 10 号），《大西洋澳门国课官柯为出投事》。

② 《澳门政府宪报》1906 年 4 月 14 日（第 15 号），《大西洋澳门正督理国课官柯为晓谕出投事》。

③ 《澳门政府宪报》1906 年 6 月 16 日（第 24 号），《澳门正国课官柯为晓谕事》：“飞仔番摊生意，业经本署于西五月十五日立实合同，给与华商杨一琴、洪照承充。其期由西一千九百零六年五月十六日起至一千九百一十一年六月三十日止。”

的税饷损失而创设的彩票赌种。签铺票属于选字博彩方式，与山票的博彩方法大同小异。这种彩票赌于光绪三十二（1906）年开始出现在澳门政府的税收栏目里，属于自治机构市政厅的财政收入。

1906年6月2日的《澳门政府宪报》刊登了一段“大西洋澳门国课官柯为示谕事”，即官方告示，宣布在当月28日将澳门、氹仔暨过路湾签铺票生意暗票出投，招人承充，承充期由西1906年8月1日至1912年6月30日止。承充章程内包括以下条款：

> 一、压票银一万五千元。
>
> 二、第一年喊签铺票生意之价以银二万元为底，其余五年每年应递加若干，亦须一并书明暗票之内。如有二三条票出价至高而价银又复相同，准其同出高价者再行明投。(4—9款略)。①

经过一轮角逐，由华商孔咏裳、黄大经中标，获得澳门、氹仔、路湾签铺票生意六年承充开办之权。由于这是一项全新的彩票种类，澳葡政府对承充方式、财政担保、开彩方法和开彩次数、监察方法，还有售票与派彩，都作出了极为详细的规定。1906年7月14日的《澳门政府宪报》刊登的政府通告列出了当时的批给章程，要点如下：

> 一、准华商孔咏裳、黄大经自西一千九百零六年八月初一日起，至一千九百一十二年六月三十日止为期，承充澳门、氹仔、路湾开收签铺票生意。

---

① 《澳门政府宪报》1906年6月2日（第22号），《大西洋澳门国课官柯为示谕事》。

二、承充人应承照所出每年规银之价承充，此生意必须按月上期亲赴国课衙门缴交。

三、承充人于投得之后，即须按照承充此生意头一年规银之三分一交出现银，以为担保合同。以后递年历加规银若干，该担保银亦须递年按照所加之数加足三分之一。

四、准承充人有权自行开设铺票厂四间，开收铺票，并可将该厂四间或内一二间给与别人分设收卖铺票。

五、各铺票厂各自收票，各自派彩。凡中式之票，系某厂所收者，其谢教银即归某厂清派。附款一：每铺票厂一间，须有担保谢教人一位担保中式谢教银两。惟该担保人必须有实产业或大生意铺店之人或系银铺或系当铺，但无论用谁担保，各票厂均须将担保人标明于票根之上，以昭信实。

六、此项票系用铺店之名，或用华人之姓亦可。惟每次开票只准定实专用一类，不得又用店名又用人姓，两类兼用。

七、应选定若干店名若干人姓为任人捡买之票底，应限买若干店名若干人姓为一条票之额，应限开若干店名若干人姓为中式字之票麺，可以每次或增或减，任由承充人自定。惟必须于未收票之前先行刊派告白，以俾众人知悉。

八、此项铺票如何收票、如何发票、如何开票、所定中式名数若干、中式银数若干、所用何等店名何等姓字若干及每票收价银若干，一切等事，全由承充人自行办理，国课官亦并不担任谢教之责。

九、每月开票至多不得过逾六次。

十、承充人应择一空阔众地，在华人神庙之前，如康公庙或妈阁庙，以为每次开票之所，俾开票之时，所有众人皆得观看，以昭大公。附款：华政厅或华政厅所派之委员于承充人每次开票之时，亦应亲临监视，每次由承充人送呈花红银三元。

十一、承充人于合同未开办之前，先须将此项铺票各款事例列折送呈督宪批准之后，留存华政衙门。

十二、此项铺票之办法（略）。①

澳葡政府详细规列签铺票的开彩之法，无非是想杜绝作弊，在彩民中建立起信誉，以赢取更大的利润。可是，孔咏裳、黄大经二人未能完成六年合同，只做了一年就维持不下去了。澳葡政府在 1907 年中取消了他们的经营权之后，宣布于当年 8 月 12 日将澳门、氹仔、路湾签铺票生意重新出投，招人承办。但市场反应冷淡，无人投充。当局再改于 1908 年 1 月 8 日将该生意明喊出投，招人承充。经营期自 1908 年 2 月 1 日至 1913 年 1 月 31 日止。主要条件是价高者得。章程又规定：

头二年每年不能少于一万五千元，第三年不能少于二万元，第四、五年每年不能少于二万五千元。因为以上之价，系现已有人禀请承充所出者。如开投之时，他人所出至高之价原禀人肯允照价承充，即仍给与原禀人承充。凡来投者先将压票银八千三百三十四元交存代理国课银库西洋银行，取回收条呈堂，方准喊价。投毕之后，其未投得

① 《澳门政府宪报》1906 年 7 月 14 日（第 28 号），《大西洋澳门正督理国课官柯为通谕事》。

者，于翌日给予领回。①

开标结果，由土生葡人小非难地（Bernandino de Senna Fernandes，1867—1911）夺得未来五年的承充权。经营期由1908年2月1日至1913年1月31日止。按照政府公报刊登的章程，每年的承充规银应照章递增如下：第一年自1908年2月1日起规银17000元，第二年规银17000元，第三年规银23000元，第四年规银28000元，第五年即至1913年1月31日止规银30000元。②

小非难地开出的承充规银，每项均高于章程所定的银码2000至5000元不等，可见这门生意并非没得做。

但是，一年多之后，因小非难地同样未能完成合同，被澳葡政府中止澳门、氹仔、路湾签铺票生意的经营权。1909年6月重新开投的澳门、氹仔、路湾签铺票生意，条件又有所变化。不知是澳葡政府对为澳门带来滚滚财源的闱姓彩票念念不忘，还是认为“二合一”的方式更加保险，竟然在这次澳门、氹仔、路湾签铺票生意开投时，把投充闱姓彩票也夹了进去。订明当日将闱姓生意出投，每场考试2000元为底价，投中签铺票者，只要“出价与别人至高之价相同，即准有先得之权”。③1909年6月5日的《澳门政府宪报》，便刊登了这一罕见的“澳门、氹仔、路湾签铺票生意”与闱姓生意捆绑在一起竞投的章程，与三年前单独承充“澳门、氹仔、路湾签铺票生意”的章程相比，主要有以下变化：

① 《澳门政府宪报》1907年12月7日（第49号），《大西洋澳门国课官柯为通知事》。

② 《澳门政府宪报》1908年2月1日（第5号），《大西洋澳门正督理国课官柯为通知事》。

③ 《澳门政府宪报》1909年6月5日（第23号），《大西洋澳门督理国课官阿为再示招收事》。

其一，承充年期由将近六年缩减至五年：孔咏裳、黄大经承充“澳门、氹仔、路湾签铺票生意”时，期限自1906年8月1日至1912年6月30日截止，总共是五年零十一个月。而新的承充期则由1909年7月14日至1914年7月14日止，刚好五年。澳葡政府觉得过去的六年承充期过长，风险太大，一旦中途有变，对国课收入不利，故缩短为五年。

其二，由“暗票出投”[①]改为“明喊出投”，五年期内出价至高者，准予承充。

其三，压票银一万五千元改为五千元，投得者另须当堂缴出担保合同现银一万二千元。

其四，围（闱）姓承充特别条款：是日并将闱姓生意出投，其投每一场考试二千元为底，若投得承充签铺票者出价与别人至高之价相同，即准有先得之权。

其五，旧承充人优先条款：如别人所出至高之价，已销合同之旧承充人所出与之相同，公会即有权将此生意仍给予旧人承充。[②]

因缺乏数据，我们暂时未能了解孔黄二人以及小非难地被取消经营合同的具体原因。但孔黄二人在承充澳门、氹仔、路湾签铺票生意的同时，还与著名赌商萧登、卢廉若一起经营闱姓生意。[③] 不排除是难以兼顾这两种颇为相近的生意。此外，从这一优先条款，我们也可以看出澳葡政府对旧经营者仍然情

① 《澳门政府宪报》1906年6月2日（第22号），《大西洋澳门国课官柯为示谕事》。

② 《澳门政府宪报》1909年6月5日（第23号），《大西洋澳门督理国课官阿为再示招收事》。

③ 《澳门政府宪报》1907年3月16日（第17号），《大西洋澳门正督理国课官柯为示知事》：“照得西本年本月初五日，业经本署缮立合同将在澳门、氹仔、路湾另开一次过闱姓生意，准与华商孔詠裳、黄大经、萧登、卢廉若承充。每月规五千一百六十七元。”

有独钟——旧人毕竟在过去三年中忠实履行了合同，为澳门和澳葡政府创造了财富，他们与政府之间也有较好的默契。现在虽因某种原因而失去经营权，但只要他们能够达到当局的要求，即可享受在同等条件下优先中标的待遇。

闱姓票淡出澳门博彩市场之后，1906 年起，新出现的铺票（签铺票，Chim-pu-pio）曾在市场上分得一杯羹。不过，白鸽票早已深入彩民人心，铺票始终无法动摇其地位。1906 年——澳门市政机构开始开征收铺票税项的当年，铺票税收只有 291.65 元，而白鸽票则达 3224 元之多；1907 年至 1911 年的铺票税收分别是 291.65 元、339.96 元、178.33 元、900 元、282.5 元。① 而在同一时期，白鸽票税项在澳门一直维持每年 2300 元至 3200 元的水平。由此可见，有“小闱姓”之称的白鸽票，始终是除闱姓之外最受澳门人欢迎的彩票。铺票因彩金不高、开彩时间长、刺激性不大，彩民购买积极性不高，赌商经营不易，一直未能成为澳门的主要税收来源。

---

① *Boletim officeial Governo da Provincia de Macau*（1906. 5. 6. No. 18）：Conta da receipta e despeza do Leal Senado da Camara，relatito ao anno civil de 1905；*Boletim officeial Governo daprovincia de Macau*（1907. 5. 18. No. 20）：Conta da receipta e despeza do Leal Senado da Camara relatito ao anno civil de 1906；*Boletim officeial Governo daprovincia de Macau*（1908. 6. 27. No. 26）：Conta da receipta e despeza do Leal Senado da Camara relatito ao anno civil de 1907；*Boletim officeial Governo daprovincia de Macau*（1909. 9. 11. No. 37）：Conta da receipta e despeza do Leal Senado relatito ao anno civil de 1908；*Boletim officeial Governo daprovincia de Macau*（1910. 9. 17. No. 38）：Conta da receipta e despeza do Leal Senado relatito ao anno civil de 1909；*Boletim officeial Governo daprovincia de Macau*（1911. 8. 26. No. 34）：Conta da receipta e despeza do Leal Senado relatito ao anno civil de 1910；*Boletim officeial Governo daprovincia de Macau*（1912. 9. 14. No. 20）：Conta da receipta e despeza do Leal Senado da Camara，relatito ao anno civil de 1911.

第十一节　光宣年间的澳门仁慈堂彩票生意

一、澳督与“地头虫”的明争暗斗

1895 年，在澳督高士德（José Maria de Sousa Horta e Gosta）与国课官伯波沙之间，围绕着仁慈堂彩票销售账目问题发生了一场罕见的政治风波。起因是澳督认为仁慈堂彩票收入数目不清，提出要查账，以国课官伯波沙为首的仁慈堂理事却不愿接受，双方为此发生矛盾。

据 1895 年 8 月 14 日《镜海丛报》报道：

> 仁慈堂数日前经澳督查有弊混，暂派巴士度、宋次生、巴零登、罗素至、苏士同在该堂暂管各数，以俟公推妥慎之人接管，再行退办。今经集议，前时所收仁慈票甚属无益，且以近时按月收数，益形短绌耗损。……窃查此月票数，计至十一号止，仅由代理人领出三百六十二条，售否尚未能悉，因兹揣计，决无利益，虑难久长。若将该堂积项如此办理，实同赌博，殊属危险。公议禀乞澳督订由西九月一号起，暂行停收。高制军察核情由，业行批准。①

伯波沙不甘示弱，联同一班土生葡人准备反击澳督高士德。据 1895 年 9 月 4 日报道：

> 初九晚，有见国课官伯波沙、大状师播也利士、轮船

① 《镜海丛报》1895 年 8 月 14 日，《暂行停收》。

代理人古鲁士、状师八之古同在大庙顶。次日查悉大庙顶教化堂屋内，先一晚集合十九人在内，大发论议，拟成党会，以讥时政。十九人中多系仁慈堂司理数目者，莫非再欲振兴仁慈票耶？请勿妄想。该堂数目如此胡涂，岂非司数人之咎乎？①

这场斗争的胜利者是澳督高士德。1895 年 9 月 18 日的《镜海丛报》载：

倾缘仁慈堂微发其复，澳督查撤后，党众不服，挟教门而逞斗，迭于教门报纸指攻澳督之短，吹毛求疵，反复以宜安请酒、游竹仙洞为词，谓失官箴……外部大臣默运神思，参观互订，知该国课官实有挟私藐尊之咎。本礼拜内，特发电音到澳，着国课官伯波沙即行离任，仍办武营事务。其缺由船政官署理。俄又接电，伯波沙着即离澳，其同党大书院主讲华士哥并着同离澳门。又传知澳督，如有委碍政务意中欲去之人，均得同时逐离，不得留澳。此一役也，风起云变，实纷争之要局。伯则挟主教、主讲及各状师营员而成一党，历攻督部、辅政司、按察司及皇家律师与夫所属官。②

1897—1907 年，是仁慈堂彩票的黄金时代。仁慈堂总共从彩票发行中抽取 119 次利益，平均每年将近 12 次，尤其是在每年的 1 月、2 月份和 8 月、9 月份。从彩票获得的收益是如此的可观，以致引起了行政当局垂涎来自发行彩票的丰厚收入。1899—1900 年，澳门市政厅从中获得了44000元，仁慈堂

---

① 《镜海丛报》1895 年 9 月 4 日，《虎斗龙争》。

② 《镜海丛报》1895 年 9 月 18 日，《愚公移山》。

则得到了 89000 元来自彩票的收益。①

1900—1904 年彩票的收益是不大稳定的，仁慈堂的收入大致在 59000 元至 69000 元之间；收入最高的一年是 1904 年，当年达到 85000 元。② 澳门的历史档案数据显示，当时的仁慈堂彩票不但在澳门发行，还透过承充商恒和公司在广州分销。③ 1902 年以后，由于民间对赌博风气深恶痛绝，加上彩票公司经常发生营私舞弊事件，全国上下禁绝彩票形成了一场全国运动。宣统元年（1909），两广总督袁树勋曾经在一份奏章中提到禁售澳门彩票的事：

> 彩票一项，江南湖北等省皆有之，其举办缘起则皆曰抵制外来之彩票。臣在苏松太道任时，始而上海租界高悬旗帜出售彩票。臣与驻沪各领事往返商榷，以彩票非正经营业，将租界华界一律禁止。未几而各省彩票踵兴。均视上海为渊薮。此项彩票在粤人之尤嗜赌者，方熟视而无睹。盖其他赌类繁多，欲望更巨。历来商人承充彩票滞销，告退率以此。今且缴饷无多。④

他认为应该由各省督抚各自为禁，不能够任由商贩到粤省销售，并杜绝澳门彩票流入广东。⑤

---

① *A Santa Casa e as Loterias no Oriente*, *MACAU*. No. 57. Pedro da Mesquita : *Lotarias Com Todos*. p. 35.

② *A Santa Casa e as Loterias no Oriente*, *MACAU*. No. 57. Pedro da Mesquita : *Lotarias Com Todos*. p. 35.

③ 《澳门政府宪报》1904 年 10 月 2 日（第四十一号）《大西洋澳门按察司衙门写字宋为通知事》。

④ 中国第一历史档案馆编：《清宫粤港澳商贸档案全集》（十），第 6246 页。

⑤ 《清宫粤港澳商贸档案全集》（十），第 6246 页。

1909年秋之后，内地各省督抚相继在自己的辖区内禁止所有彩票的发行与销售。[①] 澳门仁慈堂彩票的销售范围只能缩回本地，业绩也不如从前了。

二、仁慈堂彩票数易承充规则

光绪末年，内地赌风炽烈，澳门博彩业也受到相当大的影响，澳门仁慈堂彩票生意经营日渐困难。在此情形下，澳葡政府于1907年为澳门仁慈堂发行的彩票进行一次公开竞投，章程规定：

> 于西本年六月廿七日两点钟，在本署大堂将总承代售澳门仁慈堂彩票生意，用封固之暗票出投，招人承充。其期系自西纪一千九百零七年十一月初二日起，至一千九百一十二年十一月初一日止。此次投票之价准照发出票张总数，价银每百元以八元为底。如有两票或多票出价至高而相同者，准该同价之票以该至高之价为底，再行明投。另照章程第十四号B字所定至少二十二万五千元之数为底，交出担保所派彩之银。开堂之时，本公会主席即将各票拆开，高声宣读并给与大众观看。谁出价至高准予承充。[②]

但期限届满仍无人落标竞投，经“奉大西洋京都电示”即接到里斯本方面的指示之后，澳府只好修改承投条件，于8月20日由暗票改为“明喊出投”，压票银则照旧是4万元，重新

---

① 焦润明、苏晓轩编著：《晚清生活掠影》第267—273页《晚清的彩票》。

② 《澳门政府宪报》1907年4月27日（第17号），《大西洋钦命澳门督理国课官柯为招人出投事》。

公开招标。①

但是，澳门的商人对仁慈堂彩票生意反应仍然冷淡，官方只好再度修改条件，将“将所发票张总数价银每百元出用银至多者得”，改为“每百元八元为底，谁出至多者得”；压票银由4万元降为2万元。开标方式仍是“明喊出投”，于九月初第三度招标：

> 本署前定西本月廿日到投承充澳门彩票，是日未有人到投。兹特再定于西九月初七日即华七月三十日两点钟，在本署大堂再将澳门仁慈堂彩标生意，明喊出投，招人承充。其期系自西纪一千九百零七年十一月初二日起，至一千九百一十二年十一月初一日止。其用银以旧承充人所认出照所发票张总数价目每百元八元为底，谁出至多者得。②

岂料，这次修改条件之后仍然无人问津。在里斯本的督促下，澳葡政府被迫第三度修订章程，于同年11月初由“明喊出投”改为“封固暗票出投”，但订明“如有两票或多票出价至高而相同者，准该同价之票以该至高之价为底，再行明投”。这已经是第四度招标了，章程要点如下：

---

① 《澳门政府宪报》1907年7月20日（第29号），《大西洋钦命澳门督理国课官柯为晓谕事》：“本署于西六月廿七日即华五月十七日将澳门彩票生意出投，是日未有人到投。兹……定于西八月二十日即华七月十二日下午两点钟，在本署大堂……再将总承代售澳门仁慈堂彩票生意明喊出投，招人承充。其期系自西纪一千九百零七年十一月初二日起至一千九百一十二年十一月初一日止。谁将所发票张总数价银每百元出用银至多者得。凡来投者，须先将压票银四万元交存代管国课银库之西洋银行，掣取收条呈堂，方准喊价。（下略2—4款）。”

② 《澳门政府宪报》1907年8月24日（第34号），《大西洋钦命澳门督理国课官柯为出投事》。

定于西本年十一月初四日两点钟，在本署大堂将总承代售澳门仁慈堂彩票生意用封固暗票出投，招人承充。其期系自西纪一千九百零八年三月初七日至一千九百一十三年三月初六日止。今将出投章程列后：第一款，压票银四万元。第二款，凡投票者不遵章程即将压票银归仁慈充公。第三款，此次投票之价照发出票张总数价银每百元以八元为底。如有两票或多票出价至高而相同者，准该同价之票以该至高之价为底，再行明投。（下略4—7款）。①

当年在澳门盛行的博彩种类是番摊、白鸽票、山票、铺票，死灰复燃的闱姓也得到不少传统的捧场客。在此情形下，变化较少的彩票自然缺乏吸引力。慢说是华商，连与仁慈堂关系密切的土生葡人小非难地，宁愿以115000元的代价承充澳门、氹仔、路湾签铺票五年专营生意，也没有去竞投无利可图的仁慈堂彩票代理生意。②

1909年6月26日，澳葡政府国课衙门为仁慈堂彩票作第五次招标："将总承代卖澳门仁慈堂彩票生意用封固之暗票出投，招人承充。其承充合同以五年为期。"③

出投章程扼要如下：

(1) 压票银四万元；

(2) 此次投票之价，准照发出票张总数，价银每百元以八元为底，如有两票或多票出价至高而相同者，准该同

---

① 《澳门政府宪报》1907年9月7日（第36号），《大西洋钦命澳门督理国课官柯为招人出投事》。

② 《澳门政府宪报》1908年2月1日（第5号），《大西洋澳门正督理国课官柯为通知事》。

③ 《澳门政府宪报》1909年4月24日（第17号），《大西洋钦命澳门督理国课官阿招人出投事》。

价之票以该至高之价为底再行明投；

(3) 总银码至少二十二万五千之数，不准用人担保；

(4) 若本会视各票不甚合宜，亦有权可以不准承充；

(5) 该承售人有必须交纳仁慈堂之项，兹列明如左：甲、旧承售人所办置、现时开票所用之球二万粒，彩球七百一十四粒暨穿球之铁条。其购价及关税、运脚等费共该银四千二百五十二元零八仙；新承售人须照数交出银四千二百五十二元八仙。乙、仁慈堂现时与飞南第印字局所订合同，刷印票张上之凸字号码，每月价银一百二十元，承售人须每月照数交出，至合同满期为止。①

章程又对仁慈堂及承售人共应遵守办理彩单、票张、派彩、开票、担保、纳用等事项作出详细规定，尤其是："彩单承售人须先三个月呈交仁慈堂看过，并于先两个月颁行各人周知"，"票张照旧刊用澳门仁慈堂名号，但其中华字名目应用澳门彩票字样"，"每会票全数之价，不能少过一十万元。惟头四会，可以减至五万元"，"在澳门所卖之票，如一连三会票价腾涨过票于上所载定价一成以上，仁慈堂公会即应通知承卖人必须于第三会起，计三个月后加起票价，至少要照足市价起高之成数起价。若一连三会票价跌低，该票总数之价亦可照所跌之价减低。惟不得减至少过十四号所定十万元之数以下"，"开彩地方定在仁慈堂内"。②

但是，这时候澳门和广东的其他赌博种类相当兴盛，仁慈堂彩票依然乏人问津。无奈，澳府宣布于 1910 年 4 月 18 日

---

① 《澳门政府宪报》1909 年 4 月 24 日（第 17 号），《大西洋钦命澳门督理国课官阿招人出投事》。

② 《澳门政府宪报》1909 年 4 月 24 日（第 17 号），《大西洋钦命澳门督理国课官阿招人出投事》。

“将总承代售澳门仁慈堂彩票生意，用封固之暗票出投，招人承充，以八年为期。压票银八千元”。[①]

三、承充商柯六、卢九、卢光裕内讧事件

关于澳门仁慈堂彩票的承充商，可以从承充商的内部纠纷一窥豹斑。其中值得注意的是柯六控告卢光裕的事件。《澳门政府宪报》1909年1月2日刊登了一份法律启事，内容提到：

原告柯六，有妻，业主，居澳，来署控告有妻，业主，现在省城不知何处卢光裕一案。据称西一千八百九十七年九月十九日，一千八百九十七年九月廿四日，一千九百零一年十一月十六日，原告与被告立合同承充包售澳门仁慈堂彩票，均有凭据在案。其承充合同系以十年为期，自一千八百九十七年十二月起至一千九百零七年十月止。该承充合同载明条款，一、每彩票之价，每百元以七十五元开派中票彩银。二、每会彩票之价，每百元以八元交仁慈堂经费及利益，尚有一十七元内，以五元为各处领票带卖人之利益，余一十二元则为承充人特设承充包售彩票之恒和公司所得等语。该公司共三大股东，一即原告柯六，一即被告卢光裕，一系已故之卢九。又合同载明：凡有中票，自开彩日起计过一年不到，收银之遗彩归公司得云云。不料被告卢光裕做该公司司事多年，所有公司所得每百元票价一十二元之利益及中票不到收银之遗彩，均又其一手收存，至今并未曾将公司所得之利计数清楚。十年以

① 《澳门政府宪报》1910年2月12日（第27号），《大西洋澳门正国课官阿为出投事》。

来，亦未有声明将公司所得之利存在何处、作为何用……①

从这份法律启事可以看出，由柯六、卢九、卢光裕合股的恒和公司，在1897年12月至1907年10月“承充包售”仁慈堂彩票。他们先以恒和公司的名义竞投中标，然后作内部分工，由卢九、卢光裕叔侄具体负责销售。因卢九于1907年去世，卢光裕未将销售款项依约交付柯六，而引起这起法律纠纷。两年后，因卢光裕亦告去世，柯六乃向官府申请将恒和公司生意清盘结束。②

表一　光宣年间澳葡政府承充博彩项目一览表

时　间	竞投项目	专营年期	竞投方式	涉及金额	中标人	备注
1879. 10.12	白鸽票		暗票价高，合公物会宪意			无人出价，改于同年11月12日重投
1880. 2.28	过路湾番摊赌博并卖熟鸦片烟	两年	暗票价高，合公物会宪意			

① 《澳门政府宪报》1909年1月2日（第1号），《大西洋澳门按察司书吏穆（Miguel Rodrigues Morgado）为通知事》。

② 《澳门政府宪报》1909年11月20日（第47号），《大西洋澳门按察司书吏穆为通知事》：“案据商人柯六，有妻，禀请将恒和公司生意散班一案。又称：前与卢光裕自投得承充仁慈堂彩票生意之后，该二人由与卢九即卢华绍合做恒和公司生意。现因承充该生意之期已满，卢九及卢光裕两股东今已身故，因此柯六欲按商律例将恒和公司生意散班完事。并传知已故卢九之后人，及卢区氏代其子卢亚树系卢光裕之后人，按照商律例……辩驳。”

（续上表）

时　间	竞投项目	专营年期	竞投方式	涉及金额	中标人	备注
1880.9.11	澳门16间番摊铺	一年	暗票价高，合公物会宪意			
1881.5.15	澳门、氹仔、路环闱姓	一年	暗票价高，合公物会宪意	压票银10万元		合同后被取消，重新开投
1881.7.12	澳门番摊	一年	暗票价高，合公物会宪意	压票银2.5万元		
1882.1.19	澳门、氹仔、路环番摊鸦片	一年	暗票价高，合公物会宪意	压票银1200元；后以每年规银8800元中标	卢九、胡衮臣	准开四艘番摊船
1882.4.25	路环番摊鸦片	一年	暗票价高，合公物会宪意		黎才	禁开字花
1883.3.24	氹仔番摊鸦片	一年	明喊	担保银1200元		
1883.8.16	澳门番摊	一年	暗票价高，合公物会宪意	压票银1万元		
1883.10.8	澳门白鸽票	一年	暗票价高，合公物会宪意	压票银1000元		

（续上表）

时　间	竞投项目	专营年期	竞投方式	涉及金额	中标人	备注
1884.2.9	路湾番摊鸦片			压票银200元		
1884.5.18	澳门、氹仔、路环闱姓	三年	明投价高，合公物会宪意	压票银10万元	祥兴公司黄成兴	
1884.5.20	澳门番摊	一年	暗票价高，合公物会宪意	压票银3万元		
1885.3.21	澳门、氹仔、路环闱姓	一年（原订二年）	明投价高，合公物会宪意	压票银1万元（原订7.5万元）	鱼塘行土生葡人 Maximiano António dos Remédios	因原承充商祥兴公司黄成兴倒闭
1885.10.1	澳门、氹仔、路环白鸽票	二年	暗票	压票银1000元		
1886.5.6（公布日）	路环番摊鸦片生意	二年	暗票		何碧云	
1886.5.6（公布日）	氹仔番摊鸦片生意	二年	暗票	压票银400元	悠久堂	

（续上表）

时　间	竞投项目	专营年期	竞投方式	涉及金额	中标人	备注
1887.3.31（公布日）	澳门闱姓生意	二年	暗票		鱼塘行土生葡人 Maximiano António dos Remédios	
1887.4.28（公布日）	氹仔番摊	一年	暗票		冯勤	擅开一摊馆罚银 50 两，由公物会与承充人对分
1890.5.1—1890.4.30	氹仔番摊	二年	暗票	压票银 100 元		
1892.9.1—1894.6.30	氹仔番摊	一年零九个月	暗票		陈槐堂	准许在氹仔海面开设摊船四只
1892.4.15—1895.6.30	路环闱姓	三年零一个月又十五天	暗票		沈泽英、何汝华	
1894.7.1—1899.6.30	氹仔番摊	五年	暗票	压票银 200 元		

（续上表）

时　间	竞投项目	专营年期	竞投方式	涉及金额	中标人	备注
1897.12—1907.10	仁慈堂彩票	五年（期满后再投得续期五年）	暗票	每百元以75元开派中票彩银	恒和公司股东柯六、卢九、卢光裕	
1898.7.1—1903.6.30	澳门、氹仔、过路湾白鸽票	五年	暗票	压票银6000元		
1901.9.11—1907.6.30	澳门番摊	五年零九个月又十九日	暗票	压票银5000元；暗票规银不少于24万元		
1899.9	澳门、氹仔、路环闱姓	三年	暗票		小非难地与卢光裕	
1902.8.29	澳门、氹仔、路环闱姓	三年	暗票	底价6万元，压票银6000元		
1902.11.17	澳门、氹仔、路环白鸽票	五年（后于1905年10月13日取消合同）	暗票	底价7.49万元，压票银7490元	萧登	每月另付30元给华政务厅官员，禁开字花、山票及各种同类华票

（续上表）

时　间	竞投项目	专营年期	竞投方式	涉及金额	中标人	备注
1903.5.23（公布日）	澳门、氹仔、路环闱姓	三年	暗票	每年规银6.04万元	（富而贵厂）梁长遂，马笏廷	票厂限定10间，实开闱试方能售票
1904.4.4	氹仔番摊	五年	暗票	压票银700元，底价4255元	胡达	
1905.5.31	路环番摊	五年	暗票	压票银450元，底价4255元		
1905.6.28	澳门、氹仔、路环闱姓	五年	暗票	压票银6050元，底价6.04万元，中标价6.2万元	卢廉若、崔寿宸、萧登	
1905.12.18	澳门、氹仔、路环白鸽票、山票	五年	暗票出投，同价则明喊；反复竞投期间曾经多次出现暗票与明喊方式	压票银1.6万元，底价16万，中标价每年28.2万元	余国霭	收票店任开。次年5月该合约宣告取消，承充人转让予卢廉若、崔寿宸、萧登，但不获澳葡政府批准。因无人出价，后改为明喊竞投。扰攘再三，才由华商杨一琴、洪照中标承充。

（续上表）

时　间	竞投项目	专营年期	竞投方式	涉及金额	中标人	备注
1906.6.16（公布日）	氹仔番摊	五年	暗票	630元压票银，底价6300元	杨一琴，洪照	
1906.5.7	澳门、氹仔、路环白鸽票、	五年	山票	明喊	压票银1.6万元，底价16.1万	
1906.3.5	澳门、氹仔、路环签铺票	六年	暗票	首年2万元为底，其后逐年递增	孔咏裳、黄大经、萧登、卢光裕	票厂限开4间，每月最多开票6次
1907.1.21	澳门番摊	五年	暗票出投，同价则明喊	压票银38750元，底价十倍，中标价每年规银45万元	萧登、卢光裕	
1907.3.5	澳门、氹仔、路环闱姓	最少三个月	免开投一次过批给	每月规银5167元	孔咏裳、黄大经、萧登、卢廉若	直至中国举人优贡考职试事完毕止

（续上表）

时 间	竞投项目	专营年期	竞投方式	涉及金额	中标人	备注
1907.6.27	澳门仁慈堂彩票	五年	暗票	每百元抽8元，底价22.5万元		因无人出价，改为明喊竞投后，压票银4万元，每百元出银最多者中标。又无人出投，再改暗票
1907.8.12	澳门、氹仔、路环签铺票	五年	暗票出投，因无人出价，于同年12月5日改为明喊承充	竞投条件：压票银8334元。头二年不少于1.5万元，第三年不少于2万元，第四、第五年每年不少于2.5万元	土生葡人小非难地	中标条件：1908年2月1日起第一、二年规银1.7万元，第三年规银2.3万元，第四年规银2.8万元，第五年规银3万元。
1910.7.1—1915.6.30	路环番摊	五年	暗票	底价每年3500元		可开设四艘番摊船

（续上表）

时　间	竞投项目	专营年期	竞投方式	涉及金额	中标人	备注
1911.2.18	氹仔番摊	五年	暗票出投底价2900元			
1911.7.15	澳门番摊	五年	暗票出投，同价则明喊	压票银4.5万元，底价60万元		自关闸起至妈阁止，任从承充人开设摊馆，不限区域，不限间数

资料来源：《澳门政府宪报》（1879—1908），澳门历史档案馆馆藏缩微胶卷。

第六章　澳门博彩业稳定发展的措施

到了19世纪80年代后，澳门博彩业逐渐步入稳定发展的阶段。博彩税收成为澳葡政府最重要的财政收入来源，澳葡政府为了保护这一收入来源，采取多项措施确保商人不会逃税，并使之逐步规范化，形成有澳门特色的公开竞投、开标（票）以及预防赌商作弊的各种制度。

第一节　票商应有担保人

1887年3月31日的《澳门政府宪报》刊登了一份将闱姓彩票批给商人“鱼塘行”的公告，可以看出在19世纪80年代中期，澳葡政府已经采取措施，对承充闱姓的商人作出多方面的规限，确保赌客的合法利益，预防商人拐款潜逃。这一措施实际上也是为了保障闱姓票市场的正常运作，从而保证政府的博彩税收益，该份闱姓批给公告有如下规定：

> 一、如有发卖闱姓票，必须开票；如无票开，应将买票本银给还投票之人，每条票价每元内扣银四分六厘，以赔部卷费用。
>
> 二、承充人一知该票不能开，即须写告白布告各人知悉，各闱姓厂必要按照上款给还所买票人之银。
>
> 三、今欲有担保谢教银两，并有担保或不开票应给还

现银买票之银。每一闱姓厂应有担保一人，该承充人应将所有担保人姓名列一清单交公物会写字房。

四、如有伪做闱姓票，或更改图章，或更改闱姓部篇数，倘此人系在西洋属地捉获，必要照犯罪之律办理。

五、如承充人将闱姓厂转让别人开设，而买票之人任由其信何厂投买闱姓票，是以谢教银系向何厂买票则向该厂问取谢教银。若有不开票，则亦向该厂讨回买票之银。其非承充人之事，则与承充人无涉。如承充人系自开闱姓厂，则该厂之谢教银及票银均归承充人是问。

六、如照上款经有之件而不交还现银、买票之银，该投票之人可以照例赴衙门控追，该衙门必要勒令闱姓厂给还。

七、投票之人经已交清票银，方可问取该票所中之谢教银。①

从上述章程中可以看出，在1887年，澳门政府在批给闱姓票这种中式彩票时，比较关心的是承投商有没有“担保或不开票应给还现银买票之银”，以及每间闱姓厂是否都有担保人。其中一个原因是，在此之前发生过永吉祥、福如意、凌云、平安利、瑞鸿图、兆生财，以及芦石塘广恒隆等票店突然歇闭，无银交还，连工人薪金亦无银支给的事件。② 然而，由于出售彩票至朝廷开榜有一段时间，当闱姓彩票大量发售时，如果彩金积累过巨，远超出担保金的话，闱商仍然会卷款潜逃。这样

① 《澳门政府宪报》1887年3月31日（第13号），《大西洋澳门公物会书记哑宋生奉公物会命为通知事》。

② 《澳门政府宪报》1885年2月28日（第8号），《大西洋澳门公物会书记亚宋生奉公物会命为通知事》；《澳门政府宪报》1885年4月25日（第17号），《大西洋澳门华政衙门写字事罢为通知事》。

势必会有更多彩民参加起哄，同时也会严重影响政府的税收。因此，这种办法并非十分稳妥。在19世纪90年代，曾多次发生中式彩票商人卷款潜逃的事件。其中以兆三元闱姓广东李瑞生一案最为轰动。李瑞生于1894年9月4月27日“将当年文乡科恩会科并武乡科及三记丰和公司之饷项、各人所投之票银与各客中式之彩银，尽行挟带私逃，被三记丰和公司悬红通缉”。①

第二节　赌商须以产业作保

在公开承充各项博彩专营时，澳葡政府为了确保赌税的收入，通常会要求承充商上期缴付一定数额的现金。如果承充商的现金不足，则允许用不动产担保或找铺保。从澳门历史档案馆现存的一份同治年间（1873年）澳葡政府承充番摊合约，可以分析出官方执行专营合约的灵变程度，以及澳门赌商早期融资的方式。

这份签署于1873年8月5日的《承充番摊合约章程》，是由公物会与商人郑耀、钟超、刘月墀签署的。合约以一年为期，由1873年9月11日至1874年9月10日止。合约条文列明：

> 在澳门公物公所当公物会宪面前，照例将澳内番摊揽头生意招人承充。准华人郑耀、钟超、刘月墀三人承充，一年为期，出规银壹拾伍万元，系自西纪本年九月十一日起计，其合同章程照旧年壹式。该承充人等有香港银行银纸三万一千五百元，系七一五兑。另有现银六千元（七二

① 《镜海丛报》1894年11月7日《赏格》。

> 兑）共三万七千五百元，系三个月规银。该银交出作按，以为担保合同规项。本月二十六日，大宪准其照此规矩担保所以十三日所签名之合同翻译官面前签名为据。（签名）郑耀、钟超、刘月墀；担保银人：和兴李升。①

这位和兴公司的李升又以什么确保自己有财政能力履行担保的承诺呢？在签署该份合约章程的同时，李升补充了一段"再声明"：该担保人和兴除将保险公司股分押存在公物公所之外，还须"交出现银一万二千五百元储在公物公所作按，以为担保交纳规项。"②

早期的专营合约是政府先收取承充商即赌商的规银，那是一次性的，赌商缴付了规银之后，赌场的生意好坏盈亏就一概与政府无关。但是，后来发展到政府与赌商按照营业额分账的承充方式，由于很难准确地预先判定生意的好坏，必须更多地采取现金兼不动产担保的办法。

1903 年 5 月 9 日的《澳门政府宪报》，刊登了一份批准商人萧登承充 1903 年至 1908 年白鸽票的合同章程，已经很明确地增添了票商须以现金兼不动产担保的条款。至于收票铺数量的多寡，则任由商人在澳门开足（见以下第四款）。该份合同章程作出如下规定：

> 第一款：担保合同要用现银，须照投价交出三分之一。惟承充之后，准照出投告白第五款及律例所定，换用产业作按。
>
> 第二款：所有规银应赴国课银库交纳。
>
> 第三款：上款所载应纳之规银，准限每月十五日交纳

---

① 1873 年澳门《承充番摊合约章程》，澳门历史档案馆藏文献。
② 1873 年澳门《承充番摊合约章程》，澳门历史档案馆藏文献。

下月十五日之上期规银。如到该十五日尚未交纳，则罚承充人每百元过期息银每年二十四元算。倘再过期三日，督宪即可将本合同销废，并将所交担保银概行充公。若果有此销废合同之举，只须将情形刊登宪报，无庸依别样规矩而行。倘另行出投，其规银不及原数，则要承充人补足。

第四款：独准承充人可以在澳门、氹仔、过路湾做白鸽票生意，至收票铺应用多寡，任在本澳开足。

第五款：开此白鸽票，仍用八十个字为额。其投票者即在所定之八十个字内拣择投买。

第六款：所开之字轨，系由承充人或其所请之先生，于票未入厂之前，先在厂内选定。

第七款：一将所开之字选定，即安放箱内。该箱须备锁匙二把，要至好者。如华政务厅，欲将该锁匙更换，即须更换。但该二匙，一归承充人收执，一归华政务厅收管。（附款一、其选定所开之字，须当华政务厅所派之当差西洋人面前放入箱内。附款二、该华政务厅所派之当差人，每月由承充人送给花红银三十大元。一到月底即须备足，送呈华政务厅衙门转给。）

第八款：开票之时，须当华政务厅所派之差面前启箱，将所选定之字取出，实时照字点起，分派各收票艇，并照式再点一纸，交与华政务厅所派之差，该差即于其上注明开票日期，并签名携回，呈交华政务厅存案。

第九款：准承充人可以每日开票两场。

第十款：开票时候，并选定所开字入箱之时候，该承充人须与华政务厅官商定。

第十一款：开设白鸽票之法，须编定章程载明各款事例、格式，于合同未开办之先，呈送澳门督宪核准，再送交华政务厅衙门存案。

第十二款：所有中式银两在十两以下者，见中式票立即交银；在十两以上者，限二十四点钟内交银。附款、如违本款所定交银期限，罚承充人银一百大元。另该中式票，无论何处票艇投买，均要交还中式之银。

第十三款：凡有中式银，若无实在缘故推延不交者，该管官则罚承充人银一百元至五百元不等。督理国课官，亦可禀请督宪，将本合同销废。

第十四款：该承充人应禁止各人在各收票铺嘈吵滋事，并应将各收票铺坐落何处，所用工伴若干，是何名姓，列一清单，呈明华政务厅。

第十五款：所有票厂事务及稽查该厂之权，系归华政务厅办理。

第十六款：凡中票者，收取中式银两，准由中式之日起计，于照例日期内可以控追。若逾该例限之期，则不得控追。

第十七款：所有字花、山票及各种同样华票，该承充人或别人均不得在澳门开收。（附款一 、如有违本款：或未经向承充人领牌，自行私收白鸽票及有别项瞒骗情弊者，即罚银一千元。其罚银半归国课，半归承充人。附款二、闱姓票不在本款所禁之内。）

第十八款：所有向承充人领牌代收白鸽票者，即俗称票艇，如有不照收银实数报明票厂；或有将所收之票吞骗，不全数入厂；或有别项瞒骗承充人等弊者，罚银廿五两至五十两不等；另行按例治罪。（附款一、如再犯此款者，罚银五十两至一百两。若系屡犯不改，则从严究办，视同棍骗国课惩罚，因承充人即系代收国课故也。附款二、所有罚款事宜均归华政务厅议判，但该罚款系半归国课衔门，半归承充人。)①

上述章程并未限制白鸽票厂的数目，也未对“票艇”（即分销彩票的代理商号）的领取执照资格和数量作出限制。这是因为白鸽票厂设在澳门，开彩也在澳门，投买者自以澳门人为主，外地人不可能在交通及信息条件不发达的情况下，前往澳门投买白鸽票。故此，澳府并没有对经销商号数目作出限制。

第三节　设定票厂数量限额

但是，白鸽票厂数目不受限制，并不等于其他票厂也一视同仁。闱姓票虽在澳门发售，开彩结果却在内地，不受澳门控制。换言之，虽然内地禁赌，广东省城及四乡居民只要买得澳门闱姓彩票，人在内地也可以知道开彩的结果。由于闱试屡屡出现作弊情形，风险比较大，闱厂一旦倒闭，对社会所造成的影响也相对严重，澳门政府乃对闱姓生意的经营者作出比白鸽票厂更为严格的限制。规定闱商开设闱厂的数目，必须在确有科举考试时才准出售彩票。为防止闱商弄虚作假，澳府又规定售票之闱姓票厂必须详细申报地址及人事数据。时值光绪末年，废科举之议甚众，如果闱商收取了一大笔票银而内地不开闱试，很有可能造成混乱。故此，澳府明文规定由葡萄牙驻广州总领事馆来文为准，一旦朝廷取消科考，澳门闱商必须按约退回票银给彩民。

1903年5月23日，《澳门政府宪报》在一份批出澳门、氹仔、过路湾闱姓生意的法律文告中，作了如下极为详细的规定：

---

① 1873年澳门《承充番摊合约章程》，澳门历史档案馆藏文献。

第一款：澳门、氹仔、过路湾闱姓生意，只准承充人自做；或将其权利转让别公司；或别人接做。至于收闱姓票厂，限以开设十间为额。

第二款：上款所论承充权利转让别人之事，必须禀请澳门督宪，商准国课官。若于国课或有损碍之处，则不准行。

第三款：所有收票格式及票银、彩银、限姓等一切事例，均由承充人及领牌设厂之人作主自订，即于所派闱姓卷内第一页登志明白。国课衙门概不干预。

第四款：闱姓生意，系将小试大科赴考人姓字投买，必须实有试场，方准收票。

第五款：开收闱姓之后，倘遇有停止试场等事，该闱姓厂须将所收现银派还买票之人。惟每票银一元，准扣去卷银四分六厘。

第六款：国课衙门只认承充人有权发给牌照与别人开投收闱姓票厂，或给一二间，或十间全给亦可。其规银亦任由承充人酌收。惟遵守本合同章程之责，独向承充人是问。

第七款：本合同开办之始，该承充人即须将自己开设票厂若干间及发牌照与人开设若干间，开列一单具，报国课衙门。该单内要注明某厂设在何处，东家何人，代理何人，司事何人，掌柜何人，后有更换，亦须随时报明。

第八款：承充人给与别人开设票厂之牌照、规银，承充人或要每场抽收，亦听其便，国课衙门并不干预。

第九款：本合同期满之后，承充人所设及所准各收票厂照常开门，以便清理账项，新承充人不得藉端索补银两。

第十款：照常开门之各收票厂，须于招牌上标贴清理账项字样。至于开门日期之久，暂由承充人禀承国课官限给。倘或彼此意见不合，则请秉公人酌定。

第十一款：倘遇有停止试场等事，该承充人一得实在信息，即须分派告白，并刊登宪报，俾众周知。随照第五款事理，派回所收现银。

第十二款：倘控告某收票厂拖欠银两之事，一经衙门审讯得实，或案情颇有可据，即由澳门督宪饬传承充人收回该厂牌照，不准复开。

第十三款：如广东省城闱姓开收无异，则承充人按月计，应缴纳国课规银若干，必须每月照数清纳，以纳至合同期满为止。

第十四款：如广东省城闱姓禁止不开，则上款所论按月纳规若干，定实每月纳银二万零八百三十三元三毫三仙三，即照每年二十万元计算，自广东省城禁止闱姓之日起，三个月后，即照缴纳。

第十五款：如大西洋驻扎广州总领事官来文，内有声明中国上谕及大宪告示颁行禁止闱姓日期，则以上谕及告示所颁行之日为中国禁止闱姓之日，若无中国上谕及大宪告示颁行日期，则以总领事来文之日，为禁止闱姓之日。

第十六款：每月规银须要上期缴纳。

第十七款：若省城于禁止闱姓之后复行开办闱姓，则承充人每月规银仍照第十三款缴纳。

第十八款：若因中国有裁撤试场之举而不开收闱姓，则承充人毋须缴纳每月规银。倘裁撤试场之日，承充人已将是月规银上期缴纳，则国课衙门应将所收是月之上期规银，由裁撤试场日起计，交还承充人。（附款 A、若但系停止试场，则须等至六个月后，尚无复行考试明文，该承充人乃毋庸按月缴纳规银。附款 B、若等至一年之久，仍无考试明文，则将承充合同销废，并将担保银给还至停考后。所收过之每月规银亦统行给还。附款C、以上所论一年之内，若实有考试明文，该承充人仍可续收闱姓，则前六个月所收承充人之每月规银，毋庸给还。）

第十九款、第二十款：承充合同期等（略）。

第二十一款：按照第十九款所定承充期限之内，若中国官宪奉有禁止闱姓明文，或别有缘故，省城禁开闱姓而该承充期限未满者，虽所差不及一年，该承充人亦可将其未满期之权利，转让别人，但须由转让之日起计，续承三年，共纳规银七十五万元；或另行开投，其价以三年七十五万元为底。如新旧两票所出之价相同，即准旧承充人承充。

第二十二款：担保合同若每年规银系在十万元以下，则照一年规银之数交足，担保若系在十万元以上，则以十万元为担保。该担保银可以遵照一千九百零一年十月初三日上谕所定之附款G事例，准用产业换抵作按。（附款A、因承充人违犯本合同各章程，或不肯遵照第二十一款行事而将合同销废者，一经国课衙门传知，该承［充］人必须按照一年投价三分之一缴补国课衙门。）

第二十三款：各收闱姓票厂必须有殷实人担保。所收投票之现银及榜后所派之彩银，即遇有停止试场之事，亦得以着实办理。该承充人必须将各厂之担保人姓名、住址，开列一单，呈交国课衙门存案。其系陆续开设者，亦陆续随时具报。

第二十四款：每月应纳之规银，须于月之初五日内交纳，否则不论过期若干日，总要纳过期息银，每百元以三元算；若至初十日仍不缴纳是月之规银，则国家可将合同销废，亦无庸知照承充人。

第二十五款：在西洋管辖地方之内，如有人假造票根，冒盖图章，或将所派票卷更换作弊等事，定必按照罪案，从严办理。

第二十六款：凡投票之人，必要于榜前交足票银，方得领取中式彩银。

第二十七款：买单之人，任其择向有牌心信之厂投买，所有收取中式彩银及或遇有停止试场、派回票银等事，系在某厂投买者，即向某厂是问；系承充人自设之厂，则向承充人是问。

第二十八款：按照上款所论之事，若现银买票之人到厂收回票银而该厂未能照交，买票之人可到衙门控请官宪，勒令交还。

第二十九款：买票人如拖欠各收票厂票银及各收票厂或有拖欠承充人牌银，该欠银之人系住在西洋管辖地方内者，国家官宪必定维持保护承充人及各收票厂，俾得清收欠项。

第三十款：如国家与承充人于本合同各章程有疑惑、争辩之处，系关涉银两者，由按察司衙门分断，立案办理。（附款A、凡有疑惑于闱姓办法，或分派彩银多少，或买票人与收票厂有争论等情事，如两造自愿请秉公人理处，则国家与承充人酌请秉公三位。倘关涉人意见不合，则国家请一位，承充人请一位，另由国家与承充人各多举三位，即于此六位中阄执一位，以凭定断。）（下略）①

① 《澳门政府宪报》1903年5月23日（第21号），《大西洋正督理国课官方》："华人梁长遂、马笏廷承充澳门、氹仔、过路湾闱姓生意为期三年"。

第四节　毁约赌商须赔偿损失

赌商投得博彩专营权之后，如果由于本身的原因不能履行合约条款，未能按时缴纳担保合同银，就会被视为毁约。官方除了没收其先前移交缴付的银子，并将有关生意重新招商承充之外，还要向其追缴不足的差价。1881 年 12 月 24 日的《澳门政府宪报》刊登了一段由澳督、臬司、辅政司与公物会联合发表的公告，向未能按时缴纳担保合同银的赌商王和追索竞投差价：

> 本年 6 月 11 日承充闱姓生意，迨到期不能缴出担保合同银十万元，后经展限数次仍不能缴纳。是以本公物会将首次投成闱姓之案销毁，复于公历本年七月十八日，将该闱姓生意再行出投。所得之价较初次所投少银三十七万五千元，现公物会向王和追缴三十七万五千之数。①

第五节　公开招标承投

澳葡政府早期将博彩合法化，是本着“多多益善”的心态，只要商人提出要求，一概准予参加竞投。史料显示，澳葡政府于 1847 年 1 月批准开设闱姓博彩，在 1849 年 4 月正式发出番摊赌馆牌照。②澳门地方不大，19 世纪中叶人口不到 10

① 《澳门政府宪报》1881 年 12 月 24 日（第 52 号），第 387—388 页，澳门历史档案馆缩微胶卷。

② *Boletim officia do Governo de Provincia de Macau e Timor* 1888—3—15 NO—11，p. 100：“*Receita do anno Economico de* 1887—1888”附注。

万，不加限制的滥批赌牌，对市场必定会造成冲击。

1851年（咸丰元年）7月19日的《澳门政府宪报》刊登了政府公物会的一则通告：

> 奉公务会命，缘澳内白鸽票厂于七月二十四日满期，是以预于六月十七日在议事亭从新出投夜冷，如有愿遵守规条及出批价最高者，准令承充。其白鸽票规条在亭与看。①

“夜冷”即葡文Leilão（公开拍卖）。这段数据显示白鸽票厂旧的合约约满后，需要重新招标；可见在此之前，澳葡政府就已经公开承投白鸽票了。公开招标就是政府设定底价，由商人下标，价高者得，政府可以得到最大限度的利益。

在研究澳门早期的博彩业时，有一个问题需要弄清楚：澳葡政府到底是怎样抽取赌商的博彩税的，税率是多少？关于这一点，目前暂未找到原始的文档。不过，参考澳葡政府当年在其他方面的税率，很多都是“十一税”，即“十抽一”。两广总督张树声、广东巡抚裕宽于光绪六年（1880）八月初一给朝廷的一份奏章中，更直指澳葡以“十一”抽闱姓之税：

> 葡萄牙国小而贫，鲜贸易之利。其住澳门名薮盗庇匪，无所不为。开闱姓馆皆洋人主之，取什一之利，岁入巨万，专恃此项以为资用。②

《澳门编年史》提及“1851—1863年，在此段基马拉士总

① 《澳门政府宪报》1851年7月19日（第35号），《奉公物会命》。

② 中国第一历史档案馆编《清宫粤港澳商贸档案全集》（十），第5651—5653页，中国书店2002年7月版。

督执政期间，开始实行赌博专营”。① 照这样说，既然是基马拉士执政期间才开始实行赌博专营，那么在他之前批准的合法赌博就不属于专营了？其实，澳葡政府批准的所有合法赌博都属于专营。至于以何种方式发出赌牌？发出赌牌的数量若干？仍有待进一步考证。

第六节　增设春节临时赌牌

澳葡当局平时严厉打击和取缔非法赌博，但在华人隆重其事的农历新年，当局也会网开一面，准许一般人申领临时牌照，在街边开“大小”（骰子）赌档。这样既可增加政府库房收入，也可减少非法聚赌带来的治安管理问题。1905 年 1 月 14 日的《澳门政府宪报》刊登了澳门辅政司总书吏马忌士（José Luiz Marques）发布的一项公开招领“华人新年骰宝牌照”的通告：

> 照得华人新年骰宝之牌照，兹定于西本月廿八、三十、三十一、二月初一，即华十二月廿三、廿五、廿六、廿七等日，准到本署请领，特此示知。②

次年的同类通告则写得更为明确，这些“华人新年骰宝”不能够在室内开档，只能在街边。1906 年 1 月 6 日的《澳门政府宪报》规定：

> 照得华人新年街上摆设骰宝之牌照，本署兹定于西本

① ［葡］施白蒂：《澳门编年史》（十九世纪）第 112 页。

② 《澳门政府宪报》1905 年 1 月 14 日（第 2 号），《大西洋澳门辅政司总书吏马（José Luiz Marques）为通知事》。

月十八、十九、二十、廿二即华本月廿四、廿五、廿六、廿八日发给。①

这两份通告的行文虽然简单，却显示了一个重要的内容，即这种“华人新年骰宝”牌照并不是用平时竞投的方式，不用暗票或是明喊，而是任人申领。只要你同意官方定出的条件，就可以申领，领牌之后就可以在春节期间的指定日期、地点开赌。这种方式与后期的澳门市政厅招领新年售卖鲜花、炮竹等临时牌照相似，并沿用至今。

1905年在澳门逗留过大半年的葡萄牙海军军官安东尼奥·塞吉奥，在一张寄给里斯本家中的明信片上面，生动地描述了当年春节发出大批临时赌牌后华人区的盛况：

> 中国的新年刚过，据说今年的节日一如澳门的其他地方，今非昔比。除了有的东西外，我仅仅看到内港帆船林立，庙塔人声鼎沸，华人街上成群结队的人在赌“大小”。你还记得什么是“赌大小”吗？一个留长辫的家伙面前摆一小桌，坐在两盏油灯之间。桌上的小盘上放着一个带耳的瓷碗，内藏三个骰子。开一个5，一个4，一个2；加起来11，我们押的是12，结果输了。②

---

① 《澳门政府宪报》1906年1月6日（第1号），《大西洋澳门辅政司英（S. J. da Encarnação）为谕知事》。

② 达尼埃尔·皮雷斯（Prefacio de Dianie Pires）：《安东尼奥·塞吉奥在澳门——九封从未发表过的信》，载于澳门《文化杂志》第七、八期合刊，第83页，澳门文化司署1989年版。达尼埃尔·皮雷斯（Prefacio de Dianie Pires），里斯本大学日耳曼哲学硕士，葡萄牙文学研究员。安东尼奥·塞吉奥是葡萄牙海军军官，1905年1月至11月在澳门逗留。期间与家人的通信，发表于澳门《文化杂志》。

第七节　各项博彩合同的违约罚则

澳门的博彩业合法化之后，闱姓、番摊、白鸽票、彩票等各类博彩生意，是澳府重要的税收来源，澳门的社会经济对其依赖性更是越来越大。经营赌博虽然利润较大，但毕竟是一种高风险的特殊行业，公物会作为博彩生意的批给者，当然不会自找麻烦，将风险担上身。最稳妥的办法之一，就是把博彩行业的风险转嫁给经营者即赌商。因此，在澳门博彩行业合法化早期，葡萄牙人就已经摸索出一套认为行之有效的批给制度。为各种博彩合同设定罚则，就是其中之一，以确保博彩合同朝着有利于政府税收的方向执行。

《澳门政府宪报》1882 年 6 月 6 日曾公布了一份澳门公物会订出的“合同内所禁止之条及定刑定罚各款，并该合同内所有关涉外人事款”，这份历史档案颇能反映当时澳葡政府如何约束赌商执行合同条款，以及他们之间的关系；再与清末时期澳葡政府批出的其他同类博彩承充合同条款对比，我们不难发现澳门博彩业早期发展的轨迹。①

一、闱姓合同

1880 年以后，广东、内地各省及香港禁赌甚严，澳葡政府看准机会趁机大开赌戒，公开承充闱姓、番摊、白鸽票等粤人喜好的赌博种类，同时允许在市区和离岛售卖熟鸦片烟，形成“黄赌毒一条龙”。内地赌徒纷纷到澳门搏杀，形成了澳门

---

① 这里和下文提到的“承充”，即“承包”的意思；“承充人”亦即承包人。

赌业新的高峰期。据1880年9月1日《申报》记载，是年澳门赌业大旺，赌馆数目增加，投充者（承包人）也愿意出高价钱。政府不但在本地招商，连葡萄牙驻香港领事馆也要帮忙代收承充文书。①

1882年6月6日《澳门政府公报》刊登澳门公物会所订的合同条款，对闱姓承充人等作出的规限包括以下四点：

> 1. 闱姓承充人及经其承充所许准之人，独可得发卖分派闱姓票，因此可以在澳门、氹仔、过路湾任其自己开设，或准人开设闱姓厂，限十间为额，以便发卖分派闱姓票。
>
> 2. 在澳门、氹仔、过路湾地方，严禁开设主会票及田票，惟独承充闱姓人遵依通行合同之条款，奉有公物会特为专准之条，方可以开设主会票及田票。
>
> 3. 如有违犯者，须按照刑律部内第二百七十及二百七十一款所定治罪。
>
> 4. 如有伪造闱姓票，或更改图章，或更改闱姓部篇数，倘系在大西洋属地捉获者，则按照通行律例治其伪造之罪。②

闱姓是当年澳门赌业最能赢利的生意之一，其特点是先向赌客收取投注金钱，等清朝朝廷开科取士、公布科举名单，再向赌客派发“谢教”即彩金。如果不予限制地任由闱商开厂收票，金额一大，就很容易卷款潜逃。所以，澳葡政府严格规定可以分卖彩票的闱厂数目，以十间为限，多出即属违规，须予

① 《申报》1880年9月1日，《赌风更盛》。

② 《澳门政府公报》1882年6月6日（22号第二附报），《大西洋澳门公物会书记亚宋生奉公物会命为出示晓谕事》。

以处罚。

伪造闱姓票，或更改图章，或更改闱姓部篇数，都属于作弊，但有别于杀人抢劫等严重犯罪。所以，澳葡政府订明必须是在“大西洋属地捉获者”，才能够对其治罪。

1887年3月31日，澳府在这一基础上，增加了澳门闱姓生意合同“所有禁止之条定刑定罚各款”如下：

1. 如经有发卖闱姓票，必要开票。如无票开，应将买票本银给还投票之人，每条票价每元内扣银四分六厘，以赔部卷费用。

2. 承充人一知该票不能开，即须写告白布告各人知悉，各闱姓厂必要按照上款给还所买票人之银。

3. 今欲有担保谢教银两，并有担保或不开票应给还现银买票之银。每一闱姓厂应有担保一人，该承充人应将所有担保人姓名列一清单交公物会写字房。

4. 如承充人将闱姓厂转让别人开设，而买票之人任由其信何厂投买闱姓票，是以谢教银系向何厂买票则向该厂问取谢教银。若有不开票，则亦向该厂讨回买票之银。其非承充人之事，则与承充人无涉。如承充人系自开闱姓厂，则该厂之谢教银及票银均归承充人是问。

5. 如照上款经有之件而不交还现银、买票之银，该投票之人可以照例赴衙门控追，该衙门必要勒令闱姓厂给还。

6. 投票人经已交清票银，方可问取该票所中之谢教银。①

① 《澳门政府宪报》1887年3月31日（第13号），《大西洋澳门公物会书记哑宋生奉公物会命为通知事》。

上述新增条款的订立，主要是公物会觉得中国朝廷并非经常开科，时间拖得很长，彩民购买彩票的金钱会越积越多，闱姓厂东主一旦受不住手上所拥巨款的诱惑，就很容易卷款潜逃。故此，公物会进一步订明闱姓厂的经营条例，以保障公物会本身与彩民的利益。

二、澳门番摊合同

由于广东地区和澳门一带的居民特别喜欢番摊这一赌种，所以，在澳门清代的博彩项目中，番摊所占的比例极大。根据“澳门及帝汶省”的档案纪录，1878—1879 年度，澳门的番摊专卖收入高达 13.92 万元，在博彩实际总收入 33 万余元中占第一位。[①] 1882 年 6 月 6 日《澳门政府公报》刊登澳门公物会所订的合同条款，对番摊承充人等作出的规限包括以下三点：

1. 除承充人及承充人所许准者外，其余概行严禁，毋得在澳门开设番摊馆。

2. 所有次等及下等牌馆并摇色绵羊及同项掷骰子赌博馆均在严禁。

3. 如有违犯者，罚银壹千元，另要按律惩办。[②]

这是一条明显属于保护番摊专营者的法例，只要是“承充人及

---

① *Boletim Provincia de Macau e Timor*（5 Julho 1879）：Mappa dos Rendimentos de todes os exclusivos e contratos de rendas do estado em Macau nos anno abaixo mencionados-Junta de Fazenda Publica da Provincia de Macau e Timor.

② 《澳门政府公报》1882 年 6 月 6 日（22 号第二附报），《大西洋澳门公物会书记亚宋生奉公物会命为出示晓谕事》。

承充人所许准者”，便不在禁止之列。这有利于博彩经营权的分拆，承充人付出巨额费用取得经营权之后，可以利用俗称“艇仔”的分销商扩大经营范围，同时又分担风险。至于摇色绵羊、骰子赌博及牌九，虽然均属中式赌博，但作弊出千成分较高，而且不像闱姓、番摊等赌种“文雅”，向来被视为市井流氓的玩意，容易引起争执殴斗，不易管理，澳葡政府予以禁止。

三、白鸽票及山票合同

白鸽票即开即奖，奖额巨大，对普罗大众极具吸引力。山票是晚清彩票的一种，于光绪末年为了弥补闱姓被取消后的税饷损失而创制的彩票赌，故此一开始就属于赌商承饷而开办的合法赌博。山票是赌徒们互博，争取赢得那总额不变的彩金；但白鸽票则是庄家与赌徒对赌，派彩方式有利于庄家。不过，白鸽票中五个字可归本，以后多中多派彩，如全中十个字派彩相当可观，因此吸引不少市民、贩夫走卒去博彩。当年这些白鸽票投注店铺遍设于澳门的大街小巷，遍地开花，连其他店铺也兼营这种投注。

1882年6月6日《澳门政府公报》刊登澳门公物会所订的合同条款，对白鸽票承充人等作出的规限包括以下七点：

1. 白鸽票承充之人及经承充所准者，方得发卖分派白鸽票，因此可以在澳门任其自己开设票艇，或准人开票艇，但票艇不论多寡，总宜以足为度。

2. 此承充生意系由公物会所准，不遵守合同者按刑律治罪。

3. 凡中彩银十两之下，见票即限廿四小时内交清彩金，否则理事官勒令其赔中式银。

4. 倘常有无端不交中式银或不肯赔银，理事官可报知公物会宪罚该承充人银一百元至五百元，或将合同销废。

5. 中彩者限于八日内取款，八日外不得控追。

6. 任何人不得在澳门开字花、山票或同项华票，否则罚银千元。

7. 所有向承充人领牌代卖白鸽票，即俗称票艇，如有不照实数报与票厂；或卖出白鸽票吞骗，不全报票厂；或有别项瞒骗等弊，则将该票艇罚银廿五两至五十两，重犯罚银五十两至一百两。所罚之银一半归公物会，一半归承充人。①

白鸽票与闱姓票不同，闱姓票必须等朝廷开科才有生意，白鸽票却可以随时开彩。因此，在合同保护条款方面，二者也有所不同。在白鸽票合同保护条款里面，政府实际上成为承充人和“票艇”（代理商）之间的监督人，代理商如欺骗了承充人，就被视为欺骗了政府，由公物会出面罚款。因为损害了公物会和承充人的利益，所以所罚之款，也由公物会和承充人各得一半。

到了1905年，澳葡政府修改了经营白鸽票的规定，准许同时开售山票。罚款规则也作出相应的修改：（1）承充人拖延或不肯交出彩金，罚银增至100元至500元。（2）票艇如有瞒骗承充人者，除罚银50元至100元外，仍行按例治罪，屡犯者罚银100元至200元，另照“棍骗国课之罪严行惩办”。②

---

① 《澳门政府公报》1882年6月6日（22号第二附报），《大西洋澳门公物会书记亚宋生奉公物会命为出示晓谕事》。

② 《澳门政府宪报》1905年11月25日（第47号），《大西洋澳门正督理国课官柯为通知事》。

四、氹仔番摊鸦片烟合同

1880年9月，澳门半岛的赌馆已增至16家，赌牌最高出价每个14万元①

澳葡政府在澳门半岛招商承充番摊尝到了甜头，但商人在市区承充的番摊赌博属于专营事业，在特定期限内，当局难以在澳门市区另外批出新的赌牌。恰好这段时期内地各省及香港厉行禁赌，澳葡政府看准机会，在氹仔另立炉灶，以增加税收，同时允许在市区和离岛售卖熟鸦片烟。

1882年6月6日《澳门政府公报》刊登澳门公物会所订的合同条款，对氹仔番摊鸦片烟承充人等作出的规限主要有如下两点：

> 1. 除承充人外不得在氹仔煮卖鸦片烟膏并开设番摊馆。
>
> 2. 违者首次罚银三十两，再次罚银五十两。其罚项一半归公物会，一半归承充人。②

在氹仔煮卖鸦片烟膏并开设番摊馆，同样是一宗牟利的生意。但氹仔人口和繁盛情况不比澳门半岛，承充条件也相对低一些。罚则写得很清楚，如果未经承充人同意擅自在氹仔煮卖鸦片及开设番摊赌馆，即属违法，须予以罚款。罚款由公物会

---

① 《申报》1880年9月1日，《赌风更盛》；汤开建、陈文源、叶农主编《鸦片战争后澳门社会生活纪实》第271页，花城出版社2001年版。

② 《澳门政府公报》1882年6月6日（22号第二附报），《大西洋澳门公物会书记亚宋生奉公物会命为出示晓谕事》。

与承充人瓜分，由此显示，私赌私烟的开设同时损害了二者的利益。

到 1887 年 4 月开投氹仔番摊生意时，在合同“所有禁止之条及定刑定罚各款”中，提升了罚款金额：“如有人未经向承充人问准人情，擅开摊馆，每间罚银五十两。其银半归公物会，半归承充人。”①

五、过路湾番摊鸦片烟膏合同

“过路湾”即路环岛，当年对外交通不发达，往来澳门半岛和内陆极为不便。公物会把番摊赌博与鸦片烟膏的经营权一开为三，澳门、氹仔、路环各一。1882 年 6 月 6 日《澳门政府公报》刊登澳门公物会所订的合同条款，对路环岛番摊鸦片烟膏承充人等作出的规限主要有以下三点：

1. 除承充人外不得在过路湾煮卖鸦片烟膏，并开设摊馆。

2. 违者首次罚银一百元，再次罚二百元。其罚项一半归公物会，一半归承充人。

3. 严禁开设字花票。②

从罚款的数额来看，对于在路环开私赌者的罚款比氹仔还要重。同样是开私烟私赌，在氹仔罚 30 两，在路环就要罚

① 《澳门政府宪报》1887 年 4 月 28 日（第 17 号），《大西洋澳门公物会书记亚宋生奉公物会命为通知事》，是次生意由冯勤承充，期由 1887 年 5 月 1 日至 1888 年 4 月 30 日。

② 《澳门政府宪报》1882 年 6 月 6 日（22 号第二附报），《大西洋澳门公物会书记亚宋生奉公物会命为出示晓谕事》。

100 两。在路环"严禁开设字花票"一项，也是氹仔所无，可见，路环的私赌私烟泛滥情形比氹仔严重。

到了宣统末年，澳葡政府对路环岛的番摊生意违约罚款虽维持不变，但在经营环境方面采取比较宽松的态度。1910 年 10 月 1 日《澳门政府宪报》刊登的"过路湾番摊立实合同章程"违约罚则订明：

> 1. 所承充过路湾番摊生意，每年认缴之规银如过期三日仍未缴清，则取消合同并将担保银充公。
>
> 2. 在过路湾只有承充人有权与别人分设摊馆。如有摊馆未经向承充人领给人情而开设者，地方官可以立即封馆并罚银一百元至二百元。
>
> 3. 番摊之外的所有赌具均不准在摊馆内开设，承充人犯例罚银二百元。①

不过，当时路环社会治安恶劣，海盗劫匪横行，澳葡政府为保证承充合约的顺利执行，专门就保安问题作出特别规定："承充人必须雇用防虞人役在所设之摊馆，或船上看守防护以得相安。惟所用之防虞人役，须由该处政务官宪查察。（第九款）国家于合同所予给承充人应享之权利担任保护，如有人损害承充人利益之事，国家是必出力维持，以免受害。（第十款）"②

这份刊登在 1882 年 6 月 6 日《澳门政府公报》上的"合同内所禁止之条及定刑定罚各款，并该合同内所有关涉外人事

① 《澳门政府宪报》1910 年 10 月 1 日，《大西洋澳门署督理国课官苏为出示招投事》。

② 《澳门政府宪报》1910 年 10 月 1 日，《大西洋澳门署督理国课官苏为出示招投事》。

款”，是研究澳门博彩业发展的重要档案文献。它不但反映了当时澳葡政府如何约束赌商执行合同条款，以及他们之间的关系，还可以从中找到今天澳门博彩专营制度的雏形。澳葡政府在早期没有合法营赌的经验，难免会举棋不定。但是，澳门的华人赌商之前曾与广东地方官府打交道，用“以罚代饷”及“私人报效”等形式包赌。他们对于以何种方式承包赌博、什么样的合同条款对自己更有利，都十分在行。[①] 澳葡政府要确保库房的税收，就必须在合同的签署和执行上和赌商“斗智”。

1882 年《澳门政府公报》刊登这份承包博彩合同的罚则时，澳门博彩业已合法经营了几十年。从早期赌牌的无序批给发展到“明喊”和“暗票”竞投互相交替，又从专营权的设立发展至澳门半岛专营权和离岛专营权的分设，无一不显示出澳葡政府对博彩业批给制度的改进步伐。为各种博彩合同设定罚则，固然可确保博彩合同朝着有利于政府税收的方向执行，不过还有很重要的一点，那就是澳葡政府基本上能够尊重博彩合约的法律精神。历来只有赌商违反合约被取消营赌资格，却从来没有由于澳门政府政策或人事发生变化，而主动毁约或要求赌商增加赌饷。

当时澳门博彩业最大的市场不是本地或香港，而是在广东。赌商们初期并不看好澳门，只是在内地厉行禁赌期间把澳门作为临时的赌业大本营，但随着时光流逝，澳门适合博彩业发展的政策与社会稳定性优势就逐步显示出来了。赌商们由粤澳两地跑，直到在澳门设立总部，把投资重点放在澳门，逐步奠定了今天澳门博彩业的基础。

---

① 胡根《清末澳门赌商社会活动初考》，载《澳门研究》第 31 期，2005 年 12 月。

第七章　博彩业对晚清澳门社会的影响

赌博可以说是一把双刃剑，对社会的影响有正反两面。一方面可能会引起道德沦丧、治安败坏等社会问题；但在另一方面，合法开赌又能够增加政府库房收益，使其他途径无法解决的财政危机迎刃而解，并且以赌税用于慈善事业，平衡及缓和各种社会矛盾。澳葡政府是在本地经济萧条、财政收入朝不保夕、社会危机重重的情况下，让多年来一直受禁制的赌博合法经营的。也就是说，如果澳葡政府不让博彩业合法化，社会问题可能会更大、更多。现在回顾这段历史，博彩合法化确实挽救了葡萄牙人，令澳门社会和经济转危为安。

事实说明，没有一个稳定的社会环境，博彩业是不可能有长足发展的。澳葡政府为了保住博彩业这只“会生金蛋的母鸡”，采取了各种手段，包括强化治安、不断改进对博彩业的竞投制度和管理，等等。

第一节　博彩业在澳门财政收入中的地位

中式彩票的税收

为了方便了解澳门博彩合法化之后澳府税收的变化情况，笔者从澳门历史档案馆的缩微胶卷档案中，找出 1838 年至

1911年的葡文《澳门政府宪报》档案资料，并把中式彩票（闱姓、白鸽票、山票、铺票等）与中式博彩（番摊等）在政府税收内的比例，通过图表显示出来。（详见附表）

澳门政府的葡文档案显示，1844年1月1日至12月，澳门政府的财政收入只有148184两，最大项是关税（32690两）。①

1851年1月11日，洪秀全在广西桂平县金田村率众起义，建国号“太平天国”。1853年3月19日，太平军占领南京，洪秀全宣布改南京为天京，定都于此。太平天国革命爆发后，太平军虽未进入广东，但也引起一阵阵社会恐慌。哈佛大学历史学教授费正清认为：“太平军于1852年由广西向长江北进，部分原因是叶名琛保住了广东。然而，太平军的榜样也在广东引起了一系列叛乱。叶名琛通过向绅士课税来筹措民团经费以对付这场叛乱，这正反映了广州地区当时的困难局势。”②期间，大批难民由内地涌入葡萄牙人管治下的澳门避乱，除了卖身做“猪仔”的苦力之外，也不乏珠江三角洲一带的商人和富裕家庭。澳门当时已经准许中式彩票与中式赌博（即番摊等）合法经营，在大量外来人口和资金的推动下，赌博风气大盛，政府税收也就水涨船高了。

这一期间在澳门出售的“中式彩票”主要是白鸽票，其奖额十分诱人。1857年6月27日的《澳门政府宪报》有这样一段彩票告白：

> 此白鸽票八月中即开，共六千条，三千条已卖矣。中第一得花园一个，如不要花园则受银一千大元亦可。若中

---

① 《澳门政府宪报》1846年1月15日 Vol. 1B. O. 1846，CO689.

② ［美］费正清：《剑桥中国晚清史（1800—1911）》，第271页，中国社会科学出版社1993年9月版。

至末白纸，则取银六百大元。[1]

由表六《1847—1860年赌税在澳门政府财政总收入中的比例》中，可以发现“中式彩票”（Loteria China）一项除了1850—1853年间有所回落及波动之外，由1854年起，一直呈上升态势。在1850—1852年“中式彩票”税收回落期间，“中式博彩”（Jogo China）税收却大幅度上升，远远超过“中式彩票”税收的总数。这说明实时可知输赢的赌博方式，要比等一段时间才能决定结果的彩票赌更受民间欢迎。

由1847年7月至1860年7月，澳门政府未将中式彩票分类，只是把彩票与中式博彩分开。而彩票税与中式博彩税一起，同时列入澳门政府的直接税收之中。1887年以后，澳门政府又把中式彩票分为“闱姓票”（Waeseng）、“白鸽票”（Pacapio）、“铺票”（又名签铺票 Chim-pu-pio）三大种。1908—1910年的财政统计中，则把“山票”纳入“白鸽票”项目中。

1887—1888年度“澳门及帝汶省”的澳门地区财政收入之中，间接税有20339元，杂项40640元；直接税则占304636元，其中光是中式博彩的税收就已超过61%，细项如下：

中式彩票（闱姓存款）	30600元
中式彩票（白鸽票）	38250元
番摊	119260元
合共：	188110元

值得一提的是，在这一年，澳葡政府由熟鸦片销售取得的

① 《澳门政府宪报》1857年6月27日（第36号），《告白》。

税收仅为 43395 元，还不到博彩税收的四分之一。①

在这份葡文档案文件之中，特别说明闱姓博彩是于 1847 年 1 月，应华人之要求，由澳门总督批准设立的。所有的番摊赌馆则系根据 1846 年 2 月 16 日的（总督）训令，在 1849 年 4 月正式发给牌照的。②

《澳门编年史》中则有这样的记载："1849 年，亚马留总督第一次允许在澳门设立（番摊）赌博。加之随后产生的中国式博彩闱姓（Vae-seng）和白鸽票（Pacapio），成为保持澳门财政平衡的一种有效方法。在英国人占领香港引起（澳门）经济衰退后，博彩活动更成为一种交易，而且很是盛行。"③

这两段纪录明显有矛盾，究竟哪一段才是正确的呢？笔者以为，应当以《澳门政府宪报》中关于"澳门及帝汶省财政收入"的档案记载为准。因为《澳门编年史》的年份缺乏根据，没有官方统计数据支持；而本书表六中，则清楚地显示：澳门早在 1847 年 7 月就已经把"中式彩票"即白鸽票（如前所述，葡人误为闱姓）赌饷纳入财政收入之中，1848 年 7 月起又增加了"中式博彩"即番摊的税项。

我们现在能够找到的最早的"中式彩票"税收记录，是在 1847 年 7 月，这与上文提到的时间是吻合的。1847 年 7 月至

---

① *Boletim Officia do Governo de Provincia de Macau e Timor* 1888—3—15 NO—11，Pagina100："Receita do ano Economico de 1887—1888".

② *Boletim Officia do Governo de Provincia de Macau e Timor* 1888—3—15 NO—11，Pagina100："Receita do ano Economico de 1887—1888". （h）Estabelecida pelo governador a requerimento dos chinas em janerio de 1847. （i）As Licencas para as jogo Foram estabelecidas em abril de 1849 em virtude da portaria de 16 de fevereiro de 1846.

③ ［葡］施白蒂：《澳门编年史》（十九世纪），第 102 页，澳门基金会 1998 年版。

1848年7月，澳门政府从“中式彩票”即闱姓彩票中得到2524.4两的税款，只占政府同期财政总收入的5.44%，可谓微不足道。当时澳门还没有开放“中式彩票”以外的杂赌，赌税的收入以“中式彩票”为主。但是，随着“中式彩票”的公开发行和销售额的增加，“中式彩票”税在政府财政总收入中的比例也逐渐提升。在1850—1851年度，“中式彩票”税收3787.2两，比例增至7.76%，次年增至9.33%。

博彩税在1854—1855年度，首次达到两位数字(12.5%)，“中式彩票”则占4.19%；徘徊一年后，1856—1857年度博彩税再次上扬至18.1%，“中式彩票”占8.71%；1857—1858年度博彩税增至25.07%，“中式彩票”渐渐增加至11.35%；到1858—1860年，赌税已经占政府财政总收入的四成以上，“中式彩票”的税款金额虽增至二万余两，但在政府财政总收入中的比例却回落到8.9%左右。

从这些资料中也可以看到，赌税在澳门政府的财政收入中所占的地位虽然越来越重要，但除了最初那两年之外，“中式彩票”的税收一直不及“中式博彩”。

1887年以后，澳门政府把“中式彩票”分为“闱姓”与“白鸽票”，科举考试取消后又增加“铺票”。[1] 在1908—1909年度，“铺票”税收为61000余两，与1894—1902年度闱姓税收（六万两）相差无几。

中式博彩的税收

所谓“中式博彩”(Jogo China)，其实就是流行于广东地

① 铺票即“签铺票”，在《澳门政府宪报》中称为“Chim-pu-pio”。

区的番摊赌博。这种赌博方式简单易懂，赌具也可就地取材，其变化多端，很受赌徒欢迎。清代在澳门所开设的中式赌馆，绝大多数以番摊赌博为主，当时的报章报道和文献，往往把“摊馆”与中式赌馆二者的概念混淆。1887 年以后，《澳门政府宪报》中不再使用“中式博彩”字眼，取而代之的是“番摊”，可见二者是为同一赌博种类。

元邦建、袁桂秀编著的《澳门史略》，把澳门这一时期的赌博形式分为两种：一是场赌，也就是有固定场地赌博，如“番摊”（又称“四角”）、骰子；二是票赌，即购买彩票，如铺票、白鸽票、山票等。① 当时西方的轮盘、纸牌等赌术尚未在澳门流行，这一时期的场赌就是“中式博彩”即番摊。

本书表六中显示，最早是在 1848 年 7 月至 1849 年 7 月的财政年度，澳府首次把“中式博彩”即番摊的税收纳入地区公共财政范畴，不过，因所有的番摊赌馆在 1849 年 4 月才正式发给牌照，实际上只有三个月的时间，所以，“中式博彩”的税收只有 57.6 两，远远不及“中式彩票”多。当然，这只是暂时的现象，“中式博彩”的受欢迎程度很快就从澳门政府的财政收入中反映出来了。

1850—1851 年度，“中式博彩”税收入 7704 两，超过“中式彩票”的 3787 两；除了 1852—1853 年度稍微回落，以后就一直上升，1855 年首次超过 1 万两，到了 1860 年中，澳府光是从“中式博彩”得到的税收已高达 84400 两，是“中式彩票”的 3 倍。

据《澳门编年史》记载，1867 年 9 月，第 39 期《政府公报》增页刊登了澳门、帝汶省政府根据 1867 年 6 月 2 日法令所做的上半年决算，以及下一经济年度（1867—1868 年度）

---

① 元邦建、袁桂秀：《澳门史略》第 172 页，香港中流出版社 1988 年版。

的财政预算为 237746 元。①

19 世纪 80 年代中叶，澳府的赌税收入每年有十几万两。澳葡政府在一份文件中也承认“查承充番摊一款，为澳门饷项大宗”。② 光绪十一年（1885）四月二十日，两广总督张之洞在“筹议闱姓厉害暂请弛禁折”中奏称：

> 查澳馆初开之年，葡酋岁责税饷十余万，上年递增至三十余万。必其利厚，然后税多。③

张之洞这里所提的“税饷”应该不是赌税，而是直接税。查阅表九可知，在 80 年代中后期澳府的直接税约 30 万两，来自博彩（包括“中式彩票”与“中式博彩”）的税收每年约十几万两。

从附表中可以看到，1887 年以后，澳门政府把“中式博彩”（Jogo China）正名为“番摊”（FanTan）。由于番摊赌博可随时开盘，不像闱姓彩票必须等科举考试方能进行，因此番摊这项赌税收益一直高于“中式彩票”。例如在 1887 至 1888 年度，番摊税收 119000 元，比闱姓彩票（30600 元）与白鸽票（38000 元）的税项总和还要多出一大截。

在最高峰的年份即 1901—1902 年度，澳府在番摊得到的税收有 347000 余元，而闱姓彩票和白鸽票加起来才 130000 多。番摊一项的赌税收入，就等于闱姓彩票与白鸽票总和的两倍以上。当年赌税的收入，则占了澳府财政总收入的将近五

---

① ［葡］施白蒂：《澳门编年史》（十九世纪）第 168 页。

② 《澳门政府宪报》1879 年 2 月 1 日（第 5 号），《大西洋钦命管理水师军务兼管外洋属地政务部尚书多马斯·利未罗（Thomás Antonio Riberio Ferreira）咨会事》。

③ 《张之洞全集》第一册（奏议）第 299 页，奏议十一。

成。葡萄牙籍历史学家潘日明在《殊途同归》一书中这样描写当时澳门的番摊赌馆：

> 澳门番摊赌馆比比皆是，灯笼和油灯高挂全天接待客人，午夜才停业。为了不与贱民混在一起，富裕华人和欧洲人总是坐在二楼雅厅的围栏四周行赌。这围栏正好在楼下衣衫褴褛的穷人头上。赌注放在用绳系于栏杆上的草篮里送上送下。番摊的主人每年向财政部门缴纳十二万澳门元。①

潘日明神父提供的这一税款数字，与澳葡政府的档案纪录是基本吻合的。

光绪三十一年（1905）朝廷宣布取消科举考试，闱姓彩票走向没落。虽然后来也举行过补偿式的考试，但闱姓彩票的风光日子已一去不复返，稍后就被白鸽票、山票、铺票取而代之了。

然而，彩票赌博与杂赌的市场毕竟有所区别。虽然赌馆里面设有专供士绅耍乐的雅座，但仍有一些士绅觉得，在乌烟瘴气的赌馆呼卢喝雉并非斯文人所为，还是竞猜式的票赌来得更为文雅。因此，彩票赌博仍然有其市场。闱试取消之后，番摊赌在澳门并未能够全面取代彩票赌，原来投放在闱姓方面的彩金，闱试取消后马上流向白鸽票、山票和铺票。以取消闱试前的1904－1905年度为例，澳门政府在闱姓票税的收入有29000元，番摊赌税有79000元；取消闱试后的1908年，番摊赌税维持在70000元的幅度，新增的基铺票税款则达到61000元。这足以说明，澳门“中式博彩”即番摊赌博与彩票

① ［葡］潘日明：《殊途同归》第174页，《百年前的华人区》。

博彩确实各有各的市场，长期并存。

表六　1847—1860 年赌税在澳门政府财政总收入中的比例

财政年度	中式彩票（两）	中式博彩（两）	直接税（两）	总收入（两）	赌税占政府总收入的百分比	刊宪年份
1847.7—1848.7	2534.4	—	—	46581	5.44	1848
1848.7—1849.7	3096	57.6	—	52496	6	1849
1849.7—1850.7	5901	—	—	67242	8.78	1851
1850.7—1851.7	3787	7704	27440	148038（94744 千 réis）	7.76	1853
1851.7—1852.7	4004	8544	34329	134454（86050 千 réis）	9.33	1853
1852.7—1853.7	2973.6	6986	33231	107818（69003 千 réis）	9.24	1853
1854.7—1855.7	5625	11170	60895	134330	12.5	1858
1855.7—1856.7	8337	10062	63654	148499	12.39	1858
1856.7—1857.7	10725	11557	70044	123118	18.1	1858
1857.7—1858.7	20087	24265	125343	176933	25.07	1858
1858.7—1859.7	20175	73025	179244	226432	41.16	1860
1859.7—1860.7	27265	84400	218477	249213	46	1863

注 1：《澳门政府宪报》刊登上述财政收入时，使用了两种不同的货币单位，分别为 Reis（雷伊士，葡萄牙货币）和清朝的银“两”。为方便对照起见，这里按照千 Reis 与“两”历年汇率的中位数，一律换算成银两，千 Reis= 1.5741 两。

注 2：资料来源于《澳门政府宪报》葡文档案（缩微胶卷 B. O. 1838—1859. C O689）。

澳门政府 1862—1863 年度的“中式彩票”预算收入29220

元，实际收入 28130 元；“中式博彩”预算收入70000元，实际收入达 81400 元；同年的政府总收入也达到223384元，比预算收入 195421 元增加了 32511 元，增幅为 14.3%。钱来得容易，澳葡政府也就大手大脚起来了，当年的实际开支（223384 元）比预算开支（113183 元）增加了 33921 元。

1861 年 4 月至 1862 年 12 月 31 日的收入，还包括该年度发行 4000 元彩票的纯收入 485 元（1861 年 12 月入账）；1862 年 6 月售出 213 张总值 6000 元彩票，获得 150 元纯收入；同年年底，发行 6000 元彩票收入 898.84 元。一间葡文学校从彩票获得的收入总共超过 1641 元。①

表七　1860—1880 年赌税在澳门财政总收入中的比例

年　份	中式彩票（元）	中式博彩（元）	白鸽票（元）	直接税（元）	政府总收入（元）	博彩税占政府总收入百分比	刊宪年份
1860—1861	32000	88655		220478	244886	49.27	1863
1861—1862	33450	78905		203780	231892	48.45	1863
1862—1863	28130	81400		195174	223384	49.03	1863
1863—1864	23800	59500		139437	157599	52.86	1863
1864—1865	待考	待考		待考	待考	—	—
1865—1866	待考	待考		待考	待考	—	—
1866—1867	29376*	94860		200224*	227498*	54.61	—
1867—1868	29376*	94860*		211547*	237746*	52.26	—
1868—1869	待考	待考		待考	待考	—	—

① O Boletim do Governo de Macau（1863）No 9：“Nova escola de Macaemsa（澳门人新学校）”。

（续上表）

年份	中式彩票（元）	中式博彩（元）	白鸽票（元）	直接税（元）	政府总收入（元）	博彩税占政府总收入百分比	刊宪年份
1870—1873	待考	待考		待考	待考	—	—
1874—1875	49500*	127500*		306017*	358181*	49.42	1874
1875—1876	54513*	132642*		292371*	354831*	53	1875
1877—1878	待考	待考		381487*	432574*		（注2）
1878—1879	84941 *	109650 *		285652 *	366682 *	53.09	1879
1880	133677	164300		待考	待考	—	—

注1：资料来源于《澳门政府宪报》葡文档案（缩微胶卷B.O.1860—1886）。

注2：1877—1878年的数据来源是“澳门帝汶省”的档案，即连同帝汶的收入。

注3：“*”的货币单位是千reis（雷伊士，葡萄牙货币）。

表八　1859—1879年度澳门专卖收入一览表

（澳门及帝汶省公物会）

年份	白鸽票（元）	番摊（元）	澳门闱姓（元）	路环氹仔闱姓（元）	氹仔鸦片及番摊（元）	路环鸦片及番摊（元）	合计（元）
1859—1860	29220	84480	—	—	2720	201	116621
1860—1861	38160	94200	—	—	2720	630	135710
1861—1862	28080	74880	—	—	2720	630	106310
1862—1863	26400	78960	—	—	2000	650	108010

（续上表）

年份	白鸽票（元）	番摊（元）	澳门闱姓（元）	路环氹仔闱姓（元）	氹仔鸦片及番摊（元）	路环鸦片及番摊（元）	合计（元）
1863—1864	32640	91800	—	—	2000	560	127000
1864—1865	34560	110880	—	—	2000	710	148150
1865—1866	34560	111600	—	—	2530	710	149400
1866—1867	44760	126720	—	—	2530	800	174810
1867—1868	45600	126840	1600	—	2530	1000	177570
1868—1869	48000	123600	1600	—	4520	1000	178720
1869—1870	42000	120000	3000	—	4520	2220	171740
1870—1871	42000	117600	3000	—	4520	2220	169340
1871—1872	41280	133200	3000 注 1	—	4520	2300	184300
1872—1873	41280	169800	17033	1500	4520	2300	236433
1873—1874	46800	150000	17033	1500	4520	3310	223163
1874—1875	46800	156050	17033	1500	5810	3310	230503
1875—1876	34200	100100	43766	注 2	5810	4250	188126
1876—1877	34200	141000	43766	—	7380	4250	230596
1877—1878	47000	112981	43766	—	7380	3500	214627
1878—1879	47000	139200	133666	—	7380	3500	330746

资料来源：*Boletim Provincia de Macau e Timor*，5 JULHO 1879 "Mappa Dos Rendimendos de todos os Exclusives e Contratos de Rendas do Estado em Macau nos Anno Abaixo Mencionados-Junta de Fazenda Publica da Provincia de Macau e Timor".

注 1：1872 年澳门闱姓曾被澳督于同年 3 月 6 日取消，同年 6 月 25 日批准重新开投。

注 2：1875—1876 年度以后的路环氹仔闱姓转为与澳门闱姓一起承投。

表九 1881—1910 年赌税在澳门政府财政总收入中的比例

年份	闱姓彩票（元）	番摊（元）	白鸽票（元）	铺票（元）	直接税（元）	政府总收入（元）	赌税占政府总收入比例%	刊宪年份
1881	213 333	46 000	44 600		待考	待考	待考	1882
1882—1883	181 333	130 000	37 995		425 073	506 807	69	1883
1883—1884	181 333	130 000	37 995		450 494	508 507	69	1884
1884—1885	300 600	130 000	37 995		569 761	627 779	75	1885
1885—1886	100 000	110 500	44 540		363 651	428 430	60	1886
1887—1888	30 600	119 260	38 250	—	304 636.5	571 274.219 (365 615.5 千 réis)	32.93	1888
1888—1889	30 600	106 250	38 250	—	303 253.5	364 429.5	48.04	1889
1890—1891	36 000	126 516	45 000		340 723	429 060	48	1890
1893—1894	51 000	123 000	43 000	—	452 655	530 545	40.9	1893
1894—1895	60 000	145 000	51 000	—	536 673	646 619.25	39.59	1894

（续上表）

年　份	闱姓彩票（元）	番摊（元）	白鸽票（元）	铺票（元）	直接税（元）	政府总收入（元）	赌税占政府总收入比例%	刊宪年份
1896—1897	60 000	150 000	51 600	—	534 360 （341 990.4千 réis）	668 178.75 （424 484.4千 réis）	39.15	1896
1898—1899	60 000	150 000	74 900	—	543 670 （347 948.8千 réis）	677 461.5 （433 575.36千 réis）	42.05	1898
1899—1900	60 000	150 000	74 900	—	554 964 （355 176.96千 réis）	689 654 （441 378.56千 réis）	41.31	1900
1901—1902	60 000	347 917	74 900	—	813 977 （520 945.28千 réis）	980 522 （627 534.08千 réis）	49.24	1901
1904—1905	29 897.995	200 530.698	79 488	—	624 722.876	683 204.696	45.36	1906
1908—1909	—	263 125	71 437.684 （连山票）	61 120.013	575 034.715	662 165.729	59.76	1910
1909—1910	3 780	243 000	68 580 （连山票）	8 100	459 456.773	599 902.804	53.92	1910

注：资料来源于《澳门政府宪报》葡文档案（缩微胶卷 B. O. 1887—1911）。

表十　1905—1911 年度赌税在澳门市政机构财政收入中的比例

年份	闱姓（2%税）	番摊（2%税）	白鸽票与山票（2%税）	铺票（2%税）	市政机构总收入（元）	赌税占市政总收入的百分比	刊宪年份
1905	1 006.6	7 750	2 808	—	140 131.4	8 %	1906
1906	—	7 749.88	3 224	291.0	153 600	7%	1907
1907	413.36	9 072.83	2 849.49	291.65	112393.01	11 %	1908
1908	—	8 950.03	2 645.75	339.96	63 443.3	19 %	1909
1909	—	9 000	2 539.92	178.33	74 583.79	16 %	1910
1910	—	9 000	2 539.93	900	93 685.35	13 %	1911
1911	—	9 000	2 381.21	282.5	89 003.4	13%	1912

1. 资料来源：《澳门政府宪报》葡文档案（缩微胶卷 B. O. 1838—1912）；

2. 澳门市政机构从闱姓、番摊、白鸽票、山票、铺票抽取的 2%专营税 刊载于 "Conta da receipta e despeza do Leal Sanado da Camara, relativo ao anno civil de 1905"（*Boletim officeial Governo da provincia de Macau*, 1906. 5. 6. No. 18）；"Conta da receipta e despeza do Leal Sanado da Camara relativo ao anno civil de 1906"（*Boletim officeial Governo da provincia de Macau*, 1907. 5. 18. No. 20）；"Conta da receipta e despeza do Leal Sanado da Camara relativo ao anno civil de 1907"（*Boletim officeial Governo da provincia de Macau*，1908. 6. 27. No. 26）；"Conta da receipta e despeza do Leal Sanado relativo ao anno civil de 1908"（*Boletim officeial Governo da provincia de Macau*，1909. 9. 11. No. 37）；"Conta da receipta e despeza do Leal Sanado relativo ao anno civil de 1909"（*Boletim officeial Governo da provincia de Macau*, 1910. 9. 17. No. 38）；"Conta da receipta e despeza do Leal Sanado relativo ao anno civil de 1910"（*Boletim officeial Governo da provincia de Macau*, 1911. 8. 26. No. 34）；"Conta da receipta e despeza do Leal Sanado da Camara, relativo ao anno civil de 1911"（*Boletim officeial Governo da provincia de Macau*, 1912. 9. 14. No. 20）.

第二节 带动澳门旅游娱乐业的发展

博彩业的繁荣，首先受惠的就是旅游行业。1881 年 3 月 5 日第十期政府公报显示，在上一年度，澳门共有一家酒店、五家客栈获准开业。① 到了 1890 年 7 月 1 日，著名的峰景酒店开业。该酒店背山面海，风光秀丽，是当时澳门最豪华的酒店，接待各国贵宾（峰景酒店现为葡萄牙驻澳总领事官邸）。② 1895 年 5 月，有报道介绍澳门一家客栈举行开张晚会的情况：

> 源安客栈即昔日之得利也。门庭依旧，气象维新，于本月十四日开张，是夜有客在此贺庆，并有栈主梓例人送以鼓吹一部，相助清兴。于是缙绅世族，裙屐少年，聚处一堂，极形欢乐。③

1887 年途经澳门的葡萄牙贵族阿尔诺索伯爵，在回忆录中提到：

> 在华人区里有许许多多的从事番摊的赌馆，赌馆里点着灯笼和蜡烛，白天全天对外开放，晚上一直营业至午夜。赌博一般都在第二层楼上进行。一走上楼梯，便可看见楼梯平台正面的墙上用中文写着“抬头见福”几个大字。④

---

① ［葡］施白蒂：《澳门编年史》（十九世纪），第 217 页。

② ［葡］施白蒂：《澳门编年史》（十九世纪），第 261 页。

③ 《镜海丛报》1895 年 5 月 29 日，《开筵坐花》。

④ ［葡］文德泉（Manuel Teixeira）：《阿尔诺索伯爵笔下的澳门》，载于澳门《文化杂志》第七、八期合刊第 70 页，1989 年。阿尔诺索伯爵（Conde Arnoso，1855—1911）。

赌博与狎妓被视为难以分割的“娱乐”，有赌博之地，色情事业往往也相对发达。《清稗类钞》云：

> 饮博樗蒲，妓家所擅，古人每藉以作狭邪之游。唐岑参诗曰：红牙缕马对樗蒲，玉盘纤手撒作卢。博场招妓陪侍，妓至，则歌一曲，且有为客代博者。①

澳门成为赌埠之后，福隆新街等灯红酒绿之区几乎夜夜笙歌，省港澳客商如云，在这个销金窝乐而忘返。

1894—1895年，广东鼠疫流行，省港澳皆被波及。据1895年7月3日《镜海丛报》报道，当时的澳门：

> ……人心惶惶，迁回乡者有之，迁往港者有之，迁去省者亦有之。每当夕阳初落，楼阁上灯，则店皆闭户，路少行人，市情之冷淡，为数十年来所未睹。福隆新街宁居里一带，繁华盛地，更门庭冷落，车马稀疏，十室九空，无几存者。②

但时疫刚过，即1895年五月中旬后，澳门又恢复了赌埠的繁荣景观。由外地往澳者络绎不绝。据同年7月初的《镜海丛报》载：

> 市上熙来攘往，不啻昔日繁盛景象。况以事有巧，值省中大宪禁赌甚严，番摊白鸽票十二位，一切皆风清弊绝。而省垣之人，藉赌以养妻活儿者，指不胜屈。一旦失

---

① 徐珂编：《清稗类钞》第十册，赌博类，第4878页。

② 《镜海丛报》1895年7月3日，《澳地后盛论》。

其生路，又无正业可图，不得不来澳以谋生计。且澳既无禁赌之条，又无夜行之诫，现各客栈均有人满之患。名仙广升东栈等店，客常满座，酒不樽空。灯火辉煌，笙歌嘈杂，响欲遏乎行云。至于杨柳门前，枇杷巷里，车声乙乙……①

能够取人性命的瘟疫刚被扑灭，外地赌客便急不可待地赴澳，他们对赌博的入迷程度可想而知。

光绪二十一年（1895）间，广东巡抚马丕瑶在粤厉行禁赌。他于光绪二十一年五月二十日起，下令革除文武官绅四成报效经费这项陋规，查封广州府属各县城乡镇赌馆，连广东人喜欢的斗蟀也一并禁绝。省城及四乡的赌客纷纷前往没有赌禁的澳门耍乐，以致澳门的番摊赌馆异常兴旺。商人趁机开设蟀厂，大发其财。澳门的华文报纸《镜海丛报》于1895年8月28日载：

宋相贾似道尝于半闲堂集狎客而斗蟋蟀，此等风气传流至今，其于岭东之俗犹为甚嗜。向年车陂、猎德、伦头各乡，每到秋时则必建搭高棚，招集名优并豪富少年，开场合斗。今则以马中丞严禁赌博，乡绅不敢包庇，秋声寂然。平时具有斗虫之好者，多趋澳门，以故近日澳中连开两大厂，日中游客纷拥异常。澳地既以省中番摊不开，日增闹热，各等客栈，幽房洞开，常常有人满之惧。今又增兹赌局，澳之兴旺，何能以意念计？②

自省城禁绝番摊之后，澳门的16家摊馆“异常热闹，每

① 《镜海丛报》1895年7月3日，《澳地后盛论》。

② 《镜海丛报》1895年8月28日，《平章逸致》。

至灯时，几无坐立之处。盖城乡来澳之众，多有赌癖也。连日闱姓各厂，更为热闹。初十、十一两日，京电纷驰投猜恐后，门限几为之穿，延至夜分，犹然逼塞一堂，非负雄力者不能求立足地”。①

1895年9月，广州等地的赌馆被禁绝期间，澳门发行的闱姓彩票也大受欢迎，广东各地前往澳门投买闱姓彩票的人络绎不绝。虽然一度发生“兆三元闱厂东主携谢教款逃逸事件”②，但澳门的赌商为了稳住局面而采取了安全措施，很快就使本地及外地的赌客放心博彩。《镜海丛报》在同年9月4日发表的一段消息称：

> 澳门闱姓现在议定，凡有谢教银两，统系放存三记行内，按日投票，银数亦系按期汇交三记，各子厂，分毫不能隐藏，即使再遇兆三元之事，决不患谢教无着，必能按照所中之数计份匀派。凡属猜卜榜花者，都已放心放胆。近来澳地投买之盛，有如山阴道中，日夜纷填，接应不暇。③

省城禁赌，令澳门的番摊异常兴旺，因赌客博赢钱之后又会去青楼寻欢作乐，故此连澳门“各处妓楼因是而应酬弗暇”。④“清平戏院街，娼寮林立，浅唱低吟……行人如蚁，灯光辉煌。”⑤

在马丕瑶严禁赌博的政策下，省城及香港九龙一带的赌馆

---

① 《镜海丛报》1895年11月6日，《赌场热闹》。
② 《镜海丛报》1894年10月31日，《本澳新闻·负资逃去》。
③ 《镜海丛报》1895年9月4日，《稳如泰山》。
④ 《镜海丛报》1895年10月9日，《为风欲忧》。
⑤ 《镜海丛报》1894年11月14日，《火不成灾》。

早已弊绝风清，故此港九的番摊馆纷纷迁至澳门开设，以良好的服务态度争取顾客。例如澳门泗孟街口之大生摊馆、福隆街口之广胜摊馆，均是由九龙迁到澳门的。这些加入竞争行列的摊馆“招呼周到，不减于九龙宝字馆。而澳之摊馆风气遂为之一变”。[①]

1895 年 11 月，澳门绅商在政府支持下举办了一次大型庙会活动。这次澳门庙会盛况空前，吸引了邻近地区大批民众涌来观看，对博彩旅游业有显著的促进作用。据当时报道，康公庙上演粤剧《六国大封相》，莲溪庙等地均有好戏响锣。[②] 当时的报纸报道：

> 连日省港人众，探闻澳地会期已届，由初九起，省港火轮到澳，每日载至千余人，客栈商行几无位置处。此次会景，内有花灯各色，所制纸扎各物，鳞族羽族，异常生动……十一日夜，所有会景极其繁盛，多有香山四乡而来。数日中，澳地来有数万人，大益商旅云。[③]

据 1897 年 4 月 23 日《申报》载：

> 刻下省垣已无闱姓厂，嗜赌之辈，均向澳门投买。[④]

粤省之赌风已不可遏抑住，官方的禁赌政策只能导致大量的赌徒和赌资流向澳门。澳葡政府的收入因此而大增，澳门市面百业也赖以逐步繁荣。

---

① 《镜海丛报》1895 年 11 月 6 日，《赌场热闹》。

② 《镜海丛报》1895 年 11 月 27 日，《丑由自取》。

③ 《镜海丛报》1895 年 11 月 27 日，《粤人好事》。

④ 《申报》1897 年 4 月 23 日，《五羊杂俎》。

到了光绪末年，澳门已成为香港富裕人家度假的热门地点。据《广东日报》载，1905年夏天的一个礼拜六，“香港士女往澳避暑者大不乏人，计西人已占一千名有奇。澳地茶楼酒肆，及游憩之地，几无容足云”。①

丘逢甲则在《澳门杂诗》中有这样的描绘：

> 楼台金碧拥南环，灯火千门夜不关。满地烟花春似海，三更人立磨盘山（诗人自注：南环为胡贾聚居处。予所寓在磨盘山上，夜望灯火如繁星）。②

此时的澳门，凭借博彩业的发达，刺激了旅游娱乐业和各行各业的高度繁荣，从而摆脱了经济低迷的阴影，成为华南地区一个著名的销金窝。

第三节　促进澳门对外水陆交通

19世纪70年代中至90年代初，虽然在李瀚章、张之洞督粤期间，曾有“弛禁闱姓以济饷”和纵容私赌之事，但大体上仍然禁止番摊、花会、白鸽票等杂赌，加上两广总督张兆栋、刘坤一、张树声、裕宽、马丕瑶等在粤主政时执行禁赌政策，大批赌商和赌客转往澳门，使澳门的赌业发展得很快。来自省城广州、邻近地区及香港等地的旅客相当多，原来比较落后的交通条件，已经难以适应博彩经济高速发展的需求了。

首先是陆路交通开始改善。早在1885年，澳门就首次出

---

① 《广东日报》乙巳年（1905年）六月十六日，《避暑游澳》。

② （清）丘逢甲：《岭云海日楼诗钞》之《澳门杂诗》，载《明清时期澳门问题档案文献汇编》（六），文献卷，第838页。

现人力黄包车。[①] 另外，澳门商人出资修建了前山至白石的公路。1894 年 10 月的《镜海丛报》上有一段值得留意的消息：

> 由白石至前山之石路，前经澳中绅商捐资修建，以便往来，香山人陈芳首捐洋银二千枚。近已竣工，计用料费四千元有奇。闻前山各绅将复捐资，由寨城筑修石路直至翠微，便手车之来往，省男妇之奔劳，独未悉款巨功宏，果能如愿相偿否?[②]

《镜海丛报》在 1895 年 4 月 17 日又刊登了一段消息：

> 澳门车夫某甲，拉客至白石村。[③]

这两段消息表明，澳门至前山（现属珠海市）的公路在当时已不能满足两地民间往来的需要，须延伸至白石。由澳门市区至白石村，有 27 公里之遥。加上道路崎岖，不像澳门市内马路那么好走，一来一回起码得大半天工夫。既花时间，车费亦不菲。但在没有其他公共交通工具的香山县，居民往来澳门仍以人力出租车为主。当时由美国檀香山携巨资回澳经营酒店的陈芳先生，是位热心公益的爱国归侨，这段公路即由他牵头捐资建造，以石块铺砌，即使下雨水淹也不怕泥泞。以当年的施工条件，也称得上是一项大工程了。修路之举既可改善澳门

---

① ［葡］施白蒂《澳门编年史》（十九世纪），第 243 页。

② 《镜海丛报》1894 年 10 月 3 日，《车路已成》。

③ 《镜海丛报》1895 年 4 月 17 日，《拘车肇事》。

对外交通，也有利于澳门酒店业务扩张。①

光绪末，曾经有兴建粤澳铁路之议。《华字日报》1904 年 3 月 26 日载：

> 由澳门至广省城之铁路，现有葡商意欲承办。②

1909 年 3 月，澳府在疏浚外港航道的同时，打算在澳门修筑一条铁路与省城之铁路相衔接，两项工程总共需费约六百万元。③ 不过，基于各方面的复杂原因，这条铁路一直未能投入兴建。

在水路交通方面，也得到了极大的改善。

澳门由古代的一个渔村变为外贸大港口，各种大小船舶一直是主要的对外交通运输工具。④ 此外，早在清乾隆时代的前期，即 18 世纪中叶，澳门的对外水上交通已有“省渡、石岐、新会江门渡”。⑤

19 世纪末，澳门的贸易地位虽然已被香港和其他对外通商口岸超越，但来往省澳的旅客数字仍然相当可观。当时在澳

---

① 陈芳（1825—1906）又名国芬，广东香山杨梅斜村（今属珠海）人。早年随叔父赴美国夏威夷经商。1870 年创办芳植记公司，从事甘蔗种植和制糖业，后渐发迹为夏威夷巨富，被誉为“商界王子”，并成为夏威夷国王驸马。1878 年后，曾任夏威夷政府枢密院顾问、华人商董、中国驻夏威夷领事。1882 年辞职。1890 年变卖资产 60 万美元，返香港、澳门投资火轮业和酒店业，定居澳门，并在家乡创办学校和其他慈善事业。1906 年，陈芳病逝于澳门。

② 《华字日报》1904 年 3 月 26 日，《葡筑粤路》。

③ 《华字日报》1909 年 3 月 2 日，《镜海工程》。

④ （清）印光任、张汝霖：《澳门记略》校注本《官守篇·政令附》第 20 页：“（嘉靖）十四年，都指挥黄庆纳贿，请于上官，移舶口于濠镜……”

⑤ （清）印光任、张汝霖：《澳门记略》卷上，《形势篇》第 2 页。

门出版的报纸就提到：

其往来省澳者，即系白云、前山、新洲三船以上。省港澳各船俱挂英国旗号。本年轮船所载华客，往香港者五十六万三千五百十八人；往澳门者四万四千三百三十九人；由港来省者五十二万三千八十三人；由澳门来省者四万六千九百八十一人；洋人不在此数。①

简单计算即可得知，光是乘船往来省澳两地的旅客，一年内已有九万余人次之多。要知道水上交通的具体情形，还可以参考 1895 年澳门的一些统计数字：

船只。查本年出入内地华船计一万八千五百九十四只，共载重八十二万四千七百七吨。旅客。本年入内地者共十三万二千一百九十一人，出内地者共十一万五千八百九十四人。②

如果上述统计数字正确，则可以将 1895 年出入澳门的旅客总人数减去经水路往返省澳的总人数，得出 146765 人的余数。这十四万余人次是 1895 年进出澳门关闸及往来香港、外埠的数字。由澳门陆路进出关闸及乘船往来香港、外埠的旅客，虽然暂时未有进一步的统计资料可供准确计算当年来往港澳两地的旅客人数，但从当时的一篇关于香港人来澳门参加康乐活动的报道中，也可看出港澳水上交通已十分便利：

① 《镜海丛报》1894 年 12 月 12 日，《中外报》。
② 《镜海丛报》1895 年 8 月 7 日，《税册照登》。

是晚香港各西人搭附河南火轮来澳者更繁……①

博彩业合法化之后，除了香港、省城广州这两条主要航线之外，澳门与外地的水路交通还有以下航线。

澳门至新会双水口：据《华字日报》1901 年 7 月 4 日载："专司侍役茶水等件，招呼妥当。船每到澳门有码头湾泊，在渡歇宿，均听客便，每位收水脚银五毫。"②

澳门至顺德龙江：《镜海丛报》1895 年 1 月 9 日载："龙江向有渡船来澳，多载丝斤。前因被飓受累，兹特改用小轮拖带……藉便商旅。"③

澳门至南海九江：《广东日报》载，1904 年，有"穗源渡"往来澳门至南海九江，前赴港澳两地。④

澳门至罗定：《广东日报》载，1905 年左右，为了方便草席的起卸，"省港澳门各轮船公司在罗定河面设木牌一座"。⑤

澳门至赤溪：金武祥《赤溪杂志》载："赤溪有澳门、江门两渡船，至澳门者约五日往返一次，生意较盛。"⑥

澳门至西江各埠：据《申报》1905 年 2 月 17 日《轮船由澳门来往西江各埠专章》载："常川来往，可上下客货"。

---

① 《镜海丛报》1895 年 12 月 18 日，《同乐其乐》。

② 《华字日报》1901 年 7 月 4 日，《新会双水口澳门轮拖饷渡广告》。

③ 《镜海丛报》1895 年 1 月 9 日，《小轮拖渡》。

④ 《广东日报》甲辰年（1904 年）十月初十日，《禀请改运土丝之近事》。

⑤ 《广东日报》乙巳年（1905 年）八月二十五日，《起卸席草之改良》。

⑥ 《明清时期澳门问题档案汇编》（六），第 674 页。

第四节　促使澳门市政建设改善

博彩业的蓬勃，不但刺激了旅游、交通的发展，也促使澳葡政府在市政建设方面投放更多的公共资源，使澳门迅速成为一个比较发达的商业城市。以下是澳门博彩业合法化之后新建的、有文字记载的市政建设和大型设施。

医院与公共卫生：1867—1873 年间在澳门服役并致力于公共工程建设的葡萄牙军官恩里克·阿克斯托·迪亚士·德·卡瓦略（Henrique Augusto Dias de Carvalho），完成了修建仁伯爵军人医院的工程。① 1876 年 4 月，在政府与私人各方捐助下，内设寺庙的氹仔医院工程竣工。② 为了预防天花，澳葡政府卫生部门还免费为全澳居民种牛痘。据 1895 年 2 月 6 日报载："近有西洋医生，分派各处街道，每月按时赠种洋痘，不取分文。"③

重建市政厅大楼：1876 年 12 月 30 日，澳门市政厅大楼重建工程完成。④

填海及浚河：1877 年 7 月 2 日，澳门政府在内港一片淤泥滩上开展填海工程，用于兴建楼宇。⑤ 1883 年 1 月 10 日，官方在对氹仔与路环两年前的税收作出估算后，考虑在居民区使用石子铺路、植树及建立绿化区。⑥ 1883 年 9 月 16 日，澳门航道淤塞严重，澳门有 951 名市民向葡萄牙王室写信，提出

---

① ［葡］施白蒂：《澳门编年史》（十九世纪），第 188 页。
② ［葡］施白蒂：《澳门编年史》（十九世纪），第 206 页。
③ 《镜海丛报》1895 年 2 月 6 日，《赠种洋痘》。
④ ［葡］施白蒂：《澳门编年史》（十九世纪），第 206 页。
⑤ ［葡］施白蒂：《澳门编年史》（十九世纪），第 208 页。
⑥ ［葡］施白蒂：《澳门编年史》（十九世纪），第 228 页。

要以博彩收入整治航道。[①] 1885 年 3 月 17 日，氹仔开通了一条向大海排放污水的总管道，形成一套合理的排污网络。[②] 到了 1890 年，政府又修建了连接澳门与青洲岛的海堤。[③] 1909 年 3 月，澳府开投浚港工程，“拟令澳门海面之深处，能容外洋之寻常轮舶驶入”。[④]

中西戏院：1858 年 3 月，澳门的葡萄牙人兴建伯多禄五世剧院，并于 1860 年正式启用。[⑤] 1870 年，澳督与华商王禄父子协商，以深巷仔街尾一块海滩地相赠为条件，要求在此兴建一座大戏院——清平戏院。该戏院于 1870 年 10 月动工，至 1875 年（光绪元年）全部就绪，这是澳门第一座大戏院。[⑥]

松山灯塔：1865 年 9 月 24 日，视距最远可达 20 海里的松山灯塔启用，这也是中国沿海第一个具有导航功能的灯塔。[⑦]

公共照明系统：1871 年 1 月 28 日，澳门市政厅以公开竞投的方式，招标负责全澳 2302 盏公共照明油灯的专营权，结果由闽南籍商人关才（Kuan-Chac）中标。[⑧] 1883 年 6 月 20 日，政府批准由财政署出资安装氹仔和路环的公共照明设施。[⑨]

发电厂：1899 年 4 月 7 日，Helio 公司代表申请在澳门兴

---

① ［葡］施白蒂：《澳门编年史》（十九世纪），第 231 页。

② ［葡］施白蒂：《澳门编年史》（十九世纪），第 239 页。

③ ［葡］施白蒂：《澳门编年史》（十九世纪），第 263 页。

④ 《华字日报》1909 年 3 月 2 日《镜海工程》。

⑤ ［葡］施白蒂：《澳门编年史》（十九世纪），第 130 页。

⑥ 吴志良、杨允中主编：《澳门百科全书》《现代人物》，中国大百科全书出版社 1999 年。

⑦ ［葡］施白蒂：《澳门编年史》（十九世纪），第 160 页。

⑧ ［葡］施白蒂：《澳门编年史》（十九世纪），第 181 页。

⑨ ［葡］施白蒂：《澳门编年史》（十九世纪），第 230 页。

建发电厂。①

兴建市政街市：1879年10月，在氹仔兴建一座临时市政街市，并于1886年9月建成永久性的同类建筑物。②

成立消防队：1883年5月2日，澳门消防队正式成立。早在19世纪70年代，澳门已有葡萄牙军官担任消防督察之职。1872年5月12日的《澳门帝汶省政府公报》，刊登过"救火公馆"（Inspecção dos incêndios）的消息。③

电讯事业：1884年4月，澳府批准港澳之间铺设通讯电缆线，并由有关公司负责铺设氹仔至澳门的电缆。④

城市清洁卫生：早在同治年间，澳门已经把城市清粪事务交与私人公司处理。《循环日报》载："同治十二年十月初一日，麦元同钟岐合股到澳门甘嘛剌粪埠公司生意招牌顺安和。"⑤ 1888年9月，澳门议事公局通过决议，在市内设立收费公厕。这是中国第一个收费公厕，在市政建设领域开了很好的先例，意味着澳门已从南国边陲的渔村步入先进城市的行列。⑥ 到了1894年4月14日，澳门议事公局议定在全澳增设公厕八间，招商承投结果，由华人区芳中标。⑦ 另据《镜海丛报》载："澳中垃圾，向由议事公局选派西人督理搬运。每日

---

① ［葡］施白蒂：《澳门编年史》（十九世纪），第300页。

② ［葡］施白蒂：《澳门编年史》（十九世纪），第217页。

③ 《澳门消防队成立一百周年纪念特刊》，澳门消防队1983年编印。

④ ［葡］施白蒂：《澳门编年史》（十九世纪），第234页。

⑤ 《循环日报》1874年5月4日，《澳门粪埠退股告白》。

⑥ 《镜海丛报》1895年1月23日"请为豁免"："洋场地面，无财不雄，盖无一物而不须钱也。甚而至于登厕。港澳两处，倘非家有粪所，犹须计次纳钱，囊乏一文，多不听进。"另见1888年《点石斋画报》《圊税新章》："近日葡人澳门地再创立大便公钞，列厕于市，派人看守，凡仕商将顾者每人须纳一文钱，否则以闭门羹相待"。

⑦ 《澳门政府宪报》1894年4月28日（第17号），195—196页。

晨早，车声轰轰，便是分操工役。”① 由此可见，当时的澳门已经具备一定的城市规模。

第五节　刺激澳门工商业发展

城市发展的步伐越来越快，澳门的工商业逐渐发达起来了。由于各项工程建设需要大量的建筑材料，单靠外地输入已难以满足了。1887 年，生产水泥、砖瓦和石灰的青洲水泥厂投产，该厂由英国人投资，产品除供应澳门使用外也有出口。② 这是澳门城市发展史上一个重要的里程碑。此外，博彩业的繁荣，造就了澳门第一代的“赌王”。他们不少人拥资巨万，社会地位很高。不过，经营赌业存在着相当大的风险，既有政治方面的因素，也有内内外外的影响，谁也说不准什么时候会破产或被官府取消牌照。其次，营赌的名声毕竟不好。所以，不少赌商都在营赌掘得“第一桶金”之后，就把资金分散到其他行业方面，兼营各种实业，如土地开发与建筑、金融、贸易、鸦片及其他专卖事业、工厂，等等。这样一来，实际上就使澳门的工商业走向多元化发展的道路，也减轻了邻近地区弛赌禁时对澳门社会经济的冲击风险。

土地开发及建筑

咸丰十年（1860），华商王禄与友人合伙，组建一名为“绍昌堂”的置业公司，买下原庇里喇茶叶行的旧址，并将后门对开一带海滩填平，开辟福隆新街、福荣里、清和里、福隆

① 《镜海丛报》1895 年 3 月 6 日，《统易新役》。

② ［葡］施白蒂：《澳门编年史》（十九世纪），第 247 页。

新巷、清平直街、蓬莱新街、新市巷、新利巷、福寿里、白眼塘街等街道，兴建大小铺户 160 余间，使该处成为澳门一新区。①

光绪二十年十二月十七日（1895 年 1 月 12 日）澳葡政府将沙岗地段 5396 平方米土地批与华商卢九，兴建大面积的房屋。当时的《澳门政府宪报》有以下文字：

> 据隶籍西洋之华商卢九禀请，将沙岗各地段批领，从廉构建屋舍，以便工艺民居等情。本部堂体查该处情形，允宜创建一坊，以为权兴，后即渐次开拓新桥，浸至望夏，并须开渠植树……况该华商资本丰厚，自能措置裕如，必不负所批也。②

另外，赌商萧登、卢光裕二人，于 1907 年 3 月获澳府批租“坐落马蛟石炮台相连之山脚”的一块土地，面积为4290平方米。③

金 融

由华商创办的中华银行，于光绪二十年委任三记行的小非难地爵士（Bernardino de senna Fernandes）为该行之澳门代理人。《镜海丛报》在 1894 年 12 月 19 日曾刊文介绍：

① 吴志良、杨允中主编：《澳门百科全书》之《现代人物》。

② 《澳门政府宪报》1895 年 1 月 12 日（第 2 号），《大西洋钦命澳门暨属地总督高为札谕事》。

③ 《澳门政府宪报》1907 年 3 月 16 日（第 11 号），《大西洋澳门国课官柯为出投事》。

> 澳中仅有分支银行一间，名曰中华代理人。系伯爵飞南第往来汇兑，殊便澳商。虽属新开未久，流通甚远，信托甚多，生意甚旺。①

1895年2月27日该报又报道：

> 中华银行曩由华商创首，合集西商聚成雄股，订在香港为总行。其择商埠之殷繁者，别为支行。澳门一区则以三记行飞袭爵为该行之代理人，生意固甚兴隆。②

卢九、李镜泉二人的家族，于光绪七年（1881）在澳门大街合伙经营宝行号钱银生意。③

另据《知新报》报道，光绪二十四年（1898）三月，美国永安人寿保险公司在澳门开设分行，地址位设于南湾街。④

工　业

1. 缫丝厂

丝绸交易在当年是利润颇为丰厚的生意，在澳门开办缫丝厂的赌商包括：冯成，开设有两间缫丝厂，分别位于蒲鱼地与

---

① 《镜海丛报》1894年12月19日，《辨讹定志》。

② 《镜海丛报》1895年2月27日，《蒸蒸日上》。

③ 《澳门政府宪报》1908年6月27日（第26号），《大西洋澳门按察司兼理商局书吏穆为通知事。》

④ 《知新报》第47册，光绪二十四年三月初一日，《永安保人险公司告白》。

和隆园一带；[1]何连旺，共开设过三间丝厂，其一为日悦和昌缫丝厂（即“粤和昌”，[2] 后改为织造匹绸厂），[3] 其二是与宋子衡、曹子基等殷商合股的其详丝厂。[4]至于缫丝厂的规模，可见于1895年的《镜海丛报》：

> 澳地有丝厂焉，皆澳中富商合股而成，何、卢、冯、陈为之董。每日可用男女工人至八百余名之多，每人每日可获工资八九分。澳中消纳贫民最善之区也。[5]

何（连旺）、卢（九）、冯（成）、陈（恒）这四位缫丝厂的股东，均为澳门当时的大赌商。

2. 爆竹厂

爆竹制作是澳门早期的主要工业之一，开设爆竹厂的赌商何连旺（何廷光）[6]，1890年在群队地瑞隆栈爆竹厂外建一分厂，制造爆竹纸。[7] 这是澳门爆竹行业发展的一个高峰期，据

---

① 《澳门政府宪报》1882年4月18日（第14号），《大西洋澳门西洋政务厅梁为通知事》：“入西洋籍人冯成，经已禀请在澳设立缫丝厂，内用火气机器转动而为者，一在蒲鱼地，北向街，南向凉水巷，东向种菜地，西向淹皮店；一在和隆园西边，北向茶行，南西均向马路，东向街。”

② 《澳门政府宪报》1882年7月8日（第27号），《法律启事》。

③ 《澳门政府宪报》1890年1月23日（第4号），《何连旺告白》：“余现欲在荷兰园内东边开设织造匹绸厂，即原日悦和昌缫丝厂。”

④ 《澳门政府宪报》1898年3月5日（第10号），《澳门其详丝厂告白》。

⑤ 《镜海丛报》1895年2月20日，《丝工暂停》。

⑥ 《澳门政府宪报》1889年5月9日（第19号），《澳门、地扪总督施为给照事》：“华人何廷光禀求开设炮竹厂一间，该厂坐落在望厦帽围第十一、十三号屋内之花园里。”

⑦ 《澳门政府宪报》1890年8月28日（第35号），《大西洋澳门西洋政务厅叭之咕（Albino António Pacheco）为出示晓谕事》。

《澳门编年史》载：1891 年，由于中国政府苛刻税收，广州的爆竹厂纷纷迁来澳门。①

3. 玻璃厂

香港旗昌洋行代理人、赌商先拿・非难地爵士（Bernardino de Senna Fernandes），于 1884 年在妈阁开设制造玻璃水晶厂。②

专卖生意

一如闱姓、番摊等有利可图的生意那样，澳葡政府对盐、鸦片、猪牛肉、火水（煤油）、火硝硫黄等必需品和畅销商品，也采取专卖政策，有意承充这类生意的商人，必须通过投标形式出价，由澳门公物会根据价码或其他条件定夺。以下是承充专卖生意的部分赌商——

承充猪肉生意：卢九、胡衮臣。③

出入口制卖火药硝及硫黄：李镜荃。④

---

① ［葡］施白蒂：《澳门编年史》（十九世纪），第 265 页。

② 《澳门政府宪报》1884 年 5 月 24 日（第 21 号），《大西洋澳门署西洋政务厅律师叭之咕为示谕事》："照得现据香港旗昌洋行代理人味哪年呶・先拿・非难地（Bernardino de Senna Fernandes）禀求，在妈阁开设制造玻璃并水晶厂，其厂内将用火气机器。"

③ 《澳门政府宪报》1883 年 4 月 14 日（第 15 号），《承充卖豬肉生意公司卢九、胡衮臣告白》。另，《澳门政府宪报》1886 年 5 月 6 日（第 18 号）《大西洋澳门公物会书记哑宋生奉公物会命为通知事》："照得澳门猪肉生意，以一年为期，自西纪本年四月初一日起至一千八百八十七年三月卅一日止。此承充该一年生意，系准卢九、胡衮臣为承充人。"

④ 《澳门政府宪报》1897 年 1 月 23 日（第 4 号），《大西洋署澳门正督理国课、官副国课柯为晓谕事》："照得所有澳门、氹仔、过路湾及其属地出口、入口制卖火药硝及硫黄生意准华人李镜荃承充。经于西本年十一月二十六日签名画押，其期系由西纪一千八百九十七年正月初一日起，至一千八百九十九年六月三十日止。"

出入口火水（煤油）：李镜荃。①

澳门、氹仔、过路湾卖盐：何连旺。②

澳门、氹仔、路环鸦片：萧登（萧瀛洲）。③

民初成立的澳门商会（现澳门中华总商会前身）第一届领导层，两位最高主事人萧瀛洲（总理）、李镜荃（副理）均为当时著名的赌商，另一位赌商卢廉若则任值理。萧瀛洲最后一次担任该会总理职务是在1923年，卢廉若后来也担任并蝉联多届总理，直到1927年。④

第六节　强化澳门的军警建设

博彩业合法化初期的澳门，内部治安恶劣，对外又与清朝的军队兵戎相见，可谓正处于一个非常时期。葡萄牙人作为老牌海上霸主，枪炮精利，打仗颇有一套。早在明代嘉靖年间，葡萄牙人为了取得借居澳门的权利，就曾经多次帮助明朝政府剿灭海盗。⑤ 此后多次应中国政府或商人之请，出兵协助剿匪或护航。现在要维持澳门本地的社会治安，自然要强化在澳门

---

① 《澳门政府宪报》1897年1月23日（第4号），《大西洋署澳门正督理国课官、副国课官柯（Olympio Joaquim de Oliveira）为晓谕事》："准华人李镜荃承充所有澳门、氹仔、过路湾及其属地售卖出口、入口火水生意，期限由1897年1月1日起至1899年6月30日止。"

② 《澳门政府宪报》1887年3月7日（第9号附报），《大西洋澳门公物会代书记管数官巴波沙（Arthur Tamagnini Barbosa）奉公物会命为通知事》。

③ 《澳门政府宪报》1909年5月15日（第20号），《大西洋澳门国课官阿奉宪命为通知事。》

④ 《澳门中华总商会八十五周年会庆纪念特刊》《历届值理、理事、会董、监事名录》，澳门中华总商会1998年出版。

⑤ 汤开建：《佛朗机助明剿灭海盗考》，澳门《文化杂志》中文版第39期，1999年夏季。

的军警实力。同时，从博彩业得到丰厚的收益之后，这方面的开销也有了保障。

警察

没有警察，一个城市是无法维持社会秩序的，澳门也不例外。于1583年成立的澳门议事会，除管理市政卫生、市容等一般事务外，还负责葡人社群的治安，由居民组织保安队，需要时还雇用奴隶。[①] 关于葡萄牙人在澳门成立警察机构维持地方治安的历史，1887年随团前往北京签署中葡《友好通商条约》的葡萄牙贵族阿尔诺索伯爵，后来在其回忆录中提道：

> 澳门的警察机构和这座城市一样的古老，王室最早制定的与此有关的法令是1691年3月4日颁布的。这一法令任命了当时负责治安的“士兵团”的一批军官，并规定了其职责。1719年，市政厅执行总督命令，在大堂、老楞佐和安东尼堂区（即花王堂区）设立了三座警察所。1784年，警察卫队由来自果阿的正规军的一个营的150名士兵取代了；除了保卫澳门城之外，这一营士兵还负责治安工作。1810年5月13日，又成立了摄政亲王营，作为城市的警察机构；但摄政亲王营于1822年解散了，又重新设了三个警察所，每个派驻20名警察。1841年3月5日，王室批准了澳门城及港口警察章程，正式的警察机构从此建立了。1857年9月29日，成立了街市警察队；1861年10月11日建立了澳门警察部队，担任陆地和海上的治安工作。但在1868年，负责海上治安的机构从警

① 吴志良：《澳门政制》第12页，《议事会》。

察部队中分离出去，开始由港务局局长指挥，称作“澳门海防警察”。1895 年 8 月 16 日，炮兵连同警察卫队合并，组成了两个野战连队。①

尽管葡萄牙王室到 1691 年才正式颁布有关警察机构的法令，及任命负责治安的军官，但澳门显然不可能在“开埠”100 多年之后才成立警察队。澳门议事会后来虽因葡萄牙政治改革而被削权，沦为一个只有一般市政功能的机构，但阿尔诺索伯爵在这里把一些协助维持治安的军队也当成警察了。对此，葡萄牙历史学家潘日明有更准确的解释。他在《殊途同归》一书中指出：

警察自澳门开埠以来就已存在，1583 年市政厅成立后就领导它。②

他又提到澳门警察机构的编制、薪酬与辖区：

1718 年 12 月 28 日，议事会任命佛朗西斯科·孟通萨·傅达多、佛朗西斯科·巴拉达斯·达·罗沙和曼努埃尔·杜特拉·埃拉为三区巡逻队队长，薪俸每人每月为 4 巴尔塔乌。翌年 12 月 26 日，经澳督批准（其实是不必的），市议事会——澳门开埠头三个世纪的政权首脑机关——正式录用风顺堂、圣安东尼堂和大堂三区段警卫队

① ［葡］文德泉（Manuel Teixeira）：《阿尔诺索伯爵笔下的澳门》，载于澳门《文化杂志》第七、八期合刊，第 63 页，1989 年。阿尔诺索伯爵（Conde Arnoso，1855—1911）。

② ［葡］潘日明（Benjamin Videiral Pires）：《殊途同归》第 121 页，苏勤译，澳门文化司署 1992 年版。

长，同时分配给每人7名非正规编制巡逻兵。议事会向总督——统管军事、皇室财政和对外特别是华人事务——提出每个队长的三名人选，任其挑选一人。巡逻队士兵与正规部队同酬，由议事会在市政府大楼支付。然而巡逻队所有军官、军曹、中士和士兵要同其他军事人员一样，每天执行任务前领取总督兼司令定下的口令。①

据《澳门编年史》载：

1849年9月1日，澳门政府委员会宣布成立一支警察队，规定所有由民团（Batalhão Provisório）筛选下来的人员，不论年龄、身体状况即有无其他原因，统统都得参加。②

这时候，澳门政府已经把番摊、中西彩票合法化，总督亚马留又刚刚遇刺身亡，③ 强化治安是有必要的。这里所提的，只是改组警察机构，而不是“成立”警察队。

陆　军

由1557年澳门“开埠”至1622年，澳门只有类似民团性质的非正规武装。1622年荷兰人进攻澳门后，应澳门葡裔居民要求，葡萄牙的印度总督自果阿派遣了一支约300人的军队常驻澳门，建制相当于一个炮兵营，军费由澳门承担。第一任

---

① ［葡］潘日明：《殊途同归》第108页。

② ［葡］施白蒂：《澳门编年史》（十九世纪）第101页。

③ 亚马留于1849年8月22日被杀，见《澳门编年史》（十九世纪）第100页。

澳督马士加路也于1623年就职，并同时成为这支部队的最高指挥官。澳门葡军的装备相当先进，在北部大陆的明王朝军队仍然处于冷兵器的时代，澳葡军队就配备了滑膛枪、火枪和火炮等先进武器。[①]在以后的岁月里，葡萄牙人一直在澳门保持一定数量的军队，配备的武器十分先进。葡军虽然不能与中国军队抗衡，但用于抵御欧洲其他殖民者的入侵，以及对付一些海盗团伙，还是绰绰有余的。

1784年，澳门的驻军被来自印度的一个150名列兵组成的正规营取代，他们接替了当时由80名澳门土生葡人组成的驻军。该营就是后来的澳门警察部队，同时担负着澳门的防务。他们临时驻扎在内港的税馆。[②]

根据1845年11月13日的法令，澳门的葡萄牙军队进行重组，建立了最早的炮兵营，被命名为“澳门炮兵营”。它由四个炮兵中队、参谋部和管理委员会组成，共有317名官兵，由一名中校担任指挥官。[③]

1842年7月，为了加强鸦片战争后的澳门城防，葡萄牙人从海外向澳门派来了一个营的狙击兵和一个营的炮兵。阿马留被刺杀后，葡萄牙人又从印度果阿调来由5名军官和100名士兵组成的远征军。[④]

1854年到过澳门的美国海军准将马修·卡尔布雷斯·佩里，在《美国海军远征中国及日本记实》一书中记述道：

---

① Manuel A. Ribeiro Rodrigues《澳门的军事组织和军服四百年》第177－188页，澳门文化司署1999年版。

② 《澳门的军事组织和军服四百年》第195页。

③ 《澳门的军事组织和军服四百年》第235－236页，《1845年至1876年的澳门炮兵营》。

④ 《与历史同步的博物馆——大炮台》第100－101页，澳门博物馆1998年版。

> 葡萄牙人军事力量的标志仍然存在，十七世纪在四周围山上修筑的城堡似乎足以令中国人对葡萄牙人敬畏。倘若中国人略微再强大一些，便会易如反掌地把不讨人喜欢的葡萄牙人一个不剩地驱逐干净。葡萄牙驻军由200名正规军和200名地方民兵组成，个个纪律严明，服饰整洁，衣冠笔挺，实属罕见。①

由于氹仔、路环也有开赌，澳葡当局借口“维持治安”，派出军警常驻离岛。潘日明神父在《十九世纪的澳督与澳门生活》一文中曾提到：

> 1864年12月23日，路环岛上的居民请求派一支葡萄牙军队去保护他们免受海盗袭击，一支由10名警察组成的分遣队立即开赴那里。1878年建立了对三块新领土的行政管理机构（当时氹仔是两个岛）。在这期间，基马良士受里斯本之托与中国官员协商一份条约，以承认亚马留所开创的局面。②

1879年1月18日，澳督施理华（Carlos Eugenio Correa da Silva）颁布第九号训令，以具有军队性质的澳门警备队取代原来的警察部队。警备队总司令部下辖三个步兵单位和一个骑兵分队，其中一个步兵单位驻守在华人旧市区，另外在潭仔和路环驻扎一个分遣队，一部分骑兵驻守在板樟堂（靠近赌场

① ［葡］文德泉（Manuel Teixeira）：《1854年美国海军准将佩里看到的澳门》，载于《中外学者论澳门历史》，澳门基金会1995年版。

② ［葡］潘日明（Benjamin VideiraI Pires）：《十九世纪的澳督与澳门生活》，载于澳门《文化杂志》第七、八期合刊第29页，澳门文化司署1989年版。

较集中的地区）和二龙喉。[①]葡萄牙人长期在澳门保持一定数目的武装部队，这些配备了犀利枪炮乃至连发火器的军人，不少人都有作战经验，他们驻守在澳门各个炮台和市区，一般盗贼当然不敢轻举妄动，遂得以有效地维持了地方治安。

海　军

葡萄牙以海军起家，自然深谙武力威吓之道。为了保护该国侨民以及葡萄牙在中国的利益，葡萄牙很早就在澳门驻扎军队与火力强大的海军舰船。鸦片战争后，葡萄牙在澳门驻扎的海军舰船也形成了足够的震慑作用。葡萄牙海军史专家A. B. Rodrigues da Costa在他编纂的《海军在澳门》一书提及：

> 从十八世纪末起，根据广东政府的多次要求，澳门议事会主动用武器装备了一些船只，用于承担对海盗进行威慑及自卫任务，并于1807年5月6日参加了对付在澳门福建活动的海上大盗张保仔的决定性战役。后来，根据1809年11月在澳门市政厅和两广总督之间签署的一项协议，决定武装更多的船只以便和皇家舰队合作并肩作战，几乎变成一支海岸警卫队。[②]

据该书记载，当时在澳门海域巡弋的葡萄牙新装备武装船只有“不可战胜者号”、“巴拉号”、“印度人号”、“圣米格尔号”、“贝利扎里奥号”和“卡罗塔公主号”，连同原有的战舰

① ［葡］施白蒂：《澳门编年史》（十九世纪）第213页。

② A. B. Rodrigues da Costa编纂：《海军在澳门》第24页《海上自卫与三桅船》，澳门港务局1997年7月版。

“乌利塞斯号”和“雄师号”。①

19世纪中叶，里斯本的中央集权政策将澳门从果阿分离出来，并决定向澳门派出军舰。此后，葡萄牙海军舰只一直在澳门水域巡弋。据徐萨斯《历史上的澳门》载：

> 鸦片战争后，中国政府软弱无能，海盗再度泛滥。因此，自1843年起，葡萄牙的三桅帆船被雇为中国商船和帝国船只的护卫舰。此举对澳门甚为有利，对澳门船运古老的限制措施取消了，澳门的海运前所未有地繁荣起来。1847年，12艘三桅帆船在台风中遇难，第二年春20艘新船取代了它们；1851年，澳门的海船减至7艘（1835年是18艘），但三桅帆船的数量却增至60艘。到了1855年，海盗日益猖獗，再加上太平天国的恐怖统治，对护卫舰的要求不断增加，三桅帆船的数量又增至180艘。这些三桅帆船吃水很浅，中式的船尾和舵适于快速转向。较小的（船）配备4门或6门炮，较大的20门炮；这些炮能够发射1到24磅重的炮弹。②

除了那些适合于浅水作战的三桅帆船，按照《海军在澳门》一书载录，由鸦片战争后至1911年，不同时期驻扎在澳门的海军舰只还有——

1843—1845年：双桅船“特茹河号”；

1850年：巡洋舰“玛丽皇后二世号”（同年10月29日在澳门水域爆炸沉没，224名水兵之中死亡188人）；③

---

① A. B. Rodrigues da Costa 编纂：《海军在澳门》第24页“海上自卫与三桅船”。

② 徐萨斯：《历史上的澳门》第242页。

③ 此处据施白蒂《澳门编年史》（十九世纪）第105页。

1850—1851 年、1859—1862 年、1869—1871 年：护卫帆舰“唐若昂一世号”；

1850—1851 年：双桅帆船“彩虹号”；

1855—1858 年：双桅帆船“蒙德号”；

1867—1871 年：混合护卫舰“萨达朋德拉号”；

1872—1873 年：混合护卫舰“包美拉大公号”；

1873—1880 年、1887—1891 年：炮舰“特茹河号”；

1880—1888 年：炮舰“塔美加河号”；

1884—1885 年：混合护卫舰“埃斯特法尼亚号”；

1887—1888 年：混合护卫舰“巴尔托洛美·迪亚斯号”；

1887—1891 年、1905—1910 年：炮舰“利马河号”；

1890—1897 年、1902—1904 年：炮舰“第乌号”；

1892—1898 年：炮舰“奔戈号”；

1898—1900 年：炮舰“自由号”；

1900—1901 年、1904—1905 年：巡洋舰“阿达马斯多尔号”；

1900—1902 年：炮舰“扎伊尔号”；

1904—1905 年、1909—1910 年：巡洋舰“华士古·达嘉马号”；

1909—1911 年：炮舰“祖国号”、“澳门号”；

1909—1911 年：巡洋舰“多娜阿美丽嘉女王号”（1910 年因葡萄牙建立共和政制而改名为“共和国号”）。

此外，在上述期间，不定期在澳门水域活动的葡萄牙海军舰船还有运输舰“马里纽德梅洛号”、“非洲号”，负责保障海陆军人员的补给和换防。① 从上述统计数据可以看到，葡萄牙在澳门开放赌禁前后，是拥有足够的力量去维持内部治安的。

---

① A. B. Rodrigues da Costa《海军在澳门》第 25－26 页《澳门的海军船站》。

不过，在1910年“路环剿匪”事件中，葡萄牙海军舰艇向路环岛胡乱轰击，良莠不分，以致平民人命财产伤亡惨重，引起华人社会的震怒。①

第七节　博彩业给澳门社会带来的负面影响

一、社会风气及治安败坏

一般而言，开赌对华人传统社会所造成的负面影响是相当大的，首先是社会道德与善良风俗受到破坏。葡萄牙人为了维持澳门的生存而允许博彩合法化，当然也要考虑为此而付出什么样的社会代价。

清代中叶，朝廷不但禁止澳门开赌，连收留内地赌徒的欧洲人也要受到重罚。乾隆十四年（1749），澳门同知张汝霖和香山知县等地方官员定下了《善后事宜条款》（共12条），其中第10条里便有此规定：

> 亦应稽查并强制欧洲女子改变其生活方式，禁止她们在家中窝藏因赌博或偷窃而潜逃之年轻华人。违反者，不但华人因有罪而应受惩罚，将其窝藏之欧洲人亦因违反禁令而受罚。那些违禁偷窃、赌博之人，情节重于嫖娼，应受重罚。②

---

① 《香山旬报》第七十期，庚戌八月初一日《勘界维持会致北京电文》。

② 龙思泰：《早期澳门史》页246，附录八，《官方规条》。印光任、张汝霖在《澳门记略》也提到此事（前揭《澳门记略》卷上，第38页，《官守篇·政令附》）。

马丕瑶治粤期间赌禁森严，赌商与赌徒都从内地前往澳门，但广东的赌患并未因而解除。为防止赌博由澳门渗透入粤，粤方加强了香山县一带的日缉夜巡，并采取连坐法惩罚“勾结外匪入境”者及知情不报者。《镜海丛报》在1895年10月9日刊登了清政府驻前山营都阃府黎镜丞的一份特别告示：

照得赌博一项，小则废时失业，大则荡产倾家，贻患最深，为害无底，故赌博为盗贼之源，大干条例之禁，本府履任以来，叠经随时出示晓谕在案。现奉大宪通行加重罪名，凡属赌馆，倍加严办，村民妇孺莫周知。尤恐间有地方棍徒，以身试法，且现在澳门麇聚赌徒数千之众，良歹更多没稽察，固有周密防范，不容稍松。除督率营弁兵水陆线勇认真日缉夜巡外，合再出示晓谕，无论何项赌博，务须一律禁止尔。各该乡更保练勇巡丁人等。尤须实力防御，其有生面形迹可疑之人，或有勾引外匪入境，扰害乡间，一面捆解来营，或赴辕禀报，缉拿分别犯之首从，审讯明确，从重给赏。至僻壤庙宇围馆鸭寮等处，如敢藏匿隐报，一经查出，即照窝家坐罪。知情不举，一律究办。①

然而，自亚马留“钉关逐吏”之后，澳葡政府已经取得澳门的司法管辖权。1894年10月24日的《镜海丛报》，便曾报道了一起香山官差勒索偷带澳门白鸽票的粤人，结果香山官差反而在澳门吃官司的事件：

二十四日下午四点钟，有洋差多名，前往福来居客栈

① 《镜海丛报》1895年10月9日，《官示照登：为严禁赌博以清盗源事》。

拿获香山县差两名，一为高姓，并有灯笼票谕，系因在于福来居栈房之内。该差多名守遏前房，容之弟闻信来视，伪作筹银交纳，乃私报于澳中所谓大绅何某，随即转禀西官，饬差搜擒，仅获两名，余已知风他遁。①

从这段报道，可以证实清廷已完全丧失对澳门的司法管辖权，香山县的衙差在澳犯禁，须接受葡萄牙人的处置。其次，当时在内地携带澳门彩票是犯法的。那些香山县衙差正是看中事主容某怕遭法办而勒索他，岂料到了澳门，买白鸽票合法而禁锢勒索犯法，吃官司的反而是香山衙差。

澳门的赌馆为了增加生意额，千方百计讨好各种客人，妇女也成为赌馆拉拢的对象。有些赌馆竟备车迎送女宾。清末汪兆镛《澳门杂诗》曰：

轻车衢陌响邻邻，钗动花飞夜达晨。未必投壶同玉女，欲看迎送有香轮。

诗人附注：

妇女入赌馆，最为风俗之害，甚至有馆中备车迎送之者。②

这种生意手法吸引了不少妇女进入赌馆，轻则失财损德，重则逼良为娼，而致家破人亡。这对华人为主的澳门社会善良风俗，当然会带来诸多负面的影响。

---

① 《镜海丛报》1894年10月24日，《俯仰兴叹》。

② 《明清时期澳门问题档案文献汇编》（六），汪兆镛《澳门杂诗》之《竹枝词四十首》，文献卷，第863页。

诈赌之术屡见不鲜：博彩合法化之后，澳葡税收增加，赌馆也越来越多。1880 年 9 月 1 日《申报》载：

> 澳门所设赌馆，向由葡萄牙官吏收取使费，以充地方公用。定例每年投充一次，当众开票，以价高者准承。现闻该处当道于十九日在澳门酌定去取，香港葡国领事署连日由十点钟代收承充书函，所有章程均可向署中询问。闻此次有愿出重价至洋十四万元者。盖向年澳门赌馆共十二家，今则拟开十六家，故费亦加增也。赌风之盛如此，可胜慨哉！①

此处所提之“赌馆”即番摊馆，是澳葡政府当时税收的最大项来源。

广东有句民间俗语——“十赌九骗”，反映出赌博活动的险诈。澳门赌业逐渐繁荣，受厚利所诱，时有赌商卷款潜逃或私吞彩金。赌博本来就属于偏门一类，番摊赌馆的增加，也带来了五花八门的诈赌事件。

赌商与赌徒都希望尽快赢钱，增加自己赢钱的机会，有的人无法循“正途”取胜，就在赌具或赌术上做文章，千方百计诈赌。因此，赌博与诈骗往往是分不开的。澳门人把诈赌之人叫做“老千”，诈赌之术就叫做“千术”。历年来，澳门的“老千”多如牛毛，“千术”层出不穷，防不胜防。

1880 年 1 月 24 日的《澳门政府宪报》，刊登了澳门“巡捕兵营统领”的一份治安报告：

> （己卯年十二月）初十日，拿获陈亚三，假做兆昌围

① 《申报》1880 年 9 月 1 日，《赌风更盛》。

（闱）姓厂围（闱）姓票一条。①

据1895年1月9日的《镜海丛报》报道：

粤中有一等人，专以局赌骗诈为事，名曰天师局，曩以香港为最盛。其后港官查办纂严，所有党类驱遁回籍，永远不准返港。照有相貌存案，若辈无所藏身，遁赴澳门，仍以局赌为业。日前有沙岗某客人被骗五百余金，因而吞烟毙命。计其党众，约有八人，梁成卿混名亚瓜，为之首；余则黄北仔、罗松仔、梁三兴、陈安、谢纶、谢四、曾允等，皆惠州府人，在港均有驱逐之案。今其巢穴，或在果栏街，或在桔仔围，迁徙无常。往为汉人二姜金福拘控于案，旋以无证开释。去月二十八、九两晚，有金山客新宁人某，由港言旋，道经澳门，被若辈骗去八百余金。②

作者又向澳葡政府提出质疑：

此等赌局，不惟大碍澳中赌饷，抑且大害阎闾，西官何以无见无闻，不行查究，听若辈之猖横？③

澳门有的赌厂经营者因贪心而卷款潜逃，或是吞没赌客的彩金，引起纠纷。1895年1月23日的《镜海丛报》报道了两起赌商作弊的事件：

---

① 《澳门政府宪报》1880年1月24日（第4号），《澳门巡捕兵营统领副总兵家报称己卯年十二月初五日至十一日所有事件》。

② 《镜海丛报》1895年1月9日，《为镜湖蠹》。

③ 《镜海丛报》1895年1月9日，《为镜湖蠹》。

澳门以赌为大宗，具斯癖者多乐趋焉。得彩之众，顾往往有空生欢喜者。某某厂之事，早为数见不鲜矣。犹记今年夏间，有陈姓在船澳口中有白鸽票银四百余元，带票人逃去，至今无着。二十四日，又有某甲在船澳，曰大安票店中有八字，合计三十六条，亦无彩银可取，已禀华政。①

该报主笔在文中指出：

该公司若不早为整顿，是自坏其生理，风声广布，人各寒心，何肯以有用之财，买此获彩无赔之票？

1895年7月3日的《镜海丛报》报道了一起私吞彩银的案件：

万丰当前有锦全红收票店，日前省城来有陈姓客人寓于广升客栈。初一夜厂，在该店投买八答二票六盆，幸中七字，该店乃将其票私吞。陈某来取彩银，多方延阻。当被陈姓催迫，欲控于官，店主始将吞票之情宣告，求其略宽两三日，照数奉偿，陈始息喙而退。②

《镜海丛报》1894年10月31日曾报道了一件轰动省澳的“兆三元闱姓厂东挟款私逃”大案：

兆三元闱姓东系新会人李瑞生所开。前两日，竟将文

① 《镜海丛报》1895年1月23日，《票馆难靠》。

② 《镜海丛报》1895年7月3日，《巴蛇吞象》。

乡科武会试两场中式银两挟入私囊，逃匿无踪，计约全项殆有六、七万，云并收有武乡科卷数个。现在西官与承充人设法查追，决不使中式之人空生欢喜。李某本非亏累，见其财巨而贪起耳。海宇虽宽，必能就获，追款清偿。①

此后，除了1895年1月2日（第24号之外），连续九期的《镜海丛报》均刊登了澳门三记丰和公司查缉挟巨款私逃的李瑞生的“赏格”，即由1894年11月7日至1895年1月9日，报信者赏银一千，拿获者花红五千大元，当时算是罕见的重奖了。

1894年11月7日，报章又披露了“兆三元闱姓倒盆”事件在社会上所引发的一宗由大喜转为大悲的自杀案件：

传闻有某药铺之伴，并下环街某练目，均中得一元独彩票。初甚欢欣，伴则揭资聘妻，练亦纵情饮博；无何噩耗传来，皆怅然若丧魂魄。前两日，伴则赤绳三尺，未系玉人之足先系其颈而亡矣；练素有内伤之病，感痛太过，亦一病而逝。②

鉴于闱厂倒闭案对赌埠声誉损害极大，澳葡华政厅在报上刊登告示，接受三元闱厂投票人携票报官立案③。与三元闱姓厂有合作关系的省城第八甫兆章厂，亦登报回收中彩之票。④

虽然如此，但赌商卷款私逃、吞没彩金的现象仍时有发生。为了挽回澳门赌业的声誉，经营闱姓的商人经过商议，终

① 《镜海丛报》1894年10月31日，《本澳新闻·负资逃去》。
② 《镜海丛报》1894年11月7日，《本澳新闻·财空禄尽》。
③ 《镜海丛报》1894年11月21日，《官示汇登》。
④ 《镜海丛报》1894年11月7日，《省城兆章告白》。

于想出一个两全其美的办法：

> 凡有谢教银两，统系放存三记行内，按日投票，银数亦系按期汇交三记，各子厂分毫不能隐藏，即使再遇兆三元之事，决不患谢教无着，必能按照所中之数计份均派。凡属猜卜榜花者，都已放心放胆，近来澳地投买之盛，有如山阴道中，日夜纷填，接应不暇。[①]

三记行东主先拿·非难地是澳门土生葡人，他在赌业中挺有威望，与政府及华人的关系很不错，虽然当时他已去世，家族生意交给其遗孀主理；但大家还是乐意由三记行做中间人，保管谢教的银两。[②]

抢劫罪案增加，赌风炽烈，对社会治安的影响当然是负面的。被视为“不义之财”的赌资往往成为匪徒觊觎的目标，因此而引发出各种各样的罪案。广东禁赌期间，大量的赌徒、赌资从内地流入澳门，各种围绕赌场发生的治安案件，都带有很强的“输入”性质。诚如澳门《镜海丛报》一篇社评指出：“禁赌之例行，嗜赌之徒无所营托，咸就澳门，以求生计。赌者盗之源也，赌不得意，途路穷绝，小人斯滥则盗炽焉。”[③]

1881年8月15日《申报》报载：

> 初五日傍晚约七点钟时，一摊馆有匪徒十余人，持火枪器械闯入，将聚赌之人拘在一隅，而以火枪指之，禁其声张，乃搜括银柜，劫去洋四百元。幸该赌馆适有人在房，亟将房门紧闭，匪徒不能闯入，故仅掠场上之洋，倏

---

① 《镜海丛报》1895年9月4日，《稳如泰山》。

② 另参阅本书《葡人赌商》一节。

③ 《镜海丛报》1895年10月2日，《缉捕勤能》。

忽散去，而房中所储洋二万五千元，依然无恙。闻此等匪徒，均系同场赌博者，因侦知馆中存项颇多，起意谋劫。今各赌馆鉴于此事，咸有戒心，开场时均各备军器，以防意外。①

由于抢案多如牛毛，很多摊馆不得不购备武器自卫。但在当时的治安报告中可以看到，有的贼人居然连摊馆用来看家护院的左轮手枪也偷走了。②

1885年11月19日，氹仔过路湾政务厅官员报称：

（乙酉年十月）初五日，拿获卢亚乔、冯亚洪，因被过路湾番摊馆司事人前来控称，卢冯两人入伊馆用椒粉撒司事人之眼目，随即抢去台上银廿六两三钱。即解华政衙门。③

光绪十七年（1891）的《点石斋画报》，记述了一起内地无赖冒充官兵抢劫澳门带票客的事件：

粤东闱姓彩票，虽经额玉如廉访出示严禁，而私售者仍属不免。某日，有香山某乡人由澳门购票而回，路经前山，被无赖甲乙两人要之于路，冒称兵役，搜获票据，百端恐吓。旁有一人，假为缓颊。乡人无奈，任其搜刮一空而去。追后查知截获之票竟中头彩，得银一千一百枚，三

---

① 《申报》1881年8月15日，《闱姓赌事近闻》。

② 《澳门政府宪报》1885年5月2日（第18号）《大西洋澳门巡捕兵营统领副将施报称乙酉年三月初九日至十五日所有事件》："十二日，拿获杨明，因伊入十五号闱姓馆偷取六口小枪一枝。……解华政衙门。"

③ 《澳门政府宪报》1885年11月19日（第46号），《氹仔过路湾政务厅廉报称乙酉年十月初三日至初九日所有事件》。

人遂均匀分取，顷刻间，鲜衣华服，摆尾摇头，作居然阔老官模样，于是眠花宿柳，喝雉呼卢，肆意胡行，无所不至，曾不旬日，挥霍已尽。①

赌风日盛，不但成年人赌博，连儿童也卷入其中。1894年11月21日《镜海丛报》就报道了一起儿童投买闱姓彩票遇劫的案件：

从报局有小童携有小毫二十枚，前往投买闱姓，据其自言，行至营地街被焚之处，突遇挖坭贫丐，手持小刀划伤其腕两处，尽夺洋毫而遁。②

赌徒的钱财得来容易，有时连澳门的洋兵也为之眼红，动手就抢。1895年2月6日《镜海丛报》报道了一宗洋兵抢劫赢钱赌客的案件：

风闻有某甲，于除夕在赌馆赢得洋银百余元，行至三巴仔黑暗之处，忽被西兵拦截，抢夺其银。甲不能拒，奔赴缉捕厅报案。该报编者惊呼："此等事故，关系非轻，务望西官严行查究。"③

赌客在摊馆赌博本来就是输多赢少，好不容易赢了钱，出门却被人抢走，澳门俗称"抢摊"。1895年9月《镜海丛报》曾报道过这样一起歹徒"抢摊"被葡萄牙兵击毙的事件：

---

① 《点石斋画报》光绪十七年（1891）十月金集第九期，《悖入悖出》。

② 《镜海丛报》1894年11月21日，《本澳新闻·事属可疑》。

③ 《镜海丛报》1895年2月6日，《仰请严查》。

十二晚八点钟，康公庙前近海旁之街，有人突进摊馆夺去赌案洋银五元，当被喊追，遂为西兵所擒，解至捕房，乘人不觉，又复逃去。西兵跟踪飞赶，匪跃于河，兵以手枪轰之，中胸而毙。①

当时澳门社会治安之恶劣，由此可见一斑。

光绪末，南洋报人黄伯耀曾在当地报纸发表评论文章，斥责两广总督张之洞弛赌禁之举，他认为弛赌禁“但使国民狂醉于大赌小赌中，生产力消，无有不败。吾恐商务愈薄，无业愈多，盗风四起，扰我铺户，焚我城池，如西粤云南各省乱耗，商务之大局，更有不堪设想者。得而直断之，皆赌饷阶之厉也”。②

二、澳葡当局的应对措施

在赌场内外发生的刑事案件一多，当然会影响赌场的生意。因此，强化治安就成为当务之急。1883 年 7 月 1 日《申报》报道：

澳门捕房有人报称，近日有游手无赖之人多名来澳，恐不免滋生事端，请为捕治。捕房闻报，即饬包探四路缉访，果有其事。匪徒等则四散住开，或数十人一处，或数人一处。巡捕乃约定日期，于六月十七日分派各捕，按匪

① 《镜海丛报》1895 年 9 月 4 日，《抢赌毙命》。

② 张克宏编：《黄世仲黄伯耀兄弟南洋诗文集》第 119 页，《论赌饷有碍商务之大局》，香港“纪念黄世仲基金会”2001 年 11 月，骏翔印务中心印行。

徒散处之地，同时掩捕。是夜十点半钟动手，至二点钟，共计掩获二百十人。逐一讯问，内有九人系著名大盗，九人中有三人则华官所悬格购缉者，其余或系盗党，或系小窃，或系流氓。①

为此，澳门的报章曾发表时评，呼吁澳府加强赌场附近的治安巡逻，防止"抢摊"。作者认为：

抢摊之事，省中视为固常，澳门虽无此风，而昔日泗孟街亦曾偶露端倪。今时尤宜防范。宜留意于客店、赌场、妓馆，毋使滋事，毋使犯法。绿衣梭巡，暗差查访，则宵小寒心，兴隆之象，蒸蒸日上矣。②

事实上，澳葡政府在维持社会治安方面是不遗余力的。当时澳门的警察不但有军装巡警（绿衣），而且有便衣暗探在街头巡查，同时在市内各处加设公共照明系统，彻夜不息。对此，清末文人梁乔汉有诗云：

沿路燃灯夜不哗，时防奸细绿衣拿。尚嫌族异情多隔，本地犹新设暗查。③

为了改善社会治安，以稳住博彩税收，除了加强警队建设之外，澳葡当局还采取了各种各样的措施。

---

① 《申报》1883年7月1日，《澳门近事》。

② 《镜海丛报》1895年7月3日，少笙氏《澳地后盛论》。

③ （清）梁乔汉：《港澳旅游草》之《镜湖杂咏》，载《明清时期澳门问题档案文献汇编》（六），第846页。

1. 设立中国人口户籍登记

外来人口品流复杂，三山五岳俱有之，而且来无影去无踪，澳府难以掌控，遂成为澳门社会治安的一大隐患。为了阻止“游手好闲之人利用澳门的疏松涌进澳门”①，在澳门开放赌禁的总督亚马留，1848 年 12 月 20 日下令在澳门的中国人进行户籍登记，以规范地域管理。不过，亚马留这一招并未明显见效，据称，这些人进来后，流落于中国居民区之间，结果是窃案频生。②

亚马留这一措施未能奏效的主要原因，是澳门与内地人员来往频繁，人口的流动性较大。葡国人想效法中国内地的户籍制度，却没能学全，也没有设立保甲长之类的管理人员。很多澳门华人在香山等地有亲戚，谁进谁出，根本没有登记，当然也没有留下一个记录，不容易进行户籍管理。

亚马留死后，社会治安未能改善，澳葡政府曾发布治安通告，警告良民不得收留“奸细匪类”：

> 现查得大街各围里有屋窝藏匪类，夜间出来偷抢。本西洋官当留心查明，已悉该匪头等名，合行晓谕在澳各居大街等处良民知悉，尔等欲免咎累，切勿容留此等奸细，且不许邻舍有窝匪之者，凡疑有奸细所住之处，应即前来通报，必定相护查拿。③

既没有赏格，也没有“连坐法”，效果如何也就可想而知了。

---

① 施白蒂：《澳门编年史》（十九世纪）第 97 页。

② 施白蒂：《澳门编年史》（十九世纪）第 97 页。

③ 《澳门政府宪报》1851 年 1 月 18 日（第 9 号），《大西洋理事官唛嚟哆为晓谕事》。

后来见效果不佳，澳葡政府也不得不“入乡随俗”。咸丰元年（1851）正月二十七日，鉴于频频有匪徒在澳门抢夺，澳葡政府为靖化治安而发出一道“赏格”：

> 有能知该贼匪窝藏之处，或知其姓名，有确实偷抢证据，无论其在河在岸，赴亭报知，带兵拿获审确，每贼一名，立赏报信银三大元。①

除了为陆地人口设立户籍之外，澳葡政府还对水上居民加强治安管理。1850年12月14日至1851年1月4日，澳门官方连续发出两道命令，声称：“查闻有贼匪烂崽来澳偷抢，已经严行定令，除绝此弊，以安良善。本公会惟知严行办理，至尔各铺户船艇，切勿窝藏匪类。倘查出，必定严责。”② 表示澳府“已经设法力除匪类，以使大街及各地方绝其偷抢之弊等因在案，兹再谕知中国各处来澳贸易华商及商船、渔船，可以进澳平安贸易。”③

2. 取缔非法赌博

发出合法的赌牌之后，澳门街边的赌博依然不绝，影响了领牌赌商的生意。这种合法博彩与非法赌的矛盾，在中国农历新年期间尤其严重。基于对合法赌商的保护即等于维护政府财政税收的利益，亚马留总督遂于1849年2月1日发出一道命令：对所有在街上设点赌博和参加赌博的中国人施以二两银子

---

① 《澳门政府宪报》1851年2月15日（第13号），《大西洋理事官为赏格事》。

② 《澳门政府宪报》1850年12月14日（第5号），《大西洋理事官Marques为晓谕事》。

③ 《澳门政府宪报》1851年1月4日（第7号），《大西洋理事官Marques谕人知悉》。

的罚款。[1] 在当时，这已是一个不小的罚款数字。

19 世纪 70—80 年代，澳门的非法赌博甚为猖獗，对政府税收构成一定威胁。因此，澳葡当局需要经常采取措施取缔各类非法赌档。

1879 年 5 月 24 日的《澳门政府宪报》，刊登了华政事务官梁绍签发的一则通告，严厉警告“私开赌局”之人。通告称：

> 赌馆赌台只系在公物会承充之人可能开设，除承充人外，如有开设，是为私开赌局，应即照例严拿究办。兹查有不法之徒，哄骗华人，私收银两，称言有权出牌开设赌馆赌台，及自称大宪弁差应承保护包庇此项私开赌局。查此等匪类，全无此权，尔华人慎勿受匪欺骗。该匪胆敢妄为，查出有凭，定当按律严惩不贷。[2]

虽然已经有了合法的赌馆，但民间私下赌博仍然多如牛毛。1880 年 1 月 3 日，澳门一名葡人巡捕统领 António Joaquim Garcia 提交的一周治安事件报告中提及：

> 十九日，拿获陈亚仰，在街上开摊掷色赌博。[3]

1880 年 1 月 10 日，该巡捕统领又报呈：

---

① 施白蒂：《澳门编年史》(十九世纪) 第 98 页。

② 《澳门政府宪报》1879 年 5 月 24 日 (第 21 号),《大西洋署澳门理事官办理华政事务梁绍为奉大宪命出示晓谕事》。

③ 《澳门政府宪报》1880 年 1 月 3 日 (第 1 号),《澳门巡捕兵营统领副总兵家 (Antonio Joaquim Garcia) 报称己卯年十一月十五日至廿一日所有事件》。

……廿七日，又拉获陈亚苍，为在街上开掷骰摊聚众赌博。此人于十一月初六日曾经拿解华政衙门，为同上之事。①

1880 年 2 月 28 日，该巡捕统领再报：

十七日，拿获唐亚允，因在街上摆掷骰子摊。②

虽然番摊彩票等赌博已经合法化，但澳葡政府对骰子、掷绵羊等杂赌依然管制甚严。1880 年 8 月发布的一项通告就明文规定：

所有二等牌馆，或下等牌馆，并掷骰子馆，及掷绵羊各款赌博，均仍旧严禁。凡有私开赌馆，固有碍于公物会，亦有损于承充人，须按丁丑年七月初三日第七十七号札谕内第三款，罚银壹千元。③

罚款 1000 元，这在当年是一个巨大的数额。尽管如此，澳门民间非法赌博的风气也未能遏抑住，巡捕仍然经常在街头拿获私下聚赌的赌徒。④ 有的竟公然在街边摆掷骰子摊或绵羊摊。⑤

---

① 《澳门政府宪报》1880 年 1 月 10 日（第 2 号），《澳门巡捕兵营统领副将家报称己卯年十一月二十日至二十七日所有事件》。

② 《澳门政府宪报》1880 年 2 月 28 日（第 9 号），《澳门巡捕兵营总领副将家报称庚辰年正月十一日至正月十七日所有事件》。

③ 《澳门政府宪报》1880 年 8 月 19 日（第 33 号附报），《大西洋钦命澳门地扪暨所属地方总督贾为谕知遵照事》，见批给章程第六、第七款。

④ 《澳门政府宪报》1883 年 10 月 6 日（第 40 号），《大西洋澳门巡捕兵营统领副将施报称癸未年八月廿七日至九月初三日所有事件》。

⑤ 《澳门政府宪报》1885 年 11 月 12 日（第 45 号），《大西洋澳门巡捕兵营统领副将施报称乙酉年九月廿六日日至十月初二日所有事件》。

到了20世纪初，澳门博彩业合法化走上轨道后，澳葡政府获得的税收日渐增加。但是，赌饷数额巨大，有的赌商为了取得最大限度的利润，就开了各色各样的“耍乐公司”。例如，设于澳门蓬莱街第四号全间及第六号三楼的“广行公司”，该公司章程定明：

> 乃为股友叙会娱乐与谈情而设，各会友所有娱乐之事，乃系律例所准之赌博——指牌、骨牌、台玻（桌球）、象棋及看书阅报、弦歌酒宴等。凡系番摊车微盘牌九，以及别项之违例赌具，公司内概不开设。公司各友分为创立友、捐资友两项：凡倡起及出本创设该公司者，是为创立友。附款二，凡每月出资供养该公司者，是为捐资友。①

这类公司以会员制招揽赌客，名义上是“耍乐”，实际上成为巧立名目的非法“聚赌点”。

为堵塞“偷税漏税”之源，保住极为可观的合法博彩税收，澳葡政府发现后随即颁布了新的措施：

> 照得现闻有私在住屋及华人所设耍乐之公司内开赌番摊、牌九以及别样用现银赌买之不合例赌具等情，合亟示禁。为此示仰各华民人等知悉，尔等须知此项赌博，大干例禁。一经查确定，必严行拘拿，解送臬宪，按律惩办，决不宽贷。②

不过，民间赌风炽盛，“合法”与“非法”赌博混斥澳门

---

① 《澳门政府宪报》1905年11月11日（第45号），《广行公司章程》。

② 《澳门政府宪报》1906年9月22日（第38号），《大西洋澳门华政厅马（José Luiz Marques）为示禁事》。

的大街小巷，澳葡政府有时也会网开一面。中国的农历新春佳节，华人喜欢在家中与亲朋好友聚会之余赌两手，官府也管不了许多。但对于街边的杂赌，依然毫不放过，并且趁“开禁”之机额外大捞一把。如 1895 年 1 月澳门的中文报纸《镜海丛报》载：

澳门更于私赌所禁綦严。家庭聚赌，除纸牌而外，皆须惩罚。春壬正月，其富家豪族，或在家中聚开牌九，以博财喜，亦是违章冒险，非守礼之家也。第所有街边杂赌，则准自正月元旦起，限以一礼拜，听赴西衙领牌投饷，如公司然。一人承之，分设赌具。全澳之地，统计不下百数十具也。此次闻定投饷之价，约银一千四百元，有人已出一千二百元，尚未批给牌照。①

3. 与邻近地区互相移交逃犯

沈志亮事件②发生后，清朝政府实际上已经形成了与澳葡当局互相移交逃犯的默契。广东当局一旦发现有刑事罪犯在内地作案后逃入澳门，就会向澳葡负责对华事务的西洋官喽嚟哆开出名单，要求澳葡方面缉捕归案，移送内地惩处。1851 年 2 月 15 日，《澳门政府宪报》刊登了一份香山县向澳葡政府要求缉捕逃犯的答复照会，内文称：

……接准来文，请拿犯九名，今将犯三名解给，希为查收。因当时逃脱二名，有一名是厨子，讯明非犯，业已

---

① 《镜海丛报》1895 年 1 月 23 日，《庆乐新元》。

② 澳督亚马留的扩张行径激怒了中国居民，望厦村民沈志亮等于 1849 年 8 月 22 日在关闸附近刺杀亚马留。后来，清政府迫于澳葡当局的压力，将沈志亮处死。

释放；有三名现尚押监，至今无指告实证。嗣后如有在华地案犯逃澳，照会查拿，须要确实凭据明白照知，庶免傍人诬扳舞弊等情。今有师巫一名，被获两次，查是窝藏匪类。如此歹行，应从严办。①

这份照会表明：第一，香山县政府与澳葡当局当时已有互相移交逃犯的合作默契；第二，澳葡当局已把配合香山县的缉捕刑事罪犯的行动法制化，否则不会使用刊宪的形式；第三，葡方与香山县进行治安情报交流。直到 20 余年后，粤澳两地之间这种治安合作依然有效地维持。1876 年 5 月 11 日，澳门总督致函两广总督（刘坤一），应其要求寄送一份在捕捉 22 名海盗中作出贡献的士兵名单，以便接受广东政府的奖励。②

1880 年 4 月 26 日，澳门与香港之间达成了“引渡华人罪犯”的协议。③

不过，葡萄牙人只希望内地递解通缉犯回澳，却不大愿意把人犯交给内地。尤其是中葡两国签订《和好通商条约》时，更一度拒绝在条约中加入有关移交罪犯的条款。④ 经中方据理力争，到了两国于 1887 年签署《和好通商条约》时，第 45 款“移交逃犯”的条文便成为：

---

① 《澳门政府宪报》1851 年 2 月 15 日（第 13 号），《署香山县左堂加十级纪录十次张为照覆事》。

② 施白蒂：《澳门编年史》（十九世纪），第 205 页。

③ 施白蒂：《澳门编年史》（十九世纪），第 218 页。

④ 《明清时期澳门问题档案文献汇编》（三），1269，见光绪十三年（1887）11 月 25 日《北洋大臣李鸿章为交犯一节葡廷不允能否作宕笔事致总理衙门电文》：“顷税司送阅赫德洋信，葡约诸已订妥，惟交犯一节，中西律法不同，从前巴西约、上年法越商约，均未成议，葡廷决不允从。……但西例视交犯极重。”

交犯一事，除中国犯罪民人有逃至澳门地方潜匿者由两广总督照会澳门总督仍照向来办法查获交出外，其通商口岸有犯罪华民逃匿大西洋国寓所及船上者，一经中国地方官照会领事官，即行查获交出。大西洋国犯罪之人有逃匿中国地方者，一经大西洋国官员照会中国地方官，亦即查获交出，均不得拖延袒庇。①

宣统年间，清廷外务部在发给葡萄牙公使的照会中仍称：

粤省盗匪被中国官兵缉捕时，有人逃入澳门之事，中国员弁探明该匪逃匿所在，禀请照会洋官饬差查拿，解交中国讯办，系属照约办理。②

撇除政治因素不提，即使是有限度的治安合作措施，也可以避免刑事罪犯在异地作案后利用辖区不同的漏洞逍遥法外，有利于双方靖化地方治安的需要。站在澳葡当局的角度，则成为迅速改善治安、稳定社会的重要手段。

---

① 萨安东：《葡中关系史料汇编》（卷六）第1199页，澳门基金会、澳门大学2000年。

② 《澳门专档》（三），第249页，《外部发葡国公使白朗谷照会》。

第八章　澳门的赌商及其社会地位

第一节　澳门的赌商

经营赌博在澳门虽说是合法行业，但毕竟属于偏门，登不得大雅之堂。澳门的赌商之中，有的人发财立品，后来改行从事其他行当，也就不再在自家的传记及族谱里面，留下赌博这样“不光彩的一页”。后人当然也要为尊者讳，为他们立传时，只写这些赌商们如何得到朝廷功名光宗耀祖、如何行善及捐资办学，对经营赌业之事只字不提。因此，搜集整理赌商的历史资料谈何容易。笔者只能从当年的历史档案、报纸与族谱中大海捞针一样，寻找这批在澳门历史上对社会产生过重要影响的商人。

一、华人赌商

王禄、王棣家族

王禄（葡文译名王亚禄、王六，第二届澳门闱姓担保人，1794—?），福建人，早年到澳门经商。王棣（葡文译名王弟、王亚帝），王禄之子，澳门近代著名华商之一。王禄是澳门最早承充闱姓的商人之一，1871 年 11 月 23 日（同治十年十月十一日），前白鸽票承充人、澳门华人 Vong-veng chin 和冯成请求重新出投澳门闱姓，理由是第一届澳门闱姓票的售卖馋夺，使他们在白鸽票生意中有一些损失。后来，王禄（Vong-Loc）接替了他们的生意，由王禄与二人合股的 Tong San 公司持续经营。这次闱姓的承充权再次给了王禄，他们担心这种情况会延续下去，故要求重新开投。他们愿意每年缴付 6700 元，并由有能力的商人担保，3 年共缴银 20100 元。经澳门公物会商议，认为闱姓合同已经签定，不同意重新开投。[①] 同年 12 月 8 日，另一名华人 Fong-chai 出价 2000 元，并由殷实商人作保，要求承充闱姓。但公物会于当月 19 日开会，认为承充人（王禄）已于 9 月 23 日预付第一期承充款项，完全符合合同规定，不同意 Fong-chai 所请。[②]

1872 年 4 月 29 日，华人施英达愿意出价 22000 元，请求取消 Fong pan 和何桂的合同，即是王禄（Vong-Loc）的 15000 元的合同。[③]

1871—1872 年的闱姓竟然有这么多人抢着做，由此可见其利润之深厚。王禄作为澳门早期最大的赌商之一，经营赌业致富。

直到 1872 年 5 月 12 日，王禄声称已经售出闱姓票 80 万条，却受到许多迫害和损失，不能确定如此经营 3 年。又因闱姓和番摊在香港被禁，他的合伙人，特别是华人 Veng-Ham——香港著名的商人，也不再支持这项生意了。有见于此，澳门公物会于 1872 年 5 月 20 日宣布取消其合同。[④]

---

① COTA：AHU-ACL-SEMU-DGU-005，B-No. 4，Cx. 0042，(1873) 葡萄牙海外历史档案馆。

② COTA：AHU-ACL-SEMU-DGU-005，C-No. 2，Cx. 0042，(1873) 葡萄牙海外历史档案馆。

③ COTA：AHU-ACL-SEMU-DGU-005，D-No. 1，Cx. 0042，(1873) 葡萄牙海外历史档案馆。

④ COTA：AHU-ACL-SEMU-DGU-005，E-No. 1，2，Cx. 0042，(1873) 葡萄牙海外历史档案馆。

6 天之后，公物会重新开投闱姓生意，公物会与施英达签署合同草案，每年 22000 元，承充权为期 3 年。[①] 不过，经过一番扰攘，最后与公物会正式签署合同的是 Chen-Hang（陈恒），每年缴纳承充银 17033.3 元，由 1872 年 9 月 27 日起，三年内共缴纳 51000 元，其担保人是澳门土生葡人先拿·非难地（Bernadino de Senna Fernandes）。[②]

1860 年，王禄与友人合伙，组建一名为“绍昌堂”的置业公司，买下原庇里喇茶叶行的旧址，并将后门对开一带海滩填平，开辟福隆新街、福荣里、清和里、福隆新巷、清平直街、蓬莱新街、新市巷、新利巷、福寿里、白眼塘街等街道，兴建大小铺户 160 余间，使该处成为澳门一新区。1864 年后，绍昌堂各股东因澳门市面冷落，铺户建成后颇难出租，均提出退股。王禄与其子王棣遂将全部股份承受，又改名集成堂，管理这新建的 160 余间铺户，成为澳门当时最大的业主，也是澳门当时的首富。1870 年澳督与王禄父子协商，以深巷仔街尾一块海滩地相赠为条件，要求在此兴建一座大戏院——清平戏院，并于 1870 年 10 月动工，至 1875 年全部就绪，这是澳门第一座粤剧大戏院。[③]

何老桂、何连旺家族

何老桂（？—1888），广东顺德人，是澳门有名的赌商，有子女十人：连胜、连旺、连钧、连汉、连辉、连宗、连安、连钟。何连旺（1855？—1931?）又名何廷光、何仲殷，字穗

---

① COTA：AHU-ACL-SEMU-DGU-005，F-No.2，3，4，Cx.0042，(1873) 葡萄牙海外历史档案馆。

② COTA：AHU-ACL-SEMU-DGU-005，J-No.3，Cx.0042，(1873) 葡萄牙海外历史档案馆。

③ 吴志良、杨允中主编《澳门百科全书》《现代人物》，中国大百科全书出版社 1999 年。

田，在家中排行第二，在经营以及社会活动方面却是兄弟姐妹中最出色的一个。

1894年在澳门出版的中文报纸刊登了一份“声告”：

……何连旺，广州顺德人，其棣西洋籍之名曰廷光，赏有宝星，赐有荣衔，西洋人多以亚旺呼之。应于广众，情态甚谨，其捐候选道员之名曰仲殷，字穗田。父曰老桂，咸丰初元，次子即连旺，第六子补邑庠，颇谨正，七子亦柔慎，余皆精习拳勇。通澳之人，等诸灌氏。旺犹交通官府，营求请托，晨夕弗遑，惟颇畏清议。光绪二十年七月，因以匿书吓禁日报为所控，八月十四日讯定拘禁监牢，以西洋厘士二十万暂保听办。西邦宽待华商，无以刑案定牢者，犯刑案而发禁，首推仲殷。①

这段消息说明，澳门的闱姓、番摊是最能赢利的博彩生意。何老桂家族靠什么起家虽不知道，但后来“承充闱姓番摊各饷”，便积财至百万，这在当时已属巨富。光绪十年九月初八日（1884年10月26日），翰林院检讨潘仕钊在一份奏章中奏称：

时有水师副将彭玉自以职司巡查海面，容易串通渡船，夹带走漏罚款，遂在香港之九龙、香山之澳门地方伙同奸民何贵、陈行、梁六、冯凤韶等私收闱姓，抽取经费入己，积有巨资。……适遇疆臣张兆栋等先后奏请裁禁在案，立论未尝不正大，而不知反堕奸人术中。彭玉、何贵等欣然得计，遂于光绪元年承充澳门闱姓，三年缴葡萄牙

① 《镜海丛报》1894年9月26日。

军饷十三万一千三百金，名曰致中和闱姓公司。[1]

1894年9月26日《镜海丛报》刊登了一份“声告”显示，何老桂家族在省城广州设有代理人，在内地揽赌牟利。[2]

另据光绪十年九月（1884年10月26日）《清实录》：

> 广东闱姓赌局，迭经申禁。兹据该检讨奏称，澳门开设闱姓公司，利归他族。现在海防需饷，请饬体察情形，能否将澳门闱姓严禁，抑或暂将省城闱姓弛禁等语。着张之洞、倪文蔚妥议具奏。
>
> 至所称副将彭玉，伙同奸民何贵等，私收闱姓各节，并着确切查明究办。[3]

这里所说的“奸民何贵”，应为“何桂”即何老桂，也就是何廷光之父。他的家族在当时属于省澳闱姓大户，事业如日方中。何老桂不仅经营番摊、闱姓等中式赌博和中式彩票，还是少数几位参与过澳门仁慈堂西式彩票竞投活动的华商之一。[4] 1880年初，何老桂成为澳门公钞会首位华人成员；[5] 1881年6月2日，鉴于何老桂对社会的影响并为表彰其慷慨

---

① 《记名道府翰林院检讨潘仕钊奏请变通挽回巨款以济要需折》，载《明清时期澳门问题档案文献汇编》档案卷，第3册，第181页。

② 《镜海丛报》1894年9月26日（第10号），《声告》。

③ 《德宗景皇帝实录》卷193，第734—735页，光绪十年九月己酉（1884年10月26日）。

④ *Boletim da Provincia de Macau e Timor*. 1876.1.8，p.8. 澳门历史档案馆缩微胶卷B.O.1876.

⑤ 《澳门政府宪报》1880年6月5日（第23号），《大西洋署澳门理事官办理华政衙门事务巴（António Joaquim Bastos Jr.）为晓谕本澳暨属地华人知悉事》。

捐赠，澳府曾向他颁授了耶稣基督骑士勋章。① 后来，又把澳门市中心一条街道命名为“何老桂巷”。②

何老桂于1888年去世后，按照当地华人传统，家族财产由长子连胜代表接管。③ 但经营事务则由次子连旺执掌。何连旺不但是澳门一代赌王，还承包全澳的卖盐专利，及经营其他工商业。其中包括开设缫丝厂，④ 承充澳门、氹仔、过路湾卖盐专利，⑤ 开设爆竹厂⑥和爆竹纸厂。⑦ 1894年，何连旺还被澳葡政府任命为澳门的城市卫生防疫公会会长。⑧

---

① 施白蒂：《澳门编年史》（十九世纪）第223页，澳门基金会1998年。同时获得澳葡政府颁授勋章的，还有另一位澳门华商“TCHAN-LOK”。据考，“TCHAN-LOK”即陈六。《澳门政府宪报》1881年8月6日（第32号）载：“六月初二日，大西洋大君主赏给陈六御赐耶稣降生宝星（Cavalleiros da ordem militar de Nosso Senhor Jesus Christo）。陈六系澳门居住商人，大清国民人，因大君主查知陈六事迹，且大君主厚惠博施，故特赏赐。同日，所赐澳门居住商人何桂，照上一体赏给。”

② 何老桂巷（Travessa de Ho Lo Quai）位于新马路与桔仔街之间。

③ 《澳门政府宪报》1888年12月13日（第50号），《大西洋澳门华政衙门写字事罢为通知事》：“案据有华人何桂身故，其所遗下之物业，现经其子何连胜为家长管理……”

④ 《澳门政府宪报》1882年7月8日（第27号），《法律启事》：“现据华人何连旺前来禀称，恳准开设缫丝厂，内用水气机器，设在和隆园内东便附近二龙喉花园马路，该厂名粤和昌。”

⑤ 《澳门政府宪报》1887年3月7日（第9号附报）。

⑥ 《澳门政府宪报》1889年5月9日（第19号）。

⑦ 《澳门政府宪报》1890年8月28日（第35号），《大西洋澳门西洋政务厅叭之咕（Albino António Pacheco）为出示晓谕事》：“入西洋旗籍华人何廷光即何连旺，禀求在群队地瑞隆栈炮竹厂外之地建一分厂，内设火轮汽机为造炮竹纸之用。”

⑧ 《澳门政府宪报》1894年6月9日（第23号），《大西洋特命驻扎中国暹罗钦差便宜行事大臣澳门地扪暨属地总督高为札谕事》。

英国女作家阿绮波德·立德[①]在19世纪末到达澳门时，曾获何连旺在家中热情招待。立德夫人在回忆这段经历时说：

> 澳门几座最好的欧式住宅中住的都是中国人，在一幢连阳台栏杆都镀金的房子里，我高兴极了，因为这家所有的女孩都没有裹脚。当地华人领袖何水廷（应为何穗田之误）先生不仅为我安排了讲演，讲演结束后还请我到他家里去，并向我保证，他的一个小女儿不久就会扔掉裹脚布。他家里装饰豪华，陈列着许多艺术品，还有一张台球桌（据说他会打台球），可惜他的大女儿还缠着脚。毕竟这位华人领袖不是维新派人物。[②]

立德夫人在著作中附有一张何连旺的照片。照片中的何连旺大约四十来岁的模样，意气风发，身穿对襟布制纽扣的唐装，胸前佩戴着五枚勋章——毕竟，那是他的事业处于高峰期的年代。不过，当立德夫人的著作出版之后，何老桂家族就走下坡了。

在19世纪末以前，何老桂家族可谓如日中天，从政从商皆事事顺景。1895年，因第三子云章考秀才及第，何连旺遂起衣锦还乡之意。他携同家眷返回顺德县原籍行谒祖礼，一连三天大排盛筵，宴请乡党亲朋。澳门的报章当时还刊文作了专

---

① 阿绮波德·立德（1845—1926），英国在华著名商人立德的妻子，著有《熟悉的中国》、《中国婚事》、《李鸿章及其时代》等书，并曾组织“中国妇女天足会”，是近代中国反缠足运动的发起人之一。《穿蓝色长袍的国度》一书初版于1901年。

② ［英］阿绮波德·立德著，王成东、刘皓译：《穿蓝色长袍的国度》（*The Land of Blue Gown*）第324页《反对裹足之行》，时事出版社1998年1月版。

门的报道。[1]但何连旺与《镜海丛报》不睦，很快又被该报冷嘲热讽一番：

> 旺子云章，今年谋秀才，未发号之前，风声播露，通澳皆知。西人得其事绪，嘱登于报，亟起而争曰：彼以此等秀才为至尊至荣，固甚宝贵，而爱惜也。撰登报端，其事或败，怨之必切。[2]

在上一年即1894年7月，何连旺因被控“以匿书吓禁日报为所控，八月十四日讯定拘禁监牢”。[3] 此事令他的名誉和事业大受打击，相信也是何连旺后来支持维新党人在澳门创办《知新报》，并亲自出任总理的重要原因之一。

何老桂家族的生意在20世纪初开始衰落。1902年，其家族名下的时和银店倒闭，欠下巨债，被人控告到澳门的法庭，由法庭颁令查封何老桂家族名下的物业，以便拍卖还债。由当时澳门法庭颁布的分批查封令，以及何老桂逝世后分产的各种法律启事，可以看出何氏家族在澳拥有不动产数量之众多，其中包括：

（一）房产——大堂坊之板樟堂街第六号、第十九号、第廿一号、第廿六号、第卅四号屋；水坑尾街第十五号屋；风顺堂坊之风顺堂街第十八号屋；仁安里第十二号屋、花王堂坊之群队街第二号、吧嗉哷尔咕街第六十三号屋；[4] 草堆街第十三、十五号屋，沙梨头海边街八十二号屋，惠爱街二十四号

---

① 《镜海丛报》1895年2月13日，《荣归谒祖》。

② 《镜海丛报》1894年9月26日，《声告》。

③ 《镜海丛报》1894年9月26日，《声告》。

④ 《澳门政府宪报》1902年10月25日（第43号），《大西洋澳门按察司衙门兼理商局写字事罢为通知事》。

屋，近西街十一、十三号屋；① 天神巷第二十四号，清平新街第廿二号、第廿四号、第廿六号、第廿八号、第三十号、第三十二号、第三十四号、第三十六号屋；② 白眼塘横街第二号屋，桔仔巷第三、第五号屋，桔仔街第八十三号、一百零二号、一百一十四号屋，大街第三十三号屋，小新巷四十一号屋，地球巷第十五、十七号屋；③ 水坑尾街第四号；小新巷第六、第四十、第四十二号；连安围第七号；米糙街第二十、第二十二号；④ 蓬莱新街门牌第四、六、八、十号铺共四间。⑤

（二）股份：何老桂家族以“集成堂”名义拥有大批房屋，该堂的全部物业估价折银 15 万元。

（三）当押店：仁昌押店。

何氏家族的不动产价值，可从“香港三宏公司书记何裕明控告何连旺及其兄弟”案窥其一斑。1905 年澳门法庭判将何连旺及其兄弟之下列各屋业查封拍卖，各项物业估价如下：天神巷二十四号屋估价 2 万元，板樟堂街六号屋估价 1 万元，板樟堂街八号屋估价 1800 元，水坑尾街四号屋估价 5000 元，蓬莱新巷二号屋估价 1.4 万元，蓬莱新巷四号屋估价 4000 元，蓬莱新巷六号屋估价 1500 元，蓬莱新巷八号屋估价 1800 元，蓬莱新巷十号屋估价 1800 元，集成堂各屋十分之二估价 3 万

---

① 《澳门政府宪报》1902 年 12 月 27 日（第 52 号），《大西洋澳门按察司衙门写字兼理商局写字事罢为通知事》。

② 《澳门政府宪报》1903 年 3 月 21 日（第 12 号），《大西洋澳门按察司写字兼理商局写字事罢为通告事》。

③ 《澳门政府宪报》1904 年 3 月 26 日（第 13 号），《大西洋钦命澳门按察司写字事罢为通知事》。

④ 《澳门政府宪报》1904 年 4 月 9 日（第 15 号），《大西洋钦命按察司衙门署写字宋为通知事》。

⑤ 《澳门政府宪报》1907 年 6 月 15 日（第 24 号），《启事》。

元，[①] 水坑尾十五号估价 3600 元。[②] 清平新街第廿二号、第廿四号、第廿六号、第廿八号、第三十号、第三十二号、第三十四号、第三十六号屋，合共估价 13770 元。[③]

上述只不过是何老桂家族被澳门法庭查封的一部分物业，而并非全部。1903 年，当何氏家族还清部分债主的欠款后，法庭就宣布把部分物业解封了。[④]

何连旺销声匿迹一段时间之后，后仍担任镜湖医院慈善会值理，直到 1931 年还榜上有名。据此，估计他是在 1931 年左右才去世的。为了纪念何连旺对澳门地方慈善公益事业的贡献，澳门政府把氹仔旧城区的一条街道命名为“何连旺街”，至今仍在。

卢九、卢廉若家族

卢九（1837—1907），原名卢华绍，字焯之，因在兄弟中排第九，故称卢九。广东新会人，出身贫寒，弱冠后始至澳门，业钱银找换，稍有蓄积，设宝行钱号。后到广州等地经营钱庄、烟、赌，且在澳门承投得赌权，并经营鸦片，烟赌在当年均为合法事业，遂成巨富，成为清光绪年间澳门赌王。澳门著名的“官绅俱乐部”——宜安公司，是清末澳门著名娱乐场所之一，即由卢九所创设。该公司初设于风顺堂街十六柱旁，建筑十分壮观，华堂琼宇，轩敞丽饰，成为当时澳门的达官贵人、豪商巨绅寻欢作乐的俱乐部。康有为、梁启超等到各地推

① 《澳门政府宪报》1905 年 1 月 17 日（第 2 号），《大西洋澳门按察司写字罗（Ramiro da Roza）为出示事》。

② 《澳门政府宪报》1907 年 9 月 28 日（第 39 号），《大西洋澳门按察司书吏沙为通知事》。

③ 《澳门政府宪报》1907 年 11 月 9 日（第 45 号），《大西洋澳门按察司衙门书吏宋为通知事》。

④ 《澳门政府宪报》1903 年 8 月 22 日（第 34 号），《大西洋澳门按察司写字兼理商局写字事罢为通知事》。

行维新运动来澳门时，亦常涉足其间。由于该处远离妓寨，召妓多有不便，遂迁至福隆新巷，后该巷竟以“宜安公司”而得名。① 该公司章程规定：

各友在此畅叙，乃系看新闻纸、看书、弦歌、唱戏及燕饮，并例所准之赌博，纸牌、骨牌、掷状元筹、捉象棋、斗蟋蟀。附款：但公司内不能开番摊及设团转盘。②

在卢九家族事业高峰期，宜安公司成为澳门官绅名流聚会之场所。1895 年 4 月 17 日《镜海丛报》载：

风闻澳督近日发有密谕札知宜安公司，凡有华官，不得在公司谈宴，云云。……澳督所谕，大意系华官在公司内谈论中西国家政事，则于未便，其余朋饮私狎，摸牌打马，均无犯禁，听华官之自便云。澳之宜安公司，究不知其何所创。其内多富商巨贾，中国抽丰之客，营钻之徒，无论已仕未仕，皆以得登龙门为异常荣幸。澳之群妓亦如之。③

同年 6 月，宜安公司改名为新三记（San-Sam-Ki）公所，但所有业务不变。宜安公司何以易名为新三记公所？皆因宜安之名与香港“非属名正言顺之商行”——逸安公司谐音，容易引起误会。1895 年 6 月 26 日《镜海丛报》称：

澳之宜安公司，著名之场所也。今乃更名曰新三记公所。推查其故，盖有类于港之逸安，非属名正言顺之商

---

① 吴志良、杨允中主编：《澳门百科全书》《历史人物》。
② 《澳门政府宪报》1881 年 6 月 10 日，（第 23 号附报）。
③ 《镜海丛报》1895 年 4 月 17 日，《民之讹言》。

行。改为三记公所，则固名正言顺之商行矣。①

宜安公司改名新三记公所次年，收购了澳门的公信和闱姓厂。1896 年 8 月 22 日《澳门政府宪报》载：

> 新三记公所等用本银五千元，承顶到澳门公信和闱姓厂字号、招牌、锡字粒、铺底、家私、杂物并该业主按柜银两一切，由丙申年正月初一起，该公信和生意归本公所管理，仍用公信和字号。日后生意盈亏，与公信和旧股东余庆堂、永昌堂、应元堂等一概无涉。②

据香港 Ngau- Foc-U Tong 的李升（Li-Sing）称，其于 1897 年 7 月 28 日，与新三记公司签订合同，加入澳门闱姓生意。此生意分成 300 股，每股 1000 元，李升资金占 80 股，卢光裕占 17 股，何连旺占 40 股，游勉之占 30 股，卢九占 43 股，Lu-Lau-Shan 和卢廉若占 60 股，Anna Thereza Ferreira（先拿·非难地 Bernadino de Senna Fernandes 爵士之妻）30 股。③ 由此可知，卢九家族亦是公信和闱厂的最大股东。

卢九热心慈善公益事业，对澳门镜湖医院、同善堂以及内地重灾区给予大量捐献。1890 年、1894 年，卢九两次获授葡萄牙国王勋章，成为名噪一时的濠镜绅士。澳门有一条“卢九街”即为纪念其对社会之贡献。④

---

① 《镜海丛报》1895 年 6 月 26 日，《改易新名》。

② 《澳门政府宪报》1896 年 8 月 22 日（第 34 号），《启事》。

③ Ngau Foc U Tong，*Acção de Prestação de Contas da Sociedade San-Sam-Ki*，Macau：Typographia de “O Lusitano”，1900，p. 28－29。转引自赵利峰《闱姓传入澳门及其初期发展》，载《澳门研究》第十七期，2003 年 6 月。

④ 吴志良、杨允中主编：《澳门百科全书》《历史人物》。

卢九与萧登合作，于清末多次承充澳门、氹仔、路湾白鸽票及山票生意，其中一次在光绪三十二年（1906），期自1906年6月15日至1911年6月30日止，条件是每年缴交承充规银162900元。① 另一次在1907年8月24日，由卢九与萧登二人承充，但只是短期合同，至当年10月31日即止。②

卢九曾与广东赌商刘学询，以及香港赌商刘渭川、韦崧、韦玉等八人合伙经营粤省闱姓的宏丰公司，但卢九所占的股份不多。

1904年10月4日的《东方杂志》曾经刊登一篇报道，内称：

> 裴景福之逃澳也，由赌商卢某运动。岑督（春煊）曾将该商诡名承办之小闱姓公司，缴过按饷借款约五十余万，札饬善后局暂予扣留，迨裴犯提省再行核办。近闻粤督接外部来电，以现准葡使照会：承允宏远公司赌商卢华富，即卢九，乃澳门籍人。前于光绪二十六年由李前督（鸿章）批准承办小闱姓，八年期满，乃迄未到期，俱行撤禁，该商亏本甚巨，顷复无端将其按饷借款悉数扣留，不知是何用意？应向中国索回二百万作抵偿等语。卢华富之非卢九，众人皆知。而在澳门注籍只有卢九，并无卢华富，一查便悉……③

---

① 《澳门政府宪报》1906年6月9日（第23号）《大西洋澳门正督理国课官柯为通谕事》。

② 《澳门政府宪报》1907年8月24日（第34号），《大西洋澳门国课官柯为晓谕事》。

③ 《东方杂志》第一卷，第八号，1904年10月4日《葡使索赔二百万之骇闻》。裴景福一案见《东方杂志》第一卷，第四号，1904年6月8日《中外交涉汇志》：广东已革南海知县犯官裴景福，前于粤垣押所脱逃，避地澳门。经葡官差役拘住，粤督岑制军闻只派员往索，继又饬派炮舰前往，葡官不悦。将此案悬搁，久未鞠讯。事为外务部所知，令将炮舰调回。岑制军答称炮舰固无战具，且实以运送赴澳作证之官员，旋即开驶离澳，惟电请外务部饬葡官照约交出，葡使允之。”

此事在1904年9月28日《申报》也有报道：李鸿章督粤期间，卢九在粤曾承办小闱姓（白鸽票），定明为期八年。后来小闱姓停办，卢九损失甚大，所缴饷项数10万元又被两广总督岑春煊扣下不予退还。卢九趁华葡合办粤澳铁路之机，欲索回被扣之款，遂赴沪谒见督办大臣盛宣怀，表示欲出资200万元承办铁路。但岑春煊“嫌其牵涉支离，卒罢其议”。①卢九很不服气，他于1888年加入葡萄牙籍，便以葡籍身份透过葡萄牙总领事向清朝施加外交压力。时任两广总督的岑春煊认为，卢九在内地领有功名，应作为华民看待。1904年10月，岑春煊在回复葡国总领事的照会中强调，该案系属中国内政事务，葡萄牙无权干涉：

> 中国于民人跨籍一事，例禁甚严，即贵国律例亦有一人不得入两籍之禁。卢九本系华民，在贵国入籍，并未报明中国官核准，随后复自认为华民，现因承办小闱姓饷项纠葛，又欲冒认葡籍。②

生意没得做，朝廷不肯退还承饷之款，卢九病急乱投医，竟想透过洋人向内地施压。为此，《东方杂志》将他骂个狗血淋头：

> 按某赌商之罪恶，在教裴犯走脱；而岑督之将其赌饷暂予扣留，不过借是以警刁顽，使其闻而知悔。亦犹电盛宫保勿签押粤澳铁路，以示抵制之意。该商始欲以鬼蜮之伎，终匿裴犯不交，迄今于智尽计穷，无能为力，又转托

① 《申报》1904年9月28日，《粤路述闻》。

② 《明清时期澳门问题文献汇编》（三），1462，《两广总督岑春煊为绅商卢九承办小闱姓饷项纠葛案系属中国内政事覆葡国总领事照会》。

> 外人之威力以虚声恫吓藉口索赔，如此奸回之行为，真属狗彘不食矣！①

停办小闱姓事件对卢九是一个极其沉重的打击，也可以说是卢九人生的转折点。不久之后，他就含恨去世了。卢九子女众多，1899 年，他曾在《澳门政府宪报》刊登过一段为他的十一个儿子申请入葡籍的启事：

> 据卢九禀称，伊子卢廉若即卢光璨、卢光堂、卢光健系禀者正妻卢欧阳氏所生，又卢光荣、卢光镇、卢光圻、卢光涛系禀者次妾卢梁氏所生，又卢光钊系禀者三妾范氏所生，又卢光济系禀者四妾卢梁氏所生，又卢光棣系禀者五妾卢张氏所生，又卢光炜系禀者六妾卢许氏所生，均在澳门出生。②

卢廉若（1878—1927），卢九长子，名鸿翔，号廉若，曾获清廷诰授资政大夫、花翎一品顶戴、浙江补用通廪贡生。生于广东新会乡间，17 岁补新会县弟子员，在乡中创组义学，倡办普仁堂。后迁居澳门，继承父业，承投澳门山票、铺票，经营烟赌，且是南洋烟草公司大股东，宝亨银行两大老板之一。清末，卢廉若与同人筹资，创办澳门孔教学校，招纳贫苦少年入学。1913 年澳门商会成立后，曾任多届主席，1913、1919、1921 及 1923 年被推举出任澳门镜湖医院总理。卢廉若支持孙中山革命，曾于 1912、1913 年两次接待孙中山访澳，下榻娱园（今卢廉若花园）春草堂。卢廉若于 1913 年获葡国

---

① 《东方杂志》1904 年 10 月 4 日，《葡使索赔二百万之骇闻》。

② 《澳门政府宪报》1899 年 5 月 20 日（第 20 号），《大西洋澳门按察使司衙门写字宋为通知事》。

三等嘉章，1925 年 4 月 13 日获葡国政府基督一等勋章。1927 年病逝于澳门。①

1905 年 9 月 7 日，卢廉若、崔寿宸、萧登三人与澳葡政府订立合同，共同承充澳门、氹仔、路环开收闱姓生意，每年缴交规银 62000 元。期自 1905 年 11 月 11 日至 1910 年 6 月 30 日止，所有承充之章程定明全部按照 1903 年 5 月 23 日宪报所颁行 1902 年 9 月 10 日合同之章程办理。② 卢九去世后，卢廉若于 1907 年 3 月，与孔咏裳、黄大经、萧登一起获得政府批准经营澳门、氹仔、路环另开一次过闱姓生意，每月规银 5167 元。③

卢廉若拥有之众多物业，可见于 1911 年的《澳门政府宪报》：

> 案据华妇卢陈氏，经伊夫卢廉若给予人情，准伊到署立案，表明下列各屋系其自己建置，所有租赁、修整、纳钞等事，均由其自行经理管业已逾五年，向无别人争阻。计开：大堂坊议事亭前地十一号屋，北向新市西街横门一度，南向前地九号屋，西向新市东街卅二、卅五号屋，次屋楼上下共三层。大堂坊新市东街十九号屋，北向新市北街横门两度三号、五号，南向东街廿一号，东向议事亭前地十一号屋，西向东街，楼上下共二层。大堂坊新市东街廿一号屋，北向东街十九号屋，南向廿三号屋，东向议事亭前地十一号，西向东街，楼上下共二层。大堂坊新市东街廿三号屋，北向东街廿一号，南向廿五号，东向议事亭

① 吴志良、杨允中主编：《澳门百科全书》《历史人物》。

② 《澳门政府宪报》1905 年 10 月 14 日（第 41 号），《大西洋澳门国课官柯为通知事》。

③ 《澳门政府宪报》1907 年 3 月 16 日（第 17 号），《大西洋澳门正督理国课官柯为示知事》。

前地十号，西向东街，楼上下共二层。大堂坊新市东街廿五号屋，北向东街廿三号屋，南向廿七号，东向议事亭前地十号，西向东街，楼上下共二层。①

卢光裕（？—1909）字圣轸，号舜渠，卢九胞侄，清末候选道，曾获赏戴花翎，诰授中宪大夫。卢光裕少年老成，勇于任事，大为卢九所器重，待之如子。1904年1月，卢光裕与卢九、曹善业、柯六及葡人白之咕等，同被澳葡政府委任为澳门业钞公会成员，出任社会公职。② 由此可见，卢光裕在社会上和家族中的地位非同一般。

1907年2月，卢光裕与萧登合作承充澳门番摊生意，为期五年，每年规银45万元。自1907年7月1日起，至1912年6月30日止。③ 但是，两年之后，卢光裕就去世了。

二、萧瀛洲（萧登）

清末民初澳门著名赌商之一，宝裕银店司事，住水坑尾街二十号屋。1910年曾任澳门理商局公举人。④ 光绪末，萧瀛洲

---

① 《澳门政府宪报》1911年4月29日（第17号），《大西洋澳门按察司书吏穆为通知事》。

② 《澳门政府宪报》1904年1月9日（第4号），《大西洋澳门署副督理国课官、公钞局长左为通谕事》。

③ 《澳门政府宪报》1907年3月16日（第17号），《大西洋钦命澳门督理国课官柯为示知事》。

④ 《澳门政府宪报》1910年6月25日（第26号）："大西洋钦命澳门理商局长韦（Jede Margues Vidal）。兹按照理商局律例第七十九款及按察司衙满章程第三十八款所载事理，本书记已编成名单，即下列所有澳门商人、澳门律师、澳门缴公钞至多之人，系为按照理商局该五十二款所定，请公举两人充任一千九百零一十年本局秉公人员一正一副之事。……未挂号商人：萧登，宝裕银店司事，住水坑尾街二十号屋。"

承充澳门、氹仔、过路湾白鸽票 3 年，共纳规银 75 万元，有效期由 1903 年 7 月 1 日至 1905 年 6 月 30 日。批给公告“独准承充人可以在澳门、氹仔、过路湾做白鸽票生意，至收票铺应用多寡，任在本澳开足。批准所开之白鸽票，仍用八十个字为额，即投票者在所定之八十个字内拣择投买。承充人可以每日开票两场”。同时又规定：“所有字花、山票及各种同样华票，该承充人或别人均不得在澳门开收，但同时经营闱姓票则不在禁止之列。”

萧瀛洲与卢廉若一起投得澳门、氹仔、路湾闱姓生意，每年缴交规银 62000 元。期限由 1905 年 11 月 11 日至 1916 年 6 月 30 日止。①

另外，萧瀛洲曾获得澳府批准短期经营白鸽票生意，由 1906 年 4 月 15 日起至 5 月 15 日止。承投条件按照 1905 年 10 月 14 日第 41 号《澳门政府宪报》所颁行之章程（专指白鸽票生意者）。② 澳府于 1907 年秋将给与萧瀛洲的山票、白鸽票生意延长 15 天，由当年 11 月 1 日起至 15 日为止。其章程悉照 1906 年 6 月 9 日第 23 号宪报所登。③

次年 3 月，萧瀛洲、卢廉若与商人孔咏裳、黄大经一起获得政府批准经营澳门、氹仔、路湾另开一次过闱姓生意，每月规银 5167 元。④

---

① 《澳门政府宪报》1903 年 5 月 9 日（第 19 号），《大西洋澳门正督理国课官方公告》。

② 《澳门政府宪报》1905 年 10 月 14 日（第 41 号），《大西洋澳门国课官柯为通知事》。

③ 《澳门政府宪报》1906 年 4 月 21 日（第 16 号），《大西洋澳门正督理国课官柯为通知事》。

④ 《澳门政府宪报》1907 年 11 月 9 日（第 45 号），《澳门国课官柯为通知事》。

1911年，萧瀛洲在澳门的社会地位达到高峰，他被澳葡政府邀任全澳庆祝葡萄牙建立共和政制一周年大会副会长兼第一分会（华人庆祝会场）会长之职。① 1911年，向澳门政府承投澳门番摊总公司，承出福隆下街馆位，取名德成公司，由于经营有术，颇有发展，成为各摊馆之冠。1914年，萧瀛洲与友好高可宁等10人，称为“十友堂”，以有成公司之名，承接澳门的鸦片烟生意。1909年，澳门举行绅商大会，萧瀛洲被推举为华商代表，律师文道则为居澳葡人代表。② 民初发起成立“澳门商会”，为澳门中华总商会之前身，萧瀛洲被公推为第一届总理。③

---

① 见本节《孔咏裳、黄大经》。

② 《澳门政府宪报》1911年8月5日，《一百七十三号札谕：署澳督马为札行事》：“按照大西洋国宣布民主政体，现值第一周年自应举行特别纪念。本督确知合澳居民均皆喜乐襄助，是以本督特派总办盛典大公会以为组织及督理民间庆乐之事。计开总会员如左：正会长参将马奇士、副会长萧登、会长顾唎耶缅尼士、美仙地、左治、罗德礼、黎登、李固、美卢、利卑路、罗连嗉、李玛、赵立夫、李镜荃、蔡康、卢廉若、陈七、徐俊庭、蔡文轩、区惠坡、梁干生、胡馥畬。另派分会五班，由总会指定分任办事。第一分会，办理华人公众礼节，会长萧登，会员于本澳各行生意每行各举一人。第二分会，办理西洋公众礼节，会长西政厅黎登，会员李玛、利卑路、李巴士、沙梨士、芝梨。第三分会，办理陈赛场所事务，会长工程司美仙地，会员赵立夫、伯铎路、莫非利阿、亚美打、王满、何寿田、余亨中。第四分会，办理布告事件，会长律政司缅尼士，会员卢廉若、美卢、左次治施芝古。第五分会，办理财政事务第一分会所属财政不入内，会长将军罗德礼，会员罗连嗉、李镜荃、蔡康。”

③ 《澳门中华总商会八十五周年会庆纪念特刊》（历届值理、理事、会董、监事名录），澳门中华总商会1998年出版。

三、柯六

柯六（1856—?），又名柯翼堂、柯迁善堂，① 住南湾街三十一号。1904 年 1 月，柯六与卢光裕、卢九、曹善业、及葡人白之咕等，同被澳葡政府委任为澳门业钞公会成员。② 1910 年曾以纳税较多的资格获任澳门理商局公举人。③ 上文提到番摊赌商林让投得番摊赌饷一节，与林让竞争者余辉廷，就是与恒和彩票公司之柯六合股的：

> 余辉廷出价六十万五百元。林之价最高，遂定林投得。查林之票是集股者，而余之票则昔日开恒和彩票公司之柯某也。闻彼早知所呈之票未必入选，故先向林预先议合沾七分之一股。④

在此之前，柯六还开办过路环番摊馆。不过，其属下的路环番摊馆于 1910 年 6 月初准备开业当天，即毁于葡萄牙人“围剿海盗”的战火。⑤

---

① 《澳门政府宪报》1898 年 8 月 20 日（第 34 号），《大西洋澳门按察使司衙门写字事罢为通知事》：“案据华人柯六禀称，伊系生长澳门，现年四十二岁，乃向在澳门居住、贸易，并未当过中国差事，柯起及洪氏亲生之子，今欲隶入西洋旗籍等情，兹特布告。”

② 《澳门政府宪报》1904 年 1 月 9 日（第 4 号），《大西洋澳门署副督理国课官、公钞局长左为通谕事》。

③ 《澳门政府宪报》1910 年 6 月 25 日（第 26 号），《大西洋钦命澳门理商局长韦（Margues Vidal）》。

④ 《华字日报》1911 年 8 月 14 日，《澳门投赌》。

⑤ 《香山旬报》第六十六期，《葡萄兵攻过路环详志》：“该处之摊馆，是澳门赌商柯某所承充，定于是日开办，亦经摧毁矣。”

另外，柯六与卢九、卢光裕三人合股的恒和公司，代理澳门彩票，① 在广州亦设有分铺。②

1911 年，柯六状告欠银的泰和银店东主及司事潘礼臣，据当年的《澳门政府宪报》载：

> 案据华商柯六，有妻，系恒和公司股东及司事，控告大街泰和银店东主及司事潘礼臣欠四万九千一百零六元四毫六仙及利息，另衙门使费等情。兹限三十日，自本告白第二次颁行宪报起计，传该被告于限满后第二次堂期到案听候示定，第三次开堂辩驳。③

关于柯六拥有的物业，1899 年 5 月 20 日出版的《澳门政府宪报》刊载的一份官方通告，宣布以下物业属于柯六所有：火船头街二十七号屋，二十九号屋，三十一号屋，三十三号屋，三十七号屋；蓬莱新街第九号屋，第十一号屋，第十三号屋，第十五号屋，第十七屋，第十九号屋；夜母巷第一号屋；快艇头街第四十八号屋。④ 另外，柯六亦为高楼街第一号、第一号 A 屋业主之一，该屋价值白银 17000 元。⑤

---

① 《澳门政府宪报》1909 年 1 月 2 日（第 1 号），《大西洋澳门按察司书吏穆（Miguel Rodrigues Morgado）为通知事》："恒和公司共三大股东，一即原告柯六，一即被告卢光裕，一系已故之卢九。"

② 《澳门政府宪报》1904 年 10 月 2 日（第 41 号），《大西洋澳门按察司衙门写字宋为通知事》："华商柯亦池（柯天养）……现在省城之澳门承充仁慈堂彩票恒和公司分铺偏工。"

③ 《澳门政府宪报》1911 年 4 月 8 日（第 14 号），《大西洋澳门按察司书吏事罢为通知事》。

④ 《澳门政府宪报》1899 年 5 月 20 日（第 20 号），《大西洋澳门按察使司衙门写字宋为通知事》。

⑤ 《澳门政府宪报》1908 年 6 月 27 日（第 26 号），《大西洋澳门按察司书吏穆为通知事》。

四、李光（李镜荃、李镜全）

李光（1862？—1919？）富而贵闱姓厂东主，新会七堡乡人，以捞赌起家，富逾百万。富而贵闱姓厂位于船澳口门牌第七号。光绪三十一年九月，因“乡会岁科试一律停止而停业”。①

1903年1月17日（第3号）《澳门政府宪报》曾刊登了一份“大西洋澳门按察司衙门写字宋”发出的关于华裔闱姓厂商李光的三个儿子欲随父加入葡萄牙国籍的通告：

西洋籍人李光即李镜荃，已有妻室，系富而贵闱姓厂东主及司事。现在澳门居住，今特来禀称，伊有三子，长子李翘燊，即际唐，今年二十一岁；次子李翘庆，即保镕，又即子农，今年十九岁；第三子李耀伦，今年二岁。伊三子均在澳门议事亭前地已拆之屋出世，均系伊李光及陈氏亲生之子。今均欲隶入西洋旗籍等情，兹特布告。②

长子李翘燊在光绪三十年（1904）参加甲辰科（最后的一科）会试，李镜荃以10万元的代价，觅“枪手”入闱作弊，竟然把其子“扛”成一名“翰林”，成为当年一段笑谈。③

又据1910年6月25日《澳门政府宪报》：

兹按照理商局律例第七十九款及按察司衙满章程第三

① 澳门历史档案馆 COTA：AH/F/433. P29. MIC：A0589。

② 《澳门政府宪报》1903年1月17日（第3号），《大西洋澳门按察司衙门写字宋为通知事》。

③ 林广志：《卢氏家族资料四种》，原载《澳门历史文化研究》第二期，澳门历史文化研究会2003年12月版。

十八款所载事理，本书记已编成名单，即下列所有澳门商人、澳门律师、澳门缴公钞至多之人，系为按照理商局该五十二款所定，请公举两人充任一千九百零一十年本局秉公人员一正一副之事。……未挂号商人：李镜全，宝得银店司事，大街。①

1911年8月，李镜荃被澳葡政府邀任全澳庆祝葡萄牙建立共和政制一周年大会成员。② 他后来成为澳门商会创会副理，并连任多届值理。

二、葡人赌商

Maximiano António dos Remédios（鱼塘仔）

生卒年不详，鱼塘仔因家族经营鱼塘而得名。葡人不熟悉中国的科举考试，承充闱姓本是华商的特长，但不少土生葡人却在澳门早期的闱姓生意插上一脚。现有的史料表明，这位“鱼塘仔”长袖善舞，经营闱姓承充赚过不少钱。

1885年10月28日，澳府与鱼塘仔签订闱姓承充合同，期限五年，由1885年11月11日至1890年11月10日止，每月交银3000元，担保金9000元。如果广东禁止闱姓，承充金为20833.33元，担保金是62500元。③1885年11月12日《澳门政府宪报》刊登告示：

---

① 《澳门政府宪报》1910年6月25日（第26号），《大西洋钦命澳门理商局长韦（Jede Margues Vidal）》。

② 《澳门政府宪报》1911年8月5日（第31号），详见本文《萧登》末注。

③ O Independente，“Noticias Diversas”，Macau. 7（317）31out. 1885. P（2）.

照得澳门、氹仔、过路湾开收闱姓生意，现经准玛西墨盎奴·晏多尼·利美地阿士（Maximiano António dos Remédios），即华名鱼塘行承充，但前承充人经有收买归博闱姓票，或自己所收，或准开闱姓各厂所收之现银票。本衙门曾经出示招人将该买现银之票前来挂号，其银尚未交还。兹该新承充人应承限六个月内，将前到本衙门挂号之该现银票查明果合律例者，即将银交还。如未在期内到本衙门挂号者，则概置不理。①

另在1887年3月31日的《澳门政府宪报》上，又刊登了澳门公物会书记哑宋生一份通知："照得闱姓生意，经准鱼塘行即吗士味哑呶·晏哆你·唎美地阿（Maximiano António dos Remédios）承充。"② 中文译法虽不同，葡文却一样，二者实是同一人。

因粤东弛禁闱姓，加上澳府与前闱姓承充人黄成兴的纠纷，澳门公物会认定祥安公司和各闱厂将会倒盘，将各厂所收票银等查封。在大气候不妙的情况下，鱼塘仔要求降低承充银码至每年12000元。③ 另一名土生葡人先拿·非难地爵士（Bernadino de Senna Fernandes）表示愿意接手承充，经过一番讨价还价，终于同意以鱼塘仔原来的合同为准。承充期则加多五年，由1887年11月11日至1894年11月10日止。④

---

① 《澳门政府宪报》1885年11月12日（第45号），《大西洋署澳门理事官办理华政事务梁绍奉公物会命为出示谕知事》。

② 《澳门政府宪报》1887年3月31日（第13号），《大西洋澳门公物会书记哑宋生奉公物会命为通知事》。

③ *Governo de Provincia de Macau e Timor Expedience Geral.* No. 112. C0758，澳门历史档案馆。

④ 澳门历史档案馆 COTA：AH/F/423，P128－130，MIC：0589。

另据1893年8月22日《镜海丛报》三记行告白：

> 伯爵非难地寡妇，名晏拿爹厘沙·非难地，其子未拿年奴·先拿·非难地……等（十人），彼此商允，在澳门设立贸易字号，名“先拿·非难地寡妇并其子女公司”，仍做伯爵非难地遗下之生意，并由伯爵非难地寡妇操管。①

先拿·非难地（Bernardino de Senna Fernandes）

三记行东主先拿·非难地（1815—1893）又名飞南第伯爵，澳门葡人。曾经担任仁慈堂理事会主席、中国移民总监督，1890年获葡国授子爵衔，1893年3月获授伯爵42天后病故。1891年春，俄国皇太子尼古拉访问澳门，澳葡政府邀请华葡绅商组成公会，以便办理迎接礼仪，由其担任公会主席。② 1890年前后，三记公司曾经发行股票。③ 该公司又曾以中间人身份，代收各票厂的谢教银两，化解彩民对闱厂的信任危机。1895年9月《镜海丛报》曾刊文：

> 澳门闱姓现在议定，凡有谢教银两，统系放存三记行内，按日投票，银数亦系按期汇交三记，各子厂，分毫不能隐藏，即使再遇兆三元之事，决不患谢教无着。④

---

① 《澳门政府宪报》1894年12月15日（第50号），《大西洋钦命澳门督理国课官巴为通知事》。

② 《镜海丛报》1893年8月22日，《三记行告白》。

③ 《澳门政府宪报》1891年4月2日（第14号），《大西洋澳门督宪幕宾费理剌（João G. Duarte Ferreira）奉督宪命为通知事》。

④ 《澳门政府宪报》1891年9月17日（第38号）：“三记公司告白启者：本公司所发出股票，必要经手人乃能到公司领取银两，不得执股票为论。倘经手有欠到本公司及公司厂票项，股内人数目银两要由本公司算清数目，比对扣清，乃能收取。特此声明，以免后论。”

先拿·非难地伯爵逝世后，其家族曾经在《澳门政府宪报》刊登一段重要的法律声明，揭示了这个土生葡人家族生意及其分布概况：

> 伯爵非难地寡妇，名晏拿·爹厘沙·非难地（Anna Thereza Fernandes），其子未那年奴·先拿·非难地（Bernardino de Senna Fernandes），其媳吗利亚·哥度·先拿·非难地（Maria de Couto de Senna Fernandes），其处女亚连拿·先拿·非难地（Alina de Senna Fernandes），其婿若瑟·吗利亚·家士度·巴士度（José Maria de Castro Basto），及其妻加沙未拉·非难地·巴士度（Casimira C. Fernandes Basto），其婿加罗士·啰喳·亚宋生（Carlos A. da Rocha d'Assumpção），并其妻未连的·非难地·亚宋生（Merlinde Fernandes d'Assumpção），其婿非难度·些厘·未呢士（Fernando Celle de Menezes），及其妻吗利亚·先拿·非难地·未呢士（Maria de Senna Fernandes de Menezes）等，彼此商允，在澳门设立贸易字号，名先拿非难地寡妇并其子女公司，经于西纪本月初八日在衙门写字面前立约为凭。因后签名之人，俱系伯爵非难地后嗣人，今设立公司，原以贸易并仍做伯爵非难地遗下之生意起见，并声明后签名之人，皆将照例所应有之权，已交与伯爵非难地寡妇操管。①

小非难地（又名少美拿年奴吐哪非难地）和“若瑟方济各依沙基利巴路士”

小非难地（Bernardino de Senna Fernandes Jr. 1867—

① 《镜海丛报》1895年9月4日，《稳如泰山》。

1911）乃三记行创办人先拿·非难地伯爵之子。他在澳门出生，青少年时代在英国深造。1887年回澳门营商。1893年5月2日，其父先拿·非难地伯爵去世后，葡王于同年12月27日颁令由小非难地承袭爵位。他和“若瑟方济各依沙基利巴路士”（José Francisco Excquiel de Barros）承充澳门氹仔过路湾闱姓生意，为期八年，期限由1894年11月11日至1902年11月10日止，批给合约规定“每闱姓厂一间，须有担保一人”。① 当时有报道称为“旧商循例再充，如前接办”，② 故可判断两人已经营该项生意相当长时间了。

小非难地承充澳门、氹仔、路湾签铺票生意，期自1908年2月1日至1913年1月31日止。所有承充递年规银开列如下：第一年自1908年2月1日起规银1.7万元；第二年规银1.7万元；第三年规银2.3万元；第四年规银2.8万元；第五年至1913年1月31日止，规银3万元。③ 但是，一年之后，小非难地未能完成合同，被澳葡政府中止澳门、氹仔、路湾签铺票生意的经营权，于1909年6月重新开投。生意失败后，小非难地于1911年10月12日自杀。

非难地伯爵家族另一名成员、先拿·非难地之侄飞南第（Francisco. H. Senna Fernandes，1863—1923），是孙中山先生好友，曾担任澳门市议员，创办《镜海丛报》。④

---

① 《澳门政府宪报》1893年6月17日（第24号），《启事》。

② 《镜海丛报》1894年12月5日，《生财大道》。

③ 非难地伯爵家族资料，详见 Jorge Forjaz：Familias Macaenses，Volume Ⅲ. 541—578. 东方基金会、澳门文化学会、东方葡萄牙学会1996年版。

④ 《澳门政府宪报》1908年2月1日（第5号），《大西洋澳门正督理国课官柯为通知事》。

澳门其他赌商一览表

赌商	公司	业务	经营概况	备注
	和生堂	白鸽票	在澳门政府的档案中，约道光二十年（1840），有一“赌馆和生堂厂规限”，叙述白鸽票的诸种游戏规则和获彩方法。从中可以看出，此白鸽票厂在澳门开设的规模不小，措施也较为完善，反映了澳门半岛赌博业的兴旺繁盛。据赵利峰先生考证，这个赌馆应是向澳门同知等中国官绅纳规而得到包庇，不可能向澳葡的议事亭承充缴税。①	
冯潘（Fong-Pan、Apom、亚潘）		闱姓	澳门早期闱姓承充商，1869年1月12日，澳门第一届闱姓出投，冯潘与何桂以每年3000元的代价，获三年承充权，由1869年1月16日起计算。②	
冯潘（Fong-Pan、Apom、亚潘）		闱姓	澳门早期闱姓承充商，1869年1月12日，澳门第一届闱姓出投，冯潘与何桂以每年3000元的代价，获三年承充权，由1869年1月16日起计算。③	

① 赵利峰：《闱姓传入澳门及其初期发展》，载《澳门研究》第十七期，2003年6月；《赌馆和生堂厂规限》，载于《清代澳门汉文档案汇编》，第119号。

② 葡萄牙海外历史档案馆 COTA：AHU-ACL-SEMU-DGU-005. A-No. 2. Cx. 0042.（1873年）。

③ 葡萄牙海外历史档案馆 COTA：AHU-ACL-SEMU-DGU-005. A-No. 2. Cx. 0042.（1873年）。

（续上表）

赌商	公司	业务	经营概况	备注
冯凤韶		白鸽票	澳门泰和银店股东，膝下有三子。① 曾于1871年11月3日，即在梁六签订承充第二届澳门闱姓之后，与冯成二人以澳门第一届闱姓彩票的售卖令他们的白鸽票受到损失为由，提出重新出投第二届澳门闱姓，并愿意每年缴纳6700元，由有能力的商人担保，三年共缴付20100元。经澳门公物会研究，认为闱姓合同已经签订，此请求于理不合，遂不予批准。②冯凤韶另见本文“致中和闱姓公司、时和闱姓公司、怡安闱姓公司”。冯凤韶于光绪八年（1882）身故后，因三子皆未成年，生意由其弟冯觉芬接管，至光绪二十二年移交冯凤韶长子洛泉、次子嘉端、三子嘉恩接收。③	
冯　齐（Fong-Chai）		闱姓	据史料记载，1871年12月8日，华人Fong-Chai表示愿意出价2万元，请求承充本届闱姓。但是，此时承充人已于9月23日预付了第一期承充款项，完全符合合同规定，澳门公物会没有接纳Fong-Chai的申请。④	

① 《澳门政府宪报》1908年3月21日（第12号）。

② 葡萄牙海外历史档案馆COTA：AHU-ACL-SEMU-DGU-005. A-No. 4. Cx. 0042.（1873年）。

③ 《澳门政府宪报》1898年10月22日（第44号），《冯觉芬启事》。

④ 葡萄牙海外历史档案馆COTA：AHU-ACL-SEMU-DGU-005. A-No. 2. Cx. 0042.（1873年）。

（续上表）

赌商	公司	业务	经营概况	备注
施英达（Si-Ieng-Tac）		闱姓	据史料记载，1872年4月29日，华人施英达愿意出价22000元，请求取消冯潘和Ho－Cuai（何桂）的闱姓承充合同。① 1872年5月12日，梁六（Ahoy）声称已卖出闱姓彩票80万条，却遭受到许多损失和迫害，不能够确定如此经营3年。因闱姓和番摊在香港被禁，其合伙人Veng-Ham现已不再支持这一生意。基于这种情形，澳门公物会于1872年5月20日宣布AHOE的合同作废。② 1872年5月26日，澳门公物会重新出投闱姓，以3年22000元的条件，与施英达签订合同草案。但公物会最后于6月25日与陈行正式签订承充合同，条件是每年缴承充银17033.3元，自1872年9月27日起，3年共缴银51000元；担保人为Bernadino de Senna Fernandes. ③	
梁六		闱姓	第二届澳门闱姓（1872－1875年）承充人，承充价为每年5000元，以每四个月向公物会缴交1666.666元的条件，有效期由1872年1月26日起，为期3年，担保人是王禄。④	

① 葡萄牙海外历史档案馆COTA：AHU-ACL-SEMU- DGU-005，A-No. 1. Cx. 0042.（1873年）。

② 葡萄牙海外历史档案馆COTA：AHU-ACL-SEMU-DGU-005. A-No. 1. Cx. 0042.（1873年）。

③ 葡萄牙海外历史档案馆COTA：AHU-ACL-SEMU-DGU-005. A-No. 3. Cx. 0042，（1873年）。

④ 葡萄牙海外历史档案馆COTA：AHU-ACL-SEMU-DGU-005. A-No. 3. Cx. 0042.（1873年）。

（续上表）

赌商	公司	业务	经营概况	备注
郑耀、钟超、刘月墀		番摊	以规银15万元，承充澳门番摊1年，期限由1873年9月11日至1874年9月10日。①	因现银不足，由和兴公司李升担保借款，才能与政府签订承充合约。
冯成（Francisco Xavier）		番摊、闱姓、百鸽票	加入了葡籍的华人天主教徒，在澳门经营番摊馆生意，名下有四家番摊馆，分别位于Rua das Estalagens（草堆街）4号、53号、60号以及Travessa do Auto Novo（清平巷）22号。1877年5月5日的《澳门帝汶省政府公报》刊登的番摊馆生意续期公告中，刊出了其名字。新的经营期由1877年9月11日起。②曾于1875年以现银131300元，③1878年以401000元（担保人Bernardino de Senna Fernandes）④和1881年以640000元，与何德昌、Bernardino de Senna Fernandes合伙，⑤三次承充得澳门闱姓。另外，在1874年、1875年和1878年承充氹仔番摊，1877年承充百鸽票生意两年。⑥	在澳门经营缫丝厂及盐业等多种专营生意，其中以赌博行业为多。

① 1873年澳门《承充番摊合约章程》，澳门历史档案馆藏文献（原件曾于2005年12月8日起展示于澳门博物馆）。

② 澳门历史档案馆缩微胶卷B.O.1877. *Boletim da Provincia de Macau e Timor*. 1877.5.5，P168。

③ 澳门历史档案馆COTA：AH/F/422，MIC：A0586.p.36。

④ 澳门历史档案馆COTA：AH/F/422，MIC：A0586.p.36。

⑤ 澳门历史档案馆COTA：AH/F/432，MIC：A0589.p.23。另见《澳门政府宪报》1881年7月16日，《澳门公物会书记官亚宋生为通知事》。

⑥ 澳门历史档案馆COTA：AH/F/422，MIC：A0586.p.20、p.34、p.90、p.83；及《澳门政府宪报》1882年4月8日（第14号）。

（续上表）

赌商	公司	业务	经营概况	备注
陈氏（佚名）	所欲堂	番摊	澳门广章摊馆股东，由其所在之所欲堂占有广章摊馆股份银3000元。①	
陈行（恒）		闱姓	曾经以每年缴付承充银17033.33元（3年合共51000元）的代价，承充1872年9月27日至1875年9月26日的澳门闱姓。其担保人是Bernardino de Senna Fernandes。② 另，光绪十一年（1885）四月二十日，两广总督张之洞在《筹议闱姓厉害暂请弛禁折》中奏道："至副将彭玉、澳商陈恒、何贵等，在澳设厂收规各情由，臣之洞、臣文蔚另行查明复奏。"③另见本文"致中和闱姓公司、时和闱姓公司、怡安闱姓公司"。光绪十年，陈行与广东水师副将彭玉伙同赌商何贵、梁六、冯凤韶等合办的这些闱姓公司，于光绪元年至光绪十年承充澳门闱姓。	
Chan Io，Lam Lin（粤音陈耀、林连）		番摊	番摊馆址：Rua do Simão（泗孟街）85号。1877年5月5日的《澳门帝汶省政府公报》刊登的一份番摊馆生意续期公告中，批给二人新的经营期由1877年9月11日起。④	

① 《澳门政府宪报》1904年9月24日（第39号），《启事》。

② 葡萄牙海外历史档案馆 COTA：AHU-ACL-SEMU-DGU-005，J-NO3. Cx. 0042（1873年）。

③ 苑书义、孙华峰、李秉新主编：《张之洞全集》第一册（奏议）第300—301页，奏议十一，河北人民出版社1998年8月版。

④ 澳门历史档案馆缩微胶卷 B. O. 1877. *Boletim da Provincia de Macau e Timor*. 1877. 5. 5，p. 168.

（续上表）

赌商	公司	业务	经营概况	备注
Lu ap（粤音卢鸭）		番摊	番摊馆址：Rua Nova d' El Rei（泗孟街）。1877 年 5 月 5 日的《澳门帝汶省政府公报》刊登的番摊馆生意续期公告中，批准其新的经营期由 1877 年 9 月 11 日起。①	
Vong Choi（粤音王才）		幸运博彩	1877 年 5 月 5 日的《澳门帝汶省政府公报》刊登的一份 Carteados de azar 幸运博彩生意续期公告中有其名字，其址位于 Rua do Mastro（炉石塘巷）20 号，新的经营期由 1877 年 11 月 1 日起。②	
Chan chiong（粤音陈松）		幸运博彩	1877 年 5 月 5 日的《澳门帝汶省政府公报》刊登的 Carteados de azar 幸运博彩生意续期公告中有其名字，地址 Rua do Pagode（巴掌围）21 号，其新的经营期由 1877 年 10 月 15 日起。	
To Lin（粤音杜连）		幸运博彩	1877 年 5 月 5 日的《澳门帝汶省政府公报》刊登的一份 Carteados de azar 幸运博彩生意续期公告中有其名字，其址位于 Rua do Tarrafeiro（沙栏仔街）25 号，其新的经营期由 1877 年 9 月 21 日起。	

① 澳门历史档案馆缩微胶卷 B. O. 1877. *Boletim da Provincia de Macau e Timor*. 1877. 5. 5，p. 168.

② 澳门历史档案馆缩微胶卷 B. O. 1877. *Boletim da Provincia de Macau e Timor*. 1877. 5. 5，p. 168.

（续上表）

赌商	公司	业务	经营概况	备注
Fong Ngui Tong（粤音冯毅堂）		幸运博彩	1877年5月5日的《澳门帝汶省政府公报》刊登的Carteados de azar幸运博彩生意续期公告中有其名字，其址位于Travessa de Caldeira（蓬莱新巷）2号，官方批准其新的经营期由1877年9月23日起。	
Lei Lin（粤音李连）		幸运博彩	1877年5月5日的《澳门帝汶省政府公报》刊登的Carteados de azar幸运博彩生意续期公告中有其名字，其址位于Rua da Praia Manduco（下环街）187号，官方批准其新的经营期由1877年10月1日起。	
何碧云（Ho Pec Van）		番摊	1877年5月5日的《澳门帝汶省政府公报》刊登的一份番摊馆生意续期公告中，有"Ho Pec Van"的名字，其番摊馆地址位于Rua de S. Domingos（板樟堂街），新的经营期由1877年9月11日起。① 另外，曾承充过路湾番摊鸦片烟膏生意，由1886年4月1日至1888年3月31日止。②	

① 澳门历史档案馆缩微胶卷B. O. 1877. *Boletim da Provincia de Macau e Timor*. 1877. 5. 5，p. 168.

②《澳门政府宪报》1886年5月6日（第18号），《大西洋澳门公物会书记亚宋生奉公物会命为通知事》。

（续上表）

赌商	公司	业务	经营概况	备注
San Iec Sun（粤音沈益旋）		番摊	在澳门经营番摊馆生意。其番摊馆位于 Rua das Estalagens（草堆街）5 号。1877 年 5 月 5 日的《澳门帝汶省政府公报》刊登的一份番摊馆生意续期公告中，宣布批给 San Iec Sun 新的经营期由 1877 年 9 月 11 日起。①	
	兆昌闱厂	闱姓	《澳门政府宪报》1880 年 1 月 24 日："澳门巡捕兵营统领副总兵家报称己卯年十二月初五日至十一日所有事件开录于后：初十日，拿获陈亚三，假做兆昌闱姓厂闱姓票一条。"②	
	生利公司	纸牌、骨牌、掷状元筹	1881 年设于大鹏巷，开办法例所准许之赌博如纸牌、骨牌、掷状元筹、捉象棋，但不能开番摊、转盘和其他赌博。③	

① 澳门历史档案馆缩微胶卷 B. O. 1877. *Boletim da Provincia de Macau e Timor*. 1877. 5. 5，p. 168.

② 《澳门政府宪报》1880 年 1 月 24 日（第 4 号）。

③ 《澳门政府宪报》1881 年 10 月 1 日（第 40 号），《大西洋钦命澳门地扪暨所属地方总督贾为札知事》。

（续上表）

赌商	公司	业务	经营概况	备注
王和	天佑成闱厂	闱姓	曾以101500元投得1881年的第五届澳门闱姓票生意。但因未能缴付担保合同银10万元，被澳门公物会取消其中标资格，另行开投，结果由冯成以64万元投中。1881年8月曾因投充闱姓之事，被澳门总督下令羁押，自聘律师入禀法院辩护。① 当时澳门赌业冷清，开馆者减少。②	
	同和公司	纸牌、骨牌等	1882年设于炉石堂街。③	
黎才		番摊	经营路环番摊。1882年4月15日《澳门政府宪报》载："照得公历本年二月廿五日、即华正月初八日，黎才承充过路湾番摊并鸦片烟生意……严禁开字花票。"④	
胡衮臣		番摊	于1882年4月与卢九共同承投氹仔村番摊和鸦片生意，条件是1年内缴"规银八千八百元"，有效期由1882年5月1日起，为期1年。在上述合约中，两人同时获准"在氹仔埠海面设船四只开番摊台"。⑤	

① 《澳门政府宪报》1882年3月25日（第12号）："王和欠到公物会银三十七万五千元，经已被拿监押。"

② 《申报》1881年8月15日，《闱姓赌事近闻》。

③ 《澳门政府宪报》1882年2月4日（第5号），《大西洋钦命澳门地扪暨所属地方总督贾为札知事》。

④ 《澳门政府宪报》1882年4月15日（第15号），《大西洋澳门公物会书记亚宋生奉公物会命为通知事》。

⑤ 《澳门政府宪报》1882年4月15日（第15号），《大西洋澳门公物会书记亚宋生奉公物会命为通知事》。

（续上表）

赌商	公司	业务	经营概况	备注
	德成番摊馆	番摊	1883年仍在营业。①	
	泰和摊馆	番摊	《澳门政府宪报》1883年8月25日："十五日，拿获陈亚心，因伊在泰和摊馆窃银一元零九毫。即解华政衙门。"②	
何德昌（Ho-Tac-Cheong）		闱姓	1884年7月10日，何德昌参加澳门闱姓竞投，出价102110元，但输给谭老义与杨玉坤所出的1061000元。在此之前，何德昌曾承充过澳门的闱姓。③	
谭老义（Tam-Lo-Ngui）、杨玉坤（Chiong-Ioc-Quan）		闱姓	据史料载，1884年7月10日，两人以现银106.1万元，取得澳门、氹仔、过路环闱姓3年承充权，由1884年9月27日至1887年9月27日止。④但中标四天后即1884年7月14日，谭老义、杨玉坤又禀请将此次所投得闱姓的权益转让予黄成兴，澳门公物会认为转让并非犯例，同意转让，但承受人必须遵照原承充人与公物会所签订合同的条款。⑤	

① 《澳门政府宪报》1883年6月23日第25号。

② 《澳门政府宪报》1883年8月25日（第34号），《大西洋澳门巡捕兵营统领副将施报称癸未年七月十四日至二十日所有事件》。

③ *O Macaensa*，Secção Noticiosa，3（116）10Jul.1884. p.77—78.

④ 澳门历史档案馆COTA：AH/F/433，P7，MIC：A0589.

⑤ 澳门历史档案馆COTA：AH/F/433. P7. MIC：A0589.

（续上表）

赌商	公司	业务	经营概况	备注
黄成兴	祥安公司	闱姓	澳门及香港祥安公司东主，生卒年不详，光绪十年（1884）间澳门闱姓承充人。其属下之闱姓票店位于美基唉唎士街（Rua de Miguel Ayres，即美基街）第十一号、十二号、十五号、十七号、二十号、廿一号，即永吉祥、福如意、凌云、平安利、瑞鸿图、兆生财，以及芦石塘六十号广恒隆等店。① 因未遵守承充闱姓生意合同，于 1885 年 2 月 28 日被澳门公物会立即撤销承充合同。②另一份《澳门政府宪报》称："查众人皆知平安利、福如意、永吉祥、兆生财、瑞鸿图、凌云等字号，均设在澳门开收闱姓者，现已歇闭，无银交还，其工人薪金亦无银支给。查此各号，系由祥安公司开支，而祥安公司亦经有发出告白，该告白业已译出，缮在案卷四十八页内。其告白声言，全不得派谢教银两，且求宽限日期，以便将银些少扣出，然后派回等语。"③ 1884 年 10 月 25 日，黄成兴与旧承充人何桂签订交接合同，"俾得该旧闱姓厂开张并续开，以便计数"。④	

① 《澳门政府宪报》1885 年 4 月 25 日（第 17 号），《大西洋澳门华政衙门写字事罢为通知事》。

② 《澳门政府宪报》1885 年 2 月 28 日（第 8 号），《大西洋澳门公物会书记亚宋生奉公物会命为通知事》。

③ 《澳门政府宪报》1885 年 5 月 23 日（第 21 号），《大西洋澳门华政衙门写字事罢为通知事》。

④ 澳门历史档案馆 COTA：AH/F/433. P29. MIC：A0589.

（续上表）

赌商	公司	业务	经营概况	备注
	致中和公司、时和公司、怡安公司	闱姓	光绪十年（1884）由广东水师副将彭玉伙同赌商何贵（即何桂、何老桂、见本章“何连旺家族”）、陈行、梁六、冯凤韶等合办的闱姓公司，于光绪元年（1875）至光绪十年承充澳门闱姓。光绪十年九月初八日（1884 年 10 月 26 日），翰林院检讨潘仕钊在《奏请变通挽回巨款以济要需折》中奏称：“时有水师副将彭玉……在香港之九龙、香山之澳门地方伙同奸民何贵、陈行、梁六、冯凤韶等…于光绪元年承充澳门闱姓，三年缴葡萄牙军饷十三万一千三百金，名曰致中和闱姓公司。光绪四年以期满加价，复充三年，缴葡萄牙军饷六十万金，名曰时和闱姓公司。光绪七年又以期满加价，复充三年，缴葡萄牙军饷九十万金，名曰怡安闱姓公司。”①	

① 《记名道府翰林院检讨潘仕钊奏请变通挽回巨款以济要需折》，载《明清时期澳门问题档案文献汇编》（三），1149。

（续上表）

赌商	公司	业务	经营概况	备注
张荣贵	诚信堂	闱姓	广东赌商，在澳门开设过闱姓。据 1884 年 12 月 19 日《申报》载：“粤中大宪准人承办闱姓一项，屡列前报。后有张、卫、王、左四人出名以三百八十万两承充，当即缴银二十万两，待即行开办。惟迄今已将一月尚无动静。闻有某绅面禀制军，谓张等前在省垣开闱姓，尚欠缴银数万两，逃往澳门复开闱姓，此二十万宜清缴并须究办其人。又闻某军门亦愿出四百万承充，不知大宪如何办理也。”① 时任两广总督的张之洞亦提及：“据诚信堂商人张荣贵、敬中堂商人杨世勋等呈请，合办以六年为限，共捐洋银四百四十万元，五个月内，先缴一百五十万元。其余二百九十万元，按年分缴。当经邀集省城大绅暨各书院山长，前赴明伦堂、团捐局公同面议，佥谓可行。”②	
	乾彩堂闱厂	闱姓	1885 年 3 月 21 日，因欠闱姓规银 11694.44 元，被公物会控告。③	

① 《申报》1884 年 12 月 19 日，《粤东纪要》。

② 《张之洞全集》第一册（奏议）第 297 页，奏议十一。

③ 《澳门政府宪报》1885 年 3 月 21 日（第 12 号），《大西洋澳门华政衙门写字啰吡士为通知事》。

（续上表）

赌商	公司	业务	经营概况	备注
	平安利闱厂、福如意闱厂、永吉祥闱厂、兆生财闱厂、瑞鸿图闱厂、凌云闱厂	闱姓	同于1885年5月结束营业。①	
	心源摊馆	番摊	《澳门政府宪报》1885年9月3日（第35号）："十八日，拿获孔昆，系无赖游民，因伊在心源摊馆闹事。"	
悠久堂		番摊	承充氹仔番摊及鸦片烟膏生意一年，由1886年5月1日至1887年4月30日。②	
冯勤		番摊	承充氹仔番摊生意一年，由1887年5月1日至1888年4月30日。③	
王灿		番摊	《澳门政府宪报》1890年6月26日："过路湾番摊抽收规银权利，准王灿承充，以两年为期，自一千八百九十年四月初一日起，至一千八百九十二年三月三十一日止。"④	

① 《澳门政府宪报》1885年5月23日（第21号），《大西洋澳门华政衙门写字啰吡士为通知事》。

② 《澳门政府宪报》1886年5月6日（第18号），《大西洋澳门公物会书记哑宋生奉公物会命为通知事》。

③ 《澳门政府宪报》1887年4月28日（第17号），《大西洋澳门公物会书记亚宋生奉公物会命为通知事》。

④ 《澳门政府宪报》1890年6月26日（第26号），《大西洋澳门督理国课官巴波沙为出示晓谕事》。

（续上表）

赌商	公司	业务	经营概况	备注
何昆		番摊	《澳门政府宪报》1890年6月26日："氹仔番摊抽收规银权利，准何昆承充，以两年为期，自西纪一千八百九十年五月初一日起，至一千八百九十二年六月三十日。"①	
	富贵成闱厂	闱姓	《澳门政府宪报》1891年11月19日："案据理事官于本日批准本澳富贵成闱姓厂，自九月十四日起，作为倒盆一案……"②	
沈泽英、何汝华（何显华）		番摊	《澳门政府宪报》："照得过路湾番摊生意，经准沈进即沈泽英、何汝华承充，由一千八百九十二年四月十五日起，至一千八百九十五年六月卅日止。③	在这里澳府摆了个"乌龙"，忘记曾于1892年3月31日"严禁过路湾赌博番摊"，忙下令收回。④

① 《澳门政府宪报》1890年6月26日（第26号）。

② 《澳门政府宪报》1891年11月19日（第47号），《大西洋澳门华政衙门写字事罢（Augusto Irmino Serpa）为通知事》。

③ 《澳门政府宪报》1892年12月15日（第50号），《大西洋澳门督理国课官巴波沙为晓谕事》。

④ 《澳门政府宪报》1892年4月16日（第15号），《大西洋钦命澳门理事官办理华政事务卫为晓谕弛禁事》。

（续上表）

赌商	公司	业务	经营概况	备注
何广		白鸽票	《澳门政府宪报》1892年11月24日："澳门、氹仔、过路湾白鸽票生意，前准何广承充，系自西纪一千八百九十二年十二月廿一日起，至一千八百九十八年六月三十日止。"①	期满后再续期五年，由1898年7月1日至1903年6月30日。②
陈槐堂		番摊	《澳门政府宪报》1892年12月15日："氹仔番摊生意，经准陈槐堂承充，由一千八百九十二年九月初一日起，至一千八百九十四年六月卅日止。"③	
	永益堂	闱姓	《澳门政府宪报》1893年3月18日："永益堂用本银五千元，承顶到澳门公信和闱姓厂字号、招牌、铺底、家私等物，该铺业主、按柜、银两一切，由癸巳年元月初一日起，而公信和生意，归本堂管理，仍用回公信和字号。他日生意盈亏，与公信和旧股东宗安堂、敬慎堂、五友堂、而佳堂、合成堂、新记堂、欧灿记等一概无涉。"④	

① 《澳门政府宪报》1892年11月24日（第47号），《大西洋澳门督理国课官巴波沙为晓谕事》。

② 《澳门政府宪报》1898年8月13日（第33号），《大西洋钦命澳门督理国课官巴为通知事》。

③ 《澳门政府宪报》1892年12月15日（第50号），《大西洋澳门督理国课官巴波沙为晓谕事》。

④ 《澳门政府宪报》1893年3月18日（第11号），《永益堂启事》。

(续上表)

赌商	公司	业务	经营概况	备注
李献廷	公信和	闱姓	澳门公信和闱姓厂东，兼省城闱姓代理人。与卢九、何连旺等大赌商是好友兼生意伙伴，曾合伙在十月初五街康公庙前地开设益记茶楼。① 1893 年 7 月一天晚上，他由赌榜花馆核算数目后离开，行至王家新街，突遭凶徒用刀连刺三刀。在澳门行医的孙中山也参与抢救李献廷，但李氏因伤势过重，次日不治身亡。② 公信和闱厂位于船澳口门牌第三十号，1893 年 3 月 11 日由永益堂以 5000 元购下。③ 1896 年 9 月再由新三记公司收购。④ 其后，经营至光绪三十一年（1905）九月关闭，原因是“奉上谕乡会岁科试一律停止，闱姓生意歇业”。⑤	公信和股东尚有宗安堂、敬慎堂、五友堂、而佳堂、合成堂、新记堂、欧灿记等。

① 《镜海丛报》1893 年 9 月 12 日，《如心益记告白》。

② 《镜海丛报》1893 年 7 月 18 日，《凶案堪骇》。

③ 《澳门政府宪报》1893 年 3 月 18 日（第 11 号），《永益堂启事》。

④ 《澳门政府宪报》1896 年 9 月 12 日（第 37 号），《旧公信和司事卢合启事》。

⑤ 《澳门政府宪报》1905 年 9 月 30 日（第 39 号）启事：“是场潮府海、潮、揭，广府南、番、顺文洪宫经已收开。因奉上谕乡会岁科试一律停止。现已闱姓生意歇业。如有投到澳门等厂潮府、广府现银票者，准限一个月内，祈携回现银票根到厂，领回票本。如迟不候，乃系自误。特此布闻，以免后论。光绪三十一年九月初一日。名利就、富而贵、名成利、公信和、公信昌、占元、兆章、富贵全同启。”

（续上表）

赌商	公司	业务	经营概况	备注
李瑞生字德辉，别字载芝	兆三元闱厂	闱姓	新会七堡人，1894年9月27日将当年文乡科恩会科并武乡科及三记丰和公司之饷项、各人所投之票银与各客中式之彩银，尽行挟带私逃，被三记丰和公司悬红通缉。①	
	锦全红	闱姓	《镜海丛报》1895年7月3日曾提到该店私吞客人彩票的事件。②	
	万胜彩票公司	彩票	据潘日明神父回忆："万胜彩票是（一百年前澳门）华人的另一种嗜好。每当北京或广东各地举行三年一次的乡试时，每张彩票上写有二十位应试者姓名。……十元的彩票奖金为六千澳门元。中国政府允许在广东出售彩票后，澳门万胜老板每年只向葡萄牙政府缴纳三万六千澳门元。"③	
	大安票店	闱姓	《镜海丛报》1895年1月23日提到该赌厂作弊的事件。④	
	大生番摊馆	番摊	1895年位于新马路附近的泗孟街口。⑤	
	广胜番摊馆	番摊	1895年位于福隆街口。⑥	

① 《镜海丛报》1894年11月7日《赏格》："此人身材高大，两权屹耸，眼大唇厚，目有红筋，兼有鼻痈之症；面紫红色，无须，年方四十余岁。"

② 《镜海丛报》1895年7月3日（第49号），《巴蛇吞象》。

③ 潘日明：《殊途同归》第174页，《百年前的华人区》。

④ 《镜海丛报》1895年1月23日，《票馆难靠》。

⑤ 《镜海丛报》1895年11月6日，《死灰复燃》。

⑥ 《镜海丛报》1895年11月6日，《死灰复燃》。

（续上表）

赌商	公司	业务	经营概况	备注
	大德公司	番摊	光绪二十三年（1897），崔仲清、陈丽波等合股，从大德公司领取牌照“分判”经营怡泰摊馆。	
崔仲清、陈丽波等	怡泰摊馆	番摊	1898年位于哂盂街门牌第八十九号及第九十一号，该摊馆由崔仲清、陈丽波等合股从大德公司领取牌照“分判”经营。后因生意不景气，陈丽波未能增加股银而退出。①	
	宏记公司	闱姓	该公司于光绪二十九年（1903）六月宣布承受公信和、富而贵、名成利、名利就四家闱厂的全部股份。承受启事内容订明“任由新人用回公信和等招牌，加入宏记两字，自行开张”。②	

① 《澳门政府宪报》1898年4月23日（第17号）告白，“启者：澳门哂盂街门牌第八十九号及第九十一号怡泰摊馆，原日系崔仲清于光绪二十三年由大德公司领出牌照合股全做，内有陈丽波入股本银五百元。兹因生意不前，各股东已集议以附充银为本，当会议之时，陈丽波经允交附充。今各股东业将附充之项交足，而陈丽波尚未交出，且又请伊不到，竟自置若罔。闻兹各股东酌议，准限其十日内将该附充之项交出，倘逾该限再不能交，则陈丽波之份作为乌有，日后生意兴隆，概与陈丽波无涉。即本年正月所立回之股份部亦视为废纸，不得籍此索取息银及股本等项。特此预悉，免贻后论。光绪二十四年闰三月初二日。崔仲清谨白。”

② 《澳门政府宪报》1903年8月22日（第34号），《宏记公司启事》：“船澳口门牌第三十号公信和、第七号富而贵、第九号名成利、第九号名利就，做至壬寅年十月十二日止。因围姓公司期满，愿将公信和等号铺底、招牌、家私、什物，全盘顶与宏记公司承受，当面订妥，即日交易清楚。任由新人用回公信和等招牌，加入宏记两字，自行开张。日后生意盈亏，概与旧人公信和等无涉。至公信和号十月十二日以前，如有欠到汇揭饷等项，俱归旧人自理，与新承受人无涉。特此声明，以免后论。”

（续上表）

赌商	公司	业务	经营概况	备注
胡达		番摊	承充氹仔番摊生意，以五年为期，由1904年7月1日至1909年6月30日止。①	
卢瑞周		闱姓	1904年声明在澳门深巷仔出生。父卢慧，母周氏，居大三巴街42号。②	
	培记闱厂	闱姓	1904年与清平戏院合作经营闱姓生意。③	
	名成利闱厂	闱姓	位于船澳口门牌第九号。于光绪三十一年（1905）九月，因乡会岁科试一律停止而停业。④	
	占兆闱厂	闱姓	由占元、兆章两厂联营，于光绪三十一年九月，因乡会岁科试一律停止而停业。⑤	
	名利就闱厂	闱姓	位于船澳口门牌第九号。于光绪三十一年九月，因乡会岁科试一律停止而停业。⑥	
	富贵全闱厂	闱姓	同"名成利闱厂"。⑦	

① 《澳门政府宪报》1904年7月9日（第28号），《大西洋澳门正督理国课官柯（Olympio Joaquim de Oliveira）为谕知事》。

② 《澳门政府宪报》1904年7月2日（第27号），《大西洋澳门按察司衙门写字沙为通知事》。

③ 《澳门政府宪报》1904年9月3日（第36号），清平戏院、培记闱厂《遗失闱姓票簿启事》。

④ 《澳门政府宪报》1905年3月4日（第4号），《名利就、富而贵、名成利启事》，另参阅《澳门政府宪报》1906年5月5日（第18号），《澳门万顺公司启事》。

⑤ 《澳门政府宪报》1905年7月15日（第28号），《澳门占兆厂启事》。

⑥ 《澳门政府宪报》1905年3月4日（第4号），《名利就、富而贵、名成利启事》。

⑦ 《澳门政府宪报》1905年7月15日（第28号），《澳门富贵全厂启事》。

（续上表）

赌商	公司	业务	经营概况	备注
梁长遂	富而贵闱厂	闱姓	曾以每年缴交规银 60400 元，准予承充澳门、氹仔、过路湾闱姓生意三年，票厂以十间为限。有效期由 1902 年 11 月 11 日至 1905 年 11 月 10 日。①但至 1904 年 9 月，生意便出现问题，被居住香港之华商陈龙熙托澳门律师文第士（Manuel da Silva Mendes）入禀控告，要求“承充闱姓人富而贵厂东主梁长遂、马笏廷，赔还闱姓中式票银 12000 元”。但据该衙差禀复，当时该两人均已不在澳门。据查，梁长遂在省城广州的杉木栏方显华公司，马笏廷在香港。澳门署理按察司兼理商局长遂下令限期 30 日，传梁长遂、马笏廷两人或其代理人赴案答辩，否则照例办理。② 另，何汉威先生在《清末广东的赌商》一文中，提及承办广东省第三届闱姓的宏丰公司大股东，其中包括刘学询、刘渭川、韦玉、韦崧、卢九、Ma Fat Ting 及 Leong Cheong-Shui 等。这里所提的 Leong Cheong-shui，经史料对照，可以认定就是梁长遂。③	也是承充粤省闱姓的宏丰公司七大股东之一。④

① 《澳门政府宪报》1903 年 5 月 23 日（第 21 号），《大西洋正督理国课官方公告》。

② 《澳门政府宪报》1904 年 9 月 24 日（第 39 号），《大西洋澳门按察司衙门写字啰沙为通知事》。

③ 何汉威《清末广东的赌商》，台湾“中央”研究院历史语言研究所集刊第 66 本第 1 分，1996 年 3 月版。

④ 《申报》1908 年 9 月 20 日，二，《华商控告汇丰银行得直（香港）》。

（续上表）

赌商	公司	业务	经营概况	备注
马笏廷（马维俊）	富而贵闱厂	闱姓	承充粤省闱姓的宏丰公司七大股东之一。① 1903 年，马氏曾与梁长遂合作，以每年缴交规银60400元，准予承充澳门、氹仔、过路湾闱姓生意三年。（详见本表“梁长遂”）	香港丽兴号东主，曾任 1903 年东华医院总理。②
孔咏裳		铺票	承充澳门、氹仔、路湾签铺票生意，由 1906 年 8 月 1 日至 1912 年 6 月 30 日止。③ 次年 3 月，孔咏裳与黄大经、萧登、卢廉若一起获准经营澳门、氹仔、路湾另开一次过闱姓生意，每月规银 5167 元。④	
黄大经		铺票	详见本表“孔咏裳”。	
缪元、邓意、萧培	适安公司	纸牌、骨牌等	1906 年设于风顺堂街二号。⑤	
	永康公司	纸牌、骨牌等	1906 年设于通商新街七号。⑥	

① 《申报》1908 年 9 月 20 日，二，《华商控告汇丰银行得直（香港）》。

② 香港《东华三院发展史》第五辑《东华三院历届总理芳名》，东华三院发展史编纂委员会。

③《澳门政府宪报》1906 年 7 月 14 日（第 28 号），《大西洋澳门正督理国课官柯为通谕事》。

④《澳门政府宪报》1907 年 3 月 16 日（第 17 号），《大西洋澳门正督理国课官柯为示知事》。

⑤《澳门政府宪报》1906 年 8 月 11 日（第 32 号），《适安公司章程》。

⑥《澳门政府宪报》1906 年 8 月 25 日（第 34 号），《永康公司章程》。

（续上表）

赌商	公司	业务	经营概况	备注
	粤商公司	纸牌、骨牌等	1906 年设于通商新街十五号三楼。①	
杨一琴		番摊	曾与洪照合作承充氹仔番摊生意。②	
洪照		番摊	曾与杨一琴合作承充氹仔番摊生意。（见本表“杨一琴”）	
余德		番摊	1906 年经营氹仔番摊生意。③	
何炳垣	顺泰番摊公司	番摊	1906 年设于清平新街。④	
	万顺公司	闱姓	澳门闱姓厂商，地址不详。因内地停止科考，闱姓无法经营，该公司于 1906 年 3 月 1 日停办。⑤	
	五利摊馆	番摊	《澳门政府宪报》1909 年 9 月 4 日：“第六十八号，五利摊馆。”⑥	
	顺行摊馆	番摊	1910 年 7 月 9 日《澳门政府宪报》载：“兹有下列用户声请停设德律风二号，合就各人知悉。第七十二号，顺行摊馆。”⑦	

① 《澳门政府宪报》1906 年 6 月 16 日（第 24 号），《澳门正国课官柯为晓谕事》。

② 《澳门政府宪报》1906 年 9 月 15 日（第 37 号），《粤商公司章程》。

③ 《澳门政府宪报》1906 年 3 月 10 日（第 10 号），《大西洋澳门国课官柯（Olympio Joaquim de Oliveira）为通知事》。

④ 《澳门政府宪报》1906 年 2 月 17 日（第 7 号），《法律声明》。

⑤ 《澳门政府宪报》1906 年 5 月 5 日（第 18 号），《澳门万顺公司启事》。

⑥ 《澳门政府宪报》1906 年 5 月 5 日（第 18 号），《澳门万顺公司启事》。

⑦ 《澳门政府宪报》1910 年 7 月 9 日，《大西洋澳门德律风馆施为通知事》。

（续上表）

赌商	公司	业务	经营概况	备注
	广居摊馆	番摊	1910年7月9日《澳门政府宪报》："兹缘广居摊馆声请，将所设德律风停止不用"①	
	时和摊馆	番摊	1910年7月9日《澳门政府宪报》："兹有下列用户声请停设德律风二号，合就各人知悉。第六十九号，时和摊馆。"另阅《澳门政府宪报》1907年10月26日刊登安装电话的公司名单，包括时和在内共有13间番摊赌馆，其余为：五和摊馆、时行摊馆、义得馆摊、源源摊馆、同源摊馆、惠来摊馆、五章摊馆、信行摊馆、五行摊馆、荣生摊馆、源利摊馆、义行摊馆。②	
	合益公司	纸牌、骨牌等	1911年5月设于三巴仔横街一号。③	
	永安公司	纸牌、骨牌	等	1911年7月位于木桥街第三十八号。④
	泰来公司	纸牌、骨牌等	1911年7月位于皇家新街第一百八十七号。⑤	

① 《澳门政府宪报》1910年7月9日，《大西洋澳门德律风馆施为通知事》。

② 《澳门政府宪报》1910年7月9日，《大西洋澳门德律风馆施为通知事》。

③ 《澳门政府宪报》1911年5月27日（第21号），《私家告白》。

④ 《澳门政府宪报》1911年7月29日（第30号），《谨将拟定永安公司章程呈请均鉴》。

⑤ 《澳门政府宪报》1911年7月29日（第30号），《谨将拟定泰来公司章程呈请均鉴》。

（续上表）

赌商	公司	业务	经营概况	备注
	乐闲公司	纸牌、骨牌等	1911年9月设于白眼塘横街第三十三号。①	
	和泰公司	纸牌、骨牌等	1911年10月设于通商新街第廿七号。②	
林让		番摊	1911年8月以603000元中标，承充番摊赌饷为期五年。③	
李重、孔炳朋	澳门、氹仔、路湾签铺票	铺票	《澳门政府宪报》1909年9月4日："准李重、孔炳朋承充澳门、氹仔、路湾签铺票生意。承充期由1909年7月31日起至1914年7月31日。"④	承充人必须按月上期亲赴国课衙门缴交规银。

① 《澳门政府宪报》1911年9月2日（第35号），《私家告白：乐闲公司章程》。

② 《澳门政府宪报》1911年10月7日（第40号），《和泰公司章程》。

③ 《华字日报》1911年8月14日《澳门投赌》："十八日礼拜六下午三点钟，澳门国课官衙门开投番摊赌饷。是日到者百馀人，皆以赌为生涯之辈。其定章是每年六十万为底，按票四万五千员，以五年为期。到者人数虽多，而至两点钟仍未有交押票者。至将及三点钟时始有两票。至期，澳督正座将票当堂开拆，首开者为林让，出价六十万零三千员；次开者为余辉廷，出价六十万五百员。林之价最高，遂定林投得。"

④ 《澳门政府宪报》1909年9月4日（第36号），《大西洋澳门国课官阿（Palro de Athayde）为通知事》。

第二节　赌商的社会地位

对清代广东赌博问题素有研究的台湾学者何汉威先生说，比起认饷承办小闱姓及番摊赌规的赌商境遇来说，认包山、铺票的赌商遭遇显得坎坷不济得多。从光绪二十九年（1903）到宣统元年（1909）六年内，山铺票赌权凡三易；一方面是赌商任人鱼肉，另一方面则反映出粤省当局杀鸡取卵、利害无择。政府对赌饷的措置是具掠夺性质的。在这背景下，认饷承办山、铺票赌商店产权毫无法律保障，赌商有因欠饷而致产业被查封，并身陷牢狱的。①

何汉威先生认为在清政府看来，赌商的地位根本不能和盐商、洋商、皇商，以及轮船招商局及漠河金矿相提并论。赌商被大多数官员视作不以正业为取给的社会游离分子。即使主张弛赌禁的官员，从行政责任及清议压力的角度考虑，也不过把弛禁视作权宜之计，而非常法。官方在乎的是财政利益。因此，在赌商不能及时缴清赌饷和增加报效等场合，或有新的竞标者提出较佳条件时，政府都会毫无顾虑地毁弃赌约及承诺。仅在较为次要的问题上，政府才会迁就配合赌商，如加强查禁私厂，乃至延后额外恩科考试的时间等。粤省当局可以毫不迟疑甚至理直气壮地向赌商予取予求，而赌商只有帖然就范，否则另由他商接替。

何汉威先生认为，清末广东的赌商，像较早前的两淮盐商、广东十三行盐商和皇商那样，成为官员们一贯的榨取对象。赌商营赌的一项重要条件，就是要交纳巨额的报效。这些报效终于成为赌商有苦难言的沉重负担。结论是：包赌制的结

---

①　何汉威：《清末广东的赌商》3.5.4，《山、铺票》。

局对赌商是负面不利的。①

赌商在澳门的日子要比内地好过得多，澳葡政府开放赌禁的政策相对稳定，在澳门的经营环境也相对较好。已经取得澳门实际管治权的葡萄牙人，对来自内地的所谓“清议”压力不屑一顾，赌商们可以在澳门放胆开赌。况且，澳门的社会环境并不歧视赌商，赌商们只要交足承充费用，依照澳葡政府的指令开设摊馆票厂，就能够像经营其他正行生意那样营赌了。

澳门赌商的社会地位较内地高的另一个很重要的原因，是葡萄牙商人后来也加入博彩业的竞争中，并且与华商合作经营澳门各种博彩业。以澳门土生葡人为主的葡萄牙赌商，经营博彩业时有他们独特的优势——更容易与澳葡官方沟通联系。无论是承充竞投、私下谈判还是贿赂葡萄牙官员，都比华人便利。不过，澳门的博彩业又十分依赖华人。

1880 年 3 月，两广总督张树声和广东巡抚裕宽在一份联名奏折中曾经提到：澳门“所开闱姓馆皆洋人主之，取什一之利，岁入巨万……”②

1881 年 8 月的《申报》亦有这样的评论：

> 葡之在澳，庸有几人别项经营，亦仍自华人居之，方有生也。开赌者与赴赌者何一而非华人，税之所出，即赌者之资也。税之数，每岁至百余万，则赌之数每年何止数万万。③

---

① 何汉威：《清末广东的赌商》4，《赌商困境与扬州盐商、十三行洋商、皇商和新兴企业遭遇之比较》。

② 《明清时期澳门问题档案文献汇编》（三），《两广总督张树声等奏陈遵旨察看广东闱姓请严禁投买以肃政体而杜漏卮折》。

③ 《申报》1881 年 8 月 1 日，《论赌税》。

葡人主理的仁慈堂彩票，早期主要面对洋人；华商经营的“中式赌博”，顾客则以华人为主。不过，随着澳门合法博彩业的逐渐巩固和市场常态化，华葡商人的合作也越来越普遍了。许多博彩专营生意的合伙股东既有华商，也有葡萄牙商人，甚至由“洋人”（葡萄牙人）出面主持以便和官方打交道。在这样的情况下，澳葡政府就需要平等地对待这些“财神爷”，严格地遵守合同，并给予华葡赌商较高的社会地位。

根据以下的活动资料，我们可以看出华葡赌商们在澳门拥有如何重要的社会地位。

一、官方外交礼宾事务

1891 年春，俄国皇太子尼古拉（后来继位成为沙皇）访问澳门，澳葡政府邀请华葡绅商组成公会以便办理迎接礼仪。赌商在这个公会之中极为瞩目，主席啡兰地（Visconde de Senna Fernandes，即先拿·非难地爵士）、副主席何连旺、财务卢九全是赌商，八名董事也有一半是赌商（何连胜、柯六、林含莲、王棣），可见赌商当时的社会地位之高。在筹备迎接俄国皇太子的官式活动中，商人们不但亲自出面，而且“所有备办费用之银两，概行自出”，使澳督大为高兴。[①]

1911 年，赌商萧瀛洲被澳葡政府邀任全澳庆祝葡萄牙建立共和政制一周年大会副会长兼第一分会（华人庆祝会场）会长之职；另一位著名赌商李镜荃则担任大会委员。[②]

---

① 《澳门政府宪报》1891 年 4 月 2 日（第 14 号），《大西洋澳门督宪幕宾费理剌（João G. Duarte Ferreira）奉督宪命为通知事》。

② 《澳门政府宪报》1911 年 8 月 5 日，《一百七十三号札谕：署澳督马为札行事》。

二、担任澳门公钞局成员

葡萄牙人在完全占领澳门之后，向澳门居民抽取田地屋宇业钞。为了便于向华人抽税，澳葡政府委任了一些华人富商为澳门公钞局（即公钞会、业钞公会）成员。何桂（何老桂）是最早被委任为澳门公钞局的华商之一，1881 年 6 月的《澳门政府宪报》曾刊登了一份公钞局公告，七名成员有六个是葡人，唯一的华人便是当时澳门赫赫有名的赌商何桂。①

1895 年初，赌商卢九被澳葡政府任命为公钞局四名理事之一。②

1896 年 1 月，赌商卢九、林连（林莲、林含莲）分别被澳葡政府委任为公钞局正、副委员。③

1903 年的澳门政府业钞公会名单之中，包括有当时著名的赌商王棣（正会员）、柯六和萧登（副会员）。④

1904 年 1 月，卢九、卢光裕叔侄，以及另一位赌商柯六，同被政府委任为澳门业钞公会成员。⑤

1906 年 1 月，赌商林连晋升公钞局正委员，卢光裕、卢

---

① 《澳门政府宪报》1880 年 6 月 5 日（第 23 号），《大西洋署澳门理事官办理华政衙门事务巴（Antonio Joaquim Bastos Jr.）为晓谕本澳暨属地华人知悉事》。

② 《澳门政府宪报》1895 年 1 月 5 日（第 1 号），《大西洋澳门副督理国课官兼公钞局长柯（Olympio Joaquim de Oliveira）为通知事》。

③ 《澳门政府宪报》1896 年 1 月 11 日（第 2 号），《大西洋澳门署副督理国课官兼公钞局长、佩带圣母无原罪始胎宝星贾（Leonel Cardoso）为通知事》。

④ 《澳门政府宪报》1903 年 1 月 10 日（第 2 号），《大西洋澳门公钞局长美（Antonio Maria Fontes Pereira de Mello）为通知事》。

⑤ 《澳门政府宪报》1904 年 1 月 9 日（第 4 号），《大西洋澳门署副督理国课官、公钞局长左为通谕事》。

光灿同为副委员。[①]

1908年1月担任澳门公钞会正、副会员的赌商分别是萧登、卢光裕。[②]

1909年初担任公钞局正、副委员的赌商分别是卢光灿、林莲。[③]

1911年，赌商柯六由副委员升为“大西洋澳门国课衙门公钞局公钞会正委员”，另一名赌商李镜荃则晋身“副委员”。[④]

三、赌商拥有全澳16％电话

电话在清末被引入澳门，是当时相当稀罕的奢侈品，用上电话的人家非富则贵。1910年10月，总馆设于板樟堂街的澳门德律风馆（电话局），公布了全澳100个电话号码。大部分的电话使用者是澳葡政府部门、官员、主教府等，除此之外，就是当时澳门的富贵人家。细数一下即可发现，其中赌商占了16个，电话号码编号——59：萧登住家；61：卢光裕住家；62：宝行银店（属卢九等赌商所有）；64：时和摊馆；68、69、70、71、72、73：五行摊馆；74、75、76、77：卢廉若住家；

① 《澳门政府宪报》1906年1月6（第1号），《大西洋澳门公钞局长贾（António Joaquim Garcia Carvalho）为通知事》。

② 《澳门政府宪报》1908年1月4日（第1号），《大西洋澳门国课公钞局长英（Annibal Cesar Xavier Henriques）为通知事》。

③ 《澳门政府宪报》1909年1月2日（第1号），《大西洋澳门国课公钞局长阿（M. Armando Ribeiro d'Almeida）为通知事》。

④ 《澳门政府宪报》1911年1月7日（第1号），《大西洋澳门国课衙门公钞局苏为通知事》。

78：卢廉若花园；81：白鸽票山票厂。①

四、纳公钞最多之赌商

澳葡政府邀请华人赌商出任公钞局成员，不是没有道理的，因为赌商们纳的税最多，对政府财政的贡献也最大。1911年8月26日的《澳门政府宪报》，刊登了一份公钞局布告，布告中将澳门纳公钞（包括业钞与息钞）最多的30位商人名单列出，赌商在其中的排名如下：（第13位）李镜荃，大堂斜巷二号，业钞三百九十二元八毫一；（第16位）卢显宗，大堂街七号、九号，业钞四百四十二元九毫；（第17位）卢光缙，大堂街七号，业钞一百零八元零一毫，息钞二十元零四毫，共一百廿八元四毫一；（第18位）卢光和，大堂街七号、九号，业钞一百七十一元三毫三；（第23位）柯六，南湾卅一号，业钞六百八十七元七毫三，息钞一百五十元零四毫三，共八百三十八元一毫六；（第26位）萧登，水坑尾廿号C，业钞一千三百六十七元四毫，息钞十二元二毫四，共一千三百七十九元六毫四。②

五、参与理商局事务

1896年8月，赌商卢九被委任为澳门政府理商局四名局

---

① 《澳门政府宪报》1910年10月1日（第40号），《大西洋澳门德律风馆施》。

② 《澳门政府宪报》1911年8月26日（第34号），《大西洋公钞局书吏罗布告》。

员之一，参与处理一些商人破产的善后事务。[①]

1909 年 10 月 16 日，澳葡政府又邀请一批华商参加推举澳门理商局“秉公人员”，邀请的条件是受邀请者须为“澳门商人、澳门律师、纳公钞至多之人”。名列前茅的全是赌商，其余的华商多是当时的富商巨贾，如吴节薇、杨彦川等。其中被列入“商人”的赌商有四人：萧登，宝裕银行司事，大街，住水尾坑街二十号屋；林含莲，时丰银店司事，大街，住南湾六十七号屋；李镜荃，宝得银店司事，住南湾三十一号；卢义（怡）若，板障堂街。[②]

六、大西洋澳门公会领衔人

1881 年 10 月的《澳门政府宪报》显示，承充澳门闱姓的土生葡人先拿·非难地（Bernadino de Senna Fernandes）成为大西洋澳门公会的领衔人，其名字居然排在澳督的前面。[③]

七、参与海岛市政事务

曾经承充 1892—1895 年路环番摊生意的赌商沈泽英（沈进），于 1893 年以“氹仔、过路湾街坊公局绅董”的身份，参

① 《澳门政府宪报》1896 年 8 月 8 日（第 32 号），《大西洋钦命澳门按察使司理商局长富为晓谕事》。

② 《澳门政府宪报》1909 年 10 月 16 日（第 42 号），《大西洋钦命澳门律政司理商局书记李（José Maria Ernesto de Carva）》。

③ 《澳门政府宪报》1881 年 10 月 15 日（第 42 号），《大西洋澳门公会味嗱·年啝·非难哋（Bernardino de Senna Fernandes）、主席督宪贾、辅政使司噶、老楞佐·吗基士（L. Marques）为聚集妥义事》。

与了氹仔、过路湾两岛街市的开设事务。①

第三节　慈善与社会公益活动

贫穷、饥饿、疾病，是造成社会不稳定的因素。赌博，会令一些人由富变穷，甚或令贫者愈贫，使社会矛盾尖锐化。但是，把一部分博彩收益用于慈善事业，为贫病无依的人士提供基本的生存条件，又往往得以化解或缓和若干社会矛盾。澳葡政府为天主教会创办的仁慈堂发行彩票提供种种便利，令仁慈堂属下的慈善医院、孤儿院、学校等机构得到可观的营运经费，既是为了传教的方便，也是为了稳定社会环境。以华人为主的赌商，当然也懂得其中的道理。他们之中的一部分开明人士，历年来奉行"取之于社会，用之于社会"的宗旨，做了不少好事。清人梁乔汉在《镜湖杂咏》中曰：

> 殷富题缘岂吝财，镜湖同善两堂开。济人利物恩如海，远迩仁声载道来。②

澳门的赌商不是在广东兼营闱姓，就是捐有清廷官衔，与内地关系密切。赌商本是唯利是图的商人，他们发财之后热心社会慈善公益、参与各种政治活动，其中一个出发点不排除是要以行善冲淡开赌令人倾家荡产、妻离子散的恶名，取得较高的社会地位。得到官方和社会人士的认同之后，赌商可以巩固

---

① 《澳门政府宪报》1893 年 3 月 11 日（第 10 号），《大西洋氹仔过路湾政务厅贾敬颂钦命参政澳门督宪布》："缘大人今日驾临，为氹仔、过路湾街市开设……"

② （清）梁乔汉：《港澳旅游草》之《镜湖杂咏》，光绪三十二年刻本。

自己的生意利益，或者是为未来的经营铺路。他们的慈善公益活动有利于稳定社会，也是不争的事实。以下是澳门赌商从事慈善活动与社会公益活动的记录。

一、慈善事业

向国内捐款赈灾

《清实录》光绪十九年十一月二十七日载：

> 以捐款赈灾，予广东澳门绅董何仲殷等建坊。①

何仲殷即何连旺，斯时他已接过家族经营赌业的大权。这里虽然未提到他向内地捐款赈灾的数字，但朝廷批准建立牌坊，相信应属巨款。另据澳门镜湖医院慈善会会史记载：

> 光绪十九年癸巳，捐款赈济山西移赈顺直水灾。买受尝产，价五千零五十两。②

镜湖医院亦有一块“光绪十九年十一月二十七日奉旨建坊”的牌匾（下款是“澳门镜湖医院董事等恭承”）。③ 以上史料完全吻合。因何连旺当时已在镜湖医院担任慈善工作，估计是他带头向内地灾区捐出巨款赈灾。

1889 年，澳门的赌商卢九、何连旺等人便曾慷慨解囊，

---

① 《德宗景皇帝实录》卷 330，第 240 页，光绪十九年十一月二十七日（1894 年 1 月 3 日）。

② 《澳门镜湖医院慈善会会史》第一篇《创业》，澳门镜湖医院慈善会 2001 年 10 月版。

③ 《澳门镜湖医院慈善会会史》第一篇《创业》。

向华北地区捐款赈灾。当时，“中国北方此次灾区极广，因饥寒而毙命者不知凡几。凡中国各处以及有外国人居住之通商口岸，均有捐款送往赈济，以舒民困。至澳内中西民人，均愿同心协力，举行善事，以为数万生灵稍轻灾难，是以特议公会成此美事。兹举佩带头等宝星·议事公局局长巴士度（António Joaquim Basto Júnior）为会长，律师左治（Cāncio Jorge）、卢九、何连旺、翻译官马琪仕（Eduardo Marques）为主笔，俾同为公会襄助办理，务须竭力于各处，多方设法劝捐银两，以便赈济北方灾民。”①

光绪三十四年（1908），广肇两府（西江、北江、东江）发生大水灾，损失惨重，灾民极众。赌商李镜荃与全澳热心人士组成“三江水灾”的“澳门卖物助赈慈善会”，在塔石球场举行规模盛大的卖物赈灾活动，场内有义卖摊档、粤剧义演戏棚，一连举行了半个多月。②

参与创办同善堂

光绪十九年正月初五日（1893 年 2 月 25 日）的《澳门政府宪报》，刊登了同善堂成立的消息及其章程。发起人多是当时的绅商名流，领衔人就是著名的赌商卢九，何连旺等人也名列其中。③ 同善堂的 408 位创建人，皆为热心慈善人士，除卢九、何连旺之外，还有萧瀛洲等赌商。④ 同善堂创办后，经常向贫苦大众派米施粥、赠医送药，济困扶危，在澳门的社会事

---

① 《澳门政府宪报》1889 年 2 月 14 日（第 7 号），《大西洋钦命水师提督澳门、地扪总督施为议举公会以便劝捐赈济事》。

② 《澳门镜湖医院慈善会会史》第二篇《弘扬善道，致力发展》。

③ 《澳门政府宪报》1893 年 2 月 25 日（第 8 号），《大西洋钦命澳门地扪暨属地总督布为札知事》：“照得现在本澳设立一会，专行善举，名曰同善堂（名单略）。”

④ 《同善堂一百一十周年纪念集》，澳门同善堂值理会 2002 年 10 月版。

务中发挥了相当重要的作用。

参与创建镜湖医院

创建于同治十年（1871）的镜湖医院，是澳门最早的华人慈善机构之一。据《倡建镜湖医院碑记》载：

> 此地居民，既已‘皇恩疏远，风雨失调’，复为瘴疠潜侵，饥病之苦，呻吟之声，求助何谁？所以仁德者，动同胞之情，发慈悲之念，广倡善德，以图济施，拯救贫苦众生，决志倡建镜湖慈善医院。倡建之始，集众推举三记行，何秉樟等一百五十二人为倡建值事。由沈旺、曹有、德丰、王六等四人，向葡公物会办理院址和立契手续。[①]

三记行是当时最有名的博彩承充公司，王六即王禄，均属同治年间澳门的大赌商。光绪、宣统年间先后出任澳门各行公推镜湖医院总理的赌商还有：冯成（1878）、卢九（1879、1906）、何连旺（1881）、萧瀛洲（1896、1906、1909）、卢光裕（1899）、柯六（1906）、杨一琴（1907）、李镜荃（1909）。[②]

义殓

据《澳门镜湖医院慈善会会史》记载，光绪二十四年（1898），“本院九月九日重阳日堂期集议：卢焯之、何穗田两大善长，因分局义山地窄，刻下已经坟墓稠密，再无安葬之处，

---

① 《澳门镜湖医院慈善会会史》，第九篇《历届总协理董事理监事芳名及年志纪要》。

② 《澳门镜湖医院慈善会会史》，第九篇《历届总协理董事理监事芳名及年志纪要》。此外，很多赌商在从事慈善活动时，使用与承充赌饷不同的名字。何仲坤（1887）、何仲宜（1890）与何仲衍（1898）是否何连旺（字仲殷）的兄弟，萧文登（1890）是否就是萧登均待考。

两大善长买受土名湾仔火燂村荒埔税地一坵……为义山。”①

卢廉若接掌镜湖医院慈善会之后，亦曾充此善举。《卢公廉若荣哀录》记载：“癸亥年七月初七风灾，陆则塌屋伤毙，水则覆舟沉溺。府君于生者酌拨地方，俾有栖息，散放急赈以资糊口；死者殓之葬之。一场浩劫于以潜消。”②

平粜

光绪三十三年（1907），各地风灾、水灾纷至，物价上扬，米珠昂贵，百姓日陷困境。镜湖医院决定发起平粜工作，由卢焯之、柯翼堂（柯六）担保，在大西洋银行贷款，从外地购大米平价售予贫苦市民。柯翼堂还亲自到外地购买大米，直接运返澳门。据史料记载，光绪三十三年至三十四年，两年期间购进多批大米，共耗款逾 62911 两。③ 平粜工作有力地稳定了社会经济与民生，充分显示了澳门民间慈善团体在这方面的巨大作用。在这项极有意义的社会工作中，赌商扮演了相当重要的角色。

城市卫生及防疫

光绪年间，澳门地区曾多次爆发鼠疫、霍乱等传染病，对本地区的社会经济造成极大影响。包括赌商在内的华商，积极参加城市卫生防疫事务，使澳门经济迅速恢复。澳门著名赌商何连旺，更被澳葡政府任命为澳门的城市卫生防疫公会会长。1894 年 6 月 9 日的《澳门政府宪报》，刊登了澳府的任命公告：

> 照得所有华民居户，例应整饬洁净。今查本澳华绅襄理一切，最属合宜。俾使居所等处，安静如常，并无各邻

---

① 《澳门镜湖医院慈善会会史》第二篇《弘扬善道，致力发展》。

② 《澳门历史文化研究》第二期，第 124 页，澳门历史文化研究会 2003 年 12 月版。

③ 《澳门镜湖医院慈善会会史》第二篇《弘扬善道，致力发展》。

埠所流行之疫疠。是以特饬设一公会，以资勷理。兹札委佩带头等宝星绅士何连旺为该会会长，其周炳垣、黄普堂、关蕙田、罗逸云、覃福田、梁连、朱鸣岗、高蔼山、郑侣彭、梁耀鳃、叶侣珊、岑俊臣等为会副。①

1895年春夏之交，澳门爆发疫情时，由于病人众多，医院容纳不下，澳督本拟将病人移置海傍。② 后来，澳中华人商绅提出在对岸的湾仔（时属香山县）搭建大棚厂一座，以安置病众。澳督批准了这一方案，并派出小轮护载。1895年5月29日出版的《镜海丛报》，也报道了此事：

澳中华绅卢卓之、何穗田竭力襄助，立督工匠人役，择得石角嘴地方附近拱北开关厂海傍旷区，建成大厂，分作两层，约容数百人之广，即日分将医院病人二十名运载赴厂……③

兴学办校

1898年正月，何连旺在澳门开设澳门大同女学堂。④ 另外，何连旺曾经帮助康门弟子陈子褒等在澳门创设学校，兴办教育。戊戌政变后，任保皇会澳门分会会长兼总会财政部长，并设立东文学校，为保皇派培养人才。⑤ 朝廷废科举后，卢廉若“念华侨子弟半多贫苦，少年不读书识字，何以谋生，乃萃

---

① 《澳门政府宪报》1894年6月9日（第23号），《大西洋特命驻扎中国暹罗钦差便宜行事大臣澳门地扪暨属地总督高为札谕事》。

② 《镜海丛报》1895年5月8日，《俯顺舆情》。

③ 《镜海丛报》1895年5月29日（第44号），《善则旌之》。

④ 《博闻报》光绪二十四年（1898）正月《澳门大同女学堂章程》：“兹澳门何穗田观察关心时局，接踵而兴，于澳中倡设大同女学堂。”

⑤ 吴志良、杨允中主编：《澳门百科全书》，《历史人物》。

集同人筹措巨资创办孔教学校，每年生徒多至千数百人”。①

二、爱国行动

捐助抗日军饷

据1895年初的《镜海丛报》报道：

> 筹借民款，藉助军饷，法至美也。两广总督李制帅札饬员委分赴省城外府，广为筹劝，可谓认真办事，实力奉行矣。闻香山县全属经由沙田局委员伍大令学纯，设法商借，舌敝唇焦，石岐富绅尚无有以巨款应，拟将义仓所储银提出万金，藉应借项云。其澳门一埠，则有富商报捐候选道；香山人陈芳报捐候选知府；新会人卢华绍竭力劝谕各在乡里之富裕者，拟集巨资为急公之举，经已筹解库平元十余万元，此诚华商中之不可多见者。②

卢华绍即卢九，卢廉若之父，他们都是澳门著名的赌商。而香山籍的陈芳则是美国归侨，成为巨富后回澳从事酒店等行业活动。甲午中日开战期间，澳门一埠捐助军饷即达十余万，积极性尤胜内地富绅。澳门赌商之富，商人之爱国，由此可窥一斑。

支持变法

甲午兵败，国人震怒，从誓雪国耻进而思索如何改革弊政，维新思潮达到高峰。光绪帝决心起用康有为等维新派人

---

① 林广志：《澳门卢氏家族资料四种》，原载《澳门历史文化研究》第二期，第124页，澳门历史文化研究会2003年12月版。

② 《镜海丛报》1895年1月2日，《捐输踊跃》。

物，励精图治，痛改中国多年积弱之局面。当时澳门的赌业正处于兴旺发达期间，澳门赌商在这场变革运动中没有袖手旁观，不少人积极支持甚至直接参与了维新运动。澳门赌商何连旺在担任澳门镜湖医院值理期间，曾经帮助孙中山在澳门行医；他又与康梁等人在澳门创办《知新报》，与康广仁同任总理之职。光绪二十三年（1897），他与另一位赌商余国霭联同尤列、康广仁、宋子衡等人发起成立了“澳门不缠足会”。[①]

19 世纪末访华的英国记者阿绮波德·立德，曾经到过澳门何连旺的豪宅拜访，为何连旺拍下一张弥足珍贵的照片。他后来在《穿蓝色长袍的国度》一书中写道：

> 有人说，是在维新派一位领袖，一位医生的推动下，澳门的妇女放弃了裹脚。[②]

立德这里所指的，就是何连旺等人发起“不缠足会”一事。

1898 年“戊戌政变”之后，慈禧重新临朝执政，软禁光绪，杀戮“六君子”及追捕康梁等维新党人。1900 年 1 月，在慈禧欲废光绪另立端郡王载漪之子溥俊的“乙亥建储”事件中，上海电报局总办经元善牵头联合叶瀚、章炳麟、黄炎培等 1231 位文人和绅商，联名发报反对慈禧太后立“大阿哥”。此事激怒了慈禧，饬令将经元善撤职查办。经元善在郑观应安排下逃至澳门，又被澳葡政府逮捕。何连旺一方面力阻经元善“自愿解省就质”，另一方面斥重金展开大力营救，终使澳葡政

① 《知新报》第十九册（光绪二十三年四月二十一日），《澳门不缠足会别籍章程》。

② ［英］阿绮波德·立德：《穿蓝色长袍的国度》第 20 节《反对裹足之行》。

府释放了经元善并给予政治避难权。①

百日维新中，康有为专就商务问题上了两次奏折，请令十八省各开商务局，先在上海、广东善堂中，公举通达时务殷实商人试办；荐上海经元善、严作霖为总办，广西龙泽厚副之；广东商务局七十二行，"即举何穗田为总办"（何穗田即何连旺）。②

葡萄牙籍澳门史学家若昂·哥达斯（João Guedes）在一篇关于孙中山与澳门的文章中提出：孙中山于1894年11月在檀香山成立兴中会之后，次年分别在香港和澳门成立分会。澳门分会的会址可能就设在白鸽巢由义巷十一号的一栋楼房里，而房子的主人是为起义提供了大量资金的商人何廷光。③

若昂·哥达斯在《孙逸仙与澳门和革命》一文中说，卢廉若是一名热衷于社会活动的绅商，他积极支持改良派维新变法。当然，为了维护自己的经济利益，他同时与广东政府也保持着良好的关系。后来，革命党人在全国的影响日甚，他便转而支持革命党人。④另外，卢九的第三子卢怡若（又名"新仔"）在澳门参加了同盟会，辛亥年春节期间，他和其他进步人士在清平大戏院举行了一次盛大的"澳门华服剪辫会"，当场剪去辫子的群众就有一百多人。⑤

---

① 徐新：《何廷光营救经元善》，载《澳门研究》第十一期，1999年5月。

② 《康南海自编年谱》载："六月一日，乃上商务一折，请令十八省各开商务局……"，中华书局1992年版。

③ 若昂·哥达斯（João Guedes）：《孙逸仙与澳门和革命》，载澳门《文化》杂志中文版第十七期，第12页，1993年。

④ 《孙逸仙与澳门和革命》，载澳门《文化》杂志中文版第十七期，第12页。

⑤ 赵连城撰：《同盟会在港澳的活动和广东妇女参加革命的回忆》，原载广东省政协文史资料研究委员会编《广东辛亥革命史料》，广东人民出版社1981年7月版。

结　语

博彩业在澳门得以生根、开花、结果，形成中国土地上极其独特的社会现象，其过程充满了历史的偶然性。如果没有鸦片战争，综合国力远不如中国的葡萄牙是不可能完全占领澳门的。亚马留的出现，只不过是一个历史契机。在当时列强环伺、中国国力衰微的环境下，即使没有亚马留，也会出现其他殖民主义者，割断澳门与中华母体有机联系只是迟与早的问题。赌博在中国民间存在已久，但历朝统治者都没有开放赌禁，连葡萄牙这个欧洲国家也是长期禁赌的。19 世纪中叶大规模兴起的苦力贸易，是促成澳门开赌的重要诱因，为处于日暮途穷的澳葡政府经济点燃了新的希望。葡萄牙人起初也没有意识到这一点，他们也是后来才慢慢发现这种新经济模式的。

在寻找澳门博彩业合法化的源头时，笔者不止一次从澳葡政府葡文档案文献中看到这样的字眼：

> 闱姓博彩是于 1847 年 1 月，应华人之要求，由澳门总督批准设立的；所有的番摊赌馆则系根据 1846 年 2 月 16 日的总督训令，在 1849 年 4 月正式发给牌照的。①

---

① *Boletim Official do Governo de Provincia de Macau e Timor* 1888－3－15 NO－11，P. 100：“Receita do ano economico de 1887－1888”.（h）Estabelecida pelo governador a requerimento dos chinas em janeiro de 1847.（i）As licenças para as jogo foram estabelecidas em abril de 1849 em virtude da portaria de 16 de fevereiro de 1846.

在多份《澳门政府公报》中，都有这样的注释。① 这不禁令人产生疑窦：究竟是澳葡政府为了解决财政危机而开赌，还是华商们为了逐利而向澳葡当局要求开赌承饷的？

大量的史料证明，在澳门博彩业走向合法化的过程中，以广东籍为主的华商起了主导作用，澳葡政府处于被动地位。仁慈堂早在1810年就公开发行西式慈善彩票，这就为1847年澳葡当局批准合法发行中式彩票（闱姓票）做了最好的铺垫。“应华人之要求，由澳门总督批准设立”这句话，虽是澳葡当局的借口和托辞，却亦是顺理成章的事实。当时澳门人口不足10万，又缺乏各种资源，澳葡政府财政危机严重，本身是不具备开赌条件的。苦力贸易的突然兴起，使华商们看准澳门在合法开赌方面的天时地利与人和，及时把握大好的商机，向澳葡政府提出开赌承饷的建议。恰好澳葡政府当时也遇到了前所罕见的财政危机，双方一拍即合，澳门的赌业从此成为地方公共财政不可或缺的部分。光绪六年（1880）三月，经派员调查后，两广总督张树声、广东巡抚裕宽在一份联名奏折中驳斥了闱姓赌与澳夷无涉的说法，他们指出：

> 葡萄牙国小而贫，鲜贸易之利，其住澳门者薮盗庇匪，无所不为。所开闱姓馆皆洋人主之，取什一之利，岁入巨万，专恃此项以为资用。②

---

① 如1883年2月10日 *Boletim da provincia de Macau e Timor*, p. 135 “Provincia de Macau e Timor receita do anno economico de 1882—1883”.

② 《明清时期澳门问题档案文献汇编》（三），1124，《两广总督张树声等奏陈遵旨察看广东闱姓请严禁投买以肃政体而杜漏卮折》。

甚至在葡萄牙本土禁赌时期，也没有妨碍澳门总督执行灵活的政策。反而是广东地方大员弛放赌禁，对逐渐依赖博彩业的澳门社会经济才构成重大的打击。

赌业之所以能够在澳门形成后来的支柱产业，还有一个十分重要的原因——澳门在内地历次政治变乱和战争中，往往都能够置身度外。诚如19世纪末在澳门创办的华文报纸《镜海丛报》所言：

> 昔时明之末季，兵争纷起，澳独晏然，人多避乱而来，安居乐业。迩时泰西各国，兵威未震，于中华一切盗寇且不敢轻犯澳门；而况今时公法昭然，雄藩在迩……则视澳门为安乐之窝可也。①

从咸丰年间爆发的太平天国起义以后，内地每次发生战祸和社会动乱，都会有大批内地居民迁徙到澳门躲避。部分人就此留下来，在澳门落地生根。

其次，清朝中央政府及广东地方政府在禁赌政策和开赌承饷方面举棋不定，经常是换一任总督（或巡抚）就变一次。虽然开赌利钱丰厚，但朝廷和地方政府朝令夕改，时而大开赌禁，时而赶尽杀绝，承饷的商人不但要冒极大的风险，在缴纳各种名目的赌饷之外，还要向文武官吏们送上为数不菲的陋规孝敬，一次又一次地成为清朝地方政府大员们予取予携的摇钱树。

相对而言，澳葡政府的政策较为稳定，很少朝令夕改，“法治”的味道比清朝政府浓，而且在博彩合法化之后，葡萄牙人认准这条路就一直没有回头。正如清末李受彤所说的那样：

---

① 《镜海丛报》第三年第五号（1895年10月30日），《悲喜说》。

迨闱姓内禁，而闱姓遂移于澳，澳夷岁纳其规银数十万。奸民嗜利，举凡触网犯禁之事皆移之澳，而官遂无如之何也。于是咸恃澳门为逋逃薮，如轻官而敢于触禁。举凡奸淫邪盗之事，悉萃于澳。澳夷悉倚以为利，岁收摊规、白鸽票又数十万……①

澳门博彩业最大的市场不是在本地，而是在广东，赌商们初期也不看好澳门，只是在内地禁赌期间把澳门作为临时的赌业大本营。但随着时光流逝，澳门适合博彩业发展的政策与社会稳定的优势，就逐步显示出来了。赌商们由粤澳两地跑，直到在澳门设立总部，把投资重点放在澳门。这里面似乎充满了偶然性，其实可以说是历史的必然。

此外，粤人好赌的特性，与澳门赌业的发达也有很大关系。光绪年间到过澳门的葡萄牙贵族阿尔诺索伯爵，在其回忆录中说："没有任何一个民族像中国人那样嗜好赌博。"②光绪末年在香港出版的《东方杂志》也说："粤民好赌，天性然矣。"③

世界上当然没有"天性嗜赌"的人种，赌博并非广东独有的社会现象，但广东确属赌风最为炽烈、而且是持续时间最长的省份。对此，笔者觉得应该从历史环境中寻找原因：广东是中国近代工商业和对外经济最早兴起的省份，又是中国最早对外开放的口岸之一。早期的商业与投机是分不开的，社会一方

---

①［清］李受彤：《澳门形势论》，载《明清时期澳门问题档案文献汇编》（六），文献卷，第671页。

② 文德泉（Manuel Teixeira）：《阿尔诺索伯爵笔下的澳门》，载于澳门《文化杂志》第七、八期合刊，第70页，1989年；阿尔诺索伯爵（Conde Arnoso，1855—1911）。

③《东方杂志》第二卷第七号1905年8月25日，《论粤督筹议禁赌（录乙丑五月初六初七日时报）》。

面充满了商机，另一方面充满了冒险性，赌博在广东的持续炽烈应与此有关。从澳门博彩业合法化一百多年的历史角度来看，赌博实际上就是一种投机与娱乐结合的商业。赌业在澳门由分散经营到形成集团垄断经营的过程中，无处不折射出人性的弱点。

不过，赌博既可充实财政，亦会危及治安和带来诸多社会问题。清代有人这样总结广东的赌业弛禁之道：

> 粤多盗而赌风盛，故赌为盗源，欲化盗，必先禁赌。而治粤者，方以奖赌为理财妙用，全粤久成赌国。①

赌博，是人类一种畸形的生活方式。在中华这个高度崇尚儒家文化的社会里，赌博可以说是贪婪、自私的代名词，这几种行为互成因果，属于构成社会不稳定的重要因素。

那为什么以博彩业为主要营生手段的澳门又能够相对稳定呢？从本文涉及的史料可以看出，澳门是在特殊的政治与经济环境中走上博彩业合法化道路的。正因为澳门没有比博彩业更重要的经济命脉，别无选择的澳葡政府不得不全力维护它，一切都要给博彩业让路。赌博之风始兴于内地，而最后生根于澳门。咸同年间清政府在无法解决军费的情况下，默许地方官员承饷——实际上就是合法开赌。“无论何款，各先行提解银××万两，赶紧解京，以济眉急。”② 当财政危机解除后，清政

---

① 《清稗类钞》第十册，赌博类，第4880页。

② 同治元年壬戌四月癸酉，朝廷着两广总督劳崇光等“无论何款，各先行提解银六十万两，赶紧解京，以济眉急。”见《穆宗毅皇帝实录》卷26，第694页。另，同治元年壬戌九月庚申，朝廷令湖南巡抚毛鸿宾“严饬藩司，将部拨协济四川壬戌年兵饷十六万两，及积欠己未庚申辛酉等年协饷银三十五万两，共银五十一万两，无论何款，赶紧如数筹拨”。见《穆宗毅皇帝实录》卷43，第1155页。

府担心赌风蔓延会危及自己的统治地位，又不能不下决心禁赌。而博彩业在澳门形成一定的经济规模时，博彩业就是主干，因赌博而产生的社会问题就变成枝节，在这样的特殊社会环境中，政府当然也不怕由于开赌而影响其他行业的经营了。

有关澳门赌商的学术研究很少，主要原因包括以下几点：（1）社会舆论历来鄙视赌博，不把博彩业当作正当的商业活动。（2）营赌者被视为唯利是图、不理会他人死活的商人。赌博这种令人倾家荡产的玩意为道德所不容，一般自命清高的文人雅士对赌商更是避之不及，故赌商难以像洋行买办和其他贸易商人那样，较易获得社会尊重和树碑立传。（3）清末的华人赌商不少人同时在粤澳两地营赌，在很长的时间里，广东一直是他们最主要的市场，但赌业的经营充满了难以启齿的复杂因素，往往涉黑（社会）涉黄，甚或被清政府的官员指责为挟洋自重。在传统道德观念反对赌博以及整体气氛不利于赌商的社会环境中，赌商自己及其家族对赌博活动往往避重就轻，甚或讳莫如深，只提一些值得炫耀的生平事迹，而很可惜地没有主动记载下一些博彩业的事件和详细资料。

清季赌业的繁荣，造就了澳门第一代的"赌王"。赌商本是唯利是图的商人，他们中的一些人积累了巨额财富之后，便通过各种方式向社会回馈。例如在甲午中日战争中澳门赌商向国内捐助军饷抗倭，支持维新党人赴澳门办《知新报》，捐购清廷官衔，热心地方慈善公益，或是积极参与各种政治活动。他们这样做的主要出发点，是为未来的经营铺路，希望得到新政权的支持在内地大展拳脚；其次，他们是要以行善淡化开赌令人倾家荡产的恶名，平衡营赌带来的"坏名声"，取得社会地位，得到官方和社会人士的认同，以巩固自己的生意利益。各种慈善活动在客观上起到缓和矛盾、稳定社会的作用，也逐渐从赌商个人的行为模式转化为固定的社会活动模式。澳门慈善事业的长期性发达，相信可以说明这一点。

自从汉武帝实施强硬的“重农抑商”政策之后，历代王朝也经常采取类似的政策，商人的社会地位被遏抑和贬低。

吴晗先生指出：

> 我国向来轻视商人阶级，以商殿四民之末。历史家也不能例外。自从卓绝的司马迁的《货殖列传》以后，正史中便再也没有商人的地位了。①

正经商人尚且如此，遑论被视为“捞偏门”的赌商？明清以后，由于广东具有优越的人文地理环境，发达的商业性农业、手工业生产、同西方国家接触较早，以及朝廷给予的对外贸易开发政策，出现有利于商人发展的社会环境，商人的社会地位也有所提高。②“粤人相传行商积善，故有余庆。”③可是清律禁赌，赌博也被视为社会乱源之一，清政府是在万不得已的情况下，才允许赌商承赌纳饷的。只要朝廷财政状况稍为好转，或是开赌带来的负面因素大于经济利益时，清政府就会采取严厉的禁赌政策。

另一方面，赌商在广东的地位也远不如澳门。他们不但要向广东地方政府缴纳巨额赌饷，还有名目不一的额外费用（如报效银）。每当朝廷的禁赌政策发生变化，或仅仅是换了一位地方大员，他们常常会被拿出来作为替罪羊。何汉威先生在《清末广东的赌商》一文中提到：粤省当局初期鄙视赌商，但

---

① 吴晗：《评梁嘉彬著〈广东十三行考〉》，原载于1939年6月《中国社会经济史集刊》第六卷第一期，梁嘉彬《广东十三行考》附录二，广东人民出版社1999年12月版。

② 黄启臣、庞新平：《明清广东商人》序，第1页，广东经济出版社2001年12月版。

③ 梁嘉彬：《广东十三行考》第395页，《行商后记》。

对双方达成的协议，基本上还是相当尊重；到了清末最后十年间，粤省大吏对赌商订措置，几近锱铢必较、竭泽而渔的地步；他们视赌约为具文，利之所在，罔视条文内容，动辄以更易赌权为威胁手段，并视之为理所当然，赌商地位毫无法律保障。

澳门的葡萄牙人又是怎样对待赌商的呢？由于看到博彩业对澳门经济起到扭转乾坤的神奇作用，他们不但没有歧视赌商，还给予他们较高的社会地位，让华人赌商担任一些有实权的公职。何桂、何连旺、卢九、卢廉若、卢光裕等赌商在澳门被政府委以各种重要官职，出席重要的官方活动和外事活动，被授予勋章，即可说明这一点。鸦片战争后，被列强瓜分而积弱之中国，华商在偏安一隅的澳门，能有这样高的社会地位，不能不说是一个奇迹。

博彩业之所以能在澳门落地生根，更重要的一点，是澳葡政府基本上能够尊重博彩合约的法律精神。从本论题研究涉及的大量历史档案数据中，可以看到这样一个事实：律师活动很早就介入了澳门的博彩竞投和经营之中，确保合约一经签定，双方就必须忠实履行。历来只有赌商违反合约被取消营赌资格，却从来没有由于澳门政府政策或人事发生变化，而主动毁约或要求赌商增加赌饷之事。因此，有理由相信，这也是赌商最后选择澳门为大本营的其中一个重要原因。

附录一：

澳门博彩业大事纪要

1742年，发生一宗处罚抢匪、盗贼与赌博的案件之后，澳葡当局把罚款拨给仁慈堂作为慈善经费。

1749年，澳门同知张汝霖和香山知县等地方官员定下《澳夷善后事宜条议》，其中规定禁止澳门的欧洲女子在家中窝藏因赌博或偷窃而潜逃之年轻华人，违者将受惩罚。又规定违禁偷窃与赌博之人，情节重于嫖娼，应受重罚。①

1803年5月17日，香山县丞吴兆晋为整肃娘妈阁地方福潮寮户窝窃聚赌而发出告示。

1805年4月6日，香山知县彭昭麟致函澳门夷目委黎哆，追究“蕃商开标聚赌事”，警告澳门夷人勿犯赌禁。

1809年7月间，张保仔在广州、澳门等地发布文告，揭露澳门同知“（在澳门）搜刮各色财货，尤为甚者，每月从博徒手中勒取白银50两”。

---

① ［瑞典］龙思泰著，吴义雄、郭德焱、沈正邦译，章文钦校注《早期澳门史》第246页，附录八，《官方规条》，东方出版社1997年10月版。印光任、张汝霖在《澳门纪略》卷上《官守篇》也有提到此事。

1810 年 1 月 5 日，澳门首次被葡国方面准许每年发行一次慈善彩票。

1810 年 6 月 15 日，流亡巴西的葡萄牙摄政王唐·若奥五世，鉴于澳门财税困难，敕令准许在澳门成立一家彩票发行站，从中抽取博彩税资助福利、慈善机构。

同年，澳门议事会批准把彩票作为仁慈堂经费，并延续了将近一个世纪。

1833 年，经葡印总督 Manuel 批准，以专卖为条件，仁慈堂彩票改为招商承办，从中抽取经费给仁慈堂作慈善用途。

1840 年，澳门白鸽票厂《赌馆和生堂厂规限》发布。

1844 年 7 月 27 日，《澳门人代理人报》刊登澳门仁慈堂发行彩票计划，订明于同年 8 月 12 日在仁慈堂写字楼出售彩票。这次计划共发售 4000 张彩票，每张售价 5 元，设有 1016 个奖项，头奖奖金为 2000 元，其余各项奖金由 50 元至 1200 元不等。仁慈堂可从发售彩票的总额中提取 12% 的利润即 2400 元，作为合法的慈善经费；其余 17600 元拨作奖金。

同年，香港虽然明文禁赌，但民间私下赌博越来越盛行。

同年 9 月 20 日，澳门、帝汶、苏洛省公物会成立。

1845 年 11 月，为挽救澳门的贸易地位和地区公共财政，葡萄牙唐娜·玛丽娅二世宣布澳门为自由港，任何国家的船只向澳门输入货物均豁免关税。

1846年2月16日，总督彼亚度（José Gregório Pegado）发出训令，批准合法开办番摊博彩。

同年8月11日，葡萄牙人宣布发行16000元彩票，作为仁慈堂的经费。在《澳门·帝汶·苏洛省政府公报》刊登了彩票的赔率、发行时间和地点等。①

1847年7月，澳葡政府把“中式彩票”即闱姓赌饷正式纳入财政收入之中。

1849年2月，亚马留（João Ferreira do Amaral）总督停止向清朝政府缴纳地租；同年3月2日，亚马留命令对所有在街上设点赌博和参与赌博的中国人施以二两银的罚款。

1848年7月至1849年7月的财政年度，澳府首次把“中式博彩”即番摊的税收纳入地区公共财政范畴；1849年4月，所有的番摊赌馆获亚马留政府正式发给营业牌照。〔1221〕加上中国式博彩闱姓和白鸽票，成为保持澳门财政平衡的一种有效方式。在英国人占领香港引起经济衰退后，博彩活动更成为一种交易，而且很是盛行。

澳门公物会1849年上半年度收支总账目中，“中式赌馆”幸运博彩的税饷收入为576两；来自“中式彩票”的税饷达30960两。

同年8月22日，亚马留总督在关闸附近被望厦村民沈志亮等人刺杀。

1850—1851年度，澳门公物会“中式博彩”税收入7700余两，超过“中式彩票”的3780余两。

---

① 见1846年8月15日《澳门、帝汶、苏洛省政府公报》非官方文告，澳门历史档案馆藏葡文档案。

1851—1863 年，基马拉士（Isidoro Francisco Guimarães）总督执政期间，澳门实行赌博专营。

1851 年 6 月 19 日，澳门政府公开招投白鸽票专营权。

1852 年，议事会获批准每年发行一次彩票，以筹集维持所办公学的经费。

1855 年，澳门设猪仔馆五所。

1857 年 6 月 27 日，《澳门政府宪报》刊登白鸽票彩票告白，头奖花园一座。

1859 年 10 月 14 日，载重量 1772 吨的美国轮船“Flora Temple”号从澳门启航，载运了 3850 名苦力前往古巴。这艘载满华工的轮船不幸在中国海沉没，仅部分水手获救，所有苦力葬身大海。

1860 年，澳门人口总数为 85471 人，其中葡萄牙人或其后裔有 4611 人，790 人为亚洲基督徒，70 人来自欧洲不同国家，其余 8 万为中国人。

同年，澳门政府“中式博彩”年度收入为 88655 两。

1861 年，广东贡院因战祸焚毁，经两广总督劳崇光及广东巡抚耆龄同意，一批绅商承充闱姓两年，以赌饷修复贡院。

同年，基马拉士总督批准塞卡尔男爵每年可组织 1～2 次彩票发行，所得资金维持拟议成立的男校。

同年，澳门政府“中式博彩”年度收入为78905两。

1862年10月17日，刘长佑出任两广总督后，立即将白鸽票、闱姓、番摊、花会等禁绝，全力整顿厘金。

1862年，塞卡尔男爵获准每年可在澳门发行1次彩票，集资数目定在1200澳元（Pataca）。该数额相等于每年得到1000 REIS津贴来补助其创办中小学校的运转。同时，孩子可在此间得到免费教育。然而，当澳门公校成立时，此发行彩票的特权即告结束。

1862年，澳府的白鸽票承充收入为26400元，番摊为78960元。

1863年1月30日，在澳门做了14年总督的基马拉士返回葡京里斯本。他上任之初，公共财政空虚，负债累累，仅凭葡萄牙拨给的津贴维持日常开支。在不增加税赋的前提下，基马拉士严格税收，紧缩开支，在不到三年的时间里，还清了欠债，减少了葡国对澳门的拨款。同时，尽管澳门面临公共设施建设、筹建水警、向其他省提供善款等较前增多的开支项目，但财政仍盈余成千上万葡币。他在任期间进行了一系列耗资甚大的工程，如修缮总督府，填海平整南湾，重建被大火烧成灰烬的商业区，使之再次成为城市生活的重要组成部分。他还完成了与暹罗、日本、中国的谈判缔约工作，为葡萄牙赢得了尊严，谋取到了其他国家在上述几国中获得的利益。

同年2月14日，晏端书出任两广总督。朝廷恐各种赌博故态复萌，饬晏端书“一体严禁以端风化”。

同年7月6日，毛鸿宾接任两广总督；8月13日，郭嵩焘接任广东巡抚。广东允准闱姓以罚代饷，以应付日益增加的军饷筹措，但未公然弛禁，亦未弛禁番摊等杂赌。

同年，澳府的白鸽票承充收入为 32640 元，番摊承充收入为 91800 元。

同年 12 月 10 日，前澳门总督基马拉士被葡萄牙授予“南湾子爵”封号，以表彰他在任职期间的杰出贡献。

1864 年，蒋益沣接任两广总督，严禁闱姓及各种赌博，赌商纷纷迁往香港、澳门。

同年，澳葡政府来自白鸽票的收入为 34560 元，番摊也达到 110880 元。

1865 年，广东巡抚郭嵩焘发出禁赌启事，后将天和等闱姓赌馆判罚 14 万两银子充作军饷。

同年 3 月 13 日，满洲正蓝旗人瑞麟接任两广总督，他曾援例弛禁闱姓。

1866 年 11 月 26 日，法令宣布澳门和葡占帝汶岛合并组成一个省，定名为澳门帝汶省，首府设在澳门。帝汶在 1863 年海外省改制时，依照法令，曾直接归里斯本；1865 年改制在帝力实施，但次年就又划到了澳门省，并一直维持到 1897 年。（根据 1896 年 10 月 21 日《政府公报》公布的法令，帝汶又从澳门省分了出去。）

1867 年 6 月 17 日，港府颁布了《维持社会秩序及风化条例》，该法例的第十八条中，赋予港督公开招商承饷开赌的权利。同年 7 月 1 日，12 间竞投中标的赌馆公开营业，分布在基利文旧街、大道中、上环水坑口、荷李活道、西街、西营盘和湾仔等地，每家每年缴纳牌照费 1 万元。

同年 9 月第 39 期《澳门政府公报》增页，刊登了澳门、帝汶省政府根据 1867 年 6 月 2 日法令所做的上半年决算案，以及下一经济年度（1867—1868）的预算为 237746 元。

1868 年 5 月，香港西商会一致指责公开赌博令商业萎缩。

1869 年至 1870 年间，华人赌商陈六和何老桂获得澳门闱姓的承充经营权。

1870 年前后，全澳的番摊馆已有 200 余间。

同年 8 月 18 日，为防止假冒，一些博彩票据上的汉字不再用墨水书写，而改用香火或烛芯线点烧而成。

1871 年 1 月 12 日，香港政府进行第 4 届公开承投赌权，由赌商何亚锡以每月 15000 多元的赌饷投得。港府的全年赌饷收入增加至 189600 元。

同年 11 月 23 日，前白鸽票承充人、澳门华人 Vong-veng chin 和 Fong seng 请求重新出投澳门闱姓，理由是第一届澳门闱姓票的售卖馋夺，使他们在白鸽票生意中损失了一些钱。后来，Vong-Loc（王禄）接替了他们的生意，由王禄与二人合股的 Tong San 公司持续经营至今。这次闱姓的承充权再次给了王禄，他们担心这种情况会延续下去，故要求重新开投。他们愿意每年缴付 6700 元，并由有能力的商人担保，三年共缴银 20100 元。经澳门公物会商议，认为闱姓合同已经签定，不同意重新开投。同年 12 月 8 日，另一名华人 Fong-chai 出价 2000 元，并由殷实商人作保，要求承充闱姓。但公物会于当月 19 日开会，认为承充人（王禄）已于 9 月 23 日预付第一期承充款项，完全符合合同规定，不同意 Fong-chai 所请。

同年，镜湖医院创建，博彩承充公司三记行被公推为“倡建值事”，赌商王六（即王禄）等负责向公物会办理院址和立契手续。

1872 年 1 月 13 日，港督麦当劳（Richard Grawes Mac Donnel）贴出禁赌告示，明示于 1 月 20 日起封闭所有赌场，所有开赌牌照一律取消；嗣后一切赌博如闱姓、白鸽票、花会及其他有彩私赌，一律禁绝。

同年，两广总督瑞麟奏请立法禁赌。

同年 4 月 29 日，华人 Si-ieng-tac 愿意出价 22000 元，请求澳门公物会取消 Fong pan 和 Ho-cuai（何桂）的闱姓生意合同。澳门公物会于 1872 年 5 月 20 日宣布取消该合同，六天之后重新开投，与 Si-Ieng Tac 签署合同草案，每年 22000 元，承充权为期 3 年。不过，经过一番扰攘，最后与公物会正式签署合同的是 Chen-Hang（陈恒），每年缴纳承充银 17033.3 元，由 1872 年 9 月 27 日起，三年内共缴纳51000元，其担保人是澳门土生葡人 Bernadino de Senna Fernandes（先拿・非难地）。

1874 年 2 月 28 日，清廷谕令两广总督瑞麟、广东巡抚张兆栋厉行禁止闱姓。

同年 3 月，里斯本当局停止澳门苦力贸易的命令生效。

同年，澳门公物会拍卖在氹仔经营番摊赌博和熟鸦片的专营权。葡萄牙籍华人冯成与何德昌、葡人赌商先拿・非难地合伙承充氹仔番摊。

1875 年 3 月 19 日，有一则关于从 1864 年起在氹仔就有“即发彩票”并申请继续经营的消息。

同年 4 月 21 日，根据该日的训令和 1873 年 12 月 20 日的法令，澳葡政府正式禁止从澳门港自由输出华工（苦力）。

同年5月，两广总督英翰出示严禁番摊，但他又力主弛禁闱姓，定章抽款以充实海防。因有违朝廷禁赌政策被巡抚张兆栋等参劾，于9月1日革职离粤，由张兆栋兼署两广总督。

同年8月13日，1874年番摊专营获取人不满足于在陆上经营，故安排两只船开往潭仔海面。船上赌博一直到深夜，但遭据点军事长官禁止。

同年，葡萄牙籍华人冯成与何德昌、葡人赌商先拿·非难地合伙，以现银131300元，首次承充澳门闱姓。同年，上述三人合伙再度承充氹仔番摊。

1876年，两广总督兼广东巡抚张兆栋请旨加重闱姓等赌博的刑罚。结果，省城闱商移往澳门发展，番摊、白鸽票等赌博也迁往澳门，并以澳门为基地，在内地推销澳门闱姓彩票。

1877年，两广总督刘坤一照会澳督要求两地一体禁赌，遭拒后派船查截澳门闱姓票。

同年，葡萄牙籍华人冯成与何德昌、葡人赌商先拿·非难地合伙承充澳门白鸽票生意，为期2年。

同年10月17日，宣布在澳门可以自由进行幸运博彩活动，如番摊、摸彩和玩纸牌，并允许通过预先支付牌照费设立适当场所。

1878年12月31日，根据官方进行的人口普查，“澳门行政区”的人口，即澳门、氹仔和路环，在当时有68086人；与1871年相比，人口减少了5.08%。由于1867年至1873年这段移民时期，大批华人纷纷从内地涌向旧华人集中区，故属流动人口，而到1878年人口普查时，他们已经离开澳门了。

1878－1879年度，澳门的白鸽票专卖收入有47000元，闱姓彩票有13万多元；加上番摊的专卖收入139200元，从博彩方面得到的实际总收入33万余元。

同年，葡萄牙籍华人冯成与何德昌、葡人赌商先拿·非难地合伙，再度承充氹仔番摊。同年，冯成与何德昌合伙、葡人赌商先拿·非难地为担保，以401000元承充澳门闱姓。

同年，卢九长子卢廉若（1878－1927）出生于广东新会乡间。

1879年1月18日，澳督施理华（Carlos Eugenio Correa da Silva）颁布第九号训令，以具有军队性质的澳门警备队取代原来的警察部队。警备队总司令部下辖三个步兵单位和一个骑兵分队，其中一个步兵单位驻守在华人旧市区，另外在谭仔和路环驻扎一个分遣队，一部分骑兵驻守在板樟堂（靠近赌场较集中的地区）和二龙喉。

同年2月，澳督与公物会理事官为熟鸦片及番摊承充问题发生分歧，导致当年的番摊承充被迫押后。

2月14日，裕宽接任广东巡抚。他后来与两广总督张树声联名请旨，严厉查禁闱姓等赌博，开设闱厂者充军云贵。

同年5月24日的《澳门政府宪报》刊登了华政事务官梁绍发出的一则通告，严厉警告“私开赌局”之人。通告规定“赌馆赌台只系在公物会承充之人可能开设，除承充人外，如有开设，是为私开赌局，应即照例严拿究办。”

同年8月，澳葡政府开投了番摊馆12间、纸牌会馆3间，期限1年。

同年10月12日，澳葡政府开投白鸽票专营权，无人出价，改于11月12日重新开投。

同年12月27日，张树声任两广总督。

1880年3月6日，就广东闱姓赌厂徙至澳门一事，朝廷谕令已调任两江总督的前两广总督刘坤一，以及新任两广总督张树声、署理两广总督的广东巡抚裕宽“察看情形，严杜漏卮”。8月12日，张树声、裕宽察看粤澳赌业情形后，联名向朝廷奏称“漏卮已成，欲杜之于开设之地，截之于往来之途，二者均不易行”。

同年6月5日，赌商何桂（何老桂）出任澳门公钞会首位华人成员。

同年9月，澳门赌馆已增至16家，赌牌最高出价每个14万元。澳门政府不但在本地招商，连葡萄牙驻香港领事馆也要帮忙代收承充文书。

同年，在氹仔开设了403间商铺和货栈，上缴财政的税款共有2838.60元。该收益由专营者直接上缴公物会金库。专营权涉及经营猪肉、番摊博彩、鸦片和咸鱼。

1881年5月15日，澳门公物会公开招商承充澳门、氹仔、过路湾的闱姓票生意。葡萄牙籍华人冯成与何德昌、葡人赌商先拿·非难地合伙，以640000元承充澳门闱姓。

同年6月2日，鉴于澳门华商Tchan-lok（陈六）和Ho-kuai（何桂）的影响并为表彰其慷慨捐赠，澳葡政府向他们授予耶稣基督骑士勋章。

同年8月，澳门发生十余名持枪匪徒械劫摊馆事件。同月，商人王和因投充闱姓欠公物会375000元，被澳门总督下令羁押。

同年10月，设于大鹏巷的生利公司，获准开办纸牌、骨牌、掷状元筹、捉象棋等业务，但不能开番摊、转盘和其他赌博。

同年10月的《澳门政府宪报》显示，承充澳门闱姓的土生葡人先拿·飞难地成为大西洋澳门公会的领衔人，其名字居然排在澳督的前面。

1882年初，卢九、胡衮臣等以每年规银8800元，投得氹仔番摊并鸦片烟生意专利权一年，并首次获准在氹仔埠海面设四只番摊船。

同年，黎才投得路环番摊鸦片专营权一年，合约订明禁开字花。

同年5月30日，曾国荃任两广总督，其任内广东科考枪替等弊端百出，闱姓赌局不绝。

同年6月6日，《澳门政府宪报》公布澳门公物会订出的“合同内所禁止之条及定刑定罚各款，并该合同内所有关涉外人事款”。

1883至1884年度，闱姓彩票税收高达300600元，澳门的番摊税收为13万元，白鸽票收入有37995元。

同年3月，澳门赌场发生匪徒引爆火药包乘乱掠财事件。

同年10月9日，倪文蔚任广东巡抚。

1884，中法战争爆发。

同年3月15日，澳督罗沙（Tomás de Sousa Rosa）、辅政司和葡萄牙国家律师共同签署“大西洋澳门公会公同会议”公告，制止议事公局对闱姓馆抽收公钞的不合理做法。其主要原因是葡萄牙本土尚未批准赌博合法化，直接向赌商抽饷便是承认开赌合法，有违当时葡萄牙的禁赌法律。

同年5月22日，张之洞任两广总督。他与兵部尚书彭玉麟电奏朝廷，力主弛禁闱姓以济饷，促使朝廷允许广东招商承充闱姓（仍禁番摊、花会、白鸽票等杂赌）；后默许官员收取番摊赌规，但需部分归公。

同年8月22日，广东巡抚倪文蔚遭弹劾降二级留用。

同年11月，澳门诚信堂张荣贵等4人以380万两承充粤省闱姓，当即预缴银子20万两。但因故欠银并返往澳门复开闱姓生意。

1885年，两广总督张之洞为抗击法军，但库房缺乏银两，下令招商承充闱姓（由赌商刘学询承充），筹款以资军需。

同年，法国人提出以法属刚果与澳门和葡属几内亚交换的建议，此事遭到澳门议员斯卡尼西亚的激烈反对，亦引起了英国的警惕。为防备在香港面前出现一个法国殖民地，英国人转而支持《葡中友好条约》。

投得澳门、氹仔与路环闱姓专营权的祥兴公司东主黄成兴，因广东弛禁而被迫放弃已经到手的承充权，澳葡政府于1885年3月宣布重新开投，结果由澳门的土生葡人玛西墨盎奴·晏多尼·利美地阿士（Maximiano António dos Remédio）中标。

同年3月21日，乾彩堂闱厂因欠闱姓规银11694.445，被公物会控告。

同年5月23日，平安利闱厂、福如意闱厂、永吉祥闱厂、兆生财闱厂、瑞鸿图闱厂、凌云闱厂同时宣告结束营业。

同年6月28日，澳府颁布了保护澳门所发行彩票的法令。

1886年5月6日，商人何碧云暗票投得“路环番摊鸦片生意”，为期2年；同日，悠久堂投得“氹仔番摊鸦片生意”，为期2年。

1887年3月17日，清政府授权长期担任中国海关驻伦敦办事处税务司的英国人金登干草签中葡《和好通商条约》。同年 12 月 1 日，中国代表孙毓汶和葡萄牙代表罗沙签署了中葡《和好通商条约》。

同年 3 月 31 日，土生葡人 Maximiano António dos Remédios 暗票投得“澳门闱姓生意”，为期 2 年。

同年 4 月 28 日，商人冯勤以暗票投得“氹仔番摊”生意，为期 1 年。

同年，澳门政府把“中式博彩”（Jogo China）正名为“番摊”（FanTan）。在 1887 至 1888 年度，番摊税收 11.9 万余元，比闱姓彩票（3.06 万元）与白鸽票（3.8 万余元）的税项总和还要多。

1888 年 3 月 21 日，《澳门帝汶省政府公报》以葡文公布的“1887—1888 经济年度财政收支表”，该年度澳门地区的闱姓彩票税收下降至 3.06 万元（1885－1886 年度上述税收为 30.06 万元）。不过，同期的番摊博彩税收却从 11.05 万元增加至 11.926 万元。

同年 12 月 20 日，澳门、苏洛省公物会按照法令终止，成立澳门省公物会并于 1889 年 8 月运作。

同年，赌商何老桂去世。

1889 年 2 月，澳门的赌商卢九、何连旺等人向华北地区捐款赈灾。

同年 8 月 8 日，李瀚章任两广总督。

同年年底，湖广总督张之洞与两广总督李瀚章议定，把广东闱姓罚款移到湖北应用，1889 年得 40 万两，1890 年又得 16 万两。

1890年4、5月间，广东闱商为了保护自己的利益，防止澳门彩票入境，在珠江水路要冲私设关卡，派巡丁截查来往澳门的小轮船，看旅客有无携带澳门彩票。此举引起了葡萄牙人的不满。

同年6月26日，王灿获准承充过路湾番摊抽收规银权利，为期2年；同日，何昆获准承充氹仔番摊抽收规银权利，为期2年。

同年10月9日，《澳门政府宪报》刊登法令，保护本地闱姓外售。

同年，赌商卢九第一次获授葡萄牙国王勋章。

1891年春，俄国皇太子尼古拉（后来继位成为沙皇）访问澳门，澳葡政府邀请华葡绅商组成公会以便办理迎接礼仪。主席 Visconde de Senna Fernandes（先拿·非难地爵士）、副主席何连旺、财务卢九全是赌商，八名董事也有一半是赌商（何连胜、柯六、林含莲、王棣）。

1892年4月，商人沈泽英、何汝华暗票投得“路环闱姓”生意，为期三年零一个月又十五天。

同年9月，商人陈槐堂暗票投得“氹仔番摊”生意，为期一年零九个月，准许在氹仔海面开设摊船四只。

同年11月24日，商人何广获准承充澳门、氹仔、过路湾白鸽票生意，为期六年。

同年，澳府打破了仁慈堂垄断彩票经营的局面。仁慈堂每年可从发行彩票中得到四至六次的分润。

1893年2月25日，同善堂成立，领衔人是著名的赌商卢九，何连旺等人也名列其中。创建人还有萧瀛洲等赌商。同善堂创办后，经常向贫苦大众派米施粥、赠医送药，济困扶危，在澳门的社会事务中发挥了相当重要的作用。

同年，葡人赌商、三记行东主先拿·非难地（Bernardino de Senna Fernandes，1815－1893）去世，他曾任澳门仁慈堂理事会主席、中国移民总监督。

同年3月，承充路环番摊生意的赌商沈泽英（沈进），以“氹仔、过路湾街坊公局绅董”的身份，参与了氹仔、过路湾两岛街市的开设事务。

同年3月18日，澳门公信和闱姓厂以5000元顶让给永益堂。

同年7月，澳门公信和闱姓厂东李献廷遇刺，遭凶徒连刺三刀。在澳门行医的孙中山也参与抢救，但李氏因伤势过重，次日不治身亡。

1894年，朝廷批准“以捐款赈灾，予广东澳门绅董何仲殷（赌商何连旺）等建坊”。6月9日，何连旺被澳府任命为城市卫生防疫公会会长。同年冬天至1895年夏季，澳门发生鼠疫，直至1895年5月中旬之后，瘟疫警报始告解除，市面恢复繁荣景象。

同年10月，澳门发生了轰动省澳的“兆三元闱姓厂东挟款私逃”大案，李瑞生将当年文乡科恩会科并武乡科及三记丰和公司之饷项、各人所投之票银与各客中式之彩银，尽行挟带私逃，被三记丰和公司悬红通缉。

同年10月17日，澳门第一份华文商报《镜海丛报》首次刊登“两广全榜”，文内为甲午科广东，广西乡试的正榜及副榜名单，共194人。同年10月24日，《镜海丛报》报道了一起香山官差勒索偷带澳门白鸽票的粤人，结果香山官差反而在澳门吃官司的事件。

同年12月，由华商创办的中华银行委任三记行的小飞难地爵士为该行之澳门代理人。

同年，卢九第二次获授葡萄牙国王勋章。

1895年年初，马丕瑶抵粤就任广东巡抚后不久，奉旨查办两广总督李瀚章纵赌营私事。5月20日起，马丕瑶革除了文武官绅四成报效经费这项赌规，又下令查封广州府属各县城乡镇赌馆。

同年4月16日，谭钟麟任两广总督。

同年年初，赌商卢九被澳葡政府任命为公钞局四名理事之一。6月，卢九开设的宜安公司改名为新三记公所，次年收购了澳门的公信和闱姓厂。

同年8月，澳督高士德与国课官伯波沙之间为仁慈堂彩票销售核数问题发生争执。澳督认为仁慈堂彩票收入数目不清，提出要查账，以国课官伯波沙为首的仁慈堂理事却不愿接受。

同年，澳门闱商以“谢教银两统放三记行内”的方式，解决了兆三元闱厂倒盘事件给彩民们带来的信心危机。

同年9月，康公庙附近发生一起歹徒“抢摊”被葡萄牙兵击毙的事件。

同年10月27日，广东巡抚马丕瑶在任内突然病故，禁赌之事亦暂告一段落；加上香港禁赌，大批赌馆从香港迁来澳门，令澳门博彩业大旺。是年，澳门泗孟街口之大生摊馆、福隆街口之广胜摊馆，均是由九龙迁到澳门的。

同年12月19日，两广总督谭钟麟兼署广东巡抚。他继续执行闱姓充饷政策，将各衙门使费纳入报效之内。

1896年1月，赌商卢九、林连（林莲、林含莲）分别被澳葡政府委任为公钞局正、副委员。

同年1月16日，许振袆接任广东巡抚，他在任内指粤东闱姓为历年之积弊，上奏章请革除之。

同年8月，赌商卢九被委任为澳门政府理商局四名局员之一，参与处理商人破产的善后事务。

1897年，因广东闱姓赌商欠缴赌饷，闱姓乏人接办，闱姓赌厂已全数集中在澳门。同年，赌商何连旺积极支持维新党人在澳门创办《知新报》，并出任总理。

1898年7月，商人何广承充的澳门、氹仔、过路湾白鸽票生意获准续期5年。

该年度，澳门政府的白鸽票赌饷由1896年度的51600两增至74900两。

同年正月，赌商何连旺开设澳门大同女学堂。

1899年7月15日，澳门财政署通过宪报再次公布涉及批给专营合约的繁琐条件，在文件中包括番摊博彩或猪肉收益。对于其他专营权，无论是盐务，还是石油、火药、硝石、硫磺，甚至在表中被列为人类粪便的肥料亦采取同样办法。

由1896年至1900年度，澳葡政府的赌饷得以保持稳定，期间，澳门的闱姓、番摊、白鸽票三大赌种稳步发展。澳门的闱姓税收均为6万元，番摊税收都是15万两。白鸽票饷则由1896年度的51600两，增长到1898年度的74900两，这一税饷一直保持稳定，直至1902年左右。

同年7月11日，德寿出任广东巡抚。

同年12月19日，李鸿章出任两广总督。

1900年，李鸿章出任两广总督之后全面弛赌禁，接连批准赌商缴饷承办番摊、小闱姓（白鸽票）、山票、铺票及彩票等赌博。

同年3月24日，第12期《政府公报》上公布了公共建筑照明招标及路环番摊赌博专营权。

同年5月19日，第20期《政府公报》上公布了氹仔、路环市政厅公告，除与国课署订有承充规限合约，获准在海、陆进行的博彩之外，严禁在该地区开设其他赌场。

同年6月15日，两广总督李鸿章离任，由广东巡抚德寿兼署两广总督职。

1901—1902年度，澳门政府的闱姓彩票收入为6万元，番摊收入为347917元，白鸽票收入为74900元；赌税收入占政府总收入将近一半。

1902年7月13日，岑春煊任广东巡抚（4月18日兼署两广总督）。他抵任之初严禁番摊赌馆中的牛牌，曾将数十名犯禁者正法。

同年8月，澳门公物会采取暗票承充办法招商竞投澳门、氹仔、过路湾闱姓生意专营牌照，富而贵闱厂以每年缴交规银60400元的条件中标，获准承充3年，票厂以10间为限。有效期由1902年11月11日至1905年11月10日。

同年11月1日，第44期《政府公报》上颁布白鸽票专营条例。

同年，何老桂家族名下的时和银店倒闭，欠下巨债，澳门的法庭颁令查封何老桂家族名下的物业，以便拍卖还债。

1903年1月17日，《澳门政府宪报》刊登华裔闱姓厂商李光（李镜荃、李镜全）的三个儿子欲随父加入葡萄牙国籍的通告。

同年 1 月 10 日，赌商王棣、柯六和萧登分别被澳葡政府委任为公钞局正、副委员。

同年 4 月 18 日，张人骏出任广东巡抚。他在任内主持香洲开埠，以抵制澳葡扩张。

同年 5 月 9 日，《澳门政府宪报》刊登由澳门赌商萧登承充的澳门、氹仔、过路湾白鸽票生意，为期 5 年。不过，萧登未能完成 5 年专营期，经里斯本批准，这份“澳门白鸽票合同”到 1905 年 10 月被政府宣布“批销作废”，并且重新招商竞投。

同年 5 月 23 日，富而贵票厂梁长遂与马笏廷以每年规银 60400 元的代价，暗票投得澳门、氹仔、路环闱姓生意，为期 3 年，合约订明“票厂限定 10 间，实开闱试方能售票”。

1904 年 1 月，赌商柯六与卢光裕、卢九、曹善业、葡人白之咕等，同被澳葡政府委任为澳门业钞公会成员。

同年 4 月 4 日，商人胡达以“暗票承充”的方式投得 1904—1909 年的氹仔番摊生意，后因胡达没能完成合约，澳葡政府就宣布取消其合约并重新招商竞投，由华商杨一琴、洪照以高于 6300 元的价钱中标。

同年 5 月，时署两广总督的岑春煊遵旨严禁赌博，筹款抵补，缉补经费则改归官办，并将小闱姓赌局，先行禁革。

同年 5 月 19 日，旅居澳门的比利时人亚历山大·温德斯塔尔（Alexandre Vandestar）建议澳门政府设立一赌场，开放幸运博彩及博彩。约翰·巴恩斯（John·S·Barnes）亦提出（1904 年 10 月 21 日）在澳门专营欧式赌博的申请。其时担心对传统赌博“番摊”会产生负面影响。最后，1908 年 4 月 14 日，海事及海外国务秘书处处长未准于澳门设立欧式博彩。

同年7月27日，由于广东小闱姓奉谕停办，署理葡国公使阿梅达向总理外务部事务大臣奕劻发来照会，要求清廷赔偿卢九所亏利益。

同年9月，承充澳门、氹仔、过路湾闱姓生意三年的富而贵闱厂生意出现问题，被居住香港之华商陈龙熙委托澳门律师文第士（Manuel da Silva Mendes）入禀控告。

同年10月，澳门仁慈堂彩票透过承充商恒和公司在广州分销。同年仁慈堂的彩票收入达到85000元，是历来最高的一年。

同年，赌商李镜荃长子李翘燊参加甲辰科（最后的一科）会试，李镜荃以10万元的代价，觅“枪手”入闱作弊，竟把其子“扛”成一名“翰林”。

1904—1905年度，澳门政府在闱姓票税收有2.9万余元，番摊赌税有7.9万余元。

1905年5月6日，第18期《政府公报》再次就禁止公务员出入“番摊馆”作出新规定。

同年9月7日，卢廉若、崔寿宸、萧登三人与澳葡政府订立合同，共同承充1905年11月11日至1910年6月30日澳门、氹仔、路湾开收闱姓生意，每年缴交规银6.2万元。

同年，澳葡政府修改了经营白鸽票的规定，准许同时开售山票。

同年11月15日，赌商余国霭以每年28.2万元（高出底价12.2万元）中标，获得承充1905年12月1日至1911年6月30日“澳门、氹仔、过路湾白鸽票及山票生意”的专营权。后因余国霭未能履行合同条款，遭官方宣布“批销作废”。

同年年底，虽然澳门的闱厂已经收票，但因朝廷降旨停止闱试，各家闱厂需向彩民退回票款。

1906年1月，赌商林连晋升公钞局正委员，卢光裕、卢光灿同为副委员。

同年4月，两广总督岑春煊听从郑观应建议，下令在省城四门勒石永禁小闱姓。

同年6月28日，孔咏裳、黄大经投得澳门、氹仔、路湾签铺票生意六年承充权。

同年9月11日，安徽人周馥出任两广总督。

同年12月，萧登、卢光裕以高出底价6.25万元的最高价投得澳门番摊专营权，每年规银45万元。

同年，澳门市政机构开始开征收铺票税项，当年铺票税收只有291.65元，而白鸽票则达3224元之多。

1907年1月21日，萧登与卢光裕以每年规银45万元的条件，暗票投得澳门番摊生意，为期5年。

同年3月，卢廉若与孔咏裳、黄大经、萧登一起获得政府批准经营澳门、氹仔、路湾另开一次过闱姓生意，每月规银5167元。

同年3月，赌商萧登、卢光裕二人获澳府批租“坐落马蛟石炮台相连之山脚”的一幅土地，面积4290平方米。

同年4月，澳葡政府公开竞投澳门仁慈堂发行的彩票，因市场反应冷淡，当局将压票银由4万元降为2万元，四度修改招标条件仍无人问津。

同年8月12日，因原承充人孔咏裳、黄大经违约，澳府将澳门、氹仔、路湾签铺票生意重新出投，由土生葡人小非难地伯爵夺得未来五年的承充权，条件是第一年规银1.7万元，第二年规银1.7万元，第三年规银2.3万元，第四年规银2.8万元，第五年规银3万元。经营期由1908年2月1日至1913年1月31日止。

同年8月10日，澳葡政府发出一道关于禁止外省非法彩票在澳门出售的政令，命令所有执法部门和军警人员，在澳门市面上一见到外来的“非法彩票”就取缔，并予以科罚。

同年8月12日，广东巡抚张人骏兼任两广总督。

同年，内地发生风灾、水灾，物价米价飞涨。为解决澳门民生困境，镜湖医院发起平粜工作，由赌商卢焯之、柯翼堂（柯六）担保向大西洋银行贷款，从外地购大米平价售予贫苦市民。柯翼堂还亲自到外地购买大米，直接运返澳门。1907年至1908年，两年期间购进多批大米，共耗款逾62911两。平粜工作有力地稳定了社会经济与民生。

同年，从1870年起定居澳门的卢焯之（卢九，1837—1907）逝世。

1908年1月，赌商萧登、卢光裕分别被澳葡政府委任为公钞局正、副委员。

同年，澳葡政府的番摊赌税维持在7万余元的幅度，新增的基铺票税款则达到6.1万余元。

同年，广肇两府（西江、北江、东江）发生大水灾，赌商李镜荃与热心人士组成“三江水灾”的“澳门卖物助赈慈善会”，在塔石球场举行规模盛大的卖物赈灾活动，场内有义卖摊档、粤剧义演戏棚，一连举行了半个多月。

1909年4月22日，为同澳门港进行竞争，华人在距澳门不远处设立了香洲商埠。曾兴建库房、市场等设施，但此开港计划一事无成。

同年年初，赌商卢光灿、林莲分别被澳葡政府委任为公钞局正、副委员。

因小非难地伯爵同样未能完成合同，被澳葡政府中止澳门、氹仔、路湾签铺票生意的经营权。同年 6 月 5 日，澳葡政府罕有地把“澳门、氹仔、路湾签铺票生意”与闱姓生意捆绑在一起竞投，承充年期由将近 6 年缩减至 5 年。

同年 6 月 26 日，仁慈堂彩票作第五次招标。

同年 6 月 28 日，袁树勋署两广总督。他建议分阶段禁赌，彩票在宣统元年（1909）底以后不得再发售，闱姓定至宣统二年（1910）为限，番摊及山铺票则逐步限制。

同年 9 月 4 日，李重、孔炳朋获准承充澳门、氹仔、路湾签铺票生意。承充期由 1909 年 7 月 31 日至 1914 年 7 月 31 日。

同年 9 月 1 日，法国公民阿·维尔农（A·Vernon）与澳门政府签订澳门博彩专营合约草案。

同年 10 月 14 日，广东咨议局成立，具有同盟会会员和咨议局议员双重身份的陈炯明历数赌博的危害，呼吁厉行禁赌。

同年 11 月，因恒和公司主要股东卢光裕去世，股东柯六向官府申请将公司清盘。

1910 年，澳门共有 15 家赌场，就业人员达 143 人。

同年 10 月，澳门电话局公布了全澳 100 个电话号码，赌商占了 16 个。

同年 10 月 5 日，葡萄牙国内发生革命，建立了共和政制。旅港勘界维持会和香山勘界维持会呼吁外务部趁机废弃前约，收回澳门。

同年 10 月 29 日，署两广总督袁树勋被革职；山东人张鸣岐任两广总督。

1911 年初，新任两广总督张鸣岐饬令扫荡全省赌博业，所有番摊、山票、铺票、白鸽票以及其他杂赌一律禁绝。

同年1月，赌商柯六由副委员升为“大西洋澳门国课衙门公钞局公钞会正委员”，另一名赌商李镜荃则晋身“副委员”。

同年6月14日，澳葡当局对“番摊”、“山票”及“白鸽票”等赌博进行招标。

同年8月，葡萄牙人在澳门开投番摊赌饷，最后由赌商林让以60.05万元中标。

同年10月，萧瀛洲被澳葡政府邀任全澳庆祝葡萄牙建立共和政制一周年大会副会长兼第一分会（华人庆祝会场）会长之职，另一位著名赌商李镜荃则担任大会委员。同年萧瀛洲向澳门政府承投澳门番摊总公司，承出福隆下街馆位，取名德成公司，由于经营有术，颇有发展，成为各摊馆之冠。

同年10月12日，葡人赌商小非难地自杀，终年44岁。

同年11月25日，澳葡政府以封固暗票出投形式，招商承充“澳门、氹仔、路湾山票、白鸽票生意”，以5年为期；12月2日，澳葡政府又颁布了“承充澳凼路白鸽票及山票生意实合同之章程”；12月4日招商暗票承充“澳门、氹仔、路湾闸姓生意”，以3年为期。

附录二：

《澳门政府宪报》刊登的博彩业中文合同、启事及通告

1851 年 7 月 19 日，招投白鸽票

1851 年 7 月 19 日（第 35 号）。奉公务会命：缘澳内白鸽票厂于七月二十四日满期，是以预于六月十七日在议事亭从新出投夜冷，如有愿遵守规条及出批价最高者，准令承充。其白鸽票规条在亭与看。

六月十二日谕。

1857 年 6 月 27 日，白鸽票启事

1857 年 6 月 27 日（第 36 号）：此白鸽票八月中即开，共六千条，三千条已卖矣。中第一得花园一个，如不要花园则受银一千大元亦可。若中至末白纸，则取银六百大元。

1879 年 2 月 1 日，开投番摊与熟鸦片

1879 年 2 月 1 日（第 5 号），大西洋钦命管理水师军务兼管外洋属地政务部尚书多马斯·利未罗（Thomás Antonio Riberio Ferreira）咨会事。

照得准贵大臣咨送一千八百七十八年八月十四日第五十一号札谕，并准贵大臣本年八月二十二、二十八、二十九、九月十九等日第一百七十二号、一百七十七号、一百七十九号、一

百九十五号各咨文，及澳门按察使本年八月二十二日咨文，澳门理事官本年八月十四日具禀，均为理事官撤任停俸各等因，本部当将各情由卷宗缮折具奏。现奉谕旨：因查有卖熟洋烟之人违犯公物会与承充人所订合约条款，该承充人禀请照约惩办，该理事官批发不准，殊不合例。查理事官职分暨华政衙门章程款式，具有定制：凡公物会酌定事宜，理事官应行遵照。乃该理事官越分擅将公物会酌定事宜检核合例与否，此更属非其所宜，该理事官未有奉命上居公物会之职。又查估议国课例载，准承充熟洋烟在案，自应设法保护以资成事，而该理事官不允办理，实违估议国课之例。又查承充番摊一款，为澳门饷项大宗，其投充前一日，适该理事官批断不允办理此熟烟之案，真为有碍时宜，更加可恨。今澳门地扪总督饬将该理事官批词更正，实符澳门应行定例及超显澳门政事紧要。兹据外洋属地商议局遵查复奏情事，俱着照所议办理。澳门地扪总督一千八百七十八年八月十四日第五十一号札谕，着准照行。澳门理事官所禀，着不准行，转行澳门地扪总督知照该部知道。

钦此。相应恭录咨会贵大臣查照可也。须至咨者。

右咨会大西洋钦命澳门地扪总督施。

大西洋朝廷。一千八百七十八年十二月初十日①。咨文一百二十四号。

本部第二房发。

1879 年 3 月 15 日，开投过路湾鸦片与番摊

1879 年 3 月 15 日（第 11 号），澳门公物会书记官亚宋生奉公物会宪命为出字通知事。

缘定本月三十日午后一点钟，在本公所当公物会宪面前将

---

① 这里的“十二月初十”即西历 12 月 10 日；除非署明是中国农历，否则一律为西历。下同。

在过路湾煮鸦片烟及卖熟鸦片并番摊二项生意领牌一齐出投，准人承办，如有出价至高，不合公物会宪之意，任宪权宜，不准其承办亦得。所有款式，开衙之日，每日十点钟至三点钟，可到本公所看明。

为此通知。

己卯年二月十九日。

1879 年 5 月 21 日，禁止私开赌局

1879 年 5 月 24 日（第 21 号），大西洋署澳门理事官办理华政事务梁绍为奉大宪命出示晓谕事。

照得赌馆赌台只系在公物会承充之人可能开设，除承充人外，如有开设，是为私开赌局，应即照例严拿究办。兹查有不法之徒，哄骗华人，私收银两，称言有权出牌开设赌馆赌台，及自称大宪弁差应承保护包庇此项私开赌局。查此等匪类，全无此权，尔华人慎勿受匪欺骗。该匪胆敢妄为，查出有凭，定当按律严惩不贷。合行通谕阖澳华人知悉，今将示贴在常贴告示之处，晓谕以冀周知。

特示。

己卯年四月初三日示。

1879 年 8 月 2 日，开投番摊馆十二间并纸牌会馆三间

1879 年 8 月 2 日（第 31 号），澳门公物会书记官亚宋生奉公物会宪命出字通知事。

缘定西本月十一日、即光绪五年六月廿四日午后一点钟，在本公物会公所准人领照开番摊馆十二间，并纸牌会馆三间，其大概章程，照上年款式样，在本写字房，每日自十点钟至三点钟可以到看。

为此通知。

己卯年六月十五日字。

1879 年 11 月 1 日，开投白鸽票

1879 年 11 月 1 日（第 44 号），大西洋澳门公物会代书记管数官咖嘶哋咾（Manuel de Castilho）奉公物会命为通知事。

缘定十月十二日午后一点钟，在公物会公所当公物会宪台前将卖白鸽票揽头生意出投，准人承充。如有出至高规价、不合公物会宪之意，不准其承充亦得。所有章程备在公物会公所，随便可以到看。

为此通知。

己卯年九月二十四日。

1879 年 11 月 15 日，开投白鸽票

1879 年 11 月 15 日（第 46 号），澳门公物会书记亚宋生奉公物会宪命为通知事。

照得前定本月十二日将承充白鸽票生意出投，于是日无人接充，今再定于十月十九日午时壹点钟，在本公所当本公会大宪面前出投，招人承充，如有出价最高，不合会宪之意，任由不准其充亦可。

为此通知。

己卯年十月十三日。

1880 年 2 月 14 日，开投过路湾番摊并熟鸦片等

1880 年 2 月 14 日（第 7 号），澳门公物会书记亚宋生奉公物会宪命。

定于庚辰年正月十九日午时十二点钟，在公物会公所当公物会宪面前，将过路湾番摊赌博并煮熟鸦片烟之揽头生意及澳门抽猪肉规项揽头生意同日出投，准人投价承充。如有出价至高，不合公物会宪之意，不准其承充亦得。所有该生意款式，在公物会公所发出，各人便看。

为此通知。

庚辰年正月初四日字。

1880年2月28日，再次开投过路湾番摊并熟鸦片等

1880年2月28日（第9号）澳门代公物会书记官管数官家嘶的嘹（Manuel de Castilho）奉公物会宪命为出字通知事。

照得定于本月二十八日午时，在本公物会公所当公物会宪面前再将过路湾番摊赌博并卖熟鸦片烟之揽头生意出投，准人承充。所有该生意款式在本公所发出，各人便看。其承充日期以两年为限，并保独准承充人带熟鸦片烟入过路湾，如有出价至高、不合公物会宪之意，不准其承充亦得。

为此通知。

辰年正月十九日字。

1880年7月31日，开投番摊馆及纸牌馆

1880年7月31日（第31号），澳门公物会书记亚宋生奉公物会宪命为通知事。

照得定于七月十三日一点钟，在本公所当公物会宪前将澳门番摊馆十二间并打纸牌公司三间招人领牌，其章程照旧岁一律办理，在本公所发出，每日自十点钟至三点钟可以到看。

为此通知。

庚辰年六月二十四日。

1880年8月19日，开投番摊馆章程

1880年8月19日（第33号附报），大西洋钦命澳门地扪暨所属地方总督贾为谕知遵照事。

照得公物会曾经按照丁丑年七月初三日第七十七号札谕出示，将澳门番摊馆十二间出投领牌，其章程则照戊寅年七月初五日第三十一号宪报刊刻，至今仍旧遵行。查本月十三日乃是招人领牌之期，系自八月初七日起计。惟现日多有欲行全盘领取，是以公物会当众定其出投至高有益于该会者，但当时投者纷纷呈出章程。本部堂查阅章程，虽属多有裨于该会，究与领牌之例不符，因照旧领牌，不若承充竞取，增益更多。本部堂谅将旧章更改，必于该会有裨，而库款入息更丰，故与该会妥商，亦经允协。兹特照下所列该会准行定章，将澳门番摊改期于本月十九日出投，其章程由该会书记签名附刊本札谕后。合札仰各文武官员军民人等一体知悉遵照。须至札者。庚辰年七月十三日。第七十三号札谕。

投十六间番摊馆章程：

一、承充番摊以一年为期，自本年九月十一日、即庚辰年八月初七日起计。

二、该承充人限开十六间馆为止，如所开不足十六间之数，亦要纳足十六间之规。附款一：该番摊馆所设何处，任承充人意见，但由妈阁起至关闸止。

三、该承充人应每月预先禀报华政衙门并巡捕兵营知悉，来月系在某街？欲开馆若干？

四、所纳之规，系每月十五日上期。倘逾期三日不纳，则罚银按每百元每月十大元算。

五、该承充人应承自行妥理馆内各事，亦可任本官随时稽察。倘馆中事有未妥，为承充人是问。如馆中有事，本官自当度其时势，调兵助理。

六、所有二等牌馆，或下等牌馆，并掷骰子馆，及掷棉羊各款赌博，均仍旧严禁。

七、凡有私开赌馆，固有碍于公物会，亦有损于承充人，须按丁丑年七月初三日第七十七号札谕内第三款，罚银壹千元，另照例所定各款而办。

八、本合同内倘有争论之处，归公物会断明。如系犯有罪案，则归各应理之衙门办理。

庚辰年七月十三日。由公物会发出。

1881 年 4 月 26 日，开投澳门、氹仔、过路湾闱姓票

1881 年 4 月 26 日（第 17 号附报），澳门公物会书记亚宋生现奉公物会宪命。

定于本年五月十五日一点钟，在本公会大堂将澳门、氹仔、过路湾闱姓票生意承充领照出投，如有出价至高，未合本公会宪意者，即权宜不准其承充亦得。其章程现挂在本公会写字房，并华政衙门，任人到看。其承充担保之章程开列于左。

其承充人应照下交出银十万元作为担保合同。附款一：其项贮在本公物会库房，或当公物会名下之银贮在香港各银行亦得。附款二：其担保之项亦可以用一半系香港各银行股份银，但其股份之价，公物会只可照其原价作五成收，其余一半要照上附款一而贮。附款三：其担保亦可准一半或不及一半用本澳产业作按，其余银亦要照上附款一而贮。其按出之业，要经买保险者方准作按。不论何时，如有照合同内所载之款准为销废者，其合同之担保即什么原故，均不能收回，即要归公物会为赔补停止受益之亏，惟每年尾准其承充人收回其担保项三分之一，但其三分一或系银行股份，或系产业，均不能过于所存贮银之数，要照十六款内附款第二、三之度数而行。

辛巳年三月二十四日。

1881 年 6 月 10 日，宜安公司章程

1881 年 6 月 10 日（第 23 号附报），大西洋钦命澳门地扪暨所属地方总督贾为札知事。

照得现有华商合伙设立公司，以为畅叙遣兴之所，取名曰

宜安公司。其公司章程，先经各股份人商允。兹据禀呈前来，查设此公司甚是平和，诚于澳门华民大有裨益，亦为律例所准。现经与澳门公会商议，是以将后开章程并经辅政司画押，本大臣均已准行。惟该公司应将允准之饷银及印厘缴纳。查该公司所立之意原，与例相符。倘该公司有违创立之意，即将准行之权销废。合札行各官军民人等一体得知。

特谕。

辛巳年五月初十日。

札谕第五十一号。

宜安公司章程：

一、设立公司一所，名曰宜安公司，内有出本股友，并有捐资友人及助力友人。

二、所设立公司之故，原系友人在此畅叙。附款一：本公司现暂租清平新街之屋，俟日后稍有赢余，另行或建或买，以为本公司之实业。

三、各友在此畅叙，乃系看新闻纸、看书、弦歌、唱戏及燕饮，并例所准之赌博，纸牌、骨牌、掷状元筹、捉象棋、斗蟋蟀。附款：但公司内不能开番摊及设团转盘。

四、本公司科合本银四千元，分八十股，每股五十元。

五、各友任做股份，不拘多少，或一股或多，均可。

六、该股份银一齐交出，或每月分交十元亦可。如过期不交，则按每百银加息银十元算，作为罚款。

七、本公司所科本银，以为置买本公司应用架撑等物之需。附款一：除买架撑家私什物外，所余之银，贮在银铺生息，预为买业所用。

八、本公司应设值理三位：正总理一位，副总理一位，管银一位。此三位系出本股友公举。另请书记一位，须用酬金。

九、本公司之大权系在众出本股友齐集公议，如经议定，各出本股友均要听从。

十、齐集会议之时，各出本股友有做一股至五股者，投名一次；六股至十股者，投名二次。其余照算。

十一、当各会友齐集公议之时，必须投名而议，以现到出本股友投名多者为准。

十二、各出本股友齐集之时，先举一位为主席，次位为书记。

十三、如有事齐集会议，必先三日具函通知在澳居住之各出本股友。至于不在澳之股友者，则函知其代理人。倘非照行，不能作为齐集。

十四、每年十一月必须邀齐出本股友看验数目，并议新值理。

十五、不论何时，倘有要事，或经五位出本股友求请齐集，声明其故，则可通知各友齐集会议。

十六、所议之值理，以一年为期，系经出本股友每年齐集公举。附款一：如值理所行之事，当各股友齐时，应分将其行事声明，并各股友可向值理询明，以专责成。

十七、所举值理，各出本股友，如经公举者，不能推辞。倘来年再举，果实有事，方得推辞。

十八、该值理时常可能聚会，但至少必须每月一次。

十九、该值理所应理之事列后：（一）管理本公司之本银，妥为安置，谋多生息。（二）本公司应用什物，即行置买。（三）收各帐项，并支给使费。（四）修整本公司房舍及改换等物。（五）各项数目须要明白登记，不得胡涂。（六）各有份人如欲看数，即便交看。（七）每年出入费用，必须时常列明若干。（八）所雇工人，或用或辞，均归管辖。（九）设立更换本公司内章程。（十）每年本公司所有进支银数，经齐集议准后，开列报章刊印，送呈一张督宪。

二十、该正总理所办之事：（一）邀各出本有份人齐集。（二）邀值理齐集。（三）指点该值理所行之事。（四）设法令各人遵守本章，并所有内章。（五）或有各怀意见，未能决断，惟其专主，并有要件可邀齐各有份人商议。

廿一、副总理所办之事：（一）代署正总理。（二）所有志事录，惟其主笔。

廿二、管银所办之事。（一）收支数目银两：（二）进支各帐部为其督理。

廿三、所议内章程之事，乃系督理畅叙各事，并主去留捐助友人之事。

廿四、如捐银友人欲入本公司，每名先捐银二元，后每月出银一元，只得与畅叙各事。如不在澳者，未经报知，每月则捐银半元。

廿五、出本有份人，无论到与不到，本公司每月均要捐银半元。

廿六、除使费外，所溢之银，存贮蓄积，以为日后置业之用。

廿七、本公司买业之后，倘出入之项有余，则集有份人公议如何置用。

廿八、如各出本有份人，均不愿做公司，即可分散。

廿九、各出本有份人，或有将名份顶与份内人，或捐银友人，或外人，必先通知值理准行，方得顶手。附款一：如值理不准出顶，即可通知各出本友齐集公议，若公议仍不允出顶，则本公司照各出本友所定之价承顶，不得执拗。

三十、至于本公司所有之屋业并什物，系出本友人，均有业主之权，并所有业主之是问，亦为有份人之事。

卅一、该值理全不能将本公司之物业转卖按揭，须要出本有份人齐集公议允准方可。

卅二、倘出本友人身故，其名份乃归该份友之遗业后人。

辛巳年五月初十日。

辅政使司噶画押。

1881 年 7 月 2 日，开投澳门番摊

1881 年 7 月 2 日（第 26 号第二附报），大西洋澳门公物会书记亚宋生奉公物会宪命。

定于七月十二日一点钟，在本公会大堂将澳门番摊承充生意出投，招人承充，以出价最高、合本公会宪意者，方准承充。须先交贮银一万元，方准出声投价。其银或贮公物会库房，或贮香港之银行，但贮香港之银行要写明此银任公物会随时收取，其银单要交出公物会收贮，至投毕时，将银单交回其人。所有款式开列于后。（略，一至八款，同 1880 年 8 月 19 日番摊馆章程）。

九、承充人应出银二万五千元为担保遵守本合同，其章程列后：附款一：担保之银，或贮公物会银库，或贮香港之银行，其银写明是公物会名下之银。附款二：该担保之银，或一半用香港各银行股份亦得，其余一半照上第一附款贮银。如用银行股份，本公物会只可照其原价作五成收。附款三：该担保银，或一半，或不及一半，亦准用坐落澳门之屋业作按，其余亦要照上第一附款贮银，但此屋业要经买火烛保险方准作按。

十、如交出人担保，须查明因殷实合例，亦准其担保。

十一、投毕之时，要立即交出所定之保据，或交现银，或照上款所定交出银单或屋业单等，方算投成为实。

十二、如有因承充人之事，或承充人之错处，将合同销废，所有担保之银二万五千元，不论何事，均不准交回，应归公物会充公。如有再投其价不及原价，则要承充人补足。如有人担保，该保人算为首先有责，应同其交银为遵守本款之责，或别项之责。

为此预布，俾众咸知。

辛巳年六月初六日示。

1881 年 7 月 6 日，开投澳门、氹仔、过路湾闱姓担保章程

1881 年 7 月 6 日（第 27 号附报），大西洋澳门公物会书记亚宋生奉公物会宪命为通知事。

照得前月十五日已将澳门、氹仔、过路湾承充闱姓生意出投，经立合同，惟查此合同现已销废，兹复定于本月二十一日壹点钟，在本公会大堂将澳门、氹仔、过路湾承充闱姓生意再行出投，如有出价至高者，仍要合本公会宪意，方准承充。但无论谁人欲投，必须先交贮银二万元，然后准其开口投价。其二万元或贮在本公会库房，或贮在香港之银行亦得。如系贮在银行，则要写明任公物会随时收取，当未投之时，即将此银行收单交与本公会收贮，俟投毕之后，乃将该银单发回。其承充闱姓合同款式，现列在本公会公所及华政衙门，任人到看。所需担保章程开列于后。

承充人应交出银十万元为担保遵守此合同，其担保款式列后：

一、该担保银十万元，或贮公物会库房，或贮在香港之银行，其银须要写明系公物会名下之银。

二、该担保银，或壹半用香港各银行股份亦得，其余一半照上第一款贮银。如用银行股份，本公会只可照其原价作五成收。

三、该担保银，或系一半或不及一半，亦准用坐落澳门之屋业作按，其余亦要照上第一款贮银，但此屋业要经买火烛保险，方准作按。

四、当投毕之时，要立即交出所定之保据，或交现银，或

照上款所定在银行贮银之单，或银行股份单，或将屋业作按之单，一并交出，方算投成为实。

五、如有因承充之事，或承充人之过处，将合同销废，另行再投，其价倘不及原价，则要承充人补足。如其不及原价之数多于担保之银，则要承充人将其物业填偿所欠之项，以至补足原价为止。如不及原价之数少于担保之银，则将所余之担保银给还。至于承充后，每届年尾，准承充人起回交出之保据三分一。惟所留下各保据，或系股份屋业，并不得多于贮银之数，俱要依第二、第三款照数而计。为此特示，俾众咸知。

辛巳年六月初十日示。

1881 年 7 月 16 日，再次开投澳门、氹仔、过路湾闱姓

1881 年 7 月 16 日（第 29 号），澳门公物会书记官亚宋生为通知事。

现奉公物会宪命，本日所投承充闱姓生意，以三年为期，因未有投成，是以改期本月二十三日十二点钟，在本公会大堂将承充闱姓生意仍再出投。因有冯成出价六十四万，故将此价六十四万为底出投。

特此通知。

辛巳年六月二十一日示。

1881 年 10 月 1 日，生利公司章程

1881 年 10 月 1 日（第 40 号），大西洋钦命澳门地扪暨所属地方总督贾为札知事。

照得现有华人合伙设立公司，为畅叙遣兴之所，取名曰生利公司。其公司章程，先经各合伙商允。兹查设此公司之起见，甚是平和，于澳门华人固有裨益，亦为律例所准。现经与澳门公会商议，是以将后开并经辅政司画押之章程，本大臣均已准行。惟该公司应将允准之饷银及印厘缴纳。现查该公司所立之意愿，与例相符。倘该公司有违创立之意，即将准行之权销废。为此，合札各官军民人等，一体得知。

特谕。

辛巳年八月初四日第七十四号札谕。

生利公司章程：

一、设立公司一所，名曰生利。

二、所设立公司之故，原系公司友人在此畅叙。附款一：本公司现租大鹏巷街之屋，暂设公司，俟日后稍有赢余，另行或建或买屋一间，以为本公司之实业。

三、各友在此畅叙，乃系看新闻纸、看书、弦歌、唱戏及燕饮，并例所准之赌博，纸牌、骨牌、掷状元筹、捉象棋。附款：但公司内不能开番摊及设团转盘，并已上未有开列别项之赌博。

四、此公司内有创立友人、捐资友人及助力友人。附款一：创立友人多不过五十位。本公司所应需之项，应归创立友人支出。附款二：如有人欲入公司为创立友人，应由各友集众公议，可否准入。该众友须查明其人家势是否安分，并品行端方，不辱公司方可。附款三：至于捐资友人，系由值理人公举，须要端品人方可。附款四：助力友人系代公司办事、有益于公司者，或功劳卓著，众友公举其入公司，方算为助力友人。

五、本公司各位所来本银共一千两，开创生利公司，分开五十股，每股二十两。

六、本公司内创立友人，每人至少做一股，至多不过五股。

七、股本银限一次交齐，如一次不能交出，则分四季交出。倘逾四季之外，则议将股本银每两每月行息一分算。

八、本公司所科股本银，为该公司置办什物、交纳屋租所用。附款一：除买应用什物外，所余之银贮在银铺生息，预为买业所用。

九、本公司之大权系在创立友人齐集公议，如经议定，本公司各友人均要听从。

十、本公司应设值理三位：正总理一位，副总理一位，管银一位，此三位系创立友人公举 。另请书记一位，须用酬金。

十一、如遇同人议事，每创立友人只可发一议论，虽有五股份，亦可止发一议。凡所议之事，均照舍少从多之法，并照暗投名之法而行。

十二、各创立友人齐集之时，先举一位为主席，次位为书记。

十三、如有事齐集会议，必先三日具函通知在澳居住之各创立友人。至于不在澳之友者，则函知其代理人。倘非照行，不能作为齐集。

十四、每年六月必须邀齐创立友人看验数目，并公举新值理。

十五、不论何时，倘有要事，或经五位创立友人求请齐集，声明其故，则可通知各友齐集会议。

十六、所公举之值理，以一年为期，系创立友人每年六月齐集公举。附款一：值事所行之事，当各友齐时将其行事声明，并各友可向值理询明，以专责成。

十七、所举值理，系创立友人齐集公举者，不能推辞。倘来年再举，果实有事，方得推辞。

十八、该值理时常可能聚会，但至少必须每月一次聚会。

十九、该值理所应理之事列后：（一）管理本公司之本银，妥为安置，谋为相宜。（二）本公司应用什物，即行置买。

（三）收各账项，并支给使费。（四）修整本公司房舍家私等物，及任改变更换所应改换者。（五）各项数目须要明白登记，不得胡涂。（六）各创立友人如欲看数，即要交看。（七）每年出入费用，必须平日齐集时列明若干。（八）所雇工人，或用或辞，均归管辖。（九）设立更换本公司内章程。（十）每年本公司所有进支银数，经齐集议准后，开列报章刊印，送呈一张督宪。

二十、该正总理所办之事：（一）邀各创立友人齐集。（二）邀值理齐集。（三）指点该值理所行之事。（四）设法令各人遵守本章并所有内章。

廿一、副总理所办之事：（一）代署正总理。（二）所有志事录，为其主笔。

廿二、管银所办之事：（一）收支数目银两。（二）进支各账部为其督理登记。

廿三、所议内章程之事，乃系定明公司内各事。

廿四、公司内友人方许带亲朋到探。无友人举荐者，别人不得擅入。

廿五、创立友人，无论到与不到，本公司每月均要捐银半元。

廿六、如捐银友人欲入本公司，每名先捐银二元，后每月出银一元，只得与畅叙各事。如不在澳者，未经报知，每月则捐银半元。

廿七、除使费外，所溢之银，存贮蓄积，以为日后置业之用。

廿八、本公司买业之后，倘出入之项有余，则集创立友人公议如何置用。

廿九、如各创立友人均不愿做公司，即可分散。

三十、倘公司拆散，则将什物发卖，先清算数，其余有剩则在澳内行仁爱事。此款所定，不碍律例所定之章。

卅一、各创立友人或有将名份顶与创立友人，或捐银友人，或外人，必先通知值理准行，方得顶手。附款一：如值理不准出顶，即可通知各创立友齐集公议。若公议仍不允出顶，则本公司照各创立友所定之价，应分承顶，不得执拗。

卅二、该值理全不得将本公司之物业转卖，或代公司揭欠，须要创立友人齐众公议允准方可。

卅三、倘创立友人身故，其名份仍归该友人遗业后人。

卅四、倘公司内各友有各怀意见，未能决断，惟正总理所断，并有要件可邀齐各创立友人商议。

辛巳年八月初四日。

辅政司噶地利亚画押。

经纳印厘三万里士。

1881 年 12 月 24 日，取消王和承充之闱姓生意并重新开投

1881 年 12 月 24 日（第 52 号），大西洋钦命澳门地扪暨所属地方总督贾为札知事。

华政衙门一案，上控人王和，被控人公物会。兹本局会议批断录后：

查华人王和，现在本澳狱中监押，据禀请释放词称，华政衙门章程向来所定，如有因欠债押监，必须先要略为审讯。倘系该欠户有意欲逃，不肯清偿欠项，并须原告经有立单应承，如有受亏，为原告是问，方能监追。乃该案未有遵守此规矩，故恳开释等语。查理事官于案卷第六十一页后及六十二页内，经批不准其所禀，谓将王和系狱者，原奉澳督部堂饬令监押，只交本官立案审办，等词。又查案卷第六十八及六十九页内，理事官仍然坚守此批而行，惟王和情有不甘，是以再行上控。查王和自奉督宪饬拿之后，经将王和交理事官审判发落，随于西纪本年六月廿六日，辅政司业已将此情形行文与理事官知照。该文系第二百廿七号，现载在案内第五十九页并六十页矣。查理事官原有管政行政之职，责有专归。除此责之外，并细译辅政司来文，语意可见，理事官自能秉公分别办理，或押或放。且该文内已有声明，如何光景可以开释，显系开导之言。倘非如此解意，则于该文内任从华政衙门将该监人发落之字样，便不相符矣。又查该王和既经被人控告，然后监押，安能说审案之官不得秉公分别释放耶？查西纪本年六月十一日，王和投成承充闱姓生意，迨到期不能缴出担保合同银十万元，后经展限数次，仍不能缴纳，是以本澳公物会将该首次投成闱姓之案销废，复于公历本年七月十八日将该闱姓生意再行出投，所得之价较初次所投少银卅七万五千元。现公物会所控王和，即追缴卅七万五千之数。查华政衙门章程内第五十二款所定，如有凭据，思疑欠户欲逃，不还欠项，便可监追。又查因王和到期不能将担保银十万元交出；复行展限，又不交纳，以致公物会议将承充一案销废，再行出投，等情。如此行径，便可疑其欲逃不偿之证据，且此案所追之数较多。又查，按本国律例，如有公物会控人照例禀求用监追之法，原以免受欠户背信欺骗，并以逼令其遵守所应承等事，则照本国律例概免立。如有受亏，为他是问之凭单。可知，如因公物会事件监押，则于华政衙门章程第五十二款附款一之例，无庸依行也。兹本局所断，并非凭理事官批内所言之理，惟凭已上所列之理批断，不准王和禀请耳。仍饬遵依原批。

辛巳年十月二十二日批出。

督宪贾、臬司柯、副将非唎喇·施唎化、副将咖喇呵也、辅政司噶地利哑不惬、绅士叭之咕、太医路施柯、书记亚宋生、皇家律师哑士威度在前画押。

1882年2月4日，同和公司章程

1882年2月4日（第5号），大西洋钦命澳门、地扪暨所属地方总督贾为札知事。

照得现有华人合伙设立公司，为畅叙遣兴之所，取名曰同和公司。其公司章程，先经各合伙商允。兹查设此公司之起见，甚是平和，于澳门华人固有裨益，亦为律例所准，现经与澳门公会商议，是以将后开并经辅政司画押之章程，本大臣均已准行，惟该公司应将允准之饷银及印厘缴纳。现查该公司所立之意愿与例相符，倘该公司有违创立之意，即将准行之权销废。为此合札各官军民人等一体得知。

特谕。

辛巳年十二月十一日第九号札谕。

同和公司章程：

一、设立公司一所，名曰同和。

二、所立公司之故，原系公司友人在此畅叙。附款一：本公司现租芦石塘街之屋暂设公司，俟日后稍有多本银，另行或建或卖屋一间，以为本公司之实业。

三、各友在此畅叙，乃系看新闻纸、看书、弦歌、唱戏及燕饮，并例所准之赌博纸牌、骨牌、掷状元筹、捉象棋。附款：但公司内不能开番摊及设团转盘并别项之赌博。

四、此公司内有创立友人、捐资友人及助力友人。附款一：创立友人多不过三十五位，本公司所应需之项应归创立友人支出。附款二：如有人欲入公司为创立友人，应由各友集众公议可否准入。该众友须查明其人有家势是否安分，并品行端方，不辱公司方可。附款三：至于捐资友人，系由值理人公举，须要端品人方可。附款四：助力友人系代公司办事、有益于公司者，或功劳卓著，众友公举其入公司，方算为助力友人。

五、本公司各位所来本银共一千零五十两，开创同和公司，分开三十五股，每股三十两。（以下6—34款，参见1881年10月1日生利公司章程）

辛巳年十二月十一日。

辅政司噶地喇哑画押。经纳印厘三万里士。

1882年2月22日，开投※仔番摊鸦片

1882年2月22日（第7号附报），大西洋澳门公物会书记亚宋生奉公物会命为通知事。

定于壬午年正月十九日一点钟，在本公物会大堂并大宪面前招人承充※仔番摊鸦片膏生意，以一年为期，如出价至高，不合大宪意者，不准其承亦得。如有欲投者，必须先交出银四百大元，贮在公物会库房，方准其开声投价。倘系投得者，必须交出担保银一千二百元，以为担保遵守合同，其银或交贮公物会库房；或写系公物会名下之银，贮在香港银行亦得；或着殷实人担保亦得，但当投毕之时，立即交出已上所定之保据，方算投成为实。如有因承充之事，或承充人之过处，即将合同销废，另行再投。其价倘不及原价，则要承充人补足，如其不及原价之数多于担保之银，则要承充人将其物业填偿所欠之项，以至补足原价为止。如不及原价之数少于担保之银，则将所余之担保银给还。若有人担保，该不及原价之银亦为担保人是问，该担保人算为首先应问责成其交银之人。其余章程列在公物会公所，任人到看。

特此通知。

辛巳年十二月二十九日示。

1882年4月15日，卢九与胡衮臣承充※仔番摊鸦片

1882年4月15日（第15号），大西洋澳门公物会书记亚宋生奉公物会命为通知事。

照得公历本年三月初三日、即华正月十九日，卢九、胡衮臣承充氹仔番摊并鸦片烟生意，所有章程开列于后。

一、此承充番摊及煮鸦片烟膏生意，限一年为期，自本年公历五月初一日、即华三月十四日起计，只限在氹仔村而已，别村或别处，无论与氹仔或远或近，俱不在内。

二、此承充生意规银，照上所定，系一年规银八千八百大元，其规银分每月上期交纳七二兑。如过期不纳，则要罚银，其罚法乃系按应纳银多寡，照每年每百元罚银八元算，以延日子几多照计而罚。另任公物会权宜，将此合同销废亦得。倘再出投，其规银比原价低者，该承充人并担保人应照原价补足。

三、因该承充人交纳第二款所定规银，是以准该承充人，或其自己，或其允许之人，方能在氹仔开番摊馆及煮鸦片烟，并卖熟鸦片烟，别人不得私为。今并声明：凡卖生鸦片烟，或零碎或成粒，均于此合同无涉。其卖生鸦片烟，仍然照旧任从各人发卖。

四、在本合同日期之内，除承充人及承充者所允许之人外，不许别人在氹仔煮鸦片烟及卖熟鸦片烟，并开番摊馆。如违第一项，查出，罚银卅两，另失去所拿获之私烟。如违第二项，查出，每间罚银五十两。以一半归公物会，一半归承充人收。

五、该承充人应承在氹仔开鸦片烟馆数间，以足吸烟人所用。倘不尽守此款，任官宪将此合同销废亦可。

六、为煮公烟、姑烟每个，或白皮烟每包三斤，该承充人可收规银五钱四分，不能多索。如违多索，则罚银二十两至四十两，将罚银归公物会，另按多索之银罚两倍，交还被勒索之人。

七、其煮鸦片烟及制办烟膏匠人，只可与承充人及承充者允许之人，方可煮办。如与别人煮办，则罚银十两至十五两。如无银罚出，则惩其人本身，另将私煮私办之烟拿获，该烟主失去其烟。

八、该承充人所卖烟膏与吸烟之人，其价钱应要公平，照澳门买卖鸦片烟行情而算，不能混勒钱银，亦不得借端委曲勒诈吸烟之人。

九、如承充人违第八款勒索人银，或违例索多钱银，或委曲于人，则罚银二十两至五十两。

十、如煮鸦片烟时有欺骗，或伪做，系为该承充人是问，罚银五十两。其烟无论是为烟馆所用，或别人请煮，如有伪骗等弊，一样照罚。

十一、该烟馆内，其承充人应要设法巡看，其巡看之事亦归官宪办查，督理其烟馆内所有照例所行之事，并平安之事，俱为承充人是问。

十二、准在氹仔埠海面设船四只开番摊台，并严禁由澳门带熟鸦片烟膏往氹仔发卖。

1882 年 4 月 15 日，黎才承充过路湾番摊鸦片

1882 年 4 月 15 日（第 15 号），大西洋澳门公物会书记亚宋生奉公物会命为通知事。

照得公历本年二月廿五日、即华正月初八日，黎才承充过路湾番摊并鸦片烟生意，所有章程开列于后：

一、规银每月上期缴纳银元七钱二兑。

二、如承充人过期不纳规银，则应纳息，按其所延日子若干，照每百元每月息银十二元算，另任公物会将此合同销废，另招别人承充亦得。如再出投招人承充，其价有低，仍要承充人及担保人照原价补足。

三、不拘何人，如未经承充人允肯，则不准做此揽头生意。如违，首次罚银一百元，再次罚银二百元，一半归承充人收。

四、严禁开字花票。

1882年6月6日，闱姓、白鸽票、氹仔番摊鸦片、过路湾番摊鸦片定刑定罚并涉外事款

1882年6月6日（22号第二附报），大西洋澳门公物会书记亚宋生奉公物会命为出示晓谕事。

照得奉一千八百八十二年四月十九日第卅一号札谕饬令等因，兹将公物会经立合同内所禁止之条及定刑定罚各款，并该合同内所有关涉外人事款，均皆出示颁行，俾得各人周知。所有合同开列于左。

闱姓合同：

一、闱姓承充人及经其承充所许准之人，独可得发卖分派闱姓票，因此可以在澳门、氹仔、过路湾任其自己开设，或准人开设闱姓厂，限十间为额，以便发卖分派闱姓票。

二、在澳门、氹仔、过路湾地方，严禁开设主会票及田票，惟独承充闱姓人遵依通行合同之条款，奉有公物会特为专准之条，方可以开设主会票及田票。

三、如有违犯者，须按照刑律部内第二百七十及二百七十一款所定治罪。

四、如有伪造闱姓票，或更改图章，或更改闱姓部篇数，倘系在大西洋属地捉获者，则按照通行律例治其伪造之罪。

澳门番摊合同：

一、除承充人及承充人所许准者外，其余概行严禁，毋得在澳门开设番摊馆。

二、所有次等及下等牌馆并摇色绵羊及同项掷骰子赌博馆均在严禁。

三、如有违犯者，罚银一千元，另要按律惩办。

白鸽票合同：

一、白鸽票承充之人及经承充所准者，方得发卖分派白鸽票，因此可以在澳门任其自己开设票艇，或准人开票艇，但票艇不论多寡，总宜以足为度。

二、此承充之生意，系由公物会所准。如有不遵守该承充合同者，则按照刑律部第二百七十及二百七十一款所定之刑治罪。

三、凡中式银拾两之下，见中式票，即交其过拾两银之上，限廿四点钟内交清；如过限时不交银，或不肯交银，该理事官可移文求令其充人，或令承充人之担保人赔中式银。

四、倘常有无端不交中式银，或不肯赔银等事，该理事官可报知公物会宪罚该承充人银一百元至五百元，或将合同销废，均任公物会宪主意施行。

五、凡中票之人问取中式银，由中票日起至八日内，可以告取。倘过八日外，不得控追。

六、承充人及别人均不得在澳门开字花及山票，并各样同项华票。所有经与公物会立合同者，不在此款内。倘有违者，则罚银一千大元。

七、所有向承充人领牌代卖白鸽票，即俗称票艇，如有不照实数报与票厂；或卖出白鸽票吞骗，不全报票厂；或有别项瞒骗等弊，则将该票艇罚银廿五两至五十两。附款一：如有重犯此事，就罚银五拾两至一百两。附款二：所罚之银，一半归公物会，一半归承充人收。

氹仔番摊鸦片烟合同：

一、除承充人所准之人外，概不得在氹仔煮卖鸦片烟膏并开设番摊馆。附款：生鸦片烟土，或成个或零碎，任众各人发卖，不在禁内。

二、如有违犯者，首次罚银三拾两，再次罚银五拾两。其罚项一半归公物会，一半归承充人收。附款：除罚银之外，另将拿获私烟充公。

三、该承充人应承在氹仔开设鸦片烟馆数间，以足吸烟人所用。倘不遵守此款，任官宪将此合同销废亦可。

四、为煮公烟姑烟每个，或白皮烟每包三斤，该承充人可收规银五钱四分，不能多索。如违多索，则罚银廿两至四拾两，将罚银归公物会，另照多索之银罚两倍交还被勒索之人收。

五、其煮鸦片烟及掣办烟膏匠人，只可与承充人及承充所准之人方可煮办。如与别人煮办，则罚银拾两至拾五两，并将私煮私办之烟拿获充公。

六、该承充人所卖烟膏与吸烟之人，其价钱应要公平，照澳门买卖鸦片烟行情而算，不得混勒钱银，亦不得借端委曲窒碍吸烟之人。

七、如立合同人违犯前款，勒索人银，或委曲索多钱银，则罚银廿两至五拾两。

八、如煮鸦片烟时有欺骗，或伪造，系为该承充人是问，罚银五拾两。其鸦片烟无论是为烟馆所用，或别人请煮，倘有伪骗等弊，一样照罚。

过路湾番摊鸦片烟膏合同：

一、除承充人所准之人外，概不得在过路湾煮卖鸦片烟膏，并开设摊馆。

二、如有违犯者，首次罚银一百元，再次罚二百元。其罚项一半归公物会，一半归承充人收。

三、严禁不准开设字花票。

（以下澳门鸦片烟合同，澳门卖鱼生意合同，澳门卖猪肉合同，氹仔过路湾卖猪肉合同，澳门氹仔、过路湾卖盐合同，

略）

澳门西纪一千八百八十二年五月十五日、壬午年三月廿八日。

由澳门公物会书记房发出。

1882 年 7 月 3 日，开投澳门番摊

1882 年 7 月 3 日（26 号附报），大西洋澳门公物会书记亚宋生奉公物会宪命。

定于六月廿二日一点钟，在本公会大堂将澳门番摊承充生意出投，招人承充，以出价最高、合本公会宪意者，方准承充。须先交贮银壹万元，方准出声投价。其银或贮公物会库房，或贮香港之银行。但贮香港之银行，要写明此银任公物会随时收取，其银单要交出公物会收贮。至投毕时，将银单交回其人。所有款式开列于后。（下同 1881 年 7 月 2 日番摊条例）。

壬午年五月十六日示。

1883 年 3 月 24 日，开投氹仔番摊鸦片

1883 年 3 月 24 日（第 12 号），大西洋澳门公物会书记亚宋生奉公物会命为通知事。

定于癸未年二月二十日壹点钟，在本公物会大堂并大宪面前招人承充氹仔番摊鸦片烟膏生意，以一年为期，如出价至高、不合大宪意者，不准其承充亦得。如有欲投者，必须先交出银四百大元贮在公物会库房，方准其开声投价。倘系投得者，必须交出担保银一千二百元，以为担保遵守合同。其银或交贮公物会库房；或写系公物会名下之银，贮在香港银行亦得；或着殷实人担保亦得。但当投毕之时立即交出已上所定之保据，方算投成为实。如有因承充人之事，或承充人之过处，即将合同销废，另行再投。其价倘不及原价，则要承充人补足，如其不及原价之数多于担保之银，则要承充人将其物业填偿所欠之项，以至补足原价为止；如不及原价之数少于担保之银，则将所余之担保银给还。若有人担保，该不及原价之银，亦为担保人是问，该担保人算为首先应问、责成其为交银之人。其余章程列在本公所，任人到看。

特此通知。

癸未年二月初九日示。

1883 年 8 月 4 日，开投澳门番摊

1883 年 8 月 4 日（第 31 号），大西洋澳门公物会代书记署管数官霸波沙奉公物会命为通知事。

定于本月十六日一点钟，在本公会大堂招人出投，承充澳门番摊，以一年为期，自八月十一日起计，谁出价至高者得。如欲投充，应先交出银一万元，或贮在本公会银库；或贮在香港银行，该银要写明任从公物会随时收取，即将该银行之银单交到本公会存贮。俟投毕之后，如未经投得者，即将该银单交还。所有章程款式存在本管数房，除安息日，每日十点钟至三点钟均可到看。再者，如有出价至高、不合公物会宪意者，不准其承充亦得。

特此通知。

癸未年七月初一日。

1883 年 10 月 27 日，开投澳门白鸽票

1883 年 10 月 27 日（第 43 号），大西洋澳门公物会书记亚宋生奉公物会命。

定于十月初八日午后一点钟，在公物会大堂当公物会宪前将澳门白鸽票生意出投，招人承充。如出价最高，仍未合公物会宪意，不准其承充亦得。如欲投充者，必须先将银一千元交贮本银库收，即将收单呈出公物会，方能喊价。俟投毕之后，将原银交回未投得之人。其章程在公物会公所，每日十点钟至三点钟可以到看。

为此通知。

癸未年九月廿四日示。

1884 年 2 月 9 日，开投过路湾番摊鸦片

1884 年 2 月 9 日（第 6 号），大西洋澳门公物会书记亚宋生奉公物会命。

定于甲申年二月初六日一点钟，在本公所当堂出投，招人承充过路湾番摊及鸦片烟膏生意。其出价最高，不合公物会之意，不准其承充亦得。如欲承充者，须先交银二百元贮入公物会银库，方得开声喊价。其余章程在本公所，可以到看。

为此通知。

甲申年正月十二日。

1884 年 3 月 15 日，澳督制止议事公局向各闱姓馆抽收公钞

1884 年 3 月 15 日（第 11 号），大西洋澳门公会公同会议。

据闱姓承充人前来上控禀称，议事公局咁麻喇经定向各闱姓馆抽收公局公钞，前经具禀求免，而议事公局批不准所禀，是以特来上控，等情。查议事公局向各闱姓馆抽收公钞，即是曲道而行，向承充人抽收无异，因向各馆抽收，而该馆定必纳少规项与承充人，是承充人所赚必少也。查该议事公局原本无权向承充人抽饷，如可向承充人抽收税饷，则该税饷即是归国课所出，便违国例。缘有律条明定，议事公局不得颁行告示，议立章程，或行别事以致有损国课。兹查掌管政务律部第一百三十五款附款二之第四批注，并第一百四十二款附款二之批注，及一千八百四十三年十二月二十日之上谕，均有明文。又查上控之例，如系无权办理之事，准限一年之内可能上控，系自通知原人之日起计。经查阅掌管政务律部第二百八十款内之批注，并一千八百四十三年正月初九日之上谕，均有可稽，是以本公会议定，准其上控合理，而饬令议事公局将向各闱姓馆抽收公钞之定款销废可也。

甲申年正月廿四日。

督宪罗、辅政司咖士度、故老士、吡唎喇、国家律师唎登画押。

1884 年 5 月 31 日，开投澳门、氹仔、过路湾闱姓

1884 年 5 月 31 日（第 22 号），大西洋澳门公物会书记亚宋生奉公物会命为通知事。

照得澳门、氹仔、过路湾闱姓生意，兹特招人暗投承充，以三年为期，自一千八百八十四年九月廿七日起，至一千八百八十七年九月廿六日止。如有欲承充者，准自本日起，限四十日内投票，除安息日外，每日十一点钟至三点钟均可到本公所投票。但所投之票，须用信套加火漆封固，并盖该原人印章，其信要写明递至公物会收，并书明投票之人姓名。每投一票，须要先交出压票银三万元，贮在公物会银库，为担保此票。该票格式开列于后：某某人求澳门、地扪公物会准给某人承充闱姓生意，以三年为期，系自一千八百八十四年九月廿七日起，某某愿出规银若干，为该三年期之价，并现时公物会所有颁看此闱姓生意之章程款式，某某应承一概遵守。澳门一千八百八十四年某月某日。

又订于本年闰五月十八日一点钟，在本公会各宪面前当堂将各人所投之票开拆，如该票所出至高之价，合公物会之意，方准其承充。如所出至高之价，不合公物会意者，任从公物会酌量如何有裨国课办理。倘有三两票同价，并其价合公物会意者，即准该人明投，以价高者得。如经公物会准其承充，即刻要该承充人交出银七万元，连压票银三万元，共成十万元，系依合同十五款内所定担保银十万元为准。如不遵守本款，即将所准承充销废，并将压票银三万元充公。至于担保银十万之项，准其一半，即值五万银，交出屋业作按，为替换担保，其屋业要坐落本澳，并无按典及经买火烛保险者方可。但是日开投完堂之后，所有未投得之压票银三万元交回原人。至担保之银十万，俟满承充合同第一年可收回银二万五千元；至满第二年，亦收回银二万五千元，其余五万仍然贮下为担保第三年。如有屋业交出作按，其业所值不得过于担保银之半。所有合同款式，存在本公所，除安息日外，每日十一点钟至三点钟，均可到看。

特此通知。

甲申年五月初七日示。

1884年6月7日，开投澳门番摊

1884年6月7日（第23号），大西洋澳门公物会书记亚宋生奉公物会命为通知事。

照得澳门番摊生意，兹特招人暗投承充，以一年为期，自西纪一千八百八十四年九月十一日起，至一千八百八十五年九月初十日止，如有欲承充者，准自本日起限三十五日内投票，除安息日外，每日十一点钟至三点钟均可到本公所将票投递。但所投之票，须用信套加火漆封固，并盖该原人印章，其信面要写明递至公物会收，并书明投票之人姓名。每投一票，要先交出压票银一万元，贮在公物会银库，为担保此票。该万元要银。该票格式开列于后：某某求澳门、地扪公物会准给某某承充番摊生意，以一年为期，自西纪一千八百八十四年九月十一日起，某某愿出规银若干，为该一年之价，并现时在公物会公所所有颁看之番摊章程款式，某某应承一概遵守。澳门一千八百八十四年某月某日画押。

又订于本年闰五月二十日一点钟，在本公会各宪面前当堂将各人所投之票拆看，如该票所出至高之价、合公物会意者，方准其承充。如所出至高之价、不合公物会意者，任从公物会酌量如何有裨于国课办理。若有两三票同价，并其价合公物会意者，即准该同票人另行明投，以价高者得。如经公物会准其承充，要该承充人刻即交出银二万元，连压票银一万元，共成三万元，系依合同第二款内所定担保银三万元为准。如不遵守本款，即将所准承充销废，并将压票银一万元充公。至于担保银三万元之项，准其交出屋业作按为替换担保，惟其屋业要坐落本澳，并无典押及经买有火烛保险者方可。但是日开投完堂之后，所有未投得之压票银一万元，交回原人所有。承充合同款式存在本公所，除安息日外，每日十一点钟至三点钟均可到看。

特此通知。

甲申年五月十四日。

1885 年 1 月 31 日，禁止向澳门华商抽取海防经费

1885 年 1 月 31 日（第 5 号），大西洋钦命澳门理事官办理华政事务何为出示严禁事。

照得现据澳内商人具禀前来词称，兹有澳内奸民串同外人屡欲将澳内华商设法抽剥，借抽海防经费为名，其实借端勒索等语。查刑律部所载，此等勒索，大干例禁。复思此项奸民，彼此串同，不过扰害安分商民，借以肥己，亟应严行禁止，是以出示晓谕尔等各华人知悉。嗣后如有借该海防之名，或用别项不合例名目抽收银两，一概不可交给，仍冀各华人知之。如有此等人到来抽收银两，许即当场捉获，或密行禀官，或通知巡捕弁兵拘拿，指明证人，以便讯究。尔等诚能如此办法，不惟于己免受其害，于众亦大有裨，因此等勒索之罪，若不从严究办，甚为可危，而且大有干碍。自示之后，倘仍敢串同勒索，务必从严办理，决不姑宽，其各凛遵毋违。

特示。

甲申年十二月十四日示。

1885 年 2 月 28 日，开投澳门、氹仔、过路湾闱姓

1885 年 2 月 28 日（第 8 号），大西洋澳门公物会书记亚宋生奉公物会命为通知事。

照得澳门、氹仔、过路湾闱姓生意，兹特招人暗投承充，自一千八百八十五年三月廿二日、即华二月初六日起，至一千八百八十七年九月廿六日止。如有欲承充者，准限廿一日内，即以西纪一千八百八十五年三月廿一日、即华二月初五为满廿一日之期。该期内投票，除安息日外，每日十一点钟至两点钟，均可到本公所将票投递，但所投之票须用信套加火漆封固，并盖该原人印章。其信要写明递至公物会收，并书明投票之人姓名。每投一票，须要先交出压票银三万元，贮在公物会银库，为担保此票。该票格式开列于后：某某人求澳门、地扪公物会准给某人承充闱姓生意，自一千八百八十五年三月廿二日起至一千八百八十七年九月廿六为期。某某愿出规银若干，为该期之价，并现时公物会所有颁看此闱姓生意之章程款式，某某应承一概遵守。澳门一千八百八十五年某月某日。

所投之票内，必须写明愿出价银实数若干。倘票内有论及别人投票之价，则算为废纸。兹订于本年西纪三月廿一日、即华二月初五日两点钟，在本公会各宪面前，当堂将各人所投之票开拆，如该票所出至高之价，合公物会之意，方准其承充。

如所出至高之价不合公物会意者，任从公物会酌量如何有裨国、课办理。倘有三两票同价，并其价合公物会意者，即准该人明投，以价高者得。如经公物会准其承充，即刻要该承充人交出银四万五千元，连压票银三万元，共成七万五千元，系依合同十五款内所定担保银七万五千元为准。如不遵守本款，即将所准承充销废，并将压票银三万元充公。至于担保银七万五千元之项，准其一半，即值三万七千五百元银交出屋业作按，为替换担保，其屋业要坐落本澳，并无按典及经买火烛保险者方可。但是日开投完堂之后，所有未投得之压票银三万元交回原人。至担保之银七万五千元，俟满西纪本年九月廿六日，可收回银一万五千元；至一千八百八十六年九月廿六日，亦收回银三万元；其余三万元，仍然贮下为担保第三年。如有屋业交出作按，其业所值不得过于担保银之半。所有合同款式，存在本公所，除安息日外，每日十一点钟至三点钟均可到看。

特此通知。

乙酉年正月十四日示。

1885 年 2 月 28 日，取消祥安公司黄成兴闱姓承充合同

1885 年 2 月 28 日（第 8 号），大西洋澳门公物会书记亚宋生奉公物会命为通知事。

照得闱姓承充人祥安公司黄成兴未遵守该承充闱姓生意合同款式，是以本日公物会当堂议定，将该承充合同销废，系按照合同内所载之款式而行也。

为此周知。

1885 年 2 月 28 日，开投澳门、氹仔、过路湾闱姓

1885 年 2 月 28 日（第 8 号），大西洋澳门公物会书记亚宋生奉公物会命为通知事。

照得澳门、氹仔、过路湾闱姓生意，兹特招人暗投承充，自一千八百八十五年三月廿二日、即华二月初六日起，至一千八百八十七年九月廿六日止。如有欲承充者，准限廿一日内，即以西纪一千八百八十五年三月廿一日、即华二月初五为满廿一日之期。该期内投票，除安息日外，每日十一点钟至两点钟，均可到本公所将票投递，但所投之票须用信套加火漆封固，并盖该原人印章。其信要写明递至公物会收，并书明投票之人姓名。每投一票，须要先交出压票银三万元，贮在公物会银库，为担保此票。该票格式开列于后：某某人求澳门、地扪公物会准给某人承充闱姓生意，自一千八百八十五年三月廿二日起至一千八百八十七年九月廿六为期。某某愿出规银若干，为该期之价，并现时公物会所有颁看此闱姓生意之章程款式，某某应承一概遵守。澳门一千八百八十五年某月某日。

所投之票内，必须写明愿出价银实数若干。倘票内有论及别人投票之价，则算为废纸。兹订于本年西纪三月廿一日、即华二月初五日两点钟，在本公会各宪面前，当堂将各人所投之票开拆，如该票所出至高之价，合公物会之意，方准其承充。如所出至高之价不合公物会意者，任从公物会酌量如何有裨国课办理。倘有三两票同价，并其价合公物会意者，即准该人明投，以价高者得。如经公物会准其承充，即刻要该承充人交出银四万五千元，连压票银三万元，共成七万五千元，系依合同十五款内所定担保银七万五千元为准。如不遵守本款，即将所准承充销废，并将压票银三万元充公。至于担保银七万五千元之项，准其一半，即值三万七千五百元银交出屋业作按，为替换担保，其屋业要坐落本澳，并无按典及经买火烛保险者方可。但是日开投完堂之后，所有未投得之压票银三万元交回原人。至担保之银七万五千元，俟满西纪本年九月廿六日，可收回银一万五千元；至一千八百八十六年九月廿六日，亦收回银三万元；其余三万元，仍然贮下为担保第三年。如有屋业交出作按，其业所值不得过于担保银之半。所有合同款式，存在本公所，除安息日外，每日十一点钟至三点钟均可到看。

特此通知。

乙酉年正月十四日示。

1885年3月21日，着乾彩堂缴纳闱姓规银

1885年3月21日（第12号），大西洋澳门华政衙门写字啰呲士

为通知事。

案据国家律师代公物会控告乾彩堂一案，因知乾彩堂不在澳，系在香山县，但不知在该县何处。兹特出示，传乾彩堂限其三十日，系自宪报第二次颁行之日起计，满期再展十天，该乾彩堂须到公物会缴纳西纪一千八百八十四年十一月廿七日至十二月十六日闱姓规银一万一千六百九十四元四毫四仙五。倘过期不纳，则代其举状师一位，将其所有作按担保之物业查封变抵。

为此通知。

乙酉年二月初三日。

理事官何查明真实在案。

1885年5月9日，开投澳门、氹仔、过路湾闱姓

1885年5月9日（第19号），大西洋澳门公物会书记亚宋生奉公物会命为通知事。

照得现招人承充在澳门、氹仔、过路湾开收闱姓票，以一年为期，自本年华四月二十五日起计。如有欲投者，可将投票封固，自本日至四月初十日十一点钟，除安息日外，均可到公物会书记房投票。其票须用信套封固，并盖投票之人图章。其

信皮写明交公物会收，及写投票之人姓名。每投一票，要压票银一万元。该银须先交公物会银库，方可投票。该票格式开列于后：某求澳门、地扪公物会准将承充闱姓生意给与某，以一年为期，系自本年华四月廿五日起计。某人愿出该一年之价银________元，所有公物会书记房颁看闱姓承充合同款式，某人一概应承遵守。一千八百八十五年______月______日画押。

定于四月初十日两点钟，公物会各宪将所投之票当堂开拆，须看何票于公物会更有裨益，方准承充。如所投之票均不合公物会意，任由本公会自拟再行酌夺。如有两票同价，亦合公物会意者，则准其两人明投，谁出价高者得。倘一投成，该承充人即要交银与公物会，连压票银一万元，以足其担保之数。其担保银须按照合同内二十款所定，如不遵守此款交银，则将所准承充销废，并将压票银一万元充公。在开投之日，如经投毕，所有未经投得者之压票银，立刻交回。所有承充合同款式，存在本公会书记房，除安息日外，每日十点钟至三点钟均可到看。

特此通知。

乙酉年三月廿五日示。

1885 年 10 月 22 日，开投澳门、氹仔、过路湾白鸽票

1885 年 10 月 22 日（第 42 号），大西洋澳门公物会书记亚宋生奉公物会命为通知事。

照得现招人承充澳门、氹仔、过路湾白鸽票生意，以两年为期，系自西纪本年十二月廿一日（即华十一月十六日）起计，至一千八百八十七年十二月二十日为止，如有欲投者可将票封固，自本日至华十月初一日一点钟，除安息日外，均可到公物会书记房投票。其票须用信套加火漆封固，并盖投票人之图章，其信皮写明交公物会收，及书明投票之人姓名。每投一票要压票银一千元，该银须先交公物会银库，方可投票。该票格式列后：某求澳门、地扪公物会准将承充白鸽票生意给与某某，以两年为期，自西纪本年十二月廿一日、即华十一月十六日起计，某愿出该两年之规银________元。所有公物会书记房颁看白鸽票合同款式，某应承一概遵守。澳门一千八百八十五年某月某日画押。

定于华十月初一日两点钟，公物会各宪当堂将所投之票开拆，须看何票于公物会更有裨益者，方准其承充。如所投之票均不合公物会之意，任由本公会自拟如何办理。若有两票或多票同价，亦合公物会意者，则准其投票之人明投，谁出价高者得。倘一投成，该承充人即要交银与公物会担保遵守本合同，其银按照所投成之价，每十五日纳规银一次，要交六次之规银为担保，或交出殷实人担保，按照合同十五款而行。如不遵守此款交银，即将所准承充销废，并将压票银一千元充公。如已投毕，所有未经投得者之压票银，立即交回。所有承充合同款式，存在本公会书记房，除安息日外，每日十一点钟至三点钟均可到看。

为此通知。

乙酉年九月初十日。

1885 年 11 月 12 日，鱼塘行承充澳门、氹仔、过路湾闱姓

1885 年 11 月 12 日（第 45 号），大西洋署澳门理事官办理华政事务梁绍奉公物会命为出示谕知事。

照得澳门、氹仔、过路湾开收闱姓生意，现经准玛西墨盎奴·晏多尼·利美地阿士（Maximiano Antonio dos Remedios），即华名鱼塘行承充，但前承充人经有收买归博闱姓票，或自己所收，或准开闱姓各厂所收之现银票。本衙门曾经出示招人将该买现银之票前来挂号，其银尚未交还。兹该新承充人应承限六个月内，将前到本衙门挂号之该现银票查明果合律例者，即将银交还。如未在期内到本衙门挂号者，则概置不理。

为此特谕，俾众咸知。

乙酉年九月廿七日示。

1886年5月6日，何碧云承充过路湾番摊鸦片

1886年5月6日（第18号），大西洋澳门公物会书记亚宋生奉公物会命为通知事。

照得过路湾承充番摊鸦片烟膏生意，以两年为期，系自本年西纪四月初一日起至一千八百八十八年三月卅一日止。此承充该两年生意，系准何碧云为承充人，其所有章程经已颁行于一千八百八十二年六月初六日第廿二号之澳门宪报内第二附报。

特此周知。

丙戌年三月廿七日。

1886年5月6日，悠久堂承充氹仔番摊鸦片

1886年5月6日（第18号），大西洋澳门公物会书记亚宋生奉公物会命为通知事。

照得氹仔番摊及鸦片烟膏生意，以一年为期，系自西纪本年五月初一日起至一千八百八十七年四月三十日止。此承充一年生意，系准悠久堂为承充人。其所有章程经已颁行于一千八百八十二年六月初六日第［廿］二号澳门宪报内第二附报。

特此通知。

丙戌年三月廿七日。

1887 年 3 月 10 日，开投氹仔番摊鸦片

1887 年 3 月 10 日（第 10 号附报），大西洋澳门公物会代书记管数官巴波沙奉公物会命为通知事。

定于三月初二日一点钟，在本公物会大堂各大宪面前招人承充氹仔番摊并煮鸦片烟生意，以一年为期，系自西纪本年五月初一日、即华四月初九日起，至一千八百八十八年四月三十日为止。谁出价至高者得。如欲喊价，必须先交出现银四百元存在公物会银库，方准开声喊价。如果投成，应交出银一千五百元存贮公物会库房，以为担保遵守合同，或交出殷实人担保亦可。如所出至高之价不合公物会意者，不准其承充亦得。所有合同款式，在管数官写字房颁行，如有欲看者，可每日自十点钟至三点钟均得。

特此通知。

丁亥年二月十四日示。

1887 年 3 月 31 日，鱼塘行承充闱姓合同定刑定罚并涉外事款

1887 年 3 月 31 日（第 13 号），大西洋澳门公物会书记亚宋生奉公物会命为通知事。

照得闱姓生意，经准鱼塘行即吗味哑呶・晏哆你・唎美地阿（Maximiano Antonio dos Remedios）承充，已立合同为凭。今将该合同所有禁止之条定刑定罚各款，并该合同内所有关涉外人事款，开列于后：

一、如经有发卖闱姓票，必要开票。如无票开，应将买票本银给还投票之人，每条票价每元内扣银四分六厘，以赔部卷费用。

二、承充人一知该票不能开，即须写告白布告各人知悉，各闱姓厂必要按照上款给还所买票人之银。

三、今欲有担保谢教银两，并有担保或不开票应给还现银买票之银。每一闱姓厂应有担保一人，该承充人应将所有担保人姓名列一清单交公物会写字房。

四、如有伪做闱姓票，或更改图章，或更改闱姓部篇数，倘此人系在西洋属地捉获，必要照犯罪之律办理。

五、如承充人将闱姓厂转让别人开设，而买票之人任由其信何厂投买闱姓票，是以谢教银系向何厂买票则向该厂问取谢教银。若有不开票，则亦向该厂讨回买票之银。其非承充人之事，则与承充人无涉。如承充人系自开闱姓厂，则该厂之谢教银及票银均归承充人是问。

六、如照上款经有之件而不交还现银、买票之银，该投票之人可以照例赴衙门控追，该衙门必要勒令闱姓厂给还。

七、投票之人经已交清票银，方可问取该票所中之谢教银。

丁亥年三月初四日示。

1887年4月28日，冯勤承充番摊合同定刑定罚事款

1887年4月28日（第17号），大西洋澳门公物会书记亚宋生奉公物会命为通知事。

照得番摊生意经准冯勤承充，立有合同，以一年为期，系自西纪本年五月初一日起至一千八百八十八年四月三十日止。今将该合同所有禁止之条及定刑定罚各款开列于后：一、如有人未经向承充人问准人情，擅开摊馆，每间罚银五十两。其银半归公物会，半归承充人。已（以）上禁条，各宜凛遵。毋忽。

丁亥年四月初五日示。

1890年1月30日，开投过路湾番摊

1890年1月30日（第5号），大西洋澳门督理国课官巴波沙为出示招人出投承充事。

定于本月廿六日一点钟，在本衙门招人明投承充过路湾番摊生意，以二年为期，系自本年西纪四月初一日，即华闰二月十二日起，计至一千八百九十二年三月卅一日为止。所有明投之章程列左。

一、如欲投者，须先交出银一百元，贮在本衙门银库，取回收单，届时将收单当堂呈出，方准开声出价。如所出之价不合本衙门意者，则不准其承充，即将所交之银一百元给回；如投成者，准其承充之后，若不允即签名于暂立合同之内，则将该银一百元充公。

二、如经当签名于暂立合同之时，须交出殷实人担保，或交现银一千元存贮银库，取回收单，当堂呈出验明，以为担保遵守合同。

三、所投出之价银各事宜，任由国课官酌量，视其较有裨于国课者，则准其承充。

四、准承充之后，即将暂立合同详上督宪察夺，俟督宪批准方算为实。

其暂立合同之条款，现存本衙门，除安息日外，每日十点钟至三点钟均可到看。

特此通知。

庚寅年正月初八日示。

1890 年 2 月 27 日，开投氹仔番摊

1890 年 2 月 27 日（第 9 号），大西洋澳门督理国课官巴波沙为出示招人投票承充事。

照得定于二月廿五日一点钟，在本衙门招人落票，暗投承充氹仔番摊生意，以二年为期，系自本年西纪五月初一日，即华三月十三日起，计至后年一千八百九十二年四月三十日为止。所有落票之章程列后：

一、其投票之信，应在开投时方可交出，如有欲落票者，应先交出银一百元，存贮国课衙门银库，以为压票之银，即为担保所出之价。如未投成，即将该银给回，如准其承充而不即签名于暂立合同，则将该压票银充公。

二、所有落票之格式列后：某某，愿承充氹仔番摊，应承遵守国课衙门所颁行之合同章程，并愿出价银________元至于担保遵守该合同，某某或愿交出银，或愿交出殷实人担保。澳门，庚寅年三月廿五日。投票人画押，如有担保人，亦应画押。

三、如有用别样格式写票，或过开投之时五分钟，方将投票之信呈出，则均不理矣。

四、至于担保该合同，务须交出银一千元，或交出殷实人亦可。

五、如该票内有相宜，可准其承充者于未投毕之时，则通知该投票之人经已允准，如该投票之人应承交银担保，须立即交出银，以足其一千元之数。如不交出银者，则将压票银充公。

六、投毕之时刻，即写暂立合同。

七、至于准何时承充，准何人承充，均任国课衙门弃取。

八、所有除安息日外，每日十点钟至三点钟，均可到看。其该暂立合同，务须详上本澳督宪批准，方算为实。

特此通知。

庚寅年二月初八日示。

1890年6月26日，王灿承充过路湾番摊及何昆承充氹仔番摊条款

1890年6月26日（第26号），大西洋澳门督理国课官巴波沙为出示晓谕事。

照得过路湾番摊抽收规银权利，准王灿承充，以两年为期，系自一千八百九十年四月初一日起，至一千八百九十二年三月三十一日止。所有禁条行罚等款及有关于外人之款，兹特申明列左：

A、过路湾之开设摊馆，只准承充人方得发牌，此款系合同内第四款。

B、如未领牌而开摊馆者，该管官立刻将该摊馆查封，初次罚银一百元，再犯每次罚银二百元。其罚项半归国课，半归承充人。

照得氹仔番摊抽收规银权利，准何昆承充，以两年为期，系自西纪一千八百九十年五月初一日起，至一千八百九十二年六月三十日止。所有禁条行罚等款，及有关于外人之款，兹特申明列左：

A、氹仔之开设番摊馆，只准承充人方得发牌，此系合同第四款。

B、如未领牌而开摊馆者，该管官立刻将该馆查封，初次罚银一百元，再犯每次罚银二百元，其罚项半归国课，半归承充人。第四款附款二。

庚寅年五月初四日。

1890 年 10 月 9 日，保护外人来澳购买合法闱姓票

1890 年 10 月 9 日（第 41 号），大西洋署澳门理事官、办理华政事务沙（Francisco Maria de Salles）为出示严禁事。

照得本澳闱姓，乃奉大西洋官宪准予开设者。凡有外埠之人前来澳门，向领牌闱姓各厂买票，任由该厂发卖，毋得拦阻。兹本官近日访闻，有奸人匪徒潜来本澳，意欲阻挠外人投票，以危言恐吓，胆敢声称，俟出澳外定将其人拿获究办等语。此等匪徒，殊属藐法，是以特行出示晓谕，倘有此等匪徒，暗中窥探及作线串通者，一经查出，定必严拿重办，决不姑宽，为此特示。

庚寅年八月廿五日。

1891 年 10 月 15 日，禁止字花彩票

1891 年 10 月 15 日（第 42 号），大西洋署澳门理事官办理华政事务为奉大宪命严禁事。

照得澳门、氹仔、过路湾字花票，向有例禁，曾于一千八百八十七年七月初二日，承充白鸽票合同内载明，如有开字花者，罚银一千元等语，是以特谕各人知悉，如有违例，定必从严重办，毋忽。

特谕。

辛卯年九月初八日示。

1892 年 4 月 16 日，沈泽英、何显华承充过路湾番摊暨弛禁通告

1892 年 4 月 16 日（第 15 号），大西洋澳门督理国课官巴波沙为谕知事。

照得过路湾番摊生意，分准华人沈泽英、何显华承充，其期系自西纪一千八百九十二年四月十五日起，至一千八百九十五年六月三十日止。所有关涉外人之条款列后：第四款：在过路湾开番摊馆之权，只归承充人发牌准开，别人不得给发。附款：如有摊馆未经向承充人领牌者，立即报知该处政务厅，饬令闭歇。其该馆司事人初次罚银一百元，再次罚银二百元。其银半归国课，半归承充人。

壬辰年三月十七日。

大西洋钦命澳门理事官办理华政事务卫为晓谕弛禁事。

照得前于西纪一千八百九十二年三月三十一日，即华三月初四日，本官经有示谕，严禁过路湾赌博番摊等语。今奉大宪命，因过路湾番摊生意经准沈泽英、何显华承充，其期系由西纪本年本月十五日，即华三月十九日起计，按照合同开办，自应由是日弛禁可也。今欲各人周知，故饬将此示刊列宪报，并粘在常贴告示之处。为此特谕。

壬辰年三月十七日示。

1892 年 5 月 21 日，澳门仁慈堂彩票章程

1892 年 5 月 21 日（第 20 号附报），大西洋澳门地扪暨所属地方总督布为札知事。

照得据澳门仁慈堂禀呈该堂开票发卖章程，本大臣按照政律部第二百廿七款附款一允准，并饬辅政司画押颁行，与本札谕一体遵照。为此，札饬本澳文武官员军民人等一体知悉。须至札者。

光绪十八年四月廿三日。

第四十七号札谕。

澳门仁慈堂票章程：

第一款：所有中式银两定额，先须仁慈堂公会拟定，申详本澳督宪核准，方可颁行。

第二款：所有卖出之票，俱有票底存据，每票分十则，该票均盖有仁慈堂图印及该公会首董事人名图章为据。附款一：所开之票各会均有不同，容易分辨。附款二：所有之票，不准外人再分则数发卖。

第三款：本堂另有一法，将该卖出之票剪去分给，其票底则存为据。如有中式之票，必须与票底相对符合，方算为真。

第四款：如有携来中式之票，立刻凭票送交彩银。倘看该票，有疑其伪，或与票底不符，不得立刻领取彩银，须后查明办理。惟该人素系殷实，又有人担保，后来如有别票与该票底相符者，即交出其人辨明，方得交彩银。附款：如查携来之票，果有假伪实据，即将其人交该管之官，照例而办。

第五款：其票在仁慈堂发卖至开票之时候，预先一点钟止截，并有特请代卖该票之人姓名，不日通报。附款一：所卖之票俱要现银交易。附款二：其代卖票之人如到仁慈堂赊取票根，本堂须订明担保银若干，并议每百元送花红银二元，该票银每月找结清楚。

第六款：在本堂写字房内卖票，必须照原价发卖。

第七款：代卖票之人，如有赊取之票未能卖完者，须于开票之日上午七点钟，交回本堂写字房。附款：如代卖票之人有卖剩之票，届时不交回者，即算为经卖。

第八款：其中式彩银，定于开票之翌日，起派自十点钟至三点钟，无论何日，均可按时到领。本堂于开票之后，即有谢教单派送，则照本堂之单发给彩银。附款：其中式票领彩之后，即将该票盖销号图章。

第九款：如卖出之票有中式票，开票之日起，一年内无人到领彩银，则将该彩银归本堂收。另如有卖剩之票，中式彩银即归本堂收。

第十款：如中式票有毁烂，令人思疑假伪者，毋得领取彩银。

第十一款：其彩银凭票照数交足，至于应纳国课衙门印厘，则归本堂支理。

第十二款：开票之翌日，本堂按照谢教银数，抽出印厘若干，交纳国课银库。

第十三款：所有预定开票之时日及处所，到时是必照依举行开票。附款：其卖剩之票，于未开票之时，将该剩票销废，照十五款办理。

第十四款：本堂公会定必举出本会内三位另作一会，以为监查销废剩票及开票等事，其另会仍用该堂之写字为书记，该书记应有志事录一部，以为注明销废之剩票并开票各事，须要另会三人并证人两名及政务厅签名为据，其证人系由当堂观看开票之人选举。

第十五款：所定开票之时日及处所，其十四款所定之公会，届时定必齐集，一俟政务厅及写字到堂，立即开票，其开票之法列后：甲、先将卖剩之票数过，即将该剩票用销废图章给明，然后将所剩之票多少数目及何号数，逐一注明志事录内，各人签字，即行开票，开完之后，即将所剩之票，用火焚化。乙、将票号球对过，由一号至尾号止，又查看中式球面，所写中式数足否，然后入归各箱，其两箱一为票号箱，一为中式箱，均有中西字写明，贴在箱外。丙、开票之规矩列左：一、该两箱分置抬之，左右各一。二、该每两箱边，用一小童赤手臂探取号球，又用一人喊球之号数。三、该小童于号球箱取出一球，随即转交该喊号之人，高声朗诵球之号数，其中式箱边之小童，亦探取一中式球，随即转交该喊号之人，高声朗诵中式之数，即算为该号中式，陆续探取，至中式号数完毕为止。但必须先取号球一枚，连取中式球一枚，以便相对。所取出之球，均由喊号之人读毕，更交公会查对，以免错误。至于所取号球，不能一气抽两枚，并不得先取中式球，后取号数球，须要先取号数球为要。迨至抽完中式球，所有号数箱内所剩之球，除两条傍票之外，均算为白票。其公会之写字，及政务厅之写字，一面听读，一面抄录中式号数于号单，如该箱偶有错手，误取出两球者，无论何箱，刻即将球掷回箱内，不准读号数。所有开票各事，均即注落志事部内。

第十六款：所有办理开票事件，应令人众目共睹。

第十七款：一经将该票开毕，随即印谢教单首董事签字，并盖仁慈堂图印为据。

第十八款：该票每次何时发卖，定必预先通报。

第十九款：至于本堂卖票之数，本堂应立数部二本，一注明出入银两及支销费用，即为进支部，俟总核算。如有剩银，即拨入本堂进支部。一本系注明代卖票之人交银及余数。

西纪一千八百九十二年五月初二日。

辅政使司郎吵（Joaquim da Graça Correia e Lança）画押。

1892 年 11 月 24 日，何广承充澳门、氹仔、过路湾白鸽票

1892 年 11 月 24 日（第 47 号），大西洋澳门督理国课官巴波沙为晓谕事。

照得澳门、氹仔、过路湾白鸽票生意，前准何广承充，系自西纪一千八百九十二年十二月廿一日起，至一千八百九十八年六月三十日止。兹将所有白鸽票合同内关涉外人之事，谨将条款列左。

二、其规银应纳国课银库。

三、其第二款所应纳之规银，每月至十五日缴纳下月之十五日上期规银。如到该十五日尚未交纳，则罚承充人银每百元每年廿四元算。如再过期三日，本官可将本合同销废。如果合同销废，即将担保银充公，只将该情形颁行宪报，无需别样规矩。倘若再投，其价不及原价之数，则要承充人及担保人补足。如合同系用人担保者，一经销废，该担保人应立即将三分一之担保银交与银库收。

四、独承充人只可在澳门、氹仔、过路湾做白鸽票生意，但收票铺应用多寡，可以在本澳开足。

五、此白鸽票仍用八十个字为额，其投票者照定数之字拣投。

六、所用之字母，系承充人或承充人所请之先生，于未买票之前，应在票厂内作定。

七、一将字母作定，即安在箱内，该箱应预备锁匙两条。如华政务厅欲将该匙更换，即要更换但该匙两条，一归承充人收管，一归华政务厅收管。其字母须当华政务厅所差之人面前，锁入箱内。

八、开白鸽票时，要华政务厅所差之人面前开箱取出，作定字母登时照字点起分派各票艇。并照式再点一纸，交与华政务厅承差之人，该差即于字母内写明开票日期，并签名字内，携回华政务厅存案。

九、承充人合式每日可开票两场。

十、凡开票时候，并作字母入箱时候，该承充人应请与理事官商定。

十一、凡买票章程如何准买之法，应于未开厂之先，将章程逐款查明，送呈理事官查阅核准之后，交华政务厅存案。

十二、凡中式银拾两之下，见中式票立即交银；如中银过拾两之上者，准限廿四点钟内交清。附款：如违上款，则应罚承充人银一百元，另要即交还中式之银。

十三、凡有中式银，如迟延多日不交者，该管官可罚承充人银一百元至五百元。并督理国课官禀请督宪，将该合同销废亦得。

十四、该承充人应禁止各人在各票厂嘈吵滋事，并应开列一单，指明各厂坐落何处，及将各厂所用工人若干暨名姓，亦须报明华政务厅。

十五、所有票厂之事务并查该厂之权，均归华政务厅办理。

十六、凡中票之人问取中式银两，由中票之日起限至八日内可以控追。如过八日之外，则不得控追矣。

十七、不准承充人及别人在澳开收字花及山票并各种同项华票。附款一：如有违上款，或未经向承充人求取人情，自行收票，或有别项瞒骗者，要罚银一千元，其罚款半归国课，半归承充人。附款二：但闱姓票不在此款之内。

十八、所有向承充人领牌代买白鸽票者，即俗称票艇，如有不照实数报与票厂，或将卖出白鸽票吞骗，不全数报明票厂，或有别项瞒骗承充人者，罚银廿五两至五十两，另要按例治罪。附款一：其罚款应归华政务厅议罚，其银半归国课，半归承充人。附款二：如有再犯此款者，罚银五十两至一百两，如屡次不改，则要从严究办，以视同棍骗国课惩罚，盖承充人系代收国课故也。

光绪十八年九月二十六日。

1892 年 11 月 24 日，开投澳门、氹仔、过路湾闱姓

1892 年 11 月 24 日（第 47 号），大西洋澳门督理国课官巴波沙为示知事。

现奉督宪钧命转奉朝廷谕旨，定于西本年十二月十七日，即华本月廿九日一点钟，在本衙门大堂，当西纪一千八百九十一年十二月十一日第一百十四号之上谕所定公会面前，招人暗票出投，承充澳门、氹仔、过路湾闱姓生意，以八年为期，系自西纪一千八百九十四年十一月十一日起，至一千九百零二年十一月初十日止。如有欲投承者，须写票用信筒封固，俟开堂之时呈出。所有章程列左：所有投票，须于开堂出投之时方可呈出。其写票格式列后：某某愿承充澳门、氹仔、过路湾闱姓生意，愿每年出规银若干，所有现时在督理国课衙门颁行之章程，我应成承遵守而行。澳门，一千八百九十二年十二月十七日。承充人某某的笔签名。如所投之票不依格式缮写，或开堂时过五个边呢呈出，概置不理。如有愿投者，必须先交出压票银八万元，贮在银库收，或交出坐落本澳值银十六万元之物业，经有买火烛保险，并将该物业照例按到督理国课衙门，方准出投。既投得，不允立刻签名于暂立合同之上，则将压票银充公。倘未投得者，即将该压票银给还。其投得者所交出之压票银，如官未经定实，则将该压票银算为担保合同，其出价至高及担保至多者得。如所投之票合意，即于未散堂之时，先行声明。当投毕之时，即行立合同，其允准与否，须俟朝廷批复方算为实。所有章程存在本衙门，除安息日外，每日自十点钟至三点钟，均可到看。

特此通知。

壬辰年十月初五日。

1892 年 12 月 15 日，陈槐堂承充氹仔番摊暨准开赌船条款

1892 年 12 月 15 日（第 50 号），大西洋澳门督理国课官巴波沙为晓谕事。

照得氹仔番摊生意，经准陈槐堂承充，由一千八百九十二年九月初一日起，至一千八百九十四年六月卅日止。兹将承充合同内所有关涉外人之事各条款列左。

四款：惟承充人可发给执照，准人在氹仔开设番摊馆，别人不得发给。附款一：该执照只准在氹仔开设摊馆，但不准在别村开设。附款二：若未求领执照，擅自开设摊馆，地方官可立即将其摊馆查封，并将该馆司事人行罚，如犯第一次，罚银一百元，第二次罚银二百元。其罚项半归国课，半归承充人。

五款：在摊馆内只准赌博番摊，不得设别样赌博，如有违犯，罚承充人银二百元。

六款：准承充人在氹仔埠头之海面，开设摊船四只。

壬辰年十月廿四日。

大西洋澳门督理国课官巴波沙为晓谕事。

1892年12月15日，沈泽英、何汝华承充过路湾番摊条款

1892年12月15日（第50号），大西洋澳门督理国课官巴波沙为晓谕事。

照得过路湾番摊生意，经准沈进即沈泽英、何汝华承充，由一千八百九十二年四月十五日起，至一千八百九十五年六月卅日止。兹将承充合同所有关涉外人之事各条款列左。

四、在过路湾开番摊馆之权，只归承充人发牌准开，别人不得经发。附款：如有摊馆未经向承充人领牌者，立即报知该处政务厅，饬令闭歇，其该馆司事人初次罚银一百元，再次罚银二百元。其银半归承充人，半归国课。

五、该番摊馆只准揸番摊，不准别项博赌，如有违犯，罚承充人银二百元。

壬辰年十月廿四日。

1892年12月29日，澳门、氹仔、过路湾闱姓续期补充章程

1892年12月29日（第52号），大西洋澳门辅政司费奉大宪钧命转行晓谕事。

照西本年十二月二十日，即华本月初二日，接到朝廷电谕，内开所有澳门、氹仔、过路湾闱姓生意，准现时承充闱姓公司接充。其期展以八年为限，系由西纪一千八百九十四年十一月初十日，即现时合同满期之日起计，每年交纳规银六万元，并应承按照该承充闱姓章程。自本日起，每年除应纳规银之外，加纳银二万元。此章程乃是照前月廿九日出投之时为准，是以于今日本月初四日，在督理国课衙门照例缮立合同，及照章担保矣，俾众咸悉。

为此特谕。

壬辰年十一月十一日。

1894 年 4 月 28 日，开投迯仔番摊

1894 年 4 月 28 日（第 17 号），大西洋澳门督理国课官巴为通知事。

照得定于西五月初四日，即华本月廿九日一点钟，在本衙门大堂，按照西纪一千八百九十一年十二月十一日第一百一十肆号上谕所定之公会，将迯仔番摊生意暗票出投，招人承充，谁出价高并合本公会意者得。其期系由西纪一千八百九十四年七月初一日起，至壹千八百九十九年六月卅日止。其承充合同以本衙门现在所存，除安息日外，每日十点钟至三点钟任人到看之章程为底。仍照下所列规矩而行。

一、投票者须先交压票银二百元，存在国课银库，该压票银限交至西五月初四日一点钟止。其未投得者，即将压票银给还，倘经投得，若不允按照本衙门出投时章程签名于所立合同，或不能交足一年投价银三分之一以为担保此合同者，则将压票银充公。

二、该投票须用信函封口并加火漆，准于是日一点钟，交呈国课官收。

三、投票格式列下：某某，愿承充迯仔番摊生意，每年出规银若干，其国课衙门所存章程一应遵守。澳门，一千八百九十四年五月初四日。投票人某某的笔。

四、如投票不依上款格式写法，并过第二款所定时候，均不准收。

五、所有承投之暗票，本公会准于开堂时拆开，高声宣读，谁出价高者，准其承充。

六、列下各件，本公会有权自定：A、国课衙门所存章程，可以更改，至西五月初二日三点钟止。B、如有两人或数人同票均出高价者，只将此同票之人另行明投。C、如出得高价但与公会不相宜者，本公会可以不准其承充。

七、本公会所准承充，便作实事，是以即立合同。

甲午年三月十一日。

1894年12月15日，两葡商承充澳门、氹仔、过路湾闱姓展期条款

1894年12月15日（第50号），大西洋钦命澳门督理国课官巴为通知事。

照得澳门、氹仔、过路湾闱姓生意，经准少美拿年奴·士哪·非难地（Bernardino de Senna Fernandes Jr.）并若瑟·方济各·依沙基利·巴路士（José Francisco Excquiel de Barros）遵照西纪一千八百九十二年十二月廿二日在本衙门所订之合同，将承充期限宽展，其期系由西纪一千八百九十四年十一月十一日起，至一千九百零二年十一月初十日止。今将其合同内一切禁止之条，刑罚各款，以及关涉外人之事详列于后。

第五款：如闱姓票既经卖出，必要开票，倘无票开，应将其买票本银给还投票之人，于每条票价每元内扣银四分六厘，以赔部卷费用。

第十一款：承充人一经知该票不能开，即须缮写告白布知各人，而各闱姓厂必要按照上款，将投买票人之银给还。

第十二款：倘各闱姓厂为欠债项或因他故被人控告，一经本澳官查度情形，足可饬承充人将该厂牌照收回，该承充人即应遵办。

…………

第廿三款：今欲将谢教银两与及或不开票应将所买票之现银给还等件，均须立殷实担保，每闱姓厂一间，须有担保一人，该承充人宜于本合同开办时，将所有担保人姓名住址列一清单，呈交本衙门。即有复多开设者，亦须报明。

第廿五款：倘有伪造闱姓票，或更改图章，及闱姓部篇页，若此人系在西洋属地捉获，必须照犯罪之律办理。

第廿六款：投票之人惟须将票价交清，方可问取该票所中之谢教银两。

第廿七款：如承充人将闱姓厂转让与别人开设，而买票之人任其信何厂投买均可。但谢教银系向何厂买票，则向何厂问取。若票不开，则亦向该厂讨回买票之银，其非属承充人之事者，即与承充人无涉。如闱姓厂系归承充人自行开设者，则该厂之谢教银及买票银，均归承充人是问。

第廿八款：如照上款经有之件而不交还以现银买票银两，该投票之人可以照例赴衙门控追，该衙门必要勒令饬闱姓厂给还。

甲午年十月廿五日。

1894 年 12 月 22 日，开投春节骰赌牌照

1894 年 12 月 22 日（第 51 号），大西洋钦命澳门督理国课官巴为通知事。

兹定于西来年正月初五日，即华十二月初十日一点钟，在本署出投公所当本官将大街约一带摆列骰赌台之牌照，招人明喊，出投包领。限以八日为期，系由西来年正月二十五日至二月初一日，即华本年年底卅日起至新年初七日止。谁出价至高者得。所有出投章程列后。

一、当未喊价之时，须先交出压票银一百元，贮在银库，掣取收单，迨喊价时，呈出为据，方准开声喊价。投毕之后，其未投得者，即将该压票银给回。如经投得，不允于暂立合同上签名，则将该压票银充公。

二、立暂行合同之后，须俟详上督宪批准，方算为实。

所有合同章程，存在本衙门，除安息日外，每日自十点钟至三点钟均可到看。

特此通知。

甲午年十一月廿四日。

1895 年 4 月 13 日，开投过路湾番摊

1895 年 4 月 13 日（第 15 号），大西洋钦命澳门督理国课官巴为示知事。

照得定于西本年四月廿五日，即华四月初一日一点钟，在本衙大堂当一千八百九十一年十二月十一日第一百十四号上谕所定之公会面前，招人承充过路湾番摊生意，其期系由西纪一千八百九十五年七月初五日起，至一千八百九十八年六月卅日止。如有欲承充者，须写票用信筒封固，送呈本衙门。谁出价高及合宜者得。其承充合同，乃以本衙门现在所存任人查阅之章程为底，除安息日外，每日自十点钟至三点钟，均可到看。兹将出投规条列下。

一、投票者须先交压票银一百元，存在国课银库，限交至西本年四月廿五日一点钟止截。其未投得者，即将该压票银给还。倘经投得，若不允照本衙门出投时章程签名于所立合同，或不能交足一年投价银三分之一以为担保此合同者，则将该压票银充公。

二、该投票须用信函封口，并加火漆，准于是日一点钟呈交国课官。

三、投票格式列下：某某，愿承充过路湾番摊生意，每年出规银若干，其国课衙门所存章程一应遵守。澳门，一千八百九十五年四月廿五日。投票人某某的笔。

四、如投票不依上款格式写法，并过第二款所定时候，均不准收。

五、所有承投之暗票，本公会准于开堂时拆开，高声宣读，谁出价高及合宜者，准其承充。

六、列下各件，本公会有权自定。A、国课衙门所存章程，可以更改，但限至西四月廿三日三点钟止。B、如有两人或数人同票均出高价者，只将此同票之人另行明投。C、如出得高价，但与公会不相宜者，本公会可以不准其承充。

七、本公会所准承充便作实事，是以即立合同。

乙未年三月十一日。

1895年5月4日，再次开投过路湾番摊

1895年5月4日（第18号），大西洋钦命澳门督理国课官巴为示知事。

照得前于上月十一日，本署所出招人承充过路湾番摊生意之告示，经在第十六号宪报颁行，兹缘是日未经投成，是以改定于西本年五月初九日，即华四月十五日一点钟，仍在本衙大堂暗票出投，招人承充，以三年为期，系由西纪本年七月初一日起计。所有出投规条列下。

一、投票者须先交压票银一百元，存在国课银库，限交至西本年五月初九日一点钟止截。其未投得者，即将该压票银给还，倘经投得，若不允照本衙门出投时章程签名于所立合同，或不能交足一年投价银三分之一以为担保此合同者，则将该压票银充公。

二、该投票须用信函封口，并加火漆，准于是日一点钟，呈交国课官。

三、如投票者，至第二款所定之日一点钟，尚未呈出投票，即将第一款所定之压票银充公。

四、如投票不依格式写法，并过第二款所定时候，均不准收。

五、所有承投之暗票，本公会准于开堂时拆开，高声宣读，谁出价高及合宜者，准其承充。

六、列下各件，本公会有权自定：A、国课衙门所存章程，可以更改，但限至西五月初八日三点钟止。B、如有两人或数人同票均出高价者，只将此同票之人另行明投。C、如出得高价但与公会不相宜者，本公会可以不准其承充。

七、本公会所准承充，便作实事，是以即立合同。

乙未年四月初七日。

1898 年 1 月 1 日，开投澳门、氹仔、过路湾白鸽票

1898 年 1 月 1 日（第 1 号），大西洋钦命澳门正督理国课官巴为晓谕事。

兹定于西纪一千八百九十八年二月初三日、即华光绪二十四年正月十三日一点钟，在本署大堂，当西纪一千八百九十一年十二月十一日第一百一十四号上谕所定之公会案前，将澳门、氹仔、过路湾白鸽票生意暗票出投，招人承充。其期以五年为满，自西一千八百九十八年七月初一日起，至一千九百零三年六月三十日止。兹将所有出投章程列下。

一、所有来投之票，须于出投时将经以交库担保出投压票银六千元之收单一并交出，以昭凭信，俟投毕之后，其未投得着即将该压票银给还；如经投得，不允于合同上签名，则将该压票充公。

二、投票格式列左：某某愿承澳门、氹仔、过路湾白鸽票生意，每年出银若干元，其国课衙门所列之章程亦愿一并之遵守；至于以银两以殷实人或以物业担保者，亦须录明，西纪一千八百九十八年二月初三日投票人某某画押；如有人担保者，该担保人亦应画押。

三、倘有投票不按照格式写法，或开堂之后过五分钟方始交票，一概不收。

四、如内有所投之价与本公会实属相宜，则于未投毕之时，即声明该投票人知，若以银担保者，须将担保之银立即交足，否则将第一款所定之压票银六千元充公。

五、该生意之投价准以银五万一千六百元为底，但本公会有权不论准何人承充均可；倘有票同价，本公会便益何票，再行明投亦得。

六、本公会一经投成，即缮立单据。

七、其出投章程现存本署，除安息日外，每日自十点钟至三点钟均可到看，特此谕知。

丁酉年十二月初七日。

1898年8月13日，何广承充澳门、氹仔、过路湾白鸽票

1898年8月13日（第33号），大西洋钦命澳门督理国课官巴为通知事。

兹将西三月初二日与何广订立承充澳门、氹仔、过路湾白鸽票，以五年为期，自西本年七月初一日起至西一千九百零三年六月三十日止之合同内章程一切有关涉于他人者，摘录如左，俾众通知。

第四款：独承充人可在澳门、氹仔、过路湾做白鸽票生意，至收票铺应用多寡，可在本澳开足。

第五款：开此白鸽票，仍用八十个字为额，其投票者须照定数之字拣投。

第十二款：所有中式银两在十两以下者，见中式票立即交银；十两以上者，限二十四点钟内交银。附款：如违上款：罚承充人银一百元；另该票无论在何票艇投买，均要交还中式之银。

第十三款：凡有中式银竟迟延多日不交者，该管官则罚承充人银一百元至五百元不等；督理国课官亦可禀请督宪将本合同销废。

第十六款：凡中票者问取中式银两，准由中票之日起，于照例日期内可以控追；如逾该例限，则不得控追。

第十七款：所有字花山票及各种同样华票，该承充人或别人均不得在澳开收。附款一：如有违上款或未经向承充人求取人情，自行收白鸽票或有别项瞒骗情事者，即罚银一千元；其罚银半归国课，半归承充人。附款二：闱姓票不在此款之内。

第十八款：所有向承充人领牌代收白鸽票者，即俗称票艇。如有不照实数报明票厂或将卖出白鸽票吞骗，不全数报明票厂或有别项虚瞒骗承充人等弊者，罚银二十五两至五十两不等，另要按例治罪。附款一：如再犯此款：罚银五十两至一百两；若屡犯不改，则从严究办，视同棍骗国课惩罚，因承充人系代收国课故也。附款二：其罚款事宜应归华政务厅议判，该罚款半归国课，半归承充人。

戊戌年六月二十一日示。

1900 年 5 月 19 日，禁止在氹仔、过路湾水陆私设赌场

1900 年 5 月 19 日（第 20 号），大西洋氹仔过路湾政务厅贾奉护理总督公会命为示禁事。

照得氹仔、过路湾地方，无论海面、岸上，除经与国课衙门订立有承充规银合同外，一概不准开设大小赌场。为此出示刊颁宪报，并粘在常贴告示之处，俾众周知，各宜凛遵无违。

特示。

庚子年四月十六日示。

1901 年 3 月 2 日，澳门仁慈堂彩票延期开彩

1901 年 3 月 2 日（第 9 号），启者：西四月初五日，应是澳门票开彩之期。兹因是日为耶苏受难之辰，奉督宪命改于西四月初八日，即华二月二十日开票。特此布闻。

辛丑年正月初八日。

澳门仁慈堂值事宋次生启。

1901年3月9日，开投澳门番摊

1901年3月9日（第10号），大西洋署理澳门正督理国课官方为通知事。

兹定于西纪本年三月二十七日，即华历本年二月初八日一点钟，在本衙门大堂，当一千八百九十一年十二月十一日第一百一十四号上谕所定之公会面前，将澳门番摊生意暗票出投，招人承充，以五年九个月二十天为期，系自西纪一千九百零一年九月十一日起至西纪一千九百零七年六月三十日止。今将出投章程列下。

一、开投之时，凡来投票者，须将已交国课银库压票银五千元之收单同暗票，一并呈堂。

二、所有投票之人，其未投得该生意者，即将该压票银给还。若投得而不肯签名于暂立合同上；或暗票所出之价低于第三款所定，则将该压票银归国课衙门充公。

三、暗票所出之规银不能少于二十四万元。

四、写票格式列下：某某愿承充澳门番摆生意，每年出规银若干，所有国课衙门章程，均愿遵守。系用何项担保，亦须注明。西纪一千九百零一年三月二十七日。投票人某某的笔。

五、本公会于开堂时，将所投之暗票拆开看过，即以暗票所出至高之价为底，再行当众明投。

六、其明投所出至高之价，若果与本公会相宜。本公会即通知其人，立刻将该担保合同按柜银交足。否则将第一款所指之压票银充公。

七、明投时所加之价，每次不能少于五百元。

八、以一年承充规银三分之一作为担保合同按柜银；或用物业担保亦可。

九、所投之暗票，若不照第四款格式写法；或开堂时，过五绵尼钟（minutos）及非当堂呈出者，一概不取。

十、本公会有权将该生意给与本公会最相宜之人；或任定何日准实承充。

十一、散堂之时，即缮立暂合同。

十二、所有承充合同章程存在国课衙门，除安息日外，每日十点钟至三点钟，均可到看。特此通知。

辛丑年正月十九日。

1901 年 3 月 30 日，澳门、氹仔、过路湾闱姓承充商退票告白

1901 年 3 月 30 日（第 13 号），启者：所有光绪二十六年八月庚子文乡试恩科，上年曾经照章开收闱卷。嗣缘津沽拳匪肇乱，遂奉旨展至本年三月举行。本各闱姓厂，原拟将所收现银各卷留至本年三月，照章办理，兹悉该场恩科又经奉旨归并本年八月正科举行，以是前所收恩科之卷，本年三月不能开作，自应将该票银给还，以昭大信。今特按照承充闱姓合同第十一款：布告各人知悉，除将前来澳，到富而贵、名成利、名利就、公信和、富贵全、公信昌、兆章及占元等各闱姓厂，用部投买上年恩科文乡试闱姓票者，均作为注销外，其所有现银票，皆将该票银给还。惟须照该承以合同第五款：扣出部银，以抵部价。兹定自本年二月二十日起，限三个月内，凡到各厂投买现银票者，须于限内携带票根、卷部，到所投买闱姓票之厂交阅，即由该厂扣回部银，收还票价可也。特此预布，俾众咸悉。

光绪二十七年二月初九日。

澳门、氹仔、过路湾承充闱姓生意人伯爵飞难地（Conde de Senna Fernandes）、卢光裕同启。

1902 年 1 月 18 日，开投春节骰宝牌照

1902 年 1 月 18 日（第 3 号），大西洋澳门总督衙门总书吏施为通知事。

照得华人新年骰宝之牌照，兹定于西二月初三日至初六日，即华十二月二十五日至二十八［日］，准到本署请领。

特此通知。

辛丑年十二月初六日。

1902 年 7 月 26 日，开投澳门、氹仔、过路湾闱姓

1902 年 7 月 26 日（第 30 号），大西洋钦命澳门正督理国课官方为出投闱姓生意事。

兹定于西纪一千九百零二年八月廿九日，即华七月二十六日一点钟，在本署大堂，当一千九百零一年十月初三日上谕第一百五十六款所定之公会面前，按照大西洋管理水师事务兼外洋属地部尚书，于总管外洋属地国课事务衙门本年五月十二日第三百四十七号申文内批饬事理，将澳门、氹仔、过路湾闱姓生意出投，招人暗票承充。其期系自西一千九百零二年十一月十一日起至一千九百零五年十一月初十日止。兹将出投章程列左。

一、凡来投票之人必须先将压票银六千元交存国课衙门银库，掣取收条，俟开堂时，将此收条同暗票一并呈出。散堂之时，其未投得者，即将该压票银交还。若投得而未能立刻加足担保银，当堂现缴，或所投之票不依第二款所定之格式书写者，均将该压票银充公。

二、写票格式：某某人欲承充澳门、氹仔、过路湾闱姓生意，每年愿纳规银若干。国课衙门所定各款章程均应承一律遵守。至于担保合同，愿呈出现银若干。西纪一行九百零二年八月二十九日。某某暗票。

三、上款所定之暗票格式，许用华字书写。

四、倘有暗票不照上款格式书写，或过开堂时十分钟交出者，一概不理。

五、上款所说开堂之后，本公会主席即将各暗票拆开，高声宣读，并给与大众观看。谁出价至高，准令承充。该承充人须按照国课衙门所列承充章程第二十二款所载，立即加足担保银两，并签立草合同，仍须听候大西洋朝廷批准，方作为实。

六、担保合同须用现金，惟承充之后，欲取回多少，准换用产业作按。

七、该合同不准用人担保。

八、出投之价以六万元为底，如有同票，另行明喊。

所有承充各款章程现存在本衙门，除安息日外，每日十点至三点钟，均可到看。

特此通知。

壬寅年六月初八日。

1902年10月18日，开投澳门、氹仔、过路湾白鸽票

1902年10月18日（第42号），大西洋澳门正督理国课官方为出投白鸽票事。

兹定于西纪十一月十七日，即华十月十八日一点钟，在本署大堂，当一千九百零一年十月初三日上谕第一百五十六款所定之公会面前，按照西九月初二日大西洋管理水师事务兼外洋属地部尚书来文，将澳门、氹仔、过路湾白鸽票生意出投，招人暗票承充。其期系自西一千九百零三年七月初一日起至一千九百零八年六月三十日止。兹将出投章程列左。

一、凡来投票之人，必须先将压票银七千四百九十元交存国课银库，掣取收条。俟开堂时，一并呈出。散堂之时，其未投得者，即将该压票银给还。若投得而未能立刻加足担保银，当堂缴出，或所投之票，不依第二款所定之格式书写者，均将该压票银充公。

二、写票格式：某某人欲承充澳门、氹仔、过路湾白鸽票生意。每年愿纳规银若干，国课衙门所定各款章程，均应承一律遵守。至于担保合同，愿呈出现银若干元。西纪一千九百零二年十一月十七日，某某暗票。附款、是款所定写票格式，许用华字书写。

三、倘有暗票不照上款格式书写，或过开堂时十分钟交出者，一概不理。

四、上款所说开堂之后，本公会主席即将各暗票拆开，高声宣读，并给与大众观看。谁出价至高，准予承充。该承充须加足投价三分之一以为担保，并签立草合同，仍须听候大西洋朝廷批准，方作为实。

五、担保合同须用现银。惟承充之后，欲取回多少，准换用产业作按。

六、该合同不准用人担保。

七、出投之价，以七万四千九百元为底。如有同票，再行明喊。所有承充各款章程合同，现存本衙门，除安息日外，每日十点钟至三点钟，均可到看。

特此通知。

壬寅年九十四日。

1903年5月9日，萧登承充白鸽票

1903年5月9日（第19号），大西洋澳门正督理国课官方。

今将华人萧登自西纪一千九百零三年七月初一日起至一千九百零八年六月三十日止之承充白鸽票合同章程，抄示如左，俾众周知。

第一款：担保合同要用现银，须照投价交出三分之一。惟承充之后，准照出投告白第五款及律例所定，换用产业作按。

第二款：所有规银应赴国课银库交纳。

第三款：上款所载应纳之规银，准限每月十五日交纳下月十五日之上期规银。如到该十五日尚未交纳，则罚承充人每百元过期息银每年二十四元算。倘再过期三日，督宪即可将本合同销废，并将所交担保银概行充公。若果有此销废合同之举，只须将情形刊登宪报，无庸依别样规矩而行。倘另行出投，其规银不及原数，则要承充人补足。

第四款：独准承充人可以在澳门、氹仔、过路湾做白鸽票生意，至收票铺应用多寡，任在本澳开足。

第五款：开此白鸽票，仍用八十个字为额。其投票者即在所定之八十个字内拣择投买。

第六款：所开之字轨，系由承充人或其所请之先生，于票未入厂之前，先在厂内选定。

第七款：一将所开之字选定，即安放箱内。该箱须备锁匙二把，要至好者。如华政务厅，欲将该锁匙更换，即须更换。但该二匙，一归承充人收执，一归华政务厅收管。附款一、其选定所开之字，须当华政务厅所派之当差西洋人面前放入箱内。附款二、该华政务厅所派之当差人，每月由承充人送给花红银三十大元。一到月底即须备足，送呈华政务厅衙门转给。

第八款：开票之时，须当华政务厅所派之差面前启箱，将所选定之字取出，实时照字点起，分派各收票艇，并照式再点一纸，交与华政务厅所派之差，该差即于其上注明开票日期，并签名携回，呈交华政务厅存案。

第九款：准承充人可以每日开票两场。

第十款：开票时候，并选定所开字入箱之时候，该承充人须与华政务厅官商定。

第十一款：开设白鸽票之法，须编定章程载明各款事例、格式，于合同未开办之先，呈送澳门督宪核准，再送交华政务厅衙门存案。

第十二款：所有中式银两在十两以下者，见中式票立即交银；在十两以上者，限二十四点钟内交银。附款、如违本款所定交银期限，罚承充人银一百大元。另该中式票，无论何处票艇投买，均要交还中式之银。

第十三款：凡有中式银，若无实在缘故推延不交者，该管官则罚承充人银一百元至五百元不等。督理国课官，亦可禀请督宪，将本合同销废。

第十四款：该承充人应禁止各人在各收票铺嘈吵滋事，并应将各收票铺坐落何处，所用工伴若干，是何名姓，列一清单，呈明华政务厅。

第十五款：所有票厂事务及稽查该厂之权，系归华政务厅办理。

第十六款：凡中票者，收取中式银两，准由中式之日起计，于照例日期内可以控追。若逾该例限之期，则不得控追。

第十七款：所有字花、山票及各种同样华票，该承充人或别人均不得在澳门开收。附款一 、如有违本款：或未经向承充人领牌，自行私收白鸽票及有别项瞒骗情弊者，即罚银一千元。其罚银半归国课，半归承充人。附款二、闱姓票不在本款所禁之内。

第十八款：所有向承充人领牌代收白鸽票者，即俗称票艇，如有不照收银实数报明票厂；或有将所收之票吞骗，不全数入厂；或有别项瞒骗承充人等弊者，罚银二十五两至五十两不等；另行按例治罪。附款一、如再犯此款者，罚银五十两至一百两。若系屡犯不改，则从严究办，视同棍骗国课惩罚，因承充人即系代收国课故也。附款二、所有罚款事宜均归华政务厅议判，但该罚款系半归国课衙门，半归承充人。

癸卯年四月初八日。

1903年5月23日，梁长遂、马笏廷承充澳门、氹仔、过路湾闱姓

1903年5月23日（第21号），大西洋正督理国课官方。

今将华人梁长遂、马笏廷承充澳门、氹仔、过路湾闱姓生意，每年规银六万零四百元正，其期系自西纪一千九百零二年十一月十一日起至西纪一千九百零五年十一月初十日止之合同章程，抄录如左，以供众览。

第一款：澳门、氹仔、过路湾闱姓生意，只准承充人自做；或将其权利转让别公司；或别人接做。至于收闱姓票厂，限以开设十间为额。

第二款：上款所论承充权利转让别人之事，必须禀请澳门督宪，商准国课官。若于国课或有损碍之处，则不准行。

第三款：所有收票格式及票银、彩银、限姓等一切事例，均由承充人及领牌设厂之人作主自订，即于所派闱姓卷内第一页登志明白。国课衙门概不干预。

第四款：闱姓生意，系将小试大科赴考人姓字投买，必须实有试场，方准收票。

第五款：开收闱姓之后，倘遇有停止试场等事，该闱姓厂须将所收现银派还买票之人。惟每票银一元，准扣去卷银四分六厘。

第六款：国课衙门只认承充人有权发给牌照与别人开投收闱姓票厂，或给一二间，或十间全给亦可。其规银亦任由承充人酌收。惟遵守本合同章程之责，独向承充人是问。

第七款：本合同开办之始，该承充人即须将自己开设票厂若干间及发牌照与人开设若干间，开列一单具，报国课衙门。

该单内要注明某厂设在何处，东家何人，代理何人，司事何人，掌柜何人，后有更换，亦须随时报明。

第八款：承充人给与别人开设票厂之牌照、规银，承充人或要每场抽收，亦听其便，国课衙门并不干预。

第九款：本合同期满之后，承充人所设及所准各收票厂照常开门，以便清理账项，新承充人不得借端索补银两。

第十款：照常开门之各收票厂，须于招牌上标贴清理账项字样。至于开门日期之久，暂由承充人禀承国课官限给。倘或彼此意见不合，则请秉公人酌定。

第十一款：倘遇有停止试场等事，该承充人一得实在信息，即须分派告白，并刊登宪报，俾众周知。随照第五款事理，派回所收现银。

第十二款：倘控告某收票厂拖欠银两之事，一经衙门审讯得实，或案情颇有可据，即由澳门督宪饬传承充人收回该厂牌照，不准复开。

第十三款：如广东省城闱姓开收无异，则承充人按月计，应缴纳国课规银若干，必须每月照数清纳，以纳至合同期满为止。

第十四款：如广东省城闱姓禁止不开，则上款所论按月纳规若干，定实每月纳银二万零八百三十三元三毫三仙三，即照每年二十元万元计算，自广东省城禁止闱姓之日起，三个月后，即照缴纳。

第十五款：如大西洋驻扎广州总领事官来文，内有声明中国上谕及大宪告示颁行禁止闱姓日期，则以上谕及告示所颁行之日为中国禁止闱姓之日，若无中国上谕及大宪告示颁行日期，则以总领事来文之日，为禁止闱姓之日。

第十六款：每月规银须要上期缴纳，每元七二寸。

第十七款：若省城于禁止闱姓之后复行开办闱姓，则承充人每月规银仍照第十三款缴纳。

第十八款：若因中国有裁撤试场之举而不开收闱姓，则承充人毋须缴纳每月规银。倘裁撤试场之日，承充人已将是月规银上期缴纳，则国课衙门应将所收是月之上期规银，由裁撤试场日起计，交还承充人。附款A、若但系停止试场，则须等至六个月后，尚无复行考试明文，该承充人乃毋庸按月缴纳规银。附款B、若等至一年之久，仍无考试明文，则将承充合同销废，并将担保银给还至停考后。所收过之每月规银亦统行给还。附款C、以上所论一年之内，若实有考试明文，该承充人仍可续收闱姓，则前六个月所收承充人之每月规银，毋庸给还。

第十九款：承充以三年为期，自西纪一千九百零二年十一月十一日起至一千九百零五年十一月初十日止。

第二十款：承充合同期内，如遇有□纳每月规银之事，该期限仍不更改。

第二十一款：按照第十九款所定承充期限之内，若中国官宪奉有禁止闱姓明文，或别有缘故，省城禁开闱姓而该承充期限未满者，虽所差不及一年，该承充人亦可将其未满期之权利，转让别人，但须由转让之日起计，续承三年，共纳规银七十五万元；或另行开投，其价以三年七十五万元为底。如新旧两票所出之价相同，即准旧承充人承充。

第二十二款：担保合同若每年规银系在十万元以下，则照一年规银之数交足，担保若系在十万元以上，则以十万元为担保。该担保银可以遵照一千九百零一年十月初三日上谕所定之附款G事例，准用产业换抵作按。附款A、因承充人违犯本合同各章程，或不肯遵照第二十一款行事而将合同销废者，一经国课衙门传知，该承［充］人必须按照一年投价三分之一缴补国课衙门。

第二十三款：各收闱姓票厂必须有殷实人担保。所收投票之现银及榜后所派之彩银，即遇有停止试场之事，亦得以着实办理。该承充人必须将各厂之担保人姓名、住址，开列一单，呈交国课衙门存案。其系陆续开设者，亦陆续随时具报。

第二十四款：每月应纳之规银，须于月之初五日内交纳，否则不论过期若干日，总要纳过期息银，每百元以三元算；若至初十日仍不缴纳是月之规银，则国家可将合同销废，亦无庸知照承充人。

第二十五款：在西洋管辖地方之内，如有人假造票根，冒盖图章；或将所派票卷更换作弊等事，定必按照罪案，从严办理。

第二十六款：凡投票之人，必要于榜前交足票银，方得领取中式彩银。

第二十七款：买单之人，任其择向有牌心信之厂投买，所有收取中式彩银及或遇有停止试场、派回票银等事，系在某厂投买者，即向某厂是问；系承充人自设之厂，则向承充人是问。

第二十八款：按照上款所论之事，若现银买票之人到厂收回票银而该厂未能照交，买票之人可到衙门控请官宪，勒令交还。

第二十九款：买票人如拖欠各收票厂票银及各收票厂或有拖欠承充人牌银，该欠银之人系住在西洋管辖地方内者，国家官宪必定维持保护承充人及各收票厂，俾得清收欠项。

第三十款：如国家与承充人于本合同各章程有疑惑、争辩之处，系关涉银两者，由按察司衙门分断，立案办理。附款A、凡有疑惑于闱姓办法，或分派彩银多少，或买票人与收票厂有争论等情事，如两造自愿请秉公人理处，则国家与承充人酌请秉公三位。倘关涉人意见不叶，则国家请一位，承充人请一位，另由国家与承充人各多举三位，即于此六位中阄执一位，以凭定断。

第三十一款：按照律例，国课所应享之权利，除本合同已有指明之外，当本合同未曾撤销之时，国课衙门一概给与承充人。

癸卯年四月十八日。

1904 年 7 月 9 日，胡达承充氹仔番摊

1904 年 7 月 9 日（第 28 号），大西洋澳门正督理国课官柯（Olympio Joaquim de Oliveira）为谕知事。

照得氹仔番摊生意，经于本年五月初十日缮立合同，准与胡达承充，以五年为期，系自西本年七月初一日起至一千九百零九年六月三十日止。所有章程均照依一千八百九十九年七月十五日第二十八号宪报刊行、是年三月初四日所订承充合同各款事例而行。

特此通知。

甲辰年五月廿四日示。

1905 年 5 月 13 日，开投过路湾番摊

1905 年 5 月 13 日（第 19 号），大西洋澳门督理国课官柯为出投事。

兹按照西一千九百零一年十月初三日所定章程之第一百五十七款附款 A 定于西五月三十一日即华四月二十八日二点钟在本署大堂当第一百五十六款章程所定之公会面前将过路湾番摊生意暗票出投招人承充，其期系自西一千九百零五年七月初一日起至一千九百一十年六月三十日止。兹将出投章程列左。

一、凡来投票者须于开堂之先将压票银四百五十元交存国课银库，掣回收条同暗票呈堂。投毕之后，其未投得者立将此银给还。

二、所交压票之银有应充公者，其故如左：A、所投之票不照第四款格式书写者。B、如投得而未能加足担保当堂交出者。

三、出投之价以四千二百五十五元为底，如出价至高之票有同价者，再行明喊。

四、写票格式：某某欲承充路湾番摊生意；每年认纳规银若干；国课衙门所定章程均愿一律遵守；并愿照所出投价三分之一交出现银，以为担保合同；西纪一千九百零五年五月日；某某暗票。附款一：暗票准用华字书写。附款二：不准用人担保。

五、所投之票有为公会所不准理者，其故如左：A、其票不照第四款格式书写者。B、过开堂时十分钟始行交出暗票者。

六、上款所指开堂之后，由公会主席即将各票拆开，高声宣读，并给与大众观看，谁出价至高者准予承充。该承充人须立即加足担保合同银缴出并签名于暂合同。

七、担保合同系用现银担保。惟承充之后，若取回多少，准其按照章程第一百五十七款之附款G换用产业作抵。所有承充之合同章程现存在本署。除安息日外，每日十点钟至三点钟任人到看。

为此通知。

乙巳年四月初九日。

1905年5月20日，开投澳门、氹仔、过路湾闱姓

1905年5月20日（第20号），大西洋钦命澳门督理国课官柯为招人出投闱姓事。

兹按照西一千九百零一年十月初三日所定章程之第一百五

十七款附款 A，定于西六月二十八日即华五月二十六日二点钟，在本署大堂当是年章程第一百五十六款所定之公会面前，将澳门、氹仔、过路湾闱姓生意暗票出投，招人承充，其期系自西一千九百零五年十一月十一日起至一千九百一十年六月三十日止。兹将出投章程列左。

一、凡来投票者，须于开堂之先将压票银六千零五十元交存国课银库，掣回收条同暗票呈堂。投毕之后，其未投得者立将此压票银给还。

二、所交出之压票银有应充公者，如左：A、所投之票不照第四款格式书写者。B、如投得而未能担保银加足当堂交出者。

三、出投之价以六万零四百元为底，如有二票或多票出价至高而相同者，则准其出同价之人，再行喊价明投。

四、写票格式：某某愿承充澳门、氹仔、过路湾闱姓生意；每年认纳规银若干；国课衙门所定章程均愿一律遵守；并愿交出现银若干，以为担保合同，该担保银系照所投之价三分一交足。西纪一千九百零五年______月______日；呈暗票人某某画押。附款一：暗票准用华字书写。附款二：不准用人担保。

五、所投之票有为公会所不准理者，其故如左：A、其票不照本示第四款格式书写者。B、开堂时十分钟后始行交出暗票者。

六、一过上第五款 B 号所指开堂之时，公会主席即将所呈交之各票拆开，高声宣读，并给与大众观看，谁出价至高者准予承充。该承充人须立即将担保合同银加足缴出，并签名于暂立承充之凭单。

七、承充合同系用现银担保。惟承充之后，若欲取回多少，准其随时按照是年章程第一百五十七款之附款 G，用产业担保。所有承充之合同章程现存在本署。除安息日外，每日十点钟至四点钟任人到看。

为此通知。

乙巳年四月十五日。

1905年10月14日，开投澳门、氹仔、路湾白鸽票及山票

1905年10月14日（第41号），大西洋澳门国课官柯为出投事。

照得西一千九百零二年十二月十八日承充澳门白鸽票之合同，业经奉大西洋管理外洋属地部尚书本年九月初七日电谕，批销作废在案。兹定于西本年十一月十五日即华十月十九日二点钟，在本署大堂当按照一千九百零一年十月初三日所定章程第一百五十六款所定之公会面前，将澳门、氹仔、路湾开收白鸽票及山票生意一并用暗票出投，招人承充，其期系自一千九百零五年十二月初一日起，至一千九百一十一年六月三十日为止。兹将出投章程列明如左。

一、凡来投票者，须于未投票之前，将压票银一万六千元，交存国课银库，取回收条与开投时同暗票一起呈堂，其未投得者，此银立即给还。

二、投票者不遵下开章程，即将此压票银充公：A、其票不照第四款格式书写。B、投得而未能加足担保银当堂交出。

三、投票以一十六万元为底，如出价至高之票有同票者，再行明喊。

四、写票格式：某某人欲承充澳门、氹仔、路湾白鸽票及山票生意，每年愿纳规银若干，国课衙门所定各款章程均愿遵守，至于担保合同愿呈出现银若干。西一千九百零五年十一月十五日。某某暗票。附款一，此暗票准用华字书写；附款二，不准用人担保。

五、各票有为公会所不准理者，列明如左：A、其票不照第四款格式书写。B、过开堂后十分钟始行将票呈交。

六、上款B字所指开堂之时，本公会主席即将各票拆开，高声宣读，并给与大众观看，谁票出价至高者准予承充。该承充人即须立刻加足担保，交出并签名于草合同。

七、担保系用现银。惟承充开办之后，如欲取回多少，亦可按照章程第一百五十七款之附款G，换用产业担保。所有承充合同章程现存在本署。除安息日外，每日十点钟至四点钟任人到看。

为此特示。

乙巳年九月十四日。

1905年10月14日，卢廉若、崔寿宸、萧登承充澳门、氹仔、路湾闱姓

1905年10月14日（第41号），大西洋澳门国课官柯为出投事。大西洋澳门国课官柯为通知事。

照得澳门、氹仔、路湾开收闱姓生意，业经于西本年九月初七日在本署订立合同，给与卢廉若、崔寿宸、萧登承充。每年国课规银六万二千元。其期自西一千九百零五年十一月十一日起，一千九百一十年六月三十日止，所有承充之章程悉行按照西一千九百零三年五月二十三日宪报所颁行一千九百零二年九月初十日合同之章程办理，为此通谕各人知悉。

乙巳年九月十五日。

1905年11月4日，批销澳门氹仔、路湾白鸽票

1905年11月4日（第44号），大西洋澳门正督理国课官柯为通知事。

照得西一千九百零二年十二月十八日所立承充澳门氹仔、

路湾开收白鸽票生意。兹已于本年十月十三日批销作废在案。为此合将批销情形出示。通谕诸色人等，一体知悉。

特示。

乙巳年十月初四日。

1905年11月11日，广行公司章程

1905年11月11日（第45号），谨将拟订广行公司章程呈请钧鉴：

一、设立公司一所名曰广行公司，现暂在蓬莱街第四号全间及第六号三楼开办。

二、本公司设立之意乃为股友叙会娱乐与谈情而设。

三、上款所指本公司各友所有娱乐之事乃系律例所准之赌博指牌骨牌台玻象棋及看书阅报弦歌酒宴等具。附款，凡系番摊车微盘牌九，以及别项之违例赌具，公司内概不开设。

四、本公司各友分为创立友、捐资友两项。附款一，凡倡起及出本创设本公司者，是为创立友。附款二，凡每月出资供养本公司者，是为捐资友。

五、本公司各友均有平等之利权、一样之本分。

六、本公司以各友齐集公议为公司通事之大权，凡事一经齐集议定，不论创立友捐资友，均须一律遵守。

七、本公司设值理三位，正总理一位，副总理一位。此三位由各友齐集公举。附款：另由值理延请书记一名，帮同办事。此书记亦可聘用外人充当。

八、本公司值理以一年为限，如满期之后，再为各友多所公举，亦可续充。

九、本公司现任之值理，做至奉督宪批准举行本公司以集众公举新值理之日为止。

十、每年定于八月十五日，须邀集各创立友查看数目并公举新值理。附款：各公举值理系用暗票投筒之法。

十一、不论何时，本公司遇有要事，如经有友五位愿请集众声明，声明其故，值理即须依从，具柬通传各友会议。附款，凡首次所请集议须所到议之友有公司股友一半另多一位之数，方得开议事件。否则，再定第二次集议。至第二次集议时，则不拘到议人数多寡，即可开议定夺，开议时，由各友公举一位主席，另由主席选派一位主笔记事。

十二、凡值理年终所办本公司之事，须与各友齐集之时，逐为陈明。

十三、值理应办事件开列：（一）管理公司本银合宜措置。（二）公司应用什物，随宜置办。（三）收讨帐目支理费用。（四）修整公司房舍地方家私什物或换各事宜。（五）查阅数目登记，不使胡涂。（六）创立友有欲查看数目者，立饬呈看。（七）每年出入费用于平常齐集日，将数列明呈出公览。（八）管辖公司工人或用或辞执权妥办。（九）设立或更换公司之内容章程。

十四、正总理应办事件开列：（一）定请各友集议。（二）定请值理集议。（三）指点值理办事。（四）设法令各友遵守公司内外章程。

十五、副总理应办事开列：（一）代署正总理。（二）志事录主笔。（三）凡公司来往各处信件，主稿缮录。

十六、管银人应办事开列：（一）收支数目银两。（二）管理进支各帐部。

十七、本公司内容各事，如何办法必须另立章程，以便遵循。该章程由值理按照本章程大旨订拟，再请各友齐集公同论辩，务臻完善。一经各友认允，则作为实。

十八、除系公司各友带同亲朋到探外，其余非公司有分之人，概不擅入公司。

十九、凡公司各友不论是创立是捐资，每位每月均须按照公司内章程所定捐出资项。

二十、凡捐资友于始入公司，另须捐资作为入公司之底本。该银至始入公司是月之月尾，即须交与管银人注收。附款，公司之澳外各友，免捐每月例捐之资。

二十一、本公司必经各友公议允愿拆散，方能拆散，否则不能。

二十二、倘经各友议定，将本公司拆散之后，所有公司之家私什物，全行发卖，所得价除清还公司应还欠帐外，并拨还创立友所出创立公司之资本。另利息每百元五元算外，所有盈余尽数拨为公益之事之用。

1905年11月25日，余国霭承充澳门、氹仔、过路湾白鸽票及山票

1905年11月25日（第47号），大西洋澳门正督理国课官柯为通知事。

照得澳门、氹仔、过路湾开设白鸽票及山票生意。经已于西纪十一月十五日在本衙门订立合同，准余国霭承充。其期系自公历一千九百零五年十二月初一日起至一千九百一十一年六月三十日止。每年规银二十八万二千元。所有各款章程列左。

第一款：所有自西纪一千九百零五年十二月初一日起，至一千九百一十一年六月卅日止之澳门、氹仔、路湾白鸽票及山票承充生意，独承充人有自权自做。至在澳门、氹仔、过路湾等处设收票铺多少，任由承充人开足。单附款，任从承充人发给票艇牌照，收白鸽票及山票，所有牌费应收若干及给牌收票章程，均由承充人自订，不必与国家商酌。

第二款：承充人应承每年按照承充之价缴纳国课衙门承充规银二十八万二千元。此项每年规银应分二十四次，上期缴纳

一次，每次纳银一万一千七百五十元，须亲到国课银库交纳。附款一：该项规银以每十五日上期交纳一次。倘至十五日之末日，承充人未将下次十五日之上期规银赴国课署缴纳，每日罚承充人银照应交之价每百元每年以二十四元伸算。但过期只准三日为限，如过期三日外，任从督宪饬将合同缴销。附款二：倘有缴销合同之事，澳门督宪只饬将缴销合同情形颁行宪报，无须查照别样规矩。至该第三款所注明承充人所交之所按柜银，归国课衙门充公。

第三款：承充人必须按照每一年规银三分之一，用现银交出国课银库存贮，作为担保合同之按柜银。此担保银，承充人可以按照律例换用产业归国课衙门作抵。

第四款：倘承充人欲将其所承充白鸽票及山票利权转顶与别人，必须禀请督宪恩准，然后只由国课官查覆无碍，则可顺其所请，批准照行。

第五款：其白鸽票仍旧用千字文之首八十字刻出，任由买票人在此八十字之内拣择盘口投买。（附款一：白鸽票之票128系由承充人或系承充人所信用之先生，由八十字内点出二十字。该二十字须于各票款入厂之前点出，一经点妥，即行放在箱内锁固。该箱用锁匙两把，一归承充人收执，一归华政厅收执。该票䲴放入箱内之时，必须有华政厅所派之西差眼同看视。附款二：承充人须于每月底将银四十五元呈由华政厅转分给各西差，以酬其劳。）

第六款：开白鸽票之法系将该箱当华政厅派来之西差面前，眼同开启，将所点之票䲴取出，即由华政厅派来之西差签名画押，并注明日期，随将该票䲴送呈华政厅存案。另每间票艇派票䲴一张。

第七款：该白鸽票每日至多开票三次，此系听承充人之便。单附款：每次选字及开票之时候系由承充人与华政务厅酌定。

第八款：其白鸽票之办法，必须由承充人于合同未经开办之先设立章程内各款事例以及格式均列明该章程之内，即禀准督宪后，随送交华政务厅存案。

第九款：其山票系用白鸽票之八十字，再照千字文加入四十字，共成一百二十字，任由买票人于此一百二十字内拣十五字点买，不能多点亦不能少点。

第十款：其开山票之法系用字粒，将按照上款所定之千字文一百二十字每粒书写一字，放入球内搅匀，即用机器搅出三十字粒，随将字粒上之字抄出，则作为票巇。然后将所投买之票逐条点对，其中字至多者为第一名，次者第二名，再次者第三名，又次者第四名。同中同分。（附款一：承充人必须将所开之票巇及中式之谢教单按次送呈华政务厅存案，并刊登告白，俾众周知。附款二：其开山票日期或每五日开一次或每七日开一次或每十日开一次，悉听承充人之便。惟每月开票至多不得逾于六次，至少亦不得减于三次。附款三：每开山票一次，承充人必须给与华政厅宪派来之西差花红银三元。）

第十一款：投买山票每条之价由承充人于本合同期内拟定，或一毫或一毫五仙或二毫均可。至所收之票价须扣出二成归承充人作为费用及利息，其八成均作为首二三四谢教彩银分派与中式者。附款：所有应派之八成谢教银，须分为十份。以六份为首名谢教，以一份七五为第二名谢教，以一份二五为第三名谢教，以一份为第四名谢教。

第十二款：其白鸽票中式银系在十两以下者，实时交银。如在十两以上者，限二十四点钟内交银。

第十三款：其山票之中式彩银系由刊登票巇之日起，三日内概行分派清楚。

第十四款：倘承充人有违本合同第十二或第十三款者，即罚银一百元。（附款一：除罚款之外，其买票者无论在何处票艇投买，均须由承充人立即将中式之彩银照赔。附款二：倘承充人屡次过期不能交出中式银两或不肯交出，无论系白鸽票中式银抑或山票中式银，均罚承充人银一百元至五百元不等。此罚款系归按察司衙门核定，饬缴国课官，亦可禀明督宪，饬将合同注销。）

第十五款：承充人必须将澳门、氹仔、过路湾之白鸽票艇若干间，山票票艇若干间，共列一清单，送呈华政务厅存案。而承充人并须设法令各票艇安静办理，不得有违章滋事等弊。

第十六款：所有巡查白鸽票、山票票厂票艇暨稽查白鸽票山票事务等件，悉归华政务厅宪权理。

第十七款：倘有控追白鸽票山票中式银两者，须在律例所准限期之内，方准控追。若逾例限，则不得控追矣。

第十八款：承充人或别人均不得在澳门开收字花及各种相类之票。（附款一：倘有违犯此款或未经向承充人领牌私收白鸽票山票，或用别法瞒骗承充人等弊者，则罚银一千元，半归国课，半归承充人。附款二：现下所开之闱姓与及将来有顶替闱姓之票，不在此例。）

第十九款：不论何人即经向承充人领有牌照收白鸽票及山票，如有不将所收银两实数报明票厂，或将所收之票吞骗不全数入厂，或别有瞒骗承充人等弊者，除罚银五十元至一百元不等外，仍行按例治罪。（附款一：倘再有违犯此例罚银一百元至二百元不等，另将其人按照棍骗国课之罪，严行惩办。附款二：本款所论之罚项，系由华政厅核定，而此项罚款半归国课，半归承充人。）

乙巳年十月二十七日。

1906年1月6日，开投春节骰宝牌照

1906年1月6日（第一号），大西洋澳门辅政司英（S. J. da Encarnação）为谕知事。

照得华人新年街上摆设骰宝之牌照，本署兹定于西本月十八、十九、二十、廿二即华本月廿四、廿五、廿六、廿八日发给，仰即遵照。

特谕。

乙巳年十二月十一日。

1906年3月3日，重新开投澳门、氹仔、路湾白鸽票及山票

1906年3月3日（第9号），大西洋澳门国课官柯为出投事。

所有前于西纪一千九百零五年十一月十五日所订之承充白鸽票及山票生意合同，业经批销作废在案。兹定于西本年四月初四日即华三月十一日二点钟，在本署大堂当按照一千九百零一年十月初三日所定章程第一百五十六款所定之公会面前，再将澳门、氹仔、路湾开收白鸽票及山票生意，一并用暗票出投，招人承充。其期系自西一千九百零六年四月十五日起至一千九百一十一年六月三十日止。兹将出投章程列左：

一、凡来投者，须于未投票之前，将压银九万四千元交存国课银库，取回收条，于开投时同暗票一齐呈堂。其未投得者，此银立即给还。

二、投票者不遵下开章程，即将此压票银充公。A、某票不照第四款所定格式书写。B、投得而未能加足担保银当堂缴出。

三、投价以二十八万二千元为底。如出价至高之票有同票者，再行明喊。（下同1905年10月14日第41号宪报白鸽票合同）。

丙午年二月初八日。

1906年3月10日，余德承充氹仔番摊

1906年3月10日（第10号），大西洋澳门国课官柯（Olympio Joaquim de Oliveira）为通知事。

兹按照一千九百零四年五月初十日本署与余德所立承充氹仔番摊生意之合同内，第三款所载事理，准将合同注销。该合同之期系自一千九百四年七月初一日至一千九百零九年六月三十日。

为此特行示谕所有关涉人等，一概知悉。

丙午年二月十四日。

1906年3月10日，卢廉若、崔寿宸暨萧登等承充闱姓

1906年3月10日（第10号），大西洋钦命澳门国课官柯为示谕事。

兹将关涉各人等之事，开列于左，晓谕众知。

一、西本年二月十三日，接奉本国京都外省部电，谕饬将西一千九百零五年九月初七日本署与华商卢廉若、崔寿宸暨萧登等，所订立之闱姓生意合同注销。

二、按照本署与华商余国霭于西一千九百零五年十一月十五日所立之白鸽票及山票合同内第二款之附款二所载事理，将该合同注销。

三、按照西本月初一日在本署所立契据，经将白鸽票生意暂且给与华商萧登，准其自西一千九百零六年三月初一日起至西是年四月十四日止，按照西一千九百零五年十月十四日第四十一号澳门宪报所发出之章程，为专指白鸽票生意者，在该期内开收。

丙午年二月初九日示。

1906年3月10日，重新开投氹仔番摊

1906年3月10日（第10号），大西洋澳门国课官柯为出投事。

所有前于西纪一千九百零四年五月初十日所订之承充氹仔番摊生意合同，业经批销，作压在案。兹定于西本年四月十一日即华三月十八日两点，在本署大堂当按照一千九百零一年十月初三日所定章程第一百五十六款所定之公会面前，再将氹仔番摊生意，用暗票出投，招人承充。其期系自西一千九百零六年五月初一日起，至一千九百十一年六月三十日止。兹将出投章程列左。

一、凡来投者，须于未投票之前，将压票银六百三十元交存国课库银，取回收条，于开投时同暗票一齐呈堂。其未投得者，银立即给还。

二、投票者不遵下开章程即将此压票银充公。A、其票不照第四款所格式书写；B、投得而未能加足担保当堂缴出。

三、投价以六千三百元为底。（下同1905年5月13日第19号宪报过路湾番摊合同）。

丙午年二月十四日。

1906年3月10日，重新开投澳门、氹仔、路湾白鸽票及山票

1906年3月10日（第10号），大西洋澳门国课官柯为出投事。

前于西纪一千九百零五年十一月十五日所订之承充白鸽票及山票生意合同，业经批销作废在案。旋经出示招投，因示谕未甚妥协，是以再行出示，仍定于西本年四月初四日即华三月十一日两点钟，在本署大堂当按照一千九百零一年十月初三日所定章程第一百五十六款所定之公会面前，将澳门、氹仔、路湾开收白鸽票及山票生意，一并用暗票出投，招人承充。其期系自西一千九百零六年四月十五日起，至一千九百一十一年六月三十日止。兹将出投章程列左。

一、凡来投者须于未投票之前，将压票银二万八千二百元，交存国课库银，取回收条，于开投时同暗票一齐呈堂。其未投得者，银立即给还。

二、投票者不遵下开章程，即将此压票银充公：A、其票不照第四款所定格式书写。B、投得而未能加足担保当堂缴出。

三、投价以二十八万二千元为底。（下同1905年10月14日第41号宪报白鸽票合同）。

丙午年二月初八日。

1906年4月7日，再次开投澳门、氹仔、路湾白鸽票及山票

1906年4月7日（第14号），大西洋澳门正督理国课官柯为晓谕出投事。

照得本署前于第十号澳门宪报刊登告白，定期招人投票承充白鸽票及山票生意，兹因是日未有人投票，是以按照一千九百零一年十月初三日所定章程第一百五十七款之附款K，再定于西本年五月初七日即华四月十四日两点钟，在本署大堂按照章程第一百五十六款所定之公会面前，仍将澳门、氹仔、路湾开收白鸽票及山票生意，明喊出投，招人承充。其期系自西一千九百零六年五月十六日起，至一千九百一十一年六月三十日为满。兹将出投章程列左。

一、凡来投者，须先将压票银二万八千二百元交存国课银库，取回收条呈堂，方准喊价。投毕之后，其未投得者，立即给予领回。（下略2—6款）

丙午年三月十一日。

1906 年 4 月 14 日，再次开投氹仔番摊

1906 年 4 月 14 日（第 15 号），大西洋澳门正督理国课官柯为晓谕出投事。

照得本署前于第十号澳门宪报刊登告白，定期招人投票承充氹仔番摊生意。兹因是日未有人投票，是以按照一千九百零一年十月初三日所定章程第一百五十七款之附款 K 再定于西本年五月十四日即华四月二十一日两点钟在本署大堂当按照章程第一百五十六款所定之公会面前，仍将氹仔番摊生意明喊出投招人承充。其期系自西一千九百零六年五月十六日起至一千九百一十一年六月三十日为满。兹将出投章程列左：一、凡来投者，须先将压票银六百三十元交存国课银库取回收条呈堂，方准喊价。投毕之后其未投得者，立即给予领回。（下略 2—6 款）

丙午年三月十八日。

1906 年 4 月 21 日，萧登承充白鸽票

1906 年 4 月 21 日（第 16 号），大西洋澳门正督理国课官柯为通知事。

照得本署今于西四月十一日暂立合同，将白鸽票生意给与华商萧登。自西本月十五日起至五月十五日止，按照西一千九百零五年十月十四日第四十一号澳门宪报所颁行之章程专指白鸽票生意者，在该期内开收。是以特行通谕所有关涉人等一概知悉。

特示。

丙午年三月廿四日。

1906 年 5 月 12 日，重新开投澳门、氹仔、路湾白鸽票及山票

1906 年 5 月 12 日（第 19 号），大西洋澳门正督理国课官柯为晓谕出投事。

照得本署于西本月初七即华四月十四日将承充澳门、氹仔、路湾白鸽票及山票生意出投。惟是日所投之票，按照第十四号澳门宪报颁行招投告示之第五款所载事理，未准承充在案。兹遵奉大西洋管理外省事务部大臣电示，特按照一千九百零一年十月初三日所定章程第一百五十七款之附款 M，再定于西本年五月二十六日即华闰四月初四日两点钟，在本署大堂当按照章程第一百五十六款所定之公会面前，仍将澳门、氹仔、路湾开收白鸽票及山票生意明喊，出投招人承充。其价以一十六万一千元为底，其期系自西一千九百零六年六月十五日起至一千九百一十一年六月三十日为满。兹将出投章程列左。

一、凡来投者，须先将压票银一万六千一百元交存国课银库，取回收条呈堂方准喊价。投毕之后，其未投得者立即给予领回。（下略 2—5 款）

丙午年四月十八日。

1906 年 6 月 2 日，开投澳门、氹仔暨过路湾签铺票

1906 年 6 月 2 日（第 22 号），大西洋澳门国课官柯为示谕事。

案照本国政府西本年三月初五日所批即定于西本年六月二十八日即华五月初七日两点钟，当一千九百零一年十月初三日上谕批准章程第一百五十六款内所定之公会案前，将澳门、氹仔暨过路湾签铺票生意暗票出投，招人承充。其承充之期系由西一千九百零六年八月初一日起，至一千九百一十二年六月三十日止。今将所出投之各项章程列录于后。

一、所有来投之各票，须于开堂时与已交国课银库压票银一万五千元之收单一齐呈出。该压票银系为其来投该生意保据。其所有未经投得者，退堂之后，即将压票银给还。

二、所有将该压票银充公之故列后：甲，凡来投之票不遵照本示第四款所定格式书写者。乙，投得之后不立即将担保银交出者。

三、其投第一年喊签铺票生意之价，准以银二万元为底。凡来投者，除第一年底价之外，其余五年每年应递加若干，亦须一并书明暗票之内。如有二三条票出价至高而价银又复相同，准其同出高价者再行明投。（下略4—9款）

光绪三十二年闰四月初八日。

1906年6月9日，卢九、萧登承充澳门、氹仔、路湾白鸽票及山票

1906年6月9日（第23号），大西洋澳门正督理国课官柯为通谕事。

照得西本年五月二十八日经在本署缮立合同，将澳门、氹仔、路湾开收白鸽票及山票生意给与华商卢九、萧登承充。其期自西一千九百零六年六月十五日起至一千九百一十一年六月三十日止，每年承充规银一十六万二千九百大元。合就通谕阖澳商民人等一律知悉。兹将承充章程录示于后。

丙午年又四月十五日。

承充澳门、氹仔、路湾白鸽票及山票章程。（该章程参见1905年11月25日第47号宪报白鸽票及山票合同）。

1906年6月16日，杨一琴、洪照承充氹仔番摊

1906年6月16日（第24号），澳门正国课官柯为晓谕事。

照得氹仔番摊生意，业经本署于西五月十五日立实合同，给与华商杨一琴、洪照承充。其期由西一千九百零六年五月十六日起至一千九百一十一年六月三十日止。合就通谕所有商民人等一概知悉。

丙午年闰四月十八日。

1906年7月14日，孔咏裳、黄大经承充澳门、氹仔、路湾签铺票

1906年7月14日（第28号），大西洋澳门正督理国课官柯为通谕事。

照得开收澳门、氹仔、路湾签铺票生意经于西纪一千九百零六年六月三十日在本署缮立合同，给与华商孔咏裳、黄大经承充开办，合就通谕商民人等，并将所有章程录示于后，俾各知悉。特示。丙午年五月初九日。计开章程（参阅本文第一章第二节“华南地区与澳门的传统中式赌博”之“山票铺票”）。

1906年7月28日，和安公司章程

1906年7月28日（第30号），谨将拟定和安公司章程呈请钧鉴。

一、设立公司一所，名曰“和安公司”。现在通商新街第一号全间开办。（下略，参见1905年11月11日第45号宪报广行公司章程）

1906年8月11日，适安公司章程

1906年8月11日（第32号），谨将拟定适安公司章程呈请钧鉴：

一、设立公司一所，名曰“适安公司”。现暂在风顺堂街第二号门牌全间开办。（下略，参见1905年11月11日第45号宪报广行公司章程）

缪元、邓意、萧培。

1906年9月22日，禁止私开番摊、牌九等违例赌博

1906年9月22日（第38号），大西洋澳门华政厅马（José Luiz Marquues）为示禁事。

照得现闻有私在住屋及华人所设耍乐之公司内开赌番摊、牌九以及别样用现银赌买之不合例赌具等情，合亟示禁。为此示仰各华民人等知悉，尔等须知此项赌博，大干例禁。一经查确定，必严行拘拿，解送臬宪，按律惩办，决不宽贷。兹欲各人周知，特饬将此示译出华文刊行宪报，并印多张黏在常贴告示之处。各宜懔遵，毋违。切切！

特示。

丙午年八月初一日。

1906年12月22日，开投澳门番摊

1906年12月22日（第51号），大西洋钦命澳门督理国课官柯为招人出投事。

兹照西纪一千九百零一年十月初三日所定之章程内第一百五十七款之附款A所载事例，定于西一千九百零七年正月二十一日两点钟，在本署大堂当该以上章程第一百五十六款所定之公会案前，将澳门番摊生意用封固之暗票出投，招人承充。其期系自西一千九百零七年七月初一日至一千九百一十二年六月三十日止。今将出投章程列后：

一、凡来投者，须于未投票之前将压票银三万八千七百五十元，交存本澳西洋海外银行所管之本国课银库，掣取收条，于开投时同暗票一齐呈堂。其未投得者，此银于翌日给还。

二、投票者不遵下开章程，则将该压票银充公。A、其票不照本示第四款格式书写。B、投得而不肯立即加足担保合同银当堂缴出。

三、此次投票之价准以银三十八万七千五百元为底，如出

价至高之票有同票者，该同票再行明投。（下同1905年5月13日第19号宪报过路湾番摊合同）。

丙午年十一月初五日。

1907年3月16日，萧登、卢光裕承充澳门番摊

1907年3月16日（第11号），大西洋钦命澳门督理国课官柯为示知事。

兹按西本年正月二十二日，在本署所立之契据，经批准华商萧登、卢光裕承充澳门番摊生意，每年规银四拾五万元。兹将承充番摊生意章程，照列如后。

一、该合同开办准以五年为期，系自西一千九百零七年七月初一日起，至一千九百一十二年六月三十日止。

二、所有承充该番摊之规银，须按每月十五日到公钞局上期交纳一次。其纳法系每月尾日即须交纳下月前十五日之规银。其下月后十五日之规银，须在月之十五日交纳。如遇安息日或放假日，则于该期前一日交纳。若过期不纳，则按过期之日罚银每百元每月两元算。

三、如该承充人于每月十五日内之前十日不交纳规银，本督宪可以将本合同销废。一经销废合同，即将该承充人所交存番摊生意每月规银三分一之担保银归国家充公。至于销废合同，无须依别样规例，只将该承充人合同经已批销等情刊颁宪报，即作为销废也。

四、如该承充人欲开设摊馆若干间，均为其主意。并可由关闸至妈阁之内，无拘何处皆可开设，但欲设在何处，须先报由本澳督宪允准方得。

五、该承充人每月须将下月愿在何处开设番摊馆并开设若干间数开列二单。一单送交巡捕兵营，一单送呈华政务厅备查。

六、该承充人所开设之摊馆内，均须用人看守，所有为一切平安等事，概为该承充人是责。其看守等人，本澳地方官亦有权到该摊馆稽查。如该各摊馆遇有扰乱等事，本澳地方官亦必派兵前往保护。

七、所有第二等或下等牌馆，并执骰各赌博，如骰宝、棉羊、牛转及一切别项相类执骰等赌，概行严禁。

八、所有私开之赌馆与本国及承充人有碍者，须按一千八百八十七年八月十一日第七十七号宪报颁行之札谕第三款所载事理罚银一千元，仍照例惩办。该罚款半归国课衙门，半归承充人。

九、所有本合同各款内如有意见不合之处，均归督宪定断。此外，无论有何事件，皆呈送该管衙门核夺。

十、如该承充人不遵守以上所载各款，即将第三款所声明该承充人交存之担保合同银，归入代理本国课银库之大西洋海外银行充公。

丁未年正月廿九日。

1907年3月16日，孔咏裳、黄大经、萧登、卢廉若承充澳门、氹仔、路湾另开一次过闱姓

1907年3月16日（第11号），大西洋澳门正督理国课官柯为示知事。

照得西本年本月初五日，业经本署缮立合同将在澳门、氹仔、路湾另开一次过闱姓生意，准与华商孔咏裳、黄大经、萧登、卢廉若承充。每月规五千一百六拾七元。合就将所定承充章程抄录出示，通谕各商民人等一体知悉。特示。计开章程如左。

第一款：此另开一次过闱姓票生意，承充之期至短不得少于三个月。系自西本月拾四日起计，至中国奉谕旨举行之举人

优贡考职之试事完竣为止。

第二款：该考试闱姓虽或中变不能开成，承充人仍须将至短三个月期之规银数照纳。

第三款：承充人于已纳到短三个月期规银之外，若有多纳虽或该闱姓中变不能开成，承充人亦不能将已纳多之规索取给回。

第四款：按柜银一万元或照两个月规银之数。如承充人有不遵合同之弊，或虽系该闱姓，实已中变不能开成，均将此按柜银充公。

第五款：所有各章程并闱姓开收如何做法，均查照旧承充闱姓合同所载，壹样办理无异。此旧承充闱姓合同，即载在本署立契部第壹拾六页内第拾壹号者便是。

第六款：按照第一款所指，承充人须将中国或北京或省城得来之真实凭据呈交国课衙门，俾知考试之事实系何日举行。

丁未年正月二十八日示。

1907年4月27日，开投总承代售澳门仁慈堂彩票

1907年4月27日（第17号），大西洋钦命澳门督理国课官柯为招人出投事。

兹按照西纪一千九百零五年十一月初三日上谕内第一款第一号所批事例，定于西本年六月廿七日两点钟，在本署大堂遵照本次上谕所准行之章程，当西纪一千九百零一年十月初三日上谕批定章程内第一百五十六款所定之公会案前，将总承代售澳门仁慈堂彩票生意，用封固之暗票出投，招人承充。其期系自西纪一千九百零七年十一月初二日起，至一千九百一十二年十一月初一日止。今将出投章程列后。

第一款：凡欲投者，须于未投票之前将压票银四万元交存本澳西洋海外银行所管之本国课银库，掣取收条，于开投时同暗票一齐呈堂。其未投得者，此压票银于翌日给还。

第二款：凡投票者不遵下开章程，则将该压票银归仁慈堂充公：A、其票不照本示第四款格式书写。B、其投得该生意之人不肯于三日内将合同所定应加足担保合同之银交出。

第三款：此次投票之价准照发出票张总数，价银每百元以八元为底。如有两票或多票出价至高而相同者，准该同价之票以该至高之价为底，再行明投。

第四款：该暗票须照下列格式书写：某某愿承充总代售澳门仁慈堂彩票，愿按照发出票张价银总数若干，计每百元缴纳仁慈堂用银__________元。所有章程均愿遵守并愿按照章程 E 字所定事例担保实立合同，即是除照以上所出用银之数交出担保外，另照章程第十四号 B 字所定至少二十二万五千元之数为底，交出担保所派彩之银。西一千九百零七年______月______日。某某暗票。附款 A、此暗票可用华字书写。附款 B、不准用人担保。

第五款：所有不收理之各票示明如左：A、其票不照本示第四款所定格式书写。B、过开堂后十分钟始行将票呈出。

第六款：一过上第五款 B 字号所指开堂之时，本公会主席即将各票拆开，高声宣读并给与大众观看。谁出价至高准予承充。该承充人须遵照本示第二款 B 字号所定之期，将担保实合同银加足并签名于暂立合同。

第七款，若本会视各票不甚合宜，亦有权可以不准承充。所有承充合同章程现列在本署，除安息日外，每日十点至四点钟可以到看。

特此示知。

丁未年三月十二日。

1907年6月1日，孔咏裳、黄大经承充签铺票

1907年6月1日（第22号），大西洋澳门正国课官柯为通知事。

案据一千九百零六年六月三十日订立合同，准予孔咏裳、黄大经承充之签铺票生意，兹已按照合同第二款附款二所载，将该合同注销。

为此通知。

丁未年四月二十日。

1907年6月8日，开投澳门、氹仔、路湾签铺票

1907年6月8日（第23号），大西洋澳门正督理国课官柯为示知出投事。

照得一千九百零六年六月三十日所立承充签铺票生意之合同经已注销，颁行第二十二号宪报在案。兹按照一千九百零一年十月初三日所定章程第一百五十七款之附款A所授之权，定于西本年七月初六日即华五月廿六日两点钟，在本署大堂当该章程第一百五十六款所论之公会案前，将澳门、氹仔、路湾签铺票生意暗票出投，招人承充。其期系自西纪一千九百零七年八月初一日起至一千九百一十二年六月三十日止为满。今将出投章程列后。

一、所有来投者于开堂时呈出之暗票必须有西洋银行已收压票银一万五千元之收条一齐呈出。此压票系为其来投此生意之保据。开票之后其未投得者，此压票银于翌日给予领回。

二、所有将该压票银充公之故列下：甲、其票不照本章程第四款格式书写者。乙、投得之后不能立即交出担保银者。

三、投此签铺票之价以银二万元为底。凡来投者除第一年底价之外，其余四年每年递加若干须逐年写明暗票之内。倘有二三条票出价至高而相同者，准该同价之票再行明投。（下略

4—8 款）

丁未年四月二十六日。

1907 年 7 月 20 日，再次开投总承代售澳门彩票

1907 年 7 月 20 日（第 29 号），大西洋钦命澳门督理国课官柯为晓谕事。

照得本署于西六月廿七日即华五月十七日将澳门彩票生意出投，是日未有人到投。兹于西本月十九日即华六月初十日奉大西洋京都电示，定于西八月二十日即华七月十二日下午两点钟，在本署大堂遵照西纪一千九百零一年十月初三日所立章程内第一百五十七款之附款 K，并按照西一千九百零五年十一月初三日上谕所载，当该章程第一百五十六款所指之公会案前，再将总承代售澳门仁慈堂彩票生意明喊出投，招人承充。其期系自西纪一千九百零七年十一月初二日起至一千九百一十二年十一月初一日止。谁将所发票张总数价银每百元出用银至多者得。

所有章程开列如后。

第一款，凡来投者，须先将压票银四万元交存代管国课银库之西洋银行，掣取收条呈堂，方准喊价。投毕之后，其未投得者，于翌日给还。（下略 2—4 款）

丁未年六月十一日。

1907 年 8 月 3 日，批销孔咏裳、黄大经、萧登、卢廉若承充一次过闱姓

1907 年 8 月 3 日（第 31 号），大西洋澳门国课官柯为通谕事。

照得西纪本年三月初五日所立准与孔咏裳、黄大经、萧登、卢廉若承充一次过闱姓生意之合同，今按照该合同第四款所载事理，业已批销。合就示谕商民人等知悉。

特示。

丁未年六月二十日。

1907 年 8 月 10 日，禁止外省彩票在澳私售

1907 年 8 月 10 日（第 32 号），大西洋钦命澳门总督高为札饬事。

案据东方各省近来开设彩票，均是仿照本澳开设有年之彩票一式。查例载，彩票非遵照西一千八百八十五年六月二十八日谕旨第七款所定办理者，概不得在本澳营销。今外省彩票竟多有在澳私售，似此不独损害于本国家保护开设之澳门彩票，抑且于国饷有所妨碍。查澳门承充彩票及各票所立合同，均经载明承充人利权，国家必须保护等语。自应按照律例设法认真保护，以昭公允。是以本总督今定将西一千八百八十五年六月二十八日谕旨第七款之附款一、二、三、四、五、六各事例，严行遵办，所有巡捕营员弁、西华政务厅均应设法务将谕旨所不准入澳之私票，无论全条分则，概行严密查缉充公。并将附款四所指明之人等拿获解送臬署，按例惩办，可也。

为此札仰阖澳文武员弁一体知悉，遵照毋违，须至札者。

丁未年六月廿七日札谕。

1907 年 8 月 24 日，开投澳门、氹仔、路湾开收山票白鸽票

1907 年 8 月 24 日（第 34 号），大西洋澳门正督理国课官柯为出投事。

照得西一千九百零六年五月二十八日所立承充山票白鸽票生意之合同经已准照承充人禀请作废在案。兹定于西九月二十四日即华八月十七日两点钟，在本署大堂当一千九百零一年十月初三日章程第一百五十六款所定之公会案前，将澳门、氹

仔、路湾开收山票白鸽票生意一并用封固，暗票出投，招人承充。其期系自西纪一千九百零七年十月初一日起，至一千九百一十二年九月卅日止。今将出投章程列左。

一、欲来投者，须于未投票之前，将压票银一万六千三百元交存代理国课银库之西洋银行，取回收条呈堂。其未投得者，此银于翌日给予领回。

二、投票者不遵下列条款，即将此压票银充公：A、其票不照第四款格式书写。B、投得而不能加足担保当堂缴出。

三、投价以一十六万二千九百元为底，如出价至高之票有同价者，即将同价之票，再行明喊。（下略 4—8 款）

丁未年七月十五日。

1907 年 8 月 24 日，再次开投澳门彩票

1907 年 8 月 24 日（第 34 号），大西洋钦命澳门督理国课官柯为出投事。

照得本署前定西本月廿日到投承充澳门彩票，是日未有人到投。兹特再定于西九月初七日即华七月三十日两点钟，在本署大堂遵奉大西洋京都西七月十三日电谕及按照西纪一千九百零一年十月初三日所立章程内第一百五十七款之附款 M，当该章程第一百五十六款所定之公会案前，再将澳门仁慈堂彩标生意，明喊出投，招人承充。其期系自西纪一千九百零七年十一月初二日起，至一千九百一十二年十一月初一日止。其用银以旧承充人所认出照所发票张总数价目每百元八元为底，谁出至多者得。兹将出投章程开列如后。

一、凡来投者，须先将压票银二万元交存代管国课银库之西洋银行，掣取收条呈堂，方准喊价。投毕之后，其未投得者给予收还。

二、投得而不能于三日内按照实合同所定加足担保合同银交出，或不肯签名于该实合同者，即将压票银归仁慈堂充公。

三、谁出用银至多而投得者，必须于上款所定期内加足照合同应交之担保银，并于交银时即立单为据。所有承充合同章程，现列本衙门。除安息日外，每日十点至四点钟可以到看。

特此示知。

丁未年七月十五日。

1907年8月24日，卢九、萧登暂承充澳门、氹仔、路湾山票、白鸽票

1907年8月24日（第34号），大西洋澳门国课官柯为晓谕事。

照得本署于西本年八月二十二日订立合同，将澳门、氹仔、路湾山票、白鸽票生意，暂行给与卢九、萧登承做，至该票出投别商承充开办之日为止。但若非有澳门督宪特批允准，仍不能做过于西本年十月三十一日以外。至于章程悉照西一千九百零六年五月十二日第十九号宪报所颁行者无异。为此通谕各人知悉。

特示。

丁未年七月十四日。

1907年11月9日，萧登承充山票、白鸽票展期十五日

1907年11月9日（第45号），澳门国课官柯为通知事。

照得西十月廿五日在本署立契，将山票、白鸽票生意给与萧登做多十五日，期系自西十一月初一日起至十五日为止。其章程悉照一千九百零六年六月初九日第廿三号宪报所登，专指白鸽票、山票而定者办理无异。

为此通告一切关涉人等知悉。

丁未年十月初一日。

1907 年 11 月 9 日，开投澳门、氹仔、过路湾白鸽票及山票

1907 年 11 月 9 日（第 45 号），大西洋澳门正督理国课官柯为通谕事。

照得兹将备订承充澳门、氹仔、过路湾白鸽票及山票生意之实合同章程各款，开列于后。

一、所有自西纪一千九百零七年十一月十六日起，至一千九百一十二年十一月十五日止之承充期内，开收澳门、氹仔、路湾白鸽票及山票生意，独承充人有自权自做。其应在澳门、氹仔、过路湾每处设收票铺多少，任由承充人开足。附款：任从承充人发给票艇牌照代收白鸽票及山票入厂，所有牌费应收若干及给牌收票章程，均由承充人自订，不必与国家商酌。

二，承充人应每年按照承充之价缴纳国课衙门承充规银。此项每年规银应分二十四次，上期缴纳一次，须亲到国课银库交纳。附款一：该项规银以每十五日上期交纳一次。倘至十五日之末日，承充人未将下次十五日之上期规银赴国课署缴纳，每日罚承充人银照应交之价每百元每年以二十四元伸算。但过期只准三日为限，如过期三日外，任从督宪饬将合同缴销。附款二：倘有缴销合同之事，澳门督宪只饬将缴销合同情形颁行宪报，无须查照别样规矩。至该第三款所注明承充人所交之按柜银，归国课衙门充公。

三、承充人必须按照每一年规银三分之一，用现银交出国课银库存贮，作为担保合同之按柜银。此担保银，承充人可以按照律例换用产业归国课衙门作抵。

四、倘承充人欲将其所承充白鸽票及山票利权转顶与别人，必须禀请督宪恩准，然后由国课官查覆无碍，则可顺其所请，批准照行。

五、其白鸽票仍旧用千字文之首八十字刻出，任由买票人在此八十字之内拣择盘口投买。附款一：白鸽票之票雌系由承充人或系承充人所信用之先生，由八十字内点出二十字。该二十字须于各票款入厂之前点出，一经点妥，即行放在箱内锁固。该箱用锁匙两把，一归承充人收执，一归华政厅收执。该票嬸放入箱内之时，必须有华政厅所派之西差眼同看视。附款二：承充人须于每月底将银六十元呈由华政厅转分给各西差，以酬其劳。

六、开白鸽票之法系将该箱当华政厅派来之西差面前，眼同开启，将所点之票嬸取出，即由华政厅派来之西差签名画押，并注明日期，随将该票嬸送呈华政厅存案。另每间票艇派票嬸一张。

七、该白鸽票每日至多开票三次，此系听承充人之便。附款：每次选字及开票之时候系由承充人与华政厅酌定。

八、其白鸽票之办法，必须由承充人于合同未经开办之先设立章程内各款事例以及格式，均列明该章程之内，即禀准督宪后，随送交华政厅存案。

九、其山票系用白鸽票之八十字，再照千字文加入四十字，共成一百二十字，任由买票人于此一百二十字内拣十五字点买，不能多点亦不能少点。

十、其开山票之法系用字粒，将按照上款所定之千字文一百二十字每粒书写一字，放入球内搅匀，即用机器搅出三十字粒，随将字粒上之字抄出，则作为票嬸，然后将所投买之票逐条点对，其中字至多者为第一名、次者第二名，再次者第三名，又次者第四名。承充人亦有权可以加多中额一名或两名。惟须于未开办之先，先行向华政厅报明均是同中同分。附款一：承充人必须将所开之票嬸及中式之谢教单，按次送呈华政厅存案，并刊登告白，俾众周知。附款二：开山票日期任由承充人自定。但每月开不得多过六次。附款三：每开山票一次，承充人必须给与华政厅派来之西差花红银三元。

十一、投买山票每条票价由承充人于合同期内拟定，但不能多过二毫。至所收之票价，须扣出二成归承充人作为费用及利息，其八成则作为首二三四彩银分派与中式者。附款，所有应派之八成彩银，承充人须于未开办之前，将所定开彩名数若干、每名得彩成数若干拟定，分别开单，报明华政厅知照并刊登宪报，俾人周知。

十二、其白鸽票中式银系在十两以下者，实时交银。如在十两以上者，限二十四点钟内交银。

十三、其山票之中式彩银系由刊登票㡌之日起，三日内概行分派清楚。

十四、倘承充人有违本合同第十二或第十三款者，即罚银一百元。附款一：除罚款之外，其买票者无论在何处票艇投买，均须由承充人立即将中式之彩银照赔。附款二：倘承充人屡次过期不能交出中式银两或不肯交出，无论系白鸽票中式银抑或山票中式银，均罚承充人银一百元至五百元不等。此罚款系归按察司衙门核定，饬缴国课官。亦可禀明督宪饬将合同注销。

十五、承充人必须将澳门、氹仔、过路湾之白鸽票艇若干间，共列一清单送呈华政厅存案，而承充人并须设法令各票艇安静办理，不得有违章滋事等弊。

十六、所有巡查白鸽票山票票厂艇暨稽查白鸽票山票事务等件，悉归华政厅权理。

十七、倘控追白鸽票山票中式银两者，须在律例所准限期之内，方准控追。若逾例限，则不得控追矣。

十八、承充人或别人均不得在澳门开收字花及各种相类之票。附款，倘有违犯此款，或未经向承充人领牌私收白鸽票山票或用别法瞒骗承充人等弊者，则罚银一千元，半归澳门，半归承充人。

十九、不论何人即经向承充人领有牌照收白鸽票及山票，如有不将所收银两实数报明票厂，或将所收之票吞骗不全数入厂，或别有瞒骗承充人等弊者，除罚银五十元至一百元不等外，如有可治罪之条例，仍行按例治罪。附款一：倘再有违犯此例，罚银一百元至二百元不等。另将其人按照棍骗国课之罪，严行惩办。附款二：本款所论之罚项，系由华政厅核定饬令遵缴，而此项罚款，半归国课，半归承充人。

丁未年八月十七日。

1907年11月16日，白鸽票及山票生意股权转让予杨一琴

1907年11月16日（第46号），澳门国课官柯为通知事。

案据白鸽票及山票合同第四款章程所载，该承充人将该生意转顶与股友杨一琴独做，其转顶之据，经于本日画押为凭。所有该票合同章程，均仍照本年第四十五号宪报颁行西本年十月二十八日所立之合同，一式无异。

特此通知。

丁未年十月初十日。

1907年12月7日，再次开投澳门、氹仔、路湾签铺票

1907年12月7日（第49号），大西洋澳门国课官柯为通知事。

据本年第二十八号宪报颁行之告白，定于本年八月十二日，将澳门、氹仔、路湾签铺票生意出投，招人承办。因是日未有人投充，是以兹按照一千九百零一年十月初三日上谕所定章程第一百五十七款M字，订于西来年正月初八即华本年十二月初五两点钟，当该章程一百五十六款所定之公会面前，将该生意明喊出投，招人承充。其期系自西一千九百零八年二月初一日起，至一千九百十三年正月三十一日①止为满。谁于五

① 此处日期系西历，下页同。

年期内合计出价至高者得。惟头二年每年不能少于一万五千元，第三年不能少于二万元，第四、五年每年不能少于二万五千元。因以上之价，系现已有人禀请承充所出者。如开投之时，他人所出至高之价原禀人肯允照价承充，即仍给与原禀人承充。兹将章程列后。

一、凡来投者先将压票银八千三百三十四元交存代理国课银库西洋银行，取回收条呈堂，方准喊价。投毕之后，其未投得者，于翌日给予领回。（下略 2—4 款）

丁未年十一月初二日。

1908 年 2 月 1 日，飞南第伯爵承充澳门、氹仔、路湾签铺票①

1908 年 2 月 1 日（第 5 号），大西洋澳门正督理国课官柯为通知事。

案据本署兹于西本年正月初九日立契将开收澳门、氹仔、路湾签铺票生意，准与飞南第伯爵承充，其期自西一千九百零八年二月初一起至一千九百一十三年正月三十一日止。所有承充递年规银开列如左：第一年自一千九百零八年二月初一日起规银一万七千大元。第二年规银一万七千大元。第三年规银二万三千大元。第四年规银二万八千大元。第五年系至一千九百一十三年正月三十一日止规银三万大元。兹并将开收澳门、氹仔、路湾签铺票生意实立合同之各章程列明如左。

一、承充期以五年为限，自西一千九百零八年二月初一日起至一千九百一十三年正月三十一日止。（下略 2—12 款，见 1906 年 7 月 14 日宪报签铺票章程）

丁未年十二月二十五日。

---

① 这里所提到的“飞南第伯爵”即小非难地，见本文“葡人赌商”一节。

1909年3月20日，开投澳门、氹仔、路湾铺票

1909年3月20日（第12号），大西洋澳门正督理国课官阿为示知出投事。

照得西一千九百零八年正月初九日所立承充澳门、氹仔、路湾镜铺票生意之合同，业于西本月十三日督宪批谕注销，当经颁行宪报在案。兹定于西四月十五日，即华闰二月廿五日两点钟在本署大堂，当按照西一千九百零一年十月初三日第一百五十六款所定之公会案前，将澳门、氹仔、路湾镜铺票生意明喊出投，招人承充。以五年为期，自西一千九百零九年七月初一日至西一千九百一十四年六月三十日止为满，投价以每年二万元为底，谁出价至高者得。今将出投章程列后。

一、所有来投票人，先须将压票银五千元交存代理国课银库之西洋银行，掣取收条呈堂。投毕之后，其投不得者，翌日仍将此压票银给回。

二、如投得者不肯立即加足担保银交出，或不肯签名于承充合同者，均将此压票银充公。

三、其投得者，须立刻加足担保合同银一万五千大元当堂缴出，并要即时缮立收该银单。

四、担保合同须用现银，但承充开办之后，亦可遵照该一千九百零一年十月初三日章程第一百五十七款之附款G，随时用产业作按抵换现银少许或全数。

五、如投得者所出之价仍见为不合，亦有权即时当众宣明，不准其承充。

至于承充合同章程底稿，存在本署。除安息日外，每日十点至四点钟任人到看。

为此通知。

己酉年二月二十五日。

1909年4月24日，开投总承代卖澳门仁慈堂彩票

1909年4月24日（第17号），大西洋钦命澳门督理国课官阿招人出投事。

兹按照西一千九百零五年十一月初三日上谕内第一款第一号所批事例，定于西本年六月廿六日两点在本署大堂，遵照本次上谕所准行之章程，当西纪一千九百零一年十月初三日上谕批定章程内第一百五十六款所定之公会案前，将总承代卖澳门仁慈堂彩票生意用封固之暗票出投，招人承充。其承充合同以五年为期，自立实合同之日起计。今将出投章程列后。

第一款，凡欲投者，须于未投票之前，将压票银四万元交存本澳西洋海外银行所管之本国课银库，掣取收条，于开投时同暗票一齐呈堂。其未投者，此压票银于翌日给还。

第二款，凡投票者，不遵下开章程，则将压票银归仁慈堂充公。A其票不照本示第四款格式书写。B其投得该生意之人，不肯于三日内将合同所定应加足担保合同之银交出。

第三款，此次投票之价，准照发出票张总数，价银每百元以八元为底，如有两票或多票出价至高而相同者，准该同价之票以该至高之价为底再行明投。

第四款，该暗票须用下列格式书写：某某愿承充总代卖澳门仁慈堂彩票，愿按照出票张价银总数若干计，每百元缴纳仁慈堂用银__________元。所有章程均愿遵守，并愿按照章程E字所定事例担保，实立合同。即是除照以上所出用银之数交出担保外，另照章程第十四号B字所定，至少二十二万五千之数为底交出担保所派彩之银。西一千九百零九年______月______日某某暗票。附款A，此暗票可用华字书写。附款B，不准用人担保。

第五款，所有不收理之各票，示明如左。A其票不照本示第四款所定格式书写。B过开堂后十分钟始行将票呈出。

第六款，一过上第五款B字号所指开堂之时，本公会主席即将各票拆开高声宣读，并给与大众观看，谁出价至高，准予承充。该承充人须遵照本示第二款B字号所定之期，将担保实合同银加足，并签名于暂立合同。

第七款，若本会视各票不甚合宜，亦有权可以不准承充。

所有承充合同章程，现列在本署。除安息日以外，每日十点至四点钟可以到看。

特此示知。

己酉年三月初二日。

总承代售澳门仁慈堂彩票，以五年为期。自立实合同之日起计，所有合同各款章程如后。

一、凡总代售仁慈堂彩票者，须照合同各款章程，将仁慈堂出票张全数承售。遵照督宪核准谢教单内所定票彩之数目派出中彩，并按照一千九百零五年十一月初三日上谕所准承售仁慈堂彩票，将于出投时所出每百元票价若干，以为仁慈堂经费溢利之用银，按月缴纳。

二、总承售合同之期，以五年为期，自立实合同之日起计。

三、惟系承售人违背本合同无论何款章程，可将合同撤销。一经撤销，则将所交存之担保银，均过仁慈堂充公。此项充公之款，除先将以开派中彩并所发出之票价外，其所余俟过自开票日计一年之后，照本合同C字第四号所定而行。

四、该承售人有必须交纳仁慈堂之项，兹列明如左。甲、旧承售人所办置、现时开票所用之球二万粒，彩球七百一十四粒暨穿球之铁条。其购价及关税、运脚等费共该银四千二百五十二元零八仙；新承售人须照数交出银四千二百五十二元八仙。乙、仁慈堂现时与飞南第印字局所订合同，刷印票张上之凸字号码，每月价银一百二十元，承售人须每月照数交出，至合同满期为止。附款，本款甲字所论之球件，虽由承售人照数交出购价等费，惟承售人仍不能视为己物，应归仁慈堂所有。

五、仁慈堂应承帮助承卖人追收卖票，但究竟能收与否，仁慈堂则不任其责。

六、本合同期满之日，再行出投。若旧承售人出价与别人相同，则应准归旧人续做。惟此时之公会如见为不宜，亦有权不准其续充。

七、兹将仁慈堂及承售人共应遵守办理彩单、票张、派彩、开票、担保、纳用等事条，列如左。

A彩单。(一)该彩单先由承售人与仁慈堂商定后，由仁慈堂公会呈请督宪核夺批准，方得照行。(二)该彩单承售人须先三个月呈交仁慈堂看过，并于先两个月颁行各人周知。(三)该彩单内所有至紧要、不能更改之件如左。(a)该票每月开彩一会。(b)每会所派中彩，要按照每会票张全数价银四分之三开派，不得减克分毫。(c)所余之四份一归承充人得以充费用。(d)该彩单须列明没张票估价若干，共中彩若干名，每彩派银若干，及开票月日时刻。

B票张。(一)该票张照旧刊用澳门仁慈堂名号，但其中华字名目应用澳门彩票字样。(二)该票张照旧由仁慈堂值事加盖名印。(三)该票张系归仁慈堂刊印，并盖钤记，其费用系仁慈堂支理。(四)该票张花样颜色可以更改，但须承卖人与仁慈堂商酌而定方可。(五)该票张如已印成，并已加盖仁慈堂印记，可以发卖，应须于两月前发交承卖人。(六)该承卖人如欲预先多出一会或两会票，须先问仁慈堂允肯，并须照所请多出若干会。全数票价，另行加缴担保中彩及纳用两项之担保银方可。(七)每号一张分为十则，每则列明号码及价银，及领取中彩处所，及下会开票月日。背面则将大约彩单刊载于上。(八)仁慈堂发出票张，须并将票根一齐交与承售人。

（九）承卖人于每会开彩三个月后，须将所有已经收彩之中式票汇齐送交仁慈堂，由公会饬令毁销。而仁慈堂须设立专为登记收回此项已收彩之中式票张及毁销之部。据一个［月］内将每次所毁之票或全张或数则之号码及中式得彩若干之数登注明白。（十）仁慈堂可以在票张上盖用其自知之特别暗记，以便辨认票张之真伪。（十一）如有挖改票张，或票张损烂至于号码看不分明，及不能看出票内至紧要之记号者，则均不得认为真票。（十二）承卖人亦可在票上加盖自己之印记，以为认志。（十三）每张票之价及每会中票之彩数，及每彩得银若干，均任承卖人拟定。惟须遵守本合同 A 字第三号所定而行。（十四）每会票全数之价，不能少过一十万元。惟头四会，可以减至五万元。（十五）在澳门所卖之票，如一连三会票价腾涨过票于上所载定价一成以上，仁慈堂公会即应通知承卖人必须于第三会起，计三个月后加起票价，至少要照足市价起高之成数起价。（十六）。若一连三会票价跌低，该票总数之价亦可照所跌之价减低。惟不得减至少过十四号所定十万元之数以下。

C 派彩。（一）凡人携中式之票到承卖人之公司或承卖人所举出并经仁慈堂允准、惟承卖人是问之银店收取彩银，该公司或银店须立即将该票所中之彩银如数交足，不能短少分毫。至该银店字号，亦须先在票内刊明。（二）若有中式票到收，中彩不能照上款所论交收者，即由仁慈堂将承卖人交存担保中彩之担保银内支出代派。如果有此事，承卖人即须于十天内将仁慈堂经代派出彩银若干照数交回，以补足担保。若不能交回仁慈堂，即可将下会票停止不发。（三）承卖人照 B 字第九号所论，缴回已收彩之中式票张时，必须将所有其余未到收彩各票之应派彩银一并送交仁慈堂，以便在自开票日起一年期内，有此项中式票到仁慈堂收彩，即得以照交此凭票急交之彩银。（四）如有中式票张，在以上所定期内不到收彩者，其彩银即算是一千九百零二年六月廿八日上谕所定章程内第一款附款四指明之利益，须照该上谕所指定为某用。（五）每会谢教单于开票后即日刊行，分派众看，其费系仁慈堂支理。

D开票。（一）开彩地方定在仁慈堂内，专为开票而设之处。每会开彩，均须正国课官或副国课官主席，并须仁慈堂值事两位及西政务厅到场监视。（二）逐会开彩之日期及时刻，由承卖人与仁慈堂议定，载明于谢教单内。（三）除承卖人自愿出资另行购买新机器开彩外，凡开彩所用之各器具，均由仁慈堂购置。（四）所有开彩之费用，及刊印彩单、票张、谢教单等项，均由仁慈堂支理。

E担保。（一）承卖人须交出担保银两柱，一以担保派彩，一以担保第一款所定仁慈堂经费溢利之用银。（二）若承卖人不愿先出多两会票张，则其担保派彩之银，应照三会合计应派中彩若干之数交出。除此之外，若欲先出多一二会或数会票张，则另行照其所多出若干会应若干中彩核计，加交担保方可。（三）担保仁慈堂经费溢利用银，亦系照三会票合计应纳若干之数，交出担保。（四）承卖人倘欲加票，此两柱之担保银，亦须照所加票张全数之价计加。（五）此担保中彩及用之担保银，头一会必须用现银交出。该现银即由仁慈堂会长出名存放殷实银店。其银店亦可任承卖人选择，惟经仁慈堂允肯。至第二会，则或用现银照上办法亦可，或用可信之公司股份亦可。然必须先问仁慈堂允肯，并须将股票交出，由仁慈堂会长出名在该公司挂号。或用物业亦可，然该物业必须承卖人出资投买燕梳。附（a）若系用物业或公司股份以为担保者，必须其物业之所值过于所担保之数三分之一。附（b）若系用公司股份以为担保，而仁慈堂公会见为不妥，不准其用此担保者，亦无容说明其缘故。（六）若所用担保之现银存放银店所得利息，仍属承卖人得。惟该银，则必用仁慈堂会长出名存放。

F 纳用。按照第一款所定承卖人每会应纳仁慈堂溢利经费用银，限开票后三日，即要纳清，不准逾期。如有逾期，仁慈堂即在交存此柱担保银内扣拨。

1909 年 6 月 5 日，开投澳门、氹仔、路湾签铺票

1909 年 6 月 5 日（第 23 号），大西洋澳门督理国课官阿为再示招收事。

案据西本年第十二号宪报颁行招人投充澳门、氹仔、路湾签铺票生意，又，澳门督宪第十号札谕颁行，招人投充闱姓生意，均定于西四月十五日开投。兹因是日未有投成，是以按照一千九百零一年十月初三日上谕颁行章程内第一百五十七款 K 字事理，再定于西七月初五日，即华五月十八日两点钟在本署大堂，当按照该章程第一百五十六款所定之公会面前，复将该签铺票生意以五年为期，自一千九百零九年七月十五日起至一千九百一十四年七月十四日止，明喊出投，招人承价按充。谁允照五年期内出价至高者，准予承充。是日并将闱姓生意出投，其投每一场考试二千元为底，若投得承充签铺票者出价与别人至高之价相同，即准有先得之权。至于闱姓之合同章程，现悬在本署，除安息日外，自十点至四点钟任人到看。为此通知。

一、所有来投票人须先将押票银五千大元交存代理国课银库之西洋银行，取回收条呈堂。投毕之后，其投不得者，翌日即将此押票银给回。

二、如投得者不肯立即加足担保银交出，或不肯签名于承充合同者，均将该押票银充公。

三、其投得者须立即加足担保合同银一万二千元，当堂缴出，并要即时缮立收该银单。

四、担保合同要用现银，惟承充开办后亦可按照一千九百零一年十月初三日章程第一百五十七之附款G，随时用产业作按抵换现银少许或全数。

五、投得者所出之价，公会仍见为不合，亦有权即时当众宣明不准起承充。

六、如别人所出至高之价，已销合同之旧承充人所出与之相同，本公会即有权将此生意仍给予旧人承充。

七、断不准用人担保合同。附款，所有来投各人在于未开堂之先，如有为本章程所未道及之事，理欲请加增新款，或于下列各款有欲请更改之意见，准其先向公会陈明，以便商议。但公会有权或全允、或全不允、或半允半不允，一俟议定，即照所定开堂投喊。

兹将开收澳门、氹仔、路湾签票铺生意实立合同之各章程列明如左。

一、承充期以五年为限，自西一千九百零九年七月十五日起至一千九百一十四年七月十四日止。

二、承充人应承照所出每年规银之价承充此生意，必须按月上期，用西洋银行纸亲赴国课衙门缴交。附款一，承充之每月上期规银，若承充人到该月之初一日尚未将该月之规缴交，则须罚过期息银。按照是月规银之数，以每日三十元罚一元伸算。若再过八日仍不将该月规银及所定过期罚银照交，则国家有权将合同注销。附款二，如有注销合同之事，只将督宪批准注销之故，由国课官录批出示，颁行宪报便得。并不须查照别项规例。至于合同果已注销，则将承充人所交之担保银即日归国课全数充公，承充人并无权可以追问取回。

三、承充人为担保合同，必须将现银一万二千大元交存西洋银行代理之本银库，迨开办之后，承充人则可以向国家商量，按照一千九百零一年十月初三日章程第一百五十七款之附款F，将此担保银存在西洋银行生息。

四、准承充人有权自行开设铺票厂四间开收铺票，并可将该厂四间或内一二间给与别人，分设收卖铺票。

五、各铺票厂各自收票、各自派彩，凡中式之票系某厂所收者，其谢教银即归某厂清派。附款一，每铺票厂一间，须有担保谢教人一位，担保中式谢教银两。惟该担保人必须有实产业或大生意铺店之人，或系银铺或系当铺，但无论用谁担保，各票厂均须将担保人标明于票根之上，以昭信实。附款二，承充人并须将各票厂所定用之担保谢教人开列名单送呈华政厅，由华政厅申详督宪，核明某人果足担保然后准其担保，即在华政衙门书立担保谢教凭单，以为实据。附款三，若有人控追承充人所开之票厂无谢教开派，国家律司一有所闻，即可按照刑律将承充人控告于案。倘果有此事而承充人已经官判定有罪，或国家见得注销合同为便，均可以即将合同注销。附款四，承充人共设票厂若干间，应开列一单送交华政衙门。存查单内须将某间坐落某街某号门牌，并每间之司事某人、担保谢教某人一一详列。

六、此项票系用铺店人名，或用华人之姓亦可。惟每次开票只定实专用一类，不得又用店名又用人姓两类兼用。附款，无论系用店名或名姓，任由承充人自定。惟每次将所用者，在发出之票根上声明，而华政厅应须时加查察其实用何类。

七、应选定若干店名、若干人姓为任拣买之票底，应限买若干店名、若干人姓为一条之票额，应限开若干店名、若干人姓为中字之票乸。可以每次或增或减，任由承充人自定。惟必须于未收票之前，先行刊派告白，以俾众人知悉。

八、此项铺票如何收票、如何发票，所定中式名数若干，所用何等店名、何等姓字，若干及每票收价银若干一切等事，全由承充人自行办理，或与所分设之票厂议定而行。惟须于每卷之首编详细载明国课衙门于以上各事毫不干涉，国课官亦不担任谢教之责。

九、每月开票，至多不得过逾六次。

十、承充人应择一空阔众地，在华人神庙之前如康公庙或妈阁庙，以为每次开票之所。俾开票之时，所有众人皆得观看，以昭大公。附款，华政厅或华政厅所派之委员，于承充人每次开票之时，亦应亲临监视，每次由承充人送呈花红银三元。

十一、承充人于合同未开办之前，先须将此项铺票各款事例，及照第十二款所订如何办理之章程列折送呈督宪，批准之后留存华政衙门，以备华政厅得以随时查对承充人是否遵章办理之凭据。

十二、此项铺票之办法，开列如左。a 此项铺票若系按照第六款所定用店名为底，承充人即须先行选定店名一百二十个刊派告白，俾众皆知，以便任人拣买。b 买票者即在承充人所选定之一百二十店名之内任拣十个店名投买，是为一票。c 每卷收足一千条为满，承充人于每卷将一千条票，用直行开列。一票一行，行上冠以其票之次第、字号。d 每一千条一卷，开一谢教，各卷各开。如中式票系在此卷者，即与彼卷无涉。每卷均列三名，首名、二名、三名。e 此铺票开字系用杯卜之法，其杯两只，均一面平一面圆，即是华人神庙所用之较杯；或用字粒机器开票亦可。f 每次开字，先将选定之一百二十店铺名开列一单，依次逐名。杯卜之法如左。假如开列店名首为美南次为和昌，即先从美南起首杯卜。其杯须向空掷高跌下，如是两只俱俯为阴、两只俱仰为阳，则美南是不入选之店名，即不用再掷。随将其次店名和昌杯卜，照前掷去，如得一俯一仰为胜，即于和昌名下留一票志，再掷再胜，再留一志，又掷又胜，又留一志，连掷至不得胜杯为止。即将和昌店名记出，书明共得胜杯若干数，另置一旁。然后，又挨次逐店照前杯卜完遍。于是，汇合所得胜杯至多之店名，按数次第递取十二名，是为所开之票𨱏。照此点对各卷之票，有买得此十二名之票𨱏之字者，是为中字。每卷以中字至多者为第一，得首名谢教，次者二名，又次者三名。g 所开票价定为半元、一元、二元、三元、五元、十元各卷。h 各卷分派谢教之法如左。假如一元共收票一千条，该银一千元，则首名谢教银六百元，二名谢教银二百元，三名谢教一百元，共派出九百元，所余一百元归承充人得，以为费用及利益。i 每卷中式之银，由承充人于所得谢教银内扣回卷银些少，其每卷价银若干，则须先于该卷之首编内载明。j 凡买票者，同一条可以任买十卷、二十卷，如其票幸中首名，则照以上所论各节，是其票直可得十倍之六百元谢教。k 每次开字之时，应在聚集观看之众人中取用数人，以司掷杯之事。其法如左。由承充人用竹签三枝，向众人丛中掷入，谁执得此签者即请之以掷杯。掷毕，由承充人给予工资以酬其劳。l 每次掷杯开字完毕，承充人即将此杯用过之较杯，当众打碎毁烧。

己酉年四月十四日。

1910 年 2 月 12 日，再次开投总代售澳门仁慈堂彩票

1910 年 2 月 12 日（第 7 号），大西洋澳门正国课官阿为出投事。

案因承充总代售澳门仁慈堂彩票生意，至今尚未投成。兹按照一千九百零九年十二月十六日上谕颁行章程内第十四款第四条所定事理，定于西本年四月十八日，即华三月初九日下午两点钟在本署大堂，当按照一千九百零一年十月初三日上谕批准国课章程第一百五十六款所定之公会面前，将总承代售澳门仁慈堂彩票生意，用封固之暗票出投，招人承充。以八年为期，自立实合同之日起计。今将出投章程列左。

一、来投者用暗票封固呈堂，并必须有已交代理国课银库之西洋银行压票银八千元之收单，同暗票一并呈出，以昭实据。如投不得者或投得而公会不准承充者，此压票银于翌日给予领回。

二、此压票银，有应行充公者，其故如下：A 此人之暗票不遵第三款所定格式书写。B 投得而不立刻加足担保银，或不肯签名于暂立单。

三、暗票格式：________愿遵照一千九百零九年十二月十六日上谕章程第十四款，承宠总代售仁慈堂彩票。按照发出票张总数价银若干计每百元缴纳仁慈堂用银________元，总数至少以三万元为底。并愿遵守一千九百零九年十二月二十六日上谕第十八款，第十九款及附款所定担保实合同之章程。______年______月______日。________签名。附款 A，此暗票用华字书写亦可。附款 B，不准用人担保。

四、来投者之暗票，有不准理者，其故如下：A 其暗票不照第三款定式书写。B 过开堂十分钟始将票交出。

五、一过第四款 B 所定之时候，公会长即将各票拆开，写西字者由公会书记、写华字者由正翻译官大声宣布，并揭示大众观看，谁出票价至高者，准予承充。该承充人必须遵照章程要立刻交足担保银并签名单上。

六、如出价至高之票有两人同价者，准此同价之票再行明喊。

七、投得之人如公会见为不合，亦有权不准承充。

八、所有担保实合同及担保彩银，均须遵守所定章程而行。

该章程现列在本署，除安息日外，每日十点至四点钟任人到看。

庚戌年正月初三日。

1910 年 5 月 21 日，开投过路湾番摊

1910 年 5 月 21 日（第 21 号），大西洋澳门署督理国课官苏（Annibal C. X. Henrigues）出示招投事。

案因承充过路湾番摊生意，于西本年六月三十日合同期满。是以按照一千九百零一年十月初三日上谕颁行国课章程第一百五十七款附款出示，定于西六月二十日，即华五月十四日两点钟在本署大堂，当该章程第一百五十六款所定之公会面前，将承充过路湾番摊生意以五年为期，自西一千九百一十年七月初一日起至一千九百一十五年六月三十日止，用暗票出投，招人承充。其价以现时承充每年三千五百元为底，谁出价多于底价至高者得。

兹将出投章程列左。

一、来投者用暗票封固呈堂，并必须有已交代理国课银库之西洋银行压票银三百五十元之收单，同该暗票一齐呈出，以昭实据。如投未得者或投得而公会不准承充者，此银于翌日给予收回。

二、此压票银有应行充公者，其故如下：A 其人之暗票不遵第四款格式书写。B 投得而不立刻加足担保合同银，或不肯签名于合同。

三、其投得者立刻交足担保合同之银，系照投得之价每年若干三分之一计。

四、暗票格式：某某愿每年缴纳规银________元，承充过路湾番摊生意，应承遵守国课衙门所列示在下录出各章程，并愿交足担保实合同银________元。______年______月______日。某某人签名。A 此暗票用华字书写亦可。

五、来投者所交之暗票有不准理者，其故如下：A 其暗票不照第四款定式书写。B 过开堂十分钟始将票交出。

六、一过第五款 B 所定之时候，公会长即将各票拆开，写西字者由公会书记、写华字者由正翻译官大声宣布，并揭示大众观看，谁票出价至高，即予承充。该承充人要立刻加足担保并签名暂立单上。

七、如出价至高之票有两人同价者，准此同价之票再行明喊。

八、担保要用现银，承充人亦可以禀明督宪，将此银用督宪名存放公会所信之银行，但各实任则归承充人，与国家无涉。其利息，亦归承充人得。若该银行或有倒挞，一经传知承充人或代承充人出银担保之人，限即与收到传单起廿四点钟内备足担保交回银库。附款，该担保银于立实合同之后，可以按照章程第一百五十七款附款 G 用坐落澳门之产业换抵，但该产业所值必须多于担保现银之数三分之一方可。

九、如为保其稳妥起见，政府可以随时将存银起出移存银库。该承充人与借银与承充人之人均不得以亏失利息及别样缘故为词，抗阻不服。

十、投得之人如公会见为不合，亦有权不准予承充。

十一、不准用人担保。

兹将承充过路湾番摊立实合同章程底稿开列如后。

一、承充之期以五年为满，自西一千九百一十年七月初一日起至一千九百一十五年六月三十日止。

二、承充合同之担保银，系按每年所出承充规价三分之一缴交。

三、所承充过路湾番摊生意，每年认缴之规银，系分此按月上期用西洋银行之银纸缴交。

四、第三款所定按月分缴之上期规银，如到每月之末日，承充人未即缴到，则须加纳过期息银照每百元每月五元伸算，惟仍不得过期至三日以外。如过期三日以外仍未缴清，则国家有权批销合同。至合同一经批销，即将担保之银充公，归国课得。并不须查照别样办法，只将批销合同之事颁行宪报便得。若果有此事者，即再将此生意另招别人承充。倘别人承充所出之价，比旧人承充之原价不能如数，无论不足多少，仍追旧承充人补足。

五、在过路湾地方，独承充人有权给予人情与别人分设摊馆。附款一，本款所准承充人给人情与别人分设摊馆一节，系专指过路湾所属各村乡而言，若不属于过路湾之别乡村电告，不在此例。附款二，如有摊馆未经向承充人领给人情而开设者，该处地方官可以立即将其馆封禁，并罚银。如初犯罚银一百元，再犯者罚二百元。此罚款，半归国课半归承充人得。

六、除番摊一项之外所有别项赌具，均不准在摊馆内开设。如承充人有犯此例，罚银二百元。

七、准承充人用船四只开设番摊，惟只准在过路湾所属界内之海岸湾泊。

八、承充人所设摊馆某间坐落某处，或开设之后迁移别处，均须报明该处政务官知悉。

九、承充人必须雇用防虞人役在所设之摊馆，或船上看守防护以得相安。惟所用之防虞人役，须由该处政务官宪查察。

十、国家于合同所予给承充人应享之权利担任保护，如有人损害承充人利益之事，国家是必出力维持，以免受害。

庚戌年四月初十日订。

1910 年 10 月 1 日，开投过路湾番摊

1910 年 10 月 1 日（第 40 号），大西洋澳门署督理国课官苏为出示招投事。

案因承充过路湾番摊生意，经已注销。是以按照一千九百零一年十月初三日上谕颁行国课章程第一百五十七款附款 A 出示，定于西本年十一月初四日，即华十月初三日两点钟在本署大堂，当该章程第一百五十六款所定之公会面前，将该承充过路番摊生意以五年为期，自西一千九百一十年十二月初一日起至一千九百一十五年十一月三十日止，用暗票出投，招人承充。其价以上届承充每年三千五百元为底，谁出价多于底价至高者得。兹将出投章程列左。（略，参见 1910 年 5 月 21 日第 21 号）。

兹将承充过路湾番摊立实合同章程底稿开列如后。

一、承充之期以五年为满，自西一千九百一十年十二月初一日起至一千九百一十五年十一月三十日止。

二、承充合同之担保银，系按每年所出承充规价三分之一缴交。

三、所承充过路湾番摊生意，每年认缴之规银，系分次按月上期用西洋银行之银纸缴交。

四、第三款所定按月分缴之上期规银，如到每月之末日，承充人未即缴到，则须加纳过期息银照每百元每月五元伸算，惟仍不得过期至三日以外。如过期三日以外仍未缴清，则国家有权批销合同。至合同一经批销，即将担保之银充公，归国课得。并不须查照别样办法，只将批销合同之事颁行宪报便得。若果有此事者，即再将此生意另招别人承充。倘别人承充所出之价，比旧人承充之原价不能如数，无论不足多少，仍追旧承充人补足。

五、在过路湾地方，独承充人有权给予人情与别人分设摊馆。附款一，本款所准承充人给人情与别人分设摊馆一节，系专指过路湾所属各村乡而言，若不属于过路湾之别乡村地方，不在此例。附款二，如有摊馆未经向承充人领给人情而开设者，该处地方官可以立即将其馆封禁并罚银。如初犯罚银一百元，再犯者罚二百元。此罚款，半归国课半归承充人得。

六、除番摊一项之外所有别项赌具，均不准在摊馆内开设。如承充人有犯此例，罚银二百元。

七、准承充人用船四只开设番摊，惟只准在过路湾所属界内之海岸湾泊。

八、承充人所设摊馆某间坐落某处，或开设之后迁移别处，均须报明该处政务官知悉。

九、承充人必须雇用防虞人役在所设之摊馆，或船上看守防护以得相安。惟所用之防虞人役，须由该处政务官宪查察。

十、国家于合同所予给承充人应享之权利担任保护，如有人损害承充人利益之事，国家是必出力维持，以免受害。

庚戌年八月初廿六日。

1910 年 11 月 12 日，再次开投过路湾番摊

1910 年 11 月 12 日（第 46 号），大西洋澳门督理国课官苏（Annibal C. X. Henrigues）为出示招投事。

案据西本年十月初一日第四十号宪报颁行，将过路湾番摊生意定于西本月初四日出投，招人承充。兹因未有人到投，是以按照一千九百零一年十月初三日所定章程第一百五十七款之附款 K，再定于西十二月十二日，即华十一月十一日两点钟在本署大堂，当该章程第一百五十六款所定之公会面前，将该承充过路番摊生意以五年为期，自立实合同之日起计，明喊出投，招人承充，谁每年出价至高者得。兹将出投章程列左。

一、来投者须有已交代理国课银库之西洋银行压票银三百五十元之收单呈出，以昭实据。如投未得者，此银于翌日给予收回。（略，参见 1910 年 10 月 1 日第 40 号）。

庚戌年十月初七日。

1910 年 12 月 17 日，再次开投路湾番摊

1910 年 12 月 17 日（第 51 号），大西洋澳门督理国课官罗（Manual Fortera da Resha）为出示招投事。

案据第四十六号宪报颁行，将过路湾番摊生意定于西本月十二日出投，招人承充。兹因是日未有人到投，是以按照一千九百零一年十月初三日所定章程第一百五十七款之附款 K，再定于西来年正月初三日，即华十二月初三日两点钟在本署大堂，当该章程第一百五十六款所定之公会面前，将该承充过路湾番摊生意以三十日为期，自西一千九百十一年正月十五日起至二月十三日止，明喊出投，招人承充。不限底价，谁出价至高者得。兹将出投章程列左。

一、来投者须有已交代理国课银库之西洋银行压票银一百大元之收单呈出，以昭实据。如投未得者，此银于翌日给予收回。

二、其投得者立刻加足担保合同之银，系照投得之价三分之一计。

三、担保实合同要用现银，若投得而不立刻照上款所定加足担保合同银或不肯签名于合同，即将所交之压票银充公归国课得。

四、投得之人如公会见为不合，亦有权不准予承充，惟须即立时声明。

兹将承充过路湾番摊立实合同章程底稿开列如后。

一、承充之期以三十日为期，由一千九百十一年正月十五日起至二月十三日止。（略，参见 1910 年 10 月 1 日第 40 号）

庚戌年十一月十四日。

1911 年 1 月 21 日，开投春节骰宝牌照

1911 年 1 月 21 日（第 3 号），大西洋澳门辅政司书吏英为通知事。

照得华人新年，准给街上开摆骰宝之牌照。本署定于西本月二十四、二十五、二十六、二十七、二十八日等日，即华十二月二十四、二十五、二十六、二十七、二十八等日内发给。

为此通知。

庚戌年十二月十九日。

1911 年 2 月 18 日，开投氹仔番摊

1911 年 2 月 18 日（第 7 号）大西洋澳门督理国课罗（Manual Fortera da Resha）出示招投事。

案因承充氹仔番摊生意于西本年六月三十日合同到期，是以按照一千九百零一年十月初三日上谕颁行章程第一百七十五款附款 A 出示，定于西三月三十日，即华三月初一日两点钟在本署大堂，当该章程第一百五十六款所定之公会面前，将该承充氹仔番摊生意以五年为期，自西一千九百一十年七月初一日起至一千九百一十五年六月三十日止，用暗票出投，招人承充。其价以现时承充每年二千九百元为底，谁出价多于底价至高者得。

兹将出投章程列左。

一、来投者用暗票封固呈堂，并须有已交代理国课银库之西洋银行压票银二百九十元之收单，同该暗票一齐呈出，以昭实据。如投未得者或投得而公会不准承充者，此银于翌日给予收回。（略，参见 1910 年 5 月 21 日第 21 号）。

兹将承充氹仔番摊立实合同章程底稿开列如后。

一、承充之期以五年为满，自西一千九百一十年七月初一日起至一千九百一十五年六月三十日止。（略，参见 1910 年 5 月 21 日第 21 号）。

辛亥年正月十八日订。

副国课官苏签名。正国课官罗阅。

1911年7月15日，开投澳门番摊

1911年7月15日（第28号），大西洋澳门正督理国课官田为通知事。

兹按照一千九百零一年十月初三日上谕第一百五十七款之附款A澳门督宪批准定于西八月十二日，即华闰六月十八日下午三点钟在本署大堂当承充公会面前将澳门番摊生意出投，招人承充，以五年为期，自西一千九百一十二年七月初一日起计至一千九百一十七年六月三十日止。兹将出投章程列左。

一、欲投充者必须将押票银四万五千元交存代理银库西洋银行。

二、到开堂之时十分钟内，将暗票呈出，并须将上款所定已交押票银之收单一并呈堂。

三、暗票格式如左：某某愿承充澳门番摊生意，每年缴纳规________元正其在国课衙门所存之各款章程一概应承遵守。______年______月______日。某某签名。附款一、本款所指之暗票，须用唐字书写。附款二、不准用人担保。附款三、如有下开情事之暗票，概不受理。A暗票不照本第三款所开格式书写者。B过开堂十分钟后始将暗票交出者。

四、倘有下开之事，即将押票银归国家充公。A暗票不照第三款所定格式书写。B投票之后不肯立即交足担保合同银。

五、出投之价以六十万元为底，如有至高之价同票者，准同价之人再行明喊。

六、过第三款B字所定之时候，会长则将暗票拆开，大声宣读随给与来投各人公看谁人出价至高者准其承充。该承充人必须将担保合同之按柜银立即交出，随即立单为据。所有立实合同之各章程存在本衙门，除安息日外，每日十点至四点任人到看。

为此通知。

西一千九百一十一年七月初十日。

1911 年 7 月 10 日，开投澳门番摊

1911 年 7 月 10 日，大西洋澳门正国课官田为通知事。

兹特将立定承充澳门番摊生意实合同之章程底稿开列如左。

一、承充以五年为期，自一千九百一十二年七月初一日起计至一千九百一十七年六月三十日止。

二、承充规银每十五日一次上期，赴公钞房收银处交纳。首次系上一月之末日，第二此系该月之十五日纳。如遇是日系安息日，则再提前一日纳。如到期不纳，则按照过期若干日，以每百元每月二元伸算罚银。

三、倘过期十日，承充人仍不交纳，任澳门督宪取销合同，并将承充人所交出之担保合同银系照承充一年规银三分之一计交，倘有取销合同之事，只将督宪批行颁登宪报，毋庸查照别项规矩。

四、自关闸起至妈阁止，任从承充人开设摊馆，不限区域，不限间数。但必将所欲设馆之地点，禀准督宪允许方可。

五、承充人每月将其下月所欲在某区域开设摊馆及间数报知总□□长及华政厅。

六、摊馆内由承充人派人看守，仍请政府查察。馆内如有滋生事端，为承充人担责任。倘遇有事求请国家派兵帮助，亦必允准。

七、所有二等或二等以下牌馆，并所有赌骰子之馆棉羊牛占等项赌具，一概仍旧禁止。

八、如有私开赌博，损碍承充人及国家利权者，罚银一千员，半归国家，半归承充人。

九、所有因解释章程生出之争论，系由督宪定断。其余各事，则归该管衙门判决。

十、承充人不遵守本合同章程，即将第三款所定之担保银充公立即移交代理西洋银行。

西一千九百一十年七月初十日。

征引文献

一、文献资料

（1）档案史料

中　文：

中国第一历史档案馆编：《清宫粤港澳商贸档案全集》，中国书店 2002 年 7 月版。

台湾“中央”研究院近代史研究所编：《澳门专档》，“中央”研究院近代史研究所 1996 年版。

汤开建、吴志良主编：《澳门宪报中文数据辑录》，澳门基金会 2002 年版。

南京图书馆古籍部编：《澳门问题史料集》，北京中华全国图书馆文献缩微复制中心 1999 年版。

故宫博物院明清档案部编：《清末筹备立宪档案史料》（全二册），中华书局 1979 年 7 月版。

张海鹏主编：《中葡关系史料集》（上、下卷），四川人民出版社 1999 年 12 月版。

中国第一历史档案馆、澳门基金会、暨南大学古籍研究所合编：《明清时期澳门问题档案文献汇编》（共六册），人民出版社 1999 年版。

汤开建、陈文源、叶农主编：《鸦片战争后澳门社会生活纪实》，花城出版社 2001 年版。

刘芳编，章文钦校：《清代汉文档案汇编》，澳门基金会 1998 年 3 月版。

十九世纪《澳门地扪宪报》，澳门历史档案馆藏。

陈翰笙主编：《华工出国史料汇编》，中华书局 1985 年 2 月版。

葡　文：

澳门历史档案馆藏葡文档案：MIC：A0312，A0586－A0589，A0797－A0671；

Boletim da Provincia de Macau e Timor；

Maria Helena Évora：*Boletim do Aquivo Historico de Macau*. Instituto Cultural de Macau（1996）. 1. 2. A Fazenda Publica de Macau. Fundo dos serviços de finaças de Macau. Datas extremas：1843－1954. No. do Vol. 921.

澳门仁慈堂博物馆档案：Legados（46）Registo de Legados feitos a Misericórdia. 1592－1896，AH/SCM/302. Regulamentação（45）Liveros de registo de privilegios concedidos as Casa da Misericórdia，1459－1839. AH/SCM/300－301.

葡萄牙海外历史档案馆 COTA：AHU－ACL－SEMU－DGU－005，A－J－，Cx. 0042，(1873).

Jorge Forjaz：Famílias Macaenses. 东方基金会澳门文化学会、东方葡萄牙学会 1996 年版。

萨安东《葡中关系史料汇编》，澳门基金会、澳门大学 2000 年版。

（2）正史、方志、官书

〔汉〕司马迁：《史记》，中华书局 1982 年 11 月版。

〔汉〕班固：《汉书》，中华书局1962年6月版。

〔唐〕李延寿撰：《南史》中华书局1975年6月版。

《唐律疏议》，刘俊文点校，中华书局1983年11月版。

〔宋〕范晔：《后汉书》，中华书局1973年8月版。

〔元〕脱脱：《辽史》，中华书局1974年10月版。

〔元〕脱脱：《宋史》，中华书局1977年1月版。

黄彰健编：《明代律例汇编》，台湾“中央”研究院历史语言研究所1979年3月版。

《清实录》，中华书局1986—1987年刊本。

广东省地方志编委会办公室、广州市地方史志办公室编：《清实录广东史料》（全六册），广东省地图出版社1995年版。

〔民国〕赵尔巽：《清史稿》，中华书局1977年12月版。

〔清〕蒋良骐：《东华录》，林树惠、傅贵九校点，中华书局1980年4月版。

〔清〕朱寿朋编：《光绪朝东华录》，张静卢等校点本，中华书局1984年9月版。

〔清〕王先谦纂：《东华续录》，台北文海出版社1963年版。

〔清〕同治《香山县志》，中山文献丛书刊本。

〔清〕同治十年《番禺县志》，邓光礼、贾永康点注本，广东人民出版社1998年9月版。

《古今图书集成》，中华书局、巴蜀书社1985年10月版。

同治《番禺县志》，番禺市地方志编撰委员会办公室主持整理，广东人民出版社2000年6月版。

朱沛莲编著：《清代鼎甲录》，台湾中华书局1968年7月版。

王思治等编：《清代人物传稿》，中华书局1984年6月版。

汪文炳等撰，厉式金主修：《香山县志续编》，1923年刊刻。

（3）奏议、文集、书信、日记

〔明〕屈大均：《广东新语》，中华书局香港分局1974年2

月版。

〔明〕叶权、王临亨、李中馥撰：《贤博篇、粤剑篇、原李耳载》，中华书局 1997 年版。

〔清〕印光任、张汝霖：《澳门纪略》，赵春晨校注，广东教育出版社 1998 年版。

〔清〕张树声：《张靖达公奏议》，何嗣焜编，丛刊第 222 种。

〔清〕陈弢：《同治中兴京外奏议约编》，上海书店影印，1985 年 6 月版。

〔清〕《郭嵩焘奏稿》，杨坚校补，岳麓书社 1983 年 4 月版。

〔清〕苑书义、孙华峰、李秉新主编：《张之洞全集·奏议》，河北人民出版社 1998 年 8 月版。

〔清〕中山大学历史系中国近现代史教研组研究室编：《林则徐集·奏稿》，中华书局 1965 年版。

〔清〕蒲松龄：《聊斋志异》，朱其铠主编全本新注，人民文学出版社 1989 年 9 月版。

〔清〕曾国藩：《曾文正公家书》，台湾世界书局 2001 年 6 月版。

〔清〕江世荣编注：《曾国藩未刊信稿》，中华书局 1959 年 9 月版。

〔清〕彭定球等编：《全唐诗》，中州出版社 1996 年 10 月版。

〔清〕欧阳兆熊、金安清著：《水窗春呓》，谢兴尧点校，中华书局 1984 年 3 月版。

〔清〕陈康祺著：《郎潜纪闻初笔、二笔、三笔》，中华书局 1984 年 8 月版。

〔清〕崇彝：《道咸以来朝野杂记》，北京古籍出版社 1982 年 1 月版。

〔清〕《郭嵩焘日记》，湖南人民出版社 1981 年 5 月版。

〔清〕苑书义、孙华峰、李秉新主编：《张之洞全集》，河北人民出版社 1998 年 8 月版。

〔清〕陆元鼎编：《各国立约始末记》，台湾华文书局 1968 年 11 月版。

〔清〕黄兴涛等译：《辜鸿铭文集》，海南出版社 1996 年 7 月版。

〔清〕徐世昌辑：《清诗汇》，北京出版社 1995 年 10 月版。

《汪康年师友书札》，上海古籍出版社 1986 年 5 月版。

夏东元编：《郑观应集》，上海人民出版社 1982 年 9 月版。

商衍鎏：《清末广东的"闱姓"赌博》，载于中国人民政治协商会议广东省委员会文史资料研究委员会编《广东文史资料》第一辑，1961 年 6 月版。

〔民国〕刘禺生著、钱实甫整理：《世载堂杂忆》，中华书局 1960 年 12 月版。

汪宗衍：《广东文物丛谈》，中华书局香港分局 1974 年 10 月版。

程演生辑录，中国历史研究社编：《奉使俄罗斯日记》，上海神州国光社 1946 年 11 月版。

张克宏编：《黄世仲黄伯耀兄弟南洋诗文集》，香港纪念黄世仲基金会 2001 年 11 月版。

二、今人著作

（1）中　文：

庞新德：《话本及拟话本所见之宋代两京市民生活》，香港龙门书店 1974 年 9 月版。

尚圆子、陈维礼：《宋元生活掠影》，沈阳出版社 2002 年 1 月版。

张云樵：《伍廷芳与清末政治改革》，台湾联经出版事业有限公司 1987 年 4 月版，澳门大学国际图书馆“伍廷芳博士遗属赠书 DS777，15，W77，CHA”。

李长傅：《中国殖民史》，王云五、傅纬平主编，台湾商务印书馆 1976 年 2 月版。

顾保鹄：《中国天主教史大事年表》，台湾光启出版社 1970 年版。

《甲午战后筹还外债与财务的变革》，台湾商务印书馆 1986 年 1 月版。

汤开建：《略论历史上澳门文化的属性与特征》，载《暨南教育》2000 年第二期。

汤开建：《委黎多〈报效始末疏〉笺正》，广东人民出版社 2004 年 7 月版。

汤开建：《澳门开埠初期史研究》，中华书局 1999 年 11 月版。

汤开建：《明清士大夫与澳门》，澳门基金会 2000 年版。

汤开建、萧国健、陈佳荣主编：《香港 6000 年：远古——1997》，香港麒麟书业有限公司 1998 年版。

郦纯编：《太平天国制度初探》，人民出版社 1956 年 7 月版。

鲁言：《香港赌博史》，广角镜出版社 1978 年 10 月版。

郭双林、萧梅花：《中国赌博史》，台湾文津出版社 1996 年 5 月版。

舒国雄主编：《明清两朝深圳档案文献演绎》，花城出版社 2000 年 9 月版。

广东省文史研究馆萧干主编：《粤海挥尘录》，上海书店 1992 年 3 月版。

黄启臣：《澳门通史》，广东教育出版社 1999 年 5 月版。

赵连城：《同盟会在港澳的活动和广东妇女参加革命的回忆》，原载广东省政协文史资料研究委员会编：《广东辛亥革命史料》，广东人民出版社 1981 年 7 月版。

陈炎：《澳门在近代海上丝绸之路中的特殊地位和影响》，载于澳门《文化杂志》第十三、十四期合刊第44页，澳门文化司署1993年版。

韦庆远：《有关粤澳关系史研究的若干问题》，载《澳门研究》第十期，1999年3月。

徐艺圃：《清末澳门猪仔馆述评》，澳门《文化杂志》中文版第十九期，1994年。

吴志良：《澳门市政传统、制度及其发展》，载《澳门研究》第九期，1998年11月。

郭卫东：《乾隆年间澳门"唐人庙"事件述论》，载《中西文化研究》第四期，澳门理工学院2003年版。

金国平：《西力东渐》，澳门基金会2000年8月版。

金国平、吴志良：《"南澳"地望、中葡议和重点及年代新辨》，载《中西文化研究》第四期，澳门理工学院2003年版。

赵利峰：《闱姓传入澳门及其初期发展》，载《澳门研究》第十七期，2003年6月。

何永靖：《澳门开埠与其社会形成的概述》，载《中西文化研究》第五期，澳门理工学院2004年版。

广东省中山图书馆、广东省珠海市政协编：《广东近现代人物词典》，1992年10月版。

广东省文史研究馆编：《岭峤拾遗》，上海书店1994年10月版。

王德昭：《清代科举制度研究》，广东经济出版社1997年11月版。

汤志钧：《康有为传》，台湾商务印书馆1998年10月版。

蔡冠洛编著：《清代七百名人录》，北京市中国书店1987年6月版。

刘品良：《澳门博彩业发展纵横》，澳门历史文物关注协会

2002 年版。

黄鸿钊：《澳门史》，福建人民出版社 1999 年 11 月版。

徐珂编撰：《清稗类钞》，中华书局 1984 年 12 月版。

胡寄尘编：《清末野史》，岳麓书社 1985 年 12 月版。

《清代野史》，巴蜀书店 1987 年 10 月版。

冯承钧：《西力东渐史》，大东亚丛书，华北综合调查研究所编，1970 年 3 月香港龙门书店印行。

陈锋：《清代军费研究》，武汉大学出版社 1991 年版。

梁嘉彬：《广东十三行考》，广东人民出版社 1999 年 12 月版。

周志初：《晚清财政经济研究》，齐鲁书社 2002 年 11 月版。

刘伟：《晚清督抚政治——中央与地方关系研究》，湖北教育出版社 2003 年 10 月版。

金国平、吴志良：《镜海飘渺》，澳门成人教育学会 2001 年版。

黄启臣、庞新平：《明清广东商人》，广东经济出版社 2001 年 12 月版。

管林等著：《莲岛春秋》，澳门近代文学学会 1999 年 4 月版。

李文治、江太新：《清代漕运》，中华书局 1995 年版。

郑天挺：《清史探微》，北京大学出版社 1999 年 7 月版。

夏东元：《洋务运动史》，华东师范大学出版社 1992 年 5 月版。

老傅编：《中国黄赌毒实录》，中国华侨出版社 1999 年 1 月版。

王树槐：《外人与戊戌变法》，上海书店出版社 1998 年 8 月版。

李汉冲：《花会赌博种种》，载于《广东风情录》，广东省政协文史资料研究委员会编，广东人民出版社 1987 年 2 月版。

祝春亭：《广东赌王》，广东经济出版社 1998 年 10 月版。

林子升编：《十六至十八世纪澳门与中国之关系》，澳门基金会1998年9月版。

吴志良：《生存之道——论澳门政治制度与政治发展》，澳门成人教育学会1998年3月版。

邓开颂、吴志良、陆晓敏主编：《粤澳关系史》，中国书店1999年12月版。

澳门《文化杂志》中文版第40、41期合订本，澳门文化局2000年春、夏季版。

汪宗衍：《广东文物丛谈》，中华书局香港分局1974年10月版。

邓开颂：《澳门历史（1840—1949年）》，澳门历史学会1995年9月版。

唐思编著：《澳门风物志》，中国友谊出版公司1998年4月版。

邓开颂、余思伟、陆晓敏：《澳门沧桑》，珠海出版社1999年4月版。

邓开颂、陆晓敏主编：《粤港澳近代关系史》，广东人民出版社1996年3月版。

章文钦：《澳门历史文化》，中华书局1999年版。

汤志钧：《戊戌变法人物传稿》，中华书局1982年6月版。

叶曙明：《赌国的兴衰》，南方日报出版社1999年9月版。

焦润明，苏晓轩编著：《晚清生活掠影》，沈阳出版社2002年4月版。

台湾故宫博物院、国史馆等合办《沧海桑田——澳门史料特展》文献，1999年12月版。

黄荫普等主编：《典当论》，国立中山大学经济调查处1934年11月版。

吴志良、杨允中主编：《澳门百科全书》，澳门基金会

1999 年 10 月版。

《与历史同步的博物馆——大炮台》，澳门博物馆 1998 年版。

何修文编著：《中外诗人咏澳门》，海燕出版社 2000 年 9 月版。

《乔治·钱纳利——澳门》，葡萄牙里斯本地理协会、日本东洋文库收藏，1985 年 9 月 6 日至 30 日在澳门市政厅画廊展出。

（2）葡萄牙文：

A Santa Casa e as Loterias no Oriente，*MACAU*. No. 57. Pedro da Mesquita：Lotarias com Todos.

萨安东：《葡中关系研究》（*EstudosS Sobre as Relações Luso-Chinesas*，*Instituto Superior de Ciencias Sociais e Politicas*），Instituto Cultural de Macau. 1996.

Ana Maria Amaro，*Três Jogos Populares de Macau*，Instituto Cultural de Macau，1984.

Filipe Emilio de Paiva，*Titulo Original——Um Marinheiro em Macau* — 1903 *Album de Viagem*，Museu Maritimo de Macau-Julho de 1997. O Macaensa，Secção Noticiosa，3（116）10. Jul. 1884.

魏若望（John. W. Witek. S. J）主编：《葡汉辞典》，葡萄牙国家图书馆、东方葡萄牙学会、旧金山大学利玛窦中西文化历史研究所 2001 年版。

（3）译　文：

英文译著：

［美］费正清：《剑桥中国晚清史（1800—1911）》，中国社会科学出版社 1993 年 9 月版。

［瑞典］龙思泰：《早期澳门史》，东方出版社 1997 年版。

阿绮波德·立德著，王成东、刘皓译：《穿蓝色长袍的国度》，时事出版社 1998 年版。

［美］芮玛丽（Mary Clalaugh Wright）著，房德邻等译：《同治中兴——中国保守主义的最后抵抗》，中国社会科学出版社 2002 年 1 月版。

［美］亨特著，沈正邦译，章文钦校：《旧中国杂记》，广东人民出版社 2002 年版。

［英］马士著，张汇文等译：《中华帝国对外关系史》。

郑曦原编：《帝国的回忆——纽约时报晚清观察记》，三联书店 2001 年 5 月版。

葡文译著：

A. B. Rodrigues da Costa 编纂《海军在澳门》，澳门港务局 1997 年 7 月版。

萨安东著，金国平译：《葡萄牙在华外交政策 1841—1854》，葡中关系研究中心、澳门 基金会 1997 年里斯本版。

徐萨斯著，黄鸿钊等译：《历史上的澳门》，澳门基金会 2001 年版。

潘日明（P. Benjamim Videira Pires）著：《殊途同归》，澳门文化司署 1992 年版。

潘日明：《十九世纪的澳督与澳门生活》，载于澳门《文化杂志》第七、八期合刊，澳门文化司署 1989 年版。

施白蒂著，小雨译：《澳门编年史》（十六至十八世纪），澳门基金会 1995 年 7 月版。

施白蒂著，姚京明译：《澳门编年史》（十九世纪），澳门基金会 1998 年 3 月。

施白蒂著，金国平译：《澳门编年史》（二十世纪），澳门基金会 1999 年 4 月。

若奥·德·德乌斯·拉莫斯著，范维信译：《中国葡萄牙外交关系史》，澳门文化司署 1998 年版。

赛尔南多·若泽·科雷亚、奥利维拉著：《葡中接触五百年》，东方基金会 1999 年版。

《澳门的军事组织和军服四百年》，澳门文化司署 1999 年版。

安德拉德·科尔沃（Andrade Corvo）：《苦力移民》，载于澳门《文化杂志》第七、八期合刊，1989 年。

若昂·格德斯（João Guedes）：《哀萨、科尔沃和澳门的苦力贩运》，载于澳门《文化杂志》第七、八期合刊，1989 年。

文德泉（Manuel Teixeira）：《阿尔诺索伯爵笔下的澳门》，载于澳门《文化杂志》第七、八期合刊，1989 年；阿尔诺索伯爵（Conde Arnoso，1855—1911）。

文德泉：《1854 年美国海军准将佩里看到的澳门》，黄启臣、邓开颂主编：《中外学者论澳门历史》，澳门基金会，1995 年月版。

阿马罗（Ana Maria Amaro）：《伊比利亚传统的澳门纸牌游戏》，澳门《文化杂志》第 23 期，澳门文化司署 1995 年版。

叶士朋（António Manuel Hespanha）：《澳门法制史概论》，澳门基金会 1996 年 1 月。

马楂度著，舒建平、菲德尔合译：《勘界大臣马楂度葡中香港澳门勘界谈判日记》，澳门基金会 1999 年 12 月版。

（4）论　文：

中　文：

何汉威：《清末广东的赌博和赌税》，台湾“中央”研究院历史语言研究所集刊第 67 本第 2 分，1995 年 6 月版。

何汉威：《清末广东的赌商》，台湾“中央”研究院历史语言研究所集刊第66本第1分，1996年3月版。

何汉威：《广东进士赌商刘学询》，台湾“中央”研究院历史语言研究所集刊第73本第2分，2002年6月版。

赵利峰：《晚清粤澳闱姓问题研究》，广州暨南大学中国古代史博士论文，2003年4月。

胡根：《澳门镜海丛报研究》，广州暨南大学中国古代史硕士论文，2002年5月。

胡根：《清末澳门赌商社会活动初考》，载《澳门研究》第31期，2005年12月。

朱杰勤：《中外关系史论文集》，河南人民出版社1984年6月版。

王杰、邓开颂主编：《纪念郑观应诞辰160周年学术研讨会论文集》，中国社会科学院近代史研究所、上海社会科学院、广东省社会科学院、澳门历史学会、澳门历史文物关注协会2003年9月版。

劳榦：《六博及博局的演变》，台湾“中央”研究院历史语言研究所集刊第35本（故院长朱家骅先生纪念论文集）。

汤开建：《晚清澳门华人巨商何廷光家族世纪考述》（待刊稿）。

董少新：《关于澳门仁慈堂章程（1627）的初步研究》，《澳门杂志》总第34期，澳门特别行政区政府新闻局2003年6月版。

李长傅：《南洋史地与华侨华人研究——李长傅先生论文选集》，暨南大学出版社2001年5月版。

邵朝阳：《博彩：澳门的龙头产业》，“澳门——葡语世界学术研讨会2003”论文。

英　文：

Jean Chesneaux. Marianne Bastid. Marie Claire Bergero,

China-From the Opium wars to the 1911 *Revolution.*

Dr. Andy. Nazarechuk (University of Nevada Las Vegas Professor International Tourism), *Problem Glambling And It's Socio-Cultural Impact*, 2003 — 3 — 12. Macao Gaming Management Symposium.

Dr. John Bowen (Professor of University Nevada. Las Vegas), *Customer Relationship Management*, 2003—3—12. Macao Gaming Management Symposium.

Dr. Stuart. H. Mann (Dean of Harrah Hotel Collecge of University Nevada Las Vegas), *The Impact of Hospitallity Services on Gaming Industry*: *the example of Las Vegas*. 2003 — 3 — 12. Macao Gaming Management Symposium.

Dr. Gao zhicheng (Professor of University Macao), *Chances*, *Odds and Responsible Gambling*, 2003 — 3 — 12. Macao Gaming Management Symposium.

(5) 报　刊

中　文：

《遐迩贯珍》、《中西闻见录》、《申报》、《华字日报》、《镜海丛报》、《知新报》、《点石斋画报》、《循环日报》、《广东日报》、《东方杂志》、《中西日报》、《澳门政府宪报》、《香山旬报》、《大公报》。

英　文：

Chinese Reportage;

《伦敦画报》1849 年 11 月 10 日，Assassination of the Governor of Macao，AH80 · 26.

葡　文：

《大西洋国 TA－SSI－YANG－KUO》，澳门历史档案馆 1984 年 12 月集刊本；

Boletim de Provincia de Macau、*Boletim de Provincia de Macau e Timor*、*Boletim de Provincia de Macau Solor e Timor*、*Boletim Official do Governo de Provincia de Macau e Timor*、*O Procurador Dos Macaistas*、*O Correio Macaense*.

后　记

我一直很喜欢历史这门学科，从事新闻工作后期曾在报章专栏写过一些涉及澳门历史题材的东西，也编写过《澳门工商年鉴》这类出版物。但是，当时的历史研究毕竟属于业余爱好。每当我写到澳门博彩业的起源时，就觉得心有余而力不足了，因为所有的书籍上都没有详细提到这方面的资料。

我在澳门从事新闻工作多年的过程中发现，赌场是最能够“出新闻”的地方。从“新公司”（澳门旅游娱乐有限公司）时代到赌权“三分天下”，澳门的社会和经济经历了巨大的变化。可是，我和许多同行一样，居然一直没有留意在这个特种行业蕴含着极为丰富的历史，对这个行业一百多年来发生的许多人和事不甚了了。记得不止一次有外地学者问我：澳门博彩业为什么会“突然冒起”？在什么时候合法化？历史上出现过哪些著名的赌商？我无法回答这些问题，遂萌生把它弄个水落石出的念头。

假如我不是在澳门从事过新闻工作，也许就不会有深入探讨澳门博彩业的机会了。因为职业的关系，我对晚清澳门博彩业的研究是从新闻史入手的。考上暨南大学中国文化史籍研究所的硕士研究生之后，我集中精力研究了发行于 1893 年至 1895 年间的澳门中文报章《镜海丛报》，并在该项研究的基础上写出了我的硕士毕业论文。

澳门新闻史在中国近代史和中国新闻史上占有重要的一页，因为中国第一份外文报纸——也是中国第一份近代报纸——《蜜蜂华报》就出现在澳门。对《镜海丛报》的研究，其实也是对澳门新闻史和澳门近代史的回顾。与《镜海丛报》同一时期的中文报刊虽多，但像《镜海丛报》这样大量而细腻地反映澳门当时社会生活的报纸还没见过。该报中文版给后人留下了大量的珍贵史料，以精炼的文字，报道了当时的中国政局、国际关系、粤澳关系，等等。尤其可贵的是，该报每期都有一至两版“本澳新闻”，另有“衙门告示”、官方及民间广告，生动地反映出晚清时期澳门政治、经济、军事、文化、宗教及华洋杂处的澳门社会风情，成为一部研究晚清澳门社会极为重要且不可多得的珍贵史料集。澳门赌业是在鸦片战争结束后才逐渐蓬勃起来的。到了《镜海丛报》出版发行的年代，赌业不但早已合法化，而且花样百出，在澳门遍地开花，形成娼赌畸形繁荣的特殊社会结构。

在对《镜海丛报》进行研究的时候，我发现今天澳门以博彩业为龙头的经济格局，乃至中西文化交汇的独特的社会人文环境，其实在 19 世纪末已经成型了。期间，我参与了《澳门宪报中文史料（1851－1911）》的资料搜集工作，经常到澳门历史档案馆查阅各种文档。我业余进修过葡文，能够看懂一些不太复杂的文件，加上对赌业的人和事早已留心，故在完成《澳门宪报中文史料（1851－1911）》史料搜集的同时，也留存了一批弥足珍贵的中葡文档案副本。当然，要真正深入探讨这一课题，那点文档是远远不够的。自从确定把晚清澳门博彩史的研究作为博士论文撰写的方向之后，我大部分业余时间都在档案馆和图书馆里度过。

最大的困难在于关于博彩批给和赌商的数据非常零散，要像大海捞针那样四处寻找，由各种中葡文档案文献到民间慈善团体（如镜湖医院慈善会和同善堂）的纪念特刊，都在搜罗之列。由于博彩业的特殊性，以及各个历史时期中葡文献翻译名词的不规范，许多疑难问题经常要通过多种档案文献的对照，才能够得到确实的结论。

这篇论文能够完成，得到了许多师友的帮助。如果没有前辈专家学者的开路拓荒，我是无法直接进入现今领域的。我的导师汤开建教授不仅引导我走进神圣的学术殿堂，与我共同开辟这个研究论题，还多次指出若干本来难以发现的偏差，补足了一些史料。他与后学亦师亦友，要求严格而循循善诱，我从中得到的知识与鼓舞可谓终生受用。

吴志良、金国平这两位专家，在澳门史、中葡关系史方面的研究成果早已有口皆碑，他们百忙之中审阅了我的论文，提出了许多宝贵的意见。旅居葡萄牙的学者金国平先生，还为本文的葡文原档和中译文字作了仔细的校正。对清末广东博彩业素有研究的台湾"中央"研究院历史语言研究所研究员何汉威先生，给我寄来了多本论文资料。学长澳门理工学院语言暨翻译高等学校崔维孝校长、李长森博士、复旦大学赵利峰博士后、暨南大学古籍所陈文源副教授、叶农副教授，以及田渝、彭蕙、韦羽等友好，在学术研究过程中互相交流，令我受益匪浅。澳门收藏家协会会长吴利勋先生为我提供了有价值的原始文献和学术著作；澳门历史档案馆 Alawia Ahmad 小姐、Anabela Gomes 小姐为我查阅文献数据提供了便利；澳门历史文化研究会的同仁同心协力进行文史研究，在此一并致谢。

本文能够成书面世，还要特别感谢岑桑先生。我在初中阶段就很喜欢他的作品。没想到，我刚决定博士论文的开题报告时，这位文坛前辈就亲自向我约稿，令我十分感动，也成为我写作的动力之一。

胡　根

2008 年 11 月 2 日于澳门

书　目	作　者	出版时间	定价
83. 宋代岭南谪宦	金强	2008 年 8 月	48.00
84. 陈炯明	段云章、倪俊明	2009 年 12 月	80.00
85. 澳门近代博彩业史	胡根	2009 年 12 月	90.00
86. 博济医院百年	［美］嘉惠霖、琼斯著 沈正邦译	2009 年 12 月	70.00
87. 广州番鬼录 旧中国杂记	［美］亨特著 冯树铁 沈正邦 译	2009 年 12 月	80.00
88. 南汉国史	陈欣	2009 年 12 月	80.00
89. 明清广东稀见笔记七种	李龙潜、杨宝霖等点校	2010 年 1 月	70.00
90.《异物志》辑佚校注	吴永章校注	2010 年 1 月	60.00
91. 岭南文化（修订本）	李权时、李明华、韩强主编	2010 年 1 月	80.00

书　目	作　者	出版时间	定价
56. 广东文化地理	司徒尚纪	2001 年 9 月	28.00
57. 潮汕文化概说	陈泽泓	2001 年 9 月	38.00
58. 广东戏曲简史	赖伯疆	2001 年 12 月	27.00
59. 陈济棠	肖自力	2002 年 7 月	29.00
60. 岭南科学技术史	颜泽贤、黄世瑞	2002 年 9 月	30.00
61. 壮族史	张声震　主编	2002 年 12 月	31.00
62. 岭南地质与矿产	黄玉昆、邹和平	2002 年 12 月	29.00
63. 广州：发展中的华南经济中心	左正	2003 年 1 月	27.00
64. 粤乐	黎田、黄家齐	2003 年 1 月	30.00
65. 岭南珍稀动物	张玉霞　编著	2003 年 1 月	25.00
66. 广州城中村研究	张建明	2003 年 11 月	25.00
67. 珠江三角洲农村村治变迁	王春生	2004 年 6 月	20.00
68. 广东民族关系史	练铭志、马建钊	2004 年 7 月	50.00
69. 梁宗岱	黄建华、赵守仁	2004 年 7 月	38.00
70. 潮州音乐	陈天国、苏妙筝	2004 年 11 月	45.00
71. 岭南学术百家	毛庆耆等	2004 年 12 月	60.00
72. 国民党与广东农民运动	梁尚贤	2004 年 12 月	50.00
73. 岭南瘟疫史	赖文、李永宸	2004 年 12 月	45.00
74. 梁士诒	李吉奎	2005 年 8 月	42.00
75. 越歌：岭南本土歌乐文化论	冯明洋	2006 年 6 月	62.00
76. 民国广东商业史	黄增章	2006 年 8 月	38.00
77. 李昴英	杨芷华	2006 年 12 月	36.00
78. 岭南历史文献	罗志欢	2006 年 12 月	48.00
79. 广府文化	陈泽泓	2007 年 4 月	48.00
80. 明清基督教教会教育与粤港澳社会	夏泉	2007 年 6 月	31.00
81. 陈寅恪诗笺释(上下册)	胡文辉	2008 年 6 月	软精装 130.00 硬精装 148.00
82. 邓演达	杨资元、冯永宁	2008 年 8 月	48.00

书　目	作　者	出版时间	定价
27. 广东对外经济贸易史	徐德志等	1994 年 12 月	23.80
28. 梁启超	耿云志、崔志海	1994 年 12 月	27.00
29. 洪秀全	苏双碧	1994 年 12 月	29.80
30. 胡汉民	周聿峨、陈红民	1994 年 12 月	22.50
31. 叶挺	卢权、禤倩红	1994 年 12 月	31.30
32. 简明广东史（再版）	蒋祖缘、方志钦主编	1995 年 8 月	40.00
33. 吴尚时	司徒尚纪	1995 年 10 月	26.50
34. 郑观应	夏东元	1995 年 12 月	32.00
35. 南越国史	张荣芳、黄淼章	1995 年 12 月	35.00
36. 香港跨世纪的沧桑	许锡辉等	1995 年 12 月	35.00
37. 广东近代文学史	钟贤培、汪松涛	1996 年 1 月	39.00
38. 广州历史文化图册	广州博物馆　编	1996 年 1 月	198.00
39. 广州简史	杨万秀、钟卓安	1996 年 3 月	38.00
40. 岭南海洋国土	司徒尚纪	1996 年 6 月	38.00
41. 孙中山文粹（上下）	张磊　主编	1996 年 10 月	85.00
42. 岭南近代对外文化交流史	刘圣宜、宋德华	1996 年 11 月	40.00
43. 粤港澳近代关系史	邓开颂、陆晓敏	1996 年 12 月	28.00
44. 广州国民政府	曾庆榴	1996 年 12 月	33.00
45. 珠江流域经济社会发展概论	梁钊等	1997 年 7 月	50.00
46. 黎族史	吴永章	1997 年 7 月	37.00
47. 客家风华	胡希张等	1997 年 9 月	50.00
48. 省港大罢工史	卢权、禤倩红	1997 年 12 月	34.00
49. 广东海洋经济	王荣武等	1998 年 5 月	36.00
50. 石湾陶塑艺术	林明体	1999 年 7 月	35.00
51. 岭南古史	胡守为	1999 年 9 月	33.00
52. 广东经济地理	吴郁文	1999 年 9 月	38.00
53. 广东十三行考	梁嘉彬	1999 年 12 月	45.00
54. 广东自然地理	曾昭璇、黄伟峰	2001 年 6 月	29.00
55. 珠江三角洲经济	王光振、张炳申	2001 年 6 月	39.00

《岭南文库》已出书目

书　目	作　者	出版时间	定价
1. 岭南古今录	徐　续	1992 年 10 月	18.80
2. 排瑶历史文化	练铭志等	1992 年 12 月	19.00
3. 旧中国杂记	［美］亨特　著 沈正邦译 章文钦校	1992 年 12 月	14.00
4. 简明广东史	蒋祖缘、方志钦	1993 年 7 月	58.00
5. 广东美术史	李公明	1993 年 7 月	28.00
6. 岭南民间百艺	林明体	1993 年 10 月	18.00
7. 岭南历代文选	仇江　选注	1993 年 10 月	20.40
8. 清代珠江三角洲的沙田	谭棣华	1993 年 12 月	13.20
9. 广东改革的经济学思考	曾牧野、张元元	1993 年 12 月	18.80
10. 岭南文化	李权时等	1993 年 12 月	20.40
11. 岭南思想史	李锦全等	1993 年 12 月	18.50
12. 苏兆征	卢权、禤倩红	1993 年 12 月	18.20
13. 广东的自然灾害	梁必骐	1993 年 12 月	14.00
14. 岭南历代诗选	陈永正　选注	1993 年 12 月	23.90
15. 岭南历代词选	陈永正　选注	1993 年 12 月	16.00
16. 黄节诗选	刘斯奋　选注	1993 年 12 月	15.40
17. 岭南书法史	陈永正	1994 年 8 月	19.60
18. 宋代广州的海外贸易	关履权	1994 年 10 月	18.00
19. 潮汕平原经济	陈朝辉等	1994 年 10 月	23.00
20. 广东的方言	李新魁	1994 年 10 月	27.50
21. 羊城古钞	［清］仇巨川　纂 陈宪猷校注	1994 年 10 月	25.20
22. 张九龄诗文选	罗韬　选注	1994 年 10 月	19.90
23. 黄遵宪诗选	钟贤培等　选注	1994 年 10 月	26.00
24. 广州城坊志	黄佛颐　编纂	1994 年 12 月	34.50
25. 岭南史地与民俗	曾昭璇	1994 年 12 月	29.00
26. 明清佛山经济发展与社会变迁	罗一星	1994 年 12 月	25.50